O NOVO PROCESSO CIVIL BRASILEIRO

Temas relevantes – Estudos em homenagem ao Professor, Jurista e Ministro LUIZ FUX

Volume I

COORDENADORES
Aluisio Gonçalves de Castro Mendes
José Roberto dos Santos Bedaque
Paulo Cezar Pinheiro Carneiro
Teresa Arruda Alvim

O NOVO PROCESSO CIVIL BRASILEIRO

Temas relevantes – Estudos em homenagem ao Professor, Jurista e Ministro LUIZ FUX

Volume I

GZ EDITORA
Rio de Janeiro
2018

1ª edição – 2018

Presidente do Conselho Editorial
Nelson Nery Costa

Diagramação
Olga Martins

CIP – Brasil. Catalogação-na-fonte.
Sindicato Nacional dos Editores de Livros, RJ.

N843

O novo processo civil brasileiro: temas relevantes – estudos em homenagem ao professor, jurista e ministro Luiz Fux: volume 1.... - 1. ed. - Rio de Janeiro: LMJ Mundo Jurídico, 2018.
556 p.; 24 cm.

Inclui índice
ISBN 978-85-9524-033-9

1. Processo civil.

18-47759

CDU: 347.91/.95(81)

Av. Erasmo Braga, 299 – sala 202
CEP: 20020-000 – Rio de Janeiro – RJ
Tels.: (0XX21) 2240-1406 / 2240-1416 – Fax: (0XX21) 2240-1511
contato@editoragz.com.br
www.editoragz.com.br

Impresso no Brasil
Printed in Brazil

APRESENTAÇÃO

Referências bibliografias estão no Google. Ou no Lattes. Não se pretende falar disso aqui. Nosso intuito é outro. Esta é uma apresentação feita a oito mãos, por pessoas próximas ao homenageado, em condições de apontar aspectos emblemáticos da sua personalidade, revelando, assim, características não do jurista, professor ou Ministro, mas de um ser humano verdadeiramente excepcional.

Nosso homenageado contou certa vez, em uma de suas sedutoras palestras, ter recebido, ainda bem jovem, convite para trabalhar numa empresa nos Estados Unidos da América. Muito entusiasmado, foi contar ao pai, que lhe respondeu: Meu filho, somos imigrantes e este país nos recebeu de braços abertos. O mínimo que podemos fazer agora, realmente, é retribuir, fazendo algo por ele. O sentimento de gratidão fortaleceu-se mais ainda com os ensinamentos recebidos em instituições públicas, como o Colégio Pedro II e a Universidade do Estado do Rio de Janeiro (Uerj). Podemos afirmar que o homenageado tem sido pródigo na gratidão: sua vida é marcada pela dedicação às funções públicas: o magistério, desde o ano de 1977, na Universidade do Estado do Rio de Janeiro, na qual ocupa o cargo de Professor Titular de Direito Processual Civil, bem como em outras instituições; desde o ano de 1979, quando assumiu o cargo de Promotor de Justiça, seguindo-se no exercício da magistratura, a partir de 1983, aprovado em primeiro lugar no concurso para juiz de direito no Estado do Rio de Janeiro, passando pelo Tribunal de Alçada, pelo Tribunal de Justiça, pelo Superior Tribunal de Justiça, e desde o ano de 2011, no Supremo Tribunal Federal.

FUX é um homem profundamente espiritualizado, ecumênico, e crê de forma absoluta: Deus é um só. Dois dos signatários desta apresentação presenciaram acontecimento que demonstra essa característica. Estávamos uma vez reunidos no Senado, trabalhando no que depois viria a ser o NCPC. Todos cansados, clima meio tenso, FUX determinou que se fechassem as portas e convidou a todos para darem as mãos e rezar o Pai Nosso. Muitos ficaram com os olhos marejados de lágrimas... Detalhe: FUX é judeu. Mas é, sobretudo, um grande ser humano. Trata a todos com delicadeza, independentemente da raça ou da classe social.

É um homem que gosta da vida, está sempre de bom humor. Tocou na bateria da Portela, jogava vôlei de praia no Leblon. Quem não viu o vídeo que circulou na internet, do Ministro tocando guitarra e cantando Tim Maia? Apesar desse lado *bon vivant,* é disciplinado ao extremo! Estudioso e responsável, foi alcançando os melhores resultados possíveis em tudo o que fazia: concursos públicos, aulas, palestras, julgamentos, livros, artigos e contribuições legislativas, culminando com a presidência da comissão de juristas que elaborou o Código de Processo Civil.

Fumou até os 33 anos. Estava na praia e viu um aluno seu ser assaltado: ficou boquiaberto com sua capacidade de se defender! Ficou sabendo que aquilo era Jiu-jitsu: deixou de fumar e virou faixa coral! Ministra aulas aos seus assessores num tatame, localizado no fundo de sua casa em Brasília. Leva uma vida absolutamente saudável, regada a estudos e a um bom whisky, já que ninguém é de ferro.

Nos julgamentos e votos proferidos, consegue conciliar a erudição do seu conhecimento jurídico com a técnica e a sensibilidade. As suas decisões extrapolam o sentido formal, pois elegem os direitos fundamentais, o homem, o cidadão e a sociedade como referenciais.

Fux é, acima de tudo, amigo de verdade dos seus amigos. Pai amado e admirado pelos seus filhos e esposa, pela sua família, pelos seus pares, colegas, amigos, colaboradores e seres humanos em geral, que acompanham e veneram a sua trajetória e os seus pronunciamentos.

A presente coletânea contou com a adesão e colaboração de eminentes ministros do Supremo Tribunal Federal e do Superior Tribunal de Justiça, de desembargadores dos Tribunais Regional Federal da 2ª Região e de Justiça do Estado do Rio de Janeiro, de juristas, professores e advogados consagrados, reunindo quase uma centena de refinados textos. Entretanto, a homenagem que prestamos com esta obra, por certo, é, ainda assim, diminuta diante da dimensão, do significado e da importância do nosso homenageado!

Aluisio Gonçalves de Castro Mendes
José Roberto dos Santos Bedaque
Paulo Cezar Pinheiro Carneiro
Teresa Arruda Alvim
(Coordenadores)

SOBRE OS COORDENADORES

Aluisio Gonçalves de Castro Mendes

Professor Titular de Direito Processual Civil da Faculdade de Direito da Universidade do Estado do Rio de Janeiro (UERJ) e da Universidade Estácio de Sá (Unesa). Desembargador Federal. Presidente da 5ª Turma do Tribunal Regional Federal da 2ª Região (TRF-2). Coordenador-Geral dos Juizados Especiais Federais da 2ª Região (biênio 2017-2019). Pós-Doutor pela Universidade de Regensburg, Alemanha. Mestre e Doutor em Direito pela Universidade Federal do Paraná (UFPR). Mestre em Direito pela Johann Wolfgang Goethe Universität (Frankfurt am Main, Alemanha). Especialista em Direito Processual Civil pela Universidade de Brasília (UnB). Graduado em Direito pela Universidade do Estado do Rio de Janeiro (UERJ) e em Comunicação Social pela Pontifícia Universidade Católica do Rio de Janeiro (PUC-RJ). Diretor do Instituto Ibero-americano de Direito Processual (IIDP), do Instituto Brasileiro de Direito Processual (IBDP) e do Instituto Carioca de Processo Civil (ICPC). Membro da Associação Brasil-Alemanha de Juristas (Deutsch-Brasilianische Juristenvereinigung - DBJV) e da International Association of Procedural Law (IAPL). Membro do Conselho de Relações Internacionais da Revista de Processo (RePro), do Conselho de Redação da Revista de Processo Comparado (RPC), do Conselho Editorial do Centro de Estudos da Justiça Federal (CEJ) e do Editorial Board da Civil Procedure Review. Editor internacional da Revista Eletrônica de Direito Processual (REDP). Consultor da Coordenação de Aperfeiçoamento de Pessoal de Nível Superior (Capes), do Serviço Alemão de Intercâmbio Acadêmico (Deutscher Akadekischer Austauschdienst – DAAD), do Conselho Nacional de Pesquisa (CNPq) e da Fundação Alexander von Humboldt (AvH).

José Roberto dos Santos Bedaque

Professor Titular de Direito Processual Civil da Faculdade de Direito da Universidade de São Paulo. Desembargador aposentado do Tribunal de Justiça de São Paulo. Membro das Comissões instituídas pelo Senado Federal para elaborar o anteprojeto do Código de Processo Civil e rever o substitutivo aprovado pela Câmara dos Deputados, ambas presididas pelo Ministro Luiz Fux. Advogado.

Paulo Cezar Pinheiro Carneiro

Professor Titular de Teoria Geral do Processo da Uerj. Membro da Academia Brasileira de Letras Jurídicas. Advogado.

Teresa Arruda Alvim

Livre-docente, doutora e mestre em Direito pela PUC-SP. Professora nos cursos de graduação, especialização, mestrado e doutorado da mesma instituição. Professora Visitante na Universidade de Cambridge Inglaterra. Professora Visitante na Universidade de Lisboa. Diretora de Relações Internacionais do IBDP. Membro Honorário da Associazione italiana *fra gli studiosi del processo civile*, do Instituto Paranaense de Direito Processual. Membro do Instituto Ibero-americano de Direito Processual, da *International Association of Procedural Law*, do Instituto Panamericano de Derecho Procesal, do Instituto Português de Processo Civil, da Academia de Letras Jurídicas do Paraná, do IAPPR e do IASP, da AASP, do IBDFAM, da ABDConst. Membro do Conselho Consultivo da Câmara de Arbitragem e Mediação da Federação das Indústrias do Estado do Paraná – Camfiep. Membro do Conselho Consultivo da RT (Editora Revista dos Tribunais). Coordenadora da Revista de Processo – RePro, publicação mensal da Editora Revista dos Tribunais. Advogada.

QUALIFICAÇÕES DOS AUTORES DOS ARTIGOS DO VOLUME I

O Direito Processual Coletivo e o novo Código de Processo Civil: Estudos em homenagem ao Professor, Jurista e Ministro Luiz Fux

Aluisio Gonçalves de Castro Mendes - Professor Titular de Direito Processual Civil da Faculdade de Direito da Universidade do Estado do Rio de Janeiro (UERJ) e da Universidade Estácio de Sá (Unesa). Desembargador Federal. Presidente da 5ª Turma do Tribunal Regional Federal da 2ª Região (TRF-2). Coordenador-Geral dos Juizados Especiais Federais da 2ª Região (biênio 2017-2019). Pós-Doutor pela Universidade de Regensburg, Alemanha. Mestre e Doutor em Direito pela Universidade Federal do Paraná (UFPR). Mestre em Direito pela Johann Wolfgang Goethe Universität (Frankfurt am Main, Alemanha). Especialista em Direito Processual Civil pela Universidade de Brasília (UnB). Graduado em Direito pela Universidade do Estado do Rio de Janeiro (UERJ) e em Comunicação Social pela Pontifícia Universidade Católica do Rio de Janeiro (PUC-RJ). Diretor do Instituto Ibero-americano de Direito Processual (IIDP), do Instituto Brasileiro de Direito Processual (IBDP) e do Instituto Carioca de Processo Civil (ICPC). Membro da Associação Brasil-Alemanha de Juristas (Deutsch-Brasilianische Juristenvereinigung - DBJV) e da International Association of Procedural Law (IAPL). Membro do Conselho de Relações Internacionais da Revista de Processo (RePro), do Conselho de Redação da Revista de Processo Comparado (RPC), do Conselho Editorial do Centro de Estudos da Justiça Federal (CEJ) e do Editorial Board da Civil Procedure Review. Editor internacional da Revista Eletrônica de Direito Processual (REDP). Consultor da Coordenação de Aperfeiçoamento de Pessoal de Nível Superior (Capes), do Serviço Alemão de Intercâmbio Acadêmico (Deutscher Akadekischer Austauschdienst – DAAD), do Conselho Nacional de Pesquisa (CNPq) e da Fundação Alexander von Humboldt (AvH).

Carolina Paes de Castro Mendes - Bacharelanda em Direito na Pontifícia Universidade Católica do Rio de Janeiro (PUC-RJ) e Bolsista do Programa de Iniciação Científica (PIBIC) no Conselho Nacional de Pesquisa (CNPq).

Precedente Vinculante ou Enunciado Vinculante? Constitucionalidade?

José Roberto dos Santos Bedaque - Professor Titular de Direito Processual Civil da Faculdade de Direito da Universidade de São Paulo. Desembargador aposentado do Tribunal de Justiça de São Paulo. Membro das Comissões instituídas pelo Senado Federal para elaborar o anteprojeto do Código de Processo Civil e rever o substitutivo aprovado pela Câmara dos Deputados, ambas presididas pelo Ministro Luiz Fux. Advogado.

Um Tributo ao Professor Francisco de Paula Baptista

Paulo Cezar Pinheiro Carneiro - Professor Titular de Teoria Geral do Processo da UERJ. Membro da Academia Brasileira de Letras Jurídicas. Advogado.

Nulidades e a Condescendência do Legislador no Código de Processo Civil de 2015

Teresa Arruda Alvim - Livre-docente, doutora e mestre em Direito pela PUC-SP. Professora nos cursos de graduação, especialização, mestrado e doutorado da mesma instituição. Professora Visitante na Universidade de Cambridge Inglaterra. Professora Visitante na Universidade de Lisboa. Diretora de Relações Internacionais do IBDP. Membro Honorário da Associazione italiana fra gli studiosi del processo civile, do Instituto Paranaense de Direito Processual. Membro do Instituto Ibero-americano de Direito Processual, da International Association of Procedural Law, do Instituto Panamericano de Derecho Procesal, do Instituto Português de Processo Civil, da Academia de Letras Jurídicas do Paraná, do IAPPR e do IASP, da AASP, do IBDFAM, da ABDConst. Membro do Conselho Consultivo da Câmara de Arbitragem e Mediação da Federação das Indústrias do Estado do Paraná – Camfiep. Membro do Conselho Consultivo da RT (Editora Revista dos Tribunais). Coordenadora da Revista de Processo – RePro, publicação mensal da Editora Revista dos Tribunais. Advogada.

O novo Código de Processo Civil e as Condições para o Regular Exercídio do Direito de Ação

Afranio Silva Jardim - Mestre e livre-docente em Direito Processual Penal (UERJ), professor associado da Faculdade de Direito da Uerj e Procurador de Justiça (aposentado).

AVANÇOS RUMO À QUEBRA DO TABU DO DIREITO PÚBLICO NA COOPERAÇÃO JURÍDICA INTERNACIONAL
Ana Cristina Paulo Pereira - Professora Associada da Faculdade de Direito da Universidade do Estado do Rio de Janeiro. Doutora em Direito pela Université de Paris I (Panthéon-Sorbonne). E-mail:crispereira@openlink.com.br.

BOA-FÉ OBJETIVA NO NOVO CÓDIGO DE PROCESSO CIVIL
Anderson Schreiber - Professor de Direito Civil da UERJ. Professor Permanente do Programa de Pós-Graduação (Mestrado e Doutorado) em Direito da UERJ. Doutor em Direito Privado Comparado pelaUniversità degli studi del Molise (Itália). Mestre em Direito Civil pela UERJ. Membro Permanente do Forum de Dirieto do Consumidor da Escola de Magistratutra do Estado do Rio de Janeiro. Procurador do Estado do Rio de Janeiro. Árbitro e parecerista.

O *AMICUS CURIAE* NO NOVO CÓDIGO DE PROCESSO CIVIL
Antonio do Passo Cabral - Professor Adjunto de Direito Processual Civil da Universidade do Estado do Rio de Janeiro (UERJ). Livre-docente pela Universidade de São Paulo (USP). Doutor em Direito Processual pela UERJ em cooperação com a Universidade de Munique, Alemanha (Ludwig-Maximilians- Universität). Mestre em Direito Público pela UERJ. Pós-doutor pela Universidade de Paris I Panthéon-Sorbonne). Professor visitante na Universidade de Passau (Alemanha). Procurador da República no Rio de Janeiro.

USUCAPIÃO ADMINISTRATIVA NO NOVO CPC: A DESJUDICIALIZAÇÃO COMO ALTERNATIVA DE JUSTIÇA
Arícia Fernandes Correia - Professora-Adjunta da Universidade do Estado do Rio de Janeiro. Pós-Doutorado em Direito Público pela Université Paris I – Panthéon-Sorbonne. Doutora em Direito Público e Mestre em Direito da Cidade pela UERJ. Coordenadora do Núcleo de Estudos, Pesquisas e Extensão em Direito da Cidade (NEPEC) da Linha de Pesquisa de Direito da Cidade do Programa de Pós-Graduação da UERJ. Procuradora do Município do Rio de Janeiro.

A CRIATIVIDADE E A IMAGINAÇÃO JURÍDICA COMO CONTRIBUIÇÃO DO ADVOGADO À EFICIÊNCIA DO DIREITO (O CPC COMO INSTRUMENTO DO CONSENSUALISMO E DO PRAGMATISMO ÉTICO)
Arnoldo Wald - Advogado. Professor Catedrático da Faculdade de Direito da UERJ. Fundador do Escritório Wald e Associados Advogados.

Rodrigo de Oliveira Kaufmann - Advogado, Sócio do Escritório Wald e Associados Advogados. Professor do Instituto Brasiliense de Direito Público. Mestre e Doutor em Direito pela Universidade de Brasília (UnB).

APONTAMENTOS SOBRE A FINALIDADE DA PROVA E O NOVO CPC
Arruda Alvim - Bacharel em Direito pela Pontifícia Universidade Católica de São Paulo (PUC/SP). Livre-Docente, Doutor e Mestre em Direito pela Pontifícia Universidade Católica de São Paulo (PUC/SP). Professor Titular de Direito Civil da PUC/SP. Professor do Curso de Mestrado e Doutorado e Coordenador da área de Direito Processual Civil da PUC/SP.

Clarissa Diniz Guedes - Doutora em Direito Processual pela Universidade de São Paulo (USP); Mestre em Direito Processual pela Universidade do Estado do Rio de Janeiro (UERJ); Professora Adjunta da Universidade Federal de Juiz de Fora (UFJF); Vice-coordenadora do Mestrado em Direito e Inovação da Universidade Federal de Juiz de Fora (UFJF).

O NOVO CÓDIGO DE PROCESSO CIVIL E A INSTRUÇÃO NORMATIVA Nº 39 DO TRIBUNAL SUPERIOR DO TRABALHO
Bruno Freire e Silva - Advogado em São Paulo, Rio de Janeiro e Brasília. Mestre e Doutor em Direito Processual na PUC/SP – Pontifícia Universidade Católica de São Paulo. Professor Adjunto de Teoria Geral do Processo na UERJ – Universidade do Estado do Rio de Janeiro (Graduação, Mestrado e Doutorado). Professor da Pós-Graduação em Direito do Trabalho da GV law em São Paulo. Membro do Instituto Brasileiro de Direito Processual, do Instituto dos Advogados de São Paulo e do Centro de Estudos Avançados de Processo.

Fundamentação das Decisões e Aplicação da Função Social do Contrato: Aportes do Código de Processo Civil de 2015

Carlos Nelson Konder - Professor adjunto do Departamento de Direito Civil da Faculdade de Direito da Uerj. Professor do Departamento de Direito da PUC-Rio. Doutor e mestre em Direito Civil pela UERJ. Especialista em Direito Civil pela Università di Camerino (Itália).

Algumas Notas Sobre a Cláusula de Eleição de Foro em Contratos Internacionais no novo Código de Processo Civil

Carmen Tiburcio - Professora Titular de Direito Internacional Privado na Universidade do Estado do Rio de Janeiro, LLM e SJD pela University of Virginia School of Law, EUA. Consultora no Escritório Barroso Fontelles, Barcellos, Mendonça & Associados. A autora agradece a colaboração de Stela Porto na elaboração deste trabalho.

Recurso Extraordinário e Recurso Especial no novo Código de Processo Civil: Uma Homenagem ao Ministro Luiz Fux

Cassio Scarpinella Bueno - Advogado formado pela Faculdade de Direito da Pontifícia Universidade Católica de São Paulo (PUC-SP), instituição na qual obteve os títulos de Mestre (1996), Doutor (1998) e Livre-docente (2005) em Direito Processual Civil, todos com a nota máxima, e onde exerce as funções de Professor-doutor de Direito Processual Civil nos cursos de Graduação, Especialização, Mestrado e Doutorado. Visiting Scholar da Columbia University (Nova York) no ano acadêmico de 2000/2001. É Vice-Presidente do Instituto Brasileiro de Direito Processual (IBDP), e membro do Instituto Iberoamericano de Direito Processual (IIDP) e da Associação Internacional de Direito Processual (IAPL). Integrou a Comissão Revisora do Anteprojeto do novo Código de Processo Civil no Senado Federal e participou dos Encontros de Trabalho de Juristas sobre o mesmo Projeto no âmbito da Câmara dos Deputados. É autor de 21 livros. Escreveu mais de 75 livros em coautoria e mais de 80 artigos científicos, alguns publicados em revistas estrangeiras. Desenvolve intensa atividade acadêmica em todo o território nacional como palestrante e conferencista e participa dos principais Encontros de Processualistas do exterior.

O Direito Fundamental à Tutela Jurisdicional como Elemento Concretizador da Dignidade da Pessoa Humana

Cleyson de Moraes Mello - Professor Adjunto da Faculdade de Direito da Uerj. Professor da linha de pesquisa Direito da Cidade do PPGD da Uerj. Diretor Adjunto da Faculdade de Direito de Valença – FAA/FDV. Advogado. E-mail: profcleysonmello@hotmail.com.

Vanderlei Martins - Professor Adjunto da Faculdade de Direito da Universidade do Estado do Rio de Janeiro, em Regime de Dedicação Exclusiva. Atua na área de Ciências Sociais Aplicadas. Professor permanente do Programa de Pós – Graduação em Direito da Faculdade de Direito da Uerj. E – mail: martins1951@yahoo.com.br.

Competência Internacional Exorbitante

Daniel Gruenbaum - Doutor em Direito pela Universidade de São Paulo (USP). Professor Adjunto de Direito Internacional Privado da Faculdade de Direito da Universidade do Estado do Rio de Janeiro (UERJ). Advogado.

Breves Considerações sobre o Tratamento Dado à Equidade pelo novo Código de Processo Civil

Daniel Nunes Pêcego - Doutor e Mestre em Direito pelo Programa de Pós-Graduação em Direito da Universidade do Estado do Rio de Janeiro (UERJ), Especialista em Filosofia Medieval (Faculdade de São Bento do Rio de Janeiro) e Professor Adjunto do Departamento de Teorias e Fundamentos do Direito da Faculdade de Direito da Uerj. O Autor oferece este trabalho ao Professor Luiz Fux, de quem foi aluno na Graduação em Direito, agradecendo-lhe pela simpatia com que sempre foi tratado.

Emendatio Libelli: Limites Convencionais
Diogo Malan - Pós-Doutor em Democracia e Direitos Humanos pela Universidade de Coimbra. Doutor em Processo Penal pela USP. Professor Adjunto de Processo Penal e Prática Forense Penal da Uerj e da FND/UFRJ. Advogado criminalista.

Breves Anotações sobre a Construção da Fundamentação das Decisões Judiciais, na Oportunidade do Código de Processo Civil de 2015
Eduardo Henrique Raymundo von Adamovich - Juiz do Trabalho no RJ; Professor Adjunto da Faculdade de Direito da Universidade do Estado do Rio de Janeiro, nos cursos de Graduação e Pós-Graduação Stricto Sensu; Membro titular da Academia Brasileira de Direito do Trabalho.

A Força dos Precedentes no novo Código de Processo Civil
Elpídio Donizetti - Sócio-fundador do Escritório Elpídio Donizetti Advogados, desembargador aposentado do Tribunal de Justiça de Minas Gerais, professor e palestrante. Integrante da comissão de juristas nomeada pelo Senado Federal para elaboração do anteprojeto do novo Código de Processo Civil.

Arbitragem e o Processo do Trabalho: dois Lados de uma Mesma Moeda
Fábio Rodrigues Gomes - Juiz Titular da 41ª VT/RJ. Mestre e Doutor em Direito Público pela UERJ. Professor Adjunto de Direito Processual do Trabalho da UERJ.

Reflexos do novo Código de Processo Civil no Processo Administrativo Previdenciário
Fábio Zambitte Ibrahim - Professor Adjunto de Direito Financeiro e Tributário da Universidade do Estado do Rio de Janeiro – UERJ. Professor de Direito Previdenciário do Instituto Brasileiro de Mercado de Capitais – Ibmec RJ. Doutor em Direito Público pela UERJ. Mestre em Direito Previdenciário pela PUC/SP. Advogado.

A ADPF 347 e as Ações Civis Públicas sobre o Sistema Penitenciário: Desafios Processuais de uma Difícil Conciliação
Felipe Derbli - Mestre e Doutor em Direito Público pela Universidade do Estado do Rio de Janeiro (UERJ). Professor da Escola Superior de Advocacia Pública da Procuradoria-Geral do Estado (RJ), da Escola da Magistratura do Estado do Rio de Janeiro (EMERJ) e da Escola Superior de Administração Judiciária (ESAJ/TJ-ERJ). Procurador do Estado do Rio de Janeiro. Advogado.

O Regime da Estabilização da Tutela Antecipada
Flávia Pereira Hill - Professora Adjunta de Direito Processual Civil da UERJ. Tabeliã.

Descumprimento de Obrigação de Fazer, de não Fazer ou de Entregar Coisa. Imposição de Multa – Astreintes – Critério de Fixação
Frederico Gueiros - Desembargador Federal Aposentado. Presidente do Tribunal Regional Federal da 2ª Região (biênio 2005-2007). Consultor do escritório Basílio Advogados, com sede na Avenida Presidente Wilson, 210 – 12º andar – Rio de Janeiro, RJ.

A Ordem do Processo nos Tribunais no CPC-2015 e o Sistema de Precedentes: Voto Vencido, Redação de Acórdão e Colheita de Votos
Fredie Didier Jr. - Livre-docente (USP), Pós-doutorado (Universidade de Lisboa), Doutor (PUC/SP) e Mestre (UFBA). Professor-associado de Direito Processual Civil da Universidade Federal da Bahia. Advogado e consultor jurídico.

A Mediação e a Contribuição do Conhecimento Psicanalítico nas Ações de Família à Luz do novo Código de Processo Civil
Gita Goldenberg - Profª de Psicanálise e Direito da Faculdade de Direito da UERJ. Doutora em Psicologia pela FGV, Psicanalista pela SPRJ (filiada à Internacional PsychoanlyticAssociation). Psicanalista de

crianças, adolescentes e adultos. Realiza dinâmica familiar e orientação das novas configurações familiares entre pais separados e a relação destes com os novos parceiros. Pesquisadora da Faperj, Perita, Assistente Técnica e Mediadora Extrajudicial em Vara de Família e da Justiça de Infância e Juventude. Atualmente vem realizando o curso de Mediação Judicial do Tribunal de Justiça do Estado do Rio de Janeiro denominado Nupemec – Núcleo Permanente de Métodos Consensuais de Solução de Conflitos, em parceria com a Esaj e a Emerj, tendo, inclusive, já obtido certificado de conclusão da formação teórica de capacitação do referido curso.

Nova Modalidade de Intervenção Provocada de Terceiro: O Incidente de Desconsideração da Personalidade Jurídica
Guilherme Calmon Nogueira da Gama - Desembargador do Tribunal Regional Federal da 2ª Região (RJ-ES). Ex-Conselheiro do Conselho Nacional de Justiça. Membro da Academia Brasileira de Direito Civil, do Instituto Brasileiro de Direito de Família e do Instituto dos Advogados Brasileiros. Professor Associado de Direito Civil da Universidade do Estado do Rio de Janeiro. Professor Permanente do PPGD da Universidade Estácio de Sá. Mestre e Doutor em Direito Civil pela UERJ.

A nova Ordem dos Processos no Tribunal: Colegialidade e Garantias no CPC/2015
Guilherme Jales Sokal - Mestre em Direito Processual pela Uerj. Procurador do Estado do Rio de Janeiro e Advogado.

O novo Código de Processo Civil e a Prova no Processo Administrativo Tributário
Gustavo da Gama Vital de Oliveira - Professor Adjunto de Direito Financeiro da Universidade do Estado do Rio de Janeiro (UERJ). Doutor e Mestre em Direito Público pela Universidade do Estado do Rio de Janeiro (UERJ). Procurador do Município do Rio de Janeiro. Advogado.

Notas sobre a Cláusula de Eleição de Foro
Gustavo Tepedino - Titular de Direito Civil da Faculdade de Direito da Universidade do Estado do Rio de Janeiro – UERJ. Sócio do Escritório Gustavo Tepedino Advogados.

Milena Donato Oliva - Professora de Direito Civil e do Consumidor da Universidade do Estado do Rio de Janeiro. Sócia do Escritório Gustavo Tepedino Advogados.

O Impacto do Cpc/2015 e do Estatuto da Pessoa com Deficiência no Procedimento de Adoção
Humberto Dalla Bernardina de Pinho - Professor Titular de Direito Processual Civil (UERJ). Martin-Flynn Global Law Professor (University of Connecticut School of Law). Promotor de Justiça no Estado do Rio de Janeiro.

Renata Di Masi Palheiro - Pós-Graduada pela EMERJ. Mestranda em Direito. Assessora de Conselheiro no Tribunal de Contas do Estado do Rio de Janeiro. Professora do Curso de Pós-graduação da OAB-RJ. Advogada no Rio de Janeiro.

Reclamação Constitucional – Importância Sempre Crescente na Esfera dos Direitos Fundamentais
Humberto Theodoro Júnior - Professor Titular Aposentado da Faculdade de Direito da UFMG. Desembargador Aposentado do TJ-MG. Membro da Academia Mineira de Letras Jurídicas, do Instituto dos Advogados de Minas Gerais, do Instituto de Direito Comparado Luso-Brasileiro, do Instituto Brasileiro de Direito Processual, do Instituto Ibero-Americano de Direito Processual e da International Association of Procedural Law. Doutor em Direito. Advogado.

RELAÇÃO DOS AUTORES PARA OS PRÓXIMOS VOLUMES

VOLUME II

A Repercussão Geral e o Acesso à Justiça
Irapuã Santana do Nascimento da Silva

VOLUME III (Especial do TJ-RJ)

SUMÁRIO

O DIREITO PROCESSUAL COLETIVO E O NOVO CÓDIGO DE PROCESSO CIVIL: ESTUDOS EM HOMENAGEM AO PROFESSOR, JURISTA E MINISTRO LUIZ FUX[1]

Aluisio Gonçalves de Castro Mendes
Carolina Paes de Castro Mendes

Sumário: 1. Breves palavras sobre o homenageado: o papel do Professor, Jurista e Ministro LUIZ FUX no cenário jurídico contemporâneo. **2.** Introdução: um breve panorama sobre o Direito Processual Coletivo. **3.** O tipo de proteção coletiva. **4.** O papel do processo coletivo. **5.** A proteção coletiva como um direito fundamental ou constitucional. **6.** Requisitos, proteção dos membros ausentes e diferentes métodos de representação. **7.** O quadro do Direito Processual Coletivo e seus caminhos. **8.** O novo Código de Processo Civil. **9.** Considerações finais.

Resumo: O presente texto pretende efetuar uma análise contemporânea do desenvolvimento do Direito Processual Coletivo no âmbito da realidade mundial, indicando o papel deste novo ramo, que pode ser considerado um direito fundamental, sistematizando os principais requisitos, meios de proteção dos membros ausentes e os diferentes métodos de defesa dos interesses coletivos. Por fim, se tentará apontar o quadro atual e as principais tendências para o Direito Processual Coletivo, incluindo neste quadro os principais institutos do novo Código de Processo Civil brasileiro.

Palavras-chave: Direito processual coletivo. Ações coletivas. Incidente de resoluções de demandas repetitivas.

Abstract: *This article aims a contemporary analysis of the Collective Procedural Law's development within the global reality, indicating its role, which might be considered a fundamental right, systematizing the main requirements, means of protection for absent members and different methods of defense of collective interest. Finally, the current scenario is attempted to be pointed out, as well as the major trends for Collective Procedural Law, including in this frame the key institutes in the new Brazilian Civil Procedure Code.*

Keywords: *Collective procedural law. Collective actions. Class actions. Incidental resolution of repetitive demands*

---

1 Trabalho inédito para a coletânea em homenagem ao Professor, Jurista e Ministro Luiz Fux. Versão adaptada, em inglês, encaminhada para publicação no livro *Approaches to Procedural Law. The Pluralism of Methods* (*Studies of the Max Planck Instituto Luxembourg for International, European and Regulatory Procedural Law*).

1. Breves palavras sobre o homenageado: o papel do Professor, Jurista e Ministro Luiz Fux no cenário jurídico contemporâneo[1]

Luiz Fux é, de fato, merecedor desta e de muitas outras homenagens, porque tem sido um referencial e exemplo para a magistratura, para a academia e para a sociedade. A sua vida e a sua carreira demonstram peremptoriamente o seu brilho, sucesso, cordialidade, dignidade e hombridade.

É um privilégio coordenar e participar desta obra e ter a honra de ser seu colega de congregação na nossa querida Faculdade de Direito da Universidade do Estado do Rio de Janeiro (Uerj). Somos eternos alunos, discípulos e amigos do estimado Mestre José Carlos Barbosa Moreira.

Carioca da gema, filho do contador e advogado Mendel Wolf Fux e de Lucy Fux, o homenageado é casado com Eliane Fux e pai da desembargadora Marianna e do advogado Rodrigo, que aceitaram prontamente participar desta coletânea, cada um com o seu respectivo texto. Os avós paternos vieram da Romênia para o Brasil, na condição de exilados de guerra, em razão da perseguição nazista. Como o próprio Fux conta:[2] "Eles foram muito gratos ao fato de terem sido bem acolhidos no Brasil. Tanto que o meu avô também assumiu uma entidade que era casa de acolhida de idosos, pessoas mais velhas desvalidas. Já minha avó era presidente de uma entidade que acolhia crianças abandonadas, o Lar das Crianças Israelitas". Esta gratidão vem se mantendo através das gerações.

Fux fala sempre com orgulho de ter estudado em duas instituições públicas: no Colégio Pedro II e na Uerj. Nesta última, graduou-se em 1976, tendo passado imediatamente depois à condição de professor, que mantém até a presente data, tendo obtido os títulos de Doutor e Livre-Docente, bem como trilhado toda a carreira docente até alcançar a condição de Professor Titular de Direito Processual Civil no ano de 1995. Faz questão de continuar lecionando, nos programas de pós-graduação e de graduação, nas manhãs das segundas-feiras, revelando a sua paixão e o compromisso pela Uerj. A liderança e a condução do Departamento de Direito Processual sempre foram exercidas de modo compartilhado, em ambiente de sintonia, coleguismo e amizade com o seu colega de cátedra, Professor Paulo Cezar Pinheiro Carneiro (chamado por muitos de PCPC ou, pelo homenageado, carinhosamente, por Paulinho).

O homenageado é dotado de virtudes e disposição inigualáveis. Consegue manter a disciplina e a energia, fortalecidas pela prática do Jiu-Jitsu, o gosto pela música, revelado na guitarra e no conjunto *The Five Thunders* (Os Cinco Trovões), bem como o fino trato e o bom humor, não obstante a intensa rotina de trabalho no Supremo Tribunal Federal.

A sua trajetória foi de estudo e de conquistas: foi Advogado, Promotor de Justiça, Juiz de Direito, Juiz do Tribunal de Alçada do Estado do Rio de Janeiro, Desembargador do Tribunal de Justiça do Estado do Rio de Janeiro, Ministro do Superior Tribunal de

2 No seu depoimento em comemoração aos 70 anos da Faculdade de Direito da Uerj. Disponível em: <http://www.direitouerj.org.br/2005/fdir70/depLF.htm>. Acesso em: 04 jan. 2017.

Justiça e Ministro do Supremo Tribunal Federal, além de Juiz Eleitoral e Ministro do Tribunal Superior Eleitoral. No magistério, além da Uerj, exerceu a docência, como professor efetivo, convidado ou emérito em inúmeras instituições, dentre as quais a Pontifícia Universidade Católica (PUC), do Rio de Janeiro e do Rio Grande do Sul, a Universidade Federal do Rio Grande do Sul (UFRGS) e a Escola da Magistratura do Estado do Rio de Janeiro (Emerj).

Nas letras, possui uma vasta produção, da qual podemos destacar os livros *Teoria Geral do Processo Civil, Novo Código de Processo Civil Temático, Novos Paradigmas do Direito Eleitoral, Processo Constitucional, O novo Processo Civil Brasileiro – Direito em Expectativa, Mandado de Segurança, Curso de Direito Processual Civil – Processo de Conhecimento, Locações – Processo e Procedimentos, Manual dos Juizados Especiais Cíveis, Tutela de Segurança e Tutela da Evidência* e *Intervenção de Terceiros*, além de dezenas de outros livros e artigos. Considerando a importância dos seus escritos, o autor e jurista Fux foi alçado à condição de membro da Academia Brasileira de Letras Jurídicas e da Academia Brasileira de Filosofia.

Conferencista brilhante, Fux já proferiu mais de 500 palestras nacionais e internacionais, dentre as quais merecem destaque a conferência no renomado Cyrus R. Vance Center, em Nova Iorque, e o evento que ocorrerá na próxima Brazil Conference, na Universidade de Harvard. O seu público, por sinal, não se limita a magistrados, advogados, professores, profissionais e estudantes de direito. Certa vez, encontrei-o em um aeroporto: acabava de efetuar uma exposição em um Congresso de Medicina.

No Supremo Tribunal Federal, o Ministro Luiz Fux tem proferido decisões e votos memoráveis em defesa dos direitos fundamentais e da moralidade pública. São muitos, mas três, pela sua atualidade, podem ser destacados: (*i*) *no* RE nº 898.450, fixou a tese de que editais de concurso público não podem estabelecer restrição a pessoas com tatuagem, salvo situações excepcionais em razão de conteúdo que viole valores constitucionais; (*ii*) na ADI nº 4.357, demonstrou a preocupação da Corte Suprema com a proteção da sociedade diante do Poder, submetendo os índices de correção monetária ao controle constitucional, para que não ocorram privações patrimoniais mediante expurgos indevidos; (*iii*) no MS nº 34.530, concedeu cautelar para a proteção do projeto de lei, de iniciativa popular, que estabelecia medidas anticorrupção, estabelecendo fundamentos para salvaguardar a higidez do processo legislativo, o funcionamento das instituições democráticas, a previsibilidade e segurança às minorias parlamentares e o respeito à cidadania.

Há que se destacar também a preocupação do Ministro Luiz Fux com a construção de uma nova jurisdição, na qual os tribunais sinalizam claramente a interpretação do ordenamento jurídico, fixando teses norteadoras para a aplicação isonômica, fundando bases para a segurança jurídica, e não apenas para o julgamento de casos peculiares.

A experiência adquirida e o enorme saber jurídico do homenageado foram fundamentais na condução da presidência da Comissão de Juristas, composta, dentre outros, por três organizadores desta obra (Teresa Arruda Alvim – relatora, Paulo

Cezar Pinheiro Carneiro e José Roberto dos Santos Bedaque), e nomeada para a elaboração do novo Código de Processo Civil. Luiz Fux conduziu com maestria os trabalhos, acompanhando todo o processo legislativo e sendo novamente nomeado para a presidência de nova comissão para o acompanhamento da redação final no segundo turno do Senado Federal. O Código Buzaid foi sucedido pelo Código Fux.

Em todas as atividades e funções desempenhadas, o homenageado Luiz Fux vem cumprindo com denodo, proficiência e altivez as suas incumbências e propósitos, recebendo medalhas, títulos, homenagens e as mais diversas honrarias, indicando para os seus admiradores e seguidores a mensagem clara de que devemos viver intensamente e com amor, oferecendo todas as nossas potencialidades em prol dos encargos atribuídos e do bem-estar do próximo e da sociedade.

2. Introdução: um breve panorama sobre o Direito Processual Coletivo

A história da tutela coletiva tem início anos atrás.[3] Pode-se apontar para a ação popular no Direito Romano ou para as ações representativas na Inglaterra no final do século XII.[4] É importante enfatizar também o enorme desenvolvimento das ações coletivas nos Estados Unidos da América[5] desde o século XIX e o papel da doutrina

3 MENDES, A. G. de C. Ações coletivas e meios de resolução coletiva de conflitos no direito comparado e nacional. 4. ed. São Paulo: Revista dos Tribunais, 2014, p. 49/64.

4 Na Inglaterra, o primeiro caso teria ocorrido em torno do ano de 1199 , quando, perante a Corte Eclesiástica de Canterbury, o pároco Martin, de Barkway, ajuizou ação, versando sobre o direito a certas oferendas e serviços diários, em face dos paroquianos de Nuthamstead, uma povoação de Hertfordshire, assim considerados como um grupo, chamando, no entanto, a juízo apenas algumas pessoas, para, aparentemente, responderem por todos. YEAZELL, S. C. From medieval group litigation to the modern class action. New Heaven: Yale University Press, 1987.

5 Nos Estados Unidos, os primitivos escritos sobre o tema foram feitos por Joseph Story, destacado jurista que integrou a Suprema Corte entre 1811 e 1845. O primeiro caso, West v. Randall, ocorrido em 1820. Em 1842, a Suprema Corte norte-americana edita um conjunto de regras de equidade, dentre as quais a Equity Rule 48, que passa a ser considerada como a primeira norma escrita relacionada com a class action nos Estados Unidos. Em 1912, a Suprema Corte reformulou as Equity Rules. Assim sendo, a antiga Regra 48 foi revogada pela Rule 38. Em 1938, surge nos Estados Unidos o primeiro Código de Processo Civil no âmbito federal. Dentre as Federal Rules of Civil Procedure encontrava-se a de nº 23, destinada a regular as chamadas class actions, que passavam a estar disponíveis para todo o direito e não apenas para os processos calcados na equidade. A Regra 23 foi substancialmente modificada em 1966 e outras alterações foram realizadas nos anos de 1987, 1998, 2003, 2007 e 2009. Em 2005, houve importante reforma legislativa, com a entrada em vigor da Class Action Fairness Act (CAFA), estatuto que incorporou modificações no Título 28 do United States Code, com aplicação nacional e tendo como propósito assegurar benefícios justos e imediatos para os membros da classe, em caso de procedência das suas pretensões; estabelecer regras relacionadas aos honorários advocatícios, com o intuito de impedir abusos; e restabelecer os parâmetros de competência, especialmente para que fossem julgados pela Justiça Federal norte-americana os casos interestaduais de importância

e da academia italianas,[6] no último século, em torno da matéria de tutela coletiva, ambos refletindo efeitos para além de suas fronteiras. Entretanto, a discussão mundial sobre o tema tem aumentado significativamente, de fato, ao longo dos últimos 50 anos.

O panorama mostra que, por muito tempo, a disciplina de Direito Processual Coletivo limitou o seu objeto de estudo às ações de classe (*class actions*), *Verbandsklagen* e ações coletivas (*collective actions*), embora a lista terminológica seja bem maior: *complex litigation*, tutela coletiva, *mass torts*, ação popular, ação civil pública, ações de grupo, ações representativas, *collective redress* etc.

---

nacional sob o preceito da diversidade de jurisdição. MENDES, A. G. de C., supra n. 1, p. 65/94. Sobre as class actions norte-americanas, vide, dentre outros textos: CONTE, A; NEWBERG, H. B. Newberg on class actions. 4. ed. Denver: West, 2002; American Law Institute (ALI), principles of the law: aggregate litigation. St. Paul: American Law Institute Publishers, 2010; MILLER, A. R. Of Frankstein monsters and shining knights: myth, reality, and the class action problem, 92, Harvard Law Review, 1979; WOLFMAN, B.; MORRISON, A. B. Representing the unrepresented in class actions seeking monetary relief, 71, New York University Law Review, 1996; COOPER, E. H. Class-action advice in the form of questions, 11-2 Duke Journal of Comparative and International Law, 2001, p. 215/248; MILLER, G. P. Overlapping Class Actions, 71, New York University Law Review, 1996; RUTHERGLEN, G. Better late than never: notice and opt out at the settlement stage of class actions, 71, New York University Law Review, 1996; MORAWETZ, N. Underinclusive class actions, 71, New York University Law Review, 1996; NAGAREDA, R. A. et al. The law of class actions and other aggregate litigation. 2. ed. St. Paul: Foundation Press, 2013; MARCUS, R. L.; SHERMAN, E. F. Complex litigation: cases and materials on advanced civil procedure. 3. ed. St. Paul: West, 1998; KLONOFF, R. H. E. K. Bilich; MALVEAUX, S. M. Class actions and other multi-party litigation: cases and materials. 3. ed. St. Paul: West, 2012; ESTREICHER, S. Federal class actions after 30 years, 71, New York University Law Review, 1996; ROWE, T. D. Beyond the class action rule: an inventory of statutory possibilities to improve the federal class action, 71, New York University Law Review, 1996.

---

6 Os precursores foram, no início do último século, Emilio Bonaudi, La tutela degli interessi collettivi, 1911, e Ugo Ferrone, Il processo civile moderno: fondamento, progresso e avvenire, 1912. Em 1974 e 1975, durante os Congressos de Pádua e Salermo, Vittorio Denti, Mauro Cappelletti, Giuseppe Tarzia, Andrea Proto Pisani, Vincenzo Vigoriti, Nicolò Trocker e Michele Taruffo, dentre outros, foram notáveis juristas que trataram a questão dos direitos difusos e coletivos. GRINOVER, A. P. Significado social, político e jurídico da tutela dos interesses difusos, 97, Revista de Processo, 2000, p. 9/15. Vide também: GIUSSANI, A. Studi sulle "class actions". Milan: Cedam, 1996; ANGIULI, A. Interessi collettivi e tutela giurisdizionale: le azioni comunali e surrogatorie. Napoli: Jovene, 1986; BELLI, C. (Org.). Le azioni collettive in Italia: profili teorici ed aspetti applicativi. Milão: Giuffrè, 2007; ALPA, G. Interessi diffusi, 81, Revista de Processo, 1996; LANFRANCHI, L. (Org.). La tutela giurisdizionale degli interessi collettivi e diffusi. Torino: Giappichelli, 2003; CAPPELLETTI, M. Appunti sulla tutela giurisdizionale di interessi collettivi o diffusi. In: Le azioni a tutela di interessi collettivi: atti del convegno di studio di pavia. Padova: Cedam, 1976; RUFFOLO, U. Interessi collettivi o diffusi e tutela del consumatore: il problema e il metodo – legittimazione, azione e ruolo degli enti associativi esponenziali. Milão: Giuffrè, 1985.

Normalmente, três modelos de tutela coletiva eram ou são indicados: a) as *class actions* norte-americanas; b) ações coletivas europeias[7] (?) ou *Verbandsklagen* (ações associativas); c) ações coletivas latino-americanas.[8]

A distinção mais marcante, porém não a única, está relacionada à quem cabe a legitimação para a defesa dos interesses coletivos: a) a um membro da classe afetada; b) às associações ou grupos (Espanha);[9] c) aos órgãos públicos, como a Procuradoria-Geral, Defensoria Pública e agências. Há, contudo, em alguns casos, a combinação destes padrões.

Somam-se outras diferenças importantes, como os requisitos (controle de representação adequada por lei ou pelo juiz; o papel e a forma da notificação) e o sistema de vinculação (*opt-in, opt-out* ou mediante a *res judicata secundum litis* ou *secundum litis et probationis).*

Em relação à tutela coletiva nos Estados Unidos da América, alguns aspectos devem ser observados. O primeiro é quanto à importância da notificação que, de acordo

---

7 Era difícil, no passado, e permanece sendo, no presente, considerar um único sistema europeu de tutela coletiva, pois existem diferentes regras e padrões nacionais. A Inglaterra e o País de Gales, por exemplo, têm as tradicionais representative actions e desde o Civil Procedure Rules, de 2000, um novo instrumento chamado Group Litigation Order (GLO). Na Alemanha existem há muito tempo as Verbandsklagen (ações associativas), mas também o instituto do Musterverfahren (procedimento--modelo), usado pela primeira vez no ramo administrativo do Judiciário, inicialmente apenas na prática e desde 1991 nos termos do estatuto das Cortes Administrativas. Desde 2005, também em litígios de matéria civil no mercado de capitais e a partir de 2008 para conflitos de benefício social. Na Itália, a proteção coletiva é prevista em especial no Direito do Consumidor. Na versão atual da legislação, não apenas as associações, mas também os membros da classe, têm legitimidade para ajuizar a azione di classe (artigo 140 bis do Código de Consumidor italiano). Portugal consagra a ação popular, equivalente da nossa ação civil pública, na sua Constituição e em lei, prevendo a legitimidade das associações e dos membros da classe. No entanto, as ações populares não são frequentes nos tribunais. A França adotou a proteção coletiva especialmente em relação aos consumidores e ao meio ambiente, baseada na legitimidade das associações e sindicatos. A Espanha dispõe de modo geral na Constituição, no Código de Processo Civil e também em estatutos específicos, como o da proteção do consumidor, prevendo a legitimidade de grupos, associações e outras organizações. O sentido de modelo europeu é usado para indicar as ações associativas (Verbandsklagen), que predominam na maior parte dos países da Europa (Alemanha, França e Espanha, por exemplo) e foram adotadas pela Comissão Europeia nas Recomendações do ano de 2013

8 MENDES, A. G. de C. Processos coletivos na Ibero-América. In: LUCON, P. H. dos S. (Eds.). Processo em jornadas: XI jornadas brasileiras de direito processual e XXV jornadas ibero-americanas de direito processual. Salvador: JusPodivm, 2016, p. 1.013/1.045; MENDES, A. G. de C. Ações coletivas nos países ibero-americanos: situação atual, código modelo e perspectivas, 153, Revista de Processo, 2007; MENDES, A. G. de C. O código modelo de processos coletivos para os países ibero-americanos. In: NOLASCO, R. D. (Eds.). Processo civil coletivo. São Paulo: Quartier Latin, 2005; OTEIZA, E. (Eds.). Procesos colectivos. Buenos Aires: Rubinzal-Culzoni, 2006; OTEIZA, E. (Eds.). I International Conference & XXIII Iberoamerican Procedural Law Convention. Buenos Aires: IAPL, AADP, IIDP, 2012; FAVELA, J. O. (Eds.). Las acciones para la tutela de lós intereses colectivos y de grupo. México: Unam, 2004.

9 Na Espanha, o promotor de justice (Ministerio Fiscal) também tem legitimidade processual atualmente.

com a Regra 23 (c) (2) (A) ou (B) das *Civil Procedure Rules*, pode ou deve, respectivamente, ser direcionada à classe. No caso dos direitos individuais homogêneos a comunicação é obrigatória, enquanto nos direitos difusos ou coletivos em sentido estrito, a notificação é facultativa. O segundo aspecto, de certo modo relacionado ao primeiro,[10] é que o direito de *opt-out* só existe se o pedido for divisível, segundo a *Rule* 23 (b) (3). O terceiro é que, inicialmente, a Suprema Corte Americana editou a Equity Rule 48 em 1842,[11] permitindo as ações representativas, mas adotou a *res judicata secundum litis* ou apenas *pro* para os membros da classe, porque em tais casos a sentença não deveria prejudicar os direitos e pedidos das partes ausentes. Todavia, 11 anos mais tarde, no caso *Smith v. Swormstedt,* a Suprema Corte Americana não considerou a segunda parte da *Rule* 48 e, tendo em vista a exigência da representação adequada, decidiu que todos os membros da classe ficavam vinculados, se não requerida tempestivamente a exclusão, mesmo que contra seus direitos e pedidos. Formalmente, entretanto, a Regra 48 só foi revogada em 1912 com a nova *Rule* 38, sem a restrição final, visando a permitir a *res judicata pro et contra* a classe, inclusive em relação aos membros ausentes.

3. O tipo de proteção coletiva

A primeira observação a ser feita é a importância em se determinar o tipo de proteção coletiva que é necessária. Há 40 anos, José Carlos Barbosa Moreira[12] disse que a proteção pode ser essencial ou acidentalmente coletiva.

Se as partes almejam um bem ou pedido material ou legal indivisível, a qualidade da proteção coletiva é essencial e, portanto, os meios e soluções devem ser únicos e uniformes. Dessa forma, as *Federal Civil Procedure Rules* norte-americanas preveem que para as ações certificadas nos termos da Regra 23(b) (1) ou (b) (2), a Corte pode, mas não precisa dirigir a apropriada comunicação para a classe. A razão decorre do fato de que não é possível que ninguém faça um *opt-out* nessa hipótese, conforme a Regra 23 (c) (2) e (3).

---

10 A comunicação, em se tratando de direitos individuais homogêneos, se faz necessária, porque os direitos são essencialmente individuais e apenas acidentalmente coletivos. Por isso, o sistema norte-americano possibilita a exclusão, desde que manifestada dentro do prazo fixado pelo juiz. Nos direitos difusos e coletivos em sentido estrito, a comunicação é desejável, para que se possa acompanhar, impugnar ou auxiliar os rumos do processo, mas não se torna obrigatória, porque, em razão da indivisibilidade, não se poderá excluir individualmente do processo coletivo.

11 Equity Rule 48: "Where the parties on either side are very numerous, and cannot, without manifest inconvenience and oppressive delays, in the suit, be all brought before it, the court in its discretion may dispense with making all of them parties, and may proceed in the suit, having sufficient parties before it to represent all the adverse interests of the plaintiffs and the defendants in the suit properly before it. But in such cases the decree shall be without prejudice to the rights and claims of all the absent parties".

12 MOREIRA, J. C. B. A ação popular do direito brasileiro como instrumento de tutela jurisdicional dos chamados interesses difusos. In: Studi in onore di Enrico Tullio Liebman. Milano: Giufrè, 1979. v. IV.

A situação é bem diferente quando se trata de bens divisíveis. Essencialmente, eles não são coletivos, mas individuais. Apenas acidentalmente os direitos são coletivamente perseguidos, em razão da uniformidade,[13] ou predominância das questões comuns, e da superioridade das ações de classe em comparação com demandas individuais ou separadas, como ensina a doutrina americana. Em relação à natureza dos pedidos previstos na Regra (b) (3), a notificação da ação de classe deve ser direcionada aos membros da classe que têm direito ao *opt-out*. Deve-se buscar encontrar o equilíbrio entre a melhor notificação possível e seus custos. As facilidades e o baixo custo de novas tecnologias devem ser levados em consideração e colocados em uso pelas Cortes: possibilidades de comunicação on-line, interna e por e-mail. Os meios de comunicação em massa poder ajudar os membros da classe e interessados a se informar, permitindo que acompanhem ou que ingressem na ação.

É importante precisar os conceitos de pedidos divisíveis ou indivisíveis e conhecer o tratamento legal adequado em cada caso. O Código Modelo de Processos Coletivos da Ibero América e o Direito Processual em diversos países ibero-americanos,[14] como o Brasil, a Colômbia e Portugal, diferenciaram tais tipos de direitos. Entretanto, seus estatutos não desenvolveram a distinção necessária no que tange às regras e aos processos.

4. O papel do processo coletivo

Os escopos principais dos instrumentos processuais coletivos são: a) acesso à Justiça; b) economia judicial; c) equidade; d) efetividade do direito material (se apenas alguns dos membros afetados ajuízam uma ação, significa que o ofensor pode obter sucesso, se apenas os lucros imediatos forem levados em consideração); e e) equilíbrio das partes no processo.

Naturalmente, a necessidade e o correspondente desenvolvimento dos países não são idênticos. Provavelmente, países com áreas mais extensas ou significativa densidade demográfica, com sobrepujança na economia de escala, níveis mais baixos de conhecimento legal, número maior de litígios, morosidade e uma cultura de descumprimento das normas legais devem precisar mais dos meios coletivos.

Quanto ao Brasil, três problemas se destacam: a) um tremendo número de processos; b) um consequente atraso na tomada de decisões; c) matérias comuns recebem tratamento desigual em razão de um sistema que privilegia a independência funcional de cada juiz. Após o fortalecimento do Estado Democrático de Direito, o número de processos julgados disparou. Os números falam por si sós: nesse momento, em torno de cem milhões de processos judiciais são processados perante o Poder Judiciário. Em 1950, três mil processos por ano eram protocolados na Suprema Corte. Em 2015, mais de 93 mil novos processos e recursos foram levados ao Supremo Tribunal Federal.

13 Rule 23 (a) (2): "There are questions of law or fact common to the class".

14 MENDES, A. G. de C. Ações coletivas nos países ibero-americanos: situação atual, código modelo e perspectivas, 153, Revista de Processo, 2007, p. 188/216.

5. A proteção coletiva como um direito fundamental ou constitucional

A necessidade quanto aos mecanismos processuais coletivos pode variar, mas a possibilidade de se ingressar com um pedido de tutela coletiva deveria existir sempre, como parte do princípio do livre acesso à Justiça. Por esse motivo, muitos países, como Brasil, Portugal e Argentina, introduziram o acesso coletivo à Justiça ou instrumentos coletivos específicos em suas Constituições, ou tiveram tais meios reconhecidos pelos tribunais como uma garantia. Por exemplo, a decisão, em 2001, da Suprema Corte Canadense em *Western Canadian Shopping Centres Inc. v. Dutton*[15] pode ser mencionada como exemplo de reconhecimento de que a tutela coletiva deve ser garantida pelas Cortes federais e estaduais, considerando o papel das ações coletivas como um direito fundamental ao acesso à Justiça.

Há exemplos mundiais em períodos históricos recentes que ressaltam a importância do Direito Processual Coletivo: a) a reforma do sistema americano: Rule 23 e *Class Action Fairness Act* (CAFA); b) o Código Modelo de Processo Civil Ibero-Americano; c) recomendações da Comissão Europeia, em 2013,[16] e as respectivas inovações nas legislações nacionais europeias;[17] d) diversas novas regras e estatutos sobre tutela coletiva ao redor do mundo.

6. Requisitos, proteção dos membros ausentes e diferentes métodos de representação

A garantia dos instrumentos coletivos não significa que eles sempre deverão ser admitidos. Cada sistema nacional tem seus próprios requisitos, especialmente para proteger os membros ausentes (por esse motivo, a existência de uma representação controlada e adequada é fundamental, seja qual for o meio ou sistema processual previsto) e para verificar a superioridade da ferramenta coletiva, conforme leciona a doutrina norte-americana.

Em princípio, a representação/participação direta no processo é a melhor opção. Nesse aspecto, o sistema de *opt-in* seria perfeito. Especialmente, se não existirem barreiras para o acesso à Justiça. No entanto, nem sempre é possível ou fácil exercer o direito de inclusão. Outros mecanismos, como direito *opt-out* (autoexclusão) e *res judicata secundum eventum litis* ou *secundum eventum probationis* também podem ser usados. Talvez os sistemas nacionais pudessem ser um pouco mais flexíveis ao oferecer aos tribunais e às partes a possibilidade de fazer a melhor escolha possível diante do caso concreto.

---

15 Western Canadian Shopping Centres Inc. v. Dutton, 2001 SCC 46, [2001] 2 S.C.R. 534.

16 Recomendação 2013/396/EU sobre princípios comuns para mecanismos cautelares e compensatórios de tutela coletiva no Estado Membro relativo às violações de direito garantidos pelo Direito da União [2013].

17 MENDES, A. G. de C.; SILVA, L. C. P. da. A recomendação da União Europeia, de 11.06.2013, sobre as ações coletivas, 239, Revista de Processo, 2015, p. 195/211.

Os conflitos de massa, no mundo contemporâneo, afetam milhares ou até milhões de pessoas. O problema da participação, da legitimidade e do controle é um problema de todos os sistemas representativos: legislativo, executivo e no processo judicial. No contexto atual, em questões mais amplas, dificilmente se consegue exercer diretamente o direito. Portanto, a "representação" ou legitimação coletiva é uma decorrência lógica da necessidade e das impossibilidades de uma sociedade de massas.

7. O quadro do Direito Processual Coletivo e seus caminhos

O Direito Processual Coletivo desenvolveu-se nos últimos anos e ampliou o quadro de instrumentos processuais disponíveis e adequados, ao lado das vias tradicionais de ação coletiva ou de classe, sobretudo por meio de três outros mecanismos:[18] a) procedimentos-padrão, como o *Musterverfahren*[19] na Alemanha, o *Group Litigation Order*, na Inglaterra e País de Gales, o julgamento de recursos repetitivos e o Incidente de Resolução de Demandas Repetitivas, no Brasil; b) os *Alternative Dispute Resolutions* (ADRs), *On-Line Dispute Resolutions* (ODRs) e outros meios de resolução consensuais poderiam ser mais focados, pensados e regulados para conflitos coletivos, como foi feito no *Class Action Fairness Act* ou na última reforma da *Gesetz über Musterverfahren in kapitalmarktrechtlichen Streitigkeiten* – KapMuG (o estatuto do procedimento-modelo para o mercado de capitais); e c) uma abordagem sistemática do sistema de precedentes e *stare decisis* nos países de *civil law*, ainda que com o eventual e necessário ajuste para adaptá-lo à cultura e regras nacionais, para resolver questões de efeito vinculante, como foi feito no novo Código de Processo Civil, em vigor desde março de 2016. Pode ser um novo parâmetro ou uma possibilidade para os novos mecanismos: a decisão de questões comuns apesar da diferença entre as demandas. Exemplos: questões processuais ou questões comuns no bojo de direitos heterogêneos.

8. O novo Código de Processo Civil brasileiro

Entre os principais objetivos do novo Código de Processo Civil brasileiro estão o incentivo aos meios consensuais de resolução de conflitos, a busca por custo-eficiência

---

18 MENDES, A. G. de C. Resolução coletiva de conflitos. In: MENDES, A. G. de C.; WAMBIER, T. A. A. (Eds.). O processo em perspectiva – jornadas brasileiras de direito processual. São Paulo: Revista dos Tribunais, 2013, p. 47-70 e MENDES, A. G. de C.; SILVA, L. C. P. da. Ações coletivas e incidente de resolução de demandas repetitivas: algumas considerações sobre a solução coletiva de conflitos. In: DIDIER JR., F.; ZANETI JR., H. (Eds.). Coleção repercussões do novo CPC – processo coletivo. Salvador: JusPodivm, 2016, p. 535, 536/545.

19 HESS, B. F. Reuschle; RIMMELSPACHER, B. Kölner Kommentar zum KapMuG (Gezetz über Musterverfahren in kapitalmarktrechtlichen Streitigkeiten (Kapitalanleger-Musterverfahrensgesezt). 2. ed. Köln: Carl Hezmanns, 2014

e processos de duração razoável, reforçando a igualdade e a segurança jurídica.[20] Três inovações[21] trazidas pelo novo Código são centrais e estão intimamente relacionadas aos objetivos mencionados acima: a) o aperfeiçoamento de um sistema de solução de questões comuns e de recursos repetitivos; b) o estabelecimento do *stare decisis* no Direito Processual brasileiro, com algumas restrições, mas, por outro lado, reforçando seu caráter vinculativo; c) o poder-dever do juiz de informar aos legitimados para a propositura de ações coletivas sobre a existência de um grande número de ações individuais repetitivas propostas, para que seja iniciado um processo coletivo pertinente, se o legitimado entender que deverá fazê-lo.[22]

O número de litígios sendo processados no Brasil, como já foi dito, é extremamente alto, em torno de cem milhões, o que representa cerca de seis mil processos por juiz.[23] Vem se buscando o aperfeiçoamento das ações coletivas. Entretanto, o sistema processual deve se valer de todos os meios possíveis para a resolução de demandas de massa. O Direito Processual pode se apoiar agora em um sistema complementar de decisões concentradas em torno de questões comuns, com o advento do novo Código de Processo Civil.

O sistema é constituído centralmente por dois instrumentos referentes a decisões de matérias comuns ou repetitivas: a) recursos repetitivos, em instâncias superiores; e b) o novo Incidente de Resoluções de Demandas Repetitivas (IRDR),[24] inspirado no *Musterverfahren* alemão (processo-modelo).

Desse modo, nas ações ajuizadas perante tribunais superiores, é possível selecionar e julgar apenas alguns recursos representativos da controvérsia. Enquanto isso, outros processos que discutem as mesmas questões legais permanecem suspensos. Consequentemente, há uma economia judicial evidente, pois os Tribunais Superiores julgarão apenas alguns recursos, estabelecendo as teses jurídicas, com efeito vinculativo, que devem ser aplicadas aos processos pendentes, que serão então julgados em instâncias inferiores.

A técnica aplicada no Incidente de Resoluções de Demandas Repetitivas (IRDR) é semelhante à realizada nos recursos repetitivos. Sempre que houver uma questão de direito comum em diversos processos, o incidente poderá ser suscitado perante um tribunal de segundo grau, em termos de admissibilidade e mérito. Sendo admitido o incidente, os processos que versarem ou dependerem da resolução da questão co-

---

20 MENDES, A. G. de C.; WAMBIER, T. A. A. Le nouveau code de procédure civile brésilien. 5 International Journal of Procedural Law, 2015, p. 337/345.

21 MENDES, A. G. de C.; SILVA, L. C. P. da; ALMEIDA, M. P. de. Novo código de processo civil comparado e anotado. Rio de Janeiro: GZ, 2016, p. 595/599.

22 Código de Processo Civil, art. 139, X.

23 Dados sobre os tribunais brasileiros. Disponível em: <http://www.cnj.jus.br/files/conteudo /arquivo/2015/11/491328c33144833370f375278683f955.pdf>.

24 MENDES, A. G. de C.; TEMER, S. O incidente de resolução de demandas repetitivas no novo código de processo civil, 243, Revista de Processo, 2015, p. 283/331.

mum objeto do IRDR serão em regra suspensos até que o tribunal decida sobre a controvérsia jurídica, fixando a respectiva tese. A decisão tomada no incidente pode ser diretamente impugnada mediante os recursos especial ou extraordinário, conforme o caso. Posteriormente, os órgãos judiciais da área do tribunal que tomou a decisão irão aplicar a tese consagrada em cada um dos casos pendentes.

Por fim, o Direito Processual brasileiro, até pouco tempo atrás, não estabelecia efeito vinculante aos precedentes. Isso provocou uma enorme desordem no sistema jurídico. Juízes não estavam sujeitos aos precedentes, em razão de sua independência.

Em 1993, a situação começou a mudar, quando o efeito vinculante *erga omnes* foi estabelecido a partir de decisões tomadas pelo Supremo Tribunal Federal ao exercer o controle de constitucionalidade direto. Mais tarde, em 2004, uma emenda constitucional foi aprovada, trazendo o chamado *Binding Summary Statement.*

Com o novo Código de Processo Civil, além do controle concentrado de constitucionalidade e da súmula vinculante, anteriormente mencionados, também passaram a ser dotados de efeito vinculativo: (*i*) os julgamentos de questões repetitivas, ou seja, as decisões proferidas nos Incidentes de Resoluções de Demandas Repetitivas (IRDR) e nos recursos extraordinários ou especiais repetitivos; (*ii*) o Incidente de Assunção de Competência, a ser instaurado quando houver uma matéria de relevante interesse social, ou um real ou potencial desacordo entre instâncias judiciais, de modo que o julgamento seja realizado por um órgão de composição mais ampla; (*iii*) os enunciados de súmula do Supremo Tribunal Federal em matéria constitucional, assim como os verbetes da súmula do Superior Tribunal de Justiça em matéria infraconstitucional; e (*iv*) a orientação do plenário ou do órgão especial aos quais estiverem vinculados.

9. Considerações finais

Em termos globais, o quadro da tutela coletiva se caracterizou até hoje como uma disputa entre sistemas continentais ou nacionais. Não seria possível se pensar em um panorama marcado pelo pluralismo ou por uma combinação de métodos e instrumentos? Não seria cabível um sistema multiportas para o Direito Processual Coletivo e isso não deveria ser incentivado? Podem os estudantes e estudiosos sonhar com um conjunto de meios para a proteção coletiva no Direito nacional? Para todas essas perguntas, as futuras gerações darão as respostas.

PRECEDENTE VINCULANTE OU ENUNCIADO VINCULANTE? CONSTITUCIONALIDADE?

José Roberto dos Santos Bedaque

Conhecemo-nos há mais de trinta anos. Ele tornou-se Ministro, primeiro do Superior Tribunal de Justiça, depois do Supremo Tribunal Federal. Mas a amizade mantém-se inalterada. Fenômeno raro...

Sumário: 1. Introdução. **2.** Natureza da função jurisdicional e constitucionalidade do novo sistema. **2.1.** Decisão judicial vinculante e norma geral e abstrata. **2.2.** Natureza dos enunciados. **2.3.** Conclusão sobre a natureza da atividade jurisdicional vinculante. **3.** Divisão das funções do Estado. **4.** Vinculação prevista em lei ordinária. **5.** Precedentes à brasileira. **5.1.** Precedente na common law. **5.2.** Precedente ou enunciado no Brasil.

1. Introdução

O novo Código de Processo Civil regulou alguns mecanismos destinados à uniformização da jurisprudência, sem prejuízo da possibilidade de os tribunais estabelecerem súmulas de jurisprudência predominante: Incidente de Resolução de Demandas Repetitivas, Incidente de Recursos Repetitivos e Assunção de Competência.

A grande novidade do sistema criado pelo NCPC é a aparente força vinculante conferida às decisões proferidas nesses incidentes e consubstanciadas em enunciados. Tal conclusão pode ser extraída de alguns dispositivos que tratam do tema. Ei-los:

> Art. 332. Nas causas que dispensem a fase instrutória, o juiz, independentemente da citação do réu, julgará liminarmente improcedente o pedido que contrariar:
> I – enunciado de súmula do Supremo Tribunal Federal ou do Superior Tribunal de Justiça;
> II – acórdão proferido pelo Supremo Tribunal Federal ou pelo Superior Tribunal de Justiça em julgamento de recursos repetitivos;
> III – entendimento firmado em incidente de resolução de demandas repetitivas ou de assunção de competência;
> IV – enunciado de súmula de tribunal de justiça sobre direito local.

> Art. 927. Os juízes e os tribunais observarão:
> I – as decisões do Supremo Tribunal Federal em controle concentrado de constitucionalidade;
> II – os enunciados de súmula vinculante;
> III – os acórdãos em incidente de assunção de competência ou de resolução de demandas repetitivas e em julgamento de recursos extraordinário e especial repetitivos;
> IV – os enunciados das súmulas do Supremo Tribunal Federal em matéria constitucional e do Superior Tribunal de Justiça em matéria infraconstitucional;
> V – a orientação do plenário ou do órgão especial aos quais estiverem vinculados.
> § 1º Os juízes e os tribunais observarão o disposto no art. 10 e no art. 489, § 1º, quando decidirem com fundamento neste artigo.

§ 2º A alteração de tese jurídica adotada em enunciado de súmula ou em julgamento de casos repetitivos poderá ser precedida de audiências públicas e da participação de pessoas, órgãos ou entidades que possam contribuir para a rediscussão da tese.

§ 3º Na hipótese de alteração de jurisprudência dominante do Supremo Tribunal Federal e dos tribunais superiores ou daquela oriunda de julgamento de casos repetitivos, pode haver modulação dos efeitos da alteração no interesse social e no da segurança jurídica.

§ 4º A modificação de enunciado de súmula, de jurisprudência pacificada ou da tese adotada em julgamento de casos repetitivos observará a necessidade de fundamentação adequada e específica, considerando os princípios da segurança jurídica, da proteção da confiança e da isonomia.

§ 5º Os tribunais darão publicidade a seus precedentes, organizando-os por questão jurídica decidida e divulgando-os, preferencialmente, na rede mundial de computadores.

Art. 928. Para os fins deste Código, considera-se julgamento de casos repetitivos a decisão proferida em:

I – incidente de resolução de demandas repetitivas;

II – recursos especial e extraordinário repetitivos.

Parágrafo único. O julgamento de casos repetitivos tem por objeto questão de direito material ou processual.

Art. 947. [...]

§ 3º O acórdão proferido em assunção de competência vinculará todos os juízes e órgãos fracionários, exceto se houver revisão de tese.

Art. 985. Julgado o incidente, a tese jurídica será aplicada:

I – a todos os processos individuais ou coletivos que versem sobre idêntica questão de direito e que tramitem na área de jurisdição do respectivo tribunal, inclusive àqueles que tramitem nos juizados especiais do respectivo estado ou região;

II – aos casos futuros que versem idêntica questão de direito e que venham a tramitar no território de competência do tribunal, salvo revisão na forma do art. 986.

§ 1º Não observada a tese adotada no incidente, caberá reclamação.

§ 2º Se o incidente tiver por objeto questão relativa a prestação de serviço concedido, permitido ou autorizado, o resultado do julgamento será comunicado ao órgão, ao ente ou à agência reguladora competente para fiscalização da efetiva aplicação, por parte dos entes sujeitos a regulação, da tese adotada.

Art. 987. Do julgamento do mérito do incidente caberá recurso extraordinário ou especial, conforme o caso.

§ 1º O recurso tem efeito suspensivo, presumindo-se a repercussão geral de questão constitucional eventualmente discutida.

§ 2º Apreciado o mérito do recurso, a tese jurídica adotada pelo Supremo Tribunal Federal ou pelo Superior Tribunal de Justiça será aplicada no território nacional a todos os processos individuais ou coletivos que versem sobre idêntica questão de direito.

Art. 988. Caberá reclamação da parte interessada ou do Ministério Público para:

[...]

III – garantir a observância de enunciado de súmula vinculante e de decisão do Supremo Tribunal Federal em controle concentrado de constitucionalidade;

IV – garantir a observância de acórdão proferido em julgamento de incidente de resolução de demandas repetitivas ou de incidente de assunção de competência;

[...]

> § 5º É inadmissível a reclamação:
> I – proposta após o trânsito em julgado da decisão reclamada;
> II – proposta para garantir a observância de acórdão de recurso extraordinário com repercussão geral reconhecida ou de acórdão proferido em julgamento de recursos extraordinário ou especial repetitivos, quando não esgotadas as instâncias ordinárias.
>
> Art. 1.030. Recebida a petição do recurso pela secretaria do tribunal, o recorrido será intimado para apresentar contrarrazões no prazo de 15 (quinze) dias, findo o qual os autos serão conclusos ao presidente ou ao vice-presidente do tribunal recorrido, que deverá:
> I – negar seguimento:
> a) a recurso extraordinário que discuta questão constitucional à qual o Supremo Tribunal Federal não tenha reconhecido a existência de repercussão geral ou a recurso extraordinário interposto contra acórdão que esteja em conformidade com entendimento do Supremo Tribunal Federal exarado no regime de repercussão geral;
> b) a recurso extraordinário ou a recurso especial interposto contra acórdão que esteja em conformidade com entendimento do Supremo Tribunal Federal ou do Superior Tribunal de Justiça, respectivamente, exarado no regime de julgamento de recursos repetitivos;
> II – encaminhar o processo ao órgão julgador para realização do juízo de retratação, se o acórdão recorrido divergir do entendimento do Supremo Tribunal Federal ou do Superior Tribunal de Justiça exarado, conforme o caso, nos regimes de repercussão geral ou de recursos repetitivos;
> III – sobrestar o recurso que versar sobre controvérsia de caráter repetitivo ainda não decidida pelo Supremo Tribunal Federal ou pelo Superior Tribunal de Justiça, conforme se trate de matéria constitucional ou infraconstitucional;
> IV – selecionar o recurso como representativo de controvérsia constitucional ou infraconstitucional, nos termos do § 6º do art. 1.036;
> V – realizar o juízo de admissibilidade e, se positivo, remeter o feito ao Supremo Tribunal Federal ou ao Superior Tribunal de Justiça, desde que:
> a) o recurso ainda não tenha sido submetido ao regime de repercussão geral ou de julgamento de recursos repetitivos;
> b) o recurso tenha sido selecionado como representativo da controvérsia; ou
> c) o tribunal recorrido tenha refutado o juízo de retratação.
> § 1º Da decisão de inadmissibilidade proferida com fundamento no inciso V caberá agravo ao tribunal superior, nos termos do art. 1.042.
> § 2º Da decisão proferida com fundamento nos incisos I e III caberá agravo interno, nos termos do art. 1.021. (NR)
>
> Art. 1.042. Cabe agravo contra decisão do presidente ou do vice-presidente do tribunal recorrido que inadmitir recurso extraordinário ou recurso especial, salvo quando fundada na aplicação de entendimento firmado em regime de repercussão geral ou em julgamento de recursos repetitivos.

Verifica-se ter o novo Código atribuído grande relevância a certas decisões judiciais, conferindo-lhes a natureza de orientação a ser obrigatoriamente seguida em julgamentos futuros[1]. Tais dispositivos teriam instituído o que alguns autores denomi-

1 Luís Roberto Barroso e Patrícia Perrone Campos Mello descrevem a evolução legislativa no sentido de valorizar a jurisprudência dos tribunais: "O processo de valorização da jurisprudência no Brasil pode ser compreendido em três perspectivas ou etapas: i) o avanço do controle concentrado da

naram "sistema de precedentes" no Direito brasileiro, análogo ao existente nos países da *common law*, especialmente pelo caráter vinculante. Outros rejeitam a equiparação que, se verdadeira, seria inconstitucional.

Tendo em vista a controvérsia doutrinária e a relevância do tema, submeto aos interessados breves considerações a respeito, com o intuito exclusivo de extrair do novo Código aquilo que, a meu ver, ele pode oferecer de melhor para o aprimoramento do sistema processual.

2. Natureza da função jurisdicional e constitucionalidade do novo sistema

Os dispositivos processuais acima transcritos indicam a adoção, pelo legislador ordinário, de entendimento segundo o qual o juiz está vinculado a determinadas decisões proferidas por tribunais, além daquelas já previstas no sistema constitucional – súmulas vinculantes e controle direto de constitucionalidade. Ao menos alguns desses artigos são expressos nesse sentido. Outros, mediante alteração da técnica processual, como a supressão de recursos ou do julgamento colegiado, reforçam a premissa.

A conclusão é também autorizada pela utilização, em algumas dessas normas, do verbo no futuro do presente do indicativo, o que, segundo os gramáticos, pode representar forma supletiva do imperativo (art. 332: [...] o juiz [...] **julgará** liminarmente; art. 927: Os juízes e os tribunais **observarão;** art. 985: [...] a tese **será** aplicada)[2].

Admitida seja essa, realmente, a opção do legislador processual, resta saber se ela é compatível com a Constituição Federal e se o modelo adotado guarda semelhança com os precedentes da *common law*.

---

constitucionalidade; ii) a valorização da jurisprudência por meio das normas infraconstitucionais que progressivamente alteraram o Código de Processo Civil de1973 (CPC/1973); iii) a criação de um novo sistema de precedentes vinculantes no direito brasileiro, pelas normas integrantes da Lei nº 13.105/2015, nosso novo Código de Processo Civil (CPC/2015)." (Trabalhando com uma nova lógica: a ascensão dos precedentes no direito brasileiro, **Conjur**, 28/10/2016). *Vide*, também, ZAVASCKI, Teori. **Eficácia das sentenças na jurisdição constitucional.** São Paulo: RT, p. 37/43.

2 Segundo Luís Roberto Barroso, nas hipóteses legais para as quais não foi prevista a reclamação, a vinculação é relativa: "Produzem eficácia intermediária ou eficácia normativa em sentido fraco os enunciados da súmula simples da jurisprudência do STF e do STJ sobre matéria constitucional e infraconstitucional, respectivamente, e as orientações firmadas pelo plenário ou pelos órgãos especiais das cortes. Esses entendimentos são obrigatórios e devem ser seguidos. Entretanto, sua inobservância não possibilita o ajuizamento de reclamação. Por consequência, tal 'dever' tenderá a funcionar, na prática, como mera recomendação, ao menos no estágio cultural em que nos encontramos no que respeita à operação com precedentes judiciais". No mesmo trabalho, o autor trata das demais espécies de eficácia, quais sejam, persuasiva e normativa em sentido forte (Trabalhando com uma nova lógica: a ascensão dos precedentes no direito brasileiro, **Conjur**, 28/10/2016). *Vide*, também, Taruffo, Michele. Dimensioni del precedente giudiziario. **Rivista Trimestrale di Diritto e Procedura Civile**, n. 2. Milano, Giufrè, 1994, p. 424. Sobre o caráter persuasivo ou vinculante das decisões judiciais, *vide* AMARAL, Guilherme Rizzo do. Precedentes vinculantes vieram para ficar no novo código de processo civil, **Conjur**, 24/10/2016.

Algumas premissas devem ser estabelecias para possibilitar o exame da questão.

Em primeiro lugar, necessário verificar se o novo sistema processual de decisões vinculantes implica a criação, pelo órgão jurisdicional, de norma geral e abstrata.

Depois, se afirmativa a resposta, é preciso definir se essa atividade representa invasão indevida da esfera reservada pela Constituição à atividade legislativa.

Por fim, mister a comparação do sistema brasileiro de decisões vinculantes com os legítimos precedentes.

2.1. *Decisão judicial vinculante e norma geral e abstrata*

Não me parece correta, com o devido respeito, a afirmação segundo a qual decisões judiciais vinculantes não configuram atividade legislativa exercida pelo Judiciário porque, segundo as regras processuais sobre o tema, o efeito vinculante destina-se apenas aos membros desse Poder. Se determinado pronunciamento deve ser obrigatoriamente adotado pelo juiz, inclusive para reger situações verificadas após o ato judicial, significa, em última análise, que todos devem observá-la, inclusive os integrantes dos demais Poderes do Estado. Eventual descumprimento dará ensejo a pedido de tutela jurisdicional, exatamente como ocorre com as leis.

Por essa razão, aliás, também não convence o argumento segundo o qual se a decisão vinculante não for adotada pelo juiz, a parte terá de valer-se dos mecanismos processuais para impugná-la, normalmente os recursos. Da mesma forma, se o juiz decidir contra regra expressa de lei, negando sua vigência, a parte terá de se valer das vias recursais para obter solução compatível com o ordenamento jurídico.

Por fim, o fundamento da origem da orientação vinculante não justifica a suposta distinção entre essa norma e a lei. Embora ela seja criada a partir da decisão de situação concreta, ao tornar-se obrigatória, vinculará relações jurídicas futuras, tal como a lei. Além do mais, também a norma elaborada pelo Legislativo leva em conta situações concretas, cuja regulamentação revela-se necessária. Não importa, pois, a maneira como são criadas, mas o efeito vinculante abstrato, ou seja, produzido para todas as situações passíveis de subsunção àquela descrição.

Outra é a razão pela qual, em meu entender, a atribuição de caráter vinculante a certas decisões judiciais não constitui ofensa à Constituição Federal.

2.2. *Natureza dos enunciados*

As decisões judiciais, se vinculantes, criam, sim, regras gerais e abstratas. Aliás, não parece exagero afirmar que tal fenômeno tem até mais força do que a própria lei, pois já contém a própria interpretação, cuja obrigatoriedade impede soluções alternativas por parte dos juízes a ela submetidos.

O exame do tema em questão requer algumas considerações prévias sobre a natureza da atividade jurisdicional, considerada à luz do resultado produzido. Cabe verificar se, ao interpretar a norma e aplicá-la aos fatos, o juiz estaria criando o direito para o caso concreto ou simplesmente declarando a regra preexistente[3].

No exercício de sua função, o julgador, de fato, fixa aquele que, a seu ver, constitui o correto significado do texto legal. Outro juiz, todavia, pode entender de forma diversa. Na medida em que se confere obrigatoriedade à determinada decisão judicial, estendendo os respectivos efeitos a situações jurídicas análogas àquela já solucionada, parece evidente que tal regra atribui a este julgamento o caráter de norma genérica e abstrata, com efeito vinculante até superior ao da lei, visto que a ninguém é lícito discordar do sentido da norma legal então fixado. Em outras palavras, o juiz produz a norma jurídica, com os limites já definidos pela interpretação, aplicável a situações futuras. Embora proferida à luz de situação concreta, a decisão adquire dimensão abstrata. Cria-se determinado enunciado em caráter genérico, apto a produzir efeitos *erga omnes*. Essa passagem do concreto para o abstrato, cujo exemplo é a Súmula Vinculante prevista na EC 45/2004, implica a "eliminação de fatores concretos que caracterizavam as decisões anteriores que serviram de base para deflagrar (justificar) a formulação da súmula vinculante"[4].

A criação de diretivas gerais pelo Judiciário constitui, sem dúvida, atividade de natureza normativa, decorrente do enunciado construído a partir da decisão[5].

3 Ao conferir determinado significado à letra fria da lei, o juiz certamente estabelece quais situações concretas são passíveis de subsunção àquela norma abstrata. Inocêncio Mártires Coelho abordou com precisão o tema: "8. a interpretação criadora é uma atividade legítima, que o juiz desempenha naturalmente no curso do processo de aplicação do direito, e não um procedimento espúrio, que deva ser coibido porque supostamente situado à margem da lei; 9. toda compreensão depende da pré-compreensão do intérprete, a qual funciona, para a primeira, como condição de possibilidade do seu desenvolvimento; 10. a compreensão de qualquer preceito jurídico depende da pré-compreensão do intérprete sobre a coisa ou o referente fundamental a que chamamos Direito, e que o legislador procura nos comunicar através dos enunciados normativos; 11. toda norma só vigora na interpretação que lhe atribui o aplicador legitimado a dizer o direito; 12. o legislador não é o autor material da lei, por virtude de cuja autoridade ela foi promulgada, mas aquele por cuja autoridade ela continua em vigor; 13. o silêncio desse legislador ideal, que pode desautorizar qualquer interpretação do direito, mas se abstém de fazê-lo, confere legitimidade à compreensão normativa de juízes e tribunais; 14. a vontade do legislador não é um ato voluntário, completamente produzido no momento em que dá origem à lei, mas uma energia que a regenera de modo contínuo, como se estivesse a produzi-la numa gestação infinita; 15. a interpretação jurídica não consiste em pensar de novo o que já foi pensado, mas em saber pensar até o fim aquilo que já começou a ser pensado por outro; 16. o sentido jurídico, sendo externo às normas, em certa medida, embora não possa contrariar de todo o seu enunciado, exige a criatividade do intérprete para se revelar completamente; 17. sem o trabalho de mediação e de concretização, que se impõe ao intérprete-aplicador do direito, este não realiza o ideal de justiça que consiste em dar a cada um o que é seu. (A criação judicial do direito em face do cânone hermenêutico da autonomia do objeto e do princípio constitucional da separação dos poderes, **Revista de informação legislativa do Senado Federal**, 134/99).

4 Cf. TAVARES, André Ramos. **Nova lei da súmula vinculante.** 2. ed. São Paulo: Método. p. 15/16.

5 Cf. TAVARES, André Ramos. **Curso de direito constitucional.** 5. ed. São Paulo: Saraiva. p. 363; **Teoria da justiça constitucional.** São Paulo: Saraiva, 2005. p. 231.

A legitimidade dessa técnica depende da correta compreensão a respeito do processo de produção da norma concreta pela atividade jurisdicional. A propósito da natureza do resultado produzido pela decisão judicial, teci algumas considerações em outra oportunidade[6], que transcrevo a seguir:

> Por fim, a crítica à ideia de subsunção, que não seria mero procedimento lógico formal, mas "um procedimento determinado no seu conteúdo pela respectiva pré-compreensão de dogmática jurídica", não sendo a sentença mero silogismo por força do qual a norma do caso concreto é formulada por meio de método lógico formal, pois esse resultado "ocorre de maneira estruturante", não tem consistência. É óbvio que a subsunção pressupõe compreensão e juízos de valor, atividades realizadas pelo juiz e incidentes sobre o conteúdo da norma. O contraditório efetivo tem o condão de assegurar as partes o poder de influir nessa atividade cognitiva. Mais do que isso não me parece possível, ao menos à luz do regime democrático e das normas constitucionais.
>
> Esse problema relaciona-se ao tema da formação do direito. Para os adeptos da teoria dualista, o juiz declara a norma preexistente, estabelecida em abstrato pelo legislador. Já os unitaristas conferem ao julgador função criadora do direito, que passa a existir após a intervenção judicial[7].
>
> Conveniente e necessário explicar o que os dualistas entendem por "declarar o direito". Sustentar a natureza declaratória da atividade jurisdicional não significa dizer que o significado da norma abstrata é antecedente à intervenção judicial e único. Não. Para declarar o direito, o juiz confere à lei o sentido que, a seu ver, é condizente com o interesse social. Ao interpretá-la, ele extrai a vontade da lei. Esse processo, evidentemente, sofre influência dos valores considerados pelo juiz na determinação do conteúdo da norma. Exatamente em razão da axiologia, não há como estabelecer um significado único para o dispositivo legal. Isso não quer dizer, todavia, que o direito não exista antes da interpretação feita pelo julgador. A subsunção de determinada situação da vida a uma norma jurídica é suficiente ao nascimento do direito. É possível que os integrantes dessa situação divirjam sobre qual o interesse efetivamente tutelado pela norma. Verificada a controvérsia sobre a efetiva subsunção do fato ao direito objetivo, competirá ao juiz, mediante interpretação do respectivo enunciado normativo, declarar a quem pertence o direito subjetivo[8]. Mediante a hermenêutica, declara-se

---

6 Instrumentalidade do processo e garantismo: visões opostas do fenômeno processual? In: **Garantismo processual.** Brasília: Gazeta Jurídica, 2016. p. 22/25.

7 Cf. DINAMARCO. Fundamentos do processo civil moderno. 4. ed. São Paulo: RT. v. II, p. 40 e ss.; *Vide*, também, MITIDIERO. **Colaboração no processo civil.** 2. ed. São Paulo: RT. p. 41 e ss.

8 Tem razão Mitidiero ao afirmar que a norma aparece apenas no momento da sua interpretação (**Colaboração no processo civil.** 2. ed. p. 41, nota 86). Trata-se, todavia, de conclusão óbvia, jamais questionada pelos dualistas, visto que sem interpretação não há como estabelecer o significado da lei. A compreensão da vontade da lei depende de análises morfológica e sintática, cujo resultado é influenciado decisivamente pela axiologia. Assim, à luz do dualismo, o juiz declara sim o direito. Ao fazê-lo, ele confere à norma o significado a seu ver correto. Sua conclusão pode não coincidir, e frequentemente não coincide, com a de outro juiz. Isso ocorre exatamente porque cada um levou em consideração sua escala de valores para determinar o sentido do texto legal, ou seja, a norma jurídica. Em outras palavras, o processo de declaração do direito acrescenta sim algo de novo, pois antes da interpretação nada existia. Ao declarar o que a lei quer dizer, o juiz vale-se do processo interpretativo e cria fenômeno até então inexistente: o significado da lei. Essa divergência, salvo engano, acaba sendo meramente terminológica. Aliás, a afirmação feita por mim e criticada por

o direito preexistente[9].

A corrente dualista, defendida enfaticamente por Chiovenda, deve ser compreendida como tentativa de demonstrar a preexistência de uma vontade da lei, concretizada com a verificação do fato e, quando necessário, identificada mediante interpretação judicial.

Nessa medida, o juiz está limitado ao comando legal. Não tem liberdade para julgar segundo sua visão particular do fenômeno, nem à luz do senso comum ou do costume. Não é dele a função de formar a legislação, como ocorria, em certa medida, com o pretor romano. Não age, pois, como formulador do direito. Ao atuá-lo, todavia, o juiz desenvolve árduo trabalho de interpretação, visando a investigar e descobrir essa vontade e fixar o pensamento da lei. Sua conclusão é exteriorizada na sentença e esta constitui a atividade criadora. Entenda-se essa criação, porém, como fenômeno limitado pelo texto da norma abstrata. Ele não tem o poder de corrigi-la ou decidir contra ela. Como bem observa Chiovenda: "Os juízes rigorosamente fiéis à lei conferem aos cidadãos maior garantia e confiança do que os farejadores de novidades em geral subjetivas e arbitrárias"[10].

Daí por que considero legítimo, ainda hoje, falar-se em atuação da vontade concreta da lei, desde que essa expressão seja compreendida como limitação ao poder de criar o texto legal, atividade inerente a outra função estatal. Simples. Basta entender que eventual função criadora do juiz resume-se à possibilidade de extrair o significado do texto legal. Mas essa liberdade encontra limites nas próprias palavras que compõem a regra. Não pode o julgador, por exemplo, reconhecer a plena capacidade civil de alguém com 17 anos de idade. Seu poder de interpretação está diretamente relacionado aos termos utilizados pelo legislador. O menor de 18 anos é relativamente incapaz de praticar atos da vida civil, ainda que laudos médicos atestem o contrário. Mas o prazo de 15 dias para a interposição do recurso pode ser desconsiderado se, ao ver do juiz, houver justa causa, expressão sem conteúdo juridicamente definido[11].

Mitidiero, segundo a qual a atividade jurisdicional visa à declaração da vontade concreta do enunciado normativo de direito material, deve ser compreendida no contexto em que se encontra: destacou-se que a declaração da vontade da lei implica, mediante a interpretação feita pelo juiz, adequação do texto à realidade social e às necessidades do momento (BEDAQUE. **Direito e processo**. 6. ed. p. 74). Não se nega à sentença judicial, portanto, natureza criadora. Entende-se apenas que ela se limita a, mediante declaração do significado do texto legal, reconhecer o direito já existente. As divergências muitas vezes decorrem da má compreensão dos fundamentos de determinado posição doutrinária, causada pela ausência de clareza do expositor ou pela falta de atenção do leitor.

9 Nessa medida, concorda-se integralmente com Humberto Ávila, para quem normas "são os sentidos construídos a partir da interpretação sistemática dos textos normativos" (**Teoria dos princípios.** 7. ed. São Paulo: Malheiros. p. 30). O juiz não cria o texto normativo, que preexiste à interpretação. Ele extrai do texto o respectivo significado. Daí a possibilidade de serem conferidos vários sentidos ao dispositivo legal.

10 **Instituições de direito processual civil.** São Paulo: Saraiva, tradução brasileira. v. I, p. 41/43.

11 *Vide*, BEDAQUE. **Poderes instrutórios.** p. 158 e ss. A propósito da função do juiz na descoberta do significado da norma, Carlos Ayres Britto pondera: "Concluo, citando opinião atribuída a Michelangelo: 'As estátuas não se fazem. Elas já estão feitas no mármore bruto. Eu apenas removo os excessos'. Pois assim é que deve ser o atuar do juiz: apenas desvelar (de retirar os véus) a inteira compostura das normas jurídicas. **Desvelar argumentativamente normas já abrigadas no objeto de sua interpretação** (grifo nosso). Mas fazê-lo com todo empenho, paciência, imparcialidade, independência, sentimento, pensamento e consciência, pois a norma só se dá por inteiro a quem

Considerar o processo pela perspectiva instrumental, com todas as consequências daí decorrentes e suficientemente expostas pelos adeptos dessa construção, ao contrário do que entendem alguns[12], leva à conclusão de que a função do juiz não é exclusivamente técnica, embora esse aspecto não possa ser desconsiderado, mas também ética e política. Lícito afirmar, portanto, que processo não é fenômeno meramente técnico. Na medida em que esse método de solução de controvérsias é criado pelo homem, é fruto de sua cultura e de seus valores. Daí seu caráter ético e axiológico[13].

2.2. Conclusão sobre a natureza da atividade jurisdicional vinculante

Nessa linha de raciocínio, embora a eficácia da interpretação da norma pelo juiz não implique propriamente criação do Direito, ao contrário do sustentado por respeitável doutrina[14], pois ele parte de algo preexistente, cujos limites não podem ser extrapolados, não se pode negar que o resultado desse processo constitui fenômeno inédito, pois ele representa, no entender do juiz, a vontade do legislador, que pode não coincidir com a conclusão de outro juiz sobre a mesma regra.

Assim, identificado o sentido de determinado dispositivo legal, a incidência da solução para situações diversas do caso concreto, inclusive futuras, não constitui criação de regra geral e abstrata pelo julgador[15]. Trata-se, na verdade, de interpretação realizada por determinados órgãos jurisdicionais, à qual estão vinculados os demais integrantes dessa função estatal. A orientação obrigatória resulta do entendimento atribuído a determinado dispositivo preexistente, criado por quem tem o poder de fazê-lo, não pelo juiz. Ao extrair o sentido da regra, ele não pode desconsiderar seu conteúdo e o significado de seus termos. Ainda que equívoca, constituída por expressões

por inteiro se dá a ela" (Poder judiciário: ativismo *versus* proatividade. In: O **Estado de S.Paulo**, 24/05/2015, p. A2.).

12 COSTA, Alexandre Araújo; COSTA, Henrique Araújo. Instrumentalismo e neoinstitucionalismo: uma avaliação das críticas neoinstitucionalistas à teoria da instrumentalidade do processo. In: **Revista Brasileira de Direito Processual**, Belo Horizonte, Editora Fórum, v. 72, out.-dez. 2010, p. 131.

13 OLIVEIRA, Carlos Alberto Alvaro de. O formalismo valorativo no confronto com o formalismo excessivo, **Revista Forense**, v. 388, separata, p. 13/14; *Vide*, também, BEDAQUE. Direito e processo, São Paulo: Malheiros, 6. ed. p. 26 e ss. Segundo Carlos Alberto, formalismo é fenômeno cultural, já a técnica é neutra a respeito da questão axiológica (p. 15). Parece-me, todavia, que a opção por uma ou outra técnica pode implicar maior ou menor preocupação com a forma, além de revelar os valores de quem fez a escolha. Não são fenômenos distintos e ambos estão informados por aspectos axiológicos

14 *Vide* nota acima.

15 Segundo André Ramos Tavares, "a vinculatividade sobrepõe-se à própria eficácia das leis em geral, que é a de alcançar a todos indistintamente (a eficácia *erga omnes*). Nesse sentido, poder-se-ia afirmar que as decisões do Supremo Tribunal Federal sobrepõem-se, em eficácia, às próprias decisões adotadas pelo Congresso Nacional e vertidas em forma de lei" (**Teoria da justiça constitucional.** São Paulo: Saraiva, 2005. p. 231).

abertas, aptas a representar fenômenos distintos, não pode o juiz deixar de observar esses limites. Não seria possível, por exemplo, considerar **provável** a ocorrência do fato constitutivo de um direito se, além de inexistente qualquer adminículo probatório a respeito, tratar-se de acontecimento inverossímil.

Assim, impedir, em determinado processo, a cumulação de comissão de permanência com correção monetária, porque haveria duplicidade de acréscimos da mesma natureza, e conferir eficácia vinculante a tal decisão, significa criar uma orientação a partir de determinado dispositivo ou de um conjunto deles. O enunciado daí resultante – *É vedada a cumulação de comissão de permanência com correção monetária* – não foi criado pelo juiz, pois já existente no ordenamento. Ele é resultado da interpretação judicial, feita à luz de regras previamente criadas pelo legislador.

Essa orientação pode tornar-se vinculante mediante técnica processual. Se tal ocorrer, todos os integrantes do Poder Judiciário a ela sujeitos, devem observá-la. O conteúdo da lei revelado por certos órgãos jurisdicionais pode, portanto, tornar-se obrigatório. A existência de enunciados genéricos, abstratos e vinculantes, como veremos posteriormente, não implica invasão da esfera reservada ao Legislativo, pois eles correspondem ao resultado do legítimo exercício da função jurisdicional.

Nada impede, aliás, a criação de nova lei, conferindo a anterior significado diverso daquele extraído pelo Judiciário em decisão vinculante. A partir de então, perde eficácia a orientação adotada pelo tribunal em qualquer dos mecanismos processuais aptos à uniformização da jurisprudência. Esse fenômeno é admitido mesmo no sistema da *common law*.

Necessário verificar, então, se esse entendimento, adotado indiscutivelmente pelo legislador processual, implica violação à divisão de funções conferidas a cada um dos denominados "poderes do estado".

3. A divisão das funções do Estado

Não obstante a unidade do poder estatal, reconhece-se, desde Aristóteles, Locke, Montesquieu e Jellinek, a existência de funções distintas desempenhadas pelo Estado, no exercício de seu poder, com o fim de possibilitar a convivência das pessoas em sociedade. Ao editar normas gerais, e impessoais, ele cria regra de condutas, impondo a todos determinado comportamento sempre que a situação concreta coincidir com a previsão abstrata (subsunção). Eventual não observância é passível de sanção. Essa atividade é exercida pela denominada função legislativa do Estado, cujo escopo é criar modelos de situações passíveis de verificação concreta e regular a atividade das pessoas nelas envolvidas, incluindo a dele próprio, Estado. Se o destinatário dessas regras de conduta não as observar, outra função estatal aplicará a sanção nelas prevista. Trata-se da jurisdição, que atua normalmente em face de situação concreta. O resultado do exercício do poder estatal pela atividade jurisdicional tem eficácia sobre determinado caso, não se destinando a reger acontecimentos ainda não ocorridos.

Por fim, vislumbra-se a função estatal executiva, incumbida de administrar o próprio Estado, além de proporcionar aos integrantes daquela sociedade bens e serviços necessários à própria subsistência.

Essa rígida separação entre as atividades desenvolvidas pelo Estado não mais subsiste. Elas atuam de forma harmônica e coordenada, admitindo-se a possibilidade da prática anômala por uma, de atos inerentes a outra. Pode-se dizer, aliás, que o poder estatal, nas suas múltiplas manifestações, é exercido por todas as três funções, de modo flexível, sem divisão rigorosa. O que existe é o caráter predominante da atividade de cada uma delas, mas nada obsta o exercício subsidiário, por uma, de função típica atribuída a outra[16].

O art. 2º da Constituição Federal reconhece a existência dos três Poderes (funções) do Estado, aos quais confere independência, embora entre eles deva existir harmonia. Não prevê mais o legislador constitucional alguns consectários da tripartição de poderes, tal como fazia a Constituição de 1967, no parágrafo único do art. 6º: indelegabilidade e proibição de investidura em outras funções. Tais vedações não eram absolutas, pois comportavam exceções previstas na própria Constituição. Por isso, afirmava-se que nenhum deles detinha o monopólio de suas atribuições típicas, podendo exercer, em caráter secundário, funções constitucionalmente atribuídas de forma preponderante aos demais. Destacava-se, todavia, a expressa autorização constitucional para tanto. Essa autonomia visa a evitar a concentração de poderes do Estado e, consequentemente, o despotismo[17]. A excepcionalidade da delegação e a necessidade de previsão na própria Constituição era ressaltada pela doutrina[18].

Não obstante a supressão, foi mantida a divisão entre as funções desenvolvidas pelo Estado, mesmo porque ela "constitui princípio fundamental de limitação da au-

---

16 Cf. BASTOS, Celso. **Curso de direito constitucional.** São Paulo: Saraiva, 1978. p. 135 e ss.; TAVARES, André Ramos. **Curso de direito constitucional.** 5. ed. São Paulo: Saraiva. p. 1.027/1.028. A propósito, a lição de Canotilho merece ser transcrita: "Embora se defenda a inexistência de uma separação absoluta de funções, dizendo-se simplesmente que a uma função corresponde um titular principal, sempre se coloca o problema de saber se haverá um núcleo essencial caracterizador do princípio da separação de poderes e absolutamente protegido pela Constituição. Em geral, afirma-se que a nenhum órgão podem ser atribuídas funções das quais resulte o esvaziamento das funções materiais especialmente atribuídas a outro. Quer dizer: o princípio da separação exige, a título principal, a correspondência entre órgão e função e só admite excepções quando não for sacrificado o seu núcleo essencial. O alcance do princípio é visível quando com ele se quer traduzir a proibição do 'monismo de poder', como o que resultaria, por ex., da concentração de 'plenos poderes' no Presidente da República, da concentração de poderes legislativos no executivo ou da transformação do legislativo em órgão soberano executivo e legiferante". (CANOTILHO, J. J. Gomes. **Direito constitucional e teoria da constituição.** 4. ed. Coimbra: Almedina, 2001).

17 Cf. MELLO FILHO, José Celso de. **Constituição Federal anotada.** São Paulo: Saraiva, 1986. p. 42 e ss., com farta referência bibliográfica.

18 Cf. FERREIRA FILHO, Manoel Gonçalves. **Comentários à Constituição brasileira.** São Paulo, 1977. v. I, p. 63 e 64.

tonomia estatal"[19]. Trata-se, aliás, de cláusula não passível de alteração, mesmo pelo poder derivado de reforma constitucional[20].

Encontra amparo em respeitável doutrina, todavia, a opinião segundo a qual, ante a inexistência de vedação à indelegabilidade no novo texto constitucional, houve alteração da vontade do legislador, devendo a interpretação da norma ser adaptada a essa realidade. Em consequência, embora mantida, a separação de Poderes comportaria maior flexibilidade, sendo admissível a delegação por regra infraconstitucional[21].

4. Vinculação prevista em lei ordinária

Traçado esse quadro, necessário enfrentar a questão da eventual inconstitucionalidade do efeito vinculante conferido a decisões judiciais pelo legislador processual, sem alteração constitucional.

Já antecipo meu entendimento. Admitida a premissa inexorável de que compete ao juiz construir o sentido da norma, visto que a letra da lei sempre comportará mais de um significado, não me parece haver óbice a que o legislador processual adote técnicas destinadas a conferir força vinculante a determinadas decisões, visando a uniformizar a interpretação do Direito.

Aliás, soluções semelhantes já existem no sistema brasileiro, como a extensão a terceiro da imutabilidade de sentença proferida em processo versando sobre interesses difusos, coletivos e individuais homogêneos (Lei nº 8.078, de 11/09/1990, art. 103). A técnica é diversa, mas o resultado é análogo, ou seja, em certa medida, a decisão vinculará terceiros, não podendo o julgador deixar de observá-la[22].

Assim, nada obsta que o legislador ordinário reconheça essa eficácia em relação a situações às quais seja possível aplicar a regra formulada em acórdãos resultantes de certos incidentes verificados no âmbito dos tribunais (demandas repetitivas, assunção de competência, repercussão geral, recursos repetitivos), de enunciados de súmulas do STF e do STJ, bem como de orientações do plenário e órgão especial (NCPC, art. 927).

Além do mais, esse entendimento vai ao encontro do sistema constitucional, que confere ao Supremo Tribunal Federal a guarda da Constituição e, em consequência, o poder de decidir em última instância, mediante controle concentrado ou difuso, sobre a constitucionalidade das leis (CF, arts. 102, *caput,* incs. I, *a* e III; 103-A). Nessa mesma linha, ao Superior Tribunal de Justiça compete julgar, em caráter definitivo, controvérsia sobre direito federal, bem como uniformizar a jurisprudência sobre o entendimento dessas normas (CF, art. 105, inc. III). Como esses Tribunais Superiores não

---

19 MELLO FILHO, José Celso de. Op. cit., p. 42.

20 Cf. FERRAZ, Ana Cândida da Cunha. **Conflito entre poderes.** São Paulo: RT, 1994. p. 21.

21 Cf. FERRAZ, Ana Cândida da Cunha. Op. cit., p. 45 e ss. A autora ressalva, todavia, a existência de entendimento contrário, defendido por parcela significativa de constitucionalistas, entre os quais, José Afonso da Silva, Luís Roberto Barroso e Manoel Gonçalves Ferreira Filho (*vide* p. 47).

22 Cf. ZAVASCKI, Teori. **Eficácia das sentenças na jurisdição constitucional.** 2. ed. São Paulo: RT. p. 41.

examinam legislação estadual, cabe aos tribunais dos Estados a decisão final sobre a interpretação desse direito.

À luz dessas considerações, não obsta a criação, pelo legislador ordinário, de técnicas destinadas a tornar vinculantes orientações consubstanciadas em enunciados dessas Cortes, visando a dar cumprimento à função a elas atribuída pelo legislador constitucional. Se receberam da Constituição a atribuição de definir a interpretação adequada de determinada norma – constitucional, federal e estadual, respectivamente – razoável a regulamentação dessa atividade pelo Código de Processo Civil, de modo a tornar vinculantes as decisões proferidas em incidentes destinados exatamente ao cumprimento desse escopo constitucional.

5. Precedentes à brasileira

O NCPC faz referência à expressão *precedentes* em poucos dispositivos. Um deles (art. 926, § 2º) determina: "Ao editar enunciados de súmula, os tribunais devem ater-se às circunstâncias fáticas dos precedentes que motivaram sua criação".

Esta é a única remissão ao aspecto fático do precedente, cujo significado identifica-se com a ideia de julgamentos com base em que extrai-se o enunciado. Este, e não o precedente, tornar-se-á obrigatório.

Em outra oportunidade, todavia, denomina precedente a decisão proferida em "*julgamento de casos repetitivos ou em incidente de assunção de competência*" (art. 988, IV), cuja resultado, na verdade, configura tese sobre questão de direito (arts. 947, § 4º, 984, § 2º e 985, § 1º), que dispensa, em princípio, consideração da matéria fática controvertida.

Nessa mesa linha, após enumerar as decisões, orientações e enunciados cuja observância constitui dever dos juízes (art. 927), estabelece: "*Os tribunais darão publicidade a seus precedentes, organizando-os por questão jurídica decidida e divulgando-os, preferencialmente, na rede mundial de computadores (§ 5º)*".

Então, as decisões, orientações e enunciados vinculantes constituem o fenômeno denominado ***precedente*** pelo legislador?

Parece ser essa a ideia, muito embora não haja uniformidade quanto ao significado das expressões. Vejamos o porquê. Em primeiro lugar, determina seja a jurisprudência uniformizada e mantida estável, íntegra e coerente (art. 926). Feito isso, devem ser editados os respectivos enunciados de súmula (art. 926, § 1º), que passam a constituir precedentes, aos quais deve ser dada publicidade, na forma do art. 927, § 5º[23].

Prossigamos. Também não se considera fundamentada a decisão que "*se limitar a invocar precedente ou enunciado de súmula, sem identificar seus fundamentos determinantes nem demonstrar que o caso sob julgamento se ajusta àqueles funda-*

---

23 Ao contrário do afirmado por Carlos Alberto de Salles, portanto, o NCPC não trata indistintamente os fenômenos jurisprudência e precedente (cf. Precedentes e jurisprudência no novo CPC: novas técnicas decisórias? In: **O novo código de processo civil, questões controvertidas**. Obra coletiva. São Paulo: Gen/Atlas, 2015. p. 80).

mentos" ou que "*deixar de seguir enunciado de súmula, jurisprudência ou precedente invocado pela parte, sem demonstrar a existência de distinção no caso em julgamento ou a superação do entendimento*" (art. 489, § 1º, V e VI).

Ora, o enunciado de súmula não é criado a partir de precedentes, conforme estabelece o art. 926, § 2º? Precedente e enunciado são sinônimos (art. 489, § 1º, V)? Qual a diferença, para o legislador, entre enunciado de súmula, jurisprudência e precedente? A meu ver, nenhuma conclusão pode ser extraída dos textos legais. A confusão deve-se, provavelmente, à má utilização do termo *precedente*, importado do sistema da *common law* sem a necessária correspondência semântica.

O exame dos enunciados de Súmulas Vinculantes, Repercussão Geral e Recursos Repetitivos confirma a conclusão, pois todos expressam, na verdade, teses gerais que poderiam transformar-se em dispositivos legais. Descrevem situações abstratas, extraídas de julgamentos anteriores, e impõem soluções a serem adotadas no futuro. Serão aplicadas desde que a elas se subsumam fatos concretos. Não correspondem, portanto, à ideia de *precedentes*.

Vejamos alguns exemplos de interpretações feitas pelo Poder Judiciário, cujo resultado configura verdadeira norma abstrata. Transcrevi várias, para possibilitar ao leitor a verificação do caráter genérico e abstrato desses enunciados, cuja formulação não leva em conta aspectos específicos do caso concreto:

A) Súmulas Vinculantes

nº 2: É inconstitucional a lei ou ato normativo estadual ou distrital que disponha sobre sistemas de consórcios e sorteios, inclusive bingos e loterias.

nº 5: A falta de defesa técnica por advogado no processo administrativo disciplinar não ofende a Constituição.

nº 12: A cobrança de taxa de matrícula nas universidades públicas viola o disposto no art. 206, IV, da Constituição Federal.

nº 21: É inconstitucional a exigência de depósito ou arrolamento prévios de dinheiro ou bens para admissibilidade de recurso administrativo.

nº 28: É inconstitucional a exigência de depósito prévio como requisito de admissibilidade de ação judicial na qual se pretenda discutir a exigibilidade de crédito tributário.

nº 38: É competente o Município para fixar o horário de funcionamento de estabelecimento comercial.

nº 41: O serviço de iluminação pública não pode ser remunerado mediante taxa.

nº 54: A medida provisória não apreciada pelo congresso nacional podia, até a Emenda Constitucional 32/2001, ser reeditada dentro do seu prazo de eficácia de trinta dias, mantidos os efeitos de lei desde a primeira edição.

nº 55: O direito ao auxílio-alimentação não se estende aos servidores inativos.

B) Repercussão Geral

1. O art. 1º-F, da Lei nº 9.494/1997, que fixa os juros moratórios nas ações ajuizadas contra a Fazenda Pública no patamar de 6%, é de ser aplicado tão somente às demandas ajuizadas após a sua entrada em vigor.

2. Os servidores públicos militares, que foram contemplados com reajustes inferiores (concedidos pelas Leis nº 8.622/1993 e nº 8.627/1993), têm direito às diferenças entre estes e o índice de 28,86%.

3. O reajuste de 28,86% incide sobre a remuneração do servidor, o que inclui o vencimento básico (servidor público civil) ou o soldo (militar), acrescido das parcelas que não os têm como base de cálculo.

4. A correção monetária deve incidir a partir da data em que deveria ter sido efetuado o pagamento de cada parcela.

5. É obrigatória a observância pelos Estados e Municípios dos critérios previstos na Lei Federal nº 8.880/1994 para a conversão em URV dos vencimentos e dos proventos de seus servidores.

6. Descabe exigir do INSS o depósito prévio do preparo para fins de interposição de recurso em ação que tramita perante a Justiça Estadual, podendo a autarquia efetuar o pagamento do preparo ao final da demanda, se vencida.

7. A dispensa de reexame necessário, quando o valor da condenação ou do direito controvertido for inferior a sessenta salários mínimos, não se aplica a sentenças ilíquidas.

8. Os débitos previdenciários remanescentes pagos mediante precatório, devem ser convertidos, à data do cálculo, em quantidade de Unidade Fiscal de Referência – Ufir ou em outra unidade de referência oficial que venha a substituí-la.

9. É devida a pensão por morte aos dependentes do segurado que, apesar de ter perdido essa qualidade, preencheu os requisitos legais para a obtenção de aposentadoria até a data do seu óbito.

10. Importa em interrupção da prescrição a confissão realizada por meio de certidão individual emitida pelo Tribunal de Justiça [...], acerca da existência de dívida de valor consolidado em favor de servidor público integrante de seu respectivo Quadro.

11. As instituições financeiras não se sujeitam à limitação dos juros remuneratórios estipulada na Lei de Usura (Decreto nº 22.626/1933), Súmula 596/STF.

12. A estipulação de juros remuneratórios superiores a 12% ao ano, por si só, não indica abusividade.

13. São inaplicáveis aos juros remuneratórios dos contratos de mútuo bancário as disposições do art. 591 c/c o art. 406 do CC/2002.

14. É admitida a revisão das taxas de juros remuneratórios em situações excepcionais, desde que caracterizada a relação de consumo e que a abusividade (capaz de colocar o consumidor em desvantagem exagerada (art. 51, § 1º, do CDC) fique cabalmente demonstrada, ante às peculiaridades do julgamento em concreto.

15. A simples propositura da ação de revisão de contrato não inibe a caracterização da mora do autor.

16. A incidência de atualização monetária nas indenizações por morte ou invalidez do seguro DPVAT, prevista no § 7º do art. 5º da Lei nº 6.194/1974, redação dada pela Lei nº 11.482/2007, opera-se desde a data do evento danoso.

17. Em ação monitória fundada em cheque prescrito, ajuizada em face do emitente, é dispensável menção ao negócio jurídico subjacente à emissão da cártula.

18. É válida a intimação do representante da Fazenda Nacional por carta com aviso de recebimento (art. 237, II, do CPC) quando o respectivo órgão não possui sede na Comarca de tramitação do feito.

19. Inexiste óbice à penhora, em face de dívidas tributárias da matriz, de valores depositados em nome das filiais.

20. A pretensão de cobrança e a pretensão a diferenças de valores do seguro obrigatório (DPVAT) prescrevem em três anos, sendo o termo inicial, no último caso, o pagamento administrativo considerado a menor.

21. Incide imposto de renda sobre o adicional de 1/3 (um terço) de férias gozadas.

C) Súmulas do STJ

nº 572: O Banco do Brasil, na condição de gestor do Cadastro de Emitentes de Cheques sem Fundos (CCF), não tem a responsabilidade de notificar previamente o devedor acerca da sua inscrição no aludido cadastro, tampouco legitimidade passiva para as ações de reparação de danos fundadas na ausência de prévia comunicação.

nº 571: Taxa progressiva de juros não se aplica às contas vinculadas ao FGTS de trabalhadores qualificados como avulsos.

nº 570: Compete à Justiça Federal o processo e julgamento de demanda em que se discute a ausência de ou o obstáculo ao credenciamento de instituição particular de ensino superior no Ministério da Educação como condição de expedição de diploma de ensino a distância aos estudantes.

nº 569: Na importação, é indevida a exigência de nova certidão negativa de débito no desembaraço aduaneiro, se já apresentada a comprovação da quitação de tributos federais quando da concessão do benefício relativo ao regime de *drawback*.

nº 568: O relator, monocraticamente e no Superior Tribunal de Justiça, poderá dar ou negar provimento ao recurso quando houver entendimento dominante acerca do tema.

nº 567: Sistema de vigilância realizado por monitoramento eletrônico ou por existência de segurança no interior de estabelecimento comercial, por si só, não torna impossível a configuração do crime de furto.

nº 566: Nos contratos bancários posteriores ao início da vigência da Resolução-CMN nº 3.518/2007, em 30/4/2008, pode ser cobrada a tarifa de cadastro no início do relacionamento entre o consumidor e a instituição financeira.

nº 565: A pactuação das tarifas de abertura de crédito (TAC) e de emissão de carnê (TEC), ou outra denominação para o mesmo fato gerador, é válida apenas nos contratos bancários anteriores ao início da vigência da Resolução-CMN nº 3.518/2007, em 30/04/2008.

nº 564: No caso de reintegração de posse em arrendamento mercantil financeiro, quando a soma da importância antecipada a título de valor residual garantido (VRG) com o valor da venda do bem ultrapassar o total do VRG previsto contratualmente, o arrendatário terá direito de receber a respectiva diferença, cabendo, porém, se estipulado no contrato, o prévio desconto de outras despesas ou encargos pactuados.

nº 563: O Código de Defesa do Consumidor é aplicável às entidades abertas de previdência complementar, não incidindo nos contratos previdenciários celebrados com entidades fechadas.

Examinados tais enunciados (ou precedentes?) confesso ter dificuldade em cumprir a exigência legal quanto à distinção entre "o caso em análise e o precedente invocado" para tornar admissível o agravo em recurso especial ou extraordinário (art. 1.042, § 1º, I). Não haverá situações em que o "caso em análise" seja distinto daquele que deu origem ao enunciado da súmula ou da jurisprudência, mas, apesar disso, seja aplicável a mesma tese jurídica? Pensemos no exemplo da cumulação de comissão de permanência com correção monetária. Estabelecida a vedação em decisão vinculante, pouco importa a situação de direito material em que prevista a cumulação. Bastaria, então, na identificação do caso em análise, da situação genérica descrita no enunciado (ou no precedente?)? Suficiente a verificação da cobrança cumulativa.

5.1. Precedente na common law

Tentemos compreender o processo de formação do precedente, no sistema da *common law*:

> O precedente fornece uma regra (universalizável, como já foi dito) que pode ser aplicada como critério de decisão no caso sucessivo em função da **identidade ou – como acontece em regra – da analogia entre os fatos do primeiro caso e os fatos do segundo caso**. Naturalmente, a analogia das duas *fattispecie* concretas não é determinada *in re ipsa*, mas é afirmada ou excluída pelo juiz do caso sucessivo conforme este considere prevalentes os elementos de identidade ou os elementos de diferença entre os fatos dos dois casos. **É, portanto, o juiz do caso sucessivo que estabelece se existe ou não existe o precedente** e desta forma – por assim dizer – "cria" o precedente. Além desse perfil – sobre o qual voltarei em seguida –, fica claro que a estrutura fundamental do raciocínio que sustenta e aplica o precedente ao caso sucessivo **é fundada na análise dos fatos**. Se esta análise justifica a aplicação ao segundo caso da ***ratio decidendi*** aplicada ao primeiro, o precedente é eficaz e pode determinar a decisão do segundo caso. Note-se que, quando se verificam estas condições, um só precedente é suficiente a fundamentar a decisão do caso sucessivo. **O emprego da jurisprudência tem características bastante diversas. Primeiramente, falta a análise comparativa dos fatos, ao menos na grandíssima maioria dos casos**. Aqui, o problema depende daquilo que em verdade "constitui" a jurisprudência: trata-se, como se sabe, sobretudo dos enunciados elaborados pelo departamento competente que existe junto à Corte de Cassação. **A característica mais importante dos enunciados é que se trata de formulações verbais, concentradas em uma ou em poucas frases, que têm por objeto regras jurídicas**. Estas regras têm normalmente um conteúdo mais específico em comparação com o ditado textual da norma da qual constituem uma interpretação, mas são também sempre formulados como regras, ou seja, como enunciações gerais e de conteúdo normativo. Não é por acaso que os repertórios de jurisprudência se assemelham a codificações mais detalhadas daquelas que representam os Códigos verdadeiros e próprios, não obstante continuem sendo "repertórios de normas". O discurso sobre os enunciados, sobre sua utilidade e sobre sua confiabilidade poderia ser bastante longo. Aqui, somente vale a pena observar que – pelo que eu sei – um departamento como aquele do Massimario existe apenas na Itália e que os sistemas nos quais vige a regra do precedente não conhecem nada de similar aos nossos

> enunciados: naqueles ordenamentos, de fato, o precedente é constituído pelo inteiro teor da sentença e não de trechos mais ou menos sintéticos extraídos da motivação em direito. Aqui, portanto, uma primeira diferença assaz relevante: **em regra, os textos que constituem a nossa jurisprudência não incluem os fatos que foram objeto das decisões, por isso a aplicação da regra formulada em uma decisão precedente não se funda sobre analogia dos fatos, mas sobre subsunção da fattispecie sucessiva em uma regra geral**. Este *modus operandi* é assim profundamente enraizado nos nossos costumes, de não consideram os fatos, não apenas os enunciados, como também quando se dispõe do inteiro texto da sentença. Na verdade, se o texto é publicado em uma revista, normalmente os fatos do caso são cobertos pelos *omissis*[24] (grifos nossos).

Segundo os ensinamentos de TARUFFO, as características dos dois sistemas (*common law* e *civil law)*, no que se refere a decisões vinculantes são:

a) o entendimento adotado em determinado processo – precedente – pode ser adotado em outro, posterior, se os fatos forem idênticos ou análogos;

b) o juiz do segundo processo, ao adotar a solução anterior, acaba por reconhecer a existência de precedente;

c) para aplicação do precedente é imprescindível o exame dos fatos, com base nos dos quais determina-se a *ratio decidendi*;

d) a decisão com fundamento em entendimento jurisprudencial prescinde da comparação fática, pois adotam-se enunciados sintéticos, cujo objeto são regras jurídicas;

e) o enunciado constitui verdadeira regra formulada em decisão anterior, independentemente dos fatos, à qual se subsume outra *fattispecie*.

Na doutrina brasileira, a distinção foi bem examinada em texto sobre tratamento do tema pelo NCPC. Segundo essa autorizada lição, o termo *precedente* não tem mais o significado de outrora e admitido ainda hoje nos países da *common law*, qual seja, o de decisão proferida pelos tribunais, com fundamento não na lei escrita, mas nos usos e costumes, cujo entendimento é aplicável a situações futuras versando sobre temas idênticos ou semelhantes. Trata-se de expressão característica de sistemas em que prevalece o direito costumeiro-jurisprudencial:

> Falava-se em "precedente" para se referir a um pronunciamento judicial proferido no passado e identificado, em um momento posterior, como sendo um subsídio relevante ou decisivo para a resolução de novos casos, em que a mesma ou análoga questão se ponha. Assim, por ocasião de seu proferimento, a decisão não era desde logo qualificada como um "precedente" (ainda que, muitas vezes, já fosse fácil antever que no futuro ela assumiria essa função). Nesse sentido tradicional, o precedente é identificado como tal não no momento em que é emitido, mas depois, quando invocado, interpretado e utilizado como subsídio ou baliza para uma nova decisão. Ou seja, nessa acepção, é uma visão retrospectiva que nos permite identificar os precedentes.
>
> Como dito, esse foi tradicionalmente o sentido de "precedente" no sistema brasileiro, tal como ainda o é em ordenamentos estrangeiros. Quando o caso *Marbury versus Madison* foi

24 TARUFFO, Michele. Precedente e jurisprudência, **Revista de Processo**, v. 199, p. 139, set. 2011, DTR.

julgado pela Suprema Corte americana não se anunciou, com pompa e circunstância, que estava sendo emitido o precedente que reconhecia a possibilidade de controle jurisdicional difuso de constitucionalidade das leis nos Estados Unidos. De fato, foi esse o papel que tal julgamento assumiu. Mas essa sua função de precedente veio a ser identificada algum tempo depois, já como resultado da leitura e aplicação que dele fizeram a doutrina e decisões subsequentes[25].

Fenômeno semântico, todavia, teria influído na etimologia dessa expressão, implicando alteração de seu significado:

Mas, sem prejuízo da valia e serventia dessa primeira acepção (que continua e continuará a vigorar entre nós), recentemente, por uma figura de linguagem, passou-se a usar o termo "precedente" para indicar, de modo mais amplo, pronunciamentos judiciais que, já quando são emitidos, nascem com a declarada finalidade de servir de parâmetro, de vincular, em maior ou menor grau, decisões judiciais (ou mesmo atos administrativos e até condutas privadas) subsequentes, que versem sobre casos em que se ponha a mesma questão jurídica[26].

5.2. Precedente ou enunciado no Brasil

Aceita a utilização do termo "precedente" com tal significado, que não corresponde ao adotado nos países da *common law*, até a vigência do Código de 2015 havia no sistema brasileiro duas decisões judiciais com força vinculante, ou seja, dotadas de obrigatoriedade e aptas a reger situações futuras submetidas ao Poder Judiciário: súmulas vinculantes e julgamentos proferidos em controle abstrato de constitucionalidade, ambas previstas não apenas na legislação ordinária, mas também no plano constitucional (CF, arts. 102, §§ 1º e 2º, e 103-A; Lei nº 9.868/1999, art. 11, § 1º, art. 12-F, § 1º, art. 21, art. 28, parágrafo único; Lei nº 9.882/1999, arts. 5º, § 3º, e 10, § 3º; Lei nº 11.417/2006, art. 7º).

Como já visto, o NCPC ampliou consideravelmente esse rol, estendendo a eficácia vinculante a outras manifestações jurisdicionais. Com isso, o legislador processual criou "precedentes vinculantes" não autorizados pela Constituição. Não têm caráter meramente persuasivo nem configuram técnica destinada a simplificar e agilizar decisões sobre situações já decididas anteriormente. Os denominados "precedentes vinculantes" do NCPC tornam obrigatória a respectiva decisão, que será necessariamente aplicada a situações futuras.

Há, todavia, entendimento segundo o qual não houve alteração substancial no sistema brasileiro:

Na *civil law*, modelo em que se enquadra o Brasil, o primado é da lei positivada. Isso, porém não significa que as decisões judiciais limitem-se a declarar ou descobrir o sentido da lei. O

25 TALAMINI, Eduardo. O que são os "precedentes vinculantes" no CPC/15, **Migalhas**, 23/03/1916.

26 TALAMINI, Eduardo. Op. cit.

> direito é fato, valor e norma. O texto escrito da lei, em si, pouco representa. O seu significado não é meramente extraído, mas construído, definido, não apenas a partir da letra da lei (que não deixa de ser elemento de grande importância), mas também dos valores sociais, políticos, econômicos, culturais reinantes na sociedade. Esse papel construtivo é atribuído não apenas aos órgãos judiciais, mas a todos aqueles que aplicam, vivenciam, diariamente o direito. Esse fenômeno, sempre presente no direito da *civil law*, intensificou-se a partir da Segunda Guerra Mundial – até mesmo como uma reação ao fato de que um ordenamento positivado tenha se prestado a legitimar atrocidades como as praticadas pelo regime nazista. Estabeleceram-se sistemas de Constituições rígidas e se multiplicaram as normas com caráter principiológico e (ou) que empregam conceitos jurídicos indeterminados e cláusulas gerais, de modo que, cada vez mais, a definição do sentido e alcance do comando normativo depende da consideração particularizada dos valores reinantes na sociedade. Nesse contexto, as decisões jurisdicionais assumem especial importância – seja para definir soluções para o caso concreto, seja para produzir diretrizes jurisprudenciais que contribuem para a própria conformação do ordenamento jurídico como um todo.
>
> Assim, o CPC/15 não inaugura um novo modelo de fontes do direito. O cenário acima descrito já se punha antes e independentemente dele. O Código, portanto, não é causador de nenhuma alteração de paradigmas. Antes, ele é o reflexo de paradigmas que foram gradativamente se alterando nos últimos cinquenta ou sessenta anos. As regras que atribuem força vinculante a determinados precedentes não alteram as balizas do direito material. São mecanismos eminentemente processuais – ainda que engendrados tendo-se em vista as necessidades e peculiaridades do atual sistema jurídico[27].

Sobre essa respeitada construção, reitero ponderação já feita no início deste texto. O juiz constrói o significado do texto legal. Nessa medida, considerados os valores levados em conta pelo julgador, é perfeitamente possível que o mesmo dispositivo ganhe interpretações diversas e, em consequência, sentidos diferentes. Em síntese, da mesma regra podem ser extraídas (ou construídas) conclusões até mesmo antagônicas.

A eficácia vinculante de uma determinada decisão, tal como prevista pelo legislador processual, implica a impossibilidade de se adotar outro entendimento sobre aquela regra legal ou aquele conjunto de regras. Apesar disso, não me parece tenha o NCPC conferido a certas decisões judiciais natureza de fonte primária do Direito. Embora não possa o julgador atribuir à mesma norma entendimento diverso daquele adotado no precedente vinculante, ele tem por fundamento determinada regra legal, esta sim, fonte primária. Eventual demanda judicial terá de ser decidida em conformidade com o significado atribuído a ela pelo denominado precedente, ainda que, em tese, fosse possível outra interpretação. Deve prevalecer, todavia, aquela feita por determinado órgão jurisdicional, à qual o legislador conferiu efeito vinculante. O julgador construiu o significado da regra, não a criou. Ao fazê-lo, exerceu função tipicamente jurisdicional. Não há, portanto, invasão indevida da esfera de atividades reservada ao Legislativo, que pode, a qualquer tempo, formular nova regra geral e abstrata sobre o tema, regulando-o de maneira diversa daquela adotada no *precedente* (ou enunciado) vinculante.

27 TALAMINI, Eduardo. Op. cit.

De qualquer modo, é preciso afastar qualquer identidade entre o significado atribuído pelo legislador brasileiro à expressão *precedente* e aquele concebido nos países da *common law*. Para tanto, deve-se levar em conta que a força vinculante a ele conferida naquele sistema decorre de aspectos completamente estranhos à *civil law*. Lá, as decisões amparam-se em costumes e orientações já adotadas anteriormente em situações idênticas. Daí a relevância dos fatos utilizados como fundamento. Só é admissível invocar determinada decisão como precedente, para fundamentar o julgamento, se houver identidade em relação aos aspectos fáticos das demandas. A *ratio decidendi*[28] é, portanto, aproveitada[29]. No Direito brasileiro, a importância dos fatos é reduzida, na medida em que é suficiente a subsunção da situação examinada à descrição abstrata feita pelo legislador ou já interpretada, também em termos genéricos, nos enunciados vinculantes. Basta, portanto, que o juiz esclareça o fato de que X não autorizou expressamente a propositura de ação civil pública pela associação a que pertence, para justificar o reconhecimento da impossibilidade de os efeitos da decisão estenderem-se a ele. Essa tese foi fixada em repercussão geral pelo Supremo Tribunal Federal, no julgamento de determinada situação de direito material, cujas especificidades são irrelevantes. Trata-se de precedente vinculante, a ser aplicado a qualquer decisão futura, ainda que a controvérsia verse sobre fundamentos fáticos diferentes daqueles discutidos no processo em que a tese foi fixada.

Por tais razões, se a *ratio decidendi "corresponde ao entendimento jurídico emergente de um precedente que vinculará a decisão dos casos futuros"*, que não pode ser excessivamente amplo ou genérico, para não abranger fatos não considerados anteriormente, sendo aconselhável *"a perquirição sobre qual foi o conjunto de fatos sobre os quais se erigiu a solução do caso, proposta pelo método fático-concreto, pode ser fundamental para evitar a afirmação de um precedente abrangente demais"*[30], tenho sérias dúvidas sobre a utilidade desse conceito para nossa realidade. Como visto, o "precedente brasileiro" confunde-se com a ideia de enunciado, ou seja, entendimento sobre o significado de uma ou de um conjunto de normas legais. Assim, para incidência do "precedente à brasileira", basta a subsunção da situação fática à descrição abstrata e genérica do enunciado.

---

28 Sobre a distinção entre *ratio decidendi* e *obter dictum*, cf. TARUFO, Michele. Op. cit., p. 4 e TARUFO, Michele. Dimensioni del precedente giudiziario, **Rivista Trimestrale di Diritto e Procedura Civile**, Milano, Giufrè, 1994, p. 419/422; PICARDI, Nicola. Appunti sul precedente giudíziale, **Rivista Trimestrale di Diritto e Procedura Civile**, Milano, Giufrè, marzo 1985, p. 205; BARROSO, Luís Roberto. Trabalhando com uma nova lógica: a ascensão dos precedentes no direito brasileiro, **Conjur**, 28/10/2016.

29 Carlos Alberto de Salles define corretamente o fenômeno. Precedente configura "técnica decisória pela qual a identidade de um julgado e de um caso submetido a julgamento permite que o subsequente se baseie nas mesmas razões de decidir daquele anterior. O "precedente" nasce no segundo caso, no qual se invoca o antecedente como razão de decidir. O juiz do caso sucessivo é quem estabelece se existe ou não o procedente e, ao identifica-lo, "cria" o precedente. Sendo idênticos os casos, decide-se o segundo em conformidade ao que se decidiu no primeiro" (Op. cit., p. 81).

30 BARROSO, Luís Roberto. Trabalhando com uma nova lógica: a ascensão dos precedentes no direito brasileiro, **Conjur**, 28/10/2016.

O enunciado segundo o qual é vedada a cumulação de correção monetária com comissão de permanência está fundado no fato de que esta última já contém a atualização. Se esta for a *ratio decidendi*, não há necessidade de a decisão vinculada fazer qualquer referência a respeito. Basta a menção ao enunciado vinculante. Daí por que, talvez, nosso modelo de decisões vinculantes não guarde semelhança com o vigente na *common law*.

Não se trata de conclusão peremptória, mesmo porque a falta de conhecimento profundo sobre o tema impede-me de alçar grandes voos.

Com essa observação e o reconhecimento – após muita reflexão e, confesso, sérias dúvidas no início – da constitucionalidade da técnica, espera-se possa o mecanismo contribuir para o aperfeiçoamento do sistema. Para tanto, a aguardada redução da quantidade de processos deve ser acompanhada da preocupação com a qualidade dos julgamentos. Os enunciados ou precedentes devem limitar-se à interpretação do ordenamento jurídico, não sendo admissível ignorar-se o significado das expressões utilizadas pelo legislador. A Constituição confere à função jurisdicional o poder de identificar o significado das normas, não de criá-las.

Se não for assim, viveremos mais uma expectativa frustrada...

UM TRIBUTO AO PROFESSOR FRANCISCO DE PAULA BAPTISTA[1]

Paulo Cezar Pinheiro Carneiro

Francisco de Paula Baptista, Professor Titular de Processo Civil da Faculdade de Direito do Recife, foi, sem dúvida, o maior processualista do século XIX no Brasil, e um dos grandes de todo o mundo na época. Estava muito à frente do seu tempo. Criativo e inovador, contribuiu decisivamente para a autonomia do Direito Processual Civil com importantes conceitos que o Direito alemão ainda iria desenvolver, com maior alarde, no futuro.

Nasceu no dia 04 de fevereiro de 1811, bacharelou-se em 1833, na antiga Faculdade de Direito de Olinda. Logo no ano seguinte à sua formatura, defendeu tese – sistema, à época, próximo de um doutorado – e foi nomeado professor substituto, em 1835, com 24 anos de idade, na mesma instituição em que se formou, onde permaneceu durante 46 anos. Foi um dos fundadores da Academia Brasileira de Letras Jurídicas, sendo patrono da cadeira nº 38. Aposentou-se compulsoriamente aos 70 anos de idade, em1881, falecendo em maio do mesmo ano.

Naquele período, primeira metade do século XIX, a partir da instalação dos cursos jurídicos no Brasil (1827, Olinda e São Paulo), começaram a despontar, dentre os formandos, os futuros juristas brasileiros, dentre eles: Pimenta Bueno, Nabuco de Araujo, Paula Baptista, Cândido Mendes de Almeida, Teixeira de Freitas, Joaquim Inácio de Ramalho, que publicaram importantes obras, que até então, com exceção de alguns trabalhos sobre Filosofia do Direito, eram reserva de autores portugueses[2].

Paula Baptista publicou dois livros, duas "pequenas-grandes" joias do Direito Processual Civil. O primeiro, em 1855, Compêndio de Teoria e Prática do Processo Civil e Comercial para uso das Faculdades de Direito do Império, publicado pela Tipografia Universal no Recife. O segundo, A Hermenêutica Jurídica, no ano de 1860. Posteriormente, no ano de 1872, seus dois livros foram revistos, ampliados e reunidos em uma única obra intitulada Teoria e Prática do Processo e a Hermenêutica Jurídica.

O mestre estabeleceu novo modelo de escrever: com simplicidade, brevidade e precisão. Seu primeiro livro, já mencionado, um verdadeiro curso (guia) de processo

---

1 Este artigo é uma homenagem ao Professor e Acadêmico Luiz Fux, que me saudou por ocasião da minha posse na Academia Brasileira de Letras Jurídicas, cadeira nº 38, cujo patrono é o Professor Francisco de Paula Baptista.

2 Com mais detalhes sobre as obras dos grandes juristas da época, *vide* o livro de DUTRA, Pedro. **Literatura jurídica no Império**. Rio de Janeiro: Topbooks Editora e Distribuidora Ltda., 1992.

civil para os seus alunos; o segundo, sobre hermenêutica jurídica, considerado "outra obra-prima" por CLÓVIS BEVILÁQUA, não teve rival até 1923, com o surgimento do livro, sobre o mesmo tema, de CARLOS MAXIMILIANO[3].

BUZAID, em artigo escrito em homenagem a PAULA BAPTISTA, afirmou que:

> [...] a sua bagagem científica é realmente pequena no tamanho, porém grande no esplendor do seu gênio, na independência do seu espírito e na repercussão da sua obra em que se revelou um precursor, que antecipando-se aos demais, quase meio século, reuniu, ordenou e sistematizou os elementos para a revisão científica do direito processual civil[4].

O Compendio de PAULA BAPTISTA sobre a Teoria e Prática do Processo Civil e Comercial foi reeditada em 1988 pela Saraiva, São Paulo, com apresentação do Professor JOSÉ IGNÁCIO DE BOTELHO DE MESQUITA[5], que enalteceu a obra afirmando ser ela "sem dúvida o ponto de partida da moderna ciência processual brasileira [...], que os interessados lerão com extraordinária facilidade, como se fora obra para os dias de hoje, tão avançado era o seu método em relação à época".

É muito importante entender o panorama da Justiça Civil na primeira metade do século XIX. Ela era regulada pelo Livro III das Ordenações Filipinas, modificado por algumas leis, destacando-se, dentre elas, a disposição provisória acerca da Justiça Civil, anexa à Lei de 29 de novembro de 1832 que promulgou o Código de Processo Criminal do Império. Somente em 1850 surgiu o festejado Regulamento 737, regrando, pela primeira vez, o processo civil e comercial brasileiro, tendo sido considerado, à época, um monumento legislativo e que influenciou, fortemente, na fase republicana, os Códigos de Processo Civil dos Estados da Federação.

Naquela quadra, o Direito Processual Civil era considerado apenas um ramo do Direito Civil. A doutrina via a ação como um mero apêndice, um simples aspecto do direito subjetivo ameaçado ou violado dentro de um quadro predominantemente civilista, privatista, que tinha como protagonistas exclusivos as partes. Era considerado um negócio jurídico. Não se falava em autonomia do processo e, muito menos, na teoria publicista da relação processual.

Neste seu primeiro livro, antes mencionado, Compêndio de Teoria e Prática de Processo Civil, o Prof. PAULA BAPTISTA já avançava, e muito, definindo a ação como um direito autônomo do direito subjetivo material[6], extraindo importantes conclusões

---

3 BEVILÁQUA, Clóvis. **História da Faculdade de Direito do Recife**, editora Universitária, coleção nordestina, republicação da segunda e última edição, comemorativa do sesquicentenário da instauração dos Cursos Jurídicos no Brasil (1827-1977).

4 BUZAID, Alfredo. **Paula Baptista:** atualidades de um velho processualista. São Paulo: [s.n.], 1950. p. 52.

5 O texto da apresentação se encontra no Livro **Teses, estudos e pareceres de processo civil.** São Paulo: Editora Revista dos Tribunais, 2005. v. 1.

6 "Ação (do verbo *agere*, *obrar*) é o direito de invocar a autoridade pública (juiz) e de obrar regularmente perante ela para obter justiça". "As ações são direitos em garantias de outros direitos preexistentes". **Teoria e prática do processo e a hermenêutica jurídica**, parágrafo 2º, e nota nº 1 e ss.

que contribuíram para a transformação do processo civil em ciência autônoma, dentre elas, (i) colocou o processo civil na área do direito público; (ii) afirmou que a ação é voltada contra o Estado e não contra o réu, concluindo que ela corresponde ao direito de obter uma sentença de mérito, qualquer que seja, e não a uma sentença favorável, como, à época, a doutrina proclamava.

Pode-se afirmar que PAULA BAPTISTA cunhou o conceito de ação como direito abstrato, antes mesmo que esta ideia tivesse sido desenvolvida na Europa, especialmente na Alemanha, iniciada com a memorável polêmica travada entre WINDSCHEID e Mutter, nos anos de 1856 e 1857, quando se discutia a concepção autonomista ou não da ação. Foi somente no ano de 1885 que surgiu a notável obra de Adolph Wach, o manual de processo, seguido de outro festejado trabalho de sua lavra sobre a ação declaratória em 1888. À época, Wach definiu a ação como direito abstrato, um direito subjetivo público individual do cidadão contra o Estado.

Notem que Paula Baptista, 30 anos antes, quando da publicação do seu Compêndio (1855), já adotava tal conceito. Mas não foi só. Ao conceber o processo como instituição de direito público, definiu-lhe as condições inerentes, quais sejam, (i) a duração razoável do processo; (ii) a necessidade de os litigantes procederem com boa-fé, trazendo o princípio da conduta honesta no processo, hoje acolhido por quase todos os Códigos; (iii) a ampliação dos poderes do juiz, afirmando que a sua origem decorre da ordem pública e que, portanto, poderia intervir de ofício para a busca da verdade, assim como impedir procrastinações e reprimir abusos dos litigantes, diferentemente da concepção francesa, vigorante à época, da inércia e da passividade do juiz.

No tocante à apreciação da prova adotou o sistema da persuasão racional, em contrapartida aos demais sistemas predominantes à época – prova legal e íntima convicção –, pontuando ser ela elemento formador da convicção do juiz, que deve julgar com base nas provas constantes do processo, podendo "independentemente de requerimento da parte, mandar proceder a quaisquer atos e diligências tendentes a esclarecer a sua consciência antes de julgar a final"[7].

Seu conceito de prova é um primor, verbis: "Tudo que nos pode convencer da certeza de algum fato, circunstância ou proposição controvertida"[8].

Foi precursor do moderno conceito de acesso à Justiça, proclamando que o processo não era um instrumento unicamente a serviço da técnica, de um resultado qualquer, mas sim que as decisões, os julgados fossem "verdadeiros monumentos de verdade e de justiça", e que pudessem assegurar os seus respectivos efeitos[9].

Esta colocação, a um só tempo, traz noções, tão debatidas, ainda hoje, sobre as finalidades do processo, em especial as suas funções social e política; sobre o conceito de sentença "justa" e a efetividade do processo.

---

7 **Teoria e prática do processo civil e a hermenêutica jurídica**. 3. ed. 1872, parágrafo 73.

8 **Teoria e prática do processo civil e a hermenêutica jurídica**. 3. ed. 1872, parágrafo 134.

9 **Teoria e prática de processo civil e comercial.** São Paulo: Saraiva, l988 – reedição.

Desenvolveu também o estudo da coisa julgada, pontuando que ela não representava um "quase contrato" judiciário, como sustentava a doutrina, mas sim um elemento indispensável de ordem pública e que tinha o mesmo fundamento e autoridade das leis, razão pela qual referida matéria poderia ser conhecida de ofício pelo juiz.

Seu conceito de coisa julgada é repetido até hoje, verbis: "As palavras cousa julgada indicam uma decisão que não pende mais dos recursos ordinários; ou porque a Lei os não concede; ou porque a parte não usou deles nos termos fatais e peremptórios da Lei, ou porque já foram esgotados"[10].

Enfrentou, ainda, a polêmica sobre os limites da autoridade da coisa julgada, se era restrita à parte dispositiva do julgado ou se estendia aos fundamentos que constituem premissa necessária da conclusão, quando, mais uma vez, inovou ao tratar do tema.

A propósito, Liebman[11], escrevendo sobre a visão de Paula Baptista no que toca ao alcance da coisa julgada, pontuou que:

> A questão dos limites objetivos da coisa julgada é uma das mais controvertidas do direito brasileiro. Resolveu-a, na verdade, há muito tempo e de modo insuperável Paula Baptista (Compêndio de Teoria e Prática do Processo Civil, parágrafo 167, da primeira edição), quando afirmou que a autoridade da coisa julgada é restrita à parte dispositiva do julgamento e aos pontos ali decididos e fielmente compreendidos em relação aos seus motivos objetivos.

É certo que, apesar de entender que os motivos não são objeto da coisa julgada, eles devem ser ponderados e levados em consideração para entender o verdadeiro e cabal alcance da decisão – o que a moderna doutrina, nem tanto assim, chama de motivos determinantes do julgado.

O mestre pernambucano também enfrentou o problema das questões prejudiciais relativas às relações jurídicas que não foram objeto do pedido inicial, mas que devem ser necessariamente examinadas pelo juiz como premissas lógicas de sua conclusão, sustentando que elas não seriam abrangidas pela autoridade da coisa julgada[12].

Ainda no tocante ao estudo da coisa julgada, abordou a teoria hoje conhecida como a da substanciação nas ações reais, pontuando que "nas ações reais nem se pode subtrair das causas d'aquisição do direito e nem se pode dar à coisa julgada uma extensão que ela não tem, estendendo-se os seus efeitos a outras causas, para cujo conhecimento o juiz não fora chamado"[13].

Para demonstrar a tal assertiva, Paula Baptista apresenta no seu Teoria e Prática do Processo Civil e a Hermenêutica Jurídica (parágrafo 187), exemplo, hoje clássico,

---

10 **Teoria e prática do processo civil e a hermenêutica jurídica**. 3. ed. 1872, parágrafo 164.

11 **Eficácia e autoridade da sentença.** Tradução brasileira, p. 51, nota i.

12 "A sentença que decidir que o devedor é obrigado a pagar juros de certa dívida, cujo montante é simplesmente enunciado, não tem força de cousa julgada quanto ao montante dessa mesma dívida". **Teoria e prática do processo civil e a hermenêutica jurídica**. 3. ed. 1872, parágrafo 185, nota nº 2.

13 **Teoria e prática do processo civil e a hermenêutica jurídica**. 3. ed. 1872, parágrafo 187 e nota nº 1.

da pessoa que perdeu uma ação reivindicatória e, posteriormente, veio a adquirir o mesmo bem, concluindo, verbis: "Porquanto se abstrairmos da apreciação jurídica do título posterior de minha aquisição, como uma causa distinta da do primeiro julgamento, o direito, considerado como causa, persistirá o mesmo; e, por conseguinte, haverá nas duas demandas identidade de objeto e de causa. E haverá maior absurdo?"

No processo de execução, Paula Baptista foi o primeiro que afirmou, ainda no seu Compêndio, de 1855[14], que a arrematação não correspondia a um contrato de compra e venda, mas sim a uma desapropriação por ato Estatal. Este conceito só foi desenvolvido na Europa por Dernburg, no ano de 1864,em seu livro sobre o penhor.

Mais do que isso, Paulo Baptista já proclamava, com absoluta tranquilidade, que a "execução é parte do processo que contém os meios para reduzir o julgado a efeitos concretos"[15].

Não aceitava a tese, dominante na época, de que as atividades cognitivas e executivas deveriam ser, necessariamente, desenvolvidas em processos autônomos, reconhecendo, o que hoje é pacífico, que o cumprimento de sentença é um simples prolongamento do processo de conhecimento, destinado a permitir que aquilo que deve ser, estabelecido na sentença, seja na prática.

A contribuição de Paula Baptista para a sistematização do Direito Processual como ciência autônoma, em uma época em que a escola exegética se sobrepunha a tudo, foi única e gigante. Já no prólogo da primeira edição de seu Compêndio exortava que a solução das questões jurídicas, especialmente as difíceis, deveria partir da aplicação de seus princípios, orientados por um plano dogmático.

Outra questão palpitante, dentre tantas, enfrentada pelo mestre, aborda a discussão sobre a possibilidade de a sentença penal constituir título executivo judicial no juízo civil para efeito da reparação do dano ex delito.

Paula Baptista criticava o dispositivo contido no então art. 338 do Código de Processo Criminal (Lei de 29 de novembro de 1832), que adotava tal orientação, também prevista no art. 63 do atual Código de Processo Penal, sustentando que o juiz criminal não poderia conhecer e decidir sobre matéria civil[16].

Este tema continua sem solução até hoje.

É possível sustentar tanto que a sentença penal condenatória não pode ser tecnicamente título executivo, menos por ser ilíquida, mas sim por faltar-lhe a certeza da existência de dano a indenizar; como também que a fase de liquidação – mesmo com resultado zero – não descaracterizaria a previsão indenizatória tal como poderia acontecer em face de uma sentença cível com uma condenação genérica a indenizar.

A discussão se torna mais complexa a partir da nova redação do art. 43, I, do Código Penal, dada pela Lei nº 11.718/ 2009, que prevê a fixação pelo juiz criminal de um valor mínimo de indenização a ser estabelecido na sentença penal condenatória.

---

14 **Compêndio de teoria e prática.** 1. ed., parágrafo 184, nota nº 1; na 3. ed.: parágrafo 204, nota nº 1.

15 **Teoria e prática do processo civil e a hermenêutica jurídica**. 3. ed. 1872, parágrafo 187 e ss.

16 **Teoria e prática do processo civil e a hermenêutica jurídica**. 3. ed. 1872, parágrafo 19, nota nº 1.

Enfim, a polêmica a respeito da questão continua e revela a atualidade da vetusta lição de Paula Baptista.

As sistematizações formuladas pelo mestre, logo no início da segunda metade do século XIX, foram desenvolvidas com maior vigor e disseminadas pelo mundo no último quarto do mesmo século pelos processualistas alemães. Daí a assertiva de Buzaid, no seu escrito em homenagem a Paula Baptista, importante fonte de consulta deste artigo:

> [...] a intuição genial de Paula Baptista permitiu elevar o processo à categoria superior de ciência autônoma regida por princípios e leis sistematizados no plano dogmático. Sua obra é um índice marcante na evolução da ciência do direito nacional. Paula Baptista foi, a seu tempo, um processualista americano, digno de ombrear-se com os maiores que na Europa levaram a efeito, a partir dos meados do século XIX, a revisão científica do processo civil[17].

17 BUZAID, Alfredo. **Paula Baptista:** atualidades de um velho processualista. São Paulo: [s.n.], 1950. p. 89.

NULIDADES E A CONDESCENDÊNCIA DO LEGISLADOR NO CÓDIGO DE PROCESSO CIVIL DE 2015

Teresa Arruda Alvim

1. Sobre o homenageado

Os trabalhos da comissão de juristas nomeada em 2009, pelo Presidente do Senado, para a elaboração de um novo CPC, foram extremamente cansativos, por um lado, mas gigantescamente gratificantes por outro. Cansativos, pois havia pressa e tivemos que enfrentar resistências da comunidade, nem sempre animadas por motivações nobres. Gratificantes, pois é maravilhoso ter estudado um tema por toda a vida e se ver diante da perspectiva de que tudo seja usado na construção de uma nova lei, que tem o potencial de influir na realidade do nosso país.

Mas, uma das gratificações que tive, das mais agradáveis, foi conhecer de perto LUIZ FUX e com ele conviver. Homem de coração enorme, alma generosa e irrepreensível honestidade, encantou a todos com a forma equilibrada e serena de conduzir, como presidente da comissão, nossos trabalhos.

Portanto, é com muita alegria e honra que integro a comissão organizadora desta obra e, agora, me dedico a transmitir ao leitor as principais características da disciplina que o novo Código dá às nulidades.

2. A título de introdução

O novo CPC põe fim àquela que se poderia chamar de fase "formalista" do processo, que já estava nos seus estertores. Fala-se em princípio da "primazia do julgamento do mérito", o que chega a ser um absurdo: é evidente que esta é a razão de ser do processo e nunca deveria ter sido deixada de lado, sombreada por quaisquer outros objetivos. No novo CPC, está mais do que clara a saudável intenção do legislador no sentido de "salvar" os processos.

Vícios dos atos processuais e do processo, este é um tema que nunca perde a atualidade. E, além de interessante, apresenta imensa relevância para a vida diária de quem lida com o Direito, não importa em que posição: juiz, advogado, promotor etc. Mantidas as bases da doutrina tradicional, o novo CPC, como se verá, criou notáveis abrandamentos das consequências da existência de nulidades absolutas, com o intuito evidente de aproveitar o processo, como ambiente adequado para gerar sentença de mérito.

O trato do panorama das nulidades, "temperado" com as novidades trazidas pelo CPC de 2015, é o tema central deste artigo. Ver-se-á ser desejável tal atenuação quando se leva em conta que o processo civil se insere dentre os ramos do Direito que podem ser considerados como Direito Público, já que sempre existe um ente que representa o Estado, que atua em nome do Estado, nas relações regidas pelas normas processuais. Valores que orientam a concepção de princípios e regras processuais são diferentes daqueles que orientam a concepção de princípios e regras de Direito Privado.

3. Sobre os vícios dos atos jurídicos em geral

De um modo geral, pode-se afirmar que, no Direito, como um todo, os defeitos de que podem padecer os atos jurídicos são classificados a partir de um critério, o da sua gravidade.

A partir deste critério, concebem-se categorias e não há unanimidade absoluta sobre quais devam ser adotadas. A terminologia habitualmente empregada é a tripartida: atos absolutamente nulos (que têm vícios mais graves); atos anuláveis ou relativamente nulos (que têm vícios menos graves); e atos juridicamente inexistentes (estes últimos padecem de defeitos que comprometem a sua identidade jurídica – são, portanto, mais do que nulos – não podem usar o *nomen iuris* que os identificaria não fosse o defeito). Mas há autores que preferem usar a terminologia bipartida, considerando ser conveniente tratar em conjunto nulidades absolutas e inexistência jurídica, já que ambas as categorias têm mais pontos em comum do que diferenças. Não é o nosso caso. Nós preferimos adotar a terminologia tripartida, dando tratamento separado à inexistência jurídica, diferente daquele que se dá à nulidade absoluta e à nulidade relativa.

Há mais vantagens do que desvantagens no tratamento em separado da inexistência e da nulidade absoluta, principalmente no campo do processo, a nosso ver.

Todavia, o tratamento que se dá às nulidades absolutas e à inexistência jurídica deve ser o mesmo, enquanto o processo estiver em curso, por razões que veremos posteriormente.

Com algumas variações, pode-se dizer que no Direito, em geral, assim se classificam os vícios dos atos jurídicos, respeitadas, evidentemente, as peculiaridades de cada ramo do Direito, que costumam gerar a necessidade de algumas adaptações.

4. Vícios dos atos processuais – peculiaridades

Quando se estudam os defeitos de que um processo ou um ato processual podem padecer, não se pode perder de vista, como observei antes, que o processo se insere num ambiente normativo de *direito público*. Esta circunstância gera consequências de toda ordem, não propriamente na identificação e na verificação da existência do vício (ou seja, saber de que tipo de nulidade se trata), mas, principalmente, no REGIME JURÍDICO destes vícios.

Na definição do regime jurídico destas três espécies de vícios, a possibilidade de que sejam relevados ou efetivamente sanados **sempre aparece**. É verdade, sim, que os vícios dos atos processuais comportam classificação em dois ou três grupos, a partir do critério de sua gravidade, mas não se pode dizer que a insanabilidade dos defeitos do processo esteja ligada, *como ocorre no direito privado*, ao fato de o defeito ser mais sério. De fato, no Direito Civil, nulidades absolutas, são nulidades *ipso iure*, são nulidades de pleno direito ou insanáveis, por definição. Isto não ocorre no processo: um dos princípios mais relevantes que norteiam a compreensão do sistema de nulidades no processo é o do aproveitamento, que leva a que nulidades, seja qual for a sua gravidade, sejam, em tese, evitadas, ou sanadas.

Esta é uma das notas marcantes do CPC de 2015, embora a tendência já existisse no CPC de 1973: basta que nos lembremos do art. 214[1], que previa a sanabilidade de um dos defeitos mais graves de que o processo, num país democrático, pode padecer: a falta de citação.

Mas há mais. As especificidades do regime dos vícios do processo não param por aqui. Diz-se, no **âmbito do Direito Civil**, que nulidades de pleno direito são *declaradas* enquanto tais; já as nulidades relativas devem ser objeto de ação *desconstitutiva*, com efeitos *ex nunc*.

Por outro lado, ninguém nega que a ação rescisória tenha, no que diz respeito ao juízo *rescindens*, natureza desconstitutiva.

O que imediatamente surge como pergunta: se a rescisória é meio para impugnar sentenças nulas[2], porque a ação deve ter natureza desconstitutiva? E não declaratória? Justamente porque processo é direito *público*, e os atos do agente público – daquele que, na relação processual, faz as vezes do Estado – ficam acobertados por um *plus*, um *status* jurídico diferente daquele que caracteriza os atos dos particulares.

Sentenças de mérito (atos jurisdicionais que são) adquirem um *plus*, em determinado momento, que significa uma certa "proteção extra" no sistema: a coisa julgada. Ainda que se possa discutir sobre o que é exatamente a coisa julgada – se efeito da sentença, se qualidade que se agrega aos efeitos da sentença ou coisa parecida – com certeza a coisa julgada é um *reforço*, um *plus*, uma autoridade diferenciada de que estão privados os atos dos particulares.

---

1 "Art. 214. Para a validade do processo é indispensável a citação inicial do réu.
§ 1º O comparecimento espontâneo do réu supre, entretanto, a falta de citação.
§ 2º Comparecendo o réu apenas para arguir a nulidade e sendo esta decretada, considerar-se-á feita a citação na data em que ele ou seu advogado for intimado da decisão".

2 Esta afirmação será adequadamente explicada e fundamentada no item 6, *infra*.

Esta *barreira protetiva* dos atos do juiz deve ser superada por instrumento mais contundente do que uma ação meramente declaratória. Esta é a função da carga de desconstitutividade da ação rescisória, que se volta contra a coisa julgada, para, depois, mediata e indiretamente, atingir a sentença e seu defeito, que, de regra, é a nulidade, e o pronunciamento tem, inclusive, eficácia *ex tunc* (tipicamente declaratória).

Basta que se pense no ato de funcionário da Administração, que é revestido da presunção de legitimidade, com efeito relevantes, v.g., a inversão do ônus da prova. Trata-se de fenômeno análogo à coisa julgada, ou seja, também aqui se está diante de um *plus*, de uma proteção.

Estas observações e os exemplos antes mencionados já tornam evidente a necessidade de se interpretarem as regras de processo num ambiente normativo mais amplo, tendo como pano de fundo princípios de *direito público*. À luz destes princípios é que se compreenderão os atuais contornos do sistema de identificação e decretação dos vícios no processo e suas consequências.

5. Princípios norteadores do regime das nulidades dos atos do processo

As nulidades e as anulabilidades processuais são disciplinadas pelo *direito positivo* e *por uma série de princípios de que aqui trataremos*. De fato, neste campo específico do processo, a relevância dos princípios se revelou desde sempre. Além das regras escritas, há valores a serem preservados para que o sistema funcione melhor. É esse o objetivo: o sistema deve ser operativo, e não necessariamente irrepreensivelmente coerente ou lógico. O Direito serve à sociedade, e esta função há de ser exercida com eficiência.

A partir desse enfoque e deste conjunto é que se pode pensar num sistema das nulidades processuais, abrangendo: a verificação da *existência* do vício, a sua *classificação* e a sua *decretação*.

Dentre estes princípios, há aqueles que nada mais são do que diversas formas de se dizer exatamente o mesmo, sob uma ótica sutilissimamente diversa. É o caso dos princípios da instrumentalidade das formas e daquele segundo o qual não haverá nulidade sem prejuízo, em seguida analisados. Por outro lado, alguns princípios traduzem quase que *exatamente o contrário* do que outros princípios significam: nestes casos, *um* serve de "limite" ao *outro*. É como se alguns princípios tivessem de ser lidos juntos, ligados por uma conjunção adversativa: um *mas*, por exemplo.

Mas sabe-se que isto acontece com os princípios. Há princípios que se contradizem, mas isto não significa que se excluam. O fato de os princípios serem contraditórios não compromete sua validade, em tese. Assim como o fato de um ser "chamado" para resolver alguma situação afastando-se outro, não implica que este seja, em tese, desconsiderado. A "lógica" da aplicação dos princípios é diferente da "lógica" das regras. Pense-se no exemplo da liminar *inaudita altera parte*: sacrifica-se o contraditório em nome da necessidade de eficácia dos atos do juiz.

Os *mais importantes* destes princípios são os seguintes:

1. *O processo é forma*: o processo, sob determinado enfoque, pode ser visto como um conjunto de formas, e o *afastamento* destas formas dá causa às nulidades.

Nesta linha de raciocínio, tem-se que as formas processuais são o preço que se paga pela previsibilidade: constituem, na verdade, uma garantia para a defesa dos seus direitos.

2. *As formas têm caráter instrumental*: são *meios* para se atingirem *fins*. O fato de serem instrumentais, como se comentou antes, não lhes tira a relevância. Entretanto, justamente porque são instrumentais, concebidas para que certos fins sejam atingidos, se estes fins foram alcançados apesar de as regras de forma terem sido desrespeitadas, a relevância do descumprimento da norma formal perde espaço.

As formas são relevantes e isso é tão importante quanto se dizer que têm caráter instrumental. Ou seja, elas são relevantes exatamente porque têm caráter instrumental: veiculam pedidos para que o direito material seja aplicado como deveria já antes ter sido, mesmo antes do processo.

3. *O princípio da boa-fé*: o princípio da boa-fé vem muitas vezes *conjugado* com o da instrumentalidade. A aplicação desse princípio aos casos concretos implica o exercício de certa dose de liberdade do juiz com o objetivo de avaliar até que ponto a especificidade do caso analisado justifica a suavização da consequência prevista em lei.

O princípio da boa-fé, "engrenado", com a ideia da instrumentalidade, desempenha o papel de "amortecedor" da aplicação das regras mais rígidas. Cria-se um equilíbrio entre a rigidez das regras e a possibilidade de flexibilização.

A boa-fé é conceito que não comporta propriamente interpretação. A interpretação nos moldes tradicionais deste conceito, ou seja, aquela que gira em torno das palavras, dos termos em que se decompõe a regra ou o princípio – a nada conduz. Seu conteúdo não deriva da lei, mas da sua aplicação pelo juiz.

Isso significa que ao conceito se dá vida por condutas escolhidas pelo juiz para serem qualificadas como sendo de boa-fé ou de má-fé.

Assim, o resultado da interpretação da boa-fé advém da observação da vida real (dos fatos) e não da observação própria norma.

4. *Não há nulidade sem prejuízo*: não se deve anular um ato ou decretar a sua nulidade, não tendo havido prejuízo à parte.

Importante salientar que prejuízo aqui, neste contexto, deve-se entender como sonegação à parte de seu direito de alegar e provar o direito que afirma ter. Trata-se, pois, de prejuízo PROCESSUAL.

É um princípio de acentuada importância para o legislador, ao elaborar o direito positivo, e, para o juiz, deve sê-lo, ao aplicar a lei.

A nulidade existe, mas, se não há prejuízo, não deve ser decretada. Por isso se diz "não há nulidades". Mas, rigorosamente, há.

O que não há é a necessidade de que seja decretada.

E por que é relevante fazer-se esta distinção? Porque antes de se saber se terá ou não havido prejuízo, a nulidade – uma vez identificada e classificada – se submete a um regime jurídico que se liga à preclusão, à necessidade de que haja provocação para que o juiz possa decretá-la etc. Só se pode saber que regime é este, se se *diagnostica* e *classifica* o vício.

Outro momento, posterior, é o da decretação: aí sim, "não há" invalidade sem prejuízo. Ou seja, há: mas não deve ser decretada.

5. *Nulidades instituídas precipuamente no interesse da parte são sanáveis. Porque se reputa que esse viés seja menos relevante do que o que diz respeito à ótica do interesse público.*

6. *Nulidades instituídas precipuamente no interesse público são sempre insanáveis*. Esse princípio tem sido aplicado depois de tentativas (chances que se dão às partes) no sentido de que a nulidade seja efetivamente sanada – o que o NCPC permite a toda hora – exemplos: art. 139, IX, art. 932, parágrafo único etc. – no sentido de "consertada", de corrigido efetivamente o vício. Assim, se nem mesmo depois de dadas as chances, o vício permanece, aí sim será insanável, até mesmo no sentido de a possibilidade de que seja impugnado ultrapassar a coisa julgada, dando ensejo à ação rescisória.

7. *Economia processual*: deve obter-se o máximo de rendimento com o mínimo de atividade jurisdicional.

Em nome deste princípio, tornou-se mais robusta a tendência a que se *passe por cima* de nulidades, no sentido de *não decretá-las*, inclusive as absolutas.

8. *Nulidades relativas só podem ser levantadas pelo interessado*. Como carecem da dimensão ligada ao interesse público, a parte pode preferir não alegá-las, como se estivesse abrindo mão de um favor ou um benefício que lhe tinha feito a lei.

9. O processo é, em certo sentido, um conjunto de atos *concatenados* e *interdependentes*. Portanto, se um ato for nulo, este vício tem como consequência a mácula de todo um segmento processual que lhe (ao ato nulo) segue, e que daquele ato depende.

A este princípio dá-se o nome de *princípio da causalidade*, ou *princípio da concatenação* e da *interdependência* dos atos processuais, que é aquele segundo o qual, como os atos processuais existem uns em função dos outros, uns são consequências dos outros, a anulação ou a decretação de nulidade de um ato afeta (ou pode afetar) *todo* o segmento processual posterior.

10. *Princípio do contraditório*. Da maior relevância no CPC de 2015, o *princípio do contraditório* tem sido entendido de modos diferentes ao longo da história. Abrange o trinômio: comunicação, provocação, reação. Mas não só. Hoje, prevalece a concepção no sentido de que se deve evitar decisões ditas "surpresa", cuja existência compromete a previsibilidade (a que as partes têm direito). O princípio do contraditório teve, no CPC de 2015, seu sentido e sua função ampliados para abranger também a necessida-

de de que às partes seja dada oportunidade de se manifestarem antes da decisão do juiz, ainda que se trate de matéria de ordem pública.

Outra dimensão do princípio do contraditório é a que se manifesta na sentença, mais especificamente em sua fundamentação: assim participa o juiz do contraditório, demostrando às partes que a argumentação por elas deduzida e as provas produzidas foram levadas em conta pela decisão.

11. Não pode a própria parte que praticou o ato viciado levantar seu vício, pois ninguém se pode beneficiar da própria torpeza. *É o princípio da proteção*. É desdobramento do princípio da boa-fé.

12. Deve ser aproveitada a parte do ato não maculada. É o *princípio da conservação* ou *princípio do aproveitamento*.

O próprio ato deve ser aproveitado, quando for encartável noutra categoria, diferente daquela a que o ato pertenceria, se não fosse "viciado". É o princípio da fungibilidade, forma específica de aproveitamento.

13. O processo é um "mal", e, portanto, quanto menos estender-se no tempo, melhor será para todos. Assim, o quão mais rapidamente for decidida a lide, melhor. É o *princípio da celeridade*. Muitas vezes, sua efetiva aplicação ocorre de modo engrenado com o princípio do aproveitamento, como uma forma de tornar o processo mais curto.

14. As nulidades devem ser expressamente cominadas por texto de lei. É o *princípio da especificidade*. Note-se bem, aqui estamos tratando de princípios... não de regras. De fato, este princípio existe no nosso Direito: nulidades absolutas abrangem um grupo de vícios a que a lei qualifica como nulidades absolutas. Mas, como se verá, não é só.

15. *Princípio da eficácia do ato viciado*: o ato viciado é *eficaz*. Trata-se de um ato que pode, no plano dos fatos, ser plenamente eficaz, mas que tende a deixar de sê-lo. É um ato viciado, passível de ser impugnado. Se não articulada a impugnação em tempo hábil, pode ocorrer a permanência do ato, em nome de diversos princípios, entre os quais está o da preclusão.

O ato viciado tem uma espécie de vida artificial, até que seja flagrado enquanto ato praticado em desconformidade com certo padrão. Cessada esta vida, cessa a eficácia do ato.

Este princípio tem especial relevância e nos ajuda a compreender que o plano da EFICÁCIA é diferente e posterior logicamente ao plano dos defeitos do ato. Verifica-se se o ato é eficaz no plano dos fatos. É eficaz o ato que produz efeitos, nada mais.

A expressão é usada também, excepcionalmente, em um sentido ligeiramente diverso: o de que o ato *não deve* produzir efeitos perante x, pois perante x esses efeitos serão *desconsiderados*. É o que se dá com a compra e venda de bem litigioso, que é ineficaz em relação ao resultado do processo.

6. Critérios de classificação das nulidades absolutas e relativas

Não se pode perder de vista que existem dois momentos distintos e subsequentes: o primeiro é o da identificação e classificação do vício; o segundo, o da decretação do vício antes percebido.

Os princípios de que tratamos no item anterior (3) exercem função extremamente relevante quando da *decretação do vício. Menos* importante, todavia, é o seu papel nos *momentos anteriores*, que dizem respeito à identificação do vício e à sua qualificação, como nulidade absoluta ou relativa.

Neste plano, ou seja, no plano da identificação e classificação dos vícios, as regras são mais facilmente identificáveis, já que as nulidades absolutas são aquelas que se ligam aos requisitos genéricos, que autorizam o juiz a decidir o mérito. Às nulidades relativas se chega por exclusão.

A doutrina, de um modo geral, admite a existência de uma *categoria ampla* de requisitos *genéricos* cuja implementação gera a possibilidade de que o juiz aprecie o mérito. Esta categoria ampla abrange as condições da ação e os pressupostos processuais.

Com algumas discordâncias pontuais, de um modo geral, se estabelecem **requisitos genéricos** para que se considere o processo juridicamente *existente* e *válido*, de modo que se constitua em ambiente isento de vícios, capaz de proporcionar ao juiz condições para examinar e decidir a lide. Também integram esses requisitos genéricos condições para que a parte exerça genuíno direito de ação, e não mero direito de petição.

Os pressupostos processuais de existência correspondem ao próprio conceito de processo: para existir juridicamente, i.e., para que o fenômeno examinado possa ser considerado um processo, para que possa ostentar este *nomen iuris*, precisa haver um *pedido*, formulado em face de alguém, que seja *citado*, tudo diante ou perante o *Poder Judiciário. Pedido – citação – jurisdição* são elementos que estão nos três vértices do triângulo, normalmente usado para representar graficamente o que é um processo. Sem pedido, não há processo – vê-se, neste contexto, a relevância do princípio dispositivo. Sem citação, não há processo – e aqui se percebe a importância do princípio da ampla defesa, na sua versão processual do contraditório. Sem jurisdição, não há processo.

Aqui, duas observações são necessárias: (a) embora, de rigor, a ausência de pressuposto processual de existência gere situação jurídica diferente da nulidade, não há necessidade de se fazer esta diferença *enquanto o processo está em curso*, já que o regime jurídico é o mesmo, em ambas as situações. Como se verá, é a possibilidade de cognição *ex officio* e a ausência de preclusão que caracterizam o regime jurídico, em ambas as situações; (b) contemporaneamente, tem prevalecido a tendência de se considerar estar-se diante de *jurisdição* também no caso de o conflito estar submetido à arbitragem. Com algumas distinções relevantes, de fato, não se pode negar que a Jurisdição Estatal e a Arbitragem desempenham função semelhante. Este tema dá margem a acaloradas e infindáveis discussões e não é este o espaço adequado para desenvolvê-las. Em todo o caso, é relevante sublinhar que o objeto das nossas considerações se cinge ao processo judicial, que se desenvolve perante o juiz togado.

Além dos pressupostos de *existência jurídica* do processo, há a categoria dos pressupostos de *validade* do processo, cujo não preenchimento gera nulidade (ausência de validade = invalidade = nulidade). Existe dose razoável de simetria entre essas categorias. São, os pressupostos processuais de validade, também correspondentes aos três vértices do triângulo a que dizem respeito os pressupostos processuais de existência jurídica do processo. Petição inicial apta, citação válida, partes capazes, juízo competente (em razão de regras que determinam a competência absoluta), juiz imparcial (não impedido).

Há, também, os pressupostos processuais *negativos*, que *não* devem estar presentes. Estando, o juiz não pode julgar o mérito. Com algumas variações, os processualistas estão de acordo com relação a pelo menos dois deles: litispendência e coisa julgada.

Quando não estão adequadamente preenchidos esses requisitos, ao juiz não é permitido decidir a lide.

Há, ainda, as *condições da ação*, que se consubstanciam numa outra categoria abrangida pelos **requisitos genéricos sem os quais o juiz não pode julgar o mérito**. À luz do NCPC, são elas: a legitimidade de parte e o interesse de agir (art. 17).

Ambas são aferidas em função da análise da situação jurídica no plano do direito material. A legitimidade decorre de uma coincidência na titularidade: o titular da relação jurídica de direito material, ou seja, por exemplo, aquele que *contrata*, também é o titular da relação jurídica de Direito Processual, na ação em que se discute, por exemplo, a validade do contrato. Contratante e contratado (direito material) são autor e réu (direito processual).

O interesse de agir diz respeito à necessidade ou, pelo menos, à utilidade de que se lance mão da atuação do Poder Judiciário para resolver o "problema" que têm as partes, no plano do direito material. Exemplo clássico: não vencida a dívida, não tem o credor (ainda) interesse jurídico em acionar o devedor.

O NCPC desqualificou a possibilidade jurídica do pedido como condição da ação: ausente esta condição, a sentença deve ser de improcedência.

Aliás, sempre se disse que a ausência de possibilidade jurídica do pedido seria como que uma improcedência *prima facie*.

Ausentes os demais requisitos genéricos que levam à possibilidade de o juiz decidir a lide, a regra geral é a de que o juiz extinga o processo sem resolver o mérito. A incompetência e o impedimento são exceções: apesar de não haver julgamento de mérito, não há sentença. O juiz remete o processo àquele que não seja impedido ou ao órgão que seja competente.

Mas as nulidades absolutas não abrangem só os vícios ligados aos requisitos genéricos de admissibilidade de julgamento do mérito.

Ainda, no grupo das nulidades absolutas estão aqueles casos que, *embora não tenham nada que ver com pressupostos processuais e condições da ação*, a lei qualifica expressamente de nulidades: o melhor exemplo continua sendo a intimação do Ministério Público em casos que o juiz estime necessária sua intervenção como *custos legis* (fiscal da lei, ou como diz o novo CPC, da ordem jurídica – art. 178),[3] art. 279 do NCPC.

Às nulidades ditas *relativas* se chega por exclusão: os defeitos que nada têm a ver com pressupostos processuais e condições da ação e que a lei *não* qualifica como nulidades absolutas são nulidades relativas. Exemplo expressivo é a incompetência estabelecida em razão do valor e do território, que é, como regra, relativa. A lei trata este vício com menos rigor do que aqueles que podem ser classificados como nulidades absolutas. São tidos, pelo sistema, como menos graves.

7. Respectivos regimes jurídicos, sobretudo a preclusão

A razão de ser da separação em dois (ou três) grandes grupos os vícios do processo liga-se à necessidade de que se estabeleçam *regimes jurídicos* diferentes para ambos os grupos. Os casos de nulidade absoluta e de inexistência jurídica, que formam o primeiro grupo, têm regime jurídico idêntico, quando o processo está em curso. As características fundamentais deste regime são (1) a possibilidade de o juiz conhecer *de ofício* destes vícios e de (2) *não haver*, nem para o juiz, nem para as partes, *preclusão* quanto à possibilidade de argui-los e de decretá-los, respectivamente.

Dentre as novidades trazidas pelo novo código quanto à ausência de preclusão para as partes está a possibilidade de esses vícios poderem ser alegados – não sob pena de preclusão – em embargos de declaração (art. 1.022, II[4]). A discussão existia na doutrina produzida à luz do CPC de 1973 e o legislador de 2015 resolveu o problema. Assim, ainda que o réu não tenha alegado, por exemplo, a falta de legitimidade do autor, e o juiz tenha proferido *sentença de mérito*, este vício pode ser arguido pela 1ª vez em embargos de declaração.

É também relevante sublinhar que o NCPC ampliou visível e consideravelmente o âmbito do *efeito devolutivo* dos *recursos excepcionais* e, a meu ver, permite que se conheçam vícios classificáveis como nulidades absolutas ou que geram inexistência jurídica, ao "rejulgar a causa". Trata-se de uma das possíveis interpretações da Súmula nº 456 do STF, que foi transformada em lei pelo legislador de 2015 (art. 1.034, parágrafo único do NCPC).[5]

---

3 "Art. 279. É nulo o processo quando o membro do Ministério Público não for intimado a acompanhar o feito em que deva intervir.
§ 1º Se o processo tiver tramitado sem conhecimento do membro do Ministério Público, o juiz invalidará os atos praticados a partir do momento em que ele deveria ter sido intimado.
§ 2º A nulidade só pode ser decretada após a intimação do Ministério Público, que se manifestará sobre a existência ou a inexistência de prejuízo".

4 "Art. 1.022. Cabem embargos de declaração contra qualquer decisão judicial para: [...] II – suprir omissão de ponto ou questão sobre o qual devia se pronunciar o juiz de ofício ou a requerimento;"

5 "Art. 1.034. Admitido o recurso extraordinário ou o recurso especial, o Supremo Tribunal Federal ou o Superior Tribunal de Justiça julgará o processo, aplicando o direito.
Parágrafo único. Admitido o recurso extraordinário ou o recurso especial por um fundamento, devolve-se ao tribunal superior o conhecimento dos demais fundamentos para a solução do capítulo impugnado".

Ainda, é extremante importante que se diga aqui que os arts. 10,[6] 372[7] e 948[8] e alguns outros esparsos no Código criam a necessidade de o juiz proporcionar o *contraditório* mesmo quando vai decidir matéria sobre a qual pode manifestar-se de ofício, em todo e qualquer grau de jurisdição. Isto se aplica aos pressupostos processuais e às condições da ação.

Quanto às nulidades relativas: não pode o juiz delas conhecer sem ter havido provocação da(s) parte(s) e estas têm um espaço de tempo dentro do qual podem arguir esta espécie de vício. Decorrido o prazo, o vício é considerado "sanado", pela preclusão.

8. O segundo momento: a decretação das nulidades

Viu-se no item anterior que as nulidades relativas são vícios sanáveis, porque se não arguidas, ocorre a preclusão.

No entanto, e esta é uma característica marcante do NCPC, no momento em que os vícios são (ou seriam) decretados (todos os vícios!), se deve levar em conta, fundamentalmente, o *princípio do aproveitamento, que abrange a sanabilidade no sentido de se proporcionar oportunidade para que a parte conserte o defeito, corrija o vício. Aproveita-se o processo também quando se evita a ocorrência efetiva do vício.*

Esta tendência, como se disse, já existia no CPC de 1973 e aparece de forma evidentemente reforçada em muitos artigos do novo Código.

O art. 214 do CPC de 1973, já mencionado, já deixava clara esta tendência: ausente a citação, está-se diante de um dos vícios mais graves do processo, daqueles que inviabilizam integralmente a decisão de mérito. Mas, se o réu comparece e contesta, o vício se sana (se corrige, de fato): deixa de existir e, evidentemente, não pode ser decretado.

O NCPC abraçou de forma evidente esta ideia: o processo deve ser "salvo", "aproveitado". Tudo deve ser feito para evitar que seja proferida sentença com base no art. 485,[9] que extingue o processo sem resolver a lide.

O art. 139, IX, é mais um exemplo de texto de lei em que esta tendência se revela robusta, pois estabelece que incumbe ao juiz determinar o suprimento dos pressupostos processuais e o saneamento de outros vícios processuais. Esta regra demonstra a preocupação do legislador de 2015 em dar o máximo aproveitamento possível ao processo e ampla possibilidade de se sanarem os vícios processuais, de maneira

---

6 "Art. 10. O juiz não pode decidir, em grau algum de jurisdição, com base em fundamento a respeito do qual não se tenha dado às partes oportunidade de se manifestar, ainda que se trate de matéria sobre a qual deva decidir de ofício".

7 "Art. 372. O juiz poderá admitir a utilização de prova produzida em outro processo, atribuindo-lhe o valor que considerar adequado, observado o contraditório".

8 "Art. 948. Arguida, em controle difuso, a inconstitucionalidade de lei ou de ato normativo do poder público, o relator, após ouvir o Ministério Público e as partes, submeterá a questão à turma ou à câmara à qual competir o conhecimento do processo".

9 "Art. 485. O juiz não resolverá o mérito quando: [...]"

que a apreciação do conflito de direito material ao processo subjacente seja efetiva prioridade.

A possibilidade de correção do vício, como observei antes, **não** é característica ligada à gravidade do vício. Todo e qualquer vício, independentemente de sua gravidade, pode (e deve) ser sanado, se for materialmente possível. Com isso, quero dizer que há vícios que não podem ser sanados, concretamente, como, por exemplo, a falta de legitimidade do autor. Não há como (1) desconsiderar-se a ilegitimidade, relevando o vício ou (2) corrigir a ilegitimidade, substituindo-se o autor. Então, a sanação deste vício é *impossível*.

Mas muita coisa é possível: a emenda à inicial (art. 321[10]), a correção da legitimidade passiva (arts. 338 e 339[11]), a correção de vícios de representação no 1º grau e em grau recursal (art. 76, § 2º[12]) etc.

As partes, então, à luz do NCPC, terão muitas e muitas oportunidades, que, se não aproveitadas, aí sim, gerarão a configuração de situação em que o vício DEVE ser decretado e em que, via de regra, se proferirá sentença sem resolução de mérito ou decisão que não admite recurso.

---

10 "Art. 321. O juiz, ao verificar que a petição inicial não preenche os requisitos dos arts. 319 e 320 ou que apresenta defeitos e irregularidades capazes de dificultar o julgamento de mérito, determinará que o autor, no prazo de 15 (quinze) dias, a emende ou a complete, indicando com precisão o que deve ser corrigido ou completado".

11 "Art. 338. Alegando o réu, na contestação, ser parte ilegítima ou não ser o responsável pelo prejuízo invocado, o juiz facultará ao autor, em 15 (quinze) dias, a alteração da petição inicial para substituição do réu.
Parágrafo único. Realizada a substituição, o autor reembolsará as despesas e pagará os honorários ao procurador do réu excluído, que serão fixados entre três e cinco por cento do valor da causa ou, sendo este irrisório, nos termos do art. 85, § 8º."
"Art. 339. Quando alegar sua ilegitimidade, incumbe ao réu indicar o sujeito passivo da relação jurídica discutida sempre que tiver conhecimento, sob pena de arcar com as despesas processuais e de indenizar o autor pelos prejuízos decorrentes da falta de indicação.
§ 1º O autor, ao aceitar a indicação, procederá, no prazo de 15 (quinze) dias, à alteração da petição inicial para a substituição do réu, observando-se, ainda, o parágrafo único do art. 338.
§ 2º No prazo de 15 (quinze) dias, o autor pode optar por alterar a petição inicial para incluir, como litisconsorte passivo, o sujeito indicado pelo réu."

12 "Art. 76. Verificada a incapacidade processual ou a irregularidade da representação da parte, o juiz suspenderá o processo e designará prazo razoável para que seja sanado o vício
§ 1º Descumprida a determinação, caso o processo esteja na instância originária:
I – o processo será extinto, se a providência couber ao autor;
II– o réu será considerado revel, se a providência lhe couber;
III – o terceiro será considerado revel ou excluído do processo, dependendo do polo em que se encontre.
§ 2º Descumprida a determinação em fase recursal perante tribunal de justiça, tribunal regional federal ou tribunal superior, o relator:
I – não conhecerá do recurso, se a providência couber ao recorrente;
II – determinará o desentranhamento das contrarrazões, se a providência couber ao recorrido".

9. Nulidades da sentença

As nulidades da sentença podem ser intrínsecas: como, por exemplo, aquela que diz respeito à falta de relatório ou de fundamentação. Mas também podem ser extrínsecas: herdadas do processo em que foi proferida.

As nulidades extrínsecas do processo são o reflexo que, como era de se esperar, as nulidades do processo projetam na sentença.

É que a sentença pode ser nula em virtude de um defeito de que veio a se contaminar, ocorrido no processo. Ou seja: a sentença pode não ter vício algum, mas se contagia por um defeito que ocorreu no curso do feito, como, por exemplo, a propositura da ação perante o juízo incompetente ou a falta de contraditório, quando da juntada de um documento novo (veja-se o princípio nº 9, tratado no item 3, acima).

As nulidades relativas terão ficado para trás, acobertadas pela preclusão. Mas as absolutas, estas sim, se não "corrigidas", contaminam a sentença, transformando-a em pronunciamento jurisdicional rescindível, com base no art. 966, V,[13] pois terá havido ofensa ao Direito, ao sistema jurídico: à norma jurídica.

Todos os vícios antes referidos como nulidades absolutas (e mesmo como capazes de gerar inexistência jurídica, como se verá no item 8) tornam a sentença nula e rescindível (ou juridicamente inexistente e rescindível!).

Entretanto, a sentença também pode padecer de vícios intrínsecos, ligados a dois fenômenos: (a) ausência de correspondência com o pedido e (b) falta de elementos.

A ausência de simetria entre pedido e sentença produz as sentenças conhecidas como *infra*, *ultra* e *extra petita*. Também são conhecidas as definições: é *infra petita* a sentença em que o juiz aprecia apenas uma parte do pedido; *extra petita* a sentença em que o juiz julga coisa diferente do que se pediu; e *ultra petita*, quando o juiz aprecia além do que foi pedido.

Estas sentenças são habitualmente qualificadas como sentenças nulas e, portanto, rescindíveis do que, genericamente, não se discorda.

Todavia, há certos exemplos concebidos para explicar melhor o que é uma sentença que desrespeita o princípio da congruência que, a nosso ver, rigorosamente, não se encartam na categoria de sentenças nulas e rescindíveis.

Imagine-se que A formula contra B dois pedidos: x e y e o juiz decide x, y e z. ***Z é pedido não feito***. A sentença é *ultra* e *extra petita* simultaneamente.

A situação, aqui, é interessantíssima, pois se poderia pensar que z transitaria em julgado, e que, se porventura a sentença tivesse *NEGADO* este pedido, seria necessária a propositura de ação rescisória para que o pedido fosse novamente formulado, em outra ação, posteriormente: não "refeito", já que, na verdade, ele nunca teria sido formulado.

No entanto, se o pedido z não foi feito e foi, assim mesmo, decidido, a nosso ver *jamais* haverá, quanto a esta decisão, *coisa julgada*. Isto porque FALTA, àquela relação

---

13 "Art. 966. A decisão de mérito, transitada em julgado, pode ser rescindida quando: [...]
V – violar manifestamente norma jurídica;"

processual, pressuposto processual de existência: não houve *pedido*! Logo, quanto a esta parcela do processo, a relação processual nem chegou a nascer, pois que o pedido é sempre o *start*, o primeiro passo, na formação da relação processual.

Portanto, esta sentença é juridicamente inexistente, na medida (exclusivamente nesta medida) em que resolveu pedido não formulado.

Assim, se Maria pede danos materiais contra José, e o juiz *não* concede danos materiais *e danos morais* (que não foram pleiteados!), Maria poderá entrar com ação contra José, para pedir os tais danos morais, sem necessidade de ação rescisória.

A falta de elementos exigidos pela lei também gera sentença viciada: relatório, fundamento e a parte propriamente decisória (art. 489[14]). A falta de relatório gera nulidade e consequente rescindibilidade. A falta de *decisum* a meu ver gera sentença juridicamente inexistente: uma "não sentença", como dizem os alemães (*Nichturteil*).

No que tange ainda à falta de elementos, cumpre responder à pergunta: E a falta de fundamento? Que vício gera?

A fundamentação da sentença é vício de que trata o NCPC de modo bastante minucioso. No art. 489, § 1º, diz o legislador de 2015 que se considerará ***não fundamentada*** a sentença se esta não satisfizer um *standard* mínimo de qualidade, cujos requisitos estão no próprio artigo. É inegável a relevância que se emprestou ao tema no NCPC.

Por outro lado, o art. 503, § 1º[15], estendeu a autoridade de coisa julgada às prejudiciais, que estão na fundamentação, do ponto de vista lógico. É de se imaginar que o legislador tenha querido tornar mais grave o defeito de falta de fundamentação, podendo-se até mesmo cogitar em considerar juridicamente inexistente sentença à que falte motivação. Há autores que sustentam esta posição.

---

14 "Art. 489. São elementos essenciais da sentença:
I – o relatório, que conterá os nomes das partes, a identificação do caso, com a suma do pedido e da contestação, e o registro das principais ocorrências havidas no andamento do processo;
II – os fundamentos, em que o juiz analisará as questões de fato e de direito;
III – o dispositivo, em que o juiz resolverá as questões principais que as partes lhe submeterem. [...]".

15 "Art. 503. A decisão que julgar total ou parcialmente o mérito tem força de lei nos limites da questão principal expressamente decidida.
§ 1º O disposto no *caput* aplica-se à resolução de questão prejudicial, decidida expressa e incidentemente no processo, se:
I – dessa resolução depender o julgamento do mérito;
II – a seu respeito tiver havido contraditório prévio e efetivo, não se aplicando no caso de revelia;
III – o juízo tiver competência em razão da matéria e da pessoa para resolvê-la como questão principal.
§ 2º A hipótese do § 1º não se aplica se no processo houver restrições probatórias ou limitações à cognição que impeçam o aprofundamento da análise da questão prejudicial".

10. *Actio nullitatis* – *Querela nullitatis* – não se trata de nulidade, mas de inexistência jurídica

Nulidades absolutas e situações que ensejam inexistência jurídica podem ser tratadas "em conjunto" já que, uma vez em curso o processo, em ambos os casos há possibilidade de cognição *ex officio* e ausência de preclusão, quer para as partes, quer para o juiz. Dissemos isto muitas vezes ao longo deste texto.

Mas, uma vez findo o processo, a distinção ganha relevância: as sentenças nulas são rescindíveis e as juridicamente inexistentes não transitam em julgado e não estão sujeitas ao prazo de dois anos do *caput* do art. 975[16] para serem impugnadas. Podem ser objeto de uma ação meramente declaratória, conhecida como *actio* ou *querela nullitatis*, sem prazo.

Oportuna a observação no sentido de que, embora a jurisprudência utilize com frequência estas expressões latinas para designar esta ação declaratória, em que aparece o termo *NULLITATIS*, não se está, aqui, diante de ação que impugna nulidade, já que a sentença que padece deste tipo de vício (nulidade) transita em julgado e deve ser rescindida. Diferentemente acontece com as sentenças declaráveis como sendo juridicamente inexistentes, que não têm aptidão material para transitar em julgado. Todavia, a diferença entre inexistência jurídica e nulidade absoluta é recente no Direito. Durante muito tempo se disse: ***nulo é o que não existe e não produz efeito.*** Nesta frase, tão curta, se identificam e se confundem três realidades que o Direito contemporâneo cuida de separar, tratando como figuras diferentes e autônomas. O inexistente não se confunde com o nulo e, muito menos, com o ineficaz.

Mas que sentenças seriam estas?

Grupo pequeno, como não poderia deixar de ser: são as sentenças de mérito proferidas sem que sejam preenchidos os pressupostos processuais de existência jurídica do processo: pedido – citação – jurisdição. E também sem que tenham sido satisfeitas as condições da ação que são constitutivas em relação à ação. Sem elas, há *direito de petição*, de índole constitucional, e não verdadeiro direito de ação (processual).

Portanto, sentenças não transitam em julgado, por exemplo, se decidiram o que não foi pedido, se proferidas por quem não é juiz ou contra parte ilegítima.

Entretanto, como não há unanimidade na doutrina a respeito destes temas e como a *actio nullitatis* ou a ação declaratória de inexistência jurídica do processo e da sentença de mérito (quando, por exemplo, não houve citação e o réu foi revel) ou declaratória de inexistência jurídica da sentença (proferida por um juiz aposentado, por exemplo) são criação doutrinária, nada impede que a parte se insurja contra esta situação jurídica **por meio da própria ação rescisória**. Esta tolerância é recomendável até mesmo à luz do princípio da fungibilidade, que não se aplica só à esfera recursal.

---

16 "Art. 975. O direito à rescisão se extingue em 2 (dois) anos contados do trânsito em julgado da última decisão proferida no processo [...]".

11. Notas de cunho conclusivo

As regras gerais sobre vícios, que são classificados em função de sua gravidade, se aplicam também ao processo. Devem-se fazer, todavia, algumas adaptações e a principal delas é a de se considerar que a *sanabilidade* dos vícios não ocorre só quando os vícios são menos graves, mas também quando são bem graves: vícios são sanados, atos são aproveitados, defeitos podem ser relevados. Esta é a tônica do NCPC.

Apesar disso, se os vícios permanecerem (por não terem sido corrigidos) dão azo à ação rescisória. Segundo alguns (e nós nos filiamos a esta corrente), há certos defeitos, ditos vícios "transrescisórios", cuja possibilidade de arguição não está sujeita a prazo algum: nestes casos, é cabível a ação declaratória de inexistência jurídica da sentença.

O NOVO CÓDIGO DE PROCESSO CIVIL E AS CONDIÇÕES PARA O REGULAR EXERCÍDIO DO DIREITO DE AÇÃO

Afranio Silva Jardim

1. Tendo em vista o sistema adotado pelo novo Código de Processo Civil, que dá tratamento processual semelhante às condições da ação e aos pressupostos processuais, alguns relevantes autores e professores da matéria estão agora negando, doutrinariamente, a permanência do sistema de LIEBMAN. Alegam esses mestres que não mais faria sentido usar expressões como "condições da ação" e distingui-las dos pressupostos processuais. Sobre tal controvérsia, vale a pena consultar o recente texto do professor DANIEL AMORIM ASSUMPÇÃO NEVES, in: *Novo Código de Processo Civil, Inovações, Alterações, Supressões*. Rio de Janeiro: Gen/Método, 2015, p. 47/510. Discordamos daqueles que negam o chamado "trinômio processual", até porque o Código de Processo Penal, mesmo alterado recentemente, continua a falar em condições para o exercício da ação penal. Vamos agora negar a Teoria Geral do Processo?

Não resta dúvida de que podemos até colocar "tudo no mesmo saco", com algum outro nome, como "pressupostos para o exame do mérito" etc. Realmente são questões preliminares e tanto a presença das condições para o regular exercício da ação como os pressupostos processuais devem ser examinados antes da resolução do mérito do processo. Entretanto, se ação é uma categoria distinta do processo, cada um terá os seus requisitos mínimos para existir. Sem pretensão, manifestada pelo pedido, não existe a ação. Sem órgão investido de jurisdição, partes e a demanda, não existem o processo e a relação jurídica processual que dele decorre.

Por outro lado, sendo a ação um direito subjetivo (para uns poder jurídico), de manifestar em juízo uma determinada pretensão (no sentido de CARNELUTTI), ela deve obedecer a alguns condicionantes para que não haja o abuso do exercício do direito. O direito de ação é autônomo e abstrato, mas serve de instrumento ou meio para ver tutelado ou satisfeito um outro direito, regulado pela lei material (caráter instrumental). O direito de ação não é um fim em si mesmo. Já o processo, em existindo, deve ter os atos realizados de acordo com as normas que os regulam.

Tudo é uma questão lógica e decorre do sistema processual e não depende do legislador. Não me parece correto anular um processo porque o autor não tem interesse no exercício daquela ação, como não me parece correto que o processo deva ser extinto porque um ato, praticado lá no final, seja nulo ou anulável. Temos de fazer a distinção pela natureza dos "institutos" e por suas consequências.

Irrelevante o fato de o novo Código de Processo Civil não ter se referido ao pedido juridicamente impossível como hipótese de extinção do processo sem enfrentamento do mérito. Na última edição de seu *Manual de Direito Processual Civil* (existe excelente tradução de CÂNDIDO DINAMARCO) também ENRICO LIEBMAN omitiu tal condição da ação, por entendê-la questão de mérito. Tema também controvertido. O pedido de prisão de algum devedor por ato ilícito, formulado em uma ação de indenização ou cobrança, seria apreciado pelo juiz ao final do processo? Haveria uma resolução do mérito do processo? No processo penal, o pedido de pena de morte ou açoite, pela prática de um latrocínio, suscitaria uma decisão de mérito? Note-se que também no processo civil temos ou podemos ter condições específicas para determinadas ações, como a prova pré-constituída no mandado de segurança, segundo entendem alguns autores.

Em trabalho recente, ainda não publicado, mas divulgado pela internet, reiterei o que de há muito venho sustentando em palestras e nas minhas obras: a originalidade é também uma condição para o regular exercício do direito de ação. Para se admitir a ação, é necessário que não existam a litispendência ou a violação à coisa julgada. Nestas hipóteses, o segundo processo não deve ser anulado, mas extinto sem resolução do mérito. O que se proíbe é a duplicidade da ação, e isso nada tem a ver com a validade dos atos processuais.

Em suma, o novo Código de Processo Civil vai nos levar a crer que ação e processo são categorias idênticas? Se são distintas, não podem deixar de ter pressupostos, condições, requisitos (ou outro nome qualquer) diferentes. É até mesmo intuitivo.

Assim, a existência de uma categoria jurídica não depende de sua previsão expressa na lei, mas pode depender do próprio sistema. Por exemplo, a exigência de prova mínima para a admissibilidade da ação penal condenatória não está expressa no Código de Processo Penal e todos são unânimes em não aceitar ação penal condenatória sem que a denúncia ou queixa tenham algum lastro em prova no inquérito ou nas peças de informação. Entendemos que não bastam alguma prova da autoria e alguma prova da existência material, mas se faz necessária também prova mínima da culpabilidade e da ilicitude da conduta penalmente relevante (hoje, abandono a polêmica expressão "justa causa" e a substituo por "suporte probatório mínimo", como quarta condição para o regular exercício da ação penal condenatória").

2. A originalidade como condição para o exercício do direito de ação, tanto no novo Código de Processo Civil como no Código de Processo Penal.

Inicialmente desejo deixar bem claro o sistema processual com o qual opero, dando os nossos conceitos sobre as categorias jurídicas que o compõem. Não podemos negar a influência de CARNELUTTI, LIEBMAN e JAYME GUASP em nossa formação, sendo que, em nossa pátria, levamos em linha de conta o pensamento de HÉLIO TORNAGHI, FREDERICO MARQUES e do grande JOSÉ CARLOS BARBOSA MOREIRA.

Desde logo se vê que trabalho com conceitos que extraímos da hoje questionada Teoria Geral do Processo, motivo pelo qual, quase tudo que aqui vamos dizer, vale para os vários ramos do Direito Processual (Civil, Penal e do Trabalho).

Concebemos a ação como um direito subjetivo público, autônomo e abstrato, porém conexo a uma relação jurídica de direito material, alegada pelo autor, de manifestar em juízo uma determinada pretensão. Fazemos a distinção do direito de ação, que tem assento constitucional, do exercício deste direito de ação, que é regulado pelo Direito Processual. Julgamos ser sempre muito importante distinguir qualquer direito de seu exercício.

Pretensão, no conceito supra, tem o sentido específico e peculiar formulado por Carnelutti, sendo a exigência de subordinação do interesse jurídico do autor em face de eventual interesse oposto do réu. É uma vontade que o autor da ação manifesta perante o Poder Judiciário. Tal manifestação é um pressuposto necessário para que o direito de ação tenha sido efetivamente exercido. As chamadas condições da ação se relacionam com o seu regular ou legítimo exercício, e devem ser examinadas tendo em vista o que, em tese, o autor alega e não tendo em vista a prova produzida, pois aí já estamos no exame do mérito.

Cabe, ainda, explicitar que a pretensão, enquanto vontade do autor, é exteriorizada através do "pedido". O pedido tem um significado próprio no Direito Processual. Não se julga o direito de ação, mas sim o pedido. A ação é admissível ou não, enquanto o pedido é procedente ou não. Em outras palavras, o pedido materializa a pretensão, documenta a pretensão. Ele é que delimitará o "*thema decidendum*". Entretanto, na ação penal condenatória, tal delimitação será efetivada através da imputação do "fato principal". Não se deve confundir pedido com meros requerimentos ou manifestações sobre o mérito, em alegações das partes ou em pareceres.

Seguindo explicitando o nosso pensamento, damos o nosso conceito de processo: para nós, processo é um conjunto de atos jurídicos, regulados pela lei processual, organizados de forma sistemática e teleológica, através dos quais a atividade jurisdicional se desenvolve para satisfação da pretensão do autor. Usamos aqui o termo "satisfação" no sentido de GUASP, não significando que o autor será atendido, mas terá seu pedido examinado pelo Poder Judiciário, em uma atividade substitutiva. Entendemos que o processo não é uma relação jurídica, mas cria a relação jurídica, vinculando os sujeitos que nele atuam. Não trabalhamos com o conceito de lide, que pode existir ou não, mas trabalhamos sempre com a ideia de pretensão. Não existindo pretensão, não haverá ação, processo e jurisdição. Podemos ter sim a chamada jurisdição voluntária, na qual encontramos requerimento, procedimento e atividade judicial (não jurisdicional).

Finalmente, temos entendido que o processo é uma categoria autônoma, descabendo enquadrá-lo em outras categorias cunhadas pela Teoria Geral do Direito. Em resumo, processo é processo e não relação jurídica. Processo cria a relação jurídica. Neste particular, recebemos a adesão do excelente professor e desembargador ALEXANDRE CÂMARA, no trabalho publicado na segunda edição do livro *Tributo a Afranio Silva Jardim*, Rio de Janeiro: Lumen Juris, 2014, p. 33/40. Para melhor detalhamento do que acabamos de sustentar, peço licença para remeter o leitor ao nosso trabalho intitulado "Reflexão teórica sobre o processo", o qual se tornou o capítulo do livro *Direito Processual Penal, Estudos e Pareceres*, p. 21/52, agora em 13ª edição, publicado pela Lumen Juris, em 2014, que conta com a coautoria do amigo, excelente magistrado e professor PIERRE SOUTO MAIOR AMORIM.

Desta forma, sendo o direito de ação uma categoria diversa do processo, até porque a primeira só existe no plano ideal e a segunda surge no mundo físico, não vejo como alguns possam misturar ou confundir os pressupostos do processo com as condições para o exercício do direito de ação e mesmo com o pressuposto da existência deste direito (pretensão). Embora todos tenham de ser examinados lógica e cronologicamente antes do mérito, eles se relacionam com categorias processuais absolutamente distintas. Lamentavelmente, os nossos tribunais costumam confundir estas categorias.

Voltando ao tema central deste nosso estudo, salientamos, mais uma vez, com apoio na melhor doutrina, da qual HÉLIO TORNAGHI foi um dos pioneiros, que as chamadas condições da ação não são condições para a existência do direito de ação, mas sim para o seu regular exercício. Vale dizer, mesmo que falte uma dessas condições, teremos ação, processo e atividade jurisdicional, entretanto, a pretensão do autor não será apreciada (mérito). Na falta de um pressuposto de existência do processo, não teremos atividade jurisdicional e coisa julgada. Na falta de um pressuposto de validade do processo, fica contaminada a validade dos atos processuais (plano da eficácia), acarretando a sua nulidade. A rigor, para nós, no processo, não haveria nulidade, mas sim anulabilidade, pois enquanto o ato processual não é desconstituído por decisão judicial, produzirá efeitos, os quais a coisa julgada material poderá até tornar perenes.

Feitas estas observações teóricas e introdutórias, vamos passar a sustentar a existência de mais uma condição para o regular exercício da ação penal, civil e trabalhista. Importa ressaltar que se trata de mais uma condição genérica, pois não vamos cuidar das chamadas condições específicas, criadas pela lei processual para situações peculiares.

Julgo necessário mais um esclarecimento, específico para o Direito Processual Penal.

De há muito vimos sustentando que a justa causa é uma quarta condição para o regular exercício da ação penal condenatória, pública ou privada. Definimos justa causa como sendo o suporte probatório mínimo que deve existir para legitimar uma acusação penal, tendo em vista que a instauração de um processo já pode causar danos irreparáveis ou de difícil reparação para o réu.

Por outro lado, também temos afirmado que este suporte probatório mínimo não se refere apenas à impropriamente chamada materialidade do delito e à autoria ou participação da conduta imputada na denúncia ou queixa. Deve haver também prova mínima da ilicitude e culpabilidade. Para mais detalhes sobre nosso pensamento, remetemos o leitor para o nosso livro *Ação Penal Pública*, publicado, em 5ª edição, pela Lumen Juris, 2012.

Não julgamos que a justa causa precise da certeza da materialidade da infração penal e nem trabalhamos com a ideia de probabilidade de futura condenação, conforme pareceu ao professor GUSTAVO BADARÓ, em minucioso e extenso trabalho, criticando a nossa tese sobre a imputação alternativa (*Tributo a Afranio Silva Jardim*. 2. ed. Rio de Janeiro: Lumen Juris, p. 387/444. A nossa posição é que, para o exame da justa causa, basta constatar a existência (sem juízo de valor) da prova mínima que dê lastro à acusação. Se, no inquérito policial ou nas peças de informação, encontramos alguma prova da existência material da infração penal, de sua autoria ou participação e também prova mínima da ilicitude e culpabilidade, estará correto o exercício daquela ação penal condenatória.

Mais uma ressalva: tendo em vista a imprecisão da expressão "justa causa" e o seu errôneo tratamento dado pelo legislador da reforma do Código de Processo Penal, vamos abandonar aqui esta expressão e dizer que: A QUARTA CONDIÇÃO PARA O REGULAR EXERCÍCIO DA AÇÃO PENAL CONDENATÓRIA É A EXISTÊNCIA DE UM SUPORTE PROBATÓRIO MÍNIMO DA IMPUTAÇÃO FEITA NA DENÚNCIA OU QUEIXA. Acreditamos que, disso, ninguém discorde. A discordância poderá ficar para a extensão desta prova mínima.

Passamos agora a enfrentar o tema principal do nosso trabalho: a originalidade como condição para o regular exercício da ação civil, penal e trabalhista.

Quando falamos em originalidade, estamos querendo dizer que o mesmo direito de ação não pode ser exercido simultânea (litispendência), ou mesmo, sucessivamente (se houver coisa julgada material). Vale dizer, não litispendência e não violação à coisa julgada. A ação tem de ser original e não uma "cópia" de outra ainda pendente ou já constante de outro processo apreciado no mérito.

A doutrina vem asseverando que a litispendência e a coisa julgada são pressupostos processuais negativos de validade do segundo processo. Percebemos aqui novamente aquela confusão que mencionamos no início deste breve trabalho, confundindo validade processual com regularidade no exercício do direito de ação. A proibição de se reproduzir uma determinada ação tem a ver com a validade dos atos processuais praticados no segundo processo ou tem a ver com o abusivo duplo exercício do mesmo direito de ação?

Assim, quando o sistema normativo proíbe a litispendência e a violação à coisa julgada, ele está disciplinando, regulando, limitando o exercício do direito de ação. Nestas hipóteses, o autor está abusando do seu direito de ação ou, em outras palavras, ele está exercendo ilegitimamente o direito de ação, porque o faz repetidamente.

Por isso, o Código de Processo Civil não determina que o segundo processo seja anulado, mas sim que ele seja extinto sem apreciação de seu mérito. Correto o legislador. Se fosse o caso de anular o segundo processo, ele poderia ser instaurado novamente, sanada que fosse a nulidade... Aliás, caberiam aqui duas perguntas: Que ato deste segundo processo deveria ser anulado? Que ato deste segundo processo foi praticado em desconformidade com a lei processual que o regula?

A toda evidência, a reprodução indevida do mesmo direito de ação tem a ver com o direito de ação, e não com o processo. É até mesmo intuitivo.

Este nosso entendimento é antigo e consta de nossas duas obras acima mencionadas, bem como de palestras que se encontram publicadas na internet (YouTube). Já encontramos adesão de alguns importantes autores ligados ao Processo Penal, como os professores e magistrados Rubens Casara e Antônio Pedro Melchior (*Teoria do Processo Penal Brasileiro*. Rio de Janeiro: Lumen Juris, 2013. 1º v., p. 444) e André Nicollit (*Manual de Direito Processual Penal*. 4. ed. Rio de Janeiro: Elsevier, 2013, p. 113/114), motivo pelo qual aguardamos que os mestres dos outros ramos do Direito Processual nos honrem com suas apreciações críticas.

AVANÇOS RUMO À QUEBRA DO TABU DO DIREITO PÚBLICO NA COOPERAÇÃO JURÍDICA INTERNACIONAL

Ana Cristina Paulo Pereira

Sumário: 1. Introdução: o tabu do Direito Público. **2.** O primeiro marco da relativização do tabu do Direito Público no Direito brasileiro: o reconhecimento de efeitos da lei penal estrangeira. **3.** A relativização do tabu do Direito Público no Direito brasileiro em matéria cível: o CPC de 2015 e a homologação de decisões estrangeiras para fins de execução fiscal. **4.** Conclusão. Referências.

Resumo: A cooperação jurídica internacional é historicamente limitada às matérias típicas de Direito Privado, ante a resistência dos Estados em apreciar Direito Público estrangeiro. O Código de Processo Civil de 2015, ao prever a possibilidade de homologação de decisões estrangeiras para fins de execução fiscal, fortalece movimento rumo à quebra do tabu do Direito Público iniciado na seara do Direito Penal com a transferência de pessoas condenadas e a execução territorial da pena estrangeira, possibilitando, de forma efetiva, a circulação de decisões estrangeiras em matérias até então impensáveis.

Palavras-chave: Cooperação jurídica internacional. Tabu do Direito Público. Transferência de pessoas condenadas. Homologação de decisões estrangeiras. Execução fiscal.

1. Introdução: o tabu do Direito Público

O Direito Internacional surge como meio de "assegurar o ordenamento social consoante a inteligência humana, de modo a aperfeiçoar a 'sociedade comum que abarca toda a humanidade'" (TRINDADE, 2002, p. 3). Com o surgimento e consolidação dos Estados nacionais, estes passam a protagonizar o Direito Internacional como entes absolutamente soberanos.

Apesar desta priorização da soberania estatal, o reconhecimento de direitos a estrangeiros remonta ao *jus gentium* romano, "sistema uniforme de normas diretas, substantivas, a ser aplicado a romanos e peregrinos sem distinções" (DOLINGER e TIBURCIO, 2016, p. 130). Posteriormente, com o desenvolvimento das teorias estatutárias se buscou, efetivamente, solucionar conflitos de leis e proceder à cooperação internacional.

A noção de soberania absoluta do Estado, aliada a interpretações rígidas de ordem pública, contudo, ainda impõe consideráveis limitações ao escopo da cooperação jurídica internacional.

Andreas F. Lowenfeld (1969, p. 323), um dos maiores internacionalistas do século XX, cuidou do tema em seu curso proferido em 1969 na Academia de Direito Internacional de Haia. O referido autor chama atenção para o fato de que, à época, enquanto não se questionava a possibilidade de um casamento realizado em um dado Estado ser reconhecido em outro, a aplicação de legislação tributária estrangeira, por exemplo, era inadmissível. O Direito Público era visto, de forma absoluta, como o direito que jamais seria aplicado por um Estado estrangeiro e que, quase sempre, impediria até o seguimento de pedidos de cooperação internacional.

De fato, quando o caso concreto envolve Direito Público, Cortes nacionais, como regra geral, não aplicam leis estrangeiras e tampouco reconhecem sentenças estrangeiras (DODGE, 2002, p. 161).

A visão do Estado detentor de soberania absoluta teve implicações especialmente graves em matéria fiscal. Ora, ao interpretar como ofensiva à soberania nacional a execução de créditos tributários estrangeiros, muitas vezes torna-se impossível a recuperação destes. Tal lógica começa a ser superada com o aumento exponencial na circulação internacional de pessoas e de capital.

Na pós-modernidade, o comportamento humano adquiriu facetas até então inéditas, com a consolidação de dois fenômenos básicos identificados pelo sociólogo francês Michel Maffesoli como tribalismo[1] e nomadismo.[2] A seu turno, esses fenômenos alçaram a dinâmica social a um nível de complexidade que passa a exigir ainda mais dos processos de cooperação jurídica internacional.

Nesse contexto, Paulo Borba Casella (2009, p. 265) chama atenção para as dificuldades de compatibilização entre o processo de institucionalização e codificação do Direito Internacional Privado ao longo do século XX e a crescente necessidade de atenção à diversidade cultural e às peculiaridades do homem pós-moderno.

O homem muda, o mundo muda. O fenômeno globalizante pós-moderno, com a crescente integração econômica e o aumento da mobilidade humana, tem como consequências "o declínio do conceito de soberania e a redução do papel do Estado na articulação dos acontecimentos humanos" (BEDIN, 2009, p. 167). O Estado, antes o único ator relevante no cenário internacional, passa a ter que conviver com outros atores.

Simultaneamente à relativização do conceito de soberania, fortalecem-se as organizações internacionais e os entes privados, com patente perda de importância de conceitos territorialistas, em virtude da virtualização da vida pós-moderna (ARROYO, 2012). O Estado não é mais onipresente e, mesmo quando em exercício de seu poder de império, é limitado pela dignidade da pessoa humana – reconhece-se que "o verdadeiro titular do interesse, nas relações protagonizadas pelos Estados, ou seja, a parte em sentido material é, portanto, sempre o povo" (CASELLA, 2009, p. 267).

---

1 O tribalismo consiste na valorização da noção de pertencimento a um grupo, em detrimento do sentimento de pertencimento a uma sociedade. As regras ditadas pelo microgrupo social passam a ter um valor para o indivíduo superior ao das normas jurídicas tradicionais. "Deus (e a teologia), o Espírito (e a filosofia), o indivíduo (e a economia) cedem lugar ao reagrupamento. O homem não é mais considerado isoladamente" (MAFFESOLI, 2010, p. 129).

2 O nomadismo, por sua vez, é a inquietação inerente ao ser humano pós-moderno, é "o desejo de alhures, a sede do infinito, a adaptação ao estranho" (MAFFESOLI, 2012, p. 74). Há desprendimento territorial e maior movimentação transfronteiriça.

É neste contexto que o tabu do Direito Público, como descrito por LOWENFELD, começa a ruir. No Brasil, duas experiências recentes são especialmente relevantes. A primeira diz respeito ao Direito Penal, com a aplicação de lei penal extrangeira para fins de execução, quando a pessoa condenada foi beneficiada pelo instituto da transferência de pessoas condenadas. A segunda grande inovação foi trazida pelo Código de Processo Civil de 2015, ao possibilitar expressamente a homologação de sentença estrangeira para fins de execução fiscal.

2. O primeiro marco da relativização do tabu do Direito Público no direito brasileiro: o reconhecimento de efeitos da lei penal estrangeira

A cooperação jurídica internacional é essencial para garantir a efetividade do processo, na medida em que os Estados autolimitam o exercício de sua própria jurisdição, implicando, muitas vezes, na necessária circulação internacional de decisões (DOLINGER e TIBURCIO, p. 603).

A cooperação em matéria penal é fenômeno relativamente recente, sendo certo que a cooperação em tal matéria era ignorada nos séculos passados. O desenvolvimento de tal modalidade de cooperação teve como premissa a ideia de que os criminosos não representariam apenas um perigo ao Estado no qual praticaram os atos tipificados, mas a toda a comunidade internacional (ROUX, 1970, p. 86). Atualmente identificam-se inúmeros instrumentos distintos para a cooperação internacional, tais como:

> Extradição, assistência jurídica, execução de sentença penal estrangeira, homologação de sentença penal estrangeira, transferência de procedimento criminal, bloqueio e sequestro de produtos derivados de crime, troca de informação de inteligência e do direito aplicável, espaços jurídicos regionais e sub-regionais (CASTILHO, 2008, p. 234).

Um dos instrumentos mais polêmicos de cooperação internacional em matéria penal é o reconhecimento dos efeitos da sentenças proferidas no exterior, reforçando o tabu do Direito Público. Historicamente consolidou-se o brocardo *extra territorium jus dicendi impune no paritur,* marca da impossibilidade de produção de efeitos extraterritoriais de sentenças penais condenatórias (ROUX, 1970, p. 134). Porém, já no início do século XX, surgiram inúmeras críticas a essa premissa, visto que a mera transposição de fronteiras não diminuiria a periculosidade do indivíduo (ROUX, 1970, p. 134).

O Código Penal brasileiro trata do tema em seu art. 9º, permitindo a homologação de sentenças estrangeiras em matéria criminal desde que a aplicação das leis brasileiras produza as mesmas consequências na espécie. Por outro lado, essa homologação possui finalidade restrita, eis que somente autoriza a produção de seus efeitos civis ou a sujeição da pessoa condenada a medidas de segurança. Dessa forma, os efeitos penais da sentença penal condenatória estrangeira não seriam reconhecidos, restando ao Estado prolator o recurso ao procedimento de extradição.

Considerando, contudo, que o art. 5º, LI, da Constituição da República veda de forma absoluta a extradição de brasileiros natos e de forma relativa a extradição de brasileiros naturalizados, há clara hipótese em que não resta ao Estado prolator da sentença penal condenatória qualquer meio para o exercício de sua sentença penal condenatória.

Tendo em vista tal óbice à cooperação processual internacional, a República Federativa do Brasil e o Reino dos Países Baixos firmaram, em 2009, o Tratado de Transferência de Pessoas Condenadas e Execução de Penas Impostas por Julgamentos, promulgado através do Decreto nº 7.906/2013. O diploma em questão introduziu inovação no ordenamento brasileiro, na medida em que, através de mecanismo denominado Transferência da Execução da Pena, permite o reconhecimento de sentença penal condenatória para a sua execução plena no Brasil, conforme se depreende de seu art. 14.[3]

O reconhecimento pleno no Brasil de sentença penal condenatória representa claro rompimento do histórico tabu do Direito Público, admitindo o Estado brasileiro a produção de efeitos em território nacional de um ato tipicamente inerente à soberania, qual seja o exercício de *ius puniendi*, praticado por um outro Estado. Por se tratar de instrumento recente, ainda não há notícias quanto à tentativa de homologação de sentença penal condenatória neerlandesa pelo STJ, mas é certo que, caso se entenda pela necessidade de homologação, tal inovação implicará em necessária ampliação do juízo de delibação exercido, ante a excepcionalidade que permeia todo o processo penal.

Neste ponto, mister ressaltar que o juízo de delibação exercido pelo STJ não se limita à ordem pública material, mas também à ordem pública processual, com a aná-

---

3 "Artigo 14 – Transferência da Execução da Pena

1. Os Estados poderão concordar, caso a caso, que, quando um nacional do Estado de execução que estiver sujeito a uma pena imposta por um julgamento no território do Estado de condenação houver fugido ou de qualquer outra forma retornado para o Estado de execução, para eximir-se de responder aos processos criminais pendentes contra si no Estado de condenação, ou após o julgamento, a fim de evitar a execução ou uma execução adicional da pena no Estado de condenação, o Estado de condenação poderá solicitar que o Estado de execução assuma a execução da pena.

2. À transferência da execução da pena imposta por um julgamento, contemplada pelo parágrafo 1, as disposições deste Tratado aplicar-se-ão *mutatis mutandis*. Todavia, o consentimento da pessoa condenada, referido no Artigo 3, parágrafo 1, item e, não será exigido.

3. Se exigido pela legislação interna do Estado de execução, a transferência da execução da pena imposta por um julgamento poderá estar sujeita ao reconhecimento do julgamento pelo seu tribunal competente, previamente à anuência do Estado de execução à transferência da execução da pena.

4. Quando o Brasil for o Estado de condenação, o Reino dos Países Baixos, na qualidade de Estado de execução, poderá, a pedido do Brasil, antes da chegada dos documentos de apoio do pedido de transferência da execução da pena imposta por um julgamento, ou antes da decisão a respeito desse pedido, prender a pessoa condenada, ou tomar qualquer outra medida para garantir que ela permaneça no seu território até uma decisão sobre o pedido de transferência da execução da pena. Os pedidos de medidas preventivas incluirão as informações mencionadas no Artigo 4, parágrafo 3. A situação penal da pessoa condenada não será agravada por causa de qualquer período em que esteve sob custódia em razão deste parágrafo.

5. Na extensão permitida pela sua legislação interna, o Brasil, na qualidade de Estado de execução, poderá aplicar as disposições do parágrafo 4."

lise do respeito ao devido processo legal (TIBURCIO e BARROSO, 2013, p. 510), que, contudo, assume caráter menos rígido no processo civil, objeto quase exclusivo dos julgados do STJ até o momento.

Ao contrário da cooperação em matéria cível, objeto ordinário dos processos de homologação de sentença estrangeira, a cooperação internacional em matéria penal é claramente marcada pela tensão entre dois valores antagônicos:

> De um lado, a necessidade de intensificar a referida cooperação na luta contra o crime, de outro, a consciência cada vez mais profunda de que os direitos fundamentais devem colocar-se como termo de referência nessa matéria e, consequentemente, como limite à cooperação internacional em matéria penal (GRINOVER, 2012, p. 844).

O exercício do *ius puniendi* pelo Estado deve atentar ao sistema de direitos e garantias fundamentais previsto na Constituição da República Federativa do Brasil, que integram a ordem pública nacional e são, portanto, absolutamente inafastáveis. Dessa forma, torna-se imprescindível o respeito ao devido processo legal, o que implica necessariamente em observância ao juiz natural, ao direito ao silêncio, à vedação das provas ilícitas, à presunção de inocência, à ampla defesa e ao contraditório (OLIVEIRA, 2007, p. 32).

Assim sendo, a ordem pública processual que, em regra, apresenta-se como fator secundário para a negativa de homologação de sentenças estrangeiras em matéria cível, deve assumir o protagonismo na homologação de sentenças estrangeiras em matéria penal, com necessária análise do mérito, na medida em que questões como a vedação às provas obtidas repercutem diretamente neste.

Ainda no âmbito da cooperação em matéria penal, mas com grande ênfase nos direitos da pessoa condenada, e não meramente no interesse do Estado de condenação em ver efetivo o exercício de seu *ius puniendi*, surge o instituto da transferência de pessoas condenadas. O instituto em questão *"tem cunho essencialmente humanitário, pois visa à proximidade da família e de seu ambiente social e cultural"* (SECRETARIA NACIONAL DE JUSTIÇA, 2010, p. 7)[4], consistindo em "ato bilteral internacional, por meio do qual se transporta a fase de cumprimento de determinada pena, em regra privativa de liberdade, do país onde se encontra o estrangeiro para o país da sua nacionalidade" (SOUZA, 2007, p. 272/273) ou, excepcionalmente, para o país com o qual possui vínculo jurídico relevante.[5]

---

4 No mesmo sentido: "Objetiva-se, fundamentalmente, através da transferência de presos, solucionar ou atenuar os problemas e as dificuldades enfrentados não só pelo preso estrangeiro, como, igualmente, por parte do preso nacional que se encontra distante de seu solo" (SOUZA, 2007, p. 253).

5 Em regra é prevista a transferência de pessoas condenadas tão somente para o Estado do qual é nacional. No caso do Brasil, a notável exceção é o Tratado entre a República Federativa do Brasil e a República Portuguesa que, em seu artigo 3º, prevê a possibilidade de transferência não só do nacional, mas daquele que tiver residência habitual ou vínculo pessoal no território do outro Estado. De forma similar, o Acordo de Transferência de Pessoas Condenadas Entre os Estados Partes do Mercosul, ainda não em vigor, prevê, em seu artigo 3ª, a transferência de nacionais ou residentes legais e permanentes do Estado recebedor.

Trata-se, portanto, de transferência pelo Estado prolator da sentença de seu "próprio" prisioneiro ao Estado de sua nacionalidade (residência ou domicílio, conforme previsto no tratado) para que aí cumpra ou termine de cumprir a pena, desde que haja anuência do prisioneiro.

Diferentemente, a transferência de execução da pena prevista no tratado de 2009 entre Brasil e Países Baixos consiste em verdadeiro procedimento de homologação de sentença, que independe da anuência da pessoa condenada, e serve para suprir lacuna punitiva decorrente da vedação de extradição de nacionais.

A transferência de pessoas condenadas e da execução da pena representa um grande passo rumo à quebra do tabu do Direito Público, na medida em que resulta no reconhecimento de efeitos de sentença penal condenatória, matéria típica de Direito Público, para fins de execução da pena, e não somente para fins civis ou imposição de medida de segurança, como até então ocorria.

Mas se em matéria penal os avanços rumo à mitigação do tabu do Direito Público já se verificam há alguns anos, em matéria fiscal somente a partir da entrada em vigor do novo Código de Processo Civil, em 18 de março de 2015, é que se começa a vislumbrar algum sinal nessa direção.

3. A relativização do tabu do Direito Público no Direito brasileiro em matéria cível: o CPC de 2015 e a homologação de decisões estrangeiras para fins de execução fiscal

A nova lei processual representou considerável avanço nos temas afetos ao Direito Internacional, vezes corrigindo imprecisões terminológicas,[6] vezes consolidando legislação extravagante.[7] De especial importância, contudo, foi a inclusão de permissão expressa para a homologação de decisão estrangeira para fins de execução fiscal constante do art. 961, § 4º.

A não aplicação de Direito Tributário estrangeiro e a impossibilidade de execução de decisões estrangeiras cujo objetivo é a execução de crédito tributário não são exclusividade do Brasil. Em Estados da *common law,* o precedente mais antigo apontado costuma ser o caso *Holman v. Johnson,* julgado no Reino Unido da Grã-Bretanha e Irlanda do Norte em 1775, no qual Lord Mansield afirmou que nenhum país leva em consideração a legislação fiscal de outro (LOWENFELD, 1969, p. 323). Tal entendimento também foi exteriorizado, dentre outros países, nos Estados Unidos da América, no Canadá e na África do Sul (DODGE, 2002, p. 175).

Diversas são as razões apontadas para explicar a reticência dos Estados em executarem decisões estrangeiras que versam sobre matéria tributária. Dentre elas,

6 Por exemplo, ao intitular "Dos limites da jurisdição nacional" o Capítulo I do Título II do Livro II, em substituição ao criticado "Da competência internacional" adotado pelo CPC/1973.

7 Como exemplo, citamos o art. 22, que incorporou ao texto do CPC hipóteses de exercício de jurisdição previstas em tratados ratificados pelo Brasil, mas ausentes do texto do CPC/1973.

destacam-se, de um lado, o potencial constrangimento do Estado de submeter a legislação tributária estrangeira ao filtro de sua ordem pública e, de outro, a dificuldade de garantir a efetividade de Direito Público estrangeiro (DODGE, 2002, p. 209).

Não há como negar, também, certa influência do Direito Internacional Público anteriormente baseado na absoluta soberania territorial. De fato, a ideia da existência de soberania absoluta, com cada Estado podendo regular as matérias de seu interesse livremente, sem qualquer interferência de Estados terceiros, implica, de certo modo, na exclusão do Direito Público do âmbito da cooperação jurídica internacional (LOWENFELD, 1969, p. 325).

Tais obstáculos foram superados com maior facilidade em matéria penal em razão do interesse comum em combater a criminalidade transnacional, mas nas demais áreas do Direito Público a existência de interesses estatais antagônicos representa dificuldade adicional.

De fato, é razoável supor que um Estado crie óbices à efetivação de legislação tributária estrangeira em seu território por temer a perda de receitas próprias ou, ainda, por temer não ser beneficiado de igual postura por Estado estrangeiro.

O Código de Processo Civil de 2015 representa, portanto, importante evolução para a mitigação do tabu do Direito Público ao prever, no art. 961, § 4º, que "haverá homologação de decisão estrangeira para fins de execução fiscal quando prevista em tratado ou em promessa de reciprocidade apresentada à autoridade brasileira".

Em um primeiro momento, ressalta-se a adequação da nomenclatura "decisão estrangeira", em vez do termo já consolidado "sentença estrangeira", visto que em diversos ordenamentos, dentre os quais o brasileiro, a execução fiscal é lastreada em título executivo extrajudicial (art. 784, IX, do CPC), não havendo, portanto, sentença a ser homologada.

Tal modificação é especialmente importante se considerarmos a jurisprudência consolidada do STJ refletida no art. 216-A de seu Regimento Interno, segundo o qual serão homologados os provimentos que, pela lei brasileira, teriam natureza de sentença. A menos que se faça uma leitura flexível do referido dispositivo, este posicionamento, por si só, impossibilitaria a homologação de decisões para fins de execução fiscal, visto que a certidão de dívida ativa não é sentença, logo provimento estrangeiro a ela equivalente não seria homologável.

Outro aspecto interessante do art. 961, § 4º, do CPC é a exigência de reciprocidade para a homologação da decisão estrangeira, conste esta prevista em abstrato por tratado ratificado pelo Brasil, conste em promessa de reciprocidade formulada pelo Estado de origem.

A exigência de reciprocidade para o reconhecimento de decisão estrangeira não é inédita no Brasil, constando, por exemplo, do Decreto nº 6.982/1878, que regia a matéria em conjunto com a Lei nº 2.615/1875 nos anos finais do Império. Tal exigência, contudo, foi abolida pela Lei nº 221/1894.

Se a exigência de reciprocidade para o reconhecimento de decisões estrangeiras no geral parece incompatível com os ideais que norteiam a cooperação jurídica internacional, no caso específico da execução fiscal ela se mostra razoável, considerando que a maior parte dos Estados ainda resiste à efetivação do Direito Público estrangeiro.

Ao permitir a cooperação internacional em matéria tributária, mesmo que ainda dependente de previsão específica em tratado internacional ou promessa de reciprocidade, o CPC possibilita maior atuação do Executivo contra a evasão fiscal, desde que haja, de fato, reciprocidade.

Neste sentido, a recusa pelos tribunais em executar decisões que envolvam o Direito Público estrangeiro pode ser entendida como uma escolha consciente em deixar para o Executivo a possibilidade de negociar os termos em que haverá o reconhecimento recíproco de tais matérias. De fato, juízes não podem assegurar que haverá a reciprocidade ao analisar casos isolados, sendo uma postura colaboracionista não respaldada em negociações prévias potencialmente prejudiciais aos interesses do Estado (DODGE, 2002, p. 234).

O reconhecimento recíproco de decisões estrangeiras visando à execução fiscal potencialmente levará à eliminação de barreiras hoje existentes para a regulação da tributação transnacional, as quais consistem na limitação imposta pelos Judiciários nacionais à aplicação do Direito Público estrangeiro em geral e à execução de decisões estrangeiras em matéria tributária.

Em síntese, a previsão da possibilidade de homologação de decisão estrangeira sobre execução fiscal implicará, certamente, em ganhos relevantes para o Brasil, visto que a aplicação mútua do Direito Público estrangeiro resulta em maior efetividade deste.

4. Conclusão

A cooperação jurídica internacional historicamente encontrou relevante óbice no chamado tabu do Direito Público, isto é, no pouco interesse dos Estados em garantir a efetivação de normas de Direito Público emanadas de autoridade estrangeira. Tal dificuldade pode ser parcialmente atribuída ao potencial constrangimento internacional que a análise de compatibilidade de Direito Público estrangeiro com a ordem pública nacional pode causar.

O tabu do Direito Público pode ser considerado um dos motivos para o desenvolvimento da cooperacão jurídica internacional em matéria penal ter se iniciado tardiamente, somente quando o interesse no combate à criminalidade internacional passou a figurar entre as prioridades dos Estados nacionais. Não obstante tal fato, foi em matéria penal o primeiro grande marco da empreitada recente do Direito brasileiro rumo à flexibilização do tabu do Direito Público.

Com efeito, foi com o instituto da transferência de pessoas condenadas que o Brasil passou, pela primeira vez, a reconhecer em larga escala decisões estrangeiras em matéria tipicamente de Direito Público: até então, as sentenças penais condenatórias eram homologáveis tão somente para a produção de efeitos civis e para a imposição de medidas de segurança.

O Código de Processo Civil de 2015, por sua vez, dá importante passo rumo à tal flexibilização ao prever a possibilidade de homologação de decisões estrangeiras para fins de execução fiscal. Para tanto, previu o legislador a exigência de reciprocidade, seja via tratado, seja via promessa específica. Tal limitação à cooperação é de especial importância se for levado em consideração o fato de a cooperacão em matéria tributária ainda ser considerada um tabu na maioria dos Estados, servindo a exigência de reciprocidade como mecanismo de incentivo ao incremento da cooperação internacional em tal área.

Referências

ARROYO, D. P. F. **Un derecho comparado para el derecho internacional privado de nuestros días.** 1. ed. Bogotá: Grupo Editorial Ibañez, 2012.

BEDIN, G. A. A sociedade atual e seus três grandes desafios políticos. In: CASELLA, P. B.; RAMOS, A. D. C. **Direito internacional:** homenagem a Adherbal Meira Mattos. 1. ed. São Paulo: Quartier Latin, 2009. p. 165/178.

CASELLA, P. B. Direito Internacional e dignidade humana. In: CASELLA, P. B.; RAMOS, A. D. C. **Direito internacional:** homenagem a Adherbal Meira Mattos. 1. ed. São Paulo: Quartier Latin, 2009. p. 223/344.

CASTILHO, E. W. V. D. Cooperação internacional na execução da pena: a transferência de presos. **Revista Brasileira de Ciências Criminais**, São Paulo, 71, 2008.

DODGE, W. S. Breaking the public law taboo. **Harvard International Law Journal,** v. 43, n. 1, 2002, p. 161/235.

DOLINGER, J.; TIBURCIO, C.. **Direito internacional privado – parte geral e processo internacional**. 12. ed. Rio de Janeiro: Forense, 2016.

GRINOVER, A. P. As garantias processuais na cooperação internacional em matéria penal. In: BAPTISTA, L. O.; MAZZUOLI, V. D. O. **Doutrinas essenciais:** direito internacional. São Paulo: Revista dos Tribunais. v. IV, 2012, p. 843/868.

LOWENFELD, A. Public law in the international arena: conflict of laws, international law, and some suggestions for their interaction. In: ______. **Recueil des cours**, v. 163, Haia: [s.n.], 1969, p. 311/445.

MAFFESOLI, M. **O tempo das tribos – o declínio do individualismo nas sociedades de massa**. 4. ed. Rio de Janeiro: Forense Universitária, 2010.

MAFFESOLI, M. **O tempo retorna – formas elementares da pós-modernidade**. 1. ed. Rio de Janeiro: Forense Universitária, 2012.

OLIVEIRA, E. P. D. **Curso de processo penal**. 8. ed. Rio de Janeiro: Lumen Juris, 2007.

ROUX, J. A. L'entr'aide des États dans la lutte contre la criminalité. **Recueil des Cours**, 1931, Haia, 36, 1970, p. 77/182.

SECRETARIA NACIONAL DE JUSTIÇA. **Transferência de pessoas condenadas**. Brasília: [s.n.], 2010.

SOUZA, A. D. B. G. **Presos estrangeiros no Brasil – aspectos jurídicos e criminológicos**. 1. ed. Rio de Janeiro: Lumen Juris, 2007.

TRINDADE, A. A. C. A personalidade e capacidade jurídicas do indivíduo como sujeito do direito internacional. In: ANNONI, D. **Os novos conceitos do novo direito internacional – cidadania, democracia e direitos humanos**. 1. ed. Rio de Janeiro: América Jurídica, 2002. p. 1/32.

BOA-FÉ OBJETIVA NO NOVO CÓDIGO DE PROCESSO CIVIL

Anderson Schreiber

Resumo: O presente artigo examina o acolhimento pelo novo Código de Processo Civil da cláusula geral de boa-fé objetiva, perpassando seus antecedentes históricos e analisando os dispositivos da codificação que a mencionam (arts. 5º, 322, § 2º; e 489, § 3º), à luz de sua tríplice função: fonte de deveres comportamentais, critério hermenêutico e limitador ao exercício de situações jurídicas subjetivas. Analisa-se, ainda, com base em exemplos hipotéticos, as consequências da violação à boa-fé objetiva no processo civil brasileiro.

Palavras-chave: Boa-fé objetiva. Novo Código de Processo Civil.

1. Introdução

O novo Código de Processo Civil trouxe não apenas inovações técnicas relevantes ao Direito Processual Civil brasileiro, mas pretendeu, por meio de deliberadas opções principiológicas, concretizar os valores consagrados pela Constituição de 1988 no campo específico das disputas judiciais de caráter cível. Percebe-se, por todo o tecido normativo da nova codificação, a preocupação do legislador em realizar a defesa e a promoção dos direitos fundamentais no âmbito do exercício do direito de ação.

Nessa direção, a Lei nº 13.105, de 16 de março de 2015, inaugura uma codificação substancialmente nova, de intenso teor axiológico e elevado grau de proximidade com o texto constitucional, reforçando a íntima conexão entre o Direito Processual Civil brasileiro e os valores fundantes do ordenamento jurídico. No Brasil, a construção e desenvolvimento da ciência processual costuma oscilar entre dois riscos opostos. De um lado, há o perigo de um excessivo formalismo, resultado de um desapego ao caráter instrumental do processo e caracterizado por uma certa tendência a converter em dogmas insuperáveis aspectos puramente estruturais do processo ou mesmo do procedimento, ignorando e, portanto, deixando de efetivamente realizar a sua função. De outro lado, há o risco de que o acolhimento de uma visão funcional do processo acabe por conduzir ao arbítrio do subjetivismo próprio de cada magistrado, resultando em um cenário marcado por um intenso casuísmo, uma colcha de retalhos de soluções puramente particulares, em que a cientificidade se submete ao mais raso praxismo – defendido por vezes sob o manto da "livre apreciação" pelo juiz, garantia que, conquanto relevante, não pode, como bem lembrou o Ministro LUIZ FUX, se sobrepor ao princípio fundamental da igualdade, para amparar soluções distintas a casos essencialmente semelhantes[1].

Para se equilibrar entre esses dois extremos, nossa ciência processual vem agora recorrer, conforme experiência já consagrada em outros setores do Direito brasileiro[2], a um sólido compromisso com os princípios constitucionais e com a sua concretização específica. O novo Código de Processo Civil aproxima-se, assim, de exemplos emblemáticos da ordem jurídica brasileira, como o Código de Proteção e Defesa do Consumidor, forte em sua premissas principiológicas e sua aplicação finalística, tudo conforme instigante paralelo traçado, de modo pioneiro, por PAULO CEZAR PINHEIRO CARNEIRO[3]. Trata-se de um Código novo, não apenas em sua temporalidade, mas também em sua metodologia, na medida em que faz uso recorrente de cláusulas gerais voltadas a permitir a abertura do sistema jurídico estrito ao influxo dos princípios constitucionais[4].

Nesse cenário, avulta em importância o espaço e a dimensão que o novo Código de Processo Civil reserva à boa-fé, não uma boa-fé vista em acepção puramente subjetiva, como já constava da codificação processual anterior ao aludir, por exemplo, às hipóteses tímidas e pouco efetivas da chamada litigância de má-fé. O que o novo diploma processual consagra como regra de comportamento e parâmetro hermenêutico é a boa-fé objetiva, em sua linhagem germânica, sintetizada no *Treu und Glauben* do Código Civil alemão (BGB) e amplamente difundida, entre nós, no campo do direito material. A expressa consagração de sua incidência sobre o processo civil brasileiro revela-se auspiciosa e fecunda em suas potencialidades. É o que se passa a demonstrar.

2. Boa-fé objetiva e sua tríplice função

A boa-fé objetiva, também chamada boa-fé contratual, embora conhecida em outros períodos da história do Direito, foi amplamente desenvolvida pela doutrina e jurisprudência alemãs, a partir de 1896, com base no § 242 do BGB, em que se lê:

---

1 FUX, Luiz. Novo Código de Processo Civil promete simplificar e agilizar o andamento de processos. Entrevista a Carolina Brígido, publicada no jornal **O Globo**, edição de 13 mar. 2015.

2 Basta recordar o amplo e profundo processo de constitucionalização do Direito Civil brasileiro. Sobre o tema, *vide* TEPEDINO, Gustavo. Premissas metodológicas para a constitucionalização do direito civil. In: **Temas de direito civil.** Rio de Janeiro: Renovar, 2001. p. 1/22.

3 CARNEIRO, Paulo Cezar Pinheiro. Os diálogos entre o código de defesa do consumidor e o novo código de processo civil. In: **Revista Eletrônica de Direito Processual – REDP**, v. XIV, jul.-dez. 2014. Disponível em: <http://www.redp.com.br>.

4 Sobre a relação entre as cláusulas gerais e a concretização dos valores constitucionais, seja consentido remeter a SCHREIBER, Anderson; KONDE, Carlos Nelson. **Direito civil-constitucional**. São Paulo: Atlas, 2016.

> O devedor está adstrito a realizar a prestação tal como o exija a boa-fé, com consideração pelos costumes do tráfego[5].

A boa-fé não é aí a boa-fé subjetiva, também chamada boa-fé possessória, definida como um estado psicológico de ignorância acerca de vícios que maculam um direito real[6]. O que traz o § 242 do BGB, ao revés, é uma concepção objetiva da boa-fé, como *standard* de conduta leal e confiável (*Treu und Glauben*), independente de considerações subjetivistas. E se essa concepção não é estranha a outras codificações dos séculos XVIII e XIX, não há dúvida de que, em nenhum outro sistema, foi objeto de tanto desenvolvimento quanto no Direito germânico[7].

Mesmo ali, todavia, o pensamento liberal dominante e o positivismo exacerbado que se segue naturalmente a toda codificação impediram, em um primeiro momento, que o § 242 fosse visto como qualquer coisa além de um "reforço material do contrato", de uma norma suplementar, que servia a obrigar as partes ao que tivesse sido expressamente pactuado[8]. Foi apenas a partir da Primeira Guerra Mundial que a boa-fé objetiva veio realizar plenamente a sua vocação de cláusula geral apta a impor parâmetros de conduta para as relações sociais, sobretudo por meio da criação de direitos e obrigações anexas ao objeto do contrato, voltadas a alcançar a mútua e leal cooperação entre as partes[9]. Assim, tornou-se copiosa a jurisprudência alemã, a partir do primeiro pós-guerra, a atribuir às partes, por exemplo, deveres gerais de informação, de sigilo, de colaboração, impondo parâmetros (*standards*) elevados de conduta contratual, em orientação que se expandiu mundo afora.

Embora a construção inicial da boa-fé objetiva – como um princípio geral de cooperação e lealdade recíproca entre as partes – tenha prescindido de fundamentações axiológicas precisas, não há, hoje, dúvida de que ela representa expressão da so-

---

5 No original: "Der Schuldner ist verpflichtet, die Leistung so zu bewirken, wie Treu und Glauben mit Rücksicht auf die Verkehrssitte es erfordern".

6 Para uma distinção pormenorizada entre boa-fé objetiva e boa-fé subjetiva, *vide* BRECCIA, Umberto. **Diligenza e buona fede nell'attuazione del rapporto obbligatiorio**. Milano: Dott. A. Giuffrè, 1968. p. 3/6.

7 Nesse sentido, MEDICUS, Dieter. **Tratado de las relaciones obligacionales**. Barcelona: Bosch, 1995. v. I, p. 74/78.

8 HATTENHAUER, Hans. **Conceptos fundamentales del derecho civil – Introducción histórico-dogmática**. Barcelona: Ariel, 1987. p. 91.

9 Neste sentido, SCHMIDT, Jürgen. Kommentar zum Bürgerlichen Gesetzbuch mit Einführungsgesetz und Nebengesetzen, divide a evolução da boa-fé em três fases, a saber: "Até a Primeira Guerra Mundial, ter-se-ia desenvolvido a fase concepcional; de então até ao final dos anos trinta ter-se-ia desenrolado o preenchimento quantitativo do conceito antes firmado e iniciado as primeiras tentativas na busca de um sistema interno do § 242; numa terceira fase, ainda em curso, ter-se-ia prosseguido nessa sistematização, em ordenação de âmbitos de regulação do § 242 e com novas codificações do seu conteúdo" (*apud* CORDEIRO, Menezes. **Da boa-fé no direito civil**. Coimbra: Almedina, 1997. p. 332).

lidariedade social no campo das relações privadas[10]. E, justamente na esteira da ótica da solidariedade que se consolidou ao longo do século XX, a boa-fé alcançou amplo desenvolvimento, na medida em que os juristas e legisladores das diversas nações iam se sensibilizando à necessidade de conter o exercício desenfreado da autonomia privada dos contratantes[11].

Em muitos países, a construção deu-se com base em normas expressas da codificação civil[12]. Em outros, desenvolveu-se como fruto da legislação pós-codificada e até à margem de qualquer previsão legal, como ocorreu no Brasil, em que a aplicabilidade da boa-fé já era reconhecida desde, pelo menos, a década de 1970, ainda que seu ingresso formal no ordenamento positivo só tenha se dado em 1990, por meio do Código de Proteção e Defesa do Consumidor[13].

Sob o ponto de vista dogmático, tem-se, por toda parte, atribuído à boa-fé objetiva uma tríplice função no sistema jurídico, a saber: (i) a função de cânone interpretativo dos negócios jurídicos; (ii) a função criadora de deveres anexos ou acessórios à prestação principal; e (iii) a função restritiva do exercício de direitos[14].

---

10 Na lição de Massimo Bianca, em La nozione di buona fede quale regola di comportamento contrattuale. In: **Rivista di diritto civile**, anno XXIX, 1983, parte prima. p. 209: "Sulla base dell'esperienza, confermata anche da scarsa ma indicativa giurisprudenza, può dirsi che la buona fede in senso oggettivo o correttezza si riporta all'idea di fondo della solidarietà. Ma con riferimento alle parti del rapporto contrattuale essa esprime una concreta esigenza di solidarietà che può indicarsi come solidarietà contrattuale".

11 NEGREIROS, Teresa. **Fundamentos para uma interpretação constitucional do princípio da boa-fé**. Rio de Janeiro: Renovar, 1998. p. 269.

12 Confira-se, por exemplo, o art. 762, item 2, do Código Civil português: "No cumprimento da obrigação, assim como no exercício do direito correspondente, devem as partes proceder de boa-fé."

13 É indiscutível marco inicial nessa matéria a obra de Clóvis do Couto e Silva, **A obrigação como processo**, São Paulo: José Bushatsky, 1976. p. 30. em que o autor afirmava: "[...] a inexistência, no Código Civil, de artigo semelhante ao § 242 do BGB não impede que o princípio tenha vigência em nosso direito das obrigações, pois se trata de proposição jurídica, com significado de regra de conduta". Sobre o papel desempenhado pela boa-fé no direito obrigacional brasileiro, *vide* obra, também fundamental, de MARTINS-COSTA, Judith. **A boa-fé no direito privado – sistema e tópica no processo obrigacional**. São Paulo: Ed. Revista dos Tribunais, 2000, especialmente p. 381/515.

14 A referida tripartição funcional, inspirada nas funções do direito pretoriano romano, foi modernamente sugerida por BOEHMER, Gustav. Grundlagen der bürgerlichen Rechtsordnung, *apud* WIEACKER, Franz. **El principio general de la buena fe**. Madrid: Civitas, 1986. p. 50: "[...] el parágrafo 242 BGB actúa también iuris civilis iuvandi, supplendi o corrigendi gatia". No Brasil, essa classificação foi adotada pela autorizada doutrina do saudoso Antonio Junqueira de Azevedo, Insuficiências, deficiências e desatualização do projeto de Código Civil na questão da boa-fé objetiva nos contratos. In: **Revista Trimestral de Direito Civil**. v. 1, p. 7: "Essa mesma tríplice função existe para a cláusula geral de boa-fé no campo contratual, porque justamente a ideia é ajudar na interpretação do contrato, *adjuvandi*, suprir algumas das falhas do contrato, isto é, acrescentar o que nele não está incluído, *supplendi*, e eventualmente corrigir alguma coisa que não é de direito no sentido de justo, *corrigendi*".

Na primeira função, alude-se à boa-fé como critério hermenêutico, exigindo que a interpretação das cláusulas contratuais privilegie sempre o sentido mais conforme à lealdade e à honestidade entre as partes. A boa-fé impede, aí, por certo, interpretações maliciosas e dirigidas a prejudicar a contraparte, mas vai além, atribuindo à norma contratual o significado mais leal e honesto[15]. Os códigos mais recentes consagram expressamente esta função hermenêutica da boa-fé, como faz o novo Código Civil brasileiro em seu art. 113:

> Art. 113. Os negócios jurídicos devem ser interpretados conforme a boa-fé e os usos do lugar de sua celebração.

No que tange à segunda função, a boa-fé exerce o papel de fonte criadora de deveres anexos à prestação principal. Assim, impõe às partes deveres outros que não aqueles previstos no contrato, como o dever de informação, o dever de segurança, o dever de sigilo, o dever de colaboração para o integral cumprimento dos fins contratuais, e assim por diante. Na verdade, os deveres anexos – também chamados acessórios, instrumentais, ou tutelares – variam de acordo com cada relação jurídica concreta da qual decorram, e a precisa identificação do seu conteúdo é, em abstrato, inviável[16]. Isso não apenas os mantêm a salvo de qualquer tipificação, mas também conserva o caráter aberto da cláusula geral de boa-fé objetiva.

Aspecto interessante dos deveres anexos está na sua origem não voluntarista. Tendo como fonte a própria boa-fé objetiva, tais deveres independem da vontade das partes, e podem surgir mesmo contra esta vontade[17]. Para evitar dúvidas, todavia, em muitos ordenamentos jurídicos, alguns dos deveres anexos mais importantes chegaram a ser especificados em lei, como aconteceu, no Brasil, com o dever de informação expressamente previsto no art. 31 do Código de Defesa do Consumidor.

---

15 Em outras palavras, compreende-se a norma de interpretação segundo a boa-fé "in senso oggettivo, intendendola, cioè, come una specificazione del principio di correttezza e lealtà contrattuali, onde poter atribuire al contratto un senso conforme alle regole dell'honeste agere che le parti sarebbero tenute ad osservare nelle diverse fasi della vicenda contrattuale" (COSTANZA, Maria. **Profili dell'interpretazione del contratto secondo buona fede**. Milano: Dott. A. Giuffrè, 1989. p. 30).

16 Para conhecida classificação tripartida dos deveres anexos em deveres de proteção, de esclarecimento e de lealdade, *vide* CORDEIRO, Menezes. **Da boa-fé no direito civil**, cit. p. 605 e ss. Acerca da variabilidade do conteúdo dos deveres criados pela boa-fé, *vide* SILVA, Clóvis do Couto e. **A obrigação como processo**, cit. p. 113, que sobre o tema informa: "[...] comportam tratamento que abranja toda a relação jurídica. Assim, podem ser examinados durante o curso ou o desenvolvimento da relação jurídica, e, em certos casos, posteriormente ao adimplemento da obrigação principal. Consistem em indicações, atos de proteção, como o dever de afastar danos, atos de vigilância, da guarda de cooperação, de assistência. O objeto de alguns deles é, portanto, fazer ou não fazer, consistindo alguns em declarações de ciência, como nas indicações e comunicações; outros, em atos determinados".

17 "Ao ensejar a criação desses deveres, a boa-fé atua como fonte de integração do conteúdo contratual, determinando a sua otimização, independentemente da regulação voluntaristicamente estabelecida" (MARTINS-COSTA, Judith. **A boa-fé no direito privado**, cit. p. 440).

> Art. 31. A oferta e apresentação de produtos ou serviços devem assegurar informações, corretas, claras, precisas, ostensivas e em língua portuguesa sobre suas características, qualidades, quantidade, composição, preço, garantia, prazos de validade e origem, entre outros dados, bem como sobre os riscos que apresentam à saúde e segurança dos consumidores[18].

A terceira função geralmente atribuída à boa-fé objetiva é a de impedir o exercício de direitos em contrariedade à recíproca lealdade e confiança que deve imperar nas relações privadas. Trata-se de uma aplicação da boa-fé em seu sentido negativo ou proibitivo: vedando comportamentos que, embora legal ou contratualmente assegurados, não se conformem aos *standards* impostos pela cláusula geral. Aqui, a doutrina utiliza frequentemente a expressão *exercício inadmissível de direitos*, referindo-se ao exercício aparentemente lícito, mas vedado por contrariar a boa-fé[19].

Nessa terceira função da boa-fé objetiva, situa-se uma vasta gama de comportamentos que o Direito Privado liberal permitiria fossem praticados por excessiva reverência à autonomia privada dos contratantes. A título de ilustração, suponha-se que um credor, envolvido com o devedor em negociações amigáveis para a restruturação da dívida, proponha repentinamente ação judicial exercendo o seu direito, contratualmente previsto, de pleitear a resolução do contrato e o pagamento de multa em valor previamente estipulado. O exercício desse direito contratual, embora expressamente assegurado, pode se afigurar, nestas circunstâncias, inadmissível por violação à boa-fé objetiva, violação ao dever geral de levar em conta os interesses e as expectativas da outra parte, no caso, do devedor que empreendia tempo e esforços na transparente tentativa de reestruturação do débito.

Essa leal consideração pela posição da contraparte, pelas suas particularidades e seus interesses, consiste na razão do amplo desenvolvimento da boa-fé objetiva em um direito contemporâneo dirigido à realização da solidariedade social, e se confunde mesmo com o seu conteúdo, como se vê da definição apresentada por CLÁUDIA LIMA MARQUES:

> Boa-fé objetiva significa, portanto, uma atuação *refletida*, uma atuação refletindo, pensando no outro, no parceiro contratual, respeitando-o, respeitando seus interesses legítimos, suas expectativas razoáveis, seus direitos, agindo com lealdade, sem abuso, sem obstrução, sem

---

18 Sobre o dispositivo, acrescenta Antônio Herman de Vasconcellos e Benjamin, **Código brasileiro de defesa do consumidor comentado pelos autores do anteprojeto**. Rio de Janeiro: Forense Universitária, 1999. p. 241: "O art. 31 aplica-se, precipuamente, à oferta não publicitária. Cuida do dever de informar a cargo do fornecedor. O Código, como se sabe, dá grande ênfase ao aspecto preventivo da proteção do consumidor. E um dos mecanismos mais eficientes de prevenção é exatamente a informação preambular, a comunicação pré-contratual".

19 A rigor, a segunda e a terceira funções da boa-fé objetiva poderiam ser reduzidas ao mesmo núcleo formador. Parece que tecnicamente são os deveres anexos, que, constituindo o núcleo da cláusula geral de boa-fé, impõem-se ora de forma positiva, exigindo dos contratantes determinado comportamento, ora de forma negativa, restringindo ou condicionando o exercício de um direito previsto em lei ou no próprio contrato. Sobre isto, seja permitido remeter a TEPEDINO, Gustavo; SCHREIBER, Anderson. Os efeitos da constituição em relação à cláusula da boa-fé no código de defesa do consumidor e no código civil. In: **Revista da Emerj**, v. 6, n. 23, 2003. p. 139/151.

causar lesão ou desvantagem excessiva, cooperando para atingir o bom fim das obrigações: o cumprimento do objetivo contratual e a realização dos interesses das partes[20].

Na definição da boa-fé objetiva assume, de fato, grande importância este respeito à condição alheia, aos interesses do outro, às suas esperanças e expectativas, o que tem se tornado o principal critério substancial de aplicação da boa-fé objetiva aos casos concretos julgados pela jurisprudência dos países que acolheram a versão germânica do conceito.

3. A boa-fé objetiva no novo Código de Processo Civil

O novo Código de Processo Civil menciona expressamente a boa-fé em mais de uma passagem. Conquanto não se valha do qualificativo "objetiva", não há qualquer dúvida, pelo sentido dos enunciados normativos em que se situam as menções, que o legislador de 2015 procurou acolher a boa-fé objetiva ao disciplinar o processo civil brasileiro. Já em seu art. 5º, ao tratar das normas fundamentais do processo, a nova codificação declara:

> Art. 5º Aquele que de qualquer forma participa do processo deve comportar-se de acordo com a boa-fé.

A alusão à boa-fé como dever de comportamento evidencia que não se trata de boa-fé subjetiva, que, como visto, não constitui dever de comportamento, mas condição psicológica do sujeito que atua em desconhecimento de certo vício que macula uma situação jurídica qualquer, normalmente de caráter real. A boa-fé de que trata o art. 5º do novo Código de Processo Civil é indiscutivelmente a boa-fé objetiva.

O efeito que daí decorre é grandioso: a consagração de um dever de se comportar conforme a boa-fé objetiva impõe não apenas a observância de deveres anexos já eventualmente reconhecidos pela própria codificação civil, mas também atrai para os participantes do processo um conjunto tendencialmente aberto de deveres comportamentais vinculados aos imperativos de proteção da confiança alheia e de lealdade no agir. Assim, cada participante do processo tem, por exemplo, independentemente de normas expressas da codificação, o dever geral de evitar surpreender os demais participantes, de guardar discrição em relação aos fatos do processo, de evitar a al-

---

20 MARQUES, Cláudia Lima. **Contratos no código de defesa do consumidor – o novo regime das relações contratuais.** São Paulo: Ed. Revista dos Tribunais, 1998. p. 107. Confira-se também LEWICKI, Bruno. Panorama da boa-fé objetiva. In: TEPEDINO, Gustavo (Coord.). **Problemas de direito civil-constitucional**, cit. p. 57: "Foi neste contexto que se construiu a doutrina da boa-fé objetiva, caracterizada como um dever de agir de acordo com determinados padrões, socialmente recomendados, de correção, lisura e honestidade. Reduz-se a margem de discricionariedade da atuação privada: o sujeito, para a consecução dos seus objetivos individuais, tem que agir com lealdade, observando e respeitando não só os direitos, mas também os interesses legítimos e as expectativas razoáveis de seus parceiros na aventura social".

teração repentina do sentido de seus próprios comportamentos, de se eximir de recursos sobre pontos não impugnados, de não inovar em momentos inoportunos de itinerário processual, de não turbar o curso normal do processo por mero intuito protelatório, de não provocar incidentes processuais inúteis, de não ocultar prova sobre fato relevante para o deslinde da controvérsia, e assim por diante[21].

Tais deveres, convém destacar, não implicam abandono de posições de vantagem que seus titulares possam deter no campo processual, mas exigem um exercício responsável, leal e transparente dessas mesmas posições. Registre-se, ainda, que tais deveres não se aplicam apenas às partes litigantes, mas, como esclarece a norma, a todo aquele que participa "de qualquer forma do processo", expressão que deve ser interpretada como abrangendo também os magistrados, os membros do Ministério Público, os peritos, as testemunhas, os servidores cartorários e todos aqueles que interferem no processo em sentido formal ou substancial.

O novo Código de Processo Civil refere-se, novamente, à boa-fé objetiva quando afirma:

> Art. 322. O pedido deve ser certo.
> [...]
> § 2º A interpretação do pedido considerará o conjunto da postulação e observará o princípio da boa-fé.

A boa-fé objetiva vem aí empregada como critério hermenêutico, parâmetro de imperativa observância pelo intérprete. O que se impõe aí é uma interpretação que não se afigure desleal, apegando-se ao formalismo para sustentar sentidos contrários à finalidade perseguida pelo postulante. Uma interpretação conforme a boa-fé representa, nesse sentido, uma interpretação guiada pelo fim substancial que se extrai da própria iniciativa processual. Rejeita-se a velha prática de, por falta do uso das expressões corretas ou por ausência de uma formulação absolutamente clara do pedido, descartar toda a movimentação do autor ou desconsiderar uma postulação cujo sentido pode ser extraído do conjunto de alegações formuladas no âmbito da postulação.

Idêntica diretriz foi estabelecida pelo novo Código de Processo Civil para a interpretação das decisões judiciais. Conforme atesta o § 3º do art. 489 do diploma processual:

> Art. 489 [...]
> § 3º A decisão judicial deve ser interpretada a partir da conjugação de todos os seus elementos e em conformidade com o princípio da boa-fé.

---

21 Entram aí em jogo todas as figuras instrumentais da boa-fé objetiva, como o *tu quoque* e o *venire contra factum proprium*. Para detalhes sobre essas figuras, seja permitido remeter o leitor a SCHREIBER, Anderson. **A proibição de comportamento contraditório: venire contra factum proprium e tutela da confiança.** 4. ed. São Paulo: Atlas, 2014, capítulo 3.

Também no tocante à decisão judicial, portanto, impõe-se uma interpretação compatível com os fins substanciais a que se dirige, rejeitando-se interpretações puramente formalistas do dispositivo, que resultem em um significado diverso daquele que se extrai dos demais elementos do *decisum*. A interpretação da decisão judicial conforme a boa-fé objetiva revela-se ainda mais importante naqueles casos em que serve a fundar atos de constrição que afetam diretamente uma das partes da demanda, ou, ainda, quando embasam pretensões recursais que não serão submetidas ao mesmo órgão julgador, privando-se o prolator da decisão da oportunidade de reiterar seu sentido.

Os atos praticados em contrariedade à boa-fé objetiva, considerada como fonte de deveres anexos, ou como critério hermenêutico, ou, ainda, como limite ao exercício de direitos, revestem-se de antijuridicidade concreta, podendo gerar diferentes consequências, que vão da simples inadmissibilidade do ato até o dever de indenizar a parte lesada.

4. Consequências da violação a boa-fé objetiva no curso do processo civil

A análise das consequências da violação à boa-fé objetiva no curso do processo civil afigura-se de crucial importância, especialmente em virtude de nossa tradição processual que vinha isentando de efeitos mais sólidos as frequentes tentativas das partes de subverter o fim precípuo do processo, que é a solução definitiva da controvérsia. A dimensão ética do processo civil restou amesquinhada em nossa experiência recente pelo instituto da litigância de má-fé, construído sobre bases subjetivistas que impunham a difícil demonstração de uma má intenção do litigante como condição para a incidência de sanções. Assim, ao mesmo tempo que, de um lado, evoluíram faticamente as possibilidades de artimanhas técnicas pelos representantes das partes em litígio, de outro, permaneceu inerte e antiquado o instrumento que o Direito Processual ofertava para a repressão a essas condutas. A litigância de má-fé, que, estatisticamente, era de raríssima aplicação em nossos tribunais, pouco desestimulava as manobras processuais desleais que se tornaram comuns em um ambiente forense de elevada litigiosidade.

Essa cultura parecia tão arraigada no universo jurídico brasileiro que, mesmo a consagração da arbitragem, como meio extrajudicial de solução de conflitos, não logrou se livrar dos seus efeitos, não sendo raro que advogados transportem o *modus operandi* dos corredores do foro para as salas de audiências arbitrais, provocando algum espanto entre árbitros estrangeiros, habituados a disputas mais cordatas e atuações menos espetaculosas. Essa defesa extremada e emotiva dos interesses do cliente também dificultava, como é evidente, a obtenção de transações e conciliações em disputas judiciais ou arbitrais, prolongando desnecessariamente certas controvérsias em hipóteses nas quais um acordo poderia parecer mais favorável a ambas às partes.

A consagração da boa-fé objetiva no Código de Processo Civil vem alterar esse cenário. A consequência primordial de um ato que viole a boa-fé objetiva é a imediata privação de sua legitimidade concreta ou, como preferem os italianos, a perda de seu merecimento de tutela (*meritevolezza*) à luz da ordem jurídica[22]. Na mesma direção, as doutrinas alemã e portuguesa costumam aludir a uma *modalidade de exercício inadmissível de um direito*. A proteção à boa-fé objetiva assume, assim, um caráter primordialmente preventivo, por meio da inadmissão ou impedimento do exercício da situação jurídica subjetiva em violação à boa-fé, a exemplo do que ocorre na experiência do *common law* com a figura da *estoppel*[23].

A paralisação da conduta, todavia, nem sempre é possível e nem sempre é suficiente a impedir a ocorrência de um dano injusto sobre a outra parte: custas processuais inúteis, maior dispêndio com advogados, perda de tempo especialmente qualificado, perda da chance, entre outras espécies de danos que uma litigância em decorrência da violação da boa-fé objetiva por parte do seu adversário – ou do Estado-juiz – podem causar no processo civil. Por essa razão, a depender das repercussões do comportamento atentatório da boa-fé objetiva, tem-se admitido mais de um remédio contra sua violação, como, de resto, já sustentava, entre nós, DARCY BESSONE ao tratar do abuso do direito[24].

Dentre os principais remédios aplicáveis, assume relevância prática o remédio indenizatório. A violação à boa-fé objetiva no curso de determinado processo, portanto, além de privar de merecimento de tutela o ato praticado, privando-lhe de qualquer efeito jurídico, pode resultar no surgimento do dever de indenizar a outra parte, indenização que pode ser buscada no mesmo ou em outro processo, a depender dos limites da ação proposta. A liquidação do dano – que poderá ser moral ou patrimonial, ou, ainda, de ambas as espécies – far-se-á conforme os critérios do Direito Civil, baseada na efetiva extensão dos prejuízos provocados ao patrimônio ou à personalidade do litigante lesado.

5. Conclusão

Por todo o exposto, conclui-se em tudo auspiciosa a consagração da boa-fé objetiva no novo Código de Processo Civil, por meio dos seus arts. 5º, 322, § 2º, e 489, § 3º. O expresso reconhecimento da incidência no âmbito processual civil da boa-fé objetiva, já tão aplicada no campo do Direito Civil, do Direito Empresarial, do Direito

---

22 SCHREIBER, Anderson. **A proibição de comportamento contraditório**, cit., capítulo 3.

23 SNYDER, David. Comparative law in action: promissory estoppel, the civil law, and the mixed jurisdiction. In: **Arizona Journal of International and Comparative Law**, 1998. p. 705.

24 *Vide*, por todos, BESSONE, Darcy. **Do contrato.** Rio de Janeiro: Forense, 1960. p. 317: "De ordinário, a sanção do abuso consiste na indenização dos prejuízos que dele resultem. Pode, porém, excepcionalmente, consistir na nulidade do ato abusivo, na recusa de proteção a quem o pratique ou, por fim, na reforma do ato, substituindo-o por outro mais correto, como é o caso, por exemplo, do consentimento para sublocar, concedido pelo juiz, por não se fundar em motivo sério e legítimo a impugnação do locador. A solução deve atender às circunstâncias de cada caso, determinativas da sanção a aplicar".

Administrativo, entre outros, evidencia um duplo esforço do legislador de 2015: de um lado, reconectar o processo civil aos valores fundantes da sociedade brasileira, consagrados na Constituição de 1988, em especial à solidariedade social (art. 3º, I) de que é expressão a boa-fé objetiva; de outro, prover o intérprete de instrumento eficiente na defesa e promoção de uma atuação leal e confiável por parte de todos aqueles que participam do processo, aí incluídos não apenas os litigantes, mas também magistrados, servidores da Justiça, membros do Ministério Público, testemunhas, peritos, entre outros.

Enquanto o Código de Processo Civil anterior valia-se tão somente do instrumento da chamada litigância de má-fé, destinado a sancionar a falta de boa-fé *subjetiva*, como estado psicológico dos litigantes ligado à malícia ou má-intenção – e, por isso mesmo, de difícil demonstração e rara aplicação prática –, a nova codificação processual recorre à boa-fé objetiva, em sua tríplice função: (i) como fonte de deveres anexos de comportamento (art. 5º); (ii) como critério de interpretação do pedido (art. 322, § 2º) e da decisão judicial (art. 489, § 3º) e dos demais atos processuais; e (iii) como limitador ao exercício de posições jurídicas.

Esse amplo potencial não se limita às hipóteses que já tenham sido mencionadas especificamente pelo legislador processual. Como cláusula geral que é e tendo assim restado consagrada em termos abertos no art. 5º do diploma processual, a boa-fé objetiva transcende situações legalmente tipificadas para abarcar outros comportamentos que não tenham tido a atenção do legislador. Assim, convém reiterar que todo participante do processo tem, independentemente de norma expressa, o dever geral de evitar surpreender os demais participantes, de guardar discrição em relação aos fatos do processo, de evitar a alteração repentina do sentido de seus próprios comportamentos, de se eximir de recursos sobre pontos não impugnados, de não inovar em momentos inoportunos de itinerário processual, de não turbar o curso normal do processo por mero intuito protelatório, de não provocar incidentes processuais inúteis, de não ocultar prova sobre fato relevante para o deslinde da controvérsia, e assim por diante.

A violação à boa-fé objetiva, por qualquer desses comportamentos e outros que podem se verificar no curso do processo civil, ensejam não apenas a privação de efeitos do ato atentatório como também o dever de indenizar pelos danos decorrentes da referida violação. A partir do amplo espectro de atuação da boa-fé objetiva, já consagrado no direito material e agora explicitamente reconhecido no novo Código de Processo Civil, a doutrina processualista brasileira poderá efetivamente reformular o processo civil pátrio, reprimindo com vigor chicanas, artifícios e manobras que tanto contribuem para o abarrotamento do Poder Judiciário e para a demora na prestação do serviço público jurisdicional.

O *AMICUS CURIAE* NO NOVO CÓDIGO DE PROCESSO CIVIL

Antonio do Passo Cabral

Resumo: O presente artigo analisa a regulação do instituto do *amicus curiae* no Código de Processo Civil de 2015, identificando as aproximações e discrepâncias da nova legislação com a doutrina e jurisprudência anteriores a ela.

Palavras-chave: *Amicus curiae*. Novo Código de Processo Civil.

1. Introdução. O conceito e função do *amicus curiae*. Fundamentos normativos

O novo CPC traz uma regra geral admitindo a intervenção do *amicus curiae* no processo civil. Embora há pelo menos 15 anos já tenha sido observada uma progressiva inserção do instituto na prática jurisdicional, o novo Código inovou em parte, tanto na abrangência de sua aplicação, quanto nos poderes que este interveniente passa a ter no direito processual brasileiro.

O *amicus curiae* ou "amigo da corte" é um instituto desenvolvido predominantemente na *common law* em razão da força vinculativa dos precedentes judiciais, que pode fazer com que uma decisão proferida em um litígio individual produza de algum modo efeitos a todos os futuros processos em que circunstâncias similares sejam observadas. Num tal sistema, seria absurdo que os indivíduos pudessem ser impactados pelo processo que tramita *inter alia* e não lhes fosse garantida nenhuma forma de participação ou interferência no resultado do litígio. Para estes fins é que se destina a figura interventiva do *amicus curiae.*[1]

Mas o instituto do *amicus curiae* não foi introduzido no ordenamento jurídico pelo novo CPC. Há autores que identificam traços do instituto na legislação do Brasil Império, no procedimento para edição de assentos do Supremo Tribunal de Justiça[2]. Já na República, a Lei nº 6.385/1976 (art. 31) foi a normativa que previu a atuação da CVM (Comissão de Valores Imobiliários) em causas em que sejam debatidas questões que no plano administrativo incluem-se dentro das atribuições fiscalizadoras da entidade[3]. Posteriormente, a Lei nº 8.197/1991 (art. 2º), depois revogada e substituída pela Lei nº 9.469/1997 (art. 5º, parágrafo único), admitiu a intervenção da União como *amicus curiae* nas causas em que figurarem como parte entes da Administração Pública indireta[4]. O art. 89 da revogada Lei nº 8.884/1994, na disciplina das infrações contra a ordem econômica, atribuía ao Conselho Administrativo de Defesa Econômica (Cade) a possibilidade de intervir como *amicus curiae* nos processos judiciais em que a aplicação de qualquer dispositivo desta lei esteja em debate[5]. A disciplina foi mantida na atual legislação anticoncorrencial (Lei nº 12.529/2011, art.118). A Lei nº 9.279/1996 também prevê, em seu art. 57, possibilidade de intervenção do Instituto Nacional de Propriedade Industrial (INPI) em ações de nulidade de patente[6]. O instituto encontra-se presente também nos processos administrativos. A Lei nº 9.784/1999, que regula o procedimento administrativo no âmbito federal, estabelece, em seus arts. 31 e 32, que poderá o órgão competente admitir a intervenção do *amicus* e até realizar audiência pública para permitir debates mais amplos sobre a matéria discutida no processo.

Não obstante, embora previsto em inúmeros diplomas legislativos no Brasil desde o séc. XIX, o *amicus curiae* começou a ser estudado no Direito Constitucional, com o incremento das técnicas das ações de controle abstrato da constitucionalidade no

---

1 Cf. CABRAL, Antonio do Passo. Pelas asas de Hermes: a intervenção do amicus curiae, um terceiro especial. **Revista de Processo**, n. 117, set.-out., 2004, disponível em: <http://uerj.academia.edu/AntonioCabral>; BUENO, Cássio Scarpinella. **Amicus curiae no processo civil brasileiro:** um terceiro enigmático. São Paulo: Saraiva, 2006; DEL PRÁ, Carlos Rodrigues. **Amicus curiae:** instrumento de participação democrática e aperfeiçoamento da prestação jurisdicional. Curitiba: Juruá, 2007.

2 DIDIER JR., Fredie; SOUZA, Marcus Seixas. Formação do precedente e amicus curiae no direito imperial brasileiro: o interessante Dec. 6.142/1876. **Revista de Processo**, v. 220, 2013. p. 407/423.

3 Cf. TAVARES, Osvaldo Hamilton. A CVM como amicus curiae. **Revista dos Tribunais**, v. 690, abr. 1993.

4 CARNEIRO. Athos Gusmão. Da intervenção da União Federal como amicus curiae. Ilegitimidade para, nesta qualidade, requerer a suspensão dos efeitos da decisão jurisdicional. Leis nº 8.437/92, art. 4º e nº 9.469/97, art. 5º. **Revista Forense**, v. 363, set.-out. 2002. p. 184/188.

5 Sobre o tema, DIDIER JR., Fredie. A intervenção judicial do Conselho Administrativo de Defesa Econômica (art. 89 da Lei Federal 8.884/1994) e da Comissão de Valores Mobiliários (art. 31 da Lei Federal 6.385/1976). **Revista de Processo**, n. 115, mai.-jun. 2004. p. 151 e ss.

6 SATO, Priscila Kei. O Instituto Nacional de Propriedade Industrial nas ações de nulidade e adjudicação: parte ou assistente? In: DIDIER JR., Fredie; WAMBIER, Teresa Arruda Alvim (Coords.). **Aspectos polêmicos e atuais sobre os terceiros no processo civil e assuntos afins**. São Paulo: RT, 2004. p. 779 e ss.

Supremo Tribunal Federal. De fato, este aperfeiçoamento da disciplina legal da ADI, da ADC, da ADPF, que veio a lume com as Leis nº 9.868/1999 e nº 9.882/1999, levou os constitucionalistas a desenvolverem as primeiras linhas do instituto[7], o que despertou a atenção dos processualistas logo em seguida, que publicaram textos, curtos ou monográficos, para enquadrar a figura do *amicus curiae* nas categorias do Direito Processual e, em alguma medida, procurar definir-lhe os contornos.

O instituto autoriza a manifestação de pessoas e entidades toda vez que a discussão do caso puder revelar uma repercussão sistêmica ou impacto subjetivo mais amplo, atingindo processos individuais entre outros sujeitos. A finalidade da intervenção do *amicus curiae* é trazer ao processo elementos que possam condicionar de forma mais completa e adequada a cognição do órgão julgador, emprestando à formação da decisão final um caráter mais pluralista e democrático, reduzindo também questões de legitimação da aplicação do precedente a casos posteriores[8].

2. A virada no novo CPC: *amicus curiae* na jurisdição ordinária

A tradição brasileira era não admitir a intervenção do *amicus curiae* em processos estritamente individuais. No Supremo Tribunal Federal, a jurisprudência é maciça no sentido de que as disposições legais que autorizam a intervenção do *amicus* só se aplicariam aos processos de jurisdição abstrata, considerados "objetivos"[9].

No Superior Tribunal de Justiça, a jurisprudência também se pacificou no sentido da impossibilidade[10]. Somente se poderia admitir o ingresso do *amicus curiae* em processos "subjetivos" de modo excepcional, quando a legislação específica previsse a intervenção ou quando a demanda assumisse feição claramente "objetiva". É o que se observaria no rito dos recursos repetitivos (art. 543-C do CPC de 1973) porque a multiplicidade de demandas similares com uma mesma questão comum demonstraria o potencial de generalização da decisão a ser proferida.

As disposições do novo CPC impõem a modificação deste entendimento. O novo Código admite a possibilidade de intervenção do *amicus curiae* em processos "subjeti-

---

7 BINENBOJM, Gustavo. A dimensão do amicus curiae no processo constitucional brasileiro: requisitos, poderes processuais e aplicabilidade no âmbito estadual. **Direito Federal: Revista da Associação dos Juízes Federais do Brasil**, v. 22, n. 78, out.-dez., 2004. p. 141 e ss.

8 MACIEL, Adhemar Ferreira. Amicus curiae: um instituto democrático. **Revista de Processo**, v. 106, abr.-jun., 2002. p. 281.

9 STF – MS nº 28.477/GO, Rel.ª Min.ª Rosa Weber, DJ 09/05/2014; MS nº 28.290/DF, Rel.ª Min.ª Rosa Weber, DJ 09/05/2014; MS nº 29.058/DF, Rel. Min. Celso de Mello, DJ 29/05/2013; MS nº 30.952 MC/DF, Rel. Min. Luiz Fux, DJ 11/10/2012; MS nº 25.763/DF, Rel. Min. Luiz Fux, DJ 22/05/2012; MS nº 30.260/DF, Rel.ª Min.ª Cármen Lúcia, j. 27/04/2011; MS nº 26.553 AgR/DF, Rel. Min. Celso de Mello, DJ 16/10/2009.

10 STJ – REsp. nº 1.023.053 QO/RS, Rel.ª Min.ª Maria Isabel Gallotti, j. 23/11/2011; RMS nº 29.475 AgRg/RJ, Rel. Min. Teori Albino Zavascki, DJ 8/11/2011; AgRg na PET no AREsp nº 151.885/PR, Rel.ª Min.ª Maria Isabel Galloti, DJ 04/02/2013.

vos". De fato, o novo Código de Processo Civil de 2014 inaugurou outra era neste tema. Inovou duplamente por, de um lado, ser previdente de uma regra geral de participação do *amicus curiae* nos processos jurisdicionais da jurisdição ordinária. Isto é, a participação do *amicus*, que era muito comum na jurisdição constitucional abstrata – e na jurisdição ordinária era aplicada apenas setorialmente, nos casos em que houvesse previsão legislativa expressa – passa a ser genericamente admissível para qualquer processo individual.

Por outro lado, a justificativa do instituto no processo civil brasileiro mudou parcialmente. Antes se fundamentava a participação do *amicus* no contraditório contemporâneo, compreendido como influência reflexiva, como o direito de condicionar eficazmente e de forma mais pluralista e tecnicamente completa a produção das decisões judiciais[11]; e (b) na necessidade de fomentar e viabilizar a participação dos indivíduos nos cenários de formação de decisão (*status ativae civitatis*).

Mas o novo CPC adicionou outros elementos a este quadro. Com efeito, o sistema do novo CPC atribui força ainda maior à jurisprudência e aos precedentes, permitindo que as decisões de um processo entre as partes produzam efeitos vinculativos (e não apenas persuasivos) em outros processos que tramitam *inter alia.* De fato, com a nova disciplina dos precedentes jurisprudenciais vinculativos (arts.926 e ss.), surge no sistema processual brasileiro fundamento diferente para uma ampliação das hipóteses de intervenção do *amicus curiae*. À semelhança do que ocorre nos ordenamentos da *common law*, agora há que se buscar formas de participação que autorizem a participação de diversos atores sociais no processo individual pela possibilidade de a *ratio decidendi* de precedentes formados entre as partes ser aplicada a processos posteriores.

Por outro lado, o novo CPC também trouxe um incremento de incidentes e mecanismos para a solução conjunta de questões comuns e repetitivas. Exemplos são o incidente de resolução de demandas repetitivas (arts. 976 e ss.) e os recursos especial e extraordinário repetitivos (arts.1.036 e ss.). Nestes casos, existe cognição única sobre estas questões, e a solução será posteriormente replicada para outros processos. Assim, o debate em contraditório travado entre alguns sujeitos poderá impactar milhares de outros processos, justificando a abertura e o pluralismo do contraditório, autorizando – e mesmo recomendando – a intervenção do *amicus curiae* nestes procedimentos.

---

11 CABRAL, Antonio do Passo. Il principio del contraddittorio come diritto d'influenza e dovere di dibattito. **Rivista di Diritto Processuale**, Anno LX, n. 2. p. 450/451, aprile-giugno 2005; *idem*, **Nulidades no processo moderno:** contraditório, proteção da confiança e validade prima facie dos atos processuais. Rio de Janeiro: Forense, 2009, especialmente capítulos III e V; THEODORO JR., Humberto; NUNES, Dierle José Coelho. Uma dimensão que urge reconhecer ao contraditório no Direito brasileiro: sua aplicação como garantia de influência, de não surpresa e de aproveitamento dos atos processuais. In: **Revista de Processo**, ano 34, n. 168, fev. 2009; NUNES, Dierle José Coelho. **O princípio do contraditório:** uma garantia de influência e não surpresa. DIDIER JR., Fredie; JORDÃO, Eduardo Ferreira (Coords.). **Teoria do processo:** panorama doutrinário mundial. Salvador: JusPodivm, 2007.

Por fim, o novo CPC manteve a linha das reformas legislativas do CPC de 1973, reproduzindo no art. 950, § 3º, a possibilidade de manifestação do *amicus curiae* no incidente de arguição de inconstitucionalidade nos tribunais, por força da cláusula de reserva de plenário (art. 97 da CR/1988).

3. O *amicus curiae* como terceiro. Diferenças para as intervenções de terceiro tradicionais

O *amicus curiae* não é parte, pois não formula pedido nem pretensão; não é demandado e nem mesmo em tese afirma-se titular do direito material objeto da controvérsia. O *amicus curiae* é um terceiro ao processo (até porque o conceito de terceiro normalmente é obtido por exclusão: todos os que não são partes, Estado-juiz e auxiliares do juízo são terceiros).

Como já tivemos oportunidade de salientar em outro estudo[12], a palavra "intervir" tem raiz latina (*inter venire)* e significa "entrar no meio". Ora, como o *amicus* ingressa em processo pendente, sua participação deve ser compreendida como interventiva. Assim, o *amicus curiae* é um terceiro e seu ingresso no processo é uma espécie de intervenção. O novo CPC acabou com a discussão: disciplinou o instituto do *amicus curiae* no Capítulo V do Título III, referente às "Intervenções de Terceiros", dentro do Livro II ("Dos Sujeitos do Processo"). Além disso, o § 1º do art. 138 do novo CPC fala expressamente que se trata de uma modalidade de "intervenção".

Mas o papel do *amicus curiae* é diferente daquele das modalidades tradicionais de intervenções de terceiro. O amigo da corte é um terceiro *sui generis* (ou terceiro especial, de natureza excepcional). É que, tanto na função e finalidade, quanto nas características de cada atuação interventiva, bem assim nos seus pressupostos, requisitos e efeitos, a intervenção do *amicus* é diversa das modalidades tradicionais de intervenção de terceiros[13].

As formas tradicionais de intervenção de terceiros chamadas "espontâneas" prestam-se a evitar os efeitos prejudiciais das decisões judiciais, buscando o terceiro condicionar o resultado do processo por meio de sua atuação processual, para que uma relação jurídica sua não sofra algum impacto da decisão no processo entre as partes. Quando se trata de intervenção de terceiros "forçada", sua utilidade para a parte que provoca a intervenção é obter, *in simultaneus processus*, título executivo que permita a execução também em face do terceiro, estendendo-lhe a eficácia preclusiva da coisa julgada, com as ressalvas do art. 123 do novo CPC. No caso do *amicus curiae*, embora este se agregue à relação processual, o título executivo que será formado não incluirá o amigo da corte.

---

12 CABRAL, Antonio do Passo. Pelas asas de Hermes: a intervenção do amicus curiae, um terceiro especial. Op. cit. p. 16/17.

13 BUENO, Cássio Scarpinella. **Amicus curiae no processo civil brasileiro**: um terceiro enigmático. Op. cit. p. 426/427.

Uma diferença adicional entre a intervenção de terceiros em geral e o *amicus curiae* reside nos efeitos do julgamento e da autoridade da coisa julgada sobre os terceiros, especialmente no campo da denominada "eficácia da intervenção" (*Intervention swirkung*), por vezes confundida com a coisa julgada, mas pertinente à eficácia preclusiva das omissões em alegar, que impede que o terceiro discuta a matéria já debatida em outro processo (art. 123 do CPC). O *amicus curiae*, ao contrário dos terceiros que intervêm pelas modalidades típicas tradicionalmente previstas no Código, não se sujeita a esta peculiar preclusão, podendo rediscutir a matéria que motivou sua intervenção em outros processos posteriores.

Outra diferença na disciplina das modalidades de intervenção clássicas para a intervenção do *amicus curiae* é que esta poderá ser solicitada pelo próprio *amicus,* pelas partes do processo *ou determinada de ofício pelo magistrado*. Esta possibilidade é contrária à tradição do Direito Processual brasileiro, segundo a qual o juiz pode determinar de ofício a formação do litisconsórcio (necessário), mas as intervenções de terceiro dependem de requerimento da parte ou do próprio terceiro. O novo Código prevê expressamente que o juiz possa determinar *ex officio* a intervenção do *amicus* (art. 138, *caput,* do novo CPC).

Cabe lembrar ainda que o *amicus* não suporta os custos do processo, que pela regra da causalidade são impostos às partes e aos terceiros "tradicionais" (arts. 82 e 94, do novo CPC), mas não ao amigo da corte.

Sigamos na análise dos pressupostos e requisitos para a intervenção do *amicus*, onde veremos outras diferenças.

4. Pressupostos e requisitospara a intervenção do *amicus curiae* no novo CPC

4.1. Desnecessidade de alegar e provar interesse "jurídico"

O interveniente nas modalidades tradicionais deve alegar e provar *interesse jurídico* na demanda (art. 119 do novo CPC). A cláusula do "interesse jurídico" significa que o terceiro deve demonstrar o impacto real ou potencial que o desfecho do processo poderá ter sobre uma relação jurídica do interveniente. Não bastam meros interesses afetivos ou econômicos, tampouco a pura e diletante intenção de esclarecer matéria de fato ou de direito à cognição do juízo[14].

Vê-se, então, outra grande diferença entre o assistente, por exemplo, e o amigo da corte. Para o assistente, o interesse jurídico é requisito para sua intervenção. O *amicus curiae*, por sua vez, não precisa demonstrar interesse jurídico. E a finalidade de sua atuação decorre, de um lado, da abertura do contraditório como influência e, hoje, da necessidade de oxigenar e legitimar a decisão em foros

---

14 CARNEIRO, Athos Gusmão. Mandado de Segurança – Assistência e amicus curiae. **Revista Síntese de Direito Civil e Processual Civil**, n. 24, jul.-ago. 2003. p. 36.

em que o resultado do processo possa atingir um espectro de pessoas mais amplo que apenas as partes.

Deve-se lembrar que o *amicus* pode até não ser um interveniente totalmente "altruísta", e sua intervenção nem sempre será "neutra". De fato, o *amicus* pode ter interesses indiretos, reflexos, afetivos ou meramente econômicos no deslinde do processo, o que frequentemente acontece na prática. Este debate, que não é desconhecido no Brasil e no Direito estrangeiro, diz respeito à atuação estratégica do *amicus* como "amigo da parte", e talvez não propriamente como "amigo da corte". No entanto, a existência deste efetivo interesse ou sua qualificação como "jurídico" não é requisito para a intervenção do *amicus curiae*. No Brasil, as normas previdentes do *amicus curiae* também desconsideram o interesse jurídico como requisito para sua intervenção, o que se observa nas manifestações em processos administrativos previstas na Lei nº 9.784/1999, na intervenção da CVM, do Cade, do INPI e da União.

E o novo CPC seguiu esta linha. O art. 138 nada fala sobre o "interesse jurídico" para a intervenção do *amicus*. O interesse jurídico, previsto no art.119, é exigido apenas para o assistente e para as demais espécies clássicas de intervenção de terceiros. Também é irrelevante se o *amicus* possui algum interesse de outra natureza no deslinde da causa. Esse exame não condiciona sua intervenção.

4.2. Representatividade adequada

O requisito da "representatividade adequada" já vinha sendo exigido pela jurisprudência brasileira para a participação processual do amigo da corte[15]. Apesar de não ter que demonstrar o interesse jurídico, o *amicus curiae* deveria comprovar ter alguma proximidade com os interesses materiais em causa. Para estes fins, não bastaria que o sujeito fosse parte em outro processo individual que poderia indiretamente ser impactado pela fixação do precedente. Faz-se necessário que o que postula a intervenção como *amicus* possua uma condição subjetiva que o autorize a falar no processo em favor de todos os sujeitos que possam ser potencialmente atingidos.

Já nos manifestamos contrariamente à adoção deste critério para o *amicus curiae*.[16] A representatividade adequada (*adequacy of representation*) é um requisito utilizado nas *class actions* norte-americanas para que o tribunal possa aferir se a parte que está em juízo defendendo direito supraindividual tem aptidão técnica e empreenderá uma proteção efetiva aos interesses dos membros da coletividade, que poderá ser atingida pelos efeitos da decisão e pela formação da coisa julgada mesmo em relação aos ausentes do litígio, como é típico nas demandas coleti-

---

15 STF – Medida Cautelar na ADI 2.130-SC Rel. Min. Celso de Mello, DJU 02/02/2001; STF – RE nº 597.165/DF, Rel. Min. Celso de Mello, DJ 12/04/2011.

16 CABRAL, Antonio. Der *amicus curiae* und die alten formen der beteiligung dritter am rechtsstreit: neue tendenzen nach brasilianischem recht. In: GEIMER, Reinhold; SCHÜTZE, Rolf A. **Festschrift für Athanassios Kaissis zum 65. Geburtstag.**München: Sellier. p. 77/78.

vas. Portanto, a representatividade adequada relaciona-se diretamente à questão da vinculação da decisão àqueles que não tenham participado do processo (*absent class members*) e que, diante da substituição processual, poderiam ser prejudicados pela atuação negligente da *representative party*. Nas ações coletivas, o requisito se justifica pelo perigo da representação inadequada que poderia levar aqueles que não participaram a sofrer os efeitos da coisa julgada. Mas a mesma lógica não existe para o *amicus*.

Em decisão em recurso especial repetitivo, o STJ indeferiu pedido de habilitação da Defensoria Pública da União na qualidade de *amicus curiae* em processo em que se debatiam encargos de crédito rural destinado ao fomento de atividade comercial. Entendeu-se que a matéria discutida não se enquadraria no espectro de atuação típica da DPU. Nesse sentido, não se reconheceu a representatividade adequada da instituição, argumentando o tribunal que é insuficiente invocar a existência de interesse em defender a solução da lide em favor de uma das partes[17]. Para o STJ, o fato de a DPU atuar em defesa de consumidores hipossuficientes em milhares de ações dessa mesma natureza não permitiria, por si só, sua manifestação como amigo da corte, sendo imprescindível correlação entre a finalidade estatutária ou legal do peticionário e o objeto da demanda, hipótese que não se verificaria no caso.

Veja-se neste precedente a evidente distorção na aplicação do instituto. Em nosso sentir, a representatividade adequada não deve ser analisada como requisito de intervenção do *amicus curiae*. É que, ao contrário das ações coletivas, no caso do *amicus curiae*, não há substituição processual: o *amicus curiae* não vai a juízo em nome próprio na defesa de direito alheio, não sendo legitimado extraordinário. E as partes que debatem em torno do direito material estão presentes no processo. Logo, não há risco de representatividade inadequada e desnecessário o exame da *adequacy of representation*.

O novo CPC, portanto, parece ter andado na contramão da legislação brasileira, importando acriticamente um requisito que não é próprio do nosso direito e é equivocado para a intervenção do amigo da corte. Note-se que quase todas as normas que preveem o instituto do *amicus curiae* na legislação ordinária nada mencionam acerca da representatividade adequada.

Pensamos que esta exigência pode obstaculizar a participação de diversos entes, contrariamente ao escopo de emprestar maior pluralismo ao contraditório, e ainda pode ser utilizado de forma elitista para criar uma reserva de mercado para a litigância nessa qualidade. Em nosso sentir, não é assim que deva ser interpretado e aplicado o instituto. No máximo, a ideia de pertinência temática ou institucional do *amicus* com a discussão no processo deve iluminar o exame da "especificidade" do objeto da discussão, exigindo um *potencial de influência* na manifestação do *amicus curiae*. Sobre esta questão, vejam-se os tópicos seguintes.

---

17 STJ – REsp nº 1.357.813/RJ, Rel. Min. Luis Felipe Salomão, DJ 24/09/2013.

4.3. Repercussão social e relevância da matéria

O art. 138, *caput*, afirma que o *amicus curiae* poderá ser admitido no processo pela "relevância da matéria", quando "a especificidade do tema objeto da demanda" exigir ou quando a controvérsia tiver "repercussão social".

Note-se que não se trata de presença de "interesse público", como faz o CPC ao definir hipóteses de atuação do Ministério Público (art. 178, I). Este dispositivo apresenta um parâmetro seguro na análise da intervenção do *amicus curiae* porque há vários casos em que o MP deverá atuar, mas diante de interesses que não têm impacto social, objeto específico ou representem matéria relevante. Em casos de destituição de pátrio poder, interesses de incapazes, casamento etc., ainda que individualmente mereçam especial proteção a ponto de chamar a atuação do Ministério Público, pode não haver qualquer motivo para admissibilidade da participação do *amicus curiae*.

Quando se fala de matéria relevante e repercussão social, o novo CPC não necessariamente exige que se trate de questão repetitiva. Aqui, podemos nos valer das considerações doutrinárias sobre a repercussão geral no recurso extraordinário: devemos unir o aspecto quantitativo ao aspecto qualitativo[18]. Às vezes, um único processo, em que se discutam matérias polêmicas, com grande divulgação na mídia ou que envolvam debates sensíveis numa comunidade podem justificar a intervenção do *amicus curiae*. É que o debate público que se desenvolve perante o Judiciário na atualidade transborda os limites da individualidade e do patrimonialismo. Questões sociais como sistema de ensino e hospitalar, controle da aplicação e gestão de verbas públicas, orçamento participativo, dentre outras, são prova irrefutável de que a concepção exclusivamente privatista do processo, já abandonada na ciência processual, deve também imperar na interpretação e aplicação da sistemática do *amicus curiae*. Nestes e em outros casos, onde embora num processo individual a matéria envolva debates relevantes na sociedade, justifica-se a admissibilidade do *amicus*. E não se esqueça que também no processo do trabalho (art. 15 do novo CPC) e em procedimentos especiais, como o mandado de segurança, as ações coletivas, improbidade administrativa e outras, podem veicular matéria relevante ou com impacto social. Nestes casos, será cabível também a intervenção do *amicus curiae* nestes procedimentos (Enunciados nº 249 e nº 250 do Fórum Permanente de Processualistas Civis). O STF já teve oportunidade de admitir a intervenção do *amicus curiae* inclusive em recurso oriundo dos Juizados Especiais Federais, por aplicação dos art. 15 c/c art. 14, § 7º, ambos da Lei nº 10.259/2001.[19]

Impende ressaltar, outrossim, que, com o novo sistema de precedentes, o CPC (art. 927, § 2º) prevê a possibilidade de intervenção do *amicus curiae* para a modificação do entendimento consolidado. Além desse caso, também na *formação* do pre-

18 MARINONI, Luiz Guilherme; MITIDIERO, Daniel. **Repercussão geral no recurso extraordinário.** São Paulo: RT, 2007. p. 33/36/37.

19 STF – RE nº 416.827/SC, Rel. Min. Gilmar Mendes, j. 21/09/2005.

cedente pode mostrar-se útil a participação do *amicus curiae.* É que,muitas vezes, a intervenção do amigo da corte será justificada em razão da *originalidade* da discussão perante o Judiciário, e da possível formação de precedente em um caso-paradigma (*leading case*). Esta circunstância pode preencher os conceitos jurídicos indeterminados de "repercussão social" e "relevância da matéria".

4.4. Especificidade do objeto da demanda e relevância da informação prestada (potencial de influência)

O novo CPC estabelece como pressuposto para a intervenção do *amicus curiae* que o tema objeto da demanda tenha uma "especificidade", isto é, idiossincrasia que faça com que o contraditório se instale sobre um temário que exija conhecimentos peculiares. Estes casos pedem uma cognição qualificada por informações cuja especificidade pode escapar até mesmo às partes e ao juízo[20]. Observe-se ainda que essas informações não necessariamente são técnicas, a serem apresentadas por peritos. E mesmo quando são elementos técnicos, podem ser trazidos aos autos independentemente de laudo pericial. É que, por vezes, a manifestação do *amicus curiae* dá-se sobre questões jurídicas (não fáticas), e portanto nem mesmo incluídas no objeto da prova.

De qualquer modo, a expressão legal "especificidade do tema objeto da demanda" mostra algo sobre o pressuposto de admissão da intervenção do *amicus curiae*: exige-se um exame sobre a potencial possibilidade que o *amicus* tenha de incrementar o debate com sua manifestação. Assim, conquanto não haja necessidade de demonstração de um interesse jurídico, e mesmo que em nossa opinião tampouco deva ser exigida "representatividade adequada", aqui não há como fugir: *o conteúdo da manifestação* do amigo da corte deve ser apto a prestar uma *relevante contribuição* para a discussão. Trata-se de uma prognose sobre o *potencial de influência* que a manifestação do *amicus* pode emprestar ao debate.

Nesse contexto, a *expertise* e conhecimento técnico do *amicus* são fatores a serem analisados, que podem demonstrar ou indicar que suas manifestações têm potencial de influenciar o debate, incrementando e emprestando mais qualidade ao contraditório.

---

20 Na Itália, percebeu a mesma função SILVESTRI, Elisabetta. L'*amicus curiae*: uno strumento per la tutela degli interessi non rappresentati. **Rivista Trimestrale di Diritto e Procedura Civile***,* 1997, n. 3. p. 693: "L'apparato di informazioni, dati fattuali e dargomentazioni giuridiche chel' amicus fornisce, infatti, consente alla corte di esaminare le questioni controverse in una prospettiva più ampia rispetto a quella delineata dalle parti e lepermette di valutare in antecipo quali potrebbero esse regli effetti prodotti dalla decisione nei confronti di terzi. Sotto questo profilo, dunque, l'*amicus curiae* svolgel'importante funzione di procurare alla corte un'adeguata conoscenza dela realtà (sociale, econômica, ecc.) dallaquale nasce e nellaquale vive um determinato 'caso' in modo che da tale conoscenza derivi una decisione più informata e quindi più giusta."

5. Quem pode intervir como *amicus curiae*? Pessoa natural e pessoa jurídica

Antes do novo CPC, a jurisprudência brasileira pacificou-se no sentido de que a pessoa jurídica pode se habilitar como *amicus curiae*[21]. Nela se incluem não só entidades beneficentes mas também sociedades empresárias, associações e sindicatos.

O STF sempre rejeitou o ingresso de pessoas naturais na qualidade de *amicus curiae*[22]. Pois o novo CPC impõe a mudança do entendimento jurisprudencial. Agora é expressamente permitida a intervenção de pessoa natural na condição de *amicus curiae*. Professores universitários, pesquisadores, técnicos, militantes de movimentos sociais, líderes sindicais, muitas pessoas naturais podem trazer elementos relevantes ao debate, mesmo não sendo pessoas jurídicas.

No caso de pessoa natural atuando como *amicus curiae*, entendemos haver exceção à regra da capacidade postulatória. O *amicus* poderá expressar-se no processo independentemente de assistência por advogado. Especialmente em se tratando de pessoa natural, não faria sentido exigir que, em sendo o *amicus* um professor ou pesquisador, imaginemos um médico, físico ou engenheiro nuclear, por exemplo, tivesse que falar em seu favor um advogado. Trata-se, aqui, de uma hipótese de representação *pro se*, tal como se admite para a autoridade coatora no mandado de segurança e o próprio magistrado na exceção de suspeição.

Não obstante a regra geral seja a inexigência de representação por advogado, para o exercício de alguns poderes processuais a capacidade postulatória é indispensável. Assim, por exemplo, para que o *amicus curiae* recorra (*vide* hipóteses abaixo). Nesse sentido é o disposto no art. 1.048, § 4º, do novo CPC, para o caso da manifestação do amigo da corte na apreciação da repercussão geral em recurso extraordinário, onde se prevê manifestação "subscrita por procurador habilitado".

6. Termo final para postular a intervenção

A jurisprudência tem sido restritiva em relação à manifestação do *amicus curiae* após a inclusão do julgamento em pauta e o início do julgamento, sob o argumento de que tal possibilidade poderia fazer o procedimento retornar a fases anteriores, algo ineficiente e contra a duração razoável do processo. Embora tenha mantido este entendimento no julgamento da medida cautelar na ADI 5.104 MC/DF, o STF ressaltou a possibilidade de posterior participação por ocasião do julgamento definitivo[23].

21 STF – ADI nº 5.022 MC/RO, Rel. Min. Celso de Mello, DJ 23/10/2013; RE nº 577.302/RS, Rel. Min. Ricardo Lewandowski, DJ 10/08/2009; RE nº 576.155, Rel. Min. Ricardo Lewandowski, DJ 12/03/2009.

22 STF – ADPF nº 205/PI, Rel. Min. Dias Toffoli, DJ 24/2/2011; RE nº 566.349/MG, Rel.ª Min.ª Cármen Lúcia, j. 03/06/2013; RE nº 591.797/SP, Rel. Min. Dias Toffoli, j. 22/03/2011; RE nº 659.424/RS, Rel. Min. Celso de Mello, DJ 13/12/2013; RE nº 627.106/PR, Rel. Min. Dias Toffoli, DJ 04/05/2011.

23 STF – ADI nº 5.104 MC/DF, Rel. Min. Roberto Barroso, j. 21/05/2014; STF – ADI nº 2.238, Rel. Min. Ilmar Galvão, j. 09/05/2002; STF – ADI nº 4.071 AgR/DF, Rel. Min. Menezes Direito, DJ 16/10/2009.

No Superior Tribunal de Justiça, a jurisprudência segue a mesma linha restritiva[24].

O posicionamento é correto e defensável também à luz do novo CPC. Sem embargo, tanto na sua dimensão política de participação, quanto em relação ao aspecto contributivo do contraditório para a decisão, mas sobretudo em relação à formação de precedentes, a oitiva do *amicus curiae* é justificável *antes* do ato decisório.

7. Efeitos: não há modificação de competência

Ao apreciar a intervenção da União na condição de *amicus curiae*, prevista no art. 5º, parágrafo único, da Lei nº 9.469/1997, a jurisprudência do STJ já se inclinava pela impossibilidade de transferir para a Justiça Federal a competência das causas em que a União participasse como *amicus curiae*. Este posicionamento era, já à luz do sistema processual anterior, absolutamente correto. A conclusão era extraída da diferença da natureza da intervenção do *amicus curiae* para as modalidades clássicas de intervenção de terceiros. Apesar de ser um terceiro interveniente, ao intervir como *amicus* a União não só não é parte mas tampouco poderia ser qualificada de assistente, seu interesse é apenas indireto ou econômico e portanto não seria preenchido o art. 109 da CR/1988[25].

O novo CPC não deixou dúvidas. A intervenção do *amicus* não importa em modificação da competência (art. 138, § 1º), o que é relevante sobretudo para as hipóteses de fixação da competência em razão da pessoa (art. 109, I, da CR/1988).

8. Poderes do *amicus curiae*. Fixação discricionária e casuística pelo juiz

Antes do novo CPC, a jurisprudência manifestou-se, num primeiro momento, pela necessidade de ampliar a atuação do *amicus curiae* de maneira a democratizar a participação dos sujeitos do processo. Esta era a tendência que se observava inclusive no Supremo Tribunal Federal em relação aos poderes do *amicus*[26]. Contudo, progressivamente foram sendo observadas decisões restritivas. As Cortes Superiores têm limitado a quantidade de manifestações porque um excesso de pessoas e entidades atuando no processo poderia causar transtornos processuais e levar à ineficiência do procedimento ou à sua demora desarrazoada[27].

O novo CPC trouxe cláusula muito aberta a respeito dos poderes do *amicus curiae*. Trata-se do § 2º do art. 138, que diz que "caberá ao juiz ou relator, na de-

---

24 STJ – REsp nº 1.152.218 QO/RS, Rel. Min. Luis Felipe Salomão, j. 07/05/2014; REsp nº 1.003.955 QO/RS, Rel.ª Min.ª Eliana Calmon, j.12/11/2008; REsp nº 1.120.295/SP, Rel. Min. Napoleão Nunes Maia Filho, DJ 24/04/2013.

25 STJ – REsp 313.336-SP – Rel. Min. Milton Luiz Pereira, j. 28/05/2001.

26 STF – Medida Cautelar na ADI 2.130-SC, Rel. Min. Celso de Mello.

27 STF – ADI 2.937 – Rel. Min. Cezar Peluso, despacho de 16/09/2003.

cisão que solicitar ou admitir a intervenção, definir os poderes do *amicus curiae*". Evidentemente, a lei atribui um juízo discricionário ao julgador, de definir caso a caso os poderes processuais do amigo da corte. É verdade que, como veremos, a própria lei já atribui ao *amicus* algumas prerrogativas; mas defere ao magistrado de cada caso o juízo sobre outros poderes processuais. Nos tópicos seguintes, traremos algumas hipóteses em que, no nosso entendimento, devam ser oportunizadas certas prerrogativas processuais ao *amicus curiae.*

Não obstante o largo espaço de conformação para o magistrado, de fixar casuística e discricionariamente os poderes do *amicus,* esta tarefa não é totalmente livre. E aqui alguns critérios gerais podem ser rascunhados. O juízo pode considerar razões de eficiência e economia processual mas, sobretudo, deve nortear-se pelo princípio do contraditório, buscando definir os poderes processuais pela relevância da contribuição potencial que o *amicus curiae* possa agregar ao debate (potencial de influência). Outro dado que pode ser tomado em consideração pelo juízo é qual o interesse que move o *amicus.* Como se disse, o *amicus* pode ser altruísta mas pode, de fato, atuar com base em interesse econômico, ainda que indireto, ou interesse afetivo, institucional etc. O tipo de interesse deve ser analisado para cada situação jurídica processual para atribuir-se ao amigo da corte a possibilidade de praticar o ato.

De outro lado, cabe salientar que se trata de poderes processuais do próprio *amicus curiae* e que são independentes da atuação das partes. Não há uma subordinação do *amicus* aos interesses dos litigantes, e portanto, quando seus poderes forem reconhecidos, pela lei ou pelo juízo casuisticamente, o *amicus* atua de forma autônoma, independente das condutas das partes. Não se aplica ao *amicus* a lógica da atuação não autônoma, por exemplo, do assistente simples (art. 122).

8.1. Poderes de argumentação. Impossibilidade de exercício de prerrogativas inerentes às partes. Ausência de requerimento em sentido técnico. Aplicação dos deveres de consideração e fundamentação do juízo

Dentre os poderes mais importantes para o *amicus curiae*, à luz do contraditório, estão as faculdades de alegar e declarar. As manifestações, orais e escritas, podem conter declarações de ciência ou vontade, argumentos fáticos ou jurídicos.

O STF já decidiu pela impossibilidade de o *amicus curiae,* como terceiro interveniente, exercer poderes processuais inerentes às partes, tais como a prerrogativa de delimitar o objeto da demanda[28]. Por isso, não pode haver, no contexto das manifestações do *amicus curiae*, pedido ou requerimento em sentido técnico; mas nada impede que o *amicus* manifeste-se com indicações sobre qual deve ser o resultado da controvérsia. Essa indicação não vincula o juízo: não sendo parte, o *amicus* não delimita a cognição do juízo pelo princípio dispositivo, tampouco baliza a decisão final pela

28 STF – ADPF nº 187/DF, Rel. Min. Celso de Mello, DJ 29/05/2014; MS nº 32.033/DF, Rel. Min. Gilmar Mendes, j. 20/06/2013.

exigência de congruência entre pedido e sentença. Todavia, não se pode esquecer que os deveres de consideração, decorrentes do contraditório (arts. 9º e 10), e de fundamentação (art. 489) aplicam-se também às manifestações do *amicus curiae*. Seria inimaginável que o Judiciário autorizasse a intervenção, reconhecendo que aquele sujeito pode contribuir com informações relevantes para incrementar o contraditório, e ao mesmo tempo ignorasse solenemente suas manifestações. Estas também devem ser incorporadas ao contraditório e debatidas entre os sujeitos do processo. Assim ficou assentado entendimento no Fórum Permanente dos Processualistas Civis (Enunciado nº 128).

O STF já admitiu a possibilidade de o amigo da corte submeter ao juízo "propostas" de convocação de audiências públicas, solicitação de dados adicionais, além da designação de peritos[29]. A Corte Suprema entendeu que a atuação do *amicus curiae* deve ser mais ampla do que o mero oferecimento de memoriais ou a prestação eventual de informações que lhe venham a ser solicitadas.

Na linha de não admitir condutas próprias das partes, o *amicus curiae* não pode contestar (art. 335), ou requerer e provocar outras intervenções de terceiros (p.ex., arts. 125 e 130) porque são posições processuais atribuídas pela lei exclusivamente às partes.

No que se refere aos acordos processuais (art. 190), entendemos que o *amicus* possa celebrá-los, não apenas os negócios que importem em disposição de seus direitos, poderes e ônus (p.ex., renúncia a recurso), como também sobre o procedimento (ampliação de prazos de manifestação, convenção para que o *amicus* só se manifeste oralmente etc.). Nesses casos, o *amicus* deve naturalmente participar do acordo e anuir com os efeitos pretendidos. Às partes não será dado excluir a participação do *amicus* por acordo processual, não só porque estariam deliberando sobre interesses de terceiros, contrariamente à relatividade das convenções processuais, mas também em razão dos interesses públicos na intervenção do *amicus*.

8.2. Legitimidade e interesse recursal

O novo CPC não disciplinou detalhadamente os poderes do *amicus*. Para além das faculdades de argumentar e alegar, pouco foi especificado no novo Código. Não obstante, o novo Códigotraçou minimamente algumas de suas atribuições. Por exemplo, a lei veda expressamente a interposição de recursos pelo *amicus curiae*, ressalvadas duas hipóteses: a oposição de embargos de declaração e o recurso da decisão que julga o incidente de resolução de demandas repetitivas (art. 138, §§ 1º e 3º).

A lógica anterior ao novo CPC era no sentido de que a intervenção do *amicus* se daria apenas em processos "objetivos", fora de conflitos subjetivos. Ademais, em se tratando de terceiro que não poderia sofrer impacto direto do julgamento, entendia-se não haver qualquer prejuízo ao sujeito pela restrição aos seus poderes.

29 STF – ADPF nº 187/DF, Rel. Min. Celso de Mello, DJ 29/05/2014.

De fato, até a edição do novo CPC, existia orientação pacífica no Supremo Tribunal Federal quanto à ilegitimidade do *amicus curiae* para interposição de recurso, ainda que aportem aos autos informações relevantes ou dados técnicos. Nem os embargos de declaração, que são meio impugnativo referente à cognoscibilidade dos elementos informativos e argumentativos, estariam disponíveis ao *amicus*[30]. O Superior Tribunal de Justiça adotava a mesma linha jurisprudencial do STF, de modo a não conhecer dos recursos interpostos pelos *amici curiae*[31].

O novo CPC mantém a vedação genérica à interposição de recursos, mas traz exceções. A opção legislativa do novo Código no que tange à admissibilidade de recurso da decisão final do incidente de resolução de demandas repetitivas (IRDR) foi um reconhecimento do caráter "objetivo" da jurisdição no incidente, bem assim de seu espectro subjetivo ampliado. Com efeito, no incidente de resolução de demandas repetitivas, há cognição única sobre a questão comum para posterior incorporação, como prejudicial, a muitos processos individuais. Ora, como, após a decisão, centenas ou milhares de processos podem ser afetados, o legislador entendeu por bem atribuir ao *amicus curiae* legitimidade recursal para impugnar a decisão final. Note-se que o *amicus curiae* que poderá recorrer é aquele admitido no próprio incidente (art. 983) e não aqueles que foram admitidos como amigo da corte nos processos individuais nos quais se discuta a questão comum.

Uma observação importante é que a formação de precedentes, que posteriormente poderão ser aplicados a muitos outros casos envolvendo outros sujeitos, não decorre exclusivamente do procedimento do incidente de resolução de demandas repetitivas. O legislador do novo CPC evidenciou que, para o IRDR, o *amicus* terá legitimidade recursal. Mas, sempre que a mesma lógica se apresentar, isto é, quando o *amicus* for admitido nos autos em razão da relevância das informações que pode trazer para a formação do precedente, terá legitimidade para recorrer da decisão final do caso[32]. Trata-se de interpretação extensiva do dispositivo aos procedimentos em que a decisão de um caso puder impactar a discussão em outros litígios.

Em relação aos embargos de declaração, a legitimidade recursal do *amicus* também é admitida pela lei. Ao contrário do IRDR, aqui há um processo de partes em que a controvérsia reflete um conflito subjetivo à luz de fatos específicos. Nesta hipótese, a justificativa para a legitimidade recursal do *amicus curiae* é o *caráter informativo* de sua intervenção. Ora, se o *amicus* intervém para esclarecer, elucidar, transmitir sua *expertise*, contribuir com informações relevantes para a formação do convencimento,

---

30 STF – ADI nº 3.615 ED/PB, Rel.ª Min.ª Cármen Lúcia, DJ 25/04/2008; ADI nº 4.167AgR-ED/DF, Rel. Min. Joaquim Barbosa, j. 27/02/2013; STF – ADI nº 3.934 ED-AgR/DF, Rel. Min. Ricardo Lewandowski, DJ 31/03/2011.

31 STJ – Resp nº 1.261.020 ED/CE, Rel. Min. Mauro Campbell Marques, DJ 02/04/2013; REsp nº 1.143.677 ED-ED/RS, Rel. Min. Napoleão Nunes Maia Filho, j. 21/11/2012; SLS nº 1.425 ED-AgR/DF, Rel. Min. Felix Fischer, j. 02/05/2012.

32 Em sentido similar, MARINONI, Luiz Guilherme; ARENHART, Sergio Cruz; MITIDIERO, Daniel. **Curso de processo civil**. São Paulo: RT, 2015. v. 2.

e se o ato jurisdicional contém algum ponto obscuro ou omisso, nada mais natural que permitir ao *amicus* provocar o Judiciário à correção ou suprimento do defeito. A simples adaptação da decisão, com o esclarecimento necessário, pode atender àfinalidade da intervenção do *amicus*.

Uma outra hipótese não prevista no novo CPC é o recurso contra a decisão que inadmitiu sua intervenção. O novo Código diz que é irrecorrível a decisão que admite a participação do *amicus*, mas silencia sobre o recurso contra a inadmissão. A jurisprudência, antes do novo CPC, reconhecia a legitimidade recursal do *amicus* neste caso.[33] E entendemos que esta mesma lógica deva ser aplicada no regime do novo CPC. Tolher do *amicus curiae* a possibilidade de impugnar a decisão que concluiu pelo não cabimento de sua intervenção significaria reduzir a utilidade prática do instituto.

8.3. Sustentação oral em audiência no juízo, na tribuna recursal ou em audiência pública

No que se refere à possibilidade de sustentação oral do *amicus curiae* por ocasião do julgamento dos recursos, a jurisprudência tem sido dividida. No STF, o entendimento majoritário é claramente favorável[34].

No Superior Tribunal de Justiça, todavia, a jurisprudência tem se fixado em outro sentido, predominantemente pronunciando a impossibilidade de o *amicus curiae* exigir um "direito" de sustentação oral[35]. A Corte Especial do STJ, em questão de ordem, entendeu, por maioria, que cabe ao Tribunal a faculdade de convocar ou não o interveniente para o exercício dos atos processuais. Nesse sentido, qualquer conduta do *amicus curiae* seria uma liberalidade do juízo, não havendo nenhuma posição jurídica de vantagem que assegurasse a possibilidade de exigir a manifestação oral.

Estamos, neste ponto, na linha do STF e também com a melhor doutrina[36]. Se a intenção do legislador do novo CPC foi ampliar o *amicus*, em nosso entendimento deve ser autorizada sua manifestação oral, seja em audiência, seja na tribuna para sustentação oral de seus recursos (nas hipóteses em que cabíveis).

Por outro lado, na linha da jurisprudência do STF que admite a possibilidade de o amigo da corte submeter ao juízo "propostas" de convocação de audiências públi-

---

33 STF – ADI nº 3.105 ED/DF. Rel. Min. Cezar Peluso, Tribunal Pleno, DJ 23/02/2007; ADI nº 3.615 ED/PB, Rel.ª Min.ª Cármen Lúcia, DJ 25/04/2008; ADI nº 3.396 AgR/DF, Rel. Min. Celso de Mello, j. 10/5/2012.

34 STF – ADI nº 2.777 QO/SP, Rel. Min. Cezar Peluso, j. 27/11/2003; ADI nº 2.675/PE, Rel. Min. Carlos Velloso, j. 27/11/2003; ADI nº 2.321/DF, Rel. Min. Celso de Mello, DJ 20/08/2008; ADI nº 4.389 MC/DF, Rel. Min. Joaquim Barbosa, j. 03/02/2011; RE nº 416.827/SC, Rel. Min. Gilmar Mendes, j. 21/09/2005.

35 STJ – REsp nº 1.205.946 QO/SP, Rel. Min. Benedito Gonçalves, j. 17/08/2011; REsp nº 1.309.529/PR, Rel. Min. Herman Benjamin, DJ 04/06/2013.

36 DIDIER JR., Fredie. Possibilidade de sustentação oral do amicus curiae. **Revista Dialética de Direito Processual**, v. 8, 2003. p. 33/38.

cas[37], entendemos que o *amicus curiae* deve ser autorizado também a manifestar-se por ocasião da audiência pública. E esta conclusão está respaldada em diversos dispositivos do novo CPC. Por exemplo, os arts. 983, § 1º, e 1.038 permitem que, no incidente de resolução de demandas repetitivas e nos recursos repetitivos, a coleta de informações relevantes seja feita em audiência pública, o que reforça o caráter participativo do *amicus curiae* no julgamento de casos repetitivos. Se assim for, seria incongruente reconhecer a importância da atuação do *amicus* nestes casos, convocar audiência pública para legitimar ainda mais o provimento jurisdicional e o procedimento de formação de precedentes, e ao mesmo tempo negar ao *amicus* a possibilidade de manifestação neste relevante momento da realização da audiência pública. Ao revés, trata-se de hipótese em que ao *amicus curiae* deve ser dada a oportunidade de expressão oral.

8.4. Legitimidade para ajuizamento de ação rescisória

O novo CPC trouxe uma sutil modificação na legitimidade para propositura de ação rescisória (art. 967). Após falar da legitimidade das partes (inciso I) e do Ministério Público quando não ouvido no processo em que fosse obrigatória sua intervenção (inciso III, alínea "a"), o art. 967, IV, atribui legitimidade àquele que "não foi ouvido no processo em que era obrigatória a sua intervenção". Inicialmente, é de ressaltar que o dispositivo evidentemente não se aplica nem às partes e nem ao MP, já referidos nos incisos I e III. Cabe indagar, portanto, quem seriam os sujeitos cuja intervenção pudesse ser considerada obrigatória e, não tendo participado do processo, fossem legitimados para postular a rescisão da sentença.

Concordamos com Fredie Didier Jr. sobre o inciso IV não tratar do litisconsorte necessário não citado, e dois são os argumentos para tanto. De um lado, o dispositivo fala em "intervenção", o que exclui sua aplicação à hipótese de litisconsórcio necessário, para a qual seria necessária a "citação". Note-se que o litisconsorte é parte, não terceiro interveniente. Por outro lado, Didier Jr. também chama atenção para o fato de que, para impugnar a falta ou nulidade de citação, o litisconsorte necessário que não participou no processo deve utilizar a *querela nullitatis*, prevista no art. 525, §1º, I, do novo CPC, e não a ação rescisória.

Bom, se o dispositivo não é aplicável ao litisconsorte necessário, e tampouco ao MP e às partes (já referidos em outros incisos), fica claro que o art. 967, IV, prevê nova hipótese de legitimidade para ação rescisória para o *amicus curiae* nos casos em que sua intimação para intervir fosse obrigatória, mas não lhe tenha sido facultada a intervenção. Exemplos seriam os processos em que estejam em discussão matérias do âmbito regulatório da CVM e do Cade. Nestes casos, a legislação de regência há muito traz hipóteses de intervenção de *amicus curiae* (art. 31 da Lei nº 6.385/1976; art. 118 da Lei nº 12.529/2011) e o novo CPC atribui a estes órgãos legitimidade para ajuizar a

37 STF – ADPF nº 187/DF, Rel. Min. Celso de Mello, DJ 29/05/2014.

rescisória para desconstituir a sentença quando poderiam ter participado do processo e não foram, à época, intimados para intervir.

Uma observação importante é que, a despeito da dicção legal, a *intervenção* não é obrigatória, nem mesmo em se tratando de órgãos públicos (autarquias regulatórias, p.ex.). O que é obrigatória é a *intimação* do órgão para que então participe do processo e diga se pretende intervir. Mas a intervenção como *amicus curiae* é ato discricionário do órgão público. Dependendo da conjuntura, o *amicus* pode simplesmente não intervir por razões estratégicas ou institucionais. Por exemplo, administrativamente, as decisões da CVM em processo sancionador são submetidas a recurso para o Conselho de Recursos do Sistema Financeiro Nacional (CRSFN). No caso de ação civil pública que discuta uma conduta como uso de informação privilegiada no mercado de capitais (*insider trading*),com base na Lei nº 7.913/1989, mesmo tendo decidido administrativamente que a conduta foi ilícita, na prática não é incomum que a CVM opte por não intervir no processo judicial antes do julgamento do recurso administrativo pelo CRSFN[38].

De todo modo, se fosse caso de potencial intervenção, e não tendo sido intimado para participar, o novo CPC atribui ao *amicus curiae* a legitimidade para ajuizar ação rescisória. Neste sentido é o Enunciado nº 339 do Fórum Permanente de Processualistas Civis.

9. Conclusão

O *amicus curiae,* na sua nova regulamentação do CPC/2015, foi muito ampliado em relação à legislação anterior, no intuito de servir como instrumento de democratização do debate, especialmente em vista de diversos novos institutos e técnicas que fazem com que a solução jurídica de um caso tenha impacto na decisão de muitos outros.

Analisando as disposições do CPC a respeito, vê-se que muitos dos entendimentos que haviam sido consolidados na jurisprudência anterior ao Código devem ser revistos. Na aplicação do *amicus curiae*, deve-se ter o cuidado – comum a outros campos do CPC/2015 – de não interpretar a lei nova com os olhos de quem via o ordenamento antes dela. É preciso interpretar e aplicar o novo Código de maneira arejada, sem cacoetes do sistema anterior incompatíveis com as novas disposições, e com o espírito de extrair do novo CPC sua máxima potencialidade na consecução dos direitos fundamentais.

38 Contra, entendendo ser obrigatória, BUENO, Cássio Scarpinella. **Amicus curiae no processo civil brasileiro:** um terceiro enigmático. Op. cit. p. 279 e ss.

USUCAPIÃO ADMINISTRATIVA NO NOVO CPC: A *DESJUDICIALIZAÇÃO* COMO ALTERNATIVA DE JUSTIÇA

Arícia Fernandes Correia

Resumo: O novo Código de Processo Civil (CPC), concebido sob os auspícios do ideal da duração razoável do processo judicial e, sempre que possível, pela via da *consensualidade*, se insere no contexto de recentes inovações legislativas que *desjudicializam* ações, como as de divórcio, inventário, retificação imobiliária, usucapião para fins de regularização urbanística (de natureza especial) e, desta feita, por sua própria obra, da usucapião em caráter genérico, tornando-a, também, administrativa ou, mais propriamente, cartorária, mediante alteração à Lei de Registros Públicos.

Embora já se houvesse inovado, de fato, a ordem jurídica com a usucapião extrajudicial prevista no contexto do *Programa Minha Casa, Minha Vida* (PMCMV), a nova modalidade de prescrição aquisitiva administrativa daquela em parte se aproxima, mas, em muitos aspectos, se afasta, devendo ser levadas em conta suas diferenças e potencialidades, bem como seu espectro de aplicação.

O objetivo deste artigo, que se vale da metodologia da revisão de literatura específica é, além da análise crítica da inovação legislativa e da *problematização* de seus possíveis desdobramentos, verificar se ambos os institutos de usucapião administrativa passam no teste da efetividade em que se inspiraram, *desburocratizando* procedimentos, tornando desnecessária a via judicial e assegurando agilidade a processos historicamente solenes e morosos, tudo de acordo com o princípio da *consensualidade* que inspira fortemente o novo Direito Processual brasileiro.

Por fim, há que se levar em conta se a celeridade e justiça a que se propõe a usucapião registrária concorre para uma cidade mais justa, ao municiar diretamente o possuidor que já preenche seus requisitos a garantir a titularidade do que, de fato, já é seu ou se, em tempos de *financeirização* do espaço, que sempre foi um dos ativos mais rentáveis do especulador urbano, também, agora, em escala global, mediatamente, gera a possibilidade de sua apropriação com deságio por cessionários de direitos mal-intencionados, tendendo a torná-la ainda mais desigual e iníqua. Muito embora isso sequer a *judicialização* possa coibir.

Palavras-chave: Usucapião administrativa ou extrajudicial. Legitimação de posse. Direito Processual Civil da cidade.

1. A nova principiologia processual brasileira

No seu clássico *Acesso à Justiça*, CAPPELLETTI[1], numa citação a Sir JAMES MATHEW, proclamava: "*Justice is open to all, like the Ritz Hotel*"[2]. Era a ironia fina que traduzia uma realidade grosseira: a Justiça era uma instituição intangível aos que não dispunham de renda para contratar advogados, um verdadeiro palácio indigno de visitas por aqueles que sequer supunham ter "direitos a ter direitos", porquanto se concebessem como súditos, jamais cidadãos, quem dirá "titulares do legítimo direito ao exercício da ação", uma possibilidade tão abstrata quanto fugaz?

Foi quando toda uma escola processualista se dedicou a simplificar os procedimentos da Justiça, baratear seus custos e tornar informal seu acesso através de Juizados Especiais, *locus* informais nos quais poderia ser finalmente submetida à Justiça toda aquela "litigiosidade contida"[3], democratizando-a.

No ano de 1996, o Professor PAULO CÉSAR PINHEIRO CARNEIRO[4], um dos organizadores desta justa homenagem ao Professor FUX, coordenou uma pesquisa de campo junto aos Juizados Especiais da Comarca do Estado do Rio de Janeiro, na qual se verificou que a maior parte da clientela pertencia à (então) classe média e não aos economicamente mais vulneráveis, de forma que não bastava abrir as portas para que viessem buscar seus direitos; era preciso fazer com que os (talvez) mais injustiçados os conhecessem. Foi assim que, dentro do Projeto Uerj sem Muros, se tentou levar às comunidades não a "*educação, moral e cívica*" de ranço militar, mas uma nova concepção de toda e qualquer pessoa como sujeito de direitos, um reconhecer-se como protagonista, e não coadjuvante, do cenário jurídico.

Afinal, todas as promessas constitucionais de direitos deveriam ser cumpridas: era o que proclamavam as teorias da efetividade da Constituição. Mas eram tantos os direitos que a Administração deles não conseguia mais dar conta, principalmente o Poder Público Municipal, que, se antes se concentrava na regulação de matérias e na concessão de serviços de interesse local, agora deveria incluir em sua Política Urbana *mínimos existenciais* que iam do direito à saúde não só de baixa, mas também de média complexidade, em razão da construção da tese da solidariedade federativa em matéria de dever de prestação de saúde pública e de sua *judicialização* a partir da década de 1990, ao direito da moradia, no início da última.

---

1 CAPPELLETTI, Mauro; GARTH, Bryant. **Acesso à justiça**. Porto Alegre: Editora Fabris, 1988.

2 Originalmente, a frase, proferida pelo juiz irlandês, fora: "In England Justice is open to all – like the Ritz Hotel".

3 WATANABE, Kazuo. **Processo civil**. São Paulo: RT, 1987. p. 19/20.

4 Posteriormente, veio o livro: CARNEIRO, Paulo César Pinheiro. **Acesso à justiça**: juizados especiais e a ação civil pública. Rio de Janeiro: Forense, 2000.

Neste sentido, duas décadas se passaram e pode-se dizer que o Brasil transitou de um Estado-Administrativo[5] ou Estado-Administrador[6], em que as demandas (ainda) se concentravam no Poder Executivo[7], para um Estado-Jurisdicional ou Estado-Juiz[8], no qual o que estava "contido", explodiu: *judicializou-se* tudo: a política, os direitos de eficácia supostamente limitada, a vida. Em tese, o problema deixou de ser o *acesso* à Justiça e passou a ser a *saída*: o crescimento exponencial da via litigiosa tornou o Judiciário moroso – e o trânsito em julgado das ações uma hipótese cada vez mais distante no tempo.

Grande jurista que sempre foi – não tive o privilégio de ser sua aluna –, o Professor FUX acompanhou toda essa evolução técnica na Academia, enquanto procurava resolver, na prática profissional, os impasses, desta feita, (i) de uma *judicialização* excessiva que gerava a *summa injuria*, não pelo *summum jus*, mas pela suprema demora da prestação jurisdicional ou (ii) pela aposta de todas as fichas num terceiro – o Estado-Juiz – que até pode (tentar) ser o fiel da balança, mas jamais os pesos (os valores, os direitos, as angústias, os sonhos) sobre os pratos que pretende equilibrar e que, talvez, pudessem o fazer por si sós: no lugar do conflito arbitrado por um terceiro, mais recomendável seria, neste contexto, o consenso alcançado pelas próprias partes.

Desses dois fatores conjugados teria resultado o princípio da *consensualidade* do processo civil brasileiro que informa todo o novo Código: a busca do acordo de vontades que faça a balança da justiça se equilibrar sozinha, reconhecendo-se autonomia ao indivíduo; de uma solução autoarbitrada pelas partes, ainda que com perdas e ganhos recíprocos, ao invés de unilateralmente imposta pelo Judiciário; de um caminho mais curto de autodeterminação, no lugar da espera por longos anos de um projeto de vida – ou vários – que ficará(ão) nas mãos da Justiça.

Contra os excessos da *judicialização* da vida, propõe-se a pacificação extrajudicial do conflito. É o quase retorno do pêndulo: da litigiosidade contida à *judicialização* explosiva, talvez seja mais prudente – e não é EROS GRAU quem diz que o Direito não é uma *Ciência,* mas uma *Prudência*? – parar no meio, ceder, retroceder, dialogar, concertar e resolver independentemente do Estado-Jurisdicional, que, legitimando o procedimento extrajudicial e democrático, o chancelará mediante homologação. É o princípio da *consensualidade*. É, quando desnecessário mesmo o *placet* judicial, a

---

5 VIANA, Luiz Werneck et al. **A judicialização da política e das relações sociais no Brasil.** Rio de Janeiro: Revan, 1999. p. 17.

6 OTERO, Paulo. **Legalidade e administração pública**: o sentido da vinculação administrativa à juridicidade. Coimbra: Almedina, 2003. p. 150.

7 Relembre-se que a década de 1990 foi marcada pelas mudanças constitucionais brasileiras decorrentes da cartilha neoliberal das privatizações, da desestatização, da desregulamentação e da regulação, que também marcaram profundamente a atuação do Administrador Público, que hoje não passaria de um gestor público.

8 O Estado-Juiz de que aqui se trata corresponde ao Estado Constitucional do século XX de que trata Zagrebelsky em sua multicitada obra: ZAGREBELSKY, Gustav. **El derecho dúctil**. Ley, derechos, justicia. Trad. Marina Gascòn. São Paulo: Lael, 1999.

desjudicialização. É a (tentativa) da *summa justitia*, porquanto, pelo menos pretensamente, não tardia.

Neste contexto, valem negócios processuais atípicos, tentativas generalizadas de conciliação, transações inovadoras, procedimentos (que já estavam) *desjudicializados* (divórcio, inventário, retificação imobiliária, usucapião administrativo-urbanística), mediação e arbitragem[9], incentivo aos ajustes celebrados pela Fazenda Pública, como as câmaras de prevenção e resolução administrativa de conflitos e os termos de ajustamento de conduta, "porque indisponível é o interesse público e não o meio de atendê-lo"[10]. Vale inovar acerca de institutos milenares, herdados do Direito Romano[11].

Mais de dois milênios depois, já era possível inovar a respeito da usucapião, pelo menos no plano processual: ela já podia deixar de ser judicial para ser administrativa[12]. Mas, justiça seja feita, para esse instituto em específico, pelo menos no Brasil (já existe em outros ordenamentos jurídicos, como o português), o visionário foi o Mestre dos Mestres, o Professor Emérito da Faculdade de Direito da Universidade do Estado do Rio de Janeiro, RICARDO PEREIRA LIRA.

---

9 CALMON, Petronio. **Fundamentos da mediação e da conciliação**. Distrito Federal: Gazeta Jurídica, 2013.

10 Nas palavras do querido colega Marco Antônio Rodrigues, "a indisponibilidade do interesse público não representa a indisponibilidade do processo judicial" (RODRIGUES, Marco Antônio. **A fazenda pública no processo civil**. São Paulo: Atlas, 2016. p. 369)

11 A usucapião teria sido prevista pela Lei das XII Tábuas e depois aprimorada no *Corpus Iuris Civiles* de Justiniano.

12 A legitimação de posse já existiu no ordenamento jurídico brasileiro, mas sob outra roupagem. Não se confunda, portanto, a legitimação da posse urbana, de que trata a Lei Federal nº 11.977, de 7 de julho de 2009, com a legitimação de posse de bens públicos prevista na Lei de Terras (Lei Federal nº 601/1850), tampouco com a daquela prevista no art. 99 do Estatuto da Terra (Lei Federal nº 4.504/1964), que operava a transferência do domínio ao possuidor de terras devolutas federais mediante processo administrativo. Com a Lei Federal nº 6.383/1976, dispôs-se sobre o processo discriminatório de terras devolutas e que o ocupante que as tivesse tornado produtivas com seu trabalho e o de sua família, fizesse jus à legitimação de posse da área contínua até 100 hectares, desde que não fosse proprietário de outro imóvel e que comprovasse a morada permanente e cultura efetiva pelo prazo mínimo de um ano. "Nesta modalidade de legitimação de posse, não é disponibilizada ao trabalhador rural a propriedade, mas sim uma licença de ocupação pelo prazo mínimo de quatro anos que lhe possibilitará exercer o direito de preferência para a compra do imóvel em valores módicos, desde que se mantenha dando função social à terra pelo trabalho e moradia" (MELO, Marco Aurélio Bezerra de. Op. cit. p. 114). Nas palavras de Juraci Magalhães, "houve, assim, uma mudança para pior. Antes da Lei nº 6.383/76, o trabalhador rural que explorava economicamente a terra e nela vivia com sua família era um proprietário putativo. Tinha direito de adquirir a gleba e não pagava por essa aquisição a não ser pequenos emolumentos. A partir da citada lei, no entanto, os nobres propósitos que sempre balizaram a legitimação de posse foram desprezados, criando uma situação injusta para o trabalhador rural" (MAGALHÃES, Juraci Peres. **A propriedade territorial no Brasil e as terras do Distrito Federal**. Rio de Janeiro: América Jurídica, 2003. p. 54-55)

Há décadas atrás, quando sequer se cogitava da *judicialização* dos direitos sociais pela sua só fundamentalidade, independentemente da omissão mediadora do legislador, ele já propunha "a *desjudicialização* da ação de usucapião" em seu clássico *Elementos de Direito Urbanístico*. LIRA[13], em propondo e analisando projeto de lei acerca do instrumento jurídico da "legitimação de posse", por meio do qual se reconhecesse administrativamente uma situação fática que, na Justiça, levaria anos para ser declarada por uma sentença declaratória de usucapião, já propunha que ela devesse preterir a vetusta prescrição aquisitiva; ou, dito de outro modo, o processo administrativo de legitimação de posse deveria preferir ao judicial, de usucapião. Para tanto, não se furtava a apontar as regras processuais a serem alteradas.

Com o propósito de flexibilizar o rito da ação de usucapião, Lira formulou anteprojeto de lei que instituiria a ação de usucapião especial urbano e a legitimação da posse comunitária[14]-[15], prenúncio da usucapião especial urbana coletiva que só viria com o Estatuto da Cidade (Lei Federal nº 10.257/2001) e da legitimação de posse[16], que só seria acobertada pelo ordenamento jurídico com o advento da Lei Federal nº 11.977/2009.

Um novo projeto originário acerca do tema da legitimação de posse convolável em propriedade – que também mereceu a atenção monográfica do Professor MARCO AURÉLIO BEZERRA DE MELLO[17], que advertia que se o "rito da ação de usucapião (do CPC de 1973) fora criado no âmbito de uma visão individual de proteção dos interesses, [razão pela qual] isso acabava se refletindo na dificuldade de adequação dessa moldura no contexto de uma favela"[18] – não vingou: só em 2009 se positivou originalmente a figura da legitimação de posse, concedida pelo Poder Público e convertida, depois do prazo legal próprio a contar do registro, em propriedade, ou seja, a usucapião ad-

---

13 LIRA, Ricardo Pereira. **Elementos de direito urbanístico**. São Paulo: Renovar, 1997.

14 *Idem*. p. 388.

15 Por ocasião da produção de artigo intitulado A questão urbano-ambiental, o mesmo autor pontou que acrescentaria ao projeto um dispositivo "estatuindo a gratuidade de todos os atos registrários decorrentes da aplicação das normas propostas" (LIRA, Ricardo. A questão urbano-ambiental. **Revista da Emerj**, v. 10, n. 38, 2007. p. 51), o que veio a ocorrer anos mais tarde com a edição das Leis Federais nº 10.931/1994 e nº 11.481/1997. Interpretando se tal gratuidade se aplicaria ou não a outros projetos de regularização fundiária de assentamentos precários que não àqueles veiculados em virtude do *Programa Minha Casa, Minha Vida*, pode-se conferir: FERRAZ JUNIOR, Tércio Sampaio; MARANHÃO. PMCMV – Plano Minha Casa, Minha Vida: Custas e Emolumentos. **Revista de Direito Imobiliário,** 2010, **RDI** 68.

16 Com efeito, a legitimação de posse já existira na legislação brasileira, mas somente em relação a imóveis públicos, como no caso da Lei de Terras de 1850 e de outros diplomas agraristas.

17 MELO, Marco Aurélio Bezerra de. **Legitimação de posse**: dos imóveis urbanos e o direito à moradia. Rio de Janeiro: Lumen Juris, 2008. Na obra, o autor analisa o anteprojeto que resultou no Projeto de Lei nº 1.092/1997, tomando como base parte daquele arquivado Projeto de Lei nº 3.057/2000. Há, no momento, uma comissão de juristas que estaria estudando alterações à Lei Federal nº 11.977/2009.

18 *Idem*. p. 138

ministrativa (em sentido estrito)[19], por meio de lei de instituição do *Programa Minha Casa, Minha Vida* (Lei Federal nº 11.977/2009) e, agora, em 2016, a usucapião extrajudicial tabelar, independente até da atuação do Poder Público, porquanto proposta e exaurida junto aos Cartórios dos Registros de Imóveis (ainda que com a participação dos Notários), com espectro significativamente mais dilargado: não só para a população de baixa renda que preencha seus requisitos ou moradora de zonas de interesse social ou inseridas em projetos de regularização urbanística, mas para todo e qualquer titular do direito material a usucapir (ou já ter usucapido) bens imóveis.

A proposta deste artigo é verificar se a nova modalidade de usucapião administrativa trazida pelo novo Código de Processo Civil (Lei Federal nº 13.015/2015), não em seu bojo, mas por força da modificação que, dentro da principiologia adotada – da *consensualidade* e da *desjudicialização* –, perpetrou na Lei de Registros Públicos, passa no teste da efetividade, tornando mais justos, porque menos morosos e a princípio autônomos em relação ao Estado-Juiz, os conflitos que envolvam o acesso formal não mais à Justiça, mas à terra urbana.

Desde logo, esclareça-se a classificação pela qual se faz opção neste ensaio: a usucapião do PMCMV será tratada como **usucapião-urbanística ou *usucapião administrativa em sentido estrito*** e a da LRP, operada pelo novo CPC, de **usucapião cartorária, extrajudicial ou tabelar (ou *administrativa em sentido lato*).**

A metodologia utilizada será a da revisão de literatura especificamente já produzida acerca do tema da usucapião estritamente cartorária [20]-[21], seja no que diz respeito ao seu procedimento tabelar e requisitos procedimentais, seja no que toca à respectiva comparação com a usucapião administrativo-urbanística.

---

19 Desde logo, esclarece-se a classificação pela qual se fez opção neste ensaio: a usucapião do PMCMV será tratada como usucapião-urbanística ou usucapião administrativa em sentido estrito e a da LRP, operada pelo novo CPC, de usucapião cartorária ou extrajudicial ou tabelar (ou administrativa em sentido lato).

20 BRANDELLI, Leonardo. **Usucapião administrativa – de acordo com o novo código de processo civil**. São Paulo: Saraiva, 2015. HABERMANN JUNIOR, Cláudio. **Usucapião judicial e extrajudicial no novo CPC.** São Paulo: Haberman, 2016. CORREIA, Jonas Ricardo. **Usucapião no novo CPC**: teoria, prática e legislação pertinente. Campo Grande: Contemplar, 2016. Para uma análise do instituto em obras relacionadas à reforma do novo CPC como um todo, tem-se: CARNEIRO, Paulo César Pinheiro; PINHO, Humberto Dalla Bernardina (Orgs.). **Novo código de processo civil comparado e anotado**. Rio de Janeiro: Forense, 2015. Por uma defesa da usucapião administrativa antes mesmo de sua positivação no ordenamento jurídico brasileiro, pinçando ideias do modelo português, confira-se: OLIVEIRA, Fernanda Loures de. Usucapião administrativa: uma alternativa possível, **Revista de Direito Privado**, **RDPriv** n. 48, 2011, p. 130-161. Para um estudo de direito comparado, remete-se o leitor a uma pesquisa e a um artigo, respectivamente, relativos ao tema da usucapião administrativa no Peru, responsável por titulações de propriedade em massa nas últimas décadas: FERNANDES, Edésio. R**egularização de assentamentos informais na América Latina.** Disponível em: <http://www.iabrj.org.br/morarcarioca/wpcontent/uploads/2012/12/3-Regularization-of-Informal-Settlements-Portuguese.pdf>, p. 3. Acesso em: 12 fev. 2014 e RÁZURI, Mantín Luque. La usucapión administrativa em el Peru, **Revista de Direito Imobiliário**, 2010, n. 68, p. 138/160.

21 Revisão de literatura da usucapião-urbanística do *Programa Minha Casa, Minha Vida*, se teve oportunidade de fazer em outro ensaio: CORREIA, Arícia Fernandes. constitucionalização do direito à cidade: direito fundamental à moradia adequada, regularização fundiária e legitimação de posse. In: MELO, Marco Aurélio Bezerra de (Org.). **Direito imobiliário**: estudos em homenagem a Ricardo Pereira Lira. São Paulo: Atlas, 2015.

Antes, porém, de tratar da perspectiva *pan-processual* (ou administrativo-processual e cartorária-processual), há que se levar em conta qual direito se visa a concretizar extrajudicialmente ou, ao menos, *quase judicialmente*, já que os serviços notariais e cartorários são fruto de delegação do Poder Público, sob supervisão do Judiciário.

2. Da usucapião "romana" à "brasileira"

Usus (se uso) e capere (captar, tomar): a captação pelo uso pressupõe, no mínimo, o binômio *"inércia do titular do direito de propriedade <=> decurso do tempo"*, o mesmo que se aplica às prescrições, neste caso, a aquisitiva: a usucapião, que, no ordenamento jurídico brasileiro, assume tipologias diversas, tanto sob o aspecto material quanto sob o que ora se sistematiza, processual.

2.1. Tipologia da usucapião sob o aspecto material

Materialmente, a usucapião apresenta diferentes modalidades no ordenamento jurídico como um todo, podendo ser dividida em dois grupos, para fins meramente didáticos: (a) o das **comuns**: (a.1) ordinária (art. 1.242 do CC) e (a.2) extraordinária (art. 1.238, *caput*, do CC); e (b) o das **especiais**: (b.1) urbana ou *pro morare* (art. 183, *caput*, da CR): (b.1.1) individual (art. 1.240 do CC c/c art. 9º da Lei Federal nº 10.257/2001); ou (b.1.2) coletiva (art. 10 da Lei Federal nº 10.257/2001); (c) rural ou *pro cultivo* (art. 191 da CR c/c art. 1.239 do CC c/c Lei Federal nº 6.969/1981 c/c art. 183, *caput*, da CR); e (d) familiar (art. 1240-A do CC). [22]-[23]

---

22 Há quem insira a usucapião indígena (art. 40, inc. II, do Estatuto do Índio) neste rol. Também o instituto que hoje se chama *desapropriação-particular* (art. 1.228, §§ 4º e 5º, do CC), a se entender – como tem se firmado a jurisprudência – garantidor da posse independentemente da contraprestação pecuniária, poderá vir a se tornar uma nova modalidade anômala de usucapião... (a conferir; por ora, remete-se o leitor atento ao seguinte artigo: OLIVEIRA, Rachel Délmas Leoni. A expropriação social dos §§ 4º e 5º art. 1.228 do Código Civil. In: MELO, Marco Aurélio Bezerra de [Org.]. **Direito imobiliário**: estudos em homenagem a Ricardo Pereira Lira. São Paulo: Atlas, 2015). Pedro Pontes Azevêdo, em sua tese de doutorado em Direito da Cidade, defendeu que é cabível o reconhecimento da aquisição da propriedade superficiária de terras públicas ocupadas para fins de moradia (AZEVÊDO, Pedro Pontes. **Usucapião da propriedade possível em terras públicas**: o direito de superfície e à moradia em áreas de exclusão social. Curitiba: Juruá, 2016), hoje potencializada com o mais recente direito real do ordenamento jurídico brasileiro – o *direito de laje* (art. 1.225, inc. XIII, c/c art. 1.510-A do Código Civil, com redação dada pela Medida Provisória nº 759/2016) – muito defendido há 25 anos atrás pelo Professor Ricardo Pereira Lira quando da instituição do Programa de Pós-Graduação em Direito da Cidade na faculdade de Direito da Universidade do Rio de Janeiro. Para um relato dos primórdios do curso, confira-se a palestra de apresentação do Seminário "**Bodas Urbanas**: 25 Anos do PPGDir em Direito da Cidade da Uerj", realizado na Escola da Magistratura do Estado do Rio de janeiro, em 2016.

23 Brandelli arrola como espécie pioneira de usucapião administrativa a concessão de uso especial para fins de moradia, veiculada pela MP nº 2.220/2001; trata-se, todavia, de direito real, como tal elencado no Código Civil (art. 1.225, inc. XI), sob a forma de ônus que se impõe ao imóvel público, justamente em função de este ser insuscetível de usucapião. Também tivemos oportunidade de coordenar uma pesquisa que tratava especificamente do tema da concessão de uso especial para

As usucapiões **comuns** – ordinária e extraordinária – apresentam os seguintes requisitos idênticos: (i) posse mansa, pacífica e ininterrupta, com ânimo de dono e (ii) pelo prazo legalmente fixado (10 anos para a ordinária e 15, para a extraordinária), sendo que somente para aquela é também imponível a existência de (iii) justo título e (iv) boa-fé. Ambas, todavia, se sofisticaram no novo Código Civil, tornando-se mais consentâneas para com as funções sociais da propriedade e da cidade impostas pela Lei Maior: tiveram seus prazos reduzidos em 5 (cinco) anos, em hipóteses como utilização para fins de moradia ou quando da realização de investimentos de interesse social (arts. 1.242 e 1240, parágrafos únicos, respectivamente, do Código Civil)[24].

As **usucapiões especiais,** previstas constitucionalmente – a urbana (ou *pro morare*) e a rural (ou *pro cultivo*) – exigem posse *ad usucapionem* por 5 (cinco) anos, no primeiro caso, de imóvel urbano de até 250 metros quadrados e, no segundo, de até 50 hectares, ambas para fins de moradia e esta, também, para cultivo.

No caso da **usucapião especial urbana coletiva**, prevista nos artigos 9º e 10 do Estatuto da Cidade, a metragem do imóvel a ser *condominialmente* usucapido, pode sobejar os 250 metros quadrados previstos para a sua espécie individual, desde que a fração ideal do proprietário-condômino não a sobeje. Neste caso, após declarada a prescrição aquisitiva, tornar-se-á imponível a urbanização do condomínio pelo Poder Público como condição indispensável a uma futura individualização dos lotes[25].

A **usucapião familiar** decorrente de abandono do lar por um dos cônjuges/companheiros visa a resguardar a moradia daquele que passa a custeá-la sozinho, sem oposição do outro no interregno de 2 (dois) anos. Embora pareça resgatar o caráter punitivo de um direito de família que há muito tempo, sob a perspectiva civil-constitucional, se *despatrimonializou* e se *desculpabilizou*, na verdade tem caráter muito mais promocional do que punitivo, no sentido de prestigiar aquele que, morando no imóvel passa a garantir sua morada e a de sua família.

Em qualquer caso, os imóveis públicos são insuscetíveis de usucapião, na forma dos arts. 102, do Código Civil, 183 e 191, da Constituição, e Súmula do Repertório de Jurisprudência do STF de nº 340.

---

fins de moradia, em que também se abordam diversos aspectos do instituto de direito urbanístico: CORREIA, Arícia Fernandes (Coord.). **Não tinha teto, não tinha nada**: porque os instrumentos de regularização fundiária (ainda) não efetivaram o direito à moradia no Brasil. Brasília: Ministério da Justiça, Secretaria de Assuntos Legislativos (SAL): IPEA, 2016. – (Série pensando o direito; 60), e se encontra disponível no *site* eletrônico do Projeto: <http://pensando.mj.gov.br/wp-content/uploads/2016 /07/PoD_60_Aricia_web-3.pdf>.

---

24 Observe-se que o prazo é aumentado em 2 (dois) anos para prazos de prescrição aquisitiva encerrados em até dois anos após a entrada em vigor do novo Código Civil (art. 2.029 do CC).

25 Confira-se, por todos: LOUREIRO, Francisco. Usucapião coletivo e habitação popular. In: ALFONSIN, Betânia; FERNANDES, Edésio. **Direito à moradia e segurança da posse no estatuto da cidade**: diretrizes, instrumentos e processos de gestão. Belo Horizonte: Fórum, 2006.

2.2. *Tipologia da usucapião sob o aspecto processual*

Processualmente, com o PMCMV e o novo CPC, conforme se verificará detalhadamente posteriormente, amplia-se o leque de opções: além da possibilidade de reconhecimento da prescrição aquisitiva por: (a) **processo judicial**: (a.1) por via de ação ou (a.2) mediante matéria de defesa (p.ex., art. 13 do Estatuto da Cidade, para usucapião especial urbana[26]); passa a haver também a facultatividade da existência de (b) **processo administrativo (ou procedimento extrajudicial)**: (b.1) pela legitimação de posse convolada em propriedade, cuja etapa de delimitação urbanística, embora provocada potencialmente passível de provocação pelos interessados, depende da atuação do Estado-Administração (a usucapião urbanístico-administrativa), que demarque a área e titule seus ocupantes, quando cabível; e (b.2) pelo procedimento extrajudicial que se desenrola – e pode se consumar – unicamente no âmbito cartorário (a usucapião registrária), salvo a necessidade de remessa ao âmbito judicial.

Observe-se que a usucapião extrajudicial decorrente da mudança da Lei de Registros Públicos pelo novo CPC é regra geral, que não contrasta com a usucapião administrativo-urbanística do PMCMV, valendo aqui o disposto no art. 2°, § 2°, da Lei de Introdução ao Direito Brasileiro, segundo a qual *"a lei nova, que estabeleça disposições gerais ou especiais a par das já existentes, não revoga nem modifica a lei anterior"*.

3. Usucapião com fins urbanístico-sociais: *administrativa em sentido próprio*

SUNDFELD[27] selou um diagnóstico preciso acerca da nova "ordem urbanística popular" inaugurada com a maturidade do Direito da Cidade brasileiro quando da positivação do Estatuto da Cidade em 2001, no sentido de identificar que ela inverte a lógica pretérita da urbanização e regularização: no lugar de a cidade informal ter que se adaptar à legislação urbanística (exigindo, por exemplo, área de recuo em comunidades cujas ruas mal são traçadas), é esta que passou a ter que se adaptar às novas conformações espaciais da cidade, mediante absorção, sempre que possível, dos parâmetros urbanísticos dos assentamentos informais à cidade formal. É neste sentido que o lúcido administrativista ressalta que "com o Estatuto [da Cidade] a equação se inverte: a legislação deve servir não para impor um ideal idílico de urbanismo, mas para construir um urbanismo a partir dos dados da vida real"[28].

---

26 Segundo Jonas Correia, à falta de regra expressa de lei especial, as defesas nas ações de usucapião terão como base o art. 341 do novo CPC (CORREIA, Jonas. **Usucapião no novo CPC**: teoria, prática e legislação pertinente. Campo Grande: Contemplar, 2016).

27 SUNDFELD, Carlos Ari. O estatuto da cidade e suas diretrizes gerais. In: DALLARI, Adilson Abreu e FERRAZ, Sérgio (Orgs.). **Estatuto da cidade** (Comentários à Lei Federal nº 10.257/2001). São Paulo: Malheiros, 2002. p. 59.

28 *Idem*. p. 59/60.

Por isso, a regularização fundiária de assentamento precário é mais do que titulação de domínio ou segurança de posse urbana; é, também, a integração da moradia à cidade. Com efeito, regularização urbanística é o processo por meio do qual: (i) se titula o proprietário da terra ou se garante a sua posse, uma vez regularizados registralmente os imóveis; e (ii) se integra a moradia à cidade através de infraestrutura urbana e direitos urbanísticos básicos, de forma que se tenha por segura a posse ou "titulado" o domínio de moradia adequada e digna. De toda forma, uma das etapas imprescindíveis do acesso à função social da cidade é a da garantia de moradia adequada.

Nesse contexto, a Lei Federal nº 11.070/2009, que institui o *Programa Minha Casa, Minha Vida*, previu a possibilidade de, em processos de regularização urbanística de assentamentos precários e consolidados da Cidade, a Administração Pública, provocada pelos agentes legítimos ou, mesmo, *motu proprio*, promover um **Auto de Demarcação Urbanística**, que consiste no processo administrativo pelo qual o Poder Público demarca, numa determina área de ocupação de interesse social, os imóveis de domínio público ou privado, definindo seus limites, área, localização e confrontantes, com a finalidade de identificar seus ocupantes e qualificar a natureza e o tempo das respectivas posses, a fim de regularizá-las fundiariamente e melhor integrá-las à urbe, seus serviços e sua infraestrutura. Na definição de Lígia Melo[29]:

> A demarcação urbanística permite compreender a dimensão das ações que precisam ser desenvolvidas para que se dê a regularização fundiária plena, com a melhoria das condições de habitabilidade e a provisão de equipamentos públicos e serviços necessários àquela comunidade.

O Auto de Demarcação Urbanística é levado a registro para que o Cartório promova a notificação de possíveis proprietários, confrontantes e dos Poderes Públicos, sendo que do silêncio, a despeito da publicação de editais para a impugnação do provimento, se infere o assentimento tácito (ou, no mínimo, a desídia continuada ostensiva) do proprietário inerte. Somente após essa fase, desde que não haja impugnações que frustrem a pretensão e que sejam solucionados eventuais conflitos, pode haver a averbação do auto de demarcação urbanística junto ao Cartório do Registro de Imóveis, cabendo, posteriormente, ao Poder Público, a elaboração e aprovação do projeto de regularização fundiária, pelo qual, em se legitimando parâmetros urbanísticos mais flexíveis e em se provendo as áreas de medidas de infraestrutura básica devidas e todas as demais, necessárias à promoção de sustentabilidade urbanística, social e ambiental da área demarcada, se possa vir a ter por regularizados os respectivos lotes e edificações e (embora não obrigatoriamente) criados espaços públicos de convivência, a fim de que se promova a final uma regularização urbanística plena.

Do registro do parcelamento (art. 58, *caput, in fine,* e § 1º) decorrente do projeto de regularização fundiária no cartório de registro de imóveis, resulta a abertura de

---

29 MELO, Lígia. **Direito à moradia no Brasil**: política urbana e acesso por meio de regularização fundiária. Fórum: Belo Horizonte, 2010. p. 191.

matrículas das parcelas daí resultantes, finalizando-se esta (primeira) etapa da regularização registrária. Posteriormente, cabe à Administração Pública a emissão dos títulos de legitimação de posse, que não chegam a ser um direito real, mas que, de toda forma "gravam o bem" junto à respectiva matrícula e o vinculam ao particular por ele beneficiado. É o que se tem no art. 58 da Lei Federal nº 11.077/2009:

> Art. 58. A partir da averbação do auto de demarcação urbanística, o poder público deverá elaborar o projeto previsto no art. 51 e submeter o parcelamento dele decorrente a registro.
> § 1º **Após o registro do parcelamento de que trata o *caput*, o poder público concederá título de legitimação de posse aos ocupantes cadastrados** (grifos nossos).

Com efeito, CHALHUB[30] entende que a legitimação torna a posse "legitimada" um direito funcional autônomo de posse-moradia, que vincula o possuidor ao imóvel e, embora não enumerada entre os direitos de natureza real, constitui direito com eficácia real, na medida em que dará origem à propriedade, uma vez cumpridos os requisitos definidos no art. 60 da Lei Federal nº 11.977/2009 e independentemente de intervenção judicial.

> Art. 60. Sem prejuízo dos direitos decorrentes da posse exercida anteriormente, **o detentor do título de legitimação de posse, após 5 (cinco) anos de seu registro, poderá requerer ao oficial de registro de imóveis a conversão desse título em registro de propriedade, tendo em vista sua aquisição por usucapião, nos termos** do **art. 183 da Constituição Federal**[31] (grifos nossos).

Neste sentido, após transcorridos cinco anos do registro do título de legitimação de posse, seu titular pode levá-lo ao cartório do Registro Geral de Imóveis, transformando a posse em propriedade. É o que se chama usucapião urbanística ou administrativa (que aqui se adjetiva como "em sentido estrito", porque pressupõe a atuação prévia da Administração Pública, seja *motu proprio*, seja provocada pelos interessados).

Caso do título já conste o reconhecimento da posse quinquenal e demais requisitos da usucapião especial urbana, entendo, numa interpretação conforme a Constituição, que ao registro do título de legitimação de posse se possa, ato contínuo,

---

30 CHALHUB, Melhim Namem. Usucapião administrativa. In: **Revista de Direito da Cidade**. v. 06. n. 01, Rio de Janeiro, 2014; e ______. Usucapião administrativa. In: SOUZA, Eduardo Pacheco Ribeiro de (Org.). **Ideal direito notarial e registral**. São Paulo: Quinta Editorial, 2010.

31 Do § 1º e incs. do art. 60 constam os documentos que deverão ser levados à fase cartorial:
"Art. 60 – omissis;
§ 1º Para requerer a conversão prevista no caput, o adquirente deverá apresentar:
I – certidões do cartório distribuidor demonstrando a inexistência de ações em andamento que versem sobre a posse ou a propriedade do imóvel;
II – declaração de que não possui outro imóvel urbano ou rural;
III – declaração de que o imóvel é utilizado para sua moradia ou de sua família; e
IV – declaração de que não teve reconhecido anteriormente o direito à usucapião de imóveis em áreas urbanas."

registrar a conversão em propriedade, porquanto já consumada a prescrição aquisitiva da propriedade urbana, sob pena de que dobre o prazo mínimo constitucionalmente exigido. Com efeito, como, por ocasião da legitimação de posse, o ente público só exige que ela esteja consolidada sem impugnações, mas sem menção a qualquer lapso temporal prévio mínimo[32] –, ARTHUR RIOS[33] perfilha deste entendimento: de que a norma constitucional que prevê esta forma de aquisição originária – o art. 183, *caput*, da CRFB – deverá prevalecer sobre o art. 47, inc. IV, [c/c art. 60, *caput*] da Lei Federal nº 11.977/2009, tornando dispensável o transcurso de novo prazo prescricional.

A seu ver, nestes casos, "lançada a legitimação, teremos, após, um pequeno salto para o registro do domínio"[34], sendo despicienda a espera do transcurso de mais cinco anos, em emblemático exemplo de interpretação do direito da cidade à luz da principiologia urbanístico-constitucional, como consectário seja da **constitucionalização do direito da cidade**, seja da **metodologia civil-constitucional** que SCHREIBER aplicou ao novo Direito Imobiliário[35] como um todo, a meu ver, duas facetas da mesma moeda: um cujo olhar do intérprete parte da Constituição sobre o Direito Civil ou o Direito da Cidade e o outro que se projeta destes em direção àquela.

Infere-se do contexto em que se a estabelece, que a usucapião administrativa de que trata o PMCMV não seria exclusiva para as modalidades especiais urbanas, embora devam ser concedidas no bojo de projetos de regularização urbanística, o que implica localização dentro da área de demarcação urbanística prévia:

> Art. 60. [...]
> § 3º No caso de área urbana de mais de 250m² (duzentos e cinquenta metros quadrados), o prazo para requerimento da conversão do título de legitimação de posse em propriedade será o estabelecido na legislação pertinente sobre usucapião.

Ao fim e ao cabo, a conversão dos títulos de legitimação de posse em propriedade terá, mais que garantido o acesso seguro à terra urbana por quem historicamente ficou à mercê da insegurança da posse frente a remoções arbitrárias, contribuindo para uma integração da comunidade localizada em áreas de interesse social à infraes-

---

32 MELO, Marco Aurélio Bezerra de. **Legitimação de posse**: dos imóveis urbanos e o direito à moradia. Rio de Janeiro: Lumen Juris, 2008. p. 148/149.

33 RIOS, Arthur. **Regularização fundiária urbana**: procedimento administrativo de regularização de áreas pela Lei nº 11.977/2009. Juruá: Curitiba, 2012. p. 98.

34 *Ibidem.*

35 Em artigo acerca do tema, Schreiber defende que remoções forçadas contrariam a função social da cidade, que visa ao desenvolvimento do bem-estar de seus habitantes, na forma dos arts. 182 e 183 da Constituição (SCHREIBER, Anderson. Direito imobiliário na perspectiva civil-constitucional. In: MELO, Marco Aurélio Bezerra de [Org.]. **Direito imobiliário**: estudos em homenagem a Ricardo Pereira Lira. São Paulo: Atlas, 2015)

trutura urbana, na medida em que do projeto de regularização urbanística[36], mais do que o caráter dominial, outros elementos, de cunho social, ambiental e urbanísticos, deverão ser levados em conta.

4. Usucapião extrajudicial cartorária: *administrativa em sentido lato*

A nova usucapião administrativa em sentido lato trazida pelo novo CPC, que se processa, *a priori*, no âmbito estritamente cartorário, salvo possível conversão em ação judicial, enquanto a administrativa em sentido estrito pressupõe auto de demarcação urbanística e expedição de ato administrativo de legitimação de posse prévios, que são atos privativos do Administrador Público, é resultado de uma modificação, operada pelo novo CPC, na Lei de Registros Públicos, permitindo que o próprio interessado, em demonstrando os requisitos da modalidade de usucapião que tenha preenchido, demande, por advogado, seu reconhecimento extrajudicial, com consequente registro da aquisição da propriedade, desde que conte com a aquiescência expressa do titular da propriedade e de outros eventuais possuidores de direitos reais sobre o bem usucapiendo.

De forma didática[37], o art. 1.071 do novo CPC, acrescentando o art. 216-A à Lei de Registros Públicos, assim dispõe:

> Art. 1.071. O Capítulo III do Título V da Lei nº 6.015, de 31 de dezembro de 1973 (Lei de Registros Públicos), passa a vigorar acrescida do seguinte art. 216-A:
>
> "Art. 216-A. Sem prejuízo da via jurisdicional, é admitido o **pedido de reconhecimento extrajudicial de usucapião, que será processado diretamente perante o cartório do registro de imóveis da comarca em que estiver situado o imóvel usucapiendo, a requerimento do interessado, representado por advogado**, instruído com:
> I – ata notarial lavrada pelo tabelião, atestando o tempo de posse do requerente e seus antecessores, conforme o caso e suas circunstâncias;
> II – planta e memorial descritivo assinado por profissional legalmente habilitado, com prova de anotação de responsabilidade técnica no respectivo conselho de fiscalização profissional, e pelos titulares de direitos reais e de outros direitos registrados ou averbados na matrícula do imóvel usucapiendo e na matrícula dos imóveis confinantes;
> III – certidões negativas dos distribuidores da comarca da situação do imóvel e do domicílio do requerente;
> IV – justo título ou quaisquer outros documentos que demonstrem a origem, a continuidade, a natureza e o tempo da posse, tais como o pagamento dos impostos e das taxas que incidirem sobre o imóvel.

---

36 Já se teve oportunidade de tratar do projeto de regularização urbanística que envolva ao mesmo tempo as licenças urbanística e ambiental.

37 Para a compreensão do passo a passo da usucapião administrativo-cartorária, confira-se, como manual oficial, a cartilha do Ministério das Cidades, e com explicações técnicas detalhadas, a obra de Brandelli: BRANDELLI, Leonardo. **Usucapião administrativa** – de acordo com o novo código de processo civil. São Paulo: Saraiva, 2015.

§ 1º O pedido será autuado pelo registrador, prorrogando-se o prazo da prenotação até o acolhimento ou a rejeição do pedido.

§ 2º Se a planta não contiver a assinatura de qualquer um dos titulares de direitos reais e de outros direitos registrados ou averbados na matrícula do imóvel usucapiendo e na matrícula dos imóveis confinantes, esse será notificado pelo registrador competente, pessoalmente ou pelo correio com aviso de recebimento, para manifestar seu consentimento expresso em 15 (quinze) dias, interpretado o seu silêncio como discordância.

§ 3º O oficial de registro de imóveis dará ciência à União, ao Estado, ao Distrito Federal e ao Município, pessoalmente, por intermédio do oficial de registro de títulos e documentos, ou pelo correio com aviso de recebimento, para que se manifestem, em 15 (quinze) dias, sobre o pedido.

§ 4º O oficial de registro de imóveis promoverá a publicação de edital em jornal de grande circulação, onde houver, para a ciência de terceiros eventualmente interessados, que poderão se manifestar em 15 (quinze) dias.

§ 5º Para a elucidação de qualquer ponto de dúvida, poderão ser solicitadas ou realizadas diligências pelo oficial de registro de imóveis.

§ 6º Transcorrido o prazo de que trata o § 4º deste artigo, sem pendência de diligências na forma do § 5º deste artigo e achando-se em ordem a documentação, com inclusão da concordância expressa dos titulares de direitos reais e de outros direitos registrados ou averbados na matrícula do imóvel usucapiendo e na matrícula dos imóveis confinantes, o oficial de registro de imóveis registrará a aquisição do imóvel com as descrições apresentadas, sendo permitida a abertura de matrícula, se for o caso.

§ 7º Em qualquer caso, é lícito ao interessado suscitar o procedimento de dúvida, nos termos desta Lei.

§ 8º Ao final das diligências, se a documentação não estiver em ordem, o oficial de registro de imóveis rejeitará o pedido.

§ 9º A rejeição do pedido extrajudicial não impede o ajuizamento de ação de usucapião.

§ 10. Em caso de impugnação do pedido de reconhecimento extrajudicial de usucapião, apresentada por qualquer um dos titulares de direito reais e de outros direitos registrados ou averbados na matrícula do imóvel usucapiendo e na matrícula dos imóveis confinantes, por algum dos entes públicos ou por algum terceiro interessado, o oficial de registro de imóveis remeterá os autos ao juízo competente da comarca da situação do imóvel, cabendo ao requerente emendar a petição inicial para adequá-la ao procedimento comum.

Pretende-se, neste capítulo, em parte explicar e analisar o instituto e, de outro turno, conjecturar acerca de suas possíveis repercussões processuais, fazendo-o por tópicos.

A ata notarial, dotada de fé pública, deverá atestar o tempo de posse do requerente e seus antecessores. Segundo BRANDELLI[38], a ata notarial, regulada no art. 384 do novo CPC, é o instrumento público por meio do qual "o tabelião atesta fato com o qual travou contato por meio de seus sentidos", o que implica diligências pessoais, por si ou

38 BRANDELLI, Leonardo. **Teoria geral do direito notarial**. São Paulo: Saraiva, 2011. p. 344.

seus prepostos, para verificar a exteriorização da posse. Para JONAS CORREIA[39], todavia, "nada obsta a que a testemunha da posse do requerente compareça ao tabelionato e declare sob as penas da lei os fatos que presenciou, sendo a escritura declaratória lavrada e apresentada ao oficial de registro de imóveis".

A exigência de que conste a assinatura do(s) titular(es) de direitos reais sobre o imóvel usucapiendo, inclusive do que seja dele proprietário, da planta do imóvel usucapiendo, parece desnaturar o próprio instituto da usucapião, que deixaria de ser um modo de aquisição originária da propriedade – por prescindir ou mesmo ir contra a *voluntas* do antigo proprietário inerte – e passaria a ser "derivada", de modo que me parece que deva ser revista, *de lege lata*, numa interpretação sistemática da disciplina procedimental com a material, ou estritamente ressalvada, *de lege ferenda*, a aquiescência expressa daqueles, sob o risco de a *desjudicialização* da ação vir a ter diminuta efetividade ou, o que é pior, conforme se verificará posteriormente, se tornar instrumento de possível burla fiscal pelos interessados mediante negócio extrajudicial.

Essa primeira proposta hermenêutica, reconhece-se, é de difícil aplicabilidade, na medida em que a lei presume que o silêncio dos titulares de direitos reais implique discordância, reforçando que o instrumento só terá lugar se todos estiverem expressamente de acordo. De fato, não deixa de ser uma preocupação do legislador com futuras impugnações em caso de fraude por aqueles que não tenham efetivamente usucapido o imóvel, mantendo firme o princípio da segurança jurídica registrária.

De toda sorte, a previsão também sofreu críticas de MARTHA EL DEBS, para quem "o procedimento para a usucapião foi simplificado e ficou mais célere. Todavia, a disposição que prevê a anuência expressa do antigo proprietário (§ 2º do art. 216-A), parece-nos, *prima facie*, que esvaziou a mudança"[40].

A se manter a exigência, pouco terá avançado o instituto e a questão sofrerá mesmo um retrocesso processual, pelo menos em relação às modalidades de usucapião extraordinária e ordinária, na medida em que, à falta de aquiescência expressa dos titulares de direitos reais, o novo procedimento judicial será o ordinário e não mais o especial, do antigo CPC, revogado pelo novo.

É a lição do Professor PAULO CÉSAR CARNEIRO *et alli*[41], que trata da possibilidade de convolação do procedimento extrajudicial em judicial pelo próprio autor, o que de resto se aplica à hipótese de, originalmente, desprovido de todas as manifestações expressas de vontade de titulares de direitos reais e de confinantes, ser obrigado a desde logo *judicializar* a matéria:

---

39 CORREIA, Jonas Ricardo. **Usucapião no novo CPC**: teoria, prática e legislação pertinente. Campo Grande: Contemplar, 2016.

40 EL DEBS, Martha. **Legislação notarial e de registros públicos**. Salvador: JusPodivm, 2015. p. 778.

41 CARNEIRO, Paulo César Pinheiro. e PINHO, Humberto Dalla Bernardina (Orgs.). **Novo código de processo civil comparado e anotado**. Rio de Janeiro: Forense, 2015. p. 637.

> [...] o NCPC acabou com o rito especial para reconhecimento da usucapião, submetendo-a ao procedimento comum, e adequando a prática de alguns atos processuais, como citatórios e de publicação de editais por meio de normas específicas espalhadas pelo código, como são exemplos os arts. 246, § 3º e 259, I.
>
> Art. 246 – A citação será feita:
> § 3º Na ação de usucapião de imóvel, os confinantes serão citados pessoalmente, exceto quando tiver por objeto unidade autônoma de prédio em condomínio, caso em que tal citação é dispensada.
>
> Art. 259. Serão publicados editais:
> I – na ação de usucapião de imóvel;

Para as demais modalidades de usucapião previstas no Estatuto da Cidade, como, por exemplo – a usucapião especial urbana, individual ou coletiva – prevalecerá o rito sumário[42], uma vez que *lex specialis derrogat lex generalis* (neste caso, as normas de Direito Processual).

Outra questão interessante é investigar se, assim como o procedimento extrajudicial da usucapião pode ser convertido em judicial, a recíproca seria verdadeira. Se, em Direito, vale a máxima segundo a qual *quem pode mais, pode menos*, me parece que seja possível converter um processo judicial formal e solene ainda em curso, para o qual se exigem todos os documentos e citações próprias à usucapião cartorária, em procedimento extrajudicial, mediante mera petição ao juízo de direito, que poderá operar a conversão e "declinar de sua competência" para a esfera administrativo-cartorária, em atenção à principiologia *desjudicializante* do novo CPC, desde que haja, todavia, aquiescência expressa do réu para com o pedido; em caso de revelia, a presunção de veracidade dos fatos, a princípio, não suprirá tal exigência, a não ser se se adotar aquela improvável conjugação da formatação processual que se deu à matéria com a natureza originária – e independente da vontade do antigo proprietário – do instituto da usucapião.

Hipótese diversa, todavia, será aquela em que a usucapião venha a ser alegada como matéria de defesa, porquanto o pressuposto do conflito já esteja instalado, afastando qualquer pretensão de usucapião extrajudicial, a menos que, posteriormente, venha o autor a desistir da ação, o que equivaleria, aí, sim, a uma manifestação de vontade expressa, *a contrario sensu*, a favor da usucapião, passível então de se processar extrajudicialmente. Resta saber se a conversão do processo judicial em cartorário, à altura em que já se encontre o processo, venha a ser favorável ou não ao(s) usucapiente(s).

Também há controvérsias sobre quais modalidades de usucapião material poderão ser objeto de usucapião administrativa pelo novo CPC: para Cláudio Habermman[43], ela incide apenas nas modalidades extraordinária e ordinária, na medida em que as demais

42 **Lei Federal nº 10.257/2001.**
"Art. 14. Na ação judicial de usucapião especial de imóvel urbano, o rito processual a ser observado é o sumário."

43 HABERMAN JUNIOR, Cláudio. Op. cit. p. 135.

sejam regidas por leis específicas. Não me parece, todavia, que caiba ao intérprete restringir onde o legislador não o fez: o novo CPC criou uma nova possibilidade de via extraprocessual destinada a reconhecer a prescrição aquisitiva, não importa qual seja sua tipificação, desde que preenchidos seus requisitos; quando se tratar de usucapião judicial, aí, sim, os ritos serão distintos, cabendo distinguir direito material de processual.

No caso das modalidades especiais, suas regras especiais dizem respeito ao rito judicial, caso este seja preferido à via extrajudicial, mas não as afastam do leque de opções do usucapiente, nem mesmo em casos mais complexos, como o da usucapião urbana coletiva. O próprio Estatuto da Cidade prevê, aliás, que a sentença declaratória defina frações-ideais aos copossuidores ou *homologue decisão assemblear que as defina* (art. 10, § 3º, do Estatuto da Cidade), o que em tudo se compatibiliza com a natureza negocial da modalidade extrajudicial.

Poderá se valer da usucapião administrativo-cartorária, mesmo em casos de o imóvel usucapiendo se localizar em áreas de demarcação urbanística já registradas pela Administração. Parece-me legítima a preferência pela modalidade cartorária, principalmente quando a prescrição aquisitiva já tiver se consumado, enquanto o PMCMV exige o transcurso de novos prazos prescricionais, naquela interpretação literal do art. 60, *caput* c/c § 3º, da Lei Federal nº 11.970/2009. Neste caso, todavia, perderá direito ao "bônus cartorário": a isenção de custas, que seria própria ao registro de atos de legitimação de posse decorrentes de processos de regularização fundiária, sem falar na contratação de advogado, o que não impede a atuação da Defensoria Pública, se comprovada a insuficiência de recursos sem prejuízo do sustento do usucapiente e de sua família.

No caso da usucapião familiar, por exemplo, dada a coincidência do prazo aquisitivo com o da possibilidade de divórcio direto, poderá mesmo ser reconhecida em conjunto, até, porque, em relação ao imóvel usucapido em si, terá havido uma espécie de "renúncia à meação", caso haja consenso em relação a todas as questões envolvidas.

5. Paralelos entre as usucapiões administrativas: o que pretende a *desjudicialização*

Há uma série de diferenças entre a usucapião administrativa do PMCMV e a do CPC, que ora se resumem para este caso: (i) os titulares não precisam ser pessoas de baixa renda, tampouco estarem integradas em projetos de regularização urbanística ou situadas em zonas de relevante interesse social; (ii) é imprescindível a figura do advogado; (iii) descabe isenção de custas cartoriais; (iv) o processo se desenrola inteiramente perante o Cartório, sem a participação do Poder Executivo[44]. Segundo BRANDELLI, haveria uma quinta diferença: aquela só incidiria sobre o direito de propriedade e esta, sobre quaisquer direitos reais.

44 Da controvérsia sobre se se restringe às modalidades comuns de usucapião ou se atinge também as especiais, já se tratou.

Como os imóveis públicos não podem ser objeto de usucapião, na forma do art. 183, § 3º, da Constituição, a Fazenda Pública só participaria do rito cartorário da usucapião para demonstrar sua titularidade (de parte ou da totalidade do imóvel usucapiendo) e, assim, a insuscetibilidade de um bem seu ser usucapido. No caso do PMCMV, há controvérsias.

Com efeito, no caso da usucapião administrativa do PMCMV, embora o título de legitimação de posse possa ser tanto de imóveis privados quanto de públicos, para a maioria, sua conversão em propriedade só ocorreria com os primeiros; no máximo, se gravariam os segundos com ônus reais, tais como, por exemplo, a concessão de uso especial para fins de moradia e a concessão do direito real de uso, justamente porquanto insuscetíveis de serem usucapidos.

CARVALHINHO, porém, tem opinião diversa, embora praticamente isolada[45]. Segundo o autor[46], a lei, ao autorizar genericamente a conversão da propriedade pública em particular opera como uma espécie de lei autorizativa de alienação de bem público pelo ente político, de forma que a figura não se confundiria com a usucapião:

> A Lei nº 11.977, de 7.7.2009 [...] prevê que, decorridos cinco anos da legitimação de posse, o interessado pode requerer ao oficial de registro a conversão deste título em registro de propriedade. Diz a lei que a conversão decorre de aquisição por usucapião. Mas, em nosso entender, o fundamento é equivocado, visto que as áreas públicas não são passíveis de usucapião, como registra o art. 183, I, da CF. O fundamento real consiste na possibilidade de

---

45 Isolada na doutrina, mas não em relação à jurisprudência. Em pesquisa que se teve oportunidade de coordenar (CORREIA, Arícia Fernandes. Não tinha teto, não tinha nada: porque os instrumentos de regularização fundiária (ainda) não realizaram o direito à moradia no Brasil (Coord.). **Série Pensando o Direito**. Brasília: Ministério da Justiça, 2016. Disponível em : <http://pensando.mj.gov.br/wp-content/uploads/2016/07/PoD_60_Aricia_web-3.pdf≥), pela Uerj, junto ao IPEA, por encomenda do Ministério da Justiça, nos anos de 2014 a 2016, dentre as várias metodologias utilizadas para a análise dos institutos da usucapião coletiva, da concessão de uso especial para fins de moradia e da legitimação de posse, o mapeamento jurisprudencial das decisões de segundo grau de todos os Tribunais de Justiça e Federais brasileiros (e de juízos de primeira instância ou de terceiro grau, quando a eles os acórdãos fizessem referência), desde suas respectivas positivações até 31/12/2013, só localizou uma decisão sobre a "legitimação de posse": o acórdão proferido nos autos do processo nº 0258873-29.2011.8.26.0000 da 31ª Câmara de Direito Privado do Tribunal de Justiça do Estado de São Paulo – TJSP, na qual se requer a carência de ação de despejo movida por pretensa "locatária" que cedera o que entendia ser a posse precária de imóvel público ao "locatário". Reconheceu o Tribunal que, em se tratando de imóvel público, a locadora exercia mera detenção, não se podendo então cogitar da validade do contrato de locação e que o início da posse do autor da "ação rescisória de locação" só ocorreu quando o próprio Município lhe concedeu o título de legitimação de posse, denominado "termo administrativo de uso especial de fração ideal de imóvel municipal para fins de moradia". No julgamento dos embargos declaratórios opostos à referida decisão, o Relator chega a mencionar que "o embargado, por ato praticado pelo Município, recebeu a concessão de posse, o que lhe confere o exercício dela e, até mesmo, a possibilidade de depois invocar em seu favor a norma do artigo 60 da Lei 11.977/2009, invocada pela embargante."

46 CARVALHO FILHO, José dos Santos. **Manual de direito administrativo**: atualizado de acordo com o novo CPC. São Paulo: Atlas, 2016. p. 1.272/1.273.

o Poder Público alienar áreas públicas mediante anuência legal e preenchimento de certos requisitos. Assim, quando a lei em foco contempla a legitimação de posse, já está autorizando, implicitamente, a alienação da área, permitindo ao possuidor obter o registro de propriedade.

Este esforço interpretativo reside no escopo socioambiental das ações de regularização urbanística, corolário da função social da cidade. Neste sentido, a usucapião administrativa em sentido estrito tem um compromisso com a titulação de áreas historicamente alijadas das benesses sociais da legalidade – como a utilização de imóveis em garantia para a contratação de empréstimos ou obtenção de financiamentos –, embora permanentemente afetadas por seus ônus.

6. Advertências

Já se teve oportunidade de advertir, conforme trecho a seguir transcrito[47], que a titulação possa implicar "gentrificação". Em obra intitulada *O Mistério do Capital*[48], o economista peruano HERNANDO DE SOTO defende que as "favelas" da América Latina constituiriam um "capital morto", porquanto imersas na ilegalidade, e que a regularização fundiária, formalizando e "vivificando" este capital, contribuiria para o desenvolvimento econômico das cidades e, também, dos países latinos. De acordo com o autor, a formalização dos direitos de propriedade impulsionaria o desenvolvimento econômico, removendo barreiras legais e institucionais para a transferência de recursos do empreendedorismo e das transações de terra urbana informais. Neste sentido, a segurança da posse sob a forma de escrituras e registros permitiria aos moradores de assentamentos habitacionais precários o acesso ao crédito oficial, de forma a poderem adquirir sua própria habitação e montar seu próprio negócio, contribuindo, assim, decisivamente, para a erradicação do subdesenvolvimento dos países periféricos.

Segundo EDÉSIO FERNANDES, a ideia é atraente, porquanto singela, e os números, em cifras bilionárias, tentadores, mas é preciso ter cuidado: o só fato da regularização dominial não necessariamente gera a inclusão social, se a política fundiária não vier acompanhada de políticas sociais[49].

Corre-se o risco, também, de se consumar tudo aquilo que se pretendia evitar: a segurança da posse – que, por não gerar domínio, afastava a especulação imobiliária e, com isso, mantinha certas comunidades fora do interesse especulativo "externo" na terra urbana – convolada em segurança do domínio (titularidade) pode fazer da

---

47 CORREIA, Arícia Fernandes. Constitucionalização do direito à cidade: direito fundamental à moradia adequada, regularização fundiária e legitimação de posse. In: MELO, Marco Aurélio Bezerra de (Org.). **Direito imobiliário**: estudos em homenagem a Ricardo Pereira Lira. São Paulo: Atlas, 2015.

48 SOTO, Hernando de. **O mistério do capital**. São Paulo: Record, 2001.

49 FERNANDES, Edésio. A construção do direito urbanístico brasileiro: 10 anos de estatuto da cidade, avanços e limites. In: RIOS, Mariza e CARVALHO, Newton Teixeira (Orgs.). **Direito à cidade**: moradia e equilíbrio ambiental. Belo Horizonte: Del Rey, 2012.

propriedade (e da cidadania) alcançadas um título colocado num mercado imobiliário altamente especulativo e predatório[50], ao qual interessa efetivamente transformar o "capital morto" com que são pejorativamente tratadas as favelas em vivas cifras, que podem significar a "remoção branca" daqueles que "voluntariamente" deixarão as áreas assim tituladas por um pretenso justo preço com o qual serão mais uma vez empurrados para a periferia da periferia da periferia de uma cidade ainda mais injusta e desigual, fazendo com que os benefícios e mais-valias da urbanização e da regularização sejam apropriados por aqueles que jamais obteriam os favores de uma legitimação de parâmetros urbanísticos mais flexíveis, destinada exclusivamente aos social e economicamente mais vulneráveis.

Diferentemente ocorre com a usucapião administrativo-cartorária do novo CPC, que pode ser pleiteada por qualquer um, independentemente de sua renda, desde que preenchidos os devidos requisitos materiais e processuais. Não há, portanto, uma visão de interesse efetivo à cidade em jogo, como há na usucapião advinda do PMCMV; sua lógica é de um direito de propriedade de cunho liberal[51], eminentemente individual, em respeito ao direito de propriedade que se justifica *per se*, quase lockeanamente, embora obviamente em qualquer hipótese deva estar imbuído de sua função social.

Há, portanto, de se ter cuidado para que ele não seja utilizado como um novo e sofisticado instrumento de especulação imobiliária em tempos de "*financeirização* do espaço urbano" em escala global, pelo qual se concebe não só a exploração de serviços públicos, mas a gestão de parte da própria cidade. Não que o processo civil já não pudesse ser utilizado com a mesma finalidade, mas os órgãos curadores talvez possam exercer um controle também extrajudicial. Neste sentido, a despeito da supressão do art. 944 do CPC de 1973, que previa a intervenção obrigatória do Ministério Público nas ações, para MARCOS VINÍCIUS GONÇALVES, sua participação continua indispensável. Conforme ora se verifica:

> É indispensável que seja intimado o Ministério Público quando se trata de usucapião de imóveis. A intervenção será como *custos legis* e se justifica porque a ação repercute no registro de imóveis, do qual o *Parquet* é fiscal permanente[52].

No mesmo sentido, segundo a advertência de PAULO CÉSAR PINHEIRO CARNEIRO[53] et al: "A participação do Ministério Público e as rigorosas exigências documentais são

---

50 FERNANDES, Edésio; ALFONSIN, Betânia. **A lei e a ilegalidade na produção do espaço urbano**. Belo Horizonte: Del Rey, 2003.

51 Já houve decisão em que se verificou a deturpação de se utilizar a usucapião coletiva como supedâneo de sucessão.

52 GONÇALVES, Marcus Vinícius Rios. **Novo curso de direito processual civil**: processo de conhecimento e procedimentos especiais. São Paulo: saraiva, 2013. v. 2. p. 313.

53 CARNEIRO, Paulo César Pinheiro; PINHO, Humberto Dalla Bernardina (Orgs.). **Novo código de processo civil comparado e anotado**. Rio de Janeiro: Forense, 2015. p. 637.

necessárias para evitar fraudes, lembrando que a usucapião é modo de aquisição originária da propriedade, o que evita a incidência do ITBI, por exemplo". Em relação à usucapião especial urbana, essa exigência é expressa, conforme art. 12, § 1º, do Estatuto da Cidade, caso se opte pela ação judicial.

7. Testes de efetividade

No âmbito da Cidade do Rio de Janeiro, no caso pioneiro do sub-bairro Barcelos na Rocinha[54], o tempo de espera entre a elaboração do Auto de Demarcação Urbanística e o da entrega dos títulos de legitimação de posse, que ocorreu no final de dezembro de 2014, levou quase 5 (anos) anos, prazo semelhante à média do tempo de duração dos processos decorrentes de ações de usucapião urbana coletiva pesquisados (desde a positivação do instituto, com o Estatuto da Cidade de 2001, até 31/12/2013). Some-se àquele os prazos próprios da usucapião, conforme entendimento dominante, e se verificará que o tempo de duração do processo judicial prefere ao administrativo.

Por ora, portanto, a usucapião administrativa do PMCMV não passa no teste da celeridade processual, embora já desafogue o Judiciário, ao *desjudicializar* a matéria. Por outro lado – e o que me parece mais importante –, impõe, por meio da obrigatoriedade do projeto de regularização, um dever de urbanização de comunidades e assentamentos informais ainda considerado, enquanto política de regularização fundiária pelos Poderes Públicos, de cunho discricionário.

No caso de usucapião administrativa advinda da alteração da Lei de Registros Públicos pelo CPC, só o tempo dirá; se na maioria dos casos for remetida às vias judiciais, terá fracassado; se não, em tese, prosperado, porquanto dependa eminentemente das diligências do particular interessado – se obtida a aquiescência expressa de todos os titulares de direitos reais, inclusive, do proprietário.

O perigo, repita-se, está no desvio de finalidade: (i) ou pela simulação de uma usucapião que encubra uma compra e venda, para fins de elisão fiscal, ou (ii) pela "cessão de direitos" com "deságio" ao "novo possuidor" – que seria o velho especulador urbano –, num planejamento silencioso, ilegítimo e iníquo da cidade.

Em suma, o que não se pode permitir é que o acesso à propriedade urbana e, de resto, à Cidade, seja como ao *Ritz Hotel*: aberto a todos, mas apropriável apenas por alguns.

---

54 Em janeiro de 2010, o Auto de Demarcação promovido pela Prefeitura da área a ser regularizada foi entregue ao cartório e registrado no Cartório do 2º RGI. Os dados foram obtidos por meio da pesquisa já citada: CORREIA, Arícia Fernandes (Coord.). **Não tinha teto, não tinha nada**: porque os instrumentos de regularização fundiária (ainda) não efetivaram o direito à moradia no Brasil. Brasília: Ministério da Justiça, Secretaria de Assuntos Legislativos, (SAL): IPEA, 2016 – (Série pensando o direito; 60), e se encontra disponível no *site* eletrônico do Projeto: <http://pensando.mj.gov.br/wp-content/uploads/2016/07/PoD_60_Aricia_web-3.pdf>. Um dos Apêndices cuida especificamente do estudo de caso da Rocinha, no Rio de Janeiro.

Referências

AZEVÊDO, Pedro Pontes. **Usucapião da propriedade possível em terras públicas**: o direito de superfície e à moradia em áreas de exclusão social. Curitiba: Juruá, 2016.

BRANDELLI, Leonardo. **Usucapião administrativa** – de acordo com o novo código de processo civil. São Paulo: Saraiva, 2015.

______. **Teoria geral do direito notarial**. São Paulo: Saraiva, 2011.

CALMON, Petronio. **Fundamentos da mediação e da conciliação**. Distrito Federal: Gazeta Jurídica, 2013.

CAPPELLETTI, Mauro; GARTH, Bryant. **Acesso à justiça**. Porto Alegre: Editora Fabris, 1988.

CARNEIRO, Paulo César Pinheiro **Acesso à justiça**: juizados especiais e a ação civil pública. Rio de Janeiro: Forense, 2000.

______; PINHO, Humberto Dalla Bernardina (Orgs.) Novo código de processo civil comparado e anotado. Rio de Janeiro: Forense, 2015.

CARVALHO FILHO, José dos Santos. **Manual de direito administrativo**: atualizado de acordo com o novo CPC. São Paulo: Atlas, 2016.

CHALHUB, Melhim Namem. Usucapião administrativa. In: **Revista de Direito da Cidade**, v. 06, n. 01, Rio de Janeiro, 2014.

______. Usucapião administrativa. In: SOUZA, Eduardo Pacheco Ribeiro de (Org). **Ideal direito notarial e registral**. São Paulo: Quinta Editorial, 2010.

CORREIA, Arícia Fernandes (Coord.) **Não tinha teto, não tinha nada**: porque os instrumentos de regularização fundiária (ainda) não efetivaram o direito à moradia no Brasil. Brasília: Ministério da Justiça, Secretaria de Assuntos Legislativos, (SAL): IPEA, 2016. – (Série pensando o direito; 60). Disponível em: <http:// pensando.mj.gov.br/wp-content/uploads/2016/07/PoD_60_Aricia_web-3.pdf>.

______. Constitucionalização do direito à cidade: direito fundamental à moradia adequada, regularização fundiária e legitimação de posse. In: MELO, Marco Aurélio Bezerra de (Org.) **Direito imobiliário**: estudos em homenagem a Ricardo Pereira Lira. São Paulo: Atlas, 2015.

CORREIA, Jonas Ricardo. **Usucapião no novo CPC**: teoria, prática e legislação pertinente. Campo Grande: Contemplar, 2016.

EL DEBS, Martha. **Legislação notarial e de registros públicos**. Salvador: JusPodivm, 2015.

FERNANDES, Edésio. R**egularização de assentamentos informais na América Latina.** Disponível em: <http://www.iabrj.org.br/morarcarioca/wpcontent/uploads/2012/12/3-Regularization-of-Informal--Settlements-Portuguese.pdf>. p. 3. Acesso em: 12 fev. 2014.

______. A construção do direito urbanístico brasileiro: 10 anos de Estatuto da Cidade, Avanços e Limites. In: RIOS, Mariza; CARVALHO, Newton Teixeira (Orgs.) **Direito à cidade**: moradia e equilíbrio ambiental. Belo Horizonte: Del Rey, 2012.

FERNANDES, Edésio; ALFONSIN, Betânia (Orgs.). **A lei e a ilegalidade na produção do espaço urbano**. Belo Horizonte: Del Rey, 2003.

GONÇALVES, Marcus Vinícius Rios. **Novo curso de direito processual civil**: processo de conhecimento e procedimentos especiais. São Paulo: Saraiva, 2013. v. 2,

HABERMANN JUNIOR, Cláudio. **Usucapião judicial e extrajudicial no novo CPC**. São Paulo: Haberman, 2016.

LIRA, Ricardo Pereira. **Elementos de direito urbanístico**. São Paulo: Renovar, 1997.

LOUREIRO, Francisco. Usucapião coletivo e habitação popular. In: ALFONSIN, Betânia; FERNANDES, Edésio. **Direito à moradia e segurança da posse no estatuto da cidade**: diretrizes, instrumentos e processos de gestão. Belo Horizonte: Fórum, 2006.

MAGALHÃES, Juraci Peres. **A propriedade territorial no Brasil e as terras do Distrito Federal**. Rio de Janeiro: América Jurídica, 2003.

MELO, Lígia. **Direito à moradia no Brasil**: política urbana e acesso por meio de regularização fundiária. Fórum: Belo Horizonte, 2010.

MELO, Marco Aurélio Bezerra de. **Legitimação de posse**: dos imóveis urbanos e o direito à moradia. Rio de Janeiro: Lumen Juris, 2008.

OLIVEIRA, Fernanda Loures de. Usucapião administrativa: uma alternativa possível, **Revista de Direito Privado**, n. 48, 2011.

OLIVEIRA, Rachel Délmas Leoni. A expropriação social dos §§ 4º e 5º do art. 1.228 do Código Civil. In: MELO, Marco Aurélio Bezerra de (Org.). **Direito imobiliário**: estudos em homenagem a Ricardo Pereira Lira. São Paulo: Atlas, 2015.

OTERO, Paulo. **Legalidade e administração pública**: o sentido da vinculação administrativa à juridicidade. Coimbra: Almedina, 2003.

RÁZURI, Mantín Luque. La usucapión administrativa em el Peru, **Revista de Direito Imobiliário**, 2010, n. 68, p. 138/160.

RIOS, Arthur. **Regularização fundiária urbana**: procedimento administrativo de regularização de áreas pela Lei n. 11.977/2009. Juruá: Curitiba, 2012.

RODRIGUES, Marco Antônio. **A fazenda pública no processo civil**. São Paulo: Atlas, 2016.

SCHREIBER, Anderson. Direito imobiliário na perspectiva civil-constitucional. In: MELO, Marco Aurélio Bezerra de (Org.). **Direito imobiliário**: estudos em homenagem a Ricardo Pereira Lira. São Paulo: Atlas, 2015.

VIANA, Luiz Werneck et al. **A judicialização da política e das relações sociais no Brasil.** Rio de Janeiro: Revan, 1999.

WATANABE, Kazuo. **Processo civil**. São Paulo: RT, 1987.

ZAGREBELSKY, Gustav. **El derecho dúctil**. Ley, derechos, justicia. Trad. Marina Gascòn. São Paulo: Lael, 1999.

A CRIATIVIDADE E A IMAGINAÇÃO JURÍDICA COMO CONTRIBUIÇÃO DO ADVOGADO À EFICIÊNCIA DO DIREITO

(O CPC COMO INSTRUMENTO DO CONSENSUALISMO E DO PRAGMATISMO ÉTICO)

Arnoldo Wald

Rodrigo de Oliveira Kaufmann

O novo CPC é o mais novo monumento jurídico do Direito brasileiro. Elaborado por comissão de especialistas em processo civil, tem a sua gênese comprometida com a solução de problemas. O rigor técnico e a estrutura formal e científica que, durante algum tempo, alimentaram a admiração de juristas, agora cede lugar a uma visão funcional da nova legislação. Peça fundamental nessa nova mentalidade – que visa em última análise, à consolidação do Código e sua proteção contra o tempo – é o advogado que sempre pauta sua atuação em forte senso pragmático. São geralmente do advogado as iniciativas de interpretação inovadora e de criação de sentido nos espaços da letra explícita da lei.

O fortalecimento do novo CPC passará principalmente pela irradiação dessa mentalidade relativamente consequencialista do advogado contra as visões herméticas e literais do texto que tentam neutralizá-lo e limitar sua aplicação, evitando que institutos e instituições se adaptem ao futuro e às novas circunstâncias.

No campo do processo civil, o mandado de segurança no controle difuso e a arguição de descumprimento de preceito fundamental no controle concentrado são bons exemplos de como a prática pragmática de instrumentos processuais, voltada para o problema a ser resolvido, sofre mutação construtiva e se consolida no tempo, tornando-os, em sua própria evolução, verdadeiros institutos atrelados às boas práticas no Estado Democrático de Direito.

Assim, considerando que o processo é meio de atingimento de fins democráticos e republicanos, é responsabilidade de todos os profissionais do Direito estudar e aplicar o novo CPC com objetivos consequencialistas, pragmáticos e éticos com criatividade jurídica e imaginação institucional, de forma a tornar os seus instrumentos o meio imprescindível – tal como hoje é o mandado de segurança e a arguição de preceito fundamental – para a construção de um país sólido formal e materialmente coerente na prática do direito e da justiça comutativa e distributiva e no respeito aos princípios éticos.

Palavras-chave: Novo CPC. Funcionalidade. Pragmatismo ético. Advogado. Mandado de segurança. Arguição de preceito fundamental.

1. O novo CPC

Uma das grandes novidades do mundo jurídico no Brasil nos últimos anos foi a promulgação da Lei nº 13.105, de 16/03/2015, instituindo o novo Código de Processo Civil. Havia consenso das limitações e anacronismo do antigo Código de 1973 (Lei nº 5.869, de 11/01/1973) que já, há algum tempo, era incapaz de incorporar, na via da interpretação ampliativa ou mesmo por meio de suas infindáveis reformas[1], os novos contextos jurisdicionais, as novas práticas jurídicas, as necessidades de agilidade e efetividade da prestação, o novo mundo digital e, principalmente, as premissas e possibilidades trazidas pela Constituição de 1988 e pela Emenda Constitucional nº 45 e maturadas pelos anos de sua aplicação. Era necessário, portanto, após 37 anos, uma nova construção normativa que, ao invés de se adaptar no plano das contingências e alterações pontuais, se adequasse estruturalmente à vida jurídica e jurisdicional do país nesses primeiros anos do século XXI.

Em uma demonstração de lucidez e percepção desse novo contexto que demandava novo paradigma é que o Senado Federal instituiu a "*Comissão de Juristas responsável pela elaboração de anteprojeto de Código de Processo Civil*", por meio do Ato do Presidente nº 379, de 30/09/2009[2]. A Comissão de estudiosos foi presidida pelo Ministro LUIZ FUX (então do STJ e hoje do STF), tendo como relatora-geral dos trabalhos a professora TERESA ARRUDA ALVIM WAMBIER[3].

Após várias reuniões da Comissão, a realização de audiências públicas por todo o Brasil, várias sugestões de especialistas, participação efetiva de construção normativa por parte dos professores, magistrados, advogados, procuradores, promotores e defensores, o Anteprojeto do Novo Código de Processo Civil, de 08/06/2010, foi entregue ao Senado Federal e, iniciou-se a tramitação do Projeto de Lei do Senado (PLS) nº 166/2010, que posteriormente foi transformado no Projeto de Lei (PL) nº 8.046/2010, quando o texto foi encaminhado à Câmara dos Deputados para discussão e aprovação[4], convertendo-se na Lei nº 13.105, de 16/03/2015.

---

1 Anote-se, a título de exemplo, as Leis nos 8.038, de 28/05/1990; 8.455, de 24/08/1992; 8.950, de 13/12/1994; 8.952, de 13/12/1994; 9.079, de 14/07/1995; 9.139, de 30/11/1995; 9.756, de 17/12/1998; 10.352, de 26/12/2001; 10.444, de 07/05/2002; 11.232, de 22/12/2005; 11.418, de 19/12/2006; 11.276, de 07/02/2006; 11.672, de 08/05/2008; 12.322, de 09/09/2010, dentre outras.

2 Publicado no Boletim Administrativo de Pessoal do Senado Federal (BAP) nº 4.304, de 02/10/2009.

3 A Comissão foi composta por Adroaldo Furtado Fabrício, Bruno Dantas, Elpídio Donizete Nunes, Humberto Theodoro Junior, Jansen Filaho de Ameida, José Miguel Garcia Medina, José Roberto dos santos Bedaque, Marcus Vinícius Furtado Coelho e Paulo Cezar Pinheiro Carneiro, além, evidentemente, do seu Presidente, o Ministro Luiz Fux e da relatora-geral Tereza Arruda Alvim Wambier.

4 A Mesa Diretora da Câmara dos Deputados recebeu, em 22/12/2010, o Ofício nº 2.428/2010 do Senado Federal para que, nos termos do art. 65 da CF, a Câmara dos Deputados revisasse o PLS nº

O novo CPC hoje é uma grata realidade, tendo iniciado a sua vigência em 18/03/2016, de acordo com a interpretação do art. 1.045 da lei pelo STJ[5]. Após esses meses de sua aplicação, percebe-se toda a riqueza que o processo de interpretação dos dispositivos do novo CPC suscita, revelando, assim, formas e ângulos de se compreender os seus artigos, bem como seus institutos e objetivos maiores. Examinada a questão sob esse enfoque, torna-se evidente fato curioso e de grande repercussão e que talvez ainda não tenha merecido um olhar mais cuidadoso. Trata-se das diferenças na hermenêutica que advogados, magistrados e acadêmicos fazem do texto da Lei nº 13.105/2015.

O objetivo desse trabalho é também apontar e melhor identificar, utilizando-se de dois bons exemplos de instrumentos processuais, as nuances e premissas de advogados e juízes quando se inicia o processo de interpretação do novo CPC, o que pode mostrar as diversas premissas de advogados e juízes em relação não só ao novo CPC, mas ao próprio papel do Poder Judiciário e sua função na prestação jurisdicional.

Esse aspecto é relevante, uma vez que define as possibilidades de compreensão dos artigos do Código e também demonstra com mais clareza o papel social que operadores do Direito, em suas respectivas carreiras e funções, exercem perante a população e os problemas políticos econômicos e jurídicos do país na interlocução com o Poder Judiciário. É sintomático dessa nova orientação o texto do art. 190[6], que consagra o consensualismo no processo civil e admite o sacrifício das formas tradicionais para garantir a eficiência da solução que as partes almejam desde que não seja ferida a ordem pública, nem ameaçada a igualdade das partes. O CPC entende assim a determinação do art. 37, *caput,* da Constituição Federal[7], de acordo com o qual o Estado

---

166/2010. A tramitação na Câmara dos Deputados se encerrou em 26/03/2014 com a aprovação da redação final assinada pelo Relator, o Deputado Paulo Teixeira (PT-SP). Houve nova remessa ao Senado, por meio do Ofício nº 463/14/SGM-P. No Senado, a matéria passou a tramitar como Substitutivo da Câmara dos Deputados (SCD) nº 166/2010 até a sua definitiva aprovação em sessão plenária de 17/12/2014 com remessa à sanção em 25/02/2015.

---

5 Decisão plenária do STJ de 02/03/2016, tomada em sessão administrativa. Também o Conselho Nacional de Justiça (CNJ) decidiu pela vigência do novo CPC em 18/03/2016 a partir de provocação da OAB Federal em sessão de 04/03/2016 (226ª Sessão Ordinária do CNJ).

6 "Art. 190. Versando o processo sobre direitos que admitam autocomposição, é lícito às partes plenamente capazes estipular mudanças no procedimento para ajustá-lo às especificidades da causa e convencionar sobre os seus ônus, poderes, faculdades e deveres processuais, antes ou durante o processo.
Parágrafo único. De ofício ou a requerimento, o juiz controlará a validade das convenções previstas neste artigo, recusando-lhes aplicação somente nos casos de nulidade ou de inserção abusiva em contrato de adesão ou em que alguma parte se encontre em manifesta situação de vulnerabilidade."

7 "Art. 37. A administração pública direta e indireta de qualquer dos Poderes da União, dos Estados, do Distrito Federal e dos Municípios obedecerá aos princípios de legalidade, impessoalidade, moralidade, publicidade e eficiência e, também, ao seguinte: (Redação dada pela Emenda Constitucional nº 19, de 1998)."

deve ser eficiente e em decorrência a Justiça também o deve ser, como confirma a EC nº 45 que deu ensejo ao novo art. 5º, inc. LXXVIII, da CF[8].

O novo CPC – não há dúvida disso – é um dos mais novos monumentos jurídicos do Direito brasileiro. O que isso exatamente significa? Significa que o texto é abrangente e que abarca o maior número de situações fáticas com sofisticação técnica? Ou que o texto do novo CPC, embora seja amplo, é generoso também em seus espaços normativos de maneira a viabilizar criação e construção na interpretação de forma a resolver problemas concretos?

2. Entre a interpretação conservadora e a inovadora

Há um conflito velado e insolúvel no ambiente em que se produz e se desenvolve o Direito. Trata-se de um conflito que não só abrange o Poder Judiciário, entidade que serve de centro nervoso e em relação à qual os demais agentes do Direito orbitam – mas também o espaço acadêmico, sempre na busca da organização das ideias, da classificação das posições, da coerência de sentido e dos significados, do fechamento do sistema e do controle de sua organicidade. O rigor técnico e científico, por vezes, conduz à sugestão – um tanto quanto arrojada – de ordem, segurança e controle; à ideia de que o preparo intelectual chegaria à possibilidade de antever o futuro ou de aprisionar a realidade.

Essa noção é sempre subjacente e se revela por indícios que estão além das palavras ou dos objetivos enunciados. A elaboração legislativa, quando parte de notáveis e intelectuais da área no formato de anteprojetos, sempre preza esse senso de organização e coerência de sentido. Os juristas que ocupam posições nessas comissões ou grupos de trabalho precisam sempre estar atentos aos exageros dessa posição, uma vez que, levada às últimas consequências, pode inviabilizar a lei que porventura venha a ser aprovada no futuro. A razão é simples: se uma lei não tem a flexibilidade ou maleabilidade suficiente para se adaptar às riquezas de situações da vida, é a lei que é defenestrada, não a realidade.

Esse conflito está presente em todas as fases da organicidade do Direito, desde a etapa da elaboração legislativa até a fase da aplicação da lei. Adaptação ou acomodação; reforma ou estabilidade; mudança ou manutenção. A todo o momento, o jurista é convocado, em virtude de seu próprio *munus*, a escolher entre as duas posições: teoria ou realidade; rigor ou ousadia. Por vezes é possível a convergência dos dois posicionamentos, muito embora não seja tão comum essa ponte de interação. É certo, entretanto, que para aqueles que buscam a inovação, acabam por contribuir também com a incerteza e, da mesma forma, aquele que prefere a estabilidade, fecha-se hermeticamente para o futuro. Nossa função como juristas, afinal, é ser

8 "LXXVIII – a todos, no âmbito judicial e administrativo, são assegurados a razoável duração do processo e os meios que garantam a celeridade de sua tramitação. (Incluído pela Emenda Constitucional nº 45, de 2004)."

construtores de um monumento jurídico ou de bem resolver problemas específicos do caso concreto?

Durante muito tempo, a nossa escolástica entendeu que a primazia pela segunda opção de resposta pareceria bastante enfadonha e sem graça, uma resposta que não estaria no nível da importância da função do Direito. Por isso, é uma grata satisfação que a Comissão de Juristas encarregada de elaborar o Anteprojeto de novo Código de Processo Civil tenha se manifestado, por meio da Exposição de Motivos de 08/06/2010, no sentido de que a proposta de texto para o novo CPC tenha como eixo de preocupação a solução de problemas:

> [...] Há mudanças necessárias, porque reclamadas pela comunidade jurídica, e correspondentes a queixas recorrentes dos jurisdicionados e dos operadores do Direito, ouvidas em todo país. **Na elaboração deste Anteprojeto de Código de Processo Civil, essa foi uma das linhas principais de trabalho: resolver problemas. Deixar de ver o processo como teoria descomprometida de sua natureza fundamental de método de resolução de conflitos**, por meio do qual se realizam valores constitucionais.
> Assim, e por isso, **um dos métodos de trabalho da Comissão foi o de resolver problemas**, sobre cuja existência há praticamente unanimidade na comunidade jurídica. Isso ocorreu, por exemplo, no que diz respeito à complexidade do sistema recursal existente na lei revogada. Se o sistema recursal, que havia no Código revogado em sua versão originária, era consideravelmente mais simples que o anterior, depois das sucessivas reformas pontuais que ocorreram, se tornou, inegavelmente, muito mais complexo [...] (grifos nossos).

Em outro contexto, mas ainda dentro da mesma perspectiva, também a Presidente do STF, Ministra CÁRMEN LÚCIA, se pronunciou dessa forma quando de seu discurso de posse em 12/09/2016, sugerindo as prioridades pragmáticas de sua gestão para o Poder Judiciário:

> [...] O que o Judiciário não deu certo – e, reconheça-se, em muito ainda não deu – há que se mudar para fazer acontecer na forma constitucionalmente prevista e socialmente justa. Não procuro discutir problemas. **Minha responsabilidade é fazer acontecer as soluções necessárias** (grifo nosso).

Dito de outra forma, o Direito, em sua fase de produção oficial, não pode se deixar levar por rigores e exageros metodológicos que tornam a vida uma sucessão de passos burocráticos, atrapalhando, no dia a dia do cidadão, a busca por justiça. Considerando, por outro lado, que a organização e a coerência são atributos também da clareza, transparência e publicidade, temos que é no equilíbrio desses dois pesos (flexibilidade para a realidade e coerência/ordem) que se deve procurar o Direito como ideal.

A intenção dos elaboradores do anteprojeto foi marcada por essa perspectiva contemporânea de balanceamento, ponderação e proporcionalidade entre esses dois valores, como bem descreveu também a Exposição de Motivos:

> [...] Não se deixou de lado, é claro, a necessidade de se construir um Código coerente e harmônico *interna corporis*, mas não se cultivou a obsessão em elaborar uma obra magistral, estética e tecnicamente perfeita, em detrimento de sua funcionalidade [...] (grifo nosso).

Após longo período de fetiche da teoria processual, em que ela caiu na "armadilha do obsoletismo"[9], volta-se a utilizar termos no Direito que outrora pareceriam inconvenientes ou até negativamente rasteiros: funcionalidade e pragmatismo. Ao que tudo indica, a Comissão responsável pelo Anteprojeto plantou a semente de um novo período em nossa história processual, que deverá ser marcado pelo forte impacto da visão consequencialista, pragmática e ética na interpretação dos artigos do novo Código de Processo Civil e na produção da jurisprudência acerca de seus institutos. A "consequência" a ser considerada é a avaliação da situação concreta, se a interpretação proposta se dirige ao problema e à solução eficiente do conflito das partes em litígio.

Portanto, o Ministro LUIZ FUX foi capaz de conduzir um sólido trabalho que manteve os membros da Comissão cientes e focados nos objetivos maiores do Direito e da Lei Processual, elaborando um texto-base de tal envergadura técnica e funcional que emoldurou e condicionou o trabalho legislativo que se seguiu. O resultado foi a aprovação da Lei nº 13.105, de 16/03/2015, que, com poucas e pontuais alterações, manteve a estrutura e a lógica do texto apresentado ao Senado Federal em junho de 2010.

3. O advogado como peça essencial para o desenvolvimento da imaginação jurídica

A primeira etapa de uma história de sucesso foi cumprida com inteligência e discrição. Entretanto, como já afirmado neste trabalho, o apego à realidade deve segurar os profissionais do Direito na fase da elaboração legislativa e também (e principalmente) na fase da aplicação da lei.

Desde março de 2016, com a entrada em vigor do novo texto, iniciou-se essa segunda etapa e renovaram-se também as ameaças veladas e os perigos de um hermetismo tecnicista que possa capturar o texto do novo Código para a inutilidade ou para o mero academicismo.

Essa tentação da eloquência científica já minou vários textos normativos, antecipando seus processos de envelhecimento. Contra a leitura criativa e aberta do texto legal, várias são as circunstâncias que atuam refratariamente. O excesso de processos na Justiça é, sem dúvida, o principal fator que leva juízes, desembargadores e ministros a padronizar a aplicação da lei, subestimando algumas vezes as contingências de casos especiais e submetendo o texto do Código de Processo Civil a interpretações superficiais, fechadas, lineares e literais. O perigo da estatística nos juízos e nos tribunais pode diminuir a busca pela solução de problemas, como bem colocado na Exposição de Motivos acima mencionada.

Ao longo dos últimos 50 anos, tornou-se mais cristalino o papel da advocacia na renovação dos textos normativos. É o advogado que se liga inexoravelmente ao pro-

---

9 TOFFLER, Alvin; TOFFLER, Heidi. **Revolutionary wealty.** New York: Alfreed A. Knopf, 2006. p. 111, Chapter 17, "The obsoledge trap".

blema, que compreende a dimensão concreta da questão que é traduzida no Poder Judiciário em termos jurídicos. É esse profissional que, subvertendo ondas de fechamento sistêmico e literalidade da lei, promove a sugestão de novas interpretações, extraindo do texto legal e constitucional inovadoras leituras que, de outra forma, renovam a própria lei ou a Constituição, fazendo-as adaptar a outros tempos e circunstâncias.

O advogado, nessa toada, nunca se desveste de sua obrigação profissional de ser útil ou funcional ao seu cliente, pois a ele, mesmo sendo profissional liberal, presta conta e convive com a aridez de perspectiva quando está diante de uma causa nobre, porém ameaçado de derrota. Ao advogado, importa menos a contribuição na construção de monumentos jurídicos do que a solução do problema específico, mesmo que por meio de interpretação que possa parecer heterodoxa e nova. Seu apego é, portanto, à atualidade do novo texto legal, com a abertura do sistema que o representa, com os caminhos subliminares e tácitos que são encontrados por entre as letras explícitas da lei.

O advogado, nessa medida, é um prático, é um pragmático, já que seus honorários não são auferidos para a edificação de estruturas jurídicas, mas para representar fielmente o seu cliente, persuadindo o magistrado de sua tese. THOMAS GREY, emérito Professor de Direito da Universidade de Stanford, nessa linha, afirmava que o "*pragmatismo é a teoria implícita em desenvolvimento da maioria dos bons advogados*"[10], alusão clara ao inconveniente de posicionamentos meramente teóricos nas petições e atuações do causídico.

4. A abertura construtiva do texto da lei como condição de adaptação

Há um ângulo de visão que marca todos os advogados: um ato normativo não é apenas uma lista de ordens oficiais. Um ato normativo encerra, na realidade, um ambiente novo de formulações e criações de forma tal que a lei não está apenas no texto explícito da norma, mas – e principalmente – nos espaços deixados entre dois artigos, nas hipóteses que, embora não explicitadas, se colam ao texto ou dele decorrem como se nele estivessem desde o início da elaboração legislativa. Para o advogado, a lei é sempre um espaço aberto para a interpretação, para a imaginação e para a criação de soluções. Esse trabalho e a exploração infindável dos limites últimos da lei é que a torna atual e que mantém vivo e dinâmico o texto formal aprovado, conectando-o à realidade.

O novo Código de Processo Civil é espaço fértil para essa abordagem. Seus institutos podem ser gestados na profusão de ideias que cada caso concreto sugere e alimenta e, nessa profusão, as leituras e interpretações são apresentadas aderindo à situação fática colocada em cada processo. A cada vez que o Código de Processo Civil se abrir a essa postura hermenêutica, mais ele estará se protegendo contra o tempo e mais se sustentará no respeito do jurisdicionado.

---

10 GREY, Thomas. Hear the other side: Wallace Stevens and pragmatist legal theory **Southern California Law Review**, Los Angeles, v. 63, 1990, p. 1.590.

É nesse ponto que reside a importância da visão advocatícia para o projeto de desenvolvimento e formação do novo CPC. O ímpeto do advogado leva o texto ao limite de sua interpretação e, assim fazendo, renova seu sentido e atualiza a sua norma. Não é raro que o senso criativo da hermenêutica advocatícia esbarre na posição mais conservadora da lei, naquela leitura que restringe o seu significado e o seu alcance. Seja pelo excesso de processos, seja pela necessidade de coerência e padronização de decisões, o exercício de criação normativa não é comum por parte da magistratura que, algumas vezes, insiste em perceber essa postura construtiva do advogado como arroubo ou excesso na defesa de seu cliente ou, por vezes, como exercício temerário e impróprio de um *munus* que tem repercussão pública.

Não há dúvida de que pode haver exageros na tentativa de extrair o significado da norma, mas não se deve demonizar esse tipo de postura, cabendo, ao contrário, quando for o caso, rebatê-la demonstrando os efeitos adversos. De um ponto de vista mais amplo e filosófico, a interpretação mais tradicional do texto da lei e, no caso, de dispositivos do novo CPC, poderá gerar em certos casos o fechamento do sistema, tornando-o rarefeito e pouco útil a novas demandas.

5. Dois institutos processuais metamorfoseados: atuais e essenciais

A história é rica em hipóteses nas quais a inovação hermenêutica produziu a renovação do sistema ou o completou, oxigenando-o e revolucionando a forma de leitura de velhos institutos.

No campo do Direito Público, não há dúvida de que o advogado foi o responsável pela proposta de diversas interpretações diferentes que acabaram por alterar a linha de jurisprudência que até então se tinha. A fluidez das interpretações constitucionais no tempo é, acima de tudo, uma contribuição do advogado que insiste em valorar os espaços silenciosos do texto, em identificar a natureza aberta da norma e o seu espírito, principalmente, a pensar o Direito e a lei como respostas a problemas. Embora, a lei seja genérica e impessoal, a resposta vem sempre depois do problema. Assim, a norma interpretada e aplicada é fruto, por assim dizer, do problema concreto que atrai a sua incidência.

Se esse fenômeno ocorre com naturalidade no Direito Constitucional, no Direito Civil, no Direito Administrativo e até mesmo com o Direito Penal, certamente é assim que deverá também ocorrer com o Direito do Processo. Em realidade, o processo civil tem sido mais experiência do que lógica, parafraseando OLIVER WENDELL HOLMES[?]. Há dois bons exemplos do mundo processual que ilustram muito bem essa dinâmica própria de reinvenção do processo por meio das interpretações inovadoras dos defensores e do trabalho insistente e proativo desses profissionais.

No caso do processo subjetivo, nenhum outro instrumento processual talvez tenha vivenciado tanta abertura de utilidades quanto o mandado de segurança. Já no campo dos processos objetivos, um bom exemplo de instrumento processual "coringa" ou maleável é a ação de descumprimento de preceito fundamental.

O mandado de segurança e a arguição de descumprimento de preceito fundamental são dois bons exemplos do que é possível se alcançar a partir de um olhar aberto de instrumentos do Direito Processual e, para os fins deste trabalho, mostram a gênese própria de aplicação de *writs* quando não se tem os limites e restrições da falsa coerência, do fechamento, do pseudocientificismo ou do conservadorismo exacerbado.

5.1. O mandado de segurança

a) Do seu início até o seu uso perante o STF

No caso do mandado de segurança, sua metamorfose intrínseca é sua característica desde a origem[11]. O instituto, apesar da forte influência do Direito comparado, nasceu da chamada *"doutrina brasileira do habeas corpus"* e da previsão genérica do art. 72, 22, da Constituição de 1891, doutrina que perdeu bastante força após a Reforma Constitucional de 1926. Foi o advogado Rui Barbosa que, no início, sustentava a abertura do *habeas corpus*, bem como também a interpretação dada aos interditos possessórios que, em sua visão, poderiam ser utilizados para proteger *"a posse"* dos direitos pessoais.

O texto da Constituição de 1934 (art. 113, nº 33) já trazia a previsão do novo instituto, a partir da sugestão da *Comissão Itamaraty* que teve como relator o advogado João Mangabeira e, nesse ponto específico do anteprojeto (art. 102, 21), contou com a contribuição de Temístocles Brandão Cavalcanti.

A partir daquela época, o mandado de segurança tornou-se a personificação do uso aberto e consistente de um instituto do Direito Processual, a servir sempre que há abuso ou ameaça de abuso a direito. Atualmente, pode-se notar claramente a natureza multifacetada do *writ* constitucional, sendo modelada pelos advogados que o utilizam para proteger os mais diferentes direitos de seus clientes, algumas vezes até sem razão nem amparo jurídico.

O mandado de segurança, apesar de servir e de ter servido para os mais diferentes objetivos durante a vigência do antigo Código de Processo Civil, também já se cogita para os espaços deixados pela nova legislação, como, por exemplo, o seu uso para questionar decisões que não estejam previstas no elenco do art. 1.015 da Lei nº 16/03/2015 ou mesmo para dar efeito suspensivo a decisões judiciais para as quais não haja recurso com esse efeito[12].

Também é de se destacar que foi por meio do mandado de segurança que grandes questões jurídicas foram suscitadas e se transformaram em jurisprudências famosas

---

11 Para a evolução do mandado de segurança: MEIRELLES, Hely Lopes; WALD, Arnoldo; MENDES, Gilmar Ferreira. Mandado de segurança e ações constitucionais. 37. ed. São Paulo: Malheiros, 2016. p. 159.

12 De fato o STF já atenuou a força da sua Súmula nº 267 que não admitia mandado de segurança contra ato judicial (STF, DJU 8/10/1988; RTJ 95/339 e 103/215). Veja em nosso: MEIRELLES, Hely Lopes; WALD, Arnoldo; MENDES, Gilmar Ferreira. Mandado de segurança e ações constitucionais. 37. ed. São Paulo: Malheiros, 2016. p. 35.

na história do STF[13]. Considere, por exemplo, o MS nº 111 (julgado em 21/08/1935), no qual a Aliança Nacional Libertadora (ANL) requeria o seu direito de reunião durante o estado de sítio e a suspensão do Decreto nº 229, de 11/07/1935; o MS nº 2.268 (julgado em 1º/09/1954) por meio do qual se questionava o ato do Presidente da República que decretou a disponibilidade inativa não remunerada do impetrante por considerá-lo comunista; o MS nº 1.114 (julgado em 17/11/1949) em que se discutia o direito à liberdade de culto religioso da Igreja Católica Apostólica Brasileira; o MS nº 3.557 (julgado em 07/11/1956) impetrado por Café Filho contra as Casas do Congresso questionando os atos que impediram o seu retorno à Presidência; além dos mandados de segurança impetrados durante o processo de *impeachment* do então Presidente Collor de Mello (MS nº 21.564; MS nº 21.623; e MS nº 21.689, julgados respectivamente em 23/09/1992 e 16/12/1993)[14].

b) No campo processual

Também no campo processual, o mandado de segurança se mostrou com flexibilidade para fugir às interpretações mais vetustas e tradicionais. Um bom exemplo dessa evolução se deu quando da alteração de entendimento em relação ao seu cabimento contra ato judicial.

O STF tinha consolidado a jurisprudência de que o mandado de segurança não era cabível contra ato judicial quando passível de recurso próprio e, nesse sentido, aprovara, em sessão de 13/12/1963, a Súmula nº 267, a partir de vários julgados do início da década de 1960 e na linha do que estava no art. 5º, II, da Lei nº 1.533, de 31/12/1951.

O entendimento do Tribunal se mantém ainda hoje como faz prova o Agr-MS nº 31.831 (Relator Ministro Dias Toffoli, DJe 28/11/2013), embora se tenha evoluído nas atenuantes à incidência da súmula. O julgamento do Agr-RMS nº 26.265 (Relator Ministro Celso de Mello, DJe 13/10/2014) oferece um claro exemplo da posição cautelosa que o STF passou a adotar em relação à incidência da súmula e à possibilidade de cabimento do mandado de segurança contra ato judicial, destacando-se o seguinte trecho da ementa:

> [...] O exame do remédio constitucional do mandado de segurança tem levado a doutrina

---

13 Sobre os acórdãos referentes ao Mandado de Segurança de 1934 a 1954, pode ser consultada a pesquisa que dirigimos com Hamilton Prisco Paraiso na Casa de Rui Barbosa e que foi publicada pelo seu Centro de Pesquisas em 1959 (O mandado de segurança e sua jurisprudência. Rio de Janeiro: Ministério de Educação e Cultura, 1959, 2 v.). Sobre as questões políticas apreciadas em mandados, vide o Capítulo IX, p. 247 a 260 do volume 1.

14 Além disso, é bem verdade que mesmo nos primeiros anos da República, durante a vigência da Constituição de 1891, vários dos principais casos julgados pelo STF eram habeas corpus com conteúdo típico de mandado de segurança que, como já dito, somente viria a ser criado com a Constituição de 1934 (dentre os melhores exemplos estão o HC nº 300, j. 27/04/1892 e impetrado por Rui Barbosa contra o estado de sítio; o HC nº 2.244, j. 31/01/1905, contra a permissão legal de ingresso nas casas pelos inspetores sanitários; e HC nº 2.793, j. 08/12/1909, em que se discutia o direito de funcionamento do Conselho Municipal do Distrito Federal).

> e a jurisprudência dos Tribunais em geral, notadamente a do Supremo Tribunal Federal, a admitirem a possibilidade de impetração mandamental contra atos de conteúdo jurisdicional, sempre que, presente situação de dano efetivo ou potencial, tais atos comportarem recurso destituído de eficácia suspensiva, como sucede, p. ex., com o recurso extraordinário, que possui efeito meramente devolutivo. É por isso que esta Suprema Corte, ao destacar a cognoscibilidade da ação de mandado de segurança ajuizada contra decisões judiciais, tem reconhecido, de longa data, que o "writ" constitucional terá inteira admissibilidade, ainda que excepcionalmente, desde que, caracterizada situação de dano irreparável (ou de difícil reparação), o recurso delas cabível não tenha efeito suspensivo [...].

Essa interpretação mais flexível do STF se iniciou na década de 1970 com o julgamento de dois casos emblemáticos que moldaram as bases do novo entendimento. Em 05/12/1973, o Tribunal decidiu o RE nº 76.909/RS, com relatoria para o acórdão do Ministro ANTONIO NEDER. Embora o não provimento do recurso tenha se dado por maioria de votos, o cabimento do mandado de segurança perante o Tribunal de Justiça do Rio Grande do Sul foi reconhecido pela unanimidade dos ministros.

Colho da manifestação do Ministro RODRIGUES ALCKMIN naquele julgamento:

> [...] Assim, se a não suspensividade do recurso; pelo perigo decorrente do retardamento com que se alterará eventualmente a decisão recorrida, acarretará dano de reparação impossível ou incerta, a mim não se me afigura destoante de bom critério jurídico e admissibilidade do "writ", ainda que cabível recurso sem efeito suspensivo [...].

Quatro anos depois, o STF julgou dois novos casos envolvendo a questão do cabimento de mandado de segurança contra ato judicial, em processos que apresentavam uma nova variável importante: o mandado de segurança era impetrado por terceiro prejudicado, portanto, por parte que não estava na relação jurídica processual originária.

Tanto no julgamento do RE nº 80.191, ocorrido em 28/04/1977 (DJ 10/03/1978), quanto no julgamento do RE nº 81.983 ocorrido em 26/05/1977 (DJ 02/12/1977), dos quais o primeiro signatário deste trabalho atuou como advogado do impetrante, o plenário do Tribunal, não só admitiu o cabimento da impetração do mandado de segurança, como considerou parte legítima para a impetração o terceiro prejudicado.

Nos casos, tratava-se de mandado de segurança impetrado perante o então Primeiro Tribunal de Alçada Civil do Estado de São Paulo por quem não fora parte na ação de dissolução de sociedade com base no direito de incolumidade absoluta quanto à sua posição acionária na empresa. O relator dos recursos extraordinários interpostos ao Supremo Tribunal Federal após a decisão estadual, Ministro ANTONIO NEDER, entretanto, dava provimento ao recurso extraordinário para cassar a segurança com base no argumento do não cabimento do mandado de segurança em virtude da Súmula nº 267.

O voto que prevaleceu em ambos os casos, entretanto, foi o proferido pelo Ministro CUNHA PEIXOTO que reconheceu o direito de terceiro ao ajuizamento do mandado de segurança sob o argumento de que "*tanto o art. 5º da Lei do Mandado de Segurança quanto a Súmula 267não se referem a recurso de terceiro. A Súmula fata em 'parte', não em 'terceiro', e isto porque o 'terceiro' não participa do processo"*. Restou assim ementado o julgamento do RE nº 81.983:

> [...] Não sendo parte no feito, pode o terceiro prejudicado fazer uso do mandado de segurança para impedir lesão a direito seu, líquido e certo, provocada por decisão judicial, mesmo quando seja esta passível de recurso.
> Não incidência, no caso, do art. 5º, II, da Lei nº 1.533/51 e Súmula 267 [...].

Hoje, como já afirmado, o entendimento do STF é no sentido de minorar os rigores da Súmula nº 267 e também – até a vigência da Lei nº 12.016, de 07/08/2009 – do texto expresso do art. 5º, II, da antiga Lei nº 1.533, de 31/12/1951, o que demonstra mais uma vez os limites elásticos, sempre focado nos problemas apresentados ao Poder Judiciário, de cabimento do instrumento processual[15].

Um último exemplo da faceta versátil que acabou por adquirir o mandado de segurança em sua evolução é o julgamento, pelo plenário do STF (após afetação da 2ª Turma em 12/12/1995), do MS nº 22.307, em 19/02/1997, de relatoria do Ministro Marco Aurélio.

O caso se tornou emblemático, uma vez que resolveu a questão referente ao adicional de 28.86% que havia sido concedido aos militares, mas não estendido aos servidores públicos federais civis (Lei nº 8.622, de 19/01/1993, e Lei nº 8.627, de 19/02/1993). Tratava-se, portanto, de típica hipótese de omissão legislativa parcial diante do art. 37, X, da Constituição Federal, já que não se reconhecia a isonomia entre os servidores públicos federais. Diante da jurisprudência acanhada do STF em relação às ações do controle da omissão, especialmente em relação ao mandado de injunção (ou mesmo em relação à ação direta de inconstitucionalidade por omissão), um dos grandes desafios da prática constitucional entre advogados era imaginar caminhos que viabilizassem o reconhecimento do direito dos servidores civis ao igual reajuste.

O mandado de segurança acabou por servir de instrumental adequado e o efeito mandamental de seu acórdão acabou por atribuir força executiva suficiente para que a isonomia fosse concedida aos impetrantes, superando, assim, os inconvenientes do formato de decisão do mandado de injunção. A decisão (tanto no primeiro julgamento, como nos subsequentes em sede de embargos de declaração), que, em princípio, teria efeito apenas *inter partes*, acabou por ganhar efeitos *erga omnes* diante da edição da Súmula Administrativa nº 3, de 06/04/2000 da AGU[16] (que

---

15 Hoje é matéria da Súmula nº 202 do STJ. A respeito do acórdão do STF que consta na RTJ 87/96-134, vide o histórico do caso no artigo publicado na Revista dos Tribunais (WALD, Arnoldo. O Min. Cunha Peixoto, construtor do Direito Comercial, Revista dos Tribunais, n. 959, p. 17/26, set. 2015).

16 A Súmula Administrativa nº 3, de 06/04/2000, foi editada pelo então Advogado-Geral da União, Gilmar Mendes, e publicada no Diário Oficial da União, Seção 1, p. 1, de 10/04/2000. A citada súmula tinha a seguinte redação: "Não se recorrerá da decisão judicial que conceder reajuste de 28,86% sobre os vencimentos do servidor público civil, em decorrência da Lei nº 8.627/93, com a dedução dos percentuais concedidos ao servidor, pela mesma lei, a título de posicionamento. Os recursos já interpostos contra decisões semelhantes serão objeto de pedidos de desistência".

permitiu aos advogados públicos não recorrerem de decisões ou mesmo desistirem em processos sobre o tema) e da edição da Medida Provisória nº 1.962-24, de 30/03/2000[17], que, baseado na jurisprudência do STF, reconheceu o direito à isonomia no reajuste (art. 1º).

c) O uso do MS no campo político e no processo legislativo

Esses últimos casos já indicavam um uso inesperado para o mandado de segurança, uma utilidade processual aprimorada nas mãos de advogados, que estavam diante de questões politicamente difíceis e que exigiam decisão na esfera jurisdicional. O *writ* passou a ser usado no campo político para regular a relação entre Poderes e dosar o nível de intervenção do Supremo Tribunal Federal nas questões referentes ao processo legislativo e a outros temas.

De fato, a construção do mandado de segurança com feição de controle político teve o seu marco principal no julgamento do MS nº 20.257, em 08/10/1980 (Relator Ministro Moreira Alves, DJ 27/02/1981), quando os Senadores Itamar Franco e Antonio Mendes Canale impetraram o *mandamus* contra a mesa do Congresso Nacional, com o fim de que fosse impedida a tramitação das propostas de Emendas Constitucionais n°s 51 e 52/1980. Tais emendas visavam à prorrogação dos mandatos dos prefeitos, vice-prefeitos e vereadores em violação ao art. 47, § 1º, da Constituição 1967/1969 (*"abolir a Federação e a República"*).

O fundamento dos impetrantes foi a existência de um *"direito público subjetivo"* do parlamentar em relação ao cabimento da impetração do *writ* para estancar o processo legislativo. No mérito, entretanto, o STF indeferiu a ordem.

É importante que se lembre que a construção da tese e a elaboração da peça do mandado de segurança foi do advogado Roberto Faria de Medeiros (advogado e amigo de Itamar) e de José de Castro Ferreira (advogado, deputado federal e o primeiro advogado-geral da União em 1992)[18].

A doutrina do *"direito público subjetivo"*, criação advocatícia, marcou um estilo do mandado de segurança, um formato de uso que somente foi possível diante da ampliação dos horizontes de seu uso regular. Na expressão do Ministro Celso de Mello (MS nº 24.849, DJ 29/09/2006), passou a ser possível o controle de constitucionalidade prévio dos atos legislativos, não obstante o seu caráter político, *"sempre que os corpos legislativos ultrapassem os limites delineados pela Constituição ou*

17 A MP nº 1962, foi reeditada 33 vezes, até a edição da MP nº 2.086, de 2000, que continuou as reedições da matéria até o número 40. Em seguida, foi publicada a MP nº 2.169, de 2001, reeditada até a de número 43, já em 24/08/2001. No mês seguinte, a Emenda Constitucional nº 32, de 11/09/2001, convalidou-as em definitivo até manifestação contrária do Congresso Nacional (art. 2º).

18 YAZBECK, Ivanir. "O Real Itamar". Roberto Medeiros ainda reuniu opiniões de 56 doutrinadores nacionais e estrangeiros sobre o mérito do mandado de segurança e fez publicar o livro "Desproclamação da República", prefaciado por Roberto Lyra.

exerçam as suas atribuições institucionais com ofensa a direitos públicos subjetivos impregnados de qualificação constitucional e titularizados, ou não, por membros do Congresso Nacional"[19].

Com isso, tornou-se jurisprudência assentada no STF a possibilidade de manejo do mandado de segurança para "*coibir atos praticados no processo de aprovação de leis e emendas constitucionais que não se compatibilizam com o processo legislativo constitucional*" (MS nº 24.642, Relator Ministro Carlos Velloso, DJ de 18/06/2004)[20].

O uso quase revolucionário do mandado de segurança como uma espécie de medida de intervenção na atividade legislativa ou como via de exceção do próprio princípio da separação de poderes encontrou novo capítulo com a jurisprudência do "*direito público subjetivo da minoria*", quando o Tribunal, em junho de 2005, aceitando novo alargamento do conceito de cabimento do *writ* proposto por outros advogados, procedeu a novo giro interpretativo fazendo do mandado de segurança instrumento de proteção das minorias políticas no processo legislativo[21].

O Ministro Gilmar Mendes se manifestou assim em relação a esse uso inusitado do mandado de segurança quando decidiu liminarmente o MS nº 32.033 (decisão de 24/04/2013, posteriormente cassada pelo plenário em 20/06/2013). Conheceu-se, entretanto, desse Mandado de Segurança nº 32.033 no sentido de suspender a tramitação do PLC nº 14/2013 (PL nº 4.470/2012) acerca da divisão do fundo partidário e do tempo destinado à propaganda eleitoral gratuita para novos partidos com os seguintes argumentos:

> [...] Em casos como este, por vezes se cuida de uma utilização especial do mandado de segurança, não exatamente para assegurar direito líquido e certo de parlamentar, mas para resolver peculiar conflito de atribuições ou "conflito entre órgãos".
>
> [...] De toda sorte, o fato é que, na maioria dos casos, o mandado de segurança será utilizado não como simples mecanismo de proteção de direitos fundamentais, mas de prerrogativas e atribuições institucionais e funcionais da pessoa jurídica de direito público, assumindo feição de instrumento processual apto a solucionar conflitos entre órgãos públicos, Poderes ou entre entes federativos diversos. [...] (fls. 07).

---

19 *Vide*, também nesse sentido, o MS nº 24.356, Rel. Min. Carlos Velloso, DJ 12/09/2003.

20 Outros exemplos dessa jurisprudência são: MS nº 20.452, Rel. Min. Aldir Passarinho; MS nº 21.642, Rel. Min. Celso de Mello; MS nº 24.645, Rel. Min. Celso de Mello, DJ 15/09/2003; MS nº 24.593, Rel. Min. Maurício Corrêa, DJ 08/08/2003; Rel. Min. nº 24.576, Rel.ª Min.ª Ellen Gracie, DJ 12/09/2003; MS nº 24.356, Rel. Min. Carlos Velloso, DJ 12/09/2003.

21 Discutia-se o direito das minorias para instalação de Comissão Parlamentar de Inquérito quando tivessem obtido o número de assinaturas exigidas pelo regimento interno da casa legislativa e quando não houvesse se atingido o número máximo de CPIs em funcionamento. Os leading cases para essa tese foram MS nº 24.831, Rel. Min. Celso de Mello, DJ 04/08/2006; MS nº 24.845, Rel. Min. Celso de Mello, DJ 29/09/2006; MS nº 24.846, Rel. Min. Celso de Mello, DJ 29/09/2006; MS nº 24.847, Rel. Min. Celso de Mello, DJ 13/10/2006; MS nº 24.848, Rel. Min. Celso de Mello, DJ 29/09/2006; MS nº 24.849, Rel. Min. Celso de Mello, DJ 29/09/2006.

Para além dos casos de "direito subjetivo" do parlamentar ou da minoria, o mandado de segurança passou a ser utilizado, por provocação heterodoxa de advogados, no campo político, seja para regular o processo legislativo, seja para controlar abusos no Legislativo, seja ainda para examinar conflito entre órgãos, seja também para mediar crises políticas.

c) O MS no campo político-institucional

São, hoje, inúmeros os exemplos de mandados de segurança utilizados com essa finalidade nova, no campo político-institucional, e que acaba por metamorfosear o próprio instrumento processual, dando-lhe maior envergadura e atribuindo-lhe funções que a legislação, em princípio, não tinha previsto, mas que a complexidade dos casos concretos passou a exigir.

Assim, já se usou o mandado de segurança para questionar ato da Comissão de Constituição e Justiça e Cidadania da Câmara dos Deputados e do Conselho de Ética sob a alegação de violação ao devido processo penal[22]; para questionar processo disciplinar em tramitação no Conselho de Ética da Câmara dos Deputados com base em acusação de quebra de decoro parlamentar por atos praticados no exercício de função no Poder Executivo[23]; para regular o formato de votação pelo Congresso Nacional das contas do Presidente da República (sessão conjunta)[24]; para o estabelecimento de princípios do nosso sistema eleitoral, como o fato de a fidelidade partidária decorrer do sistema eleitoral adotado[25]; para suspender a nomeação de indicado para o cargo de Ministro-Chefe da Casa Civil com base na alegação de tentativa de fuga à persecução penal[26]; e para anular decisão do Senado que afastara a Presidente da República em processo de *impeachment* sob alegação de violação ao devido processo legal, contraditório e ampla defesa[27].

Em mandado de segurança preventivo impetrado pelo Deputado Federal Rubens Bueno contra ato do Presidente da Câmara dos Deputados pelo envio a plenário do PL nº 5.483/2001 (com proposta de alterações do art. 618 da CLT, especificamente de-

22 MS nº 34.327, Rel. Min. Luis Roberto Barroso, j. 08/09/2016.

23 MS nº 25.579, Rel. Min. Joaquim Barbosa, j. 19/10/2005.

24 MS nº 33.729 MC, Rel. Min. Luis Roberto Barroso, liminar indeferida em 13/08/2015.

25 MS nº 26.602, Rel. Min. Eros Grau, DJe 16/10/2008; e MS nº 26.603, Rel. Min. Celso de Mello, DJe 18/12/2008; MS nº 26.604, Rel.ª Min.ª Cármen Lúcia, DJe 02/10/2008.

26 MS nº 34.070 e MS nº 34.071, Rel. Min. Gilmar Mendes, liminar deferida em 18/03/2016. Dias depois, em 22/03/2016, o Ministro Luiz Fux extinguiu mandado de segurança (MS nº 34.079) impetrado contra "ato decisório de índole jurisdicional exarado pelo próprio STF" que, no caso, tratava da decisão tomada nos MS nos 34.070 e 34.071.

27 MS nº 34.441, Rel. Min. Teori Zavascki, liminar negada em 20/10/2016. O citado processo tinha continência com o MS nº 34.193, impetrado contra o Presidente da Câmara dos Deputados, e tinha conexão com o MS nº 34.371, impetrado contra o Senado com pedido de anulação da Resolução nº 35/2016, j. 10/05/2016, DJe 13/05/2016.

terminando que convenção ou acordo coletivo prevaleceria sobre a lei desde que não contrariasse a Constituição), o Ministro Gilmar Mendes assim se posicionou acerca dessa nova faceta do mandado de segurança:

> [...] "Doutrina brasileira do mandado de segurança", que permite a utilização desse peculiar instrumento de defesa de direitos subjetivos públicos na solução de eventual conflito de atribuições ou de conflito entre órgãos, a *Organstreitsgkeit* do direito constitucional alemão (Lei Fundamental, art. 93, I, nº 1). É na expressão de Klaus Schlaich, um processo consigo mesmo destinado a dirimir controvérsias entre órgãos constitucionais a propósito de suas competências (cf. a propósito Gilmar Ferreira Mendes. *Controle de Constitucionalidade*: Aspectos Jurídicos e Políticos. São Paulo: Saraiva, 1990, p. 149) [...].

Na decisão do STF no MS nº 34.327, de relatoria do Ministro Luis Roberto Barroso (julgado em 08/09/2016), assim ficou assentado o cabimento em tese do mandado de segurança em circunstâncias políticas ou que envolvam a separação de Poderes:

> [...] O Colegiado assentou, de início, que o STF somente deve interferir em procedimentos legislativos para assegurar o cumprimento da Constituição, proteger direitos fundamentais e resguardar os pressupostos de funcionamento da democracia e das instituições republicanas. Exemplo típico da jurisprudência nesse sentido é a preservação dos direitos das minorias.

Construiu-se, portanto, com clareza, um novo instrumento processual, embora utilizando a via do mandado de segurança. Procedeu-se, a partir da provocação criativa de advogados ao longo da experiência constitucional brasileira, a uma formatação de um novo instituto processual: o mandado de segurança na esfera político-institucional. Esse tipo de mandado de segurança tem novas características e se sustenta em premissas diversas daquelas que fazem parte da base tradicional do mandado de segurança das Leis nº 1.533, de 31/12/1951, e nº 12.016, de 07/08/2009.

Um bom exemplo dessa diferença de regime que caracteriza a maior envergadura e amplitude desse novo mandado de segurança está no cabimento de *amicus curiae*. O STF tinha entendimento pacificado de que não cabia participação de *amicus curiae* no âmbito do mandado de segurança baseado especialmente no argumento da falta de previsão legal e por importar, de forma indireta, em intervenção de terceiro no processo[?]. Também não há dúvida de que o processo regular, sendo subjetivo e *inter partes*, nem comportaria a participação de terceiros por absoluta falta de pertinência. Nessa linha, a 1ª Turma do STF decidiu em 19/8/2014, examinando específica questão de ordem suscitada pelo Ministro Dias Toffoli, pelo não cabimento da intervenção de *amicus curiae* em mandado de segurança, interpretando-se, para isso, o art. 24 da Lei nº 12.016, de 07/08/2009 (MS nº 29.192, Relator Ministro Dias Toffoli, DJe 10/10/2014).

Entretanto, cumpre destacar que o próprio STF já aceitou excepcionalmente esse tipo de participação (RMS nº 25.841, relator para o acórdão Ministro Marco Aurélio, DJe 17/05/2013), especialmente quando o mandado de segurança parece tratar de tema de grande relevância e impacto no campo político (como ocorreu no MS nº 32.033, relator para o acórdão Teori Zavascki, julgamento em 20/06/2013, DJe 18/02/2014). O caso, entretanto, encerrava hipótese específica da jurisprudência do

STF de legitimação especial de parlamentar na articulação de um direito exercível em função apenas do mandato político e cujo deferimento da ordem levaria necessariamente à mudança do quadro de votação no processo legislativo[28].

De qualquer forma, torna-se evidente o processo de transcendência do mandado de segurança que, em gênese própria e estimulado pelo seu uso em situações heterodoxas, abriu novos caminhos e se fixou como um *writ* constitucional de perfil eclético. Permitiu, especialmente nos temas políticos e de relação entre Poderes, soluções criativas substituindo, em certo sentido, o Conflito de Atribuição que passou a ser da competência do STJ, não tendo a Constituição ressalvado expressamente o caso do conflito entre Poderes com caráter constitucional. Na medida em que esse novo mandado de segurança ajuda a se consolidar como instrumento viabilizador do princípio do amplo acesso à Justiça (art. 5º, XXXV, da CF) também se estrutura como meio processual adequado para a gestão de crises institucionais por meio do tratamento de situações subjetivas de pessoas físicas enquanto autoridades políticas. Esse é um ganho histórico que somente pode ser tributado aos personagens que, ao longo desses anos, permitiram que se tivesse uma visão pragmática, aberta e criativa do mandado de segurança, aliás, de acordo com os princípios do novo CPC.

5.2. A arguição de descumprimento de preceito fundamental

a) Os motivos práticos de criação da ADPF

A ação de descumprimento de preceito fundamental, instituída no Brasil por meio da Lei nº 9.882, de 03/12/1999, é outro exemplo de meio processual que se transmudou com o seu uso, na linha das propostas de cabimento que foram apresentadas nos últimos anos e que surgiram a partir de problemas práticos reais e de advogados criativos que deram o formato jurídico.

É importante destacar que a própria ADPF surgiu como meio processual que objetivava superar os fechamentos do sistema de controle concentrado de constitucionalidade que existia até então. Por esse motivo, quando de seu nascimento, a ADPF se dirigia, além do combate ao fenômeno da *"indústria das liminares"*, a três hipóteses

---

28 É importante destacar, entretanto, que nesse julgamento restaram vencidos nesse ponto os Ministros Teori Zavascki, Ricardo Lewandowski, Marco Aurélio e Joaquim Barbosa, que consideram a instituição do amicus curiae incompatível com o rito do mandado de segurança, porque este visa apenas à proteção de direito individual. A maioria, no entanto, seguiu o entendimento do Min. Gilmar Mendes no sentido de que, embora não previsto, de forma expressa e irrestrita, o cabimento de intervenção de amicus curiae em mandados de segurança, na hipótese examinada estava em discussão a tramitação de um projeto de lei, matéria de interesse público, que demanda discussão ampla. No mesmo sentido, entendemos que em virtude da aplicação analógica do CPC no mandado de segurança e a incidência do seu art. 138, a possibilidade de intervenção do Amicus curiae deve ser admitida (WALD, Arnoldo. A lei do mandado de segurança. In: WAMBIER, Teresa Arruda Alvim et al. Novo código de processo civil: impactos na legislação extravagante e interdisciplinar. São Paulo: Saraiva, 2015. v. 1. p. 116-132).

bastante conhecidas do Supremo Tribunal Federal, quais sejam, o questionamento, em regime concentrado: (a) da lei municipal; (b) da lei anterior à Constituição de 1988; e (c) da lei de efeitos concretos. Para tais hipóteses, o STF havia fixado o entendimento de não cabimento da ação direta de inconstitucionalidade, o que forçava a parte a discutir questões de alta relevância em juízo de conhecimento de 1ª instância num processo que, na melhor das hipóteses, chegaria ao STF décadas depois, ou por ele não viesse a ser apreciado. Assim chegou a se manifestar o Ministro Gilmar Mendes em obra dedicada ao tema:

> [...] O novo instituto, sem dúvida, introduz profundas alterações no sistema brasileiro de controle de constitucionalidade. Em primeiro lugar, porque permite a antecipação de decisões sobre controvérsias constitucionais relevantes, evitando que elas venham a ter um desfecho definitivo após longos anos, quando muitas situações já se consolidaram ao arrepio da "interpretação autêntica" do Supremo Tribunal Federal. Em segundo lugar, porque poderá ser utilizado para – de forma definitiva e com eficácia geral – solver controvérsia relevante sobre a legitimidade do direito ordinário pré-constitucional em face da nova Constituição que, até o momento, somente poderia ser veiculada mediante a utilização do recurso extraordinário. Em terceiro, porque as decisões preferidas pelo Supremo Tribunal Federal nesses processos, haja vista a eficácia *erga omnes* e o efeito vinculante, fornecerão a diretriz segura para o juízo sobre a legitimidade ou a ilegitimidade de atos de teor idêntico, editados pelas diversas entidades municipais[29].

A Lei nº 9.882, de 03/12/1999, é resultado do projeto de lei nº 2.872/1997, apresentado inicialmente pela Deputada Sandra Starling (PT/MG) e que apenas previa o cabimento de reclamação ao STF em caso de descumprimento de preceito fundamental do texto constitucional por meio de pedido de um décimo dos membros da Câmara dos Deputados ou do Senado Federal. Na Comissão de Constituição e Justiça e de Redação da Câmara dos Deputados, foi aprovado um substitutivo de autoria do Deputado Prisco Viana (PPB/BA) apresentado em 04/05/1998 com texto que acabou se transformando na lei como a conhecemos. Esse texto aprovado é bastante assemelhado àquele produzido por comissão de juristas instituída pelo Ministério da Justiça por meio da Portaria nº 572, de 04/07/1997[30], presidida por Celso Ribeiro Bastos e integrada por Gilmar Ferreira Mendes, Arnoldo Wald, Ives Gandra da Silva Martins e Oscar Dias Corrêa, comissão formada, portanto, apenas por professores e advogados, o que, certamente, contribuiu para o tom aberto de seu texto.

De fato, além de problemas concretos que já se colocavam na época de funcionamento da comissão (como a superação da jurisprudência do STF nos temas acima referidos e principalmente a possibilidade de se criar um mecanismo para se comba-

29 MENDES, Gilmar Ferreira. Arguição de descumprimento de preceito fundamental (§ 1º do art. 102 da Constituição Federal, Revista Jurídica Virtual, Brasília, v. 1, n. 7, dez. 1999.

30 O art. 1º da portaria esclarecia que a comissão era constituída "com o fim específico de apresentar sugestões ao Poder Executivo, no prazo de trinta dias contado da publicação desta Portaria, objetivando a regulamentação do disposto no art. 102, § 1º, da Constituição Federal".

ter a chamada "*guerra de liminares*"[31]), havia também entre os juristas componentes da comissão um sentimento de construir um texto que pudesse abarcar possibilidades múltiplas de utilização, a depender das circunstâncias futuras.

É importante destacar que inicialmente a ADPF era tratada pelo Supremo Tribunal Federal de maneira bastante restritiva e conservadora, tanto em relação ao seu cabimento quanto em relação aos legitimados e também no que toca ao seu objeto[32]. A questão da definição do que seria "preceito fundamental", bem como a interpretação do chamado "princípio da subsidiariedade", eram também pontos de tratamento ortodoxo. Essa interpretação conservadora do instituto se alterou nos últimos anos, quando a ADPF começou a ser considerada um meio alternativo para discussões de casos importantes em relação aos quais não haveria outra forma de submissão por outra via jurisdicional. As estatísticas oferecem um ótimo quadro para essa avaliação e conclusão.

b) Abertura normativa na gênese da prática da ADPF

Em 2000, primeiro ano de vigência da Lei nº 9.882, de 03/12/1999, o STF recebeu 10 arguições, tendo julgado 3 delas. Em 2001, 14 foram as ADPFs propostas e 9 foram julgadas. Em 2002, foram distribuídas 12 e julgadas 14. A partir de 2008, os números começaram a aumentar em nova progressão: em 2008 foram 31 distribuídas e 34 julgadas e em 2009 foram 43 distribuídas e 43 julgadas. Em 2015 foram 47 distribuídas e 50 julgadas em um aumento de 28,5% nas ações protocoladas. Finalmente, no ano de 2016, com números consolidados até 07 de dezembro, foram 57 ADPFs distribuídas e 59 arguições julgadas[33].

Esse crescimento foi causado principalmente pela articulação de dois motivos bastante claros: (a) advogados, diante de problemas importantes e na falta de outro modelo processual com a mesma eficácia, passaram a forçar a expansão da noção de cabimento, legitimidade e objeto da ação de maneira a obter o Tribunal a resposta definitiva da questão e, por óbvio, (b) a esse movimento de elasticidade, o STF conferiu, de fato, resposta positiva, alargando conceitualmente o cabimento da ADPF. Um marco importante para esse sinal emitido pelo STF de que estaria disposto a considerar a ADPF uma espécie de "*ação coringa*" do modelo de controle concentrado de constitucionalidade, mesmo que na via residual, foi o julgamento da famosa ADPF nº 33, em 07/12/2005, ajuizada pelo Governador do Estado do Paraná, por meio do qual o

---

31 MENDES, Gilmar Ferreira. Arguição de Descumprimento de Preceito Fundamental (§ 1º do art. 102 da Constituição Federal, **Revista Jurídica Virtual**. Brasília, v. 1, n. 7, dez. 1999.

32 Parte desse incômodo inicial pode ser tributado ao próprio art. 102, § 1º, da CF, cujo texto, a princípio, parecia não ter criado uma nova ação do controle concentrado, mas apenas um incidente processual.

33 Números colhidos na página de "Estatísticas" de processos do STF. Disponível em: <http://www.stf.jus.br/portal/cms/verTexto.asp?servico=estatistica&pagina=pesquisaClasse>. Acesso em: dez. 2016.

STF reconheceu o seu cabimento para impugnar ato normativo secundário (no caso, o Regulamento de Pessoal do Instituto de Desenvolvimento Econômico-Social do Pará) e a possibilidade plena de uso do novo instrumento mesmo na pendência de ADI questionando a constitucionalidade da própria lei de criação da ação de descumprimento[34].

De fato, em virtude da ADI nº 2.231 (Relator Ministro Neri da Silveira), ajuizada pelo Conselho Federal da Ordem dos Advogados do Brasil[35], que impugnava a própria lei instituidora da nova ação do controle concentrado – e até hoje sem julgamento definitivo – o STF determinou a suspensão do julgamento das ADPFs ajuizadas[36]. A decisão de superação da questão da constitucionalidade da Lei nº 9.882, de 03/12/1999, independente do julgamento da ADI nº 2.231, consolidou-se no STF depois do início do julgamento das ADPFs n°s 46[37] e 54[38], que tratavam de temas fundamentais e em relação aos quais havia grande expectativa pública (respectivamente, o monopólio dos Correios em relação ao serviço postal por meio do questionamento da Lei nº 6.538, de 22/06/1978, e o aborto do feto anencéfalo a partir da discussão em torno da interpretação dos arts. 124, 126 e 128, incs. I e II, do Código Penal). O exagero da postura que parecia tecnicamente correta do Tribunal (e que indicava a conveniência do julgamento prévio da ADI nº 2.231) cederia, portanto, à pressão pelo imediato processamento das ações e a plena solução dos problemas ali colocados que deveriam ser resolvidos sem maior demora.

Após essa primeira fase, o uso da ADPF cresceu na proporção das possibilidades de se antecipar e se concentrar grandes problemas práticos políticos, econômicos, sociais e jurídicos no STF, sem o custo de demoradas ações judiciais, que tramitariam desde a primeira instância. Iniciou-se nova etapa de **utilidade do instrumento processual caracterizada por forte simbiose de criatividade e imaginação de advogados**

---

34 De acordo com a ementa da ADPF nº 33, de relatoria do Ministro Gilmar Mendes (DJ 27/10/2006): "Existência de ADI contra a Lei nº 9.882/99 não constitui óbice à continuidade do julgamento de arguição de descumprimento de preceito fundamental ajuizada perante o Supremo Tribunal Federal".

35 O Conselho Federal da OAB, entretanto, parece ter evoluído em seu entendimento acerca da eventual inconstitucionalidade da Lei nº 9.882/1999, uma vez que já atuou como autor de ao menos duas ADPFs até hoje (ADPF nº 158, ajuizada em 17/12/2008 e que teve o seguimento negado em 12/06/2014; e a famosa ADPF nº 153, ajuizada em 21/10/2008, que questionava a constitucionalidade da Lei nº 6.683, de 28/08/1979, a "Lei da Anistia"). Interessante notar ainda que a OAB já figurou como requerida na ação de descumprimento (ADPF nº 310, ajuizada pela Associação dos Magistrados Brasileiros – AMB em 16/12/2013 contra a Ementa nº 18, de 2013, do Conselho Federal da OAB que ampliou o alcance do impedimento temporário para os magistrados aposentados ou exonerados exercerem a advocacia).

36 Um exemplo dessa postura interpretativa do STF ocorreu no julgamento da ADPF nº 18, de relatoria do Ministro Neri da Silveira, na qual foi dada a seguinte decisão (publicada em 19/10/2001): "Apresentado o feito em mesa, pelo Senhor Ministro-Relator, que procedeu ao relato, o Tribunal deliberou aguardar o julgamento da ação direta de inconstitucionalidade que impugna a lei de regência da ação". O mesmo ocorreu com as ADPFs nºs 6, 8, 14, 16, 18 e 26.

37 ADPF nº 46, relator para o acórdão Ministro Eros Grau, j. 05/08/2009 (DJ 26/02/2010).

38 ADPF nº 54, Rel. Min. Marco Aurélio, j. 12/04/2012 (DJ 30/04/2013).

postulantes, na representação de legitimados e dos próprios ministros do STF que passaram também a reconhecer as infinitas possibilidades de decisões em matérias de grande repercussão.

Basta se rememorar alguns dos principais temas resolvidos pelo STF para se constatar o uso alargado da ADPF, muito para além dos eventuais limites da Lei nº 9.882, de 03/12/1999, mesmo considerando seu texto vago e aberto. Assim, o STF já discutiu no âmbito dessa ação de descumprimento, por exemplo, a violação massiva da dignidade humana dos presos no país (ADPF nº 347[39]), a eventual recepção do crime militar de pederastia pela Constituição de 1988 (ADPF nº 291[40]), o adiamento do cronograma de implantação do recurso de audiodescrição na programação das emissoras de TV (ADPF nº 309[41]), a legalidade do art. 38 da Lei nº 8.880/1994 que estabeleceu a URV no escopo do Plano Real (ADPF nº 77[42]), a constitucionalidade da Lei de Imprensa no país (ADPF nº 130[43]); a possibilidade de se proibir a participação de candidatos em eleições com base em dados que desabonem sua vida pregressa (ADPF nº 144[44]); a constitucionalidade da importação de pneus usados (ADPF nº 101[45]); a constitucionalidade da Lei da Anistia (ADPF nº 153[46]); o reconhecimento da união homoafetiva como entidade familiar (ADPF nº 132[47]); a constitucionalidade da chamada "marcha da maconha" (ADPF nº 187[48]); a constitucionalidade do regime de "cotas raciais" como política de ação afirmativa (ADPF nº 186[49]) etc.

No âmbito da ADPF nº 403[50] – por meio da qual se coloca em discussão a suspensão do aplicativo *WhatsApp* por decisões judiciais no Brasil –, inclusive, haverá a promoção de audiência pública com prazo até 1º/02/2017 para a manifestação das partes e de peritos interessados em encontro solene.

Um bom exemplo dos limites mais amplos adotados pelo STF ocorreu no julgamento da ADPF nº 77-MC iniciado em 24/10/2007, da qual um dos autores teve a honra de participar como patrono da Requerente. Tema delicado e importante, diante

39 ADPF nº 347 MC, Rel. Min. Marco Aurélio, j. 09/09/2015 (DJ 19/02/2016).

40 ADPF nº 291, Rel. Min. Roberto Barroso, j. 28/10/2015 (DJ 11/05/2016).

41 ADPF nº 309, Rel. Min. Marco Aurélio, j. 25/09/2014 (DJ 1º/12/2014).

42 ADPF nº 77, Rel. Min. para o acórdão Teori Zavascki, j. 19/11/2014 (DJ 11/02/2015).

43 ADPF nº 130, Rel. Min. Carlos Britto, j. 30/04/2009 (DJ 06/11/2009).

44 ADPF nº 144, Rel. Min. Celso de Mello, j. 06/08/2008 (DJ 26/02/2010).

45 ADPF nº 101, Rel.ª Min.ª Cármen Lúcia, j. 24/06/2009 (DJ 04/06/2012).

46 ADPF nº 153, Rel. Min. Eros Grau, j. 29/04/2010 (DJ 06/08/2010).

47 ADPF nº 132, Rel. Min. Ayres Britto, j. 05/05/2011 (DJ 14/10/2011).

48 ADPF nº 187, Rel. Min. Celso de Mello, j. 15/06/2011 (DJ 29/05/2014).

49 ADPF nº 186, Rel. Min. Ricardo Lewandowski, j. 26/04/2012 (DJ 20/10/2014).

50 ADPF nº 403, Rel. Min. Edson Fachin, ainda sem data para a realização de audiência pública. Concomitantemente, a mencionada audiência foi convocada também em benefício de esclarecimento para a ADI nº 5.527, de relatoria da Ministra Rosa Weber, que trata da constitucionalidade de artigos do marco civil da internet.

da anterior jurisprudência restrita do Tribunal se cingia ao próprio cabimento da ADPF diante do fato de que se alegava a constitucionalidade de dispositivo de lei posterior à Constituição, embora de eficácia transitória.

Diante da envergadura do tema que remetia à própria validade normativa do "Plano Real" em discussão que se travaria mais de 10 anos após a instituição do programa econômico, o STF, interpretando o princípio da subsidiariedade, reconheceu a regularidade do uso do instrumento para sanar essa delicada questão, evitando posições divergentes e confusas, que poderiam ser assumidas nos diversos níveis do Poder Judiciário, a partir de inúmeras ações individuais e com efeitos imprevisíveis para a própria economia. Assim restou ementado, nesse ponto, o julgamento:

> [...] 1. Dado o seu perfil subsidiário, a arguição de descumprimento de preceito fundamental se apresenta como medida processual mais adequada para afirmar a constitucionalidade do art. 38 da Lei 8.880/94, dispositivo de natureza transitória e de eficácia já exaurida que instrumentalizou a instituição do Plano Real [...][51].

É interessante notar que a ADPF acabou por ocupar posição instrumental a viabilizar que o STF passasse a se manifestar acerca de atribuições de órgãos da República, temas que outrora eram submetidos ao Tribunal por meio do conflito de atribuições.

Pelo art. 124 do antigo Código de Processo Civil, o conflito de atribuições seria de competência dos regimentos internos dos tribunais, a decidir questões referentes à competência entre órgãos jurisdicionais e órgãos da Administração Pública. O próprio STF disciplinava o formato de processamento e julgamento do conflito de atribuições por meio dos arts. 163 a 168 do seu Regimento Interno.

Em 02/12/1987, o plenário do STF julgou o seu último e mais importante conflito de atribuições (CA nº 35, Relator Ministro Sydney Sanches, DJ 1º/12/1989), quando, diferentemente dos conflitos de atribuições anteriormente julgados (com temas de menor envergadura), analisou um típico conflito entre o Poder Judiciário e a competência do Conselho Monetário Nacional e do Banco Central para regular condutas dos bancos no relacionamento com seus clientes.

A Constituição de 1988 alterou a regra, por meio do art. 105, I, "g", que estabelecia ser competente o STJ para processar e julgar *"os conflitos de atribuições entre autoridades administrativas e judiciárias da União, ou entre autoridades judiciárias de um Estado e administrativas de outro ou do Distrito Federal, ou entre as destes e da União"*.

A opção do constituinte de 1988 ensejou, entretanto, uma lacuna no ordenamento jurídico que se verificaria nos anos vindouros. É que seriam suscitados nos anos

51 Outro caso paradigmático de uso do instrumento criado em 1999 é a ADPF nº 165, de relatoria do Ministro Ricardo Lewandowski, que discutirá, quando pautado, as várias decisões judiciais que vêm considerando inconstitucionais atos normativos que instituíram os planos econômicos Cruzado, Bresser, Verão, Collor I e Collor II no que tange às diferenças de correção monetária dos depósitos bancários.

de vigência da Constituição diversos "conflitos" de atribuições de natureza política, especialmente na relação entre Poderes da República e que bem poderiam ser processados por meio do antigo conflito de atribuições, exercendo o STF um papel – por assim dizer – de mediador ou moderador de tais dúvidas de atribuição[52].

Contudo, antes que esse hiato normativo se fizesse mais presente, a ADPF foi criada e, anos mais tarde, seus limites de aplicação foram ampliados, o que fez com que a arguição de descumprimento de preceito fundamental passasse, em seu papel versátil, a tratar de tais conflitos modernos e republicanos de atribuições.

c) O uso da ADPF no campo político-institucional

Finalmente, também na ADPF o melhor sinal do alargamento de seu uso e da sua própria reconstrução como ação constitucional, a partir dos casos e dos profissionais do Direito envolvidos, está nos temas políticos.

A ADPF, em outras palavras, tem demonstrado forte vocação de plataforma da jurisdição constitucional para a construção de soluções que tentam mediar e resolver crises políticas, aprimorando a relação entre os Poderes da República. Na relação entre o Poder Executivo e o Poder Judiciário no que toca às atribuições constitucionais, já se citou nesse trabalho as famosas decisões tomadas nas ADPFs n°s 186 e 347 no polêmico tema do respeito aos direitos fundamentais a partir das políticas públicas.

Já na relação entre os Poderes Executivo, Legislativo e Judiciário, tem-se forte atuação do STF em matéria política, reconhecendo-se, portanto, que os limites amplos da ação permitem posturas interpretativas mais complexas e sofisticadas – a partir da provocação dos Requerentes e de seus advogados – de maneira a dar tratamento adequado aos problemas delicados entabulados na ADPF.

Essa possibilidade, que se tornou inerente ao próprio instrumento processual-constitucional, adere à visão modernamente mais atenuada acerca das possibilidades de o próprio Supremo Tribunal Federal tratar de temas que antes eram considerados *interna corporis* ou de violações à autonomia de outros Poderes da República. Embora se entenda como pilar de nosso sistema político o resguardo da autonomia dos Poderes Executivo e Legislativo (art. 2º da CF), trata-se com preocupação mais destacada a exigência que a própria Constituição faz de defendê-la, seja quem for o agente político que a viole. O argumento foi bem colocado pela Presidente do STF, Ministra CÁRMEN LÚCIA, quando proferiu seu voto na sessão plenária de 07/12/2016 (ADPF nº 402), em um momento institucional delicado:

52 Contribuiu também para a percepção desse vácuo a posição que o STJ adotou em alguns casos como na questão do conflito entre os Ministérios Públicos Federal e Estadual, reconhecendo a competência do STF para julgar tais casos, mesmo que sem a competência constitucional para processar e julgar conflitos de atribuições (CA nº 169, Relator para o acórdão Min. Hélio Quaglia Barbosa, DJ 13/03/2006; CA nº 183, Rel. Min. Feliz Fischer, DJe 03/10/2008; CA nº 237, Rel. Min. Gilson Dipp, DJe 16/12/2010). É bem verdade, entretanto, que o entendimento se baseava em jurisprudência do próprio STF (PET nº 3.528, Rel. Min. Marco Aurélio).

> [...] Não gostaria de deixar de atentar a que nesse momento especial que vivemos no Brasil, em que a busca da conciliação, de respeito integral à Constituição brasileira e, como um dos seus pilares, o respeito integral que este Poder Judiciário e este Supremo Tribunal Federal, no curso de sua história demonstra quanto à independência e, em especial, à harmonia dos poderes, jamais foi, em qualquer momento, conspurcada – nem tende a isso – **o que não significa que nós tenhamos em algum momento a possibilidade de renunciarmos aos nossos deveres, aos nosso juramento de cumprir a Constituição, de defender as leis da República e de aplicá-las como exercício estrito das nossas obrigações, a quem nos encontramos vinculadas.** O que não significa, em nenhum momento, desrespeito a qualquer dos Poderes nem aceitaríamos, evidentemente – nem poderíamos – que o nosso comportamento fosse assim interpretado, porque o testemunho histórico deste Tribunal é nesse sentido [...] (grifo nosso).

Foi a arguição de descumprimento a via escolhida para que o STF decidisse, em 09/03/2016, que não era possível que membros do Ministério Público pudessem exercer a função concomitante de Ministro de Estado, declarando, assim, a inconstitucionalidade da Resolução nº 72/2011 do CNMP (ADPF nº 388[53]). Certamente, o problema concreto colocado ao STF dizia respeito à nomeação do novo Ministro da Justiça do Governo Dilma Rousseff, membro do Ministério Público da Bahia que, embora pudesse ser caracterizado como típica questão subjetiva, claramente extravasava esse limite, seja pelo julgamento da própria prática de acúmulo de funções de membros do Ministério Público, seja pela delicada fase da crise institucional vivida em março de 2016. O pronunciamento do Ministro Roberto Barroso é um exemplo da maneira ampliativa com que o STF tratou o cabimento daquela ADPF:

> [...] É que, na verdade, nós não estamos aqui propriamente discutindo, em sede de processo objetivo, o ato específico de nomeação do Ministro da Justiça; nem – eu penso – a Resolução do Conselho Nacional do Ministério Público que revogou uma resolução. Eu teria dificuldade de declarar a inconstitucionalidade de uma resolução revogadora, mas – e acho que esse foi um *insight* relevante trazido pelo Relator – **o que nós estamos discutindo aqui é a institucionalização de uma prática que se afigura contrária à Constituição, pelo menos à luz da jurisprudência que o Tribunal sempre praticou.** Portanto, penso que esta é a matéria que está sendo deliberada, e ela, sim, tem cabimento em arguição de descumprimento de preceito fundamental [...][54] (grifo nosso).

Outro processo que mereceu decisão singular do plenário da Corte foi a ADPF nº 378, por meio da qual se definiu, em julgamento ocorrido em 17/12/2015, o procedimento a ser adotado no processo de *impeachment*. Tratou-se de decisão criativa que visou a integrar, em uma mesma linha procedimental, as regras constantes da Lei nº 1.079, de 10/04/1950, os passos seguidos durante o *impeachment* de 1992 e os dispositivos constitucionais (arts. 51, I; 52, I; e 86, § 1º, II). A provocação do PCB, com a participação como *amicus curiae* do PSDB, DEM, PT, PSOL, REDE, SOLIDARIEDADE,

---

53 ADPF nº 388, Rel. Min. Gilmar Mendes, j. 09/03/2016.

54 Voto do Ministro Roberto Barroso, p. 72 do acórdão.

PSD e PP, permitiu ao STF elaborar, na via da ADPF, um específico processo político na lógica de um construtivismo constitucional. Seria praticamente impossível essa mesma postura com essa conclusão no âmbito de outra via processual ou mesmo a partir de uma leitura estrita da Lei nº 9.882, de 03/12/1999.

Um último excelente caso de uso prospectivo da ADPF com o objetivo de sanar grave polêmica político-institucional é o que se observou na ADPF nº 402, com a avaliação da eventual impossibilidade de réus em ação penal perante o STF ocuparem cargos na linha sucessória presidencial. A ação de descumprimento da REDE, ajuizada em 03/05/2016, teve o julgamento suspenso em 03/11/2016 com o pedido de vista do Ministro DIAS TOFFOLI. Em 05/12/2016, o Relator Ministro MARCO AURÉLIO, deferiu a liminar para afastar do exercício do cargo de Presidente do Senado o Senador RENAN CALHEIROS, o que, por óbvio, engendrou importante crise entre Poderes. A liminar, entretanto, foi referendada apenas em parte pelo Plenário do STF que definiu que, embora o réu em ação penal não possa compor a linha sucessória da presidência, não há proibição para que continue a ocupar o cargo de Presidente do Senado Federal.

Nessas questões de natureza política, a articulação da ADPF traz um importante benefício ao permitir a manifestação direta e imediata do STF como um mediador construtivo para resolver problemas políticos cuja duração levaria invariavelmente ao aprofundamento de crises institucionais. Por outro lado, por ser hoje ação constitucional de cabimento flexível a decisão plenária do STF não precisa se limitar a uma posição tradicional, declarando constitucional ou inconstitucional determinado dispositivo. A criação e a construção de hipóteses normativas passou a se tornar prática comum na solução de questões submetidas na via da ADPF.

6. Algumas conclusões

Mandado de segurança e ADPF: a experiência jurisprudencial

O mandado de segurança e a arguição de descumprimento de preceito fundamental, conforme vimos, experimentaram amplo processo de transmutação ou mesmo reconstrução, que fizeram com que se alterasse a sua própria natureza como via processual. Cada qual, em seu âmbito próprio de evolução, experimentou ampliação de escopo e de utilidade, o que os tornou dois dos principais instrumentos da nossa prática processual-constitucional, essenciais no esquema de separação de Poderes.

Esse processo que resultou em ampliação dos horizontes de aplicação não foi causado pela alteração da legislação ou por mudança do marco legal desses institutos, mas sim pela prática jurisdicional provocada pelo ajuizamento dessas ações em formato heterodoxo. Com o tempo, novos problemas passaram a ser submetidos ao Poder Judiciário por meio do mandado de segurança e da arguição de descumprimento de preceito fundamental. As necessidades práticas do caso, bem como a abertura com que tais situações foram tratadas, teceram os limites formais de uso dessas vias, transformando-as em duas das principais ações do nosso sistema processual exatamente por serem ecléticas e multifacetadas.

Da mesma forma, que problemas importantes – que não chegariam por outra via – puderam ser submetidos ao STF, também questões que não se imaginava poderem ser submetidos ao controle jurisdicional, passaram a ser assim tratadas pela nova forma de aplicação do mandado de segurança e da arguição de descumprimento de preceito fundamental. Houve, portanto, uma espécie de simbiose entre questões jurídico-políticas e instrumentos processual-constitucionais.

No caso específico do mandado de segurança, parece ser bastante pertinente associar essa característica "coringa" da ação mandamental com a sua longevidade e hoje seria difícil imaginar algum tipo de reforma constitucional ou legal que pretendesse extingui-la pela via da revogação.

Já no caso da ADPF, a sua multiplicidade de aplicações (por meio dessa ação é possível questionar lei municipal, lei pré-constitucional, lei de efeitos concretos, lei de efeito transitório, leis revogadas, interpretações legais, atos normativos secundários, decisões judiciais, pareceres com efeito normativo, resoluções, atos legislativos de caráter administrativo etc.) levou advogados e ministros a repensá-la em bases jurídicas bem mais abertas, livres e autônomas. Tais possibilidades amplas de uso levam, por óbvio, a possibilidades igualmente amplas de decisão, por meio de construção normativa.

Tanto no mandado de segurança como na ADPF, o símbolo máximo dessa diversidade de serventia se mostra no uso moderno dessas ações para a solução de casos emblemáticos de natureza política, como via de encaminhamento de crises institucionais. Sendo problemas novos e imprevisíveis, difícil seria imaginar que pudessem ser adequadamente tratados no âmbito de ações com limites processuais subjetivos, bem definidos e rígidos. Essa capacidade, portanto, de dar tratamento de inclusão a temas referentes ao federalismo e à separação entre os Poderes é o que precisamente concede a tais ações uma perspectiva sólida de futuro, eternizando-as talvez.

Para chegar a esse ponto, a prática do mandado de segurança e da arguição de descumprimento de preceito fundamental nunca se limitou à leitura restrita do texto literal de lei. Ao contrário, embora a lei seja sempre a grande baliza desses institutos, é certo que a história das duas ações demonstra um claro prestígio dado ao problema concreto, à solução casuística e contingente de questões imediatas. O pensamento problemático por meio de *tópicos*, o senso pragmático e de utilidade conferiram a tais institutos do processo um caráter consolidado de importância e de imprescindibilidade. Transformaram-se, portanto, em monumentos jurídicos do processo constitucional sem que houvesse construção intencional para isso, mas foram moldadas pela experiência advocatícia jurisprudencial e doutrinária e ainda mais intensamente pelo peso dos problemas que traziam.

O novo CPC e sua perspectiva de futuro

Retornamos, portanto, à premissa principal desse trabalho. O mandado de segurança e a ADPF, nessa específica perspectiva, oferecem um bom exemplo de como devemos tratar, compreender, interpretar e aplicar o novo CPC. O potencial de seu texto apresenta todos os elementos para que o novo Código se torne rapidamente referência legislativa para a prática jurisdicional e para a própria vida das pessoas. Para tanto, é preciso que se projete, a cada dia, a intenção e os objetivos de seus elaboradores, expressamente expostos em suas razões e "*considerandos*", quando da apresentação da minuta de texto ao Senado Federal.

O Ministro LUIZ FUX, como já adiantado, na condição de Presidente da Comissão de Juristas, bem identificou a oposição marcante entre o formalismo e a sisudez na aplicação dos institutos processuais e a interpretação que leve o texto a um novo grau de abertura, imaginação jurídica e utilidade. O problema, a questão jurídica posta à decisão jurisdicional e a realidade passaram a ser o norte da prática do Direito:

> [...] No afã de atingir esse escopo deparamo-nos com o excesso de formalismos processuais, e com um volume imoderado de ações e de recursos. Mergulhamos com profundidade em todos os problemas, ora erigindo soluções genuínas, ora criando outras oriundas de sistema judiciais de alhures, **optando por instrumentos eficazes, consagrados nas famílias da *civil law* e da *common law*, sempre prudentes com os males das inovações abruptas mas cientes em não incorrer no mimetismo que se compraz em repetir, ousando sem medo** [...] (grifo nosso).

Os advogados, que conhecem primeiro o problema e depois a legislação, são talhados nessa forma prática de trabalhar com o Direito, sempre explorando suas potencialidades e suas possibilidades, mesmo no espaço normativo deixado entre as normas expressas, mesmo diante dos silêncios eloquentes do Código. Em 1892, foi precisamente pensando dessa forma que RUI BARBOSA, na defesa oral perante o plenário do Supremo Tribunal Federal do HC nº 300 e sabedor de que formalmente o *habeas corpus* não caberia para questionar os fundamentos do estado de emergência, afirmou em uma frase que se tornou histórica:

> Os casos que, se por um lado tocam a interesses políticos, por outro envolvem direitos individuais, não podem ser defesos à intervenção dos tribunais, amparo da liberdade pessoal contra as invasões do Executivo. (...) Onde quer que haja um direito individual violado, há de haver um recurso judicial para a debelação da injustiça[55].

O pensamento de RUI BARBOSA, exposto na tentativa de ampliar os horizontes de cabimento e aplicação do *habeas corpus* diante de problema fundamental de liberdades públicas (alegação de inconstitucionalidade da decretação do estado de sítio diante da prisão do Senador Almirante EDUARDO WANDENKOLK e outros militares por crimes de sedição e conspiração contra o Presidente da República, Marechal FLORIANO PEIXOTO) veio a se tornar o embrião do princípio da proteção judicial efetiva, inserido dentre nossas garantias fundamentais na Constituição de 1946 (art. 141, § 4º) e que está exposto no art. 5º, XXXV, da Constituição de 1988.

55 BOECHAT RODRIGUES, Leda. História do Supremo Tribunal Federal (1891-1898). São Paulo: Civilização Brasileira, 1991. t. 1; COSTA, Emilia Viotti da. O Supremo Tribunal Federal e a construção da cidadania. Brasília: Editora Ieje, 2001.

O novo CPC, portanto, terá vida longa e passará por processo de consolidação e maturação se os profissionais que o aplicarem respeitarem e prestigiarem o problema, pensando menos em uma teórica e abstrata dignidade jurídica do Código e estiverem mais imbuídos em resolver as questões práticas e concretas que por meio desse mesmo Código são submetidas ao Poder Judiciário.

APONTAMENTOS SOBRE A FINALIDADE DA PROVA E O NOVO CPC

Arruda Alvim
Clarissa Diniz Guedes

Sumário: 1. Considerações iniciais. **2.** A dicotomia entre as finalidades demonstrativa e persuasiva da prova. **3.** Influência das concepções demonstrativa e persuasiva da prova sobre o ordenamento jurídico positivo: o novo CPC e o direito à prova. **4.** Notas conclusivas.

1. Considerações iniciais

O presente artigo visa à análise e confrontação das finalidades da prova com a ideologia do novo Código de Processo Civil em matéria probatória. A partir do estudo das correntes demonstrativa e persuasiva da prova busca-se demonstrar a influência das filosofias do conhecimento sobre o direito probatório, bem como a atual configuração do debate sobre as finalidades da prova. Na sequência, desenvolve-se um exame das normas gerais sobre prova com o fito de compreender a influência da epistemologia no contexto atual do debate judicial.

2. A dicotomia entre as finalidades demonstrativa e persuasiva da prova

O cerne da reflexão sobre o conceito de prova a partir de sua finalidade consiste, atualmente, em verificar se e em que medida a prova exerce as funções demonstrativa[1] – determinante na descoberta dos fatos subjacentes à causa – e persuasiva – concernente à legitimação da convicção judicial sobre os fatos a partir do discurso argumentativo.

Trata-se de discussão sobre a dimensão da importância do valor *verdade* no processo, em contraposição a outros valores e, até mesmo, à descrença na possibilidade de alcançar a verdade a partir do processo.

---

1 Denominada por alguns função confirmatória, com o objetivo de distinguir o raciocínio realizado para confirmação da hipótese fática da lógica matemática, que seria demonstrativa (GUZMÁN, Nicolás**. La verdad en el proceso penal. Una contribución a la epistemología jurídica.** Buenos Aires: Editores del Puerto, 2006, introdução). Em síntese, de acordo com este autor: "Há duas correntes distintas no que diz respeito à concepção da função da prova. Uma delas lhe atribui função meramente argumentativa, pois através da prova só se poderia alcançar a persuasão de quem deve resolver o caso; a outra lhe atribui uma função confirmatória ou cognitiva, pois através da prova se poderia chegar ao conhecimento da verdade sobre uma determinada hipótese".

A questão de saber se a verdade pode ser alcançada e, mais ainda, se é almejada no âmbito do processo não se exaure no embate entre aqueles que aceitam a relação funcional entre prova e verdade e aqueles que, por absoluto ceticismo quanto à possibilidade de alcançá-la, refutam veementemente a busca da verdade como função do processo[2]. Há ainda outras teses, que não possuem fundamento filosófico ou epistemológico, mas caráter eminentemente ideológico.

Segundo tais teorias, a verdade não deve ser buscada no processo. De um lado, há quem defenda que, no âmbito processual, a única verdade que importa é aquela estabelecida pelo juiz na sentença, já que afora esta nenhuma outra é de interesse do Estado ou da Administração da Justiça e, muito menos, das partes[3]. De outro, a ideia de um processo dirigido à busca da verdade vai de encontro à ideologia que concebe o processo civil essencialmente como mecanismo de resolução de conflitos e pacificação social[4].

Todavia, quando se parte da premissa que a solução dos conflitos de interesses deve ser feita em conformidade com o Direito, não se pode prescindir de uma relação entre prova e verdade, sob pena de se negar os propósitos da jurisdição. Não se trata, obviamente, de erigir a busca da verdade a um objetivo supremo e inafastável do processo, mas de se buscar alcançar a máxima correspondência possível entre a premissa fática adotada na sentença e a realidade fenomênica.

Já a percepção de uma função persuasiva da prova está relacionada ao progressivo reconhecimento do caráter convencional de qualquer forma de conhecimento. Com efeito, a superação do positivismo científico do século XVIII é acompanhada do rompimento com alguns dogmas, a saber: a) a concepção da ciência como conjunto

---

2 A impossibilidade teórica de alcançar a verdade no processo consiste na especificação da tese de negação absoluta de que se possa conhecer a realidade do que quer que seja. Tais correntes filosóficas estão embasadas em diversos e distintos argumentos, assim resumidos por Taruffo: a) argumentos da falibilidade e imprecisão dos métodos cognoscentes, impeditivos à obtenção de um conhecimento verdadeiro; b) argumento segundo o qual os procedimentos cognitivos estão impregnados por condicionantes sociais que determinam a inexistência de uma forma objetiva de apuração dos fatos de um modo geral, bem como no âmbito específico do processo (TARUFFO, Michele. **La prueba de los hechos.** Tradução de Jordi Ferrer Beltrán. Madrid: Editorial Trotta, 2002, cap. 1, 2.1, p. 35/36).

3 TARUFFO, Michele. **La prueba de los hechos.** Op. cit., cap. 1, 1, p. 26-27, com alusão à obra de Chiovenda, de cuja tradução castelhana se extrai o seguinte texto: "El juez, considerando existentes algunos hechos, determinase a actuar la ley. Estos hechos no siempre corresponden a la realidad. La convicción del juez puede ser fruto de error, de dolo, de pruebas insuficientes; a veces la ley ordena el juez, considerar como existentes determinados hechos (hechos no contradichos, confesados, jurados). Aún más; en interés del bienestar social, la ley pone límites a la revisión de la sentencia; agotadas algunas reclamaciones o fenecidos algunos términos, la sentencia tiene calidad de cosa juzgada, deviene res iudicata, esto es indiscutible, pese a los errores de hecho y de derecho que han viciado la fundamentación del juez. No algunos hechos, determinase a actuar la ley" (**Principios de derecho procesal civil**. Trad. espanhola da 3ª ed. italiana de José Casais Santaló. Madrid: Editorial Reus, 1922. t. I, p. 95).

4 TARUFFO, Michele. **La prueba de los hechos.** Op. cit., cap. 1, 2.2, p. 37.

de técnicas que atribuem *certeza* ao resultado obtido; b) a crença na possibilidade de se alcançar a realidade *objetiva* e *impessoal*; c) a *dissociação clara* e *precisa* entre juízos de fato e juízos de valor; d) a utilização exclusiva do método indutivo, baseado na observação ou experimentação repetida de numerosos eventos para se chegar a uma conclusão sobre determinada hipótese[5]. As teorias probabilísticas do neopositivismo também não lograram êxito em atribuir objetividade ao conhecimento sobre os fatos no âmbito do processo judicial. E assim é porque os dados estatísticos e juízos de probabilidade podem ser úteis para a verificação da ocorrência de um número tendencialmente ilimitado de eventos, mas não o são, necessariamente e em igual medida, para a apuração de eventos *determinados* e *precisamente definidos*[6].

Tendo presente a influência da *interpretação* e da *linguagem* sobre qualquer forma de observação dos eventos empíricos, bem como a impossibilidade de se pressupor, mesmo na natureza, uma uniformidade absoluta e eterna dos fenômenos, constata-se a necessidade de se estabelecerem novos métodos científicos, cuja definição dependerá do contexto disciplinar e das características inerentes aos fenômenos estudados.

Verifica-se, nesse passo, a revalorização da argumentação na formação do conhecimento, resgatando-se a teorias aristotélicas da dialética e da retórica, não somente na perspectiva da lógica formal do discurso, mas, sobretudo, considerando a importância do contexto em que se desenvolvem os argumentos e, bem assim, algumas definições preliminares dos interlocutores[7]-[8].

Nessa perspectiva, a objetividade da ciência deixa de se referir à *realidade em si*, a qual permanece intangível e ignorada, passando a se referir ao fato de ser esta realidade *intersubjetiva,* porque fundada no consenso sobre os conceitos e juízos nos quais deverão ser enquadrados os dados empíricos[9].

O conceito de prova reflete os novos modelos de conhecimento científico, de forma que as correntes argumentativas da prova passam a sustentar que a finalidade

---

5 Sobre o tema, cf. LOMBARDO, Luigi. **La prova giudiziale. Contributo alla teoria del giudizio di fato nel processo.** Milano: Giuffè, 1999. p. 39/102.

6 *Idem, p.* 60/61.

7 Assim, conclui, Lombardo, uma das características da ciência é aquela de adotar a inferência que forneça a *melhor explicação possível* no caso concreto. Além disso, esclarece, a escolha de um certo contexto no qual se irá argumentar, e de um método a ser utilizado é fortemente influenciada pelos argumentos de que se possa dispor *in concrecto;* logo, tal escolha poderá se modificar a partir do momento em que surgirem novos argumentos, superiores, do ponto de vista lógico, àqueles anteriormente adotados. Disso se inferem a inexistência de um método científico abstratamente determinado e a dependência desse método ao contexto (LOMBARDO, Luigi. Op. cit. p. 87/89).

8 Na epistemologia contemporânea é redimensionada a importância da distinção entre juízo de fato e juízo de valor, pressuposta pelos neopositivistas, reconhecendo-se que o conhecimento de dados empíricos não pode ser feito separadamente de algumas escolhas de tipo axiológico; o conhecimento empírico implica sempre a formulação de juízos, de apreciações, que põem à luz valores e referenciais teóricos pressupostos (LOMBARDO, Luigi. Op. cit. p. 96/97, com referência a CROCE, Benedetto. **Logica e scienza come concetto puro.** Bari: 1967. p. 95).

9 LOMBARDO, Luigi. Op. cit., p. 97.

desta não é tanto investigar e alcançar a verdade, mas sobretudo alcançar o consenso, a adesão do "auditório" sobre a tese fática a ser adotada[10].

No âmbito do processo, é certo que os critérios discursivos que justificam essa adesão tendem a atribuir credibilidade e legitimidade à conclusão alcançada pelo juiz[11] acerca dos fatos. O efetivo contraditório na produção de provas, ao lado da fundamentação *racional* da sentença baseada nos elementos probatórios alcançados, serve para justificar o resultado da prova, o que contribui para a justiça da decisão.

A nosso ver, porém, esse contraditório também constitui *instrumento* para estabelecer, ainda que de forma contingencial e provisória (como ocorre em qualquer ciência), a conformidade da decisão com a verdade dos fatos[12]. Nessa ótica, a análise da argumentação deve servir como critério à aferição de uma aproximação possível da conclusão do juiz a determinada hipótese fática, simplesmente porque não se pode supor que a adesão a uma das teses fáticas deva ser atribuída inteiramente à opinião e aos juízos de valor vazios do auditório, desvinculados de qualquer referência à realidade fenomênica[13].

Naturalmente, os desvios no conhecimento dos fatos ocasionados pela linguagem também devem ser considerados, haja vista o relativismo e a ambiguidade

---

10 Segundo Chaïm Perelman, "[o] que distingue a retórica da lógica formal e até das ciências positivas, *é que ela diz respeito mais à adesão do que à verdade.* As verdades são impessoais, e o fato de serem, ou não, reconhecidas nada muda em seu estatuto. Mas a adesão é sempre adesão de um ou mais espíritos aos quais nos dirigimos, ou seja, de um auditório" (**Lógica jurídica**. São Paulo: Martins Fontes, 2004. p. 143).

11 Ressalte-se que, como será visto adiante, a prova também serve para formar a convicção das *partes* sobre os fatos do litígio.

12 GOMES FILHO, Antonio Magalhães. Provas: Lei 11.690, de 09/06/2008. In: MOURA, Maria Thereza Rocha de Assis (Coord.). **As reformas no processo penal (as novas leis de 2008 e os projetos de reforma)**. São Paulo: RT, 2008. p. 250/251. Hélio Tornaghi já dizia que "A experiência demonstra ser o debate a melhor maneira de chegar à verdade" (**A relação processual penal.** 2. ed. São Paulo: Saraiva, 1987, cap. VI, p. 157). Marcos Antonio de Barros assinala que: "O juiz deve atuar permanentemente atento ao cumprimento do princípio do contraditório, pois ele constitui um instrumento, ainda hoje o menos imperfeito, para a busca da verdade. A obediência a esta regra fundamental é indispensável para que se evite a propagação de injustiças, fundadas em 'meias verdades', ou em mera hipótese que não se converteu em verdade" (**A busca da verdade no processo penal.** São Paulo: RT, 2002, cap. I, 1.6., p. 40). Alfredo Bargi entende que "só o contraditório pleno entre as partes permite a formação de uma prova como resultado de argumentações dialéticas, de tipo demonstrativo e útil fundamento da decisão final" (**Procedimento probatorio e giusto processo.** Napoli: Jovene, 1990, cap. I, 2.2, p. 90 – tradução livre. Giulio Ubertis diz que a melhor expressão da realidade se obtém apenas garantindo o contraditório entre os interessados (Diritto alla prova nel processo penale e corte europea dei diritti dell'uomo. **Rivista di diritto processuale.** Ano XLVIII. Padova: CEDAM, 1994, p. 490 – tradução livre.

13 Nesse sentido: LOMBARDO, Luigi. Op. cit. p. 133/137, esclarecendo, ainda, que a retórica e a dialética antigas tratavam sempre de uma persuasão *sobre* a verdade ou *para* a verdade, tendo sido o positivismo, o neopositivismo e a nova retórica os responsáveis por esta desvinculação.

que a mediação discursiva pode gerar[14]. No processo, tal como se dá nas ciências em geral, as observações estão carregadas de preconceitos, prejulgamentos etc., de modo que aos autos se trasladam as informações carregadas de emotividade, como que contaminadas das impressões das partes, das testemunhas, de terceiros e assim por diante. Nessa construção, "o juiz contribui ativamente, desde dentro" e "nela está presente toda carga de subjetivismo que acompanha qualquer atividade interpretativa"[15].

Embora as distorções provenientes do discurso argumentativo sejam muitas vezes inevitáveis, não parecem suficientes para afastar a busca da verdade possível como finalidade do processo, pela razão, já mencionada, de que um discurso argumentativo dissociado de qualquer pretensão de verdade, desenvolvido por qualquer das partes, estaria fadado ao fracasso em sede judicial. De qualquer modo, tais desvios enfatizam o peso da argumentação e a força persuasiva da prova.

A função persuasiva da prova tem, ainda, papel fundamental para a solução do litígio por outras vias que não o julgamento pelo juiz (como, por exemplo, para a transação no processo civil), na medida em que confere às partes uma visão clara das chances de êxito ou insucesso no processo.

Concordamos, nesse ponto, com a proposição de GUZMÁN de que a prova funciona, mais que como elemento persuasivo, com finalidade confirmatória da hipótese fática e, também, como fator de justificação das decisões judiciais. Neste último caso – prova como justificação – a prova permite verificar a coerência das inferências lógicas que conduziram à aceitação de uma hipótese como verdadeira. Trata-se de justificação jurídica que, na visão do autor, não se resume à mera *persuasão*[16].

---

14 Calamandrei ilustrou, em linguagem simples, a forma como o contraditório entre as partes e o órgão jurisdicional pode desviar a premissa fática contida da sentença da verdade almejada pela função demonstrativa da prova: "Ensina-se na escola que a verdade escrita na sentença nada mais é que o fato filtrado através da mente do juiz. Na realidade, as coisas são bem mais complicadas. Antes de chegar à mente do juiz, o fato deve passar através da narração que dele faz cada litigante a seu defensor e, depois, na fase de instrução, através dos esquecimentos ou das reticências das testemunhas, mais tarde ainda, no debate, através das reconstruções não imparciais dos defensores. Finalmente, chega ao juiz – não por um só caminho que corre à luz do sol, mas por dois caminhos tortuosos diferentes, que em grande parte de desenrolam subterraneamente, pois devem atravessar os obscuros meandros do espírito humano. [...] Cada homem reage de maneira diferente e imprevisível aos fatos externos; cada um os vê, ou os entrevê, a seu modo. A sentença é o resultado dialético dessa sucessão de reações individuais, cada uma das quais é, em si, misteriosa e imprevisível. Na sentença não há apenas o mistério final da consciência do juiz, mas também o concurso intermediário de toda uma série de consciências individuais, cada uma das quais é uma incógnita, diante da qual a previsão científica se detém, impotente" (**Eles, os juízes, vistos por um advogado.** São Paulo: Martins Fontes, 2000. p. 18/19).

15 ANDRÈS IBÁÑEZ, Perfecto. Sobre a motivação dos fatos na sentença penal. In: **Valoração da prova e sentença penal.** Lédio Rosa de Andrade (Org.). Rio de Janeiro: Lumen Juris, 2006. p. 71/72, com ampla referência doutrinária.

16 GUZMÁN, Nicolás. **La verdad en el proceso penal...** Op. cit. p.100.

A resistência à finalidade exclusivamente argumentativa da prova é enfatizada por FERRAJOLI, tal tendência confere à doutrina conotação abertamente anticognotivista e decisionista[17]. Observe-se que é o próprio Ferrajoli quem refuta a busca da *verdade material* no processo penal, por considerar tal expressão impregnada de uma conotação ideológica de caráter autoritário e inquisitorial[18]. Isso, porém, não indica o afastamento do valor *verdade* no processo. Ao mesmo passo em que afirma que a *verdade* de uma teoria científica e de qualquer argumentação ou proposição empírica é sempre uma verdade não definitiva, mas contingente, conclui também que, apesar da relatividade desta, é possível utilizar a noção de verdade por aproximação da verdade objetiva, sugerida por POPPER[19], e entendida esta como modelo ou ideia reguladora[20]. Parece-nos clara, nesse ponto, a relação teleológica entre prova e verdade.

Em sentido análogo, FERRER BELTRÁN diz ser inevitável que se transfiram para o Direito os problemas filosóficos sobre a noção de verdade, na medida em que o âmbito do Direito não está dissociado da nossa linguagem e da nossa experiência empírica. Mesmo nas outras ciências não é possível alcançar sempre a verdade por meio de experimentos, mas nem por isso se a exclui como objetivo[21]. Anota, ainda, que não

---

17 FERRAJOLI, Luigi. **Direito e razão. Teoria do garantismo penal.** 3. ed., São Paulo: RT, 2010. p. 82, nota de rodapé n. 49.

18 *Idem, ibidem.* No mesmo sentido, cf. KHALED Jr., Salah H. **Ambição de verdade no processo penal. Desconstrução hermenêutica do mito da verdade real.** Salvador: JusPodivm, 2009, *passim* e, especialmente, p. 43, onde se lê: "O dogma da verdade real [...] tem profunda relação com as *práticas investigativas* da Inquisição, que entraram em vigor no apagar das luzes do medievo, colocando em evidência tudo o que havia de *pior* no inquérito enquanto saber e enquanto poder. A Inquisição representou a expressão máxima da *intolerância* diante de uma situação de ruptura iminente da *totalidade dogmática* que havia se mantido dominante por séculos a fio. Dentro de um contexto de ameaça de *rompimento* do parâmetro religioso então estabelecido – em virtude da Reforma – foi colocado em prática um temível mecanismo de *repressão persecutória-político-religiosa*".

19 Objective knowledge. An evolutionary approach (1972). Trad. it. de A. Rossi. In: **Conoscenza oggettiva. Un punto de vista evoluzionario.** Roma: Armando, 1975, 10. p. 393/396, *apud* FERRAJOLI, Luigi, *idem ibidem*.

20 "Tudo isso vale com maior razão para a verdade processual, que também pode ser concebida como uma verdade aproximada a respeito do ideal iluminista da perfeita correspondência. Este ideal permanece apenas como ideal. Mas nisto reside precisamente o seu valor: é um princípio regulador (ou um modelo limite) na jurisdição, assim como a ideia de verdade objetiva é um princípio regulador (ou um modelo limite) da ciência. No plano semântico, com efeito, a verdade das teses jurídicas não difere em princípio da verdade das teses científicas. As diferenças podem ser registradas, se for o caso, com base em duas questões: alguns limites específicos deste tipo de verdade, que [...] afasta[m] o modelo ideal da correspondência também por causa de fatores intrínsecos aos universos empíricos sobre os quais versam as proposições jurisdicionais; e, por outro lado, as condições semânticas e pragmáticas, também específicas, da verificabilidade e da verificação processual" (FERRAJOLI, Luigi. **Direito e razão. Teoria do garantismo penal**. Op. cit., primeira parte, cap. I, 4, p. 55).

21 FERRER BELTRÁN, Jordi. **Prova e verità nel diritto.** Bologna: Il Mulino, 2004, cap. I, 3.1., p. 35, nota de rodapé 19 (tradução livre).

se podem confundir a relação teleológica da prova com a verdade e os objetivos das partes. A finalidade do instituto jurídico da prova é a busca da verdade acerca de determinados fatos a fim de fazer incidir sobre eles, como consequência jurídica, determinadas soluções normativas. Coisa diversa é a questão pertinente aos objetivos das partes e do juiz na atividade probatória. Estes são absolutamente contingenciais e podem ser individuados em cada caso: pode ocorrer que a finalidade das partes seja somente aquela de obter o convencimento do juiz ou, mesmo, de protelar o andamento do processo. Isto, porém, não é relevante para análise conceitual da prova[22]. Em suma, o que este autor conclui é que, embora se possa dizer que o convencimento – ou a certeza[23] – do juiz possam ser objetivos almejados pelas partes na fase probatória, a serem alcançados a partir dos meios de prova produzidos com o objetivo de persuadir o juiz sobre a verdade dos fatos descritos, não se pode dizer que, necessariamente, o êxito de uma das partes nesta empreitada se identifique com o sucesso no funcionamento do instituto jurídico da prova[24]. O período a seguir transcrito reflete fielmente a relação entre as funções do direito, do processo e, mais especificamente, da prova enquanto instituto jurídico, com a verdade:

> Se uma das funções principais do direito é a de disciplinar as condutas, o cumprimento desta função requer que no processo se apliquem as consequências jurídicas previstas nas normas se, e somente se, tenham sido efetivamente produzidos os fatos que determinam essas consequências. Assim, a prova como atividade tem a função de demonstrar a produção desses fatos condicionantes, ou, o que é o mesmo, determinar o valor de verdade dos enunciados que descrevem a sua verificação. O sucesso do instituto da prova jurídica é produzido quan-

22 FERRER BELTRÁN, Jordi. **Prova e verità nel diritto**. Op. cit. Capítulo I, item 3.1.. p. 33/34.

23 Reforçando a dificuldade de se dissociar estes objetivos da busca da verdade, Carlo Furno sustenta, com amparo na doutrina italiana e alemã, que a certeza é a configuração subjetiva da verdade: "O que, objetivamente considerado, se chama verdade histórica, sob um ponto de vista subjetivo é certeza. [...] Diante do que foi dito, pode causar surpresa a aproximação entre verdade e certeza. Da verdade se fala sempre, bem ou mal, no sentido objetivo. A certeza, diversamente, é um estado de conhecimento individual; é a configuração subjetiva da verdade. Por conseguinte, é relativa enquanto pode ser distinta para cada um dos seres dotados de conhecimento" (Teoría de la prueba legal. Madrid: **Editorial Revista de Derecho Privado**, 1954, cap. I, item 3, p. 17 – tradução livre). Em sentido análogo, definindo a certeza como "crença na conformidade entre a noção ideológica e a realidade ontológica", determinada, sempre, por critérios objetivos e racionais, MALATESTA, Nicola Framarino dei. **A lógica das provas em matéria criminal**. São Paulo: Saraiva, 1969, v. I, primeira parte, cap. I, p. 45). Mais adiante, distingue o autor a *certeza* do *convencimento* do juiz: "a certeza é a afirmação preliminar da verdade, significando que a noção ideológica se apresenta como verdadeira; o convencimento é a afirmação sucessiva da posse da certeza, significando que a certeza é legítima, e que o espírito não admite dúvidas sobre aquela verdade. O convencimento racional, em suma, não é senão um juízo sucessivo, determinando e aperfeiçoando o primeiro, que constitui a certeza; a certeza é a opinião da verdade; o convencimento, por sua vez, é a opinião da certeza, como legítima" (Op. cit., primeira parte, cap. II, p. 53).

24 No mesmo sentido, Gian Franco Ricci (Nuovi rilievi sul problema della 'specificità' della prova giuridica. **Rivista Trimestrale di Diritto e Procedura Civile.** Ano LIV. Milano: Giuffrè, 2000. p. 1.138) adverte que não se pode confundir a função da prova com a função dialética dos defensores.

do os enunciados fáticos que se declaram provados são verdadeiros, de modo que se possa sustentar que a função da prova é a determinação da verdade sobre fatos[25].

Nesse ponto, constata-se que não há como não ceder ao argumento de TARUFFO de que a busca da verdade encerra uma posição ideológica ou valorativa diante da justiça ou mesmo dos objetivos do processo. Para aqueles que, de alguma forma, consideram a obtenção de uma decisão justa como uma finalidade do processo, e sem embargo de outros critérios que possam conduzir à justiça desta decisão, pode-se sustentar que ela nunca será justa se fundada em premissa fática equivocada ou inaceitável[26]. Isso se aplica mesmo àqueles cultores do processo como meio de resolução de conflitos, na medida em que esta solução haverá de ser minimamente razoável ou justa. Também para os defensores das teorias procedimentais da justiça a ausência de um juízo fático errôneo se apresenta como indicativo de decisão justa[27].

Em suma, a necessidade de se alinhar a atividade probatória com a teoria do processo e com a teoria do direito pode ser verificada mesmo para aquelas teorias que, em lugar de atribuírem à jurisdição o objetivo puro e simples de fazer atuar o direito abstratamente previsto na norma jurídica, defendam uma visão denominada *não autoritária*, como a sustentada por MONTERO AROCA[28]. É que, segundo o autor, a função da jurisdição deve se centrar em que o juiz é o último garante dos direitos que o ordenamento reconhece ao indivíduo, notadamente os direitos fundamentais. Ora, afigura-se óbvio que, como garante de direitos fundamentais – seja de que ramo forem tais direitos –, o juiz deve cuidar de resguardá-los da melhor forma possível, o que traz à tona a relação entre prova e verdade no processo. Logo, a busca da verdade como objetivo do processo também se coaduna com esta concepção, na justa medida em que a verdade não está excluída como premissa relevante à garantia, pela via judicial, dos direitos fundamentais.

Importante precisar, ainda, que esta relação finalística entre prova e verdade não conduz à identidade entre uma coisa e outra, de tal modo que se deva – ou se possa afirmar – que o resultado da prova, no processo, é sempre a verdade. Pode ocorrer que, mesmo sendo verdadeiro, o enunciado fático não seja provado; ou, ainda, que

---

25 FERRER BELTRÁN, Jordi. **Prova e verità nel diritto**. Op. cit. cap. II, n. 4, p. 83/84 (tradução livre).

26 TARUFFO, Michele. **La prueba de los hechos**. Op. cit., cap. I, 4.2, p. 64. Mais adiante, à p. 69, diz que "uma justiça não arbitrária deve basear-se, em alguma medida, na verdade, isto é, em juízos de verificação empírica; está claro, em contrapartida, em uma justiça 'sem verdade' equivale a um sistema de arbitrariedade no qual não existem garantias substanciais nem processuais" (tradução livre). Em sentido análogo, Larry Laudan associa a ideia de verdade à justiça e, também, à legitimação das decisões: "A verdade, embora não seja garantia de justiça, é uma condição essencial a ela. A legitimação pública, tanto quanto a justiça, demanda acurácia nos veredictos" (**Truth, error, and criminal law. An essay in legal epistemology.** Cambridge/New York: Cambridge University Press, 2008. p. 2.

27 TARUFFO, Michele. **La prueba de los hechos**. Op. cit., cap. I, 4.2, p. 66.

28 **La prueba en el proceso civil.** 4. ed. Navarra: Civitas Thomson, 2005, cap. I, item IV, p. 44.

haja elementos probatórios que o refutem. Em casos tais, tudo o que poderá ser dito é que a prova não cumpriu sua função enquanto atividade[29]. Parece sensato entender, com Beltrán, que o problema da relação entre prova e verdade possa ser solucionado satisfatoriamente da seguinte forma: a finalidade da prova como instituto jurídico é aquela de permitir que se alcance o conhecimento da verdade dos enunciados fáticos[30]. A racionalidade desta teoria consiste na possibilidade de se verificar, a partir dos elementos probatórios, a relação de correspondência entre o que se demonstrou no processo e aquilo que se alega ter ocorrido no plano fático. Embora não haja uma vinculação entre prova e verdade que faça da segunda um requisito conceitual da primeira, existe, sim, uma relação teleológica[31].

O fato de se sustentar determinado propósito ou finalidade de um instituto ou de uma atividade não excluiu a existência de outros propósitos ou finalidades[32]. Por isso pode-se objetar, apesar da precípua finalidade demonstrativa da prova, que o elemento argumentativo não tem como ser excluído da atividade probatória. Com essa afirmação, não se está a propugnar a índole exclusivamente persuasiva da prova, cuja função principal é, sem dúvida, permitir o esclarecimento da verdade dos fatos afirmados em juízo. Deve ser admitido, porém, que a delimitação dos fatos, tal como feita nas peças postulatórias, sofre consideráveis influxos argumentativos, o que também ocorre no curso da atividade probatória. Assim, mesmo do sujeito imparcial da relação – órgão jurisdicional –, que tem como dever a apuração dos fatos, tais como ocorridos na realidade fenomênica, não se pode exigir uma atividade *asséptica* no exercício deste mister, até porque, muitas vezes, tal atividade estará limitada pelas alegações das partes.

Deste modo, parece-nos correto refutar exclusivamente demonstrativa ou puramente persuasiva da prova. Observa-se, neste ponto, que estas finalidades se complementam. Não é possível crer que a verdade seja um valor absoluto, o único determinante para a justiça da decisão, sob pena de se admitir a prática de atrocidades em busca da verdade a todo custo; por outro lado, também não se pode adotar uma posição cética quanto à possibilidade de se alcançar a verdade, como se o processo fosse indiferente ao esclarecimento dos fatos, transformando-o num duelo de habilidades argumentativas entre as partes perante o juiz[33].

Advirta-se, ainda, que, conquanto o elemento confirmatório – ou demonstrativo – seja preponderante, a função argumentativa da prova não pode ser jamais despre-

---

29 *Idem, ibidem.*

30 FERRER BELTRÁN, Jordi. **Prova e verità nel diritto**. Op. cit., cap. II, item 5, p. 87.

31 FERRER BELTRÁN, Jordi. **La valoración racional da la prueba.** Madrid/ Barcelona/Buenos Aires: Marcial Pons, 2007, introdução, p. 20.

32 FERRER BELTRÁN, Jordi. **Prova e verità nel diritto**. Op. cit., capítulo II, item 4, p. 84; *id.,* **La valoración racional de la prueba**. Op. cit., primeira parte, item 2.1, p. 31.

33 Cf., no mesmo sentido: GRECO, Leonardo. **O conceito de prova. Estudos de direito processual.** Campos dos Goytacazes: Editora da Faculdade de Campos, 2005.

zada ou subestimada, pois nela reside muito do caráter democrático do processo, que permite às partes exprimir e submeter a teste seus pontos de vista acerca da verdade de maneira a influir na decisão do juiz[34]. O método probatório é dialético e, por isso, a prova não pode prescindir da função argumentativa.

A partir do momento em que se concebe a função demonstrativa (ou confirmatória) da prova, admite-se a possibilidade de uma fixação dos fatos próxima à verdade fenomênica. E essa fixação será tanto mais próxima da realidade fenomênica quanto maior for a importância conferida pelo sistema à busca da verdade. A medida desta importância se aufere a partir do estudo das limitações probatórias, que podem ser de diversas ordens (tais como o sistema de preclusões, as regras legais de admissibilidade e valoração probatória, a proibição de provas ilícitas etc.).

Dito isso, é possível extrair três conclusões fundamentais, que devem guiar todo o estudo do direito probatório tanto no processo civil como no processo penal: a verdade é um valor essencial, mas não o único determinante à justiça do processo e da solução nele alcançada; existem limitações à atividade probatória que se sobrepõem à busca da verdade; a prova é também veículo para argumentação e influência nas decisões judiciais, razão por que sua produção não pode prescindir do contraditório.

3. Influência das concepções demonstrativa e persuasiva da prova sobre o ordenamento jurídico positivo: o novo CPC e o direito à prova

No âmbito do Direito Processual, a dogmática jurídica já assentou que o direito à prova é direito de agir e de se defender provando[35], o que, sem dúvidas, reforça a ideia de que a prova não pode ser dissociada de sua função demonstrativa, na justa medida em que o Direito se aplica aos fatos afirmados pelas partes. Por outro lado, não se pode descurar que o direito à prova emana da própria concepção de contraditório[36],

---

34 Na tentativa de demonstrar que as funções argumentativas da prova não são indissociáveis da função confirmatória ou demonstrativa, Taruffo observa que, embora já tenha invocado a retórica para sustentar suas teorias sobre alguns aspectos do processo, Chaïm Perelman jamais chegou a propor uma concepção retórica global do processo (**La prueba de los hechos**. Op. cit., cap. I, item 3, p. 49, nota de rodapé n. 81).

35 VASSALI, Giuliano. Il diritto alla prova nel processo penale. **Rivista italiana di diritto e procedura penale**, 1968, p. 12; TARUFFO, Michele. Il diritto alla prova nel processo civile. Op. cit. p. 75; COMOGLIO, Luigi Paolo. **La garanzia costituzionale dell'azione e il processo civile.** Padova: CEDAM, 1970. p. 148 e ss.

36 GRINOVER, Ada Pellegrini; GOMES FILHO, Antonio Magalhães; FERNANDES, Antonio Scarance. **As nulidades no processo penal.** 11. ed. São Paulo: RT, 2009, Capítulo IX, item 2, p. 113. Hernando Devís Echandía considera que a obrigação do juiz de decretar, praticar e ter em conta as provas requeridas pelas partes emana do direito subjetivo que as Constituições outorgam a estas de serem ouvidas ao serem julgadas e que está compreendido no direito ao contraditório; cita, nesse sentido, o art. 26 da Constituição colombiana (**Teoria general de la prueba judicial.** Buenos Aires: Víctor P. de Zavalía, n/d., t. I, cap. 12, p. 34-39, com amplas referências bibliográficas). Comoglio assinala que o direito à prova é inerente às garantias constitucionais do justo processo; é o direito das partes de agirem em juízo

porquanto a proposição, admissão, e consequente produção das provas são essenciais para que as partes possam influir na decisão judicial no que concerne às questões fáticas[37]. Trata-se de direito que provém do contraditório (art. 5º, LV, da CF)[38], e à luz dele deve ser exercido[39].

Pode-se afirmar, assim, que o direito à prova possui dupla acepção, constituindo: a) o direito das partes e da sociedade de aplicar o direito objetivo a uma premissa fática que corresponda, tanto quanto possível, à realidade fenomênica, e, b) o direito de explorarem ao máximo as possibilidades argumentativas voltadas a esse fim, observadas as limitações inerentes ao discurso judicial.

O novo Código garante o direito à prova sob ambas as perspectivas, ao estabelecer o princípio da liberdade ou atipicidade dos meios de prova, viabilizando a amplitu-

---

"provando" os fatos e fundamentos das próprias pretensões, e de defenderem-se das alegações de fato ou das atividades probatórias desenvolvidas pela contraparte, deduzindo provas que lhes sejam favoráveis e contestando as que lhes sejam desfavoráveis, sempre em contraditório (**Le prove civili.** 3. ed. Torino: UTET Giuridica, 2010, cap. I, item 5, p. 39-41). Trocker considera o direito à prova como uma extensão dos direitos de ação e de defesa, por consistir a atividade probatória num instrumento para exercício desses direitos (**Processo civile e costituzione. Problemi di diritto tedesco e italiano.** Milano: Giuffrè: 1974. Parte III, cap. IX, p. 509/510).

37 "Caracteriza-se, assim, um verdadeiro *direito subjetivo* à introdução do material probatório no processo, bem como de participação em todas as fases do procedimento respectivo: direito subjetivo que possui a mesma natureza constitucional e o mesmo fundamento dos direitos de *ação* e de *defesa:* o *direito de ser ouvido em juízo* não significa apenas poder apresentar ao órgão jurisdicional as próprias pretensões, mas também inclui a garantia do exercício de todos os poderes para influir positivamente sobre o convencimento do juiz" (GOMES FILHO, Antonio Magalhães. **Direito à prova no processo penal.** São Paulo: RT, 1997, cap. III, item 9, p. 84).

38 No âmbito internacional, há diversas normas que consagram direta ou indiretamente o direito à prova. Entre as normas integrantes do Direito pátrio, podem-se citar a Convenção Americana de Direitos Humanos (Pacto de São José da Costa Rica), incorporada pelo Decreto nº 678/1969, que estabelece, no art. 2º, letra *f*, o "direito da defesa de, em plenas condições de igualdade com a acusação, inquirir as testemunhas presentes no Tribunal e de obter o comparecimento, como testemunhas ou peritos, de outras pessoas que possam lançar luz sobre os fatos". Também deve ser citado o Pacto Internacional de Direitos Civis e Políticos de Nova Iorque, incorporado pelo Decreto nº 592/1992, que contém previsão análoga no art. 14, parágrafo 3º, letra *e*.

39 Importante registrar que, também no âmbito internacional, há diversas normas que consagram direta ou indiretamente o direito à prova. Entre as normas integrantes do Direito pátrio, podem-se citar a Convenção Americana de Direitos Humanos (Pacto de São José da Costa Rica), incorporada pelo Decreto nº 678/1969, que estabelece, no art. 2º, letra *f*, o "direito da defesa de, em plenas condições de igualdade com a acusação, inquirir as testemunhas presentes no Tribunal e de obter o comparecimento, como testemunhas ou peritos, de outras pessoas que possam lançar luz sobre os fatos". Também deve ser citado o Pacto Internacional de Direitos Civis e Políticos de Nova Iorque, incorporado pelo Decreto 592/1992, que contém previsão análoga no art. 14, parágrafo 3º, letra *e*. Essas garantias, instituídas, aparentemente, para o processo penal, estendem-se, induvidosamente, ao processo civil.

de da busca da verdade e da utilização de métodos argumentativos para tanto[40]. Desse princípio, antes previsto no art. 332 do CPC/1973, decorre que a admissão dos meios de prova requeridos pelas partes deve ser o mais abrangente possível, de modo que a lei e o juiz não podem limitar desarrazoadamente, o exercício dos meios de prova. Por isso, todas as técnicas argumentativas poderão ser utilizadas para o fim de esclarecer os fatos, ressalvando-se apenas os meios ilícitos ou moralmente ilegítimos, que são aqueles que ofendam direitos fundamentais.

Não será por ter sido o legislador omisso a respeito (i.e., pela ausência de previsão legal do *método*), ou então porque, à época em que foi feita a lei, se desconhecia, cientificamente, um meio de prova, que este não deverá ser admitido. O que interessa é que o meio seja jurídico – isto é, não repelido pelo sistema, mas harmônico com este – como também moralmente lícito.

Nesse sentido, dispõe o art. 369 do CPC/2015, na linha do que já estabelecia o art. 332 do CPC/1973, que:

> As partes têm o direito de empregar todos os meios legais, bem como os moralmente legítimos, ainda que não especificados neste Código, para provar a verdade dos fatos em que se funda o pedido ou a defesa e influir eficazmente na convicção do juiz

Merece aplauso, nesse contexto, a redação do referido dispositivo, que, ao invés de repetir a dicção do art. 332 do revogado CPC, traz um enunciado que privilegia a atividade argumentativa das partes no exercício do direito à prova. Veja-se que o novo texto legal se refere expressamente ao direito que *as partes* têm de empregar todos os meios legais. Sob a ótica dos objetivos da prova, a lei é clara ao incorporar ambas as finalidades analisadas no tópico precedente, a saber: "provar a verdade dos fatos em que se funda o pedido ou defesa" (função demonstrativa) e "influir eficazmente na convicção do juiz" (função persuasiva da prova).

Fica evidenciada aqui não só a ideia de um contraditório das partes com o juiz, na busca intersubjetiva da verdade, mas, também, uma mudança verdadeira de paradigma: a parte é também destinatária da prova. Essa modificação de paradigma parte do reconhecimento de que, mesmo sendo o sujeito imparcial da relação jurídico-processual, não é o magistrado o único destinatário da prova. Até por isso, não lhe é dado indeferir a produção de prova de acordo com um juízo prévio de valor acerca do resultado a ser obtido. Nesse sentido, a argumentação sobre os fatos do litígio pode ser limitada

---

40 Explica Guzmán, com apoio na Retórica de Aristóteles que "A persuasão pode ser obtida recorrendo a meios extratécnicos ou técnicos. Os primeiros são as argumentações (buscadas através de um método e pelo nosso trabalho), estes últimos são os testemunhos, as confissões sob tortura, os documentos etc. A atividade argumentativa propõe-se a examinar não tanto o que pertence à verdade ou à falsidade, mas, antes, o que é opinado, independentemente do valor que de fato possua. A retórica, em consequência, tem relação não com a verdade, mas sim com a conjectura do provável, e refere-se, portanto, não tanto à verdade, mas à adesão" (**La verdad en el proceso penal...** Op. cit., p. 98/99 –tradução livre).

pelo juiz apenas quando as provas propostas pelas partes se revelarem inúteis ou meramente protelatórias (art. 370, parágrafo único, do CPC/2015), i.e., quando não disserem respeito a fatos pertinentes e relevantes para a resolução do litígio, que não tenham *potencialidade* de influenciar a conclusão sobre os fatos. Esse juízo deve ser feito em abstrato, tendo em vista a argumentação expendida pelas partes ao requerer determinada produção de prova, sendo vedado ao juiz exercer qualquer juízo valorativo prévio sobre o resultado da prova no caso concreto, como um pretexto para inadmitir sua produção[41].

Em corroboração à ideia de que as partes também são destinatárias da prova, tem-se um instituto específico, previsto no art. 381, incs. II e III, do CPC/2015, que estabelece o direito autônomo à prova. Fortemente influenciado pelos ordenamentos de *common law*, esse instituto tem por objetivo garantir ao jurisdicionado um procedimento para, pura e simplesmente, produzir prova sobre determinado fato. Essa prova não precisa estar vinculada a um litígio, a um processo presente ou futuro e não depende, como nas medidas cautelares (art. 381, I, do CPC/2015), da demonstração do risco de perecimento da prova. O objetivo do direito autônomo à prova é permitir que os interessados possam: a) fundamentar e instruir melhor futuras ações ou defesas; b) evitar a propositura de ações infundadas, e c)viabilizar a celebração da autocomposição.

Nesse procedimento, a prova será produzida, em princípio, exclusivamente para os interessados analisarem; somente num eventual processo futuro (que não necessariamente virá a ser instaurado) é que poderá o juiz valorar os elementos probatórios resultantes da produção antecipada de prova. Logo, O requerimento do art. 381 do CPC/2015 serve, tão somente, para as três primeiras fases do procedimento probatório: postulação, admissão e produção[42], sem que seja necessária ou possível a valoração do material obtido.

---

41 Cf., nesse sentido: ARRUDA ALVIM, José Manoel de. Questões controvertidas sobre os poderes instrutórios do juiz, a distribuição do ônus probatório e a preclusão *pro judicato* em matéria de prova. In: DIDIER JR., Fredie; NALINI, José Renato; RAMOS, Glauco Gumerato; LEVY, Wilson (Coord.). **Ativismo e garantismo processual.** Salvador: JusPodivm, 2013. p. 97/110; MARINONI, Luiz Guilherme; ARENHART, Sérgio Cruz; MITIDIERO, Daniel. **Novo curso de direito processual civil. Tutela dos direitos mediante procedimento comum.** São Paulo: RT, 2015. v. 2, p. 226/227; GUEDES, Clarissa Diniz; LEAL, Stela Tanure. O cerceamento do acesso à prova devido à confusão entre planos de admissibilidade e valoração do material probatório. **Revista de Processo** 240, jan. 2015, p. 15/40; DEMARI, Lisandra. **Juízo de relevância da prova. Prova judiciária: estudos sobre o novo direito probatório**. Danilo Knijnik (Coord.). Porto Alegre: Livraria do Advogado, 2007; MATTOS, Sérgio. O juiz é destinatário da prova: porta aberta para o arbítrio? In: MITIDIERO, Daniel e AMARAL, Guilherme Rizzo (Coords.). **Processo civil. Estudos em homenagem a Carlos Alberto Alvaro de Oliveira.** São Paulo: Atlas, 2012. p. 447/458.

42 Assim, de certa forma, já se entendia, sob a égide do CPC/1973, a respeito da cautelar antecipatória de prova: "Na ação cautelar de produção antecipada de prova é de se discutir apenas a necessidade e utilidade da medida, sendo incabível o enfrentamento de questões de mérito, que serão dirimidas na apreciação da ação principal, se e quando esta for proposta. [...] admitindo-se que as possíveis críticas aos laudos periciais sejam realizadas nos autos principais, oportunidade em que o Magistrado fará a devida valoração das provas" (STJ, 3ª T., REsp 1.191.622/MT, Rel. Min. Massami Uyeda, j. 25/10/2011, DJe 08/11/2011).

Quando se cogita do exercício do direito autônomo à prova, a indicação do interesse na produção desta se adstringe à necessidade de esclarecimento de algum fato[43]. Tem-se, portanto, maior amplitude no debate entre as partes; o contraditório não está limitado, como no discurso processual tradicional, a um determinado litígio, mas aos fatos definidos pelo requerente em sua petição.

Ora, com efeito, se a produção antecipada da prova, nas hipóteses desvinculadas do *periculum in mora* (art. 381, II e III, do CPC/2015), decorre da configuração constitucional do direito autônomo à prova, é certo que, em princípio, sempre haverá interesse na verificação de uma situação de fato ou na situação de uma coisa. Assim, a menos que haja abuso no exercício do direito à prova, é correto afirmar, como faz Flávio Luiz Yarshell[44], que em tais casos a antecipação integra a própria garantia constitucional. E assim é porque, para entender desnecessária a prova seria preciso negar a ideia de que as partes têm o direito de analisar seus ônus e suas chances em juízo e, nessa medida, buscar caminhos – não necessariamente judiciais – para solucionar suas questões[45].

Verifica-se, aqui, uma substancial modificação no contexto do debate probatório, na medida em que este se dirige e é protagonizado pelas partes e seus respectivos advogados. Como se sabe, as partes são os primeiros interessados nas provas, eis que, a cada elemento obtido no curso da instrução probatória (v.g., a partir do produto do depoimento de uma testemunha, de um laudo pericial etc.), podem traçar sua conduta futura, bem como vislumbrar a solução jurídica mais provável de ser atribuída pelo juiz ao caso. Por isso, nada mais coerente que permitir que o contraditório sobre a prova se desenvolva de maneira autônoma e independente ao processo, de modo a permitir que os interessados saibam, de antemão, quais seriam as perspectivas de êxito num processo judicial.

Com isso, fica desconstruída a ideia de ser o juiz o senhor e dono da prova, único interessado (e conhecedor) de seu resultado.

Outras regras interessantes que redefinem as bases do debate sobre os fatos no âmbito do processo civil podem ser verificadas no CPC/2015, merecendo destaque: a) a participação dos advogados na intimação de testemunhas, conferindo-lhes a fé e o crédito que merece a profissão (art. 455 do CPC/2015); b) a possibilidade de

---

43 Como explica Leonardo Greco: "O interesse de agir é muito tênue, mas existe. O requerente não está obrigado a afirmar ou a demonstrar a necessidade de produção de prova para dela extrair em seu benefício algum efeito jurídico imediato. No entanto, ninguém pode usar de um procedimento judicial para fins ilícitos ou para molestar judicialmente a outrem. Por isso, o já citado art. 382 exige que o requerente exponha sua intenção em petição circunstanciada. Embora o requerente não tenha o ônus de demonstrar desde logo se a prova pretendida tem alguma finalidade prática ou jurídica, o interesse de agir corresponde à não manifesta ilicitude da prova constituenda e à hipotética possibilidade, ainda que remota, de que ela possa ter alguma utilidade lícita para o requerente" (**Instituições de direito processual civil.** Rio de Janeiro: Gen-Forense, 2015. v. II, p. 129).

44 Flávio Luiz Yarshell. **Antecipação da prova sem o requisito da urgência e direito autônomo à prova.** São Paulo: Malheiros, 2009. p. 340.

45 *Idem, ibidem.*

inquirição direta das testemunhas pelos advogados das partes, sem intermediação do órgão judicial (art. 459 do CPC/2015)[46]; c) a possibilidade de consenso das partes sobre a escolha do perito (art. 471 do CPC/2015), retirando-se do juiz o monopólio de tal decisão e viabilizando, muitas vezes, a indicação de profissionais mais adequados ao esclarecimento dos fatos; d) a possibilidade, agora expressamente positivada no CPC, de redistribuição do ônus da prova de acordo com as possibilidades das partes (art. 373, § 1º, do CPC/2015), ampliando-se as hipóteses de argumentação; e) a possibilidade de convenções atípicas sobre provas (art. 190 do CPC/2015), embora sejam ainda controvertidos os limites e as possibilidades destes negócios jurídicos, os quais, no âmbito probatório, certamente serão estabelecidos tendo em vista, além de outros fatores, as finalidades da prova.

Todas essas disposições confirmam o quanto se concluiu no tópico precedente, relativamente à importância do contexto em que se dá a busca do conhecimento. E as novas bases em que se desenvolve o debate judicial sobre as provas garantem induvidosa importância à participação das partes.

É preciso enfatizar, por fim, que a contribuição das partes para o resultado da prova é proporcional à intensidade do exercício do contraditório em todas as fases

---

46 Há, nesse ponto, franca oposição ao que previa o CPC revogado, no art. 452, III, do CPC/2015. Por estar o ordenamento brasileiro filiado à tradição de *civil law,* sempre se acreditou que o fato de se permitir à testemunha narrar o que sabe, sem intervenção alguma do juiz, *em regra* constituiria uma maneira de propiciar testemunhos menos exatos ou inúteis, pelo menos em parte (nesse sentido, *vide* ALVIM, Arruda. **Manual de direito processual civil**. 16. ed. São Paulo: RT, 2013. p. 1.038). Assim, o CPC/1973 determinava que o juiz colhesse diretamente a prova testemunhal (art. 452, III), o que lhe permitia, discreta e sensatamente, intervir no rumo do depoimento, eventualmente mesmo pela formulação das perguntas, fazendo com que as respostas se reportassem aos fatos objeto da prova, e, ainda, apurando o quanto possível se a testemunha diz a verdade. Todavia, com a influência recíproca entre os sistemas de *civil law* e de *common law,* bem como em virtude da ênfase mais recente à participação efetiva das partes no processo, o que se deve à constitucionalização deste, observou-se uma modificação gradativa da mentalidade doutrinária sobre o tema. Se, inicialmente, acreditava-se no juiz como o sujeito adequado a "liderar" a inquirição das testemunhas, permitindo-se-lhe inquiri-las antes que a partes o fizessem e, sobretudo, intervindo diretamente na inquirição por elas realizada, atualmente há tendência a se sustentar a tese oposta. Acreditam alguns, à luz da ideia do processo comparticipativo, que se deva romper com o dogma de que o juiz seria o sujeito mais bem preparado para conduzir a instrução da causa. Cf., nesse sentido: MARINONI, Luiz Guilherme; ARENHART, Sérgio Cruz. **Comentários ao código de processo civil.** São Paulo: RT, 2005. v. V, t. II, p. 559; DIDIER JR., Fredie; OLIVEIRA, Rafael Alexandria de; BRAGA, Paula Sarno. **Curso de direito processual civil**. Salvador: JusPodivm, 2015. v. 2, p. 252. Especificamente no âmbito da prova testemunhal, há quem sustente, com base na experiência dos ordenamentos de *common law,* que a preponderância da atividade das partes na produção da prova seria o método mais adequado à busca da verdade e, também, à preservação da imparcialidade do juiz. Isso se deve à crença de que o interrogatório direto e cruzado (*direct* e *cross examination*) otimiza o contraditório ao viabilizar o exercício do poder argumentativo das partes (cf. CAPPELLETTI, Mauro. **La testimonianza della parte nel sistema dell'oralità**. Parte Seconda. Milano: Giuffrè, 1974. p. 472, nota de rodapé n. 4). A arguição intermediada pelo juiz, ao contrário, ocasionaria uma interferência indevida na arguição feita pelas partes. Trata-se, porém, de tendência ainda não pacificada, que gera muitos questionamentos.

probatórias. E, nesse passo, o art. 10 do CPC/2015 é categórico, não deixando margem a qualquer dúvida sobre o espaço reservado às partes e ao juiz na argumentação prévia a qualquer decisão judicial.

Desde o juízo de admissibilidade, deve ser viabilizada a participação isonômica dos sujeitos processuais, de tal modo que, se uma das partes requer a produção de prova para a demonstração de determinado fato, à outra deve ser garantida a oportunidade de requerer a contraprova[47], isto é, de propor a produção de meios de prova tendentes a desmentir o *facto probandum.* E o direito à contraprova somente pode ser exercido se observada a exigência de explicitação dos fundamentos das provas requeridas pelas partes, por ser insuficiente a ciência das partes sobre os respectivos requerimentos de prova, dissociados de qualquer justificativa. Sobressai, no particular, a importância da audiência de saneamento (art. 357, § 3º, do CPC/2015) e da integração do juiz no contraditório com o fito de esclarecer quaisquer dúvidas sobre a utilidade dos meios de prova requeridos pelas partes, bem como daqueles que eventualmente possam vir a ser determinados *ex officio*[48].

Ainda, o direito à prova, exercido em contraditório, não se exaure na possibilidade de requerimento e de produção de provas, mas diz com a necessária participação na atividade probatória, a partir de atos como a inquirição de testemunhas, formulação de quesitos e indicação de assistente técnico que possa atuar em contraditório nas perícias etc.

Também em razão do princípio do contraditório[49] o juiz não se pode valer do conhecimento privado de fatos na decisão da causa; se as partes não tiverem condições de participar da admissão e produção da prova, de contribuir para o seu resultado e

---

47 No sentido de que o direito à prova abrange, obviamente, a contraprova, cf., TARUFFO, Michele. Il diritto alla prova nel processo civile, **Rivista di diritto processuale**, XXXIX, Padova, CEDAM, 1984, p. 98.

48 O contato direto entre o juiz e as partes na audiência destinada ao saneamento, para efeito de sanear as irregularidades processuais e delinearem-se os aspectos fáticos relevantes e controvertidos, bem como para estabelecer os meios de prova pertinentes à demonstração das alegações das partes, já foi apontado pela doutrina como fator de desestímulo à interposição de recursos contra as decisões interlocutórias proferidas nesta fase. O argumento é no sentido de que o diálogo entre o juiz e as partes facilitaria a compreensão das questões expostas, de forma a viabilizar-lhes uma solução adequada e satisfatória, porque construída num processo de colaboração. Trata-se, de fato, do momento ideal para a realização do contraditório preventivo, permitindo ao juiz dialogar com as partes acerca das questões de direito relevantes para a solução da causa. Nessa linha, Luiz Guilherme Marinoni e Daniel Mitidiero entendiam, à luz do CPC/1973, ser mais adequado que "a atividade de organização do processo (sanação de vícios processuais e preparação da prova) ocorra oralmente, em que as partes e o juiz possam dialogar e participar ativamente na definição destas questões" (**O projeto de CPC – crítica e propostas.** São Paulo: RT, 2010. p. 121).

49 Sobre as razões da vedação à utilização da ciência extraprocessual do juiz (considerada como mais abrangente que a ciência privada por este autor), enumera Ettore Dosi: a) a impessoalidade do juiz, caracterizada pela necessária indiferença deste diante das características pessoais e singulares das partes e das que lhe são próprias; b) a incompatibilidade psicológica entre a função de juiz e aquela de cidadão privado; c) o princípio do contraditório, que exige que as fontes do convencimento

de influenciar na respectiva valoração, os elementos dela provenientes não poderão ser utilizados.

As partes – e a sociedade – têm direito à prova também no sentido valorativo, o que significa dizer que este direito não se resume à possibilidade de propor e produzir os meios de prova, mas também está relacionado com a valoração justa, fundamentada e lógica dos elementos probatórios.

Com relação à postura do juiz diante do exame das provas, o CPC/2015 consagra o princípio do *livre convencimento motivado ou persuasão racional (art. 371 do CPC/2015)*, agora com uma redação também mais voltada aos verdadeiros objetivos desse princípio. Embora alguns autores criticassem a redação antiga, não temos dúvidas de que o art. 131 do CPC/1973 já deixava clara a adesão à persuasão racional. É certo que o texto legal se valia da expressão "o juiz apreciará livremente a prova", podendo gerar a equivocada intepretação de se referir ao livre convencimento puro e simples (i.e., íntima convicção), mas é igualmente certo que a isso acrescia a advertência "atendendo aos fatos e circunstâncias dos autos" e "devendo indicar, na sentença, os motivos que formaram o seu convencimento".

Logo, a liberdade de convencimento do juiz, tanto no CPC/1973 como no CPC/2015, refere-se à necessidade de se desvincular o juiz de qualquer pré-valoração genérica e abstrata pela lei[50]. Trata-se da negação do sistema das provas legais, que preestabelecia e hierarquizava o valor de cada meio de prova, impedindo a busca da verdade no caso concreto. Não se trata, por óbvio, de uma liberdade irrestrita, no sentido da desnecessidade de parâmetros lógico-racionais a guiar a conclusão do juiz a respeito dos fatos. Ao contrário, esses parâmetros são exigidos e devem constar expressamente da fundamentação da decisão – daí as expressões livre convencimento *motivado* ou persuasão *racional.*

Com efeito, uma vez valorados os elementos probatórios, a análise fática deverá levá-los em consideração, indicando o juiz a razão do acolhimento de alguns em detrimento de outros. Aplica-se, nesse aspecto, o disposto no art. 489, § 1º, inc. IV, do CPC/2015, segundo o qual não se considera fundamentada a decisão judicial que *"não*

---

sejam debatidas e produzidas no processo; d) a necessidade de garantir às partes o controle da decisão, bem como de evitar decisões suspeitas e parciais; e) a essência do processo, que é contituída justamente por garantias formais cuja inobservância frustra os escopos deste; f) o fato de que o convencimento formado de acordo com a consciência é algo dissociado da razão (**Sul principio del convincimento del giudice nel processo penale.** Milano: Giuffrè, 1957, primeira parte, III, p. 14).

---

50 Existem, é certo, exceções legais a este princípio, embora muitas delas sejam discutíveis em sede doutrinária. O que parece indiscutível, todavia, é a possibilidade de a lei *material* vir a estabelecer determinado instrumento, público ou particular, como essencial à validade do ato jurídico. Diante de tal imposição, certamente que o ato jurídico para o qual foi estabelecida uma prova legal, no sentido material, não poderá ser demonstrado por outro meio.

enfrentar todos os argumentos deduzidos no processo capazes de, em tese, infirmar a conclusão adotada pelo julgador"[51].

Com efeito, o convencimento do juiz não pode ser encarado numa perspectiva meramente intuitiva, dependente de critérios exclusivamente subjetivos. É preciso que o resultado das questões fáticas guarde coerência lógica com os elementos probatórios e nestes busque fundamentos. Por isso, a mera referência aos elementos de prova em que se fundaram o convencimento judicial não leva em conta aspectos psicológicos implicados nas fontes e nos elementos de prova que foram excluídos, prévia ou posteriormente, do processo racional de formação do convencimento do juiz[52].

Sustentar a suficiência da indicação dos elementos probatórios convergentes para a decisão na fundamentação judicial equivale a afirmar, na realidade, que não há qualquer direito da parte à adequada valoração dos elementos contrastantes com o convencimento do juiz[53], porquanto a motivação da sentença é o mecanismo de controle da valoração disponível às partes[54]. Equivale, ainda, a admitir uma fundamentação implícita das decisões judiciais, liberando o juiz de explicitar as razões pelas quais não acolheu determinados elementos probatórios, o que é inconcebível.

O direito à prova só será exercido eficazmente se o princípio da persuasão racional for aplicado a todos os elementos probatórios dos autos, o que determina a correlata obrigação do juiz de valorar todas as provas produzidas.

Enfim, o direito à prova em contraditório não deve ser encarado como um limite à liberdade de persuasão do juiz, mas como um parâmetro de racionalização do convencimento, porquanto não se pode admitir que a livre persuasão racional sirva de pretexto para dar aparência de legitimidade à liberdade incontrolável do juiz[55].

---

51 De forma ainda mais precisa, porque referindo-se expressamente à fundamentação da premissa fática da decisão, dispõe o art. 546, inc. I, letra *e*, do *Codice di Procedura Penale* italiano, que o juiz indique os elementos de prova que fundamentaram a decisão e os fundamentos pelos quais entende inidôneas as provas contrárias.

52 "Em linha de princípio, não há dúvidas de que a liberdade de convencimento do juiz deva implicar também a possibilidade de determinar discricionariamente quais são as provas relevantes para os fins da decisão. Todavia, ao lado do fato de que a aplicação indiscriminada desta regra pode produzir [...] violações relevantes ao direito à prova, não se pode considerar que a liberdade do juiz relativa à utilização das provas seja absoluta e ilimitada. No particular, é difícil admitir que ela contenha a possibilidade, para o juiz, de decidir sem ter em qualquer conta as provas produzidas pelas partes, pois tal possibilidade terminaria justamente por destituir de qualquer significado apreciável a afirmação do direito à prova. Tal garantia não pode ser limitada ao direito da parte de deduzir e fazer produzir provas, mas pressupõe o dever do juiz de levar em consideração tais provas [...]" (TARUFFO, Michelle. Il diritto alla prova nel processo civile. Op. cit. p. 108/109 – tradução livre).

53 TARUFFO, Michele. Il diritto alla prova nel processo civile. Op. cit. p. 112.

54 TARUFFO, Michele. Il diritto alla prova nel processo civile. Op. cit. p. 112 e nota de rodapé n. 89, onde explica que não se pode cogitar de fundamentação implícita quanto aos elementos probatórios negativamente valorados; trata-se de fundamentação omissa.

55 TARUFFO, Michele. Il diritto alla prova nel processo civile. Op. cit. p. 116/117.

Notas conclusivas

Como qualquer outra sede de argumentação, o contexto judicial apresenta premissas e limitações que lhe são inerentes, e que podem se modificar de tempos em tempos. O objeto de prova, previamente estabelecido, as restrições à produção de provas ilícitas, o tempo do processo, a coisa julgada e outros fatores são limitações há muito conhecidas do contexto processual, o que não exclui, em absoluto, a busca de uma verdade aproximativa.

O novo Código de Processo Civil trouxe inovações no tocante às condições em que deve se desenvolver a argumentação sobre a prova, muitas decorrentes da própria evolução jurisprudencial do processo civil à luz do CPC/1973, que passou a ser interpretado à luz da CF/1988 e outras ao influxo de outros ordenamentos, que certamente influenciaram as inovações legislativas.

Subjacente a essas reformas transparece, certamente, a discussão sobre as finalidades reais da prova, contemporaneamente influenciada pelo destaque que a nova retórica e outras teorias da argumentação têm recebido no âmbito da Filosofia do Direito e, sobretudo, da própria filosofia do conhecimento.

Nesse quadro, o papel exercido pelas partes na argumentação sobre os fatos tem se ampliado significativamente. Por outro lado, verifica-se um redimensionamento na atividade do juiz, cujo isolamento e distanciamento das partes é substituído por uma postura dialógica e cooperativa, sobretudo no âmbito probatório.

Por mais que se tenham mantido normas que estabelecem a importância da busca da verdade por iniciativa do juiz (*vide* art. 370 do CPC/2015, que praticamente reproduz o que dispunha o art. 130 do CPC/1973), é certo que as novas regras contidas no Código revelam uma mudança paradigmática, no sentido de erigir o contraditório comparticipativo a método preferencial e principal para se estabelecer a premissa fática das decisões judiciais.

Verifica-se, por outro lado, que essa ênfase na ampliação das técnicas argumentativas não está desconectada da noção de busca da verdade, ficando clara esta finalidade não apenas no texto da lei, como também na tentativa de: por um lado, reduzir ao mínimo as restrições à admissibilidade da prova e, por outro, racionalizar o máximo possível a liberdade de persuasão do órgão judicial.

O NOVO CÓDIGO DE PROCESSO CIVIL E A INSTRUÇÃO NORMATIVA Nº 39 DO TRIBUNAL SUPERIOR DO TRABALHO[1]

Bruno Freire e Silva

Resumo: O presente artigo analisa a recente Instrução Normativa nº 39, elaborada pelo Tribunal Superior do Trabalho e editada pela Resolução nº 203, de 15 de março de 2016, que dispõe sobre as normas do novo Código de Processo Civil que serão aplicadas no processo do trabalho. Diante da Ação Direta de Inconstitucionalidade proposta pela Associação Nacional dos Magistrados Trabalhistas, o estudo também busca examinar a natureza jurídica e constitucionalidade da referida instrução normativa.

Palavras-chave: Instrução Normativa nº 39, TST. Novo Código de Processo Civil. Processo do Trabalho.

Abstract: This article critically examines the recente Normative Instruction 39, prepared by the Superior Labor Court and edited by Resolution 203 of 15 March 2016, which establishes the rules of the new Code of Civil Procedure to be applied in the labor process. Given the unconstitutionality law suit filed by the National Association of Magistrates Labor, the study also seeks to examine the legal and constitutionality of such instruction.

Key words: Normative Instruction nº 39. TST. New Code of Civil Procedure. Labour Procedure.

---

1 O presente artigo é escrito para homenagear o Professor Titular Luiz Fux, nosso colega no departamento de Direito Processual da querida Faculdade de Direito da Universidade do Estado do Rio de Janeiro – Uerj e que exerce grande influência no pensamento de nossa escola processual, sendo muito querido e admirado por todos. A pesquisa e muitos argumentos expostos no artigo foram extraídos de estudo que elaboramos para o Instituto Brasileiro de Direito Processual, quando de seu ingresso como *amicus curiae* na Ação Direta de Inconstitucionalidade ajuizada pela Anamatra – Associação Nacional dos Magistrados Trabalhistas contra a Instrução Normativa nº 39 do TST.

Introdução

Com a entrada em vigor do novo Código de Processo Civil no dia 18 de março do corrente ano, o Tribunal Superior do Trabalho se antecipou e editou a Instrução Normativa nº 39, que dispôs sobre "as normas do Código de Processo Civil de 2015 aplicáveis e inaplicáveis ao processo do trabalho".

É possível aferir nos "considerandos" da Instrução Normativa nº 39, editada pela Resolução nº 203, de 15 de março de 2016, que o Tribunal Superior do Trabalho não considera revogados os arts. 769 e 889 da CLT e que há, portanto, plena possibilidade de compatibilização das referidas normas com o art. 15 do novo Código de Processo Civil, que prevê a aplicação subsidiária e supletiva deste ao processo do trabalho.

A Instrução Normativa nº 39, pois, procurou identificar as questões polêmicas, bem como inovatórias do novo Código de Processo Civil e definir a compatibilidade ou não de aplicação subsidiária ou supletiva de alguns de seus dispositivos ao processo do trabalho.

A referida instrução normativa revela, outrossim, a nobre preocupação do Tribunal Superior do Trabalho de "transmitir segurança jurídica aos jurisdicionados e órgãos da Justiça do Trabalho, bem assim o escopo de prevenir nulidades processuais em detrimento da desejável celeridade".

Neste breve estudo, analisaremos os principais aspectos da Instrução Normativa nº 39 do Tribunal Superior do Trabalho, pontuando, em brevíssimos comentários, alguns acertos ou desacertos da comissão coordenada pelo Ministro João Oreste Dalazen, no que tange à definição das normas aplicáveis, inaplicáveis ou aplicáveis com adequações ao processo do trabalho, com o fim de podermos enfrentar a questão proposta no título do artigo.

E, diante da Ação Direta de Inconstitucionalidade proposta pela Anamatra, também abordaremos a natureza jurídica e constitucionalidade da Instrução Normativa nº 39 do Tribunal Superior do Trabalho.

1. A aplicação do novo Código de Processo Civil ao processo do trabalho e a Instrução Normativa nº 39 do Tribunal Superior do Trabalho

O art. 15 do novo Código de Processo Civil estabelece que: "Na ausência de normas que regulem processos eleitorais, trabalhistas ou administrativos, as disposições deste Código lhes serão aplicadas supletiva e subsidiariamente".

A Instrução Normativa nº 39 do Tribunal Superior do Trabalho, pois, foi editada para regular a aplicação do novo Código de Processo civil ao processo do trabalho, estabelecendo quais dispositivos do processo comum se aplicam a esse processo especial.

O art. 1º da instrução normativa estabelece que: "Aplica-se o Código de Processo Civil, subsidiária e supletivamente, ao Processo do Trabalho, em caso de omissão e desde que haja compatibilidade com as normas e princípios do Direito Processual do Trabalho, na forma dos arts. 769 e 889 da CLT e do art. 15 da Lei nº 13.105, de 17/03/2015".

Pois bem. O art. 1º da instrução normativa delineia as principais diretrizes para aplicação do novo Código de Processo Civil ao processo do trabalho, com expressa ressalva de que se devem observar as normas e princípios do processo do trabalho nessa heterointegração de normas, citando para tanto os arts. 769[2] e 889[3] da CLT, bem como a Lei nº 13.015, de 21/06/2014, que trouxe diversas alterações ao sistema recursal trabalhista.

Em comentário ao art. 15 do Código de Processo Civil, já tivemos oportunidade de manifestar que "de acordo com a leitura do referido dispositivo, podemos extrair os seguintes requisitos para aplicação subsidiária do CPC na supletividade aberta: I – a matéria não esteja regulada de outro modo na CLT (omissão na lei trabalhista); II – não viole os princípios do processo do trabalho; III – adapte-se às peculiaridades do procedimento da Reclamação Trabalhista"[4].

E, no que tange à compatibilização do art. 15 do Código de Processo Civil com o art. 769 da CLT, já afirmamos que:

> O art. 769 da Consolidação das Leis do Trabalho traz regra fundamental para a aplicação do processo comum ao processo do trabalho, consistente na necessidade de compatibilidade daquele com este. Nesse diapasão, não há como conceber a revogação desse dispositivo pelo art. 15 do Código de Processo Civil. Deve-se buscar, na verdade, uma harmonização entre tais normas[5].

Apesar de a instrução normativa falar em subsidiariedade e supletividade, o art. 1º ressalta a necessidade de omissão da lei processual trabalhista, o que não se coaduna com supletividade, mas apenas e tão somente com subsidiariedade. De toda sorte, não vemos óbice para a aplicação supletiva do CPC ao processo do trabalho, quando insubsistente a norma do processo trabalhista. Na supletividade, pois, não há omissão da lei especial, mas um tratamento insuficiente que, consequentemente, autoriza a complementação com os institutos do Direito Processual comum.

O uso da expressão, pois, traz novos parâmetros na aplicação do processo comum ao processo do trabalho, pois supletividade vai além de subsidiariedade. E essa

---

2 Art. 769: "Nos casos omissos, o direito processual comum será fonte subsidiária do direito processual do trabalho, exceto naquilo em que for incompatível com as normas deste título".

3 Art. 889: "Aos trâmites incidentes do processo da execução são aplicáveis naquilo em que não contravierem ao presente título, os preceitos que regem o processo dos executivos fiscais para a cobrança judicial da dívida ativa da Fazenda Pública Federal".

4 SILVA, Bruno Freire e. **O novo CPC e o processo do trabalho – parte geral**. São Paulo: LTr, 2015. p. 37.

5 SILVA, Bruno Freire e. A nova aplicação do processo civil ao processo do trabalho: os principais institutos, eficácia, início de vigência e respeito às situações jurídicas consolidadas. In: YARSHELL, Flávio Luiz; PESSOA, Fabio Guidi Tabosa (Coords.). **Direito intertemporal**. Coleção Grandes Temas do Novo CPC. Fredie Didier (Coord. Geral). Salvador: JusPodivm, 2016. p. 96.

mudança é positiva, pois havia algumas situações que a subsidiariedade impedia a utilização de dispositivos mais efetivos criados para o processo civil[6].

A Instrução Normativa nº 39, conforme é possível aferir de seu texto, identifica três **categorias de normas do CPC em relação ao processo do trabalho: a) as não aplicáveis (art. 2º); b) as aplicáveis (art. 3º); c) as aplicáveis em termos, isto é, com as necessárias adaptações (dispostas a partir do art. 4º).**

Vejamos cada instituto separadamente, seguindo a classificação adotada na instrução normativa e, de logo, ressaltando que esta não é exaustiva, ou seja, ela não aborda todos os dispositivos e novidades do novo Código de Processo Civil, nessa heterointegração de normas.

1.1. Normas que não se aplicam ao processo do trabalho

No que tange à parte geral, a instrução normativa editada pelo TST dispôs que:

> Sem prejuízo de outros, não se aplicam ao Processo do Trabalho, em razão da inexistência de omissão ou por incompatibilidade, os seguintes preceitos do Código de Processo Civil: art. 63 (modificação da competência territorial e eleição de foro), art. 190 (negociação processual) e art. 219 (contagem de prazos em dias úteis).

Em relação ao processo de conhecimento, o Tribunal Superior do Trabalho estabeleceu que não se aplicam ao processo do trabalho o art. 334 (audiência de conciliação ou de mediação), o art. 335 (prazo para contestação), o art. 362, III, (adiamento da audiência em razão do atraso injustificado superior a 30 minutos) e o art. 373, §§ 3º e 4º (distribuição diversa do ônus da prova por convenção das partes).

Na execução restou excluído o art. 921, §§ 4º e 5º, além do art. 924, V, que tratam da prescrição intercorrente. E, no tocante aos processos nos Tribunais, segundo a Corte Superior Trabalhista, não terão aplicação os arts. 942 (prosseguimento de julgamento não unânime de apelação), 944 (notas taquigráficas para substituir acórdão), 1.010, § 3º (desnecessidade de o juízo *a quo* exercer controle de admissibilidade na apelação), 1.043 e 1.044 (embargos de divergência) e 1.070 (prazo para interposição de agravo).

Com exceção aos negócios jurídicos processuais, em que se poderia ter avançado um pouco na Justiça Especializada e à prescrição intercorrente, que entendemos que deva ser utilizada no processo do trabalho para fins de estabilização das relações e segurança jurídica, os demais dispositivos efetivamente não podem ser aplicados no processo do trabalho, seja por inexistir omissão da CLT seja por serem incompatíveis

6 No texto A nova aplicação do processo civil ao processo do trabalho: os principais institutos, eficácia, início de vigência e respeito às situações jurídicas consolidadas. In: YARSHELL, Flávio Luiz; PESSOA, Fabio Guidi Tabosa (Coords.). **Direito intertemporal**. Coleção Grandes Temas do Novo CPC. Fredie Didier (Coord. Geral). Salvador: JusPodivm, 2016, indicamos o exemplo da alienação de bens na execução provisória.

com os princípios que regem o processo laboral. Quanto à contagem do prazo em dias úteis, uma alteração da CLT seria bem-vinda, uma vez que o acréscimo de alguns dias na contagem de prazos não tem o condão de ensejar prejuízo à celeridade processual.

1.2. Normas que se aplicam ao processo do trabalho

Quanto aos dispositivos que se aplicam ao processo do trabalho, conforme os termos da Instrução Normativa nº 39, destacamos na parte geral o art. 76, §§ 1º e 2º (saneamento de incapacidade processual ou de irregularidade de representação), o art. 138 e parágrafos (*amicus curiae*), o art. 139, exceto a parte final do inc. V (poderes, deveres e responsabilidades do juiz), o art. 292, V e § 3º (valor da causa na ação indenizatória – inclusive fundada em dano moral – e correção de ofício) e os arts. 294 a 311 (tutela provisória).

Já no processo de conhecimento o Tribunal Superior do Trabalho previu a aplicação do art. 373, §§ 1º e 2º (distribuição dinâmica do ônus da prova), o art. 485, § 7º (juízo de retratação no recurso ordinário) e o art. 496 e parágrafos (remessa necessária).

Na execução, conforme previsão da instrução normativa, serão muito bem-vindos ao procedimento especial trabalhista os arts. 780 a 796 (responsabilidade patrimonial), o art. 805 (obrigação de o executado indicar outros meios mais eficazes e menos onerosos para promover a execução), art. 833 (impenhorabilidade de bens), art. 835 (ordem preferencial de penhora), art. 836 (procedimento quando não encontrados bens penhoráveis), art. 841 (intimação da penhora), art. 854 (penhora de dinheiro em depósito ou em aplicação financeira), art. 895 (pagamento parcelado do lance feito em hasta pública), art. 916 (parcelamento do crédito exequendo) e art. 918 (rejeição liminar dos embargos à execução).

E, da mesma forma, em relação aos processos nos Tribunais, serão salutares a aplicação subsidiária e supletiva dos arts. 926 a 928 (jurisprudência dos tribunais), art. 940 (vista regimental), art. 947 (incidente de assunção de competência), arts. 966 a 975 (ação rescisória), arts. 988 a 993 (reclamação), arts. 1.013 e 1.014 (efeito devolutivo do recurso ordinário) e art. 1.021 (agravo interno).

Em suma, o processo do trabalho poderá ser complementado com dispositivos do processo comum que aperfeiçoaram e sistematizaram muitos institutos, o que será muito positivo na busca de uma tutela jurisdicional efetiva e célere na seara processual trabalhista. São muitas novidades e avanços, especialmente na execução e processos nos tribunais, que são compatíveis e estão em sintonia com o processo do trabalho.

Alguma ressalva ou crítica, entretanto, pode ser feita, como a não importação dos institutos que tratam da arbitragem e mediação, diante da resistência que há na seara laboral diante da presumida hipossuficiência do empregado, o que poderia ser mitigado com a participação de advogados, sindicatos e fiscalização do magistrado trabalhista[7].

---

7 Nesse sentido já nos posicionamos no artigo intitulado "O art. 3º do novo Código de Processo Civil e o Processo do Trabalho", in: **Revista da Associação dos Advogados de São Paulo**, 2015.

1.3. Normas aplicáveis ao processo do trabalho com necessárias adaptações

Numa terceira categoria, a Instrução Normativa nº 39, editada pelo Tribunal Superior do Trabalho, tratou das normas do novo Código de Processo Civil aplicáveis ao processo do trabalho, mas com necessárias adaptações.

Na parte geral a instrução normativa prevê aplicação parcial dos arts. 9º e 10 (princípio do contraditório e vedação de decisão surpresa), arts. 133 a 137 (incidente de desconsideração da personalidade jurídica) e art. 272, § 5º(intimação por advogado expressamente indicado e nulidade processual).

No processo de conhecimento, com adaptações, são aplicados o art. 356 (julgamento antecipado parcial de mérito), art. 332 (improcedência liminar do pedido), art. 459 (inquirição direta das testemunhas pela parte) e art. 489 (fundamentação exaustiva da sentença).

Na execução trabalhista, os jurisdicionados poderão se valer do art. 784, I, (títulos executivos extrajudiciais), desde que o crédito tenha origem em relação de trabalho, além dos arts. 495, 517 e 782 (tratam respectivamente da hipoteca judiciária, desde que o crédito tenha origem em relação de trabalho, protesto de decisão judicial e inclusão do nome do executado em cadastros de inadimplentes).

Por fim, quanto aos processos nos tribunais, são importados com adaptações os arts. 976 a 986 (incidente de resolução de demandas repetitivas), arts. 1.022 a 1.026 (embargos de declaração), 932, 938 e 1.007 (poderes do relator), art. 1.007, § 2º (intimação para correção de insuficiência no valor do preparo do recurso) e 1.034 (admissibilidade do recurso especial ou extraordinário por apenas um fundamento e devolução do exame dos demais fundamentos relativos ao capítulo impugnado).

Há adaptações lógicas e necessárias em função da competência funcional dos órgãos da Justiça Laboral, como a necessidade de utilização de precedentes do Tribunal Superior do Trabalho, e não do Superior Tribunal de Justiça. Vemos, outrossim, um esforço de também combater nessa Justiça Especializada a jurisprudência defensiva, o que é muito positivo.

Não concordamos, entretanto, quanto às limitações que foram impostas em temas tão importantes como o princípio do contraditório e vedação à decisão surpresa. É necessário uma reflexão para a ressalva realizada no § 2º do art. 4º da instrução normativa, pois, mesmo nas questões relacionadas a condições da ação, pressupostos de admissibilidade de recurso e pressupostos processuais, há em muitas situações necessidade de cognição e instrução probatória, daí vislumbrarmos com preocupação essa exceção ao óbice da decisão surpresa. Alguns exemplos para reflexão são a prescrição, legitimidade de parte, validade e regularidade de citação, entre outros.

De toda sorte, apesar dessas poucas situações em que faltou uma maior sensibilidade da instrução normativa em temas tão delicados, não se pode negar que o Tribunal Superior do Trabalho avançou em muitas matérias em que boa parte da doutrina especializada não admitia a aplicação subsidiária ou supletiva, tendo em vista a suspensão do trâmite de processos, como o incidente de desconsideração da personalidade jurídica ou o incidente de resolução de demandas repetitivas.

Tal inconformismo, especialmente por parte da magistratura trabalhista de primeiro grau, entre outros fatores, ensejou a propositura de uma ação direta de inconstitucionalidade contra a instrução normativa pela Associação Nacional dos Magistrados Trabalhistas[8]. Diante de tal fato, é necessário perquirirmos a natureza jurídica e constitucionalidade do ato editado pelo Tribunal Superior do Trabalho.

2. A natureza jurídica e constitucionalidade da Instrução Normativa nº 39 do Tribunal Superior do Trabalho

A Associação Nacional dos Magistrados da Justiça do Trabalho (Anamatra) propôs Ação Direta de Inconstitucionalidade com Pedido de Medida Cautelar com o fim de obter a declaração de nulidade da Instrução Normativa nº 39, editada pelo C. Tribunal Superior do Trabalho, por suposto vício formal e material de inconstitucionalidade.

Segundo a Associação autora, o ato impugnado violou o art. 22, I, da CF, porque invadiu a competência do legislador ordinário federal para dizer quais seriam os dispositivos do novo CPC que seriam aplicáveis ao processo do trabalho, ou seja, instituindo típica norma de *"sobredireito"*.

A Anamatra aduziu ainda que a referida instrução normativa violou o art. 5º, II, da CF (princípio da reserva legal) e o art. 96, I, "a", da CF (competências privativas dos Tribunais para editar seus Regimentos Internos apenas sobre as matérias internas do Tribunal), uma vez que, segundo a autora, a instrução normativa não pode regulamentar a lei processual federal.

Alegou, por fim, que a Instrução Normativa nº 39/2016 do TST violou a independência dos magistrados, contida em vários dispositivos da Constituição Federal, como o art. 95, I, II e III, e o art. 5º, incs. XXXVII e LIII, porque cabe a cada magistrado ou Tribunal, no exercício da prestação jurisdicional, conferir a interpretação da lei ao julgar os casos concretos sem se submeter a normas de sobredireito editadas por um Tribunal que não tem função legislativa.

Diante do teor da ação, é necessário perquirirmos a natureza jurídica e a constitucionalidade da Instrução Normativa nº 39 do Tribunal Superior do Trabalho. Vejamos.

2.1. Ato secundário, destituído de força vinculante

Não procede a alegação de que o Tribunal Superior do Trabalho realizou atividade tipicamente legislativa, invadindo a competência do legislador processual (Constituição Federal, art. 22, I) e contrariando a competência que lhe foi outorgada pelo art. 96, I, "a", do texto constitucional.

---

8 ADI nº 5.516/DF, distribuída para a Ministra Relatora Cármen Lúcia Antunes Rocha, do Supremo Tribunal Federal.

A posição de que a instrução normativa impugnada consiste em ato normativo primário, sujeito a controle de constitucionalidade por meio da ação proposta, revela-se entendimento equivocado.

Nesse sentido é a lição de LUÍS ROBERTO BARROSO, ao aduzir que "atos normativos primários são aqueles que, como a lei, têm aptidão para inovar na ordem jurídica, criando direitos e obrigações. As espécies normativas primárias contempladas pela Constituição constam do elenco do art. 59"[9].

Como o ato normativo primário se equipara ao conceito de lei, é prudente rememorar a compreensão do termo *lei* em seus sentidos material e formal, valendo-se, para tanto, da posição de GILMAR MENDES que, no tocante ao aspecto formal, acentua:

> Tem relevância, nesse âmbito, o viés democrático do conceito de lei, como ato originado de um órgão de representação popular (expressão da vontade coletiva ou de uma *volonté general*) legitimado democraticamente. A lei, segundo esse conceito democrático, é entendida como expressão da autodeterminação cidadã e de autogoverno da sociedade.

No sentido material, por sua vez, assinala:

> "Toda novidade modificativa do ordenamento jurídico está reservada à lei. É inegável, nesse sentido, o conteúdo material da expressão 'em virtude de lei' na Constituição de 1988. A lei é a regra de direito (*Rechtssatz*) ou norma jurídica (*Rechtsnorm*) que tem por objeto a condição jurídica dos cidadãos, ou seja, que é capaz de interferir na esfera jurídica dos indivíduos, criando direitos e obrigações. A lei deve ser igualmente geral e abstrata, uma disposição normativa válida em face de todos os indivíduos (de forma impessoal) e que regule todos os casos que nela se subsumam no presente e no futuro". Trata-se também de um conceito material de lei como *ratio* e *ethos* do Estado de Direito, que leva em conta o conteúdo e a finalidade do ato legislativo, sua conformidade a princípios e valores compartilhados em sociedade, assim fortalecendo o necessário liame entre legalidade e legitimidade[10].

Logo, para se caracterizar uma lei ou um ato normativo primário, é necessário observar o objeto de estudo em seus aspectos formal e material, o que serve para solucionar eventuais dificuldades na diferenciação entre lei e regulamento uma vez que a "*distinção substancial reside no fato de que a lei pode inovar originariamente no ordenamento jurídico, enquanto o regulamento não o altera, mas tão somente desenvolve, concretiza ou torna específico o que já está disposto na lei*[11]".

LUÍS ROBERTO BARROSO, buscando sistematizar a compreensão do tema, analisou algumas das hipóteses em que o E. Supremo Tribunal Federal rejeita a possibilidade de

---

9 BARROSO, Luís Roberto. **O controle de constitucionalidade no direito brasileiro.** 5. ed. São Paulo: Saraiva, 2011. p. 48.

10 MENDES, Gilmar Ferreira; BRANCO, Paulo Gustavo Gonet. **Curso de direito constitucional.** 9. ed. São Paulo: Saraiva, 2014, p. 78.

11 MENDES, Gilmar Ferreira; BRANCO, Paulo Gustavo Gonet. Op. cit. p. 78.

controle abstrato e concentrado, pronunciando-se pelo seu descabimento, conforme a seguinte conclusão:

> a) Atos normativos secundários. Atos administrativos normativos – como decretos regulamentares, instruções normativas, resoluções, atos declaratórios – não podem validamente inovar na ordem jurídica, estando subordinados à lei. Desse modo não se estabelece confronto direto entre eles e a Constituição. Havendo contrariedade, ocorrerá uma de duas hipóteses: (i) ou o ato administrativo está em desconformidade com a lei que lhe cabia regulamentar, o que caracteriza a ilegalidade e não inconstitucionalidade; (ii) ou é a própria lei que está em desconformidade com a Constituição, situação em que ela é que deverá ser objeto de impugnação[12].

Em síntese, portanto:

> O objeto da ação direta de inconstitucionalidade consiste nos atos normativos primários, federais ou estaduais, aptos a inovar na ordem jurídica. **Excluem-se, portanto, os atos normativos secundários**, *os de efeitos concretos, os anteriores à Constituição ou já revogados, os que ainda estejam em processo de formação e os que não têm suficiente grau de normatividade*[13].

Observadas estas considerações, constata-se, a toda evidência, que a Instrução Normativa nº 39/2016 do C. Tribunal Superior do Trabalho, que tem na sua origem a Resolução nº 203/2016, não é uma espécie normativa primária, mas um ato normativo secundário, típico regulamento que não inova na ordem jurídica, mas, apenas e tão somente, interpreta e orienta a aplicação dos dispositivos do novo Código de Processo Civil na seara trabalhista, em pleno acordo com as competências do C. Tribunal Superior do Trabalho.

Veja-se, a este título, o disposto nos arts. 296 e 297 do Regimento Interno do Tribunal Superior do Trabalho:

> Art. 296. Os atos de competência do Tribunal, normativos ou individuais, obedecem à seguinte nomenclatura:
> I – Resolução Administrativa; e
> II – **Resolução.**
> Art. 297. Na classe de Resolução Administrativa, enquadram-se as regulamentações sobre pessoal (Magistrados e servidores), organização e administração dos órgãos da Justiça do Trabalho, funcionamento e atribuições das unidades do Tribunal e de seus servidores, e, na classe de Resolução, as deliberações referentes à aprovação de Instrução Normativa, Súmulas e Precedentes Normativos.

Tal qual a súmula e o precedente normativo, a instrução normativa é aprovada mediante deliberação do Tribunal por meio de uma resolução, não possuindo as características inerentes às normas jurídicas, em especial a necessária imperatividade.

---

12 BARROSO, Luís Roberto. **O controle de constitucionalidade no direito brasileiro.** 5. ed. São Paulo: Saraiva, 2011. p. 48.

13 BARROSO, Luís Roberto. Op. cit. p. 206.

Isso porque não há norma que empreste, à súmula, ao precedente ou à instrução normativa, o caráter de obrigatoriedade, o caráter de ato normativo puro, sendo patente a inexistência de qualquer inconstitucionalidade material, por se tratar de um ato secundário, sem força vinculante.

2.2. Inexistência de natureza legislativa

A Instrução Normativa nº 39 do TST, editada pouco antes do início de vigência do novo código, consiste em importante elemento de harmonização do ordenamento jurídico, não se caracterizando, como já dito, em ato normativo primário, mas apenas e tão somente secundário, em clara atividade interpretativa e orientadora, para tornar específico e concreto o que já está disposto na lei, o caráter supletivo e subsidiário do novo Código de Processo Civil na seara trabalhista.

Tal entendimento encontra respaldo nas palavras de MARIA HELENA DINIZ, que salienta: *"A norma secundária destina-se apenas a enunciar de forma explícita o que foi estabelecido implicitamente pela norma primária. Por essa razão, diz-se que tal norma nada mais é que mero expediente técnico para fazer atuar a primária"*[14].

O constitucionalista JOSÉ AFONSO DA SILVA, outrossim, assevera que o princípio insculpido no art. 5º, II, da Constituição Federal deve ser compreendido dentro do sistema constitucional vigente, sendo certo *que:*

> A ideia matriz está em que só o Poder Legislativo pode criar regras que contenham, originariamente, novidade modificativa da ordem jurídico-formal, o que faz coincidir a competência da fonte legislativa com o conteúdo inovativo de suas estatuições, com a consequência de distingui-la da competência regulamentar[15].

Ora, ao regulamentar a aplicação do novo Código de Processo Civil na processualística trabalhista, como previsto no art. 769 da Consolidação das Leis do Trabalho e no art. 15 do novo diploma processual, é incontestável que a instrução normativa não promoveu qualquer inovação na ordem jurídica, não se podendo falar em atividade legislativa do C. Tribunal Superior do Trabalho e, ainda menos, em inconstitucionalidade do referido ato.

Não há ilegitimidade ou ilegalidade no ato que, repita-se, não tem natureza de ato normativo primário, mas secundário, como aferido no próprio regimento do Tribunal, autorizado pelo art. 96, I, "a", da Constituição Federal.

É importante salientar que a questão não é inteiramente nova, merecendo remissão a valioso voto do Ministro CARLOS VELLOSO quando da relatoria da ADI

---

14 DINIZ, Maria Helena. **Conceito de norma jurídica como problema de essência.** 2. ed. São Paulo: Saraiva, 1996. p. 76.

15 SILVA, José Afonso. **Curso de direito constitucional positivo.** 36. ed. São Paulo: Malheiros Ed. 2013. p. 422/423.

594/DF[16], na qual enfrentou questão similar, negando a possibilidade de proposição de ação direta de inconstitucionalidade sobre súmula do Superior Tribunal de Justiça.

No referido voto, o jurista consignou como características inerentes ao ato normativo: "caráter de abstração, generalidade, impessoalidade e obrigatoriedade, já que estes são os dados caracterizadores da lei em sentido material".

Como é cediço, as súmulas não obrigam, simplesmente predominam. E, nesse sentido, o Ministro Carlos Velloso concluiu que a súmula "não tem as características de ato normativo. Ela simplesmente dá maior estabilidade à jurisprudência, conferindo maior segurança aos julgamentos, porque propicia decisões uniformes para casos semelhantes, além de acelerar o andamento dos processos".

Assim, as súmulas, assentadas na jurisprudência dominante e reiterada, possuem um sentido "*quase normativo*" que, contudo, "não lhes empresta o caráter de ato normativo sujeito à jurisdição constitucional concentrada. Esta, vale repetir, somente pode ter por objeto ato normativo puro, ato normativo com as características da lei em sentido material: abstração, generalidade, impessoalidade, obrigatoriedade".

Ora, como visto, as instruções normativas e as súmulas do Tribunal Superior do Trabalho possuem a mesma natureza jurídica. Desta forma, por analogia, o entendimento de "*quase normatividade*" da Súmula deve ser estendido à instrução normativa, resultando na impropriedade do objeto na ação direta de inconstitucionalidade proposta pela Anamatra.

A título de exemplificação, situação distinta diz respeito às súmulas vinculantes, que possuem evidente caráter normativo por força da disposição contida no art. 103-A da Constituição Federal, conferindo unicamente a esta espécie sumular a característica de obrigatoriedade necessária para possível apreciação em sede de ação direta de inconstitucionalidade.

Este é o entendimento consagrado pela doutrina e jurisprudência, como ressaltado por Gilmar Mendes:

> Súmulas vinculantes do STF também poderão ser objeto de ADI em razão do seu inequívoco caráter normativo. A jurisprudência do Tribunal recusou, porém, o cabimento de ADI contra súmula de tribunal com base no argumento de que não seria dotada de força normativa[17].

16 Ementa: Constitucional. Súmula da jurisprudência predominante. Ação direta de inconstitucionalidade. Ato normativo. Súmula nº 16, do Superior Tribunal de justiça. I. A súmula, porque não apresenta as caracteristicas de ato normativo, não esta sujeita a jurisdição constitucional concentrada. Ii. Ação direta de inconstitucionalidade não conhecida *(STF, ADI 594/DF, Rel. CARLOS VELLOSO, Data de Julgamento: 19/02/1992, Tribunal Pleno, DJ 15/04/1994).*

17 MENDES, Gilmar Ferreira; BRANCO, Paulo Gustavo Gonet. **Curso de direito constitucional.** *Idem*, p. 1.122.

2.3. Inexistência de inconstitucionalidade formal

No que diz respeito à inconstitucionalidade formal, LUÍS ROBERTO BARROSO preleciona que ocorrerá "quando um ato legislativo tenha sido produzido em desconformidade com as normas de competência ou com o procedimento estabelecido para seu ingresso no mundo jurídico"[18].

Ora, não há como sustentar a inconstitucionalidade formal sob alegação de que, na edição da Instrução Normativa nº 39, o Tribunal Superior do Trabalho realizou atividade tipicamente legislativa, invadindo a competência do legislador processual (Constituição Federal, art. 22, I) e contrariando a competência que lhe foi outorgada pelo art. 96, I, "a", do texto constitucional.

De plano, cabe repisar, como já dito anteriormente, que a citada instrução normativa não se caracteriza como ato normativo primário, não trazendo qualquer inovação à ordem jurídica e, portanto, incabível qualquer imputação de constitucionalidade ao texto.

Contudo, admitindo-se que tal ato do C. Tribunal Superior do Trabalho seja passível de controle de constitucionalidade, há de se reconhecer que não há qualquer violação aos arts. 22, I, ou 96, I, a, da Constituição Federal.

Em primeiro lugar, a edição da Instrução Normativa nº 39 não se caracteriza por atividade legislativa por não configurar qualquer inovação ao ordenamento jurídico, mas, apenas e tão somente, atividade interpretativa e orientadora, para tornar específico e concreto o que já está disposto na lei.

Como notório, os arts. 769 e 889 da Consolidação das Leis do Trabalho preveem e autorizam a aplicação subsidiária das normas processuais comuns no processo do trabalho. Já o art. 15 do Código de Processo Civil estabelece a aplicação supletiva e subsidiária do processo comum ao processo do trabalho.

Inquestionável que, em última instância, cabe ao Tribunal Superior do Trabalho promover a interpretação e a heterointegração de normas, indicando aos jurisdicionados e aos magistrados a homogeneidade de interpretação das teses jurídicas aplicáveis a partir da atividade hermenêutica reiterada daquela Corte, do que resulta a edição de orientações jurisprudenciais ou súmulas que, deverão ser "observadas no âmbito da Justiça do Trabalho".

Ora, o insigne constitucionalista JOSÉ AFONSO DA SILVA já advertia que "*não é difícil distinguir jurisdição e legislação. Esta edita normas de caráter geral e abstrato e a jurisdição se destina a aplicá-las na solução das lides*"[19].

Por outro lado, não se pode olvidar que "o ordenamento jurídico é um sistema. Um sistema pressupõe ordem e unidade, devendo suas partes conviver de maneira harmoniosa"[20].

---

18 BARROSO, Luís Roberto. **O controle de constitucionalidade no direito brasileiro**. 5. ed. São Paulo: Ed. Saraiva, 2011. p. 48.

19 SILVA, José Afonso. **Curso de direito constitucional positivo.** *Idem,* p. 556.

20 BARROSO, Luís Roberto. *Idem,* p. 23.

Logo, o Tribunal Superior do Trabalho, no exercício de sua competência legal, buscando preservar a ordem e a unidade do ordenamento jurídico, atuou de forma preventiva, editando Instrução Normativa que, sem caráter de obrigatoriedade e em clara atividade jurisdicional, destinou-se a esclarecer a aplicabilidade dos diversos dispositivos do Código de Processo Civil de 2015 no âmbito da Justiça do Trabalho, viabilizando uma maior uniformidade de aplicação dos mesmos na solução das lides laborais. Não se pode falar, pois, em inconstitucionalidade formal deste ato uma vez que totalmente de acordo com as competências constitucionais daquela Corte.

Não se pode afirmar que a citada instrução normativa "contém normas de sobredireito em matéria processual" por dispor a respeito da aplicabilidade ou não dos diversos dispositivos do novo Código de Processo Civil na seara trabalhista.

Fazer tal afirmativa resultaria na compreensão, por analogia, de que as Súmulas e Orientações Jurisprudenciais caracterizar-se-iam como normas de "sobredireito" e, portanto, fugiriam do rol de competências daquela Corte que, sabidamente, detém função jurisdicional, não possuindo competência para legislar em matéria processual.

Como visto alhures, a natureza jurídica da indigitada instrução normativa é a mesma da súmula persuasiva, resultando em "quase normatividade", o que, inobstante a ausência de obrigatoriedade, é elemento de grande contribuição para a manutenção da unidade do ordenamento jurídico.

2.4. Respeito ao princípio da independência dos magistrados

A Anamatra afirmou que "*andou mal o TST*", pois submeteu os magistrados à observância de aplicação de dispositivos do novo Código de Processo Civil, antes mesmo do pronunciamento das diversas instâncias judiciárias.

Aduziu, ainda, que a instrução normativa impugnada "viola o princípio da independência dos magistrados, contido em vários dispositivos da CF, como no art. 95, I, II, e III, e no art. 5º, incs. XXXVII e LIII".

Como facilmente se constata, a Instrução Normativa nº 39, ao tratar exclusivamente da aplicação do novo Código de Processo Civil na seara trabalhista, não violou quaisquer dos dispositivos constitucionais citados, não havendo, portanto, possibilidade de reconhecimento de inconstitucionalidade por vício material.

Assinale-se, assim, que não há qualquer violação à independência dos magistrados trabalhistas porque, conforme visto alhures, a Instrução Normativa nº 39 não tem força vinculante, mas apenas e tão somente persuasiva ou argumentativa, diante de sua natureza de ato normativo secundário, de regulamento.

Por conseguinte, não há como se falar em violação à independência dos magistrados. Logicamente, um magistrado trabalhista poderá aplicar o novo CPC de forma distinta do descrito na instrução normativa, porém, ele terá o ônus de fundamentar e expor as razões de sua discordância da diretriz dada pelo Tribunal Superior que tem a competência, em última instância, de decidir a forma de heterointegração de tais normas.

Logicamente, decidir com base em precedentes ou no que tenha sido objeto de regulamentação por instrução normativa é uma forma de assegurar o respeito a uma série de princípios formadores do modelo constitucional de processo brasileiro, especialmente o da isonomia substancial.

Sobre a concretização da isonomia substancial, muito pertinente a lição de ALEXANDRE FREITAS CÂMARA:

> O dever de coerência e integridade impede que as decisões judiciais sejam construídas de forma discricionária ou arbitrária, a partir de posturas voluntaristas. Não cabe ao juiz ou tribunal simplesmente optar por uma decisão que lhe pareça a "melhor" ou a "mais justa". O papel do órgão jurisdicional é (assegurado o contraditório) proferir a decisão constitucionalmente legítima para o caso concreto, o que só será possível se observadas a coerência e a integridade do ordenamento jurídico. A ideia central de um ordenamento jurídico íntegro e coerente é a concretização da isonomia substancial, impedindo deste modo decisões construídas de forma solipsista pelo juiz, a partir de seus próprios e pessoais valores[21].

As lições de LUÍS ROBERTO BARROSO também robustecem tal entendimento:

> Apesar da pluralidade de instâncias decisórias, o poder político exercido pelo Estado é essencialmente uno, e não se deve aceitar como plenamente natural que ele produza manifestações incompatíveis entre si. No caso das decisões judiciais, torna-se ainda mais importante que haja a maior uniformidade possível, na medida em que elas constituem atos de aplicação do Direito, e não opções discricionárias[22].

É patente, pois, que não há qualquer inconstitucionalidade na Instrução Normativa nº 39 editada pelo Tribunal Superior do Trabalho impugnada na Ação Direta de Inconstitucionalidade proposta pela Anamatra – Associação Nacional dos Magistrados Trabalhistas.

Pelo contrário, a Instrução Normativa procura se encaixar dentro de um novo contexto inserido no nosso sistema pelo novo Código de Processo Civil, no qual julgar com base no que é decidido pelos Tribunais Superiores é uma forma de assegurar o respeito a uma série de princípios constitucionais formadores, repita-se, do modelo constitucional de processo brasileiro, que busca assegurar, principalmente, a isonomia e segurança jurídica.

São justamente esses valores (isonomia e segurança jurídica) que foram objeto da edição da instrução normativa editada pelo Tribunal Superior do Trabalho.

É digno de registro que não foi a primeira resolução dessa Corte a regulamentar normas processuais. Citamos como exemplo a Instrução Normativa nº 37 que, levando em consideração o que fora objeto de alteração na Consolidação das Leis do Trabalho pela Lei nº 13.015/2014, regulamentou o incidente de uniformização de jurisprudência no âmbito dos Tribunais Regionais do Trabalho, sem que houvesse sido objeto de qualquer impugnação pelos órgãos representativos dos operadores do Direito Processual do Trabalho.

---

21 CÂMARA, Alexandre Freitas. **O novo processo civil brasileiro.** São Paulo: Atlas, 2015, p. 432.

22 BARROSO, Luís Roberto. Op. cit. p. 104.

2.5. Contexto histórico: necessidade de edição da instrução normativa

É importante salientar no presente estudo o contexto histórico que acabou por resultar na edição da instrução normativa.

De um lado, a Lei nº 13.105, de 16 de março de 2015, instituiu o novo Código de Processo Civil, com *vacatio legis* de um ano, resultando em sua vigência a partir de 18 de março de 2016; e, de outro, a processualística trabalhista que, subsidiariamente, sempre recorreu aos dispositivos do processo civil, nos termos autorizados pelo art. 769 da Consolidação das Leis do Trabalho.

Ocorre que o novo Código de Processo Civil inseriu uma nova técnica nessa heterointegração de normas, como se pode observar dos termos do já citado art. 15[23] da recente codificação: a supletividade.

Ora, como sabido, no decurso da *vacatio legis*, foram diversas as especulações a respeito da aplicabilidade das novas disposições do processo comum no processo do trabalho, resultando, muitas vezes, em embates polêmicos e acalorados, com flagrante possibilidade de tumulto processual na Justiça especializada a partir da entrada em vigor do novo *Codex*.

O professor e magistrado Mauro Schiavi, em estudo a respeito da supletividade das disposições do Código de Processo Civil de 2015 ao processo do trabalho ressaltou que:

> Trata-se de inovação do novo Código, pois o atual não disciplina tal hipótese. Doravante, o CPC será aplicado ao processo do trabalho, nas lacunas deste, nas seguintes modalidades: a) supletivamente: significa aplicar a CPC quando, apesar da lei processual trabalhista disciplinar o instituto processual, não for completa. Nesta situação, o Código de Processo Civil será aplicado de forma complementar, aperfeiçoando e propiciando maior efetividade e justiça ao processo do trabalho[24].

Mas, quando há lacuna no processo do trabalho? Quando a lei processual trabalhista não é completa? Quando há aplicação subsidiária? Quando há aplicação supletiva? Enfim, a Instrução Normativa nº 39, em verdade, como explicitado em seus "considerandos", procura nada mais do que evitar grande insegurança jurídica, diante do risco de aplicação sem uniformidade do novo Código de Processo Civil pelos 3.400 magistrados trabalhistas, divididos por todos os Estados da Federação e, claro, com risco aos principais destinatários de suas decisões: os jurisdicionados em todo o país.

A experiência das reformas anteriores do processo comum já demonstrou a grande probabilidade de instauração de insegurança jurídica diante das diferentes interpretações dadas nessa heterointegração de normas pelos órgãos de 1ª e 2ª instância

23 "Na ausência de normas que regulem processos eleitorais, trabalhistas ou administrativos, as disposições deste Código lhes serão aplicadas supletiva e subsidiariamente."

24 SCHIAVI, Mauro. **Novo código de processo civil:** a aplicação supletiva e subsidiária ao processo do trabalho. Disponível em: <http://www.trt7.jus.br/escolajudicial/arquivos/files/busca/2015/NOVO_CODIGO _DE_PROCESSO_CIVIL-_APLICACAO_SUPLETIVA_E_SUBSIDIARIA.pdf >. Acesso em: 30 mai. 2016.

do Poder Judiciário Trabalhista. A aplicação subsidiária ou supletiva dos institutos do Código de Processo Civil ao processo do trabalho não é realizada de modo uniforme, como já tivemos oportunidade de constatar inclusive em pesquisa de campo que realizamos no Estado de São Paulo[25].

Ciente desta celeuma atualíssima em nosso sistema jurídico, o C. Tribunal Superior do Trabalho, no exercício de suas competências legais, decidiu editar a Instrução Normativa nº 39/2016, dispondo, de forma não exaustiva, sobre a aplicabilidade, na Justiça do Trabalho, das normas contidas no recente diploma legal.

Como dito na própria Resolução nº 203/2016, que aprovou e editou a citada instrução normativa, identificadas as questões polêmicas e inovadoras do novo Código de Processo Civil, relevante o posicionamento do Tribunal Superior do Trabalho, com o fito de *"transmitir segurança jurídica aos jurisdicionados e órgãos da justiça do trabalho, bem assim o escopo de prevenir nulidades processuais em detrimento da desejável celeridade"*.

Saliente-se, ainda, que se o C. Tribunal Superior do Trabalho não editasse a citada instrução normativa, haveria forte dissenso na prestação jurisdicional, levando a constantes demandas recursais àquela Corte que, somente ao longo do tempo editaria súmulas para uniformização do entendimento jurídico a respeito das variadas teses.

Em certa medida, desprezando-se o intento do C. Tribunal Superior do Trabalho com a referida *Instrução Normativa nº 39*, ter-se-ia longo período de insegurança jurídica, com maior volume de recursos e, por conseguinte, brusco retardamento na solução das diversas lides submetidas à Justiça Trabalhista.

Não há, como equivocadamente pretenderam suscitar alguns poucos[26], qualquer incompatibilidade entre a lei geral e a especial. As normas do processo comum podem e devem ser aplicadas quando compatíveis com o processo do trabalho, especialmente diante da necessidade de celeridade de tal processo especial, que não é exclusividade deste, como destaca HUMBERTO THEODORO JÚNIOR:

> O novo Código de Processo Civil, preocupou-se com a duração razoável do processo e com a consequente celeridade de sua tramitação, mesmo porque esses predicados não são exclusivos do processo trabalhista, mas de todo e qualquer tipo de processo utilizável perante qualquer órgão jurisdicional ou administrativo, não importa qual seja o direito material a tutelar, diante de lesões ou ameaças (CF, art. 5º, LXXVIII). Mas não cuidou apenas de garantir esse mandamento da Lei Maior, nem poderia fazê-lo, uma vez que o processo constitucionalizado compreende, no moderno Estado Democrático de Direito, muitas outras garantias fundamentais além da que se relaciona com a simples celeridade[27].

---

25 A referida pesquisa está em nosso livro ***A aplicação do CPC reformado às execuções trabalhista e fiscal.*** São Paulo: LTr, 2008.

26 Nesse sentido, Jorge Luiz Souto Maior e Valdete Souto Severo, in: **O processo do trabalho como instrumento do direito do trabalho e as ideias fora de lugar do novo CPC.** São Paulo: LTr, 2016.

27 THEODORO JUNIOR, Humberto. Repercussões do novo código de processo civil no direito do trabalho. **Revista Forense**, v. 1, 1.904, Rio de Janeiro, Forense, jul.-dez. 2014, p. 151/152.

Em suma, salvo as ressalvas que destacamos, trata-se a Instrução Normativa nº 39 de um texto arrojado, vanguardista e tecnicamente muito bom, que proporciona a esperada segurança jurídica aos jurisdicionados e operadores do Direito Processual do Trabalho.

3. Conclusão

A publicação da Instrução Normativa nº 39, editada pela Resolução nº 203, de 15 de março de 2016, já provocou algumas críticas da comunidade jurídica, especialmente pelo fato de a Corte Superior Trabalhista não ter aguardado o prévio debate das matérias pelas instâncias inferiores antes de se manifestar.

De toda sorte, não se pode olvidar que a referida instrução normativa consiste numa valiosa iniciativa do Tribunal Superior do Trabalho, especialmente por apontar um norte a ser seguido pelos operadores do Direito do Trabalho, com o fim de evitar o iminente risco de insegurança jurídica na aplicação dos institutos.

O Tribunal Superior do Trabalho interpretou corretamente a aplicação do CPC ao processo do trabalho, salvo poucas ressalvas que fazemos em que a Corte Trabalhista poderia ter avançado mais. Os negócios processuais (art. 190), por exemplo, com a participação de advogados, fiscalização e controle do magistrado trabalhista, poderiam ser utilizados nessa seara processual.

Discordamos, outrossim, da exclusão da arbitragem e da mediação como forma de solução de conflitos individuais do trabalho, uma vez que, desde que o empregado esteja acompanhado de advogado e o magistrado do trabalho possa fiscalizar a liberdade e validade do ato de vontade daquele, não vemos qualquer óbice para utilização de tal método, como ocorre com sucesso em outros ordenamentos jurídicos, a exemplo do chamado *"Employment tribunal claim form"*, utilizado na Inglaterra pelos Tribunais do Trabalho do Reino Unido.

No que tange às normas aplicáveis ao processo do trabalho com necessárias adaptações, vemos como ponto alto da Instrução Normativa nº 39 a aplicação do incidente de desconsideração da personalidade jurídica (arts. 133 a 137), que terá o condão de trazer bastante segurança jurídica e respeito aos princípios do contraditório, devido processo legal e ampla defesa na responsabilização dos sócios de empresas.

Ainda na seara das normas aplicáveis com necessárias adaptações, também muito pertinente a inclusão do princípio do contraditório e vedação de decisão surpresa (arts. 9º e 10). É necessário uma reflexão, entretanto, para ressalva realizada no § 2º do art. 4º da instrução normativa, pois, mesmo nas questões relacionadas a condições da ação, pressupostos de admissibilidade de recurso e pressupostos processuais, há em muitas situações necessidade de cognição e instrução probatória, daí vislumbrarmos com preocupação essa exceção ao óbice da decisão surpresa.

Em suma, apesar de nossas pouquíssimas ressalvas ou divergências, é possível aferir do texto da Instrução Normativa nº 39 um trabalho realizado com propriedade e técnica, com uma interpretação pautada na busca de efetividade da prestação jurisdicional, mas atenta às garantias mínimas de um processo justo.

A interpretação dada pelo Tribunal Superior do Trabalho na aplicação do novo Código de Processo Civil ao processo do trabalho é acertada e deve ser seguida pelas demais instâncias do Poder Judiciário Trabalhista e não impugnada de inconstitucional pela associação representativa dos magistrados.

Não há que se falar em inconstitucionalidade da instrução normativa pois esta não se caracteriza como ato normativo primário, mas apenas e tão somente secundário, em clara atividade interpretativa e orientadora, para tornar específico e concreto o que já está disposto na lei, o caráter subsidiário e supletivo do novo Código de Processo Civil na seara trabalhista.

Nesse sentido a edição da instrução normativa não se caracteriza por atividade legislativa por não configurar qualquer inovação no ordenamento jurídico. Não há, outrossim, qualquer violação à independência dos magistrados trabalhistas porque a instrução editada pelo TST não tem força vinculante, mas apenas e tão somente persuasiva ou argumentativa, diante de sua natureza de ato normativo secundário.

É Importante registrar, por fim, que, caso o Tribunal Superior do Trabalho não editasse a instrução normativa, certamente haveria forte divergência na interpretação da lei processual, sem uniformidade na aplicação dos dispositivos do processo comum ao processo do trabalho, ensejando grande insegurança jurídica, risco à isonomia processual, além de um infindável número de recursos para a Corte Superior Trabalhista.

FUNDAMENTAÇÃO DAS DECISÕES E APLICAÇÃO DA FUNÇÃO SOCIAL DO CONTRATO: APORTES DO CÓDIGO DE PROCESSO CIVIL DE 2015

Carlos Nelson Konder

Resumo: O artigo discute como a exigência de fundamentação das decisões judiciais, minudenciada pelo Código de Processo Civil de 2015, pode contribuir para uma aplicação mais clara e sistemática da figura introduzida pelo Código Civil de 2002 – a função social do contrato. O texto aborda como as dificuldades de fundamentação das decisões se agravam ante a utilização de conceitos indeterminados, cláusulas gerais e princípios, em razão de seu texto mais aberto, e como isso se agrava no caso da função social do contrato, em razão da controvérsia sobre o seu significado que precede a própria aprovação do texto legal. Por derradeiro, se defende que exsurge das exigências da novel lei processual o recurso de justificar as decisões referindo a pontos normalmente aceitos em uma argumentação de questões positivadas constitucionalmente, tais como os bens jurídicos referidos pelo constituinte aptos a dar conteúdo à função social do contrato, como educação, saúde, moradia e meio ambiente.

Palavras-chave: Fundamentação. Contrato. Função social do contrato.

1. Introdução

A Lei nº 13.105, de 16 de março de 2015, que instituiu o novo Código de Processo Civil brasileiro, criou novos marcos, dinâmicas e diretrizes, revigorando não só a legislação processual, mas todo o sistema legal pátrio. Cumpre conceber o ordenamento jurídico como uno e indivisível, como aponta o primeiro artigo do próprio diploma, ao determinar que o processo civil será ordenado, disciplinado e interpretado conforme as normas e valores estabelecidos pela Constituição da República Federativa do Brasil.

Novas medidas como a diminuição do número de recursos e a quase unificação dos prazos processuais, a mudança na contagem de prazos, a simplificação da defesa do réu e a inserção de regras para o incidente de desconsideração de personalidade jurídica trouxeram renovadas possibilidades não apenas para o Direito Processual, mas para o ordenamento jurídico brasileiro como um todo. Aqui se optou por abordar uma mudança mais sutil e mais profunda que o novo Código trouxe para todos os ramos do Direito: a fundamentação das decisões. Não só a necessária fundamentação das decisões judiciais, mas principalmente a determinação prevista no § 1º do art. 489

do Código de Processo Civil, que trata de "quando uma decisão judicial não é considerada fundamentada". O inciso segundo do citado parágrafo traz uma regra ainda mais profunda, vez que não se considera motivada a decisão que "empregar conceitos jurídicos indeterminados, sem explicar o motivo concreto da sua incidência no caso".

Em especial, merece atenção cuidadosa do intérprete a forma como o novo Código guiou a fundamentação das decisões que se baseiam em cláusulas gerais, conceitos indeterminados e princípios. Respondendo a um anseio geral, o legislador buscou conduzir a argumentação dos magistrados de forma mais precisa no que tange à utilização dessas figuras normativas que, se não são novas, ganharam protagonismo nunca visto até então, e, com isso, ainda podem ser objeto de invocação de forma inapropriada com as exigências de democraticidade e segurança jurídica afetas ao nosso Estado de Direito.

Nesse texto, a análise se detém sobre as decisões que invocam o mais controverso conceito indeterminado do direito contratual: a função social do contrato. Buscar-se-á observar as dificuldades sofridas na implementação de uma eficácia real e autônoma dessa disposição e como as instruções oferecidas pelo CPC/2015 podem colaborar nesse processo.

2. O novo CPC e a exigência de fundamentação das decisões

Uma das principais marcas metodológicas impressas na elaboração do novo Código de Processo Civil de 2015 é a chamada constitucionalização dos vários ramos do Direito. A consciência de que a supremacia normativa da Constituição e a unidade do ordenamento não se constituem apenas sob a perspectiva formal, mas exigem também um esforço hermenêutico para imantar as diversas normas do sistema com os mesmos preceitos fundamentais, implica a releitura dos diversos setores do ordenamento à luz dos direitos fundamentais e dos princípios constitucionais.

No âmbito do Direito Processual, isso foi referido como "neoprocessualismo", o qual, nos termos de André Vasconcelos Roque, configura verdadeira simbiose com o neoconstitucionalismo, retirando dele suas premissas e oferecendo, em troca, a contenção do arbítrio judicial, a qual se viabiliza, especialmente, pelo dever de motivação das decisões, que oferece não apenas meios para as partes recorrerem, mas para que a própria sociedade possa controlar a atuação dos juízes[1]. De fato, o novo diploma processual foi produzido como fruto de uma democracia deliberativa que reconhece como legítimo apenas o domínio da razão, onde, nas palavras de Luiz Fux, os anseios se manifestam "em uma arena onde o único duelo esperado é o da argumentação"[2].

---

1 ROQUE, André Vasconcelos. Dever de motivação das decisões judiciais e controle da jurisprudência no novo CPC. In: FREIRE, Alexandre *et alli* (Orgs.). **Novas tendências do processo civil:** estudos sobre o projeto de novo código de processo civil. Salvador: JusPodivm, 2013. p. 249/250.

2 FUX, Luiz. Prefácio. In: FREIRE, Alexandre *et alli* (Orgs.). **Novas tendências do processo civil:** estudos sobre o projeto de novo código de processo civil. Salvador: JusPodivm, 2013. p. 9.

Trata-se da superação da miopia de uma visão que, excessivamente centrada na celeridade processual, tornou-se contraproducente, já que as decisões proferidas sem o devido cuidado, para atender às estatísticas, acabavam por ser anuladas em grau de recurso, ao final retardando ainda mais o tempo do processo. À exigência de uma duração razoável do processo somou-se a maior atenção ao seu desenrolar cuidadoso, sob a crença de que "com decisões mais bem fundamentadas, após uma cognição mais bem preparada [...], confia-se na diminuição das enormes taxas de reforma, fruto do atual debate superficial"[3].

A partir do clássico pioneiro de MICHELE TARUFFO[4], os estudos processuais sobre a fundamentação das decisões judiciais deixaram o exame puramente exegético-normativo, inspirado no modelo silogístico, para aportar as contribuições de autores como ESSER e HART também à valoração de provas e análise de fatos, realçando a necessidade de completude da motivação. Nessa linha, determina o art. 489 do novo CPC:

> Art. 489. São elementos essenciais da sentença:
> I – o relatório, que conterá os nomes das partes, a identificação do caso, com a suma do pedido e da contestação, e o registro das principais ocorrências havidas no andamento do processo;
> II – os fundamentos, em que o juiz analisará as questões de fato e de direito;
> III – o dispositivo, em que o juiz resolverá as questões principais que as partes lhe submeterem.
> § 1º Não se considera fundamentada qualquer decisão judicial, seja ela interlocutória, sentença ou acórdão, que:
> I – se limitar à indicação, à reprodução ou à paráfrase de ato normativo, sem explicar sua relação com a causa ou a questão decidida;
> II – empregar conceitos jurídicos indeterminados, sem explicar o motivo concreto de sua incidência no caso;
> III – invocar motivos que se prestariam a justificar qualquer outra decisão;
> IV – não enfrentar todos os argumentos deduzidos no processo capazes de, em tese, infirmar a conclusão adotada pelo julgador;
> V – se limitar a invocar precedente ou enunciado de súmula, sem identificar seus fundamentos determinantes nem demonstrar que o caso sob julgamento se ajusta àqueles fundamentos;
> VI – deixar de seguir enunciado de súmula, jurisprudência ou precedente invocado pela parte, sem demonstrar a existência de distinção no caso em julgamento ou a superação do entendimento.
> § 2º No caso de colisão entre normas, o juiz deve justificar o objeto e os critérios gerais da ponderação efetuada, enunciando as razões que autorizam a interferência na norma afastada e as premissas fáticas que fundamentam a conclusão.
> § 3º A decisão judicial deve ser interpretada a partir da conjugação de todos os seus elementos e em conformidade com o princípio da boa-fé.

O dispositivo encontra seu fundamento no art. 93, IX, da Constituição, que determina que "todos os julgamentos dos órgãos do Poder Judiciário serão públicos,

---

3 THEODORO JR., Humberto *et alli*. **Novo CPC – fundamentos e sistematização**. Rio de Janeiro: Forense, 2015, posição 842-844.

4 TARUFFO, Michele. **A motivação da sentença cível.** São Paulo: Marcial Pons, 2015, *passim*.

e fundamentadas todas as decisões, sob pena de nulidade [...]". No entanto, a exigência constitucional era, até então, cumprida apenas formalmente, sem observância do conteúdo material que deveria revestir uma fundamentação democrática. Forte crítica se estabeleceu contra a tendência, em decisões, de fundamentar a utilização de princípios de forma silogística, como se fossem regras, invocando-os como argumentos de autoridade, sem a devida argumentação. Trata-se do que já foi chamado de "carnavalização do direito"[5], "pan-principialismo"[6], "pós-positivismo à brasileira"[7], "euforia principiológica"[8] e "decisionismo judicial"[9], que seria, de maneira geral, a prática de invocar princípios de conteúdo aberto para decidir, mas sem qualquer exposição analítica sobre o significado do enunciado normativo e sua aplicação ao caso concreto, utilizando-os nos moldes subsuntivos normalmente usados para a aplicação de regras. Essa prática viabiliza que o magistrado resolva o conflito principiológico exclusivamente a partir de sua consciência, servindo a invocação do princípio apenas para referendá-lo, sem explicitar o passo a passo da sua decisão[10].

Contra isso, afirma-se a nulidade da decisão que se socorrer dessas estruturas normativas "sem explicar o motivo concreto de sua incidência no caso", que "invocar motivos que se prestariam a justificar qualquer outra decisão", ou que lidar com um conflito entre princípios sem "justificar o objeto e os critérios gerais da ponderação efetuada, enunciando as razões que autorizam a interferência na norma afastada e as premissas fáticas que fundamentam a conclusão". O dispositivo dirige-se, assim, a um "definitivo abandono do formalismo ingênuo e redutor do sistema anterior", contribuindo como instrumento para a consolidação de uma jurisdição mais adequada às exigências democráticas da Constituição de 1988[11]. Serve a coibir também a prática recorrente de utilização da mesma fundamentação para diversos casos distintos, na

---

5 SARMENTO, Daniel. Ubiquidade constitucional: os dois lados da moeda. In: SOUZA NETO, Cláudio Pereira de; SARMENTO, Daniel (Coord.). **A constitucionalização do direito.** Rio de Janeiro: Lumen Juris, 2007. p. 113/148.

6 STRECK, Lenio Luiz. O pan-principiologismo e o sorriso do lagarto. **Revista Direito Unifacs – Debate Virtual**, n. 144, Florianópolis, jun. 2012.

7 OLIVEIRA, Leandro Corrêa de; SILVA FILHO, Edson Vieira da. A decisão jurídica entre o dever de fundamentação e a relativização dos discursos ajudicadores. **Revista de Direito Constitucional e Internacional**, v. 95. São Paulo, abr.-jul. 2016.

8 MACEDO JUNIOR, Ronaldo Porto. Interpretação da boa-fé nos contratos brasileiros: os princípios jurídicos em uma abordagem relacional (contra a euforia principiológica). In: MACEDO JUNIOR, Ronaldo Porto; BARBIERI, Catarina Helena Cortada (Org.). **Direito e interpretação:** racionalidades e instituições. 1. ed. São Paulo: Saraiva, 2011. v. 1, p. 307/337.

9 SCALABRIN, Felipe; SANTANNA, Gustavo. A legitimação pela fundamentação: anotação ao art. 489, § 1º e § 2º, do novo Código de Processo Civil. **Revista de Processo**, v. 255. São Paulo, mai. 2016.

10 THEODORO JR., Humberto *et alli*. **Novo CPC – fundamentos e sistematização.** Rio de Janeiro: Forense, 2015, posição 967-970.

11 MELLO, Cláudio Ari. Interpretação jurídica e dever de fundamentação das decisões judiciais no novo código de processo civil. **Revista de Processo**, v. 255. São Paulo, mai. 2016.

medida em que torna "nula a decisão que possua fundamentação genérica, compreendida esta como aquela que poderia ser utilizada para qualquer caso abstratamente"[12].

3. A contribuição da teoria da argumentação para a fundamentação das decisões

A exigência processual de motivação, de base constitucional, é enriquecida pelo aporte científico, trazido nas últimas décadas, pela chamada teoria da argumentação. Construiu-se ali a possibilidade de legitimação científica de decisões guiadas pelo esforço de persuasão e convencimento, bem como pautadas pela busca do razoável e do adequado[13]. Os trabalhos de autores como PERELMAN e ALEXY contribuíram para desconstruir o entendimento de que somente o raciocínio pautado pela lógica formal da matemática seria dotado de cientificidade e, portanto, a argumentação jurídica estava fadada ao decisionismo próprio de um ato de vontade. PERELMAN supera a premissa, baseada no modelo cartesiano de ciência, de que a racionalidade está restrita ao raciocínio *more geometrico* e à técnica da demonstração pela evidência, verificando que os recursos discursivos desenvolvidos para provocar o assentimento e a adesão de um auditório são reflexos de que o poder de deliberar e argumentar também é guiado por uma racionalidade própria[14]. ALEXY indica que esse modo de pensar, orientado por valores e cuja lógica não é de tipo formal, também é pautado por uma racionalidade e pode igualmente ser objeto de análise científica, que se vincula a uma pretensão de correção[15].

É possível, assim, exigir que a fundamentação das decisões seja dirigida pelo postulado da razoabilidade[16], construído com base em um discurso não apenas de

12 OLIVEIRA, Leandro Corrêa de e SILVA FILHO, Edson Vieira da. A decisão jurídica entre o dever de fundamentação e a relativização dos discursos ajudicadores. **Revista de Direito Constitucional e Internacional**, v. 95. São Paulo, abr./jul. 2016

13 CAMARGO, Margarida Lacombe. **Hermenêutica e argumentação:** uma contribuição ao estudo do Direito, 3. ed. Rio de Janeiro: Renovar, 2003. p. 137.

14 PERELMAN, Chaïm, e OLBRECHTS-TYTECA, Lucie. **Tratado da argumentação – a nova retórica**. 2. ed. São Paulo: Martins Fontes, 2005. p. 1.

15 ALEXY, Robert. **Teoria da argumentação jurídica.** 2. ed. São Paulo: Landy, 2005. p. 212.

16 Dentre a vasta produção científica que recebeu nos últimos anos, destaca-se Humberto Ávila, para quem o postulado da razoabilidade se manifesta sob três acepções: "Primeiro, a razoabilidade é utilizada como diretriz que exige a relação das normas gerais com as individualidades do caso concreto, quer mostrando sob qual perspectiva a norma deve ser aplicada, quer indicando em quais hipóteses o caso individual, em virtude de suas especificidades, deixa de se enquadrar na norma geral. Segundo, a razoabilidade é empregada como diretriz que exige uma vinculação das normas jurídicas com o mundo ao qual elas fazem referência, seja reclamando a existência de um suporte empírico e adequado a qualquer ato jurídico, seja demandando uma relação congruente entre a medida adotada e o fim que ela pretende atingir. Terceiro, a razoabilidade é utilizada como diretriz que exige a relação de equivalência entre duas grandezas" (**Teoria dos princípios.** 5. ed. São Paulo: Malheiros, 2006. p. 139).

justificação, mas também de adequação das normas, que fundamenta a preferência pelo princípio aplicável ao caso concreto, e que assim viabiliza a aceitação racional das decisões judiciais com base na qualidade dos argumentos levantados, cuja verificação permite que o processo argumentativo seja concluído quando, desse todo coerente, resultar um acordo racionalmente motivado[17].

As escolhas do intérprete devem ser assumidas expressamente, não como forma a libertá-lo do direito institucionalizado, mas exatamente para permitir o debate argumentativo acerca da sua adequação ao ordenamento: trata-se da responsabilidade do intérprete[18]. Por meio da fundamentação se verificam os argumentos que levaram o intérprete a escolher, é nela que encontramos os parâmetros para compreender a decisão[19]. Pela fundamentação verifica-se se os elementos extrajurídicos foram absorvidos por meio de elementos normativos, se os valores referidos são sociais e culturais, e não pessoais: viabiliza-se em última instância um controle final sobre os argumentos adotados[20]. Isto significa que a derrubada do limite externo, formal, que restringia o intérprete – o dogma da subsunção – não importa a consagração do arbítrio, mas sim a imposição de um limite interno, metodológico: a exigência de fundamentação das decisões judiciais. A ampliação da área de liberdade conferida aos magistrados, em comparação com a tradição de nossa história jurídica, impõe uma atenção maior às justificativas invocadas para essas decisões[21]. Nesta linha, ainda que os magistrados tomem decisões partindo de visões pessoais ou mesmo preconceitos e depois busquem as premissas para fundamentá-las, isso não significa descartar a importância e a necessidade da fundamentação[22].

4. A peculiaridade das estruturas normativas abertas e sua importância no direito contratual contemporâneo

O desafio relativo à fundamentação das decisões – e importância da atenção a este ponto – é ainda maior quando se trata de decisões que aplicam conceitos indeterminados, cláusulas gerais e princípios. Foi a proliferação desse tipo de estrutura normativa, associada à mudança na própria metodologia hermenêutica dominante, que produziu – ou deveria produzir – impacto sobre o processo de fundamentação

17 HABERMAS, Jurgen. **Between facts and norms:** contributions to a discourse theory of law and democracy. Cambridge: MIT Press, 1998, *passim*.

18 PERLINGIERI, Pietro. **O direito civil na legalidade constitucional.** Rio de Janeiro: Renovar, 2008. p. 96.

19 SCHLESINGER, Piero. Interpretazione dela legge civile e prassi dele corti. **Rivista di diritto civile**, ano XLVII, parte prima. Padova, 2002, p. 540/541.

20 GUASTINI, Riccardo. **L'interpretazione dei documenti normativi.** Milano: Giuffrè, 2004. p. 113.

21 MAIA, Antônio Cavalcanti. Notas sobre direito e argumentação. In: CAMARGO, Margarida Lacombe (Org.). **1988-1998:** uma década de constituição. Rio de Janeiro: Renovar, 1999. p. 413.

22 ATIENZA, Manuel. **As razões do direito:** teorias da argumentação jurídica. 3. ed. São Paulo: Landy, 2006. p. 23.

das decisões. Essas estruturas normativas acabam por contribuir para a exigência de modificação da forma de fundamentação das decisões, pois impõem um ônus argumentativo diferenciado ao intérprete. A técnica regulamentar, que se opõe a essas estruturas normativas, contribui para viabilizar formalmente a fundamentação das decisões sob o modelo da subsunção, em que a decisão se extrai de um suposto silogismo lógico formal, como uma escolha necessária e neutra. Já os conceitos indeterminados, as cláusulas gerais e os princípios, ao abrirem explicitamente a liberdade de decisão do intérprete para a pluralidade e imprevisibilidade dos casos concretos, esvaziam a possibilidade de mascarar as escolhas valorativas do intérprete, inafastáveis do processo decisório, sob a máscara do raciocínio subsuntivo. Tais escolhas passam a dever ser explicitadas, de maneira a poderem ser submetidas ao crivo crítico dos demais.

Reputada uma das marcas da transformação do direito ao longo do século XX, percebe-se claramente no âmbito do Direito Contratual brasileiro o recurso cada vez maior a essas estruturas normativas que reconhecidamente atribuem – ou reconhecem – ao intérprete um poder maior de "concreção"[23]. Diante da insuficiência do modelo subsuntivo e a inexorável liberdade do intérprete na construção da norma, o próprio legislador contribui oferecendo enunciados normativos mais abertos e flexíveis para viabilizar não apenas a adaptação da norma à imprevisibilidade da vida, mas o próprio preenchimento valorativo à luz do influxo de normas superiores em diálogo com as circunstâncias do caso concreto.

Adotando a taxonomia de ENGISCH[24], fala-se de conceitos jurídicos indeterminados, cláusulas gerais e princípios. No âmbito do Direito Contratual brasileiro, percebe-se que o legislador de 2002, nas parcas alterações que fez comparativamente ao Código Civil de 1916, intensificou o uso de conceitos indeterminados, que, a despeito de um núcleo duro, trazem um halo conceitual difuso, que lhes traz a marca característica de conteúdo e extensão em larga medida incertos[25]. Assim, por exemplo, a irrenunciabilidade, em contratos de adesão, a "direito resultante da natureza do negócio" (CC, art. 422), a modificação da contagem de prazo para redibição quando "o vício, por sua natureza, só puder ser conhecido mais tarde" (CC, art. 445, § 1º), o prazo para a resilição do contrato proporcional aos "investimentos consideráveis para sua execução" (CC, art. 473, parágrafo único), ou ainda a resolução do contrato quando sua execução "se tornar excessivamente onerosa, com extrema vantagem para a outra, em virtude de acontecimentos extraordinários e imprevisíveis" (CC, art. 478).

No entanto, para além de um aumento de termos de maior vagueza semântica, reconhece-se na legislação contratual contemporânea o recurso expresso à técnica legislativa das cláusulas gerais, as quais, contrapondo-se à elaboração casuística das

23 A expressão é de ENGISCH, Karl. **La idea de concreción en el derecho y en la ciencia jurídica actuales.** Pamplona: Universidad de Navarra, 1968, *passim*.

24 ENGISCH, Karl. **Introdução ao pensamento jurídico**. 10. ed. Lisboa: Fundação Calouste Gulbenkian, 2008, p. 205 e ss.

25 *Ibid.*, p. 208.

hipóteses legais, que circunscreve particulares grupos na sua especificidade própria (*fattispecie*), abrange e submete a tratamento jurídico todo um domínio de casos, em termos de grande generalidade[26]. Estas disposições normativas utilizam intencionalmente uma linguagem aberta e fluida com o objetivo de conferir ao juiz "um mandato (ou competência) para que, à vista dos casos concretos, crie, complemente, ou desenvolva normas jurídicas"[27].

Louvada como uma das grandes inovações do projeto[28], no âmbito específico do Direito Contratual são destacadas a determinação de que "a liberdade de contratar será exercida em razão e nos limites da função social do contrato" (CC, art. 421) e que, "os contratantes são obrigados a guardar, assim na conclusão do contrato, como em sua execução, os princípios de probidade e boa-fé" (CC, art. 422). As espécies em questão não são excludentes, já que, como se pode observar, muitas dessas cláusulas gerais são construídas com recurso a conceitos indeterminados e, ainda, muitas delas servem a veicular também princípios jurídicos[29]. A importância dessas estruturas, cuja força normativa passa a ser reconhecida, impõe ao intérprete um ônus argumentativo maior na solução dos conflitos que travam entre si, já que veiculam valores reputados solidários, sociais, sem, contudo, o afastamento definitivo de estruturas normativas que ainda respondem a valores liberais, cumprindo ao intérprete, na análise do caso concreto, indicar qual deles deve prevalecer. Assim, a ampliação da invocação dos conceitos indeterminados, das cláusulas gerais e dos princípios conduz a um contexto no qual se destaca o papel da fundamentação argumentativa das decisões judiciais no âmbito do Direito Contratual.

5. As decisões que aplicam a função social do contrato

A função social do contrato não se beneficiou da longa trajetória histórica de que desfrutou a função social da propriedade, tampouco de uma referência expressa no texto constitucional, com a indicação de parâmetros para sua aplicação. Nenhuma Constituição brasileira fez expressa referência à função social do contrato, nem a de 1988, tampouco estabeleceu critérios de efetivação. Mesmo em doutrina, até o advento do Código de 2002, eram raríssimas as reflexões no âmbito do Direito a respeito da função social do contrato[30]. Isso ajuda a explicar a resistência à sua positivação. Na primeira versão do anteprojeto de Código Civil, o dispositivo que viria a se tornar o art. 421 enunciava que "a liberdade de contratar *somente* será exercida em razão e nos

---

26 *Ibid.*, p. 228.

27 MARTINS-COSTA, Judith. **A boa-fé no direito privado.** São Paulo: Revista dos Tribunais, 1999. p. 303.

28 REALE, Miguel. **Visão geral do projeto de código civil.** Disponível em: <http://goo.gl/tNxAaW>. Acesso em: 09 jul. 2016.

29 MARTINS-COSTA, Judith. **A boa-fé no direito privado.** São Paulo: Revista dos Tribunais, 1999. p. 323.

30 HIRONAKA, Giselda Maria Fernandes Novaes. A função social do contrato. **Revista de Direito Civil, Imobiliário, Agrário e Empresarial**, n. 45. São Paulo, jul.-set. 1988, p. 141/152.

limites da função social do contrato". A inclusão do vocábulo "somente" foi muito criticada, pois se temia que fizesse com que o enunciado fosse interpretado de forma a exigir que a única função que o contrato pudesse ter fosse a social, em oposição à função que ele teria apenas para as partes[31]. Assim, receava-se que as partes pudessem ficar adstritas a abdicar de seus próprios interesses para, ao contratar, servir somente à coletividade. As críticas à redação inicial fizeram com que o termo "somente" fosse suprimido e o dispositivo ganhasse a redação com que foi promulgado: "A liberdade de contratar será exercida em razão e nos limites da função social do contrato". No entanto, o receio quanto às potencialidades do dispositivo persistiram, agora com relação à expressão "em razão de": a liberdade de contratar deve ser exercida *em razão de* sua função social. Este movimento de reticência ao dispositivo, que se poderia chamar "antifuncionalista", afirmava que a função social só poderia servir como *limite*, mas não se poderia exigir que ela fosse *razão* da tutela do contrato.

Isso desenhou um cenário no qual não são incomuns decisões que invocam a função social do contrato exclusivamente como reforço argumentativo, sem qualquer indicação de sua eficácia normativa específica. O receio que se colocou quanto à função social do contrato, em virtude da ausência de uma evolução histórica do conceito e, principalmente, na falta de balizas do constituinte e do legislador acerca de sua aplicação, foi a ameaça de certo autoritarismo judicial, de invasão estatal das relações intersubjetivas, por meio de um mecanismo de controle da autonomia. Era necessário evitar que a abertura da cláusula geral do art. 421 não implicasse uma fórmula vazia que franqueia tal julgamento ao mero arbítrio do juiz, de maneira que, com base na função social do contrato, "a ingerência do Poder Judiciário só resta autorizada em hipóteses excepcionais"[32].

Assim, afirma-se que, buscando a compatibilização entre os interesses econômicos das partes e os interesses sociais, a "tendência hodierna em reconhecer a função social do contrato não implica em [*sic*] socialização das relações jurídicas" e que objetiva precipuamente "a promoção de maior justiça nas trocas econômicas, sem descurar, todavia, da segurança jurídica, decorrente da observância do *pacta sunt servanda*"[33]. São exemplificativas dessa orientação decisões que suprimem, por violação à função social do contrato condições de reajuste que oneram excessivamente o consumidor[34],

---

31 AZEVEDO, Antônio Junqueira de. Entrevista concedida à **Revista Trimestral de Direito Civil**, n. 34, Rio de Janeiro, abr.-jun. 2008, p. 305.

32 TJ-DF, 1ª T. Cível, Ap. Cível 20020111044353, Rel. Flavio Rostirola, j. 11/06/2008, DJU 14/07/2008.

33 TJ-RS, 8ª C.C., Ap. Cível nº 70017926536, Rel. Pedro Celso Dal Pra, j. 15/02/2007. Indicam que este tipo de referência à função social do contrato antecede a expressa previsão do Código Civil de 2002 GAMA, Guilherme Calmon Nogueira da e PEREIRA, Daniel Queiroz. Função social no direito privado e constituição. In: GAMA, Guilherme Calmon Nogueira da (Coord.). **Função social no direito civil**. 2. ed. São Paulo: Atlas, 2008. p. 79/80.

34 TJ-RS, 5ª C.C., Ap. Cível nº 70025660218, Rel. Romeu Marques Ribeiro Filho, j. 15/10/2008.

cláusulas impeditivas de restituição do valor pago[35], negativa de renovação automática de contrato mantido por mais de dez anos[36], multa excessiva em relação de consumo que afronta os dispositivos consumeristas[37], dispositivo proibitivo de purgação da mora pelo devedor[38], cláusula abusiva de renúncia à indenização das benfeitorias[39], desligamento compulsório de empreendimento cooperativo[40]. Na mesma linha, a possibilidade de revisão judicial dos termos do contrato, quando desequilibrados, encontrou amparo reiteradamente na exigência de atendimento à sua função social[41].

É importante observar que na maior parte destas decisões a função social do contrato vem invocada junto com outros princípios, o que corrobora a constatação de que essa interpretação acaba esvaziando a função social de qualquer utilidade autônoma, de qualquer repercussão prática que já não seja atendida por outros meios. É curioso observar, por rápida consulta no sítio do STJ, que dos cem acórdãos que fazem menção à função social do contrato desde que o Código de 2002 entrou em vigor, em 62 ela é citada junto com o princípio da boa-fé, em 3, junto com um "princípio de eticidade" e em 10, junto com a vedação ao enriquecimento sem causa. Isso sem contar as diversas vezes em que a função social do contrato é invocada apenas como fundamento axiológico de um outro instituto, que se aplica diretamente ao caso, com a redução da cláusula penal e a proibição de cláusulas abusivas.

Por isso se afirma que essa postura interpretativa frente à função social do contrato é, na verdade, uma resistência à sua própria existência, uma vez que a leva a não ter qualquer relevância normativa, privando-a de qualquer conteúdo autônomo e de qualquer efeito prático. A melhor doutrina alerta que isso produz uma invocação banal e sem conteúdo da função social do contrato, que serve apenas a esvaziar suas potencialidades, em vez de auxiliar na individualização da sua eficácia jurídica própria[42].

---

35 TJ-RS, 9ª C.C., Ap. Cível nº 70025542754, Rel. Léo Romi Pilau Júnior, j. 08/10/2008.

36 TJ-RS, 2ª T.R.C., Recurso Cível nº 71001565050, Rel. Afif Jorge Simões Neto, j. 10/09/2008.

37 TJ-RS, 2ª T.R.C., Recurso Cível nº 71000693143, Rel.ª Mylene Maria Michel, j. 17/05/2006.

38 TJ-RJ, 2ª C.C., Ag. Instr. 2008.002.33382, Rel. Des. Paulo Sergio Prestes, j. 13/10/2008; TJ-RJ, 15ª C.C., Ag. Instr. 2008.002.15589, Rel. Des. Jose Carlos Paes, j. 28/05/2008.

39 TJ-SP, 4ª C.D.P., Ap. com revisão nº 1613954100, Rel. Maia da Cunha, 28/11/2005.

40 TJ-DF, 3ª T.C., APC 20060110408947, Rel. Humberto Adjuto Ulhôa, j. 12/03/2008 DJU 03/04/2008.

41 TJ-RJ, 16ª C.C., Ap. 2008.001.49662, Rel. Des. Marco Aurelio Bezerra de Melo, j. 14/10/2008; TJ-MG, proc. nº 1.0701.06.170086-3/001(1), Rel. Valdez Leite Machado, j. 24/07/2008, 20/08/2008; TJ-SP, 14ª C.D.P., Ap. nº 1311473700, Rel.ª Ligia Araújo Bisogni, j. 27/09/2008, 24/10/2008; TJ-RS, 14ª C.C., Ap. Cível nº 70025542754, Rel. Dorval Bráulio Marques, j. 14/08/2008.

42 RENTERÍA, Pablo. Considerações acerca do atual debate sobre o princípio da função social do contrato. In: MORAES, M. C. B. de. **Princípios do direito civil contemporâneo.** Rio de Janeiro: Renovar, 2006. p. 287/288. Por isso, diversos autores preferem reservar estes efeitos aos princípios da boa-fé e do equilíbrio econômico, atribuindo à função social somente a chamada eficácia externa: THEODORO JÚNIOR, Humberto. **O contrato e sua função social.** Rio de Janeiro: Forense, 2004, p. 31; SILVA, Luis Renato Ferreira da. A função social do contrato no novo código civil e sua conexão com a solidariedade social. In: SARLET, Ingo Wolfgang (Org.). **O novo código civil e a constituição.**

Como explica GUSTAVO TEPEDINO:

> A primeira delas [corrente] sustenta que a função social do contrato não é dotada de eficácia jurídica autônoma, sendo uma espécie de orientação de política legislativa constitucional, que revela sua importância e eficácia não em si mesma mas em diversos institutos que, como expressão da função social, autorizam ou justificam soluções normativas específicas, tais como a resolução por excessiva onerosidade (CC, art. 478), a lesão (CC, art. 157), a conversão do negócio jurídico (CC, art. 170), a simulação como causa de nulidade (CC, art. 167), e assim por diante. [...] tal posição acaba por esvaziar a importância da função social, vez que esta se expressaria por meio de institutos já positivados, presentes de forma difusa no ordenamento, prescindindo, por isso mesmo, de eficácia jurídica autônoma[43].

A funcionalização dos institutos conduz ao entendimento de que a autonomia privada, em especial a liberdade de contratar, nunca é um valor em si, ela só será protegida enquanto corresponder a um interesse digno de tutela pelo ordenamento[44]. Assim, enquanto no modelo liberal clássico a intervenção legislativa seria entendida como um obstáculo ou restrição à autonomia privada, hoje se reconhece que, em sociedades desiguais, é a atuação do legislador e do Poder Público que garantem a efetiva liberdade da pessoa humana. É na expressão dessas condições e requisitos para a tutela jurídica da atividade negocial, na concretização destes limites – mais internos do que externos – sobre o poder normatizador do particular, que se deve encontrar o lócus de atuação da função social do contrato.

Afirma-se, assim, que a função social do contrato implica o condicionamento da tutela da liberdade de contratar a interesses da coletividade. Trata-se da proibição de contratos que repercutam negativamente sobre a comunidade e da conservação ou tratamento diferenciado de contratos que repercutam positivamente junto à sociedade. Nesta terceira série de efeitos, já se enfatiza mais o caráter "social" da função que guia a normatização do contrato. A função do contrato tem que estar de acordo com certos interesses que são independentes das partes, afirmando-se assim que "a liberdade de contratar está limitada não só pela supremacia da ordem pública, mas também pela função social do contrato, que o condiciona ao atendimento do bem comum e dos fins sociais"[45].

A indicação desses interesses sociais ou coletivos, contudo, não fica ao alvedrio do intérprete, que poderia impor um descabido viés assistencialista à atividade contratual,

Porto Alegre: Livraria do advogado, 2003, p. 127/150; SILVA, Jorge Cesa Ferreira da. Princípios de direito das obrigações no novo Código Civil. In: Ingo Wolfgang SARLET (Org.). **O novo código civil e a constituição.** Porto Alegre: Livraria do advogado, 2003. p. 99/126.

43 TEPEDINO, Gustavo. Notas sobre a função social dos contratos. In: TEPEDINO, Gustavo; FACHIN, Luiz Edson (Coord.). **O direito e o tempo:** embates jurídicos e utopias contemporâneas. Rio de Janeiro: Renovar, 2008. p. 396/397.

44 PERLINGIERI, Pietro. **Perfis do direito civil.** Rio de Janeiro: Renovar, 1997. p. 279.

45 TJ-SP, 11ª C.D.Publ., proc. nº 7248535000, Rel. Francisco Vicente Rossi, publ. 23/10/2008.

mascarado por uma fundamentação argumentativa obscura. Não são quaisquer interesses do grupo que devem ser atendidos, mas aqueles interesses positivados como merecedores de tutela[46]. O regulamento negocialmente estabelecido deve ser condizente com certos valores reputados socialmente relevantes, quais sejam, aqueles que se encontram positivados no ordenamento por meio dos princípios constitucionais[47]. Nesse sentido, tal como ocorre quanto às diversas formas de propriedade, também para as diversas formas de contrato podem ser encontrados, no texto constitucional, os fins que devem ser alcançados para o merecimento de tutela, tais como a valorização do trabalho humano, a livre-iniciativa, a dignidade humana, a justiça social, a soberania nacional, a livre concorrência, a defesa do consumidor, a proteção ao meio ambiente, o pleno emprego, a proteção das microempresas etc.[48].

Eventualmente, isto pode significar proteger uma das partes também, por exemplo, quando o contrato se contrapõe à dignidade humana, pode ser a dignidade de uma das partes que esteja sendo lesada e que vai ser protegida pela extinção do contrato[49]. Mas nestes casos o interesse tutelado é coletivo porque vai além do interesse das partes, podendo, em certos casos, até mesmo se contrapor à vontade de ambos os contratantes. Assim, a violação da função social do contrato ocorreria na hipótese de restarem atingidos pelos efeitos do contrato interesses metaindividuais juridicamente relevantes, como se destaca também na jurisprudência:

> Não ofende o princípio da função social do contrato a cláusula que prevê o pagamento de multa caso o contratante empregue um dos ex-funcionários ou representantes da contratada durante a vigência do acordo ou após decorridos 120 (cento e vinte) dias de sua extinção, porquanto não existe proibição a tal contratação, encontrando-se ausente qualquer interesse metaindividual, seja coletivo ou difuso[50].

---

46 O alerta é de que a expressão função social no Direito Privado "pode ser utilizada por diversas teorias econômicas para justificar inumeráveis ações estatais limitadoras das liberdades individuais. Do socialismo ao fascismo, a exigência de uma conduta privada na conformidade com o coletivo espalhava-se com relativa aceitação nas sociedades europeias da segunda década do século XX" (GAMA, Guilherme Calmon Nogueira da; CIDAD, Felipe Germano Cacicedo. Função social no direito privado e constituição. In: GAMA, Guilherme Calmon Nogueira da (Coord.). **Função social no direito civil**. 2. ed. São Paulo: Atlas, 2008. p. 19).

47 LOBO, Paulo Luiz Netto. Princípios sociais dos contratos no código de defesa do consumidor e no novo código civil. **Revista de Direito do Consumidor**, n. 42, São Paulo, p. 191.

48 Incluem-se ainda nesta lista "o respeito à cultura, ao desenvolvimento do ensino científico e do desporto, além do meio ambiente" (GAMA, Guilherme Calmon Nogueira da; CIDAD, Felipe Germano Cacicedo. Função social no direito privado e constituição. In: GAMA, Guilherme Calmon Nogueira da (Coord.). **Função social no direito civil**. 2. ed. São Paulo: Atlas, 2008. p. 35).

49 Assim, GAMA, Guilherme Calmon Nogueira da; CIDAD, Felipe Germano Cacicedo. Função social no direito privado e constituição. In: GAMA, Guilherme Calmon Nogueira da (Coord.). **Função social no direito civil**. 2. ed. São Paulo: Atlas, 2008. p. 32, para quem "o intérprete, ao realizar sua atividade de concretizar cláusulas gerais e conceitos jurídicos indeterminados, deve considerar os direitos fundamentais previstos no texto constitucional sem que, por isso, o litígio deixe de ser de natureza intersubjetiva (privada), mesmo que informado pelos valores e princípios constitucionais".

50 TJ-DF, 4ª T. C., proc. 20070111078052, Rel.ª Maria Beatriz Parrilha, j. 02/07/2008, publ. 08/09/2008.

A consequência da proteção aos interesses da coletividade pode ser não apenas a privação de efeitos dos negócios que afrontam tais interesses, mas também a conservação ou o tratamento jurídico diferenciado de um contrato que tenha grande repercussão no atendimento de um interesse socialmente relevante. Na jurisprudência, podem ser identificadas decisões que, seguindo esta linha, invocam a função social do contrato para conferir tratamento jurídico diferenciado aos chamados "contratos de gaveta" no âmbito do Sistema Financeiro Habitacional (SFH) de modo a assegurar o acesso popular à moradia[51], para interpretar ampliativamente a cobertura do contrato de seguro-saúde de modo a assegurar o direito à saúde[52], para determinar o parcelamento de débito de usuário de serviço de fornecimento de eletricidade evitando, assim, que ocorra a sua interrupção, em nome da proteção à dignidade humana[53], ou para condenar o fiador a manter-se garantidor da locação na prorrogação automática do contrato por seu afastamento, genericamente, "ofender interesses sociais previstos na Constituição"[54].

É importante destacar que nesta esfera de efeitos já se ressalta a relevância da função específica daquele contrato para determinar sua compatibilidade com a função social que lhe garante juridicidade[55]. Os efeitos aqui cominados, seja no tocante à privação de eficácia por incompatibilidade com interesses metaindividuais, seja no tocante ao tratamento diferenciado por atendimento àqueles interesses, só são determinados em virtude da comparação da finalidade daquele contrato individualizado com relação aos interesses coletivos[56].

Em doutrina se indica o tratamento especial dado pela lei à assunção de débito hipotecário[57], com consentimento presumido em razão da relevância social deste

---

51 STJ, 3ª T., REsp 811.670, Rel.ª Min.ª Nancy Andrighi, j. 16/11/2006, DJ 04/12/2006; TJ-RS, 9ª C.C., Ap. Cível nº 70022284731, Rel. Odone Sanguiné, j. 16/04/2008; TJ-SP, 9ª C.D.P., Ag. Instr. 5245314900, Rel. Grava Brazil, j. 25/09/2007, publ. 17/10/2007. No caso específico de atribuição de legitimidade para a cessionária do financiamento, STJ, 1ª T., REsp 627.424, Rel. Min. Luiz Fux, j. 06/03/2007, DJ 28/05/2007.

52 TJ-RS, 5ª C.C., Ap. Cível nº 70026788521, Rel. Jorge Luiz Lopes do Canto, j. 15/10/2008; TJ-RS, 5ª C.C., Ag. Instr. nº 70026516435, Rel. Jorge Luiz Lopes do Canto, j. 15/10/2008; TJ-RJ, 15ª C.C., Ap. Cível. 2008.001.42010, Rel. Helda Lima Meireles, j. 01/07/2008; TJ-SP, 4ª T.C., Recurso Inominado 11449, Rel.ª Maria do Carmo Honorio, j. 08/07/2008, publ. 23/10/2008; TJ-DF, 1ª T. C., Ag. Instr. 20080020101970, Rel. Natanael Caetano, j. 24/09/2008, publ. 29/09/2008.

53 TJ-RJ, 2ª C.C., Ap. Cível. 2008.001.47220, Rel. Carlos Eduardo Passos, j. 10/09/2008.

54 STJ, 3ª S., EDcl nos EREsp 791.077, Rel. Min. Arnaldo Esteves Lima, j. 23/04/2008, DJ 21/08/2008.

55 Sobre a importância de considerar as distinções entre os contratos ao aplicar a função social, v. GAMA, Guilherme Calmon Nogueira da. Direito contratual contemporâneo: a função social do contrato. In: TEPEDINO, Gustavo; FACHIN, Luiz Edson (Coord.). **O direito e o tempo:** embates jurídicos e utopias contemporâneas. Rio de Janeiro: Renovar, 2008. p. 369/393.

56 TEPEDINO, Gustavo. Notas sobre a função social dos contratos. In: TEPEDINO, Gustavo; FACHIN, Luiz Edson (Coord.). **O direito e o tempo:** embates jurídicos e utopias contemporâneas. Rio de Janeiro: Renovar, 2008. p. 402.

57 CAVALIERI FILHO, Sérgio. O novo código civil e o código do consumidor: convergências ou antinomias. **Revista da Emerj**, v. 5, n. 20, Rio de Janeiro, 2002, p. 110.

tipo de dívida e o direito de preferência nos contratos agrários[58]. Na jurisprudência, por exemplo, na análise do merecimento de tutela da cláusula penal de um contrato de prestação de serviços, a fundamentação se diferencia na medida em que se trata da prestação de serviço educacional e, em virtude desta especificidade, a "limitação da multa moratória incidente sobre mensalidades escolares determinada na origem encontra amparo na função social do contrato"[59]. Na mesma linha, a ruptura de um contrato de seguro é reputada especialmente injustificada por tratar-se o segurado de pessoa idosa[60].

Mesmo hipóteses que se poderiam considerar enquadradas na esfera de efeitos de mera tutela de interesse das partes encontram justificativa em interesses coletivos na medida em que a razão da intervenção reequilibradora passa a ser uma especificidade funcional do contrato em exame. Por exemplo, a cláusula resolutiva que priva o devedor do direito a purgar a mora, é especialmente abusiva por se tratar de um contrato de financiamento habitacional: "Isto porque o contrato, na modalidade apontada, contempla manifesto interesse social – obtenção de moradia"[61].

Dessa forma, observa-se que a função social do contrato, de forma análoga à função social da propriedade, como um postulado metodológico-hermenêutico que leva o intérprete a submeter a tutela do direito individual ao atendimento de interesses coletivos. No entanto, a adequada fundamentação da decisão que a aplica deve explicitar interesses coletivos, envolvidos no caso concreto, que tenham sido positivados juridicamente, sob pena de recair em uma referência genérica, que mascare as escolhas pessoais do intérprete, e que acaba por ressuscitar o receio de que a função social do contrato sirva de instrumento de autoritarismo, ou mesmo totalitarismo, judicial.

6. Conclusão

O panorama apresentado serve a destacar a relevância dos parâmetros indicados no art. 489 do CPC/2015 referentes à fundamentação das decisões para a aplicação de princípios pelo Judiciário, em especial quanto à aplicação da função social do contrato como fundamento para a solução de litígios no âmbito do Direito Contratual.

A função social do contrato foi acenada como grande inovação do Código Civil de 2002, que pioneiramente a previu expressamente como condição de tutela da liberdade de contratar. No entanto, a enorme resistência às suas possibilidades hermenêuticas, que poderiam levar a um autoritarismo judicial, conduziu à sua invocação genérica em muitas decisões, sem lhe reconhecer conteúdo autônomo ou indicar seus efeitos jurídicos específicos.

---

58 HIRONAKA, Giselda Maria Fernandes Novaes. A função social do contrato. **Revista de Direito Civil, Imobiliário, Agrário e Empresarial**, n. 45. São Paulo, jul.-set. 1988, p. 138.

59 STJ, 3ª T., REsp 476.649, Rel.ª Min.ª Nancy Andrighi, j. 20/11/2003, DJ 25/02/2004.

60 TA-PR, AC n. 263.725-6, Rel. Des. Wilde de Lima Pugliese, publ. 10/09/2004.

61 TJ-SP, proc. 4500574100, Rel. Elcio Trujillo, publ. 25/09/2006.

Acredita-se que os parâmetros de fundamentação judicial adequada impostos pelo CPC/2015 podem contribuir para que a invocação da boa-fé e da função social do contrato incorporem critérios e elementos que, como *topoi* argumentativos, facilitam a que o intérprete se desincumba do ônus argumentativo adequadamente, oferecendo decisões mais democráticas e previsíveis.

Nesse sentido, quanto à função social do contrato, na invocação de interesses coletivos ou metaindividuais que interferem com a tutela da liberdade contratual, foi indicada a referência a bens jurídicos positivados pelo constituinte, como a saúde, a moradia, a educação e o meio ambiente, que contribuem para que a fundamentação argumentativa desloque-se da avaliação pessoal do intérprete para dentro do ordenamento jurídico.

7. Referências

ALEXY, Robert. **Teoria da argumentação jurídica**. 2. ed. São Paulo: Landy, 2005.

______. **Teoría de los derechos fundamentales**. Madrid: Centro de Estudios Constitucionales, 1993.

ATIENZA, Manuel. **As razões do direito**: teorias da argumentação jurídica. 3. ed. São Paulo: Landy, 2006.

ÁVILA, Humberto. **Teoria dos princípios**. 5. ed. São Paulo: Malheiros, 2006.

AZEVEDO, Antônio Junqueira de. Entrevista concedida à **Revista Trimestral de Direito Civil**, n. 34. Rio de Janeiro, abr.-jun. 2008, p. 299/308.

______. Princípios do novo direito contratual e desregulamentação do mercado – Direito de exclusividade nas relações contratuais de fornecimento – Função social do contrato e responsabilidade aquiliana do terceiro que contribui para o inadimplemento contratual. **Revista dos tribunais**, n. 750, São Paulo, abr. 1998, p. 113/120.

BERCOVICI, Gilberto. A constituição de 1988 e a função social da propriedade. **Revista de direito privado**, v. 7. São Paulo, jul.-set. 2001, p. 69/84.

BOBBIO, Norberto. **Dalla strutura alla funzione**. Milano: Edizioni di Comunità, 1977.

BONAVIDES, Paulo. **Curso de direito constitucional**. São Paulo, Malheiros, 2000.

CAMARGO, Margarida Lacombe. **Hermenêutica e argumentação**: uma contribuição ao estudo do Direito. 3. ed. Rio de Janeiro: Renovar, 2003.

CARDOSO, Patrícia Silva. Oponibilidade dos efeitos dos contratos: determinante da responsabilidade civil do terceiro que coopera com o devedor na violação do pacto contratual. **Revista Trimestral de Direito Civil**, n. 20. Rio de Janeiro, out.-dez. 2004, p. 125/150.

CAVALIERI FILHO, Sérgio. O novo código civil e o código do consumidor: convergências ou antinomias. **Revista da Emerj**, v. 5, n. 20, Rio de Janeiro, 2002, p. 100/114.

CORDEIRO, António Menezes. **Da boa-fé no direito civil**. Coimbra: Almedina, 1997.

CORTIANO JUNIOR, Eroulths. A função social dos contratos e dos direitos reais e o art. 2035 do Código Civil brasileiro: um acórdão do Superior Tribunal de Justiça. In: TEPEDINO, Gustavo; FACHIN, Luiz Edson (Coord.). **O direito e o tempo**: embates jurídicos e utopias contemporâneas. Rio de Janeiro: Renovar, 2008. p. 359/368.

COSTA, Pedro de Oliveira. Apontamentos para uma visão abrangente da função social dos contratos. In: TEPEDINO, Gustavo (Org.). **Obrigações**: estudos sob a perspectiva civil-constitucional. Rio de Janeiro: Renovar, 2005. p. 45/68.

CUNHA, Paulo Ferreira da. Propriedade e função social. **Revista de Direito Imobiliário**, v. 56. São Paulo, jan.-jun. 2004, p. 114/126.

DÍEZ-PICAZO,Luis. **Fundamentos del derecho civil patrimonial**. v. I, 5. ed. Madrid: Civitas, 1996.

DWORKIN, Ronald. **Levando os direitos a sério**. São Paulo, Martins Fontes, 2002.

EHRHARDT JR., Marcos. **Responsabilidade civil pelo inadimplemento da boa-fé**. Belo Horizonte: Forum, 2014.

EISTER, Allan W. Função. **Dicionário de ciências sociais**. Rio de Janeiro: Fundação Getúlio Vargas, 1986.

ENGISCH, Karl. **Introdução ao pensamento jurídico**. 10. ed. Lisboa: Fundação Calouste Gulbenkian, 2008.

ENGISCH, Karl. **La idea de concreción en el derecho y en la ciencia jurídica actuales**. Pamplona: Universidad de Navarra.

FERREIRA, Carlos Alberto Goulart. Contrato: da função social. **Revista Jurídica**, n. 247, Porto Alegre, mai. 1998, p. 9/15.

FUX, Luiz. Prefácio. In: FREIRE, Alexandre *et alli* (Orgs.). **Novas tendências do processo civil:** estudos sobre o projeto de novo código de processo civil. Salvador: JusPodivm, 2013. p. 9/12.

GALUPPO, M. C. Os princípios jurídicos no estado democrático de direito: ensaio sobre o modo de sua aplicação. **Revista de Informação Legislativa**, n. 143, jul.-set. 1999, p. 191/210.

GAMA, Guilherme Calmon Nogueira da. Direito contratual contemporâneo: a função social do contrato. In: TEPEDINO, Gustavo; FACHIN, Luiz Edson (Coord.). **O direito e o tempo**: embates jurídicos e utopias contemporâneas. Rio de Janeiro: Renovar, 2008. p. 369/393.

______ ; CIDAD, Felipe Germano Cacicedo. Função social no direito privado e constituição. In: GAMA, Guilherme Calmon Nogueira da (Coord.). **Função social no direito civil**. 2. ed. São Paulo: Atlas, 2008. p. 18/38.

______ ; PEREIRA, Daniel Queiroz. Função social no direito privado e constituição. In: GAMA, Guilherme Calmon Nogueira da (Coord.). **Função social no direito civil**, 2. ed. São Paulo: Atlas, 2008. p. 68/91.

GODOY, Claudio Luiz Bueno de. **Função social do contrato**. São Paulo: Saraiva, 2004.

GUASTINI, Riccardo. **L'interpretazione dei documenti normativi**. Milano: Giuffrè, 2004.

GÜNTHER, Klaus. **Teoria da argumentação no direito e na moral**: justificação e aplicação, trad. Cláudio Molz, São Paulo: Landy Editora, 2004.

HABERMAS, Jürgen. **Between facts and norms**: contributions to a discourse theory of law and democracy, Cambridge: MIT Press, 1998.

HIRONAKA, Giselda Maria Fernandes Novaes. A função social do contrato. **Revista de Direito Civil, Imobiliário, Agrário e Empresarial**, n. 45, São Paulo, jul.-set. 1988, p. 141/152.

JÚNIOR, E. **Da responsabilidade civil de terceiro por lesão do direito de crédito**. Coimbra: Almedina, 2003.

KONDER, Carlos Nelson. Causa do contrato x função social do contrato: Estudo comparativo sobre o controle da autonomia negocial. **Revista Trimestral de Direito Civil**, v. 43, Rio de Janeiro, jul./set. 2010, p. 33/75.

______. **Contratos conexos**: grupos de contratos, redes contratuais e contratos coligados. Rio de Janeiro: Renovar, 2006.

LOBO, Paulo Luiz Netto. Princípios sociais dos contratos no Código de Defesa do Consumidor e no novo Código Civil. **Revista de Direito do Consumidor**, n. 42, São Paulo, p. 187/195.

MACEDO JUNIOR, Ronaldo Porto. Interpretação da boa-fé nos contratos brasileiros: os princípios jurídicos em uma abordagem relacional (contra a euforia principiológica). In: Ronaldo Porto Macedo Júnior; Catarina Helena Cortada Barbieri. (Org.). **Direito e interpretação: racionalidades e instituições**. 1 ed. São Paulo: Saraiva, 2011. v. 1, p. 307/337.

MAIA, Antônio Cavalcanti. Notas sobre direito e argumentação. In: CAMARGO, Margarida Lacombe (Org.). **1988-1998:** uma década de constituição. Rio de Janeiro: Renovar, 1999. p. 395/431.

MARTINS-COSTA, Judith. **A boa-fé no direito privado**. São Paulo: Revista dos Tribunais, 1999.

MELLO, Adriana Mandim Theodoro de. A função social do contrato e o princípio da boa-fé no código civil brasileiro. **Revista Forense**, n. 364. Rio de Janeiro, Forense, nov.-dez. 2002, p. 3/19.

MELLO, Celso Antônio Bandeira de. Novos aspectos da função social da propriedade no direito público. **Revista de Direito Público – RDP**, v. 84/39. São Paulo, out.-dez. 1987, p. 933/942.

MELLO, Cláudio Ari. Interpretação jurídica e dever de fundamentação das decisões judiciais no novo código de processo civil. **Revista de Processo**, v. 255, São Paulo, mai. 2016.

NALIN, Paulo. A função social do contrato no futuro código civil brasileiro. **Revista de Direito Privado**, n. 12. São Paulo, out.-dez. 2002, p. 50/60.

NEGREIROS, Teresa. O princípio da boa-fé contratual. In: MORAES, Maria Celina Bodin de (Coord.). **Princípios do direito civil contemporâneo**. Rio de Janeiro: Renovar, 2006. p. 221/253.

NEGREIROS, Teresa. **Teoria do contrato**: novos paradigmas. Rio de Janeiro: Renovar, 2002.

OLIVEIRA, Leandro Corrêa de; SILVA FILHO, Edson Vieira da. A decisão jurídica entre o dever de fundamentação e a relativização dos discursos ajudicadores. **Revista de Direito Constitucional e Internacional**, v. 95, São Paulo, abr.-jul. 2016.

ORLEANS, Helen Cristina Leite de Lima. Não basta ser proprietário, tem que participar: algumas notas sobre a função social da propriedade imobiliária no direito brasileiro. **Revista de Direito Privado**, v. 46, São Paulo, abr.-jun. 2011, p. 99/146.

PERELMAN, Chaïm, e OLBRECHTS-TYTECA, Lucie. **Tratado da argumentação** – A nova retórica. 2. ed. São Paulo: Martins Fontes, 2005.

PERLINGIERI, Pietro. **O direito civil na legalidade constitucional**. Rio de Janeiro: Renovar, 2008.

______. **Perfis do direito civil**. Rio de Janeiro: Renovar, 1999.

REALE, Miguel. **Visão geral do projeto de código civil.** Disponível em: <http://goo.gl/tNxAaW>. Acesso em: 09 jul. 2016.

RENTERÍA, Pablo. Considerações acerca do atual debate sobre o princípio da função social do contrato. In: MORAES, M. C. B. de. **Princípios do direito civil contemporâneo**. Rio de Janeiro: Renovar, 2006. p. 281/313.

ROQUE, André Vasconcelos. Dever de motivação das decisões judiciais e controle da jurisprudência no novo CPC. In: FREIRE, Alexandre *et alli* (Orgs.). **Novas tendências do processo civil:** estudos sobre o projeto de novo código de processo civil. Salvador: JusPodivm, 2013. p. 245/262.

SARMENTO, Daniel. Ubiquidade constitucional: os dois lados da moeda. In: SOUZA NETO, Cláudio Pereira de; SARMENTO, Daniel (Coord.). **A constitucionalização do direito**. Rio de Janeiro: Lumen Juris, 2007.

SCALABRIN, Felipe; SANTANNA, Gustavo. A legitimação pela fundamentação: anotação ao art. 489, § 1º e § 2º, do novo código de processo civil. **Revista de Processo**, v. 255, São Paulo, mai. 2016.

SCHLESINGER, Piero. Interpretazione dela legge civile e prassi dele corti. **Rivista di Diritto Civile**, ano XLVII, parte prima, Padova, 2002.

SCHREIBER, Anderson. **A proibição de comportamento contraditório: tutela da confiança e venire contra factum proprium**. Rio de Janeiro: Renovar, 2005.

SILVA, Jorge Cesa Ferreira da. Princípios de direito das obrigações no novo Código Civil. In: SARLET, Ingo Wolfgang (Org.). **O novo código civil e a constituição**. Porto Alegre: Livraria do advogado, 2003.

SILVA, Luis Renato Ferreira da. A função social do contrato no novo Código Civil e sua conexão com a solidariedade social. In: Sarlet, Ingo Wolfgang (Org.). **O novo código civil e a constituição**. Porto Alegre: Livraria do advogado, 2003. p. 127/150.

SOUZA, Eduardo Nunes. Função negocial e função social do contrato: subsídios para um estudo comparativo. **Revista de Direito Privado**, v. 54, São Paulo, abr. 2013, p. 65/87.

STRECK, Lenio Luiz. O pan-principiologismo e o sorriso do lagarto. **Revista Direito Unifacs – Debate Virtual**, n. 144. Florianópolis, jun. 2012.

SZANIAWSKI, Elimar. Aspectos da propriedade imobiliária contemporânea e sua função social. **Revista de Direito Privado**, v. 3, São Paulo, jul.-set. 2000, p. 126/156.

SZTAJN, Rachel. Propriedade e contrato: função social. **Revista de Direito Empresarial**, v. 9, São Paulo, mai./jun. 2015, p. 453/459

TARTUCE, Flávio. **Função social dos contratos**. São Paulo: Método, 2007.

TARUFFO, Michele. **A motivação da sentença cível**. São Paulo: Marcial Pons, 2015.

TEPEDINO, Gustavo. Notas sobre a função social dos contratos. In: TEPEDINO, Gustavo; FACHIN, Luiz Edson (coord.). **O direito e o tempo**: embates jurídicos e utopias contemporâneas. Rio de Janeiro: Renovar, 2008. p. 395/405.

______. **Temas de direito civil**. 4. ed. Rio de Janeiro: Renovar, 2008.

______; SCHREIBER, Anderson. O princípio da boa-fé objetiva no código civil e no código de defesa do consumidor. In: TEPEDINO, Gustavo (Org.). **Obrigações:** estudos na perspectiva civil-constitucional. Rio de Janeiro: Renovar, 2005. p. 29/44.

THEODORO JÚNIOR, Humberto. **O contrato e sua função social**. Rio de Janeiro: Forense, 2004.

______. *et alli*. **Novo CPC – fundamentos e sistematização**. Rio de Janeiro: Forense, 2015.

TIMM, Luciano Benetti. Função social do direito contratual no código civil brasileiro: justiça distributiva vs. eficiência econômica. **Revista dos Tribunais**, v. 876, São Paulo, out. 2008, p. 11/28.

ALGUMAS NOTAS SOBRE A CLÁUSULA DE ELEIÇÃO DE FORO EM CONTRATOS INTERNACIONAIS NO NOVO CÓDIGO DE PROCESSO CIVIL

Carmen Tiburcio

Sumário: 1. Introdução. **2.** Histórico da cláusula de eleição de foro no Direito brasileiro. **3.** Art. 22, III, e art. 25, CPC/2015: efeitos positivos e negativos da cláusula de eleição de foro. **4.** Aplicação das regras sobre cláusula de eleição de foro no tempo: contratos e processos anteriores ao CPC/2015. **5.** Conclusão.

1. Introdução

Uma das principais inovações previstas no novo Código de Processo Civil quanto às regras de competência e jurisdição internacional foi a autorização expressa da inclusão de cláusulas de eleição de foro em contratos internacionais (art. 22, III, e 25, CPC). Tendo em vista que o Professor e Ministro LUIZ FUX presidiu a Comissão de Juristas instituída pelo Senado Federal destinada a elaborar Anteprojeto de Novo Código de Processo Civil, seu papel foi determinante na alteração do cenário legislativo sobre a matéria. No presente artigo, serão analisadas as regras dispostas no novo Código e as correlatas questões de direito intertemporal, especialmente no que tange à aplicação do novo CPC em contratos e processos anteriores a sua entrada em vigor. Antes de cuidar de tais tópicos, porém, cumpre fazer algumas observações quanto ao regime jurídico da eleição de foro antes do CPC de 2015[1].

2. Histórico da cláusula de eleição de foro no Direito brasileiro

A possibilidade de as partes escolherem o foro competente para julgar eventuais conflitos sempre gerou controvérsias no Direito Internacional. A razão para tal era, essencialmente, a natureza de direito público das normas processuais que estabeleciam em quais hipóteses a autoridade judiciária local teria jurisdição. Sendo a jurisdição uma das funções do Estado, exercida – no que se refere à aplicação da lei ao caso concreto – predominantemente pelo Poder Judiciário, a determinação de seus limites, por meio de normas sobre o exercício da competência internacional, seria decorrência

1 Para uma análise completa do tema, a autora remete os leitores ao seu livro: **Extensão e limites da jurisdição brasileira:** competência internacional e imunidade de jurisdição, publicado pela Editora JusPodivm em 2016.

direta da soberania estatal[2]. Assim, diante da natureza de tais normas, questionava-se se poderia ser conferido às partes o poder de derrogá-las.

A despeito de tal controvérsia, o Direito convencional[3] e o estrangeiro[4] já admitem a cláusula de eleição de foro pelo menos desde a década de 1970. Seguindo essa mesma linha, a doutrina brasileira entendia que as partes podiam escolher o foro competente para julgar futuras controvérsias. Contudo, ao contrário da jurisprudência, como será analisado a seguir, os autores não distinguiam os casos em que se escolhia o foro nacional em hipótese não prevista na legislação brasileira daquelas em que se escolhia foro estrangeiro em situação prevista na legislação processual brasileira[5].

---

2 *Vide* LIEBMAN, Enrico Tullio. **Estudos sobre o processo civil brasileiro,** 1947. p. 11/14.

3 No âmbito da Europa, as Convenções de Bruxelas/Lugano dispõem sobre eleição de foro em seu art. 17, o qual determina a possibilidade de escolha do foro de qualquer dos Estados Partes, e estabelece que o foro eleito terá competência exclusiva para apreciar a causa. Já no contexto da União Europeia, o Regulamento nº 44/2001 (art. 23.1) e o Regulamento nº 1.215/2012 (art. 25.1) adotam regra semelhante. A Convenção Interamericana sobre Direito Aplicável aos Contratos Internacionais (1994) – ainda não ratificada no Brasil – apesar de tratar de direito aplicável, ao distinguir entre escolha de lei e escolha de foro, implicitamente admite a segunda hipótese (art. 4º). E, para os países membros do Mercosul, o Protocolo de Buenos Aires sobre Jurisdição Internacional em Matéria Contratual (1994) admite expressamente a cláusula de eleição de foro (art. 4º). Cabe mencionar ainda, que o Código de Direito Internacional Privado dos Estados Americanos (Código Bustamante), ratificado pelo Brasil (promulgado pelo Decreto nº 18.871, de 13/08/1929), também admite a eleição de foro, com algumas limitações, em seu art. 318.

4 A possibilidade de as partes preverem cláusula de eleição de foro é admitida em: Argentina (art. 2.605, Código de Direito Civil Argentino), Estados Unidos (*Bremen v. Zapata* 407 U.S. 1 [1972]), Inglaterra (*Gienar v. Meyer* 2 H. Bl. 603, 120 ER 728 [1796]), Itália (art. 4.2, Lei nº 218, de 31/05/1995), Portugal (art. 99, Código de Processo Civil Português), dentre outros.

5 José Carlos Barbosa Moreira admite a autonomia da vontade nas duas situações (BARBOSA MOREIRA, José Carlos. **Problemas relativos a litígios internacionais.** Temas de direito processual. 5. Série, 1994. p. 146. Chegando à mesma conclusão, nem sempre abordando as duas hipóteses: AZEVEDO, Philadelpho. **Um triênio de judicatura – introdução ao código civil e direito de família***,* 1955. p. 121 e ss.; LOPES, Serpa. **Comentários à lei de introdução ao código civil,** 1944. v. III, p. 102 e ss.; VALLADÃO, Haroldo. **Direito internacional privado – introdução e parte geral**, 1980. p. 370/371, TORNAGHI, Helio. **Comentários ao código de processo civil**, 1974. v. I, p. 307; BATALHA, Wilson de Souza Campos. **Tratado elementar de direito internacional privado – parte especial**, 1977. v. II, p. 312; STRENGER, Irineu. **Contratos internacionais do comércio**, 1992. p. 256/258; ROCHA, Osiris. **Curso de direito internacional privado**, 1986. p. 161; DOLINGER, Jacob. Brazilian international procedural law. In: DOLINGER, Jacob; ROSENN, Keith S. (Orgs.). **A panorama of brazilian law**, 1992. p. 353; ALVIN, Arruda. **Manual de direito processual civil**, 1996. v. 1, p. 233/234, item nº 80; ARMELIN, Donaldo. Competência internacional, **Revista de Processo**, 1976, 2/148; FRANCESCHINI, José Inácio Gonzaga. A lei e o foro de eleição em tema de contratos internacionais. In: RODAS, João Grandino (Coord.). **Contratos internacionais**, 2002. p. 116; GAMA JR., Lauro. A escolha de foro estrangeiro em contratos, **Jornal Valor Econômico**, 23/10/2008; e ARAÚJO, Nádia de. A jurisprudência brasileira sobre contratos internacionais: lei aplicável, ordem pública e cláusula de eleição de foro. In: RODAS, João Grandino (Coord.). **Contratos internacionais**, 2002. p. 213. Defendendo posição oposta, ou seja, negando a possibilidade de eleição de foro: MESQUITA, José Ignácio Botelho de. Da competência internacional e dos princípios que a informam, **Revista de Processo** 50/51, 1988, p. 52; e BARBI, Celso Agrícola. **Comentários ao código de processo civil**, 2008, v. I, p. 302.

A jurisprudência do STF, por sua vez, muito embora também entendesse que as partes teriam autonomia para escolher o foro competente, fazia algumas ressalvas. A primeira decisão importante sobre o tema foi proferida pelo STF na década de 1950, antes mesmo das primeiras decisões estrangeiras que admitiram cláusula de eleição de foro, como as decisões da Suprema Corte norte-americana[6], da Corte de Cassação francesa de 1985[7], bem como da alteração da Lei italiana de Direito Internacional Privado[8] e até mesmo da Convenção de Bruxelas de 1968. No caso, a ação havia sido ajuizada no Brasil e tinha como objeto um contrato de transporte que continha cláusula elegendo o foro de Montevidéu, Uruguai. Em consequência, o STF decidiu pela incompetência do Judiciário brasileiro, nos seguintes termos: *"O direito brasileiro reconhece o foro contratual, salvo quando existir impedimento de ordem pública"*[9].

Em casos posteriores, sempre que o STF teve que apreciar questões que envolviam contratos que previam a escolha do foro competente pelas partes, seja em processos de concessão de *exequatur* a rogatórias provenientes do exterior[10-11], seja em

---

6 Como a decisão proferida no caso *Bremen v. Zapata* 407 U.S. 1 (1972)

7 Trata-se do caso *Cie. de Signaux et d'Entreprises Électriques c/ Soc. Sorelec* que envolvia eleição de lei e foro líbio, no qual a Corte de Cassação francesa posicionou-se a favor da cláusula de eleição de foro. Para maiores informações, *vide* ANCEL, B. e LEQUETTE, Y. **Grands arrêts de la jurisprudence Française de droit international privé**, 2006. p. 645 e ss.

8 A alteração se deu mediante a edição do art. 4.2, da Lei nº 218, de 31/05/1995, o qual admite a eleição de foro estrangeiro quando a escolha é oriunda de acordo escrito e versa sobre direitos disponíveis.

9 E extrai-se do voto do Ministro relator: "[...] Não há como impedir às partes contratantes fixar o foro da ação senão por impedimento de ordem pública. Penso como o saudoso Philadelpho Azevedo, que o art. 12 da Introduc. envolve uma regra de simples proteção que o Estado dispensa aos cidadãos. Se o nacional pode ter interesse em abrir mão da garantia oferecida pela lei brasileira, se aceita livremente a jurisdição estrangeira, não há como impedir essa aceitação. Daí a regra do art. 42, do Cód. Civil: 'Nos contratos escritos poderão os contratantes especificar domicílio onde se exercitam e cumpram direitos e obrigações deles resultantes. Assim, salvo o caso do § 1º, podem realmente as partes em contrato dispor, como dispuseram neste caso, que as ações do mesmo decorrentes fossem apreciadas em foro estrangeiro, pois não envolve questão de ordem pública nem atinge a soberania nacional' [...]". STF, DJ 24/01/1957, RE 30.636, Rel. Min. Cândido Motta Filho.

10 "1 – Carta rogatória pela qual a Justiça do Uruguai pede a citação de pessoa jurídica domiciliada no Brasil para responder naquela Justiça a uma demanda em que a autora questiona matéria de inadimplemento de contrato comercial. Caso em que as partes contratantes elegeram o foro brasileiro de São Paulo (Capital) para solver as controvérsias pertinentes ao referido contrato. Agravo regimental que, baseado no artigo 222, do Regimento Interno do STF, impugna a concessão de *exequatur* no caso. Procedência do agravo para revogar o cumpra-se.
2 – É admissível a revogação de *exequatur* concedido em carta rogatória citatória se a parte citanda prova que, por força de eleição do foro brasileiro, se tornou incompetente a justiça do Estado rogante" (STF, DJ 16/04/1980, CR 3.166 – República Oriental do Uruguai, Min. Pres. Antonio Neder. Essa decisão foi confirmada pelo Plenário da Corte em 18/06/1980.

11 STF, DJ 11/12/1992, CR 5.885 (AgRg) – Inglaterra, Rel. Min. Sydney Sanches; STF, DJ 08/10/1993, CR 4.983 (AgRg) – Confederação Suíça, Rel. Min. Octávio Gallotti; STF, DJ 16/08/1991, CR 4.964

pedidos de homologação de sentenças estrangeiras[12-13], seguiu esse mesmo entendimento. É necessário ressaltar, todavia, que, ao contrário da doutrina, o STF distinguia os casos que não estavam previstos nas hipóteses de competência concorrente do art. 88 do CPC de 1973 daqueles que se incluíam nesse rol.

No primeiro caso, a Corte equiparava a eleição de foro brasileiro pelas partes à hipótese de competência exclusiva do Judiciário nacional.[14] Já no segundo, a homologação da sentença estrangeira estava condicionada à renúncia ao foro brasileiro, mediante a submissão à jurisdição estrangeira, que poderia ocorrer de forma tácita – com o comparecimento do réu perante tribunal estrangeiro – ou

(AgRg) – Confederação da Suíça, Rel. Min. Néri da Silveira; STF, DJ 22/08/1985, CR (AgRg) 4.274 – Estados Unidos da América, Rel. Min. Moreira Alves; STF, DJ 01/12/1989, CR 4.707 – Reino Unido da Grã-Bretanha e Irlanda do Norte, Rel. Min. Presidente; STF, DJ 06/08/1993, CR 6.365 (AgRg) – Argentina, Rel. Min. Octavio Gallotti.

12 Em caso de homologação de sentença estrangeira homologatória de laudo arbitral estrangeiro, afirmou o Min. Octavio Gallotti, em seu voto: "Não se cuidando, na espécie, de nenhuma das hipóteses consideradas, pelo art. 89 do CPC, como de competência exclusiva (vale dizer, absoluta) da autoridade judiciária brasileira, parece evidente que, da submissão ao juízo arbitral de Londres, decorre a aceitação contratual de competência da Justiça inglesa. Nem faria sentido a homologação, por Juiz brasileiro, do procedimento arbitral realizado no Exterior. Não assiste, portanto, razão à Requerida, ao alegar que a sentença ora homologada haja sido prolatada por autoridade judiciária absolutamente incompetente" (STF, DJ 13/12/1991, SE 4.086 – Reino Unido da Grã-Bretanha e Irlanda do Norte, Rel. Min. Octavio Gallotti).

13 Ademais, em pedido de homologação de sentença estrangeira, sustentou o Ministro Relator Celso de Mello: "[...] Quando Presidente do Supremo Tribunal Federal, ao julgar pedido rogatório que me foi dirigido (CR 8.286-EUA, Rel. Min. Celso de Mello) tive o ensejo de acentuar que o art. 88 do CPC, ao dispor sobre a competência internacional do Poder Judiciário brasileiro, define as causas que, não obstante passíveis de apreciação por magistrados brasileiros, também podem ser validamente submetidas à esfera de atribuições jurisdicionais de Tribunais estrangeiros. Disso resulta que as hipóteses definidas no art. 88 do CPC admitem o concurso de jurisdição entre magistrados estrangeiros e juízes brasileiros. Isso significa, portanto, que a norma de competência concorrente, fundada no preceito legal mencionado, enseja ao autor a possibilidade de livremente optar pela instauração de processos judiciais, seja perante magistrados brasileiros, seja perante Tribunais estrangeiros, desde que ocorrente qualquer das situações previstas no art. 88 do CPC" (STF, DJ 19/05/2000, SEC 5.778, Rel. Min. Celso de Mello).

14 "1 – Carta rogatória pela qual a Justiça do Uruguai pede a citação de pessoa jurídica domiciliada no Brasil para responder naquela Justiça a uma demanda em que a autora questiona matéria de inadimplemento de contrato comercial. Caso em que as partes contratantes elegeram o foro brasileiro de São Paulo (Capital) para solver as controvérsias pertinentes ao referido contrato. Agravo regimental que, baseado no artigo 222, do Regimento Interno do STF, impugna a concessão de *exequatur* no caso. Procedência do agravo para revogar o cumpra-se.
2 – É admissível a revogação de *exequatur* concedido em carta rogatória citatória se a parte citanda prova que, por força de eleição do foro brasileiro, se tornou incompetente a justiça do Estado rogante" (STF, DJ 16/04/1980, CR 3.166 – República Oriental do Uruguai, Min. Pres. Antonio Neder). Essa decisão foi confirmada pelo Plenário da Corte em 18/06/1980.

expressa – em conformidade com cláusula de eleição de foro[15]. Ademais, o STF sempre ressaltava que o réu que tivesse domicílio no Brasil tinha a faculdade de não aceitar a jurisdição estrangeira, e, se exercesse tal opção, não seria possível homologar a sentença estrangeira posteriormente[16].

No âmbito do Superior Tribunal de Justiça, nunca foi possível estabelecer claramente qual era a orientação chancelada pelo tribunal, seja no sentido favorável ou contrário à eleição de foro estrangeiro – salvo por duas hipóteses. Nos casos de competência exclusiva do Judiciário brasileiro (art. 89 do CPC de 1973), este se recusava a aceitar a eleição de foro estrangeiro, uma vez que só o Judiciário brasileiro poderia atuar naquelas situações. Já naqueles casos não previstos como de competência concorrente do Judiciário brasileiro, essa Corte não tinha dificuldade em aceitar a escolha das partes em submeterem seus litígios a um foro no exterior[17].

As dúvidas pairavam apenas no que concernia às hipóteses de competência concorrente do Judiciário brasileiro, previstas no art. 88 do CPC de 1973. Não obstante haver diversas ementas de acórdãos afirmando que não se admitia a eleição de foro nessas hipóteses, eram casos peculiares, cujas decisões foram fundamentadas à luz de tais especificidades, como o fato de se estar diante de contratos de adesão, de representação comercial ou em razão de a cláusula constar em contrato acessório não assinado por uma das partes[18]. Houve, ainda, um caso em que a Corte não admitiu os *efeitos negativos* da cláusula de eleição de foro em razão de ambas as partes terem comparecido perante o judiciário brasileiro, sem fazer qualquer referência tempestiva ao acordo que elegeu a jurisdição estrangeira[19].

Assim, mesmo diante dessas ementas que continham afirmações genéricas contrárias à eleição de foro estrangeiro, parece equivocada a afirmação de que o STJ

---

15 DOLINGER, Jacob. Brazilian international procedural law. In: DOLINGER, Jacob; ROSENN, Keith S. (Orgs.). **A panorama of brazilian law**, 1992. p. 368: "*When Brazilian jurisdiction is concorrente under any of the situations set out in Article 88 of the Code of Civil Procedure, Brazil will recognize a foreign judgment, provided the party that was entitled to Brazilian jurisdiction has chosen the foreign jurisdiction either in the original agreement between the parties, or has submitted willingly to the foreign jurisdiction, or, if neither is the case, provided that the party who could move for denial of recognition agrees to it.*"

16 A mesma ressalva consta em ao menos um precedente do Superior Tribunal de Justiça. STJ, DJ 01/08/2006, AgRg no AgRg na CR 118, Rel. Min. Barros Monteiro.

17 STJ, 3ª T., DJ 13/10/2003, REsp 505.208/AM, Rel. Min. Carlos Alberto Menezes Direito; STJ, 3ª T., DJ 21/03.2005, REsp 242.383/SP, Rel. Min. Humberto Gomes de Barros; STJ, 3ª T., DJ 02/05/2011, EDcl nos EDcl no REsp 1.159.796/PE, Rel.ª Min.ª Nancy Andrighi.

18 Algumas consideraram que, por se tratar de contrato de adesão ou de representação comercial, não seria dado às partes a prerrogativa de escolherem foro competente distinto (*vide* STJ, 3ª T., DJ 16/12/2002, AgRg no Ag 459.668/RJ, Rel. Min. Carlos Alberto Direito; STJ, 3ª T., DJ 03/09/2008, REsp 804.306/SP, Rel.ª Min.ª Nancy Andrighi). Em outra decisão, a cláusula de eleição de foro foi desconsiderada, por constar em contrato acessório do qual a autora não fazia parte (*vide* STJ, 4ª T., DJ 02/10/2000, REsp 251.438/RJ, Rel. Min. Barros Monteiro).

19 STF, 2ª Seção, DJ 02/10/1989, AR 133/RS, Rel. Min. Claudio Santos, RT 656/180.

inadmitia o acordo de eleição de foro estrangeiro em todas as hipóteses. A afirmação é sustentada, inclusive pelo fato de que, em caso recente, julgado ainda antes da entrada em vigor do novo CPC, o STJ reconheceu a validade de uma cláusula de eleição de foro[20].

Não se pode deixar de reconhecer, contudo, que antes da entrada em vigor do novo Código havia sistemática resistência do Judiciário em admitir a escolha do foro estrangeiro nos casos que a lei previa competência concorrente do Judiciário brasileiro. Nos tribunais dos Estados do Rio de Janeiro e São Paulo, inclusive, tal tendência era expressamente reconhecida, como se denota das recentes decisões transcritas a seguir:

> Por outro lado, a eleição da jurisdição dos Emirados Árabes entre a autora e a ré não afasta a competência da autoridade judiciária brasileira para dirimir o conflito existente entre ambas. Isso porque, "a competência concorrente do juiz brasileiro não pode ser afastada pela vontade das partes" (RSTJ 146/368 e STJ-RT 786/245)[21].
>
> É ineficaz a cláusula que exclui a jurisdição brasileira para julgar ação fundada em contrato cuja execução se deu no Brasil e as partes aqui são domiciliadas, porque a soberania nacional não pode ser objeto de convenção entre particulares, e há de se preservar a função social do contrato[22].

E o próprio Superior Tribunal de Justiça, em decisão publicada apenas dois dias depois de outra decisão que havia admitido a validade da cláusula de eleição de foro estran-

---

20 STJ, 3ª T., DJ 29/03/2016, REsp 1.518.604/SP, Rel. Min. Paulo de Tarso Sanseverino: "Regulada pelo disposto no art. 88 do CPC/73, a competência internacional na espécie evidencia-se como concorrente, revelando-se possível a eleição, mediante cláusula prevista no negócio jurídico qualificado pelas partes como 'contrato de futebol' (contrato de patrocínio e cessão de uso de imagem), do foro alienígena como competente para a solução das controvérsias advindas do acordo. Precedente da Colenda 4ª T.".

21 TJ-SP, j. 10/08/2016, Apel. Cív. 1078878-88.2015.8.26.0100, Rel. Des. Hamid Bdine. No mesmo sentido, *vide* TJ-SP, j. 08/04/2014, Apel. Cív. 2072302-42.2013.8.26.0000, Rel. Des. Teixeira Leite: "EXCEÇÃO DE INCOMPETÊNCIA. Cláusula de eleição de foro no exterior (Madri). Obrigação, todavia, que deverá ser cumprida no Brasil, local em que as partes contratantes, sucursais de empresas estrangeiras, estão sediadas. Competência concorrente. Art. 88, I e II do CPC. Precedentes. Decisão que reconheceu a competência da Justiça brasileira, rejeitando a exceção de incompetência, mantida. Recurso desprovido."

22 TJ-RJ, DJe 11/11/2015, Apel. Cív. 00394-85.2013.8.19.0209, Rel. Des. Henrique Carlos de Andrade Figueira. V. também TJ-RJ, DJe 30/09/2014, Apel. Cív. 0325793-06.2013.8.19.0001, Rel. Des. Claudio Luiz Braga dell Orto: "A legislação específica, mais precisamente o art. 39 da Lei nº 4.886/1965, estabelece que é competente a Justiça Comum do foro do domicílio do representante para julgar as controvérsias que surgirem entre este e o representado. No entanto, vale ressaltar que tal regra pode ser mitigada pela vontade das partes, através da eleição de foro. Apesar desta possibilidade de mitigação, nos contratos cuja obrigação deva ser cumprida no Brasil, como é a hipótese dos autos, a cláusula de eleição de foro estrangeiro não afasta a competência internacional concorrente da autoridade brasileira (art. 88, II, do CPC). Por esta razão, não sendo a cláusula de eleição de foro meio suficiente para afastar a competência da Justiça Brasileira para processamento e julgamento da presente demanda, e não estando o feito maduro para julgamento, anulo a sentença, determinando que o processo tenha seu regular prosseguimento a partir da decisão que deferiu a produção da prova documental suplementar e pericial contábil".

geiro, entendeu não ser possível afastar a competência concorrente da Justiça brasileira, mesmo em havendo escolha de outro foro pelas partes. O acórdão é assim ementado:

> Agravo regimental no agravo (art. 544 do CPC). Ação de cobrança cumulada com indenizatória. Contrato de representação empresarial firmado entre uma empresa brasileira (representante) e uma italiana (representada). Foro de eleição. Indicação da Justiça italiana para dirimir qualquer controvérsia inerente ao contrato. Competência internacional concorrente. Sentença de extinção do processo sem apreciação do mérito fundada na ausência de jurisdição brasileira. Anulação. Deliberação monocrática que negou provimento ao agravo em recurso especial. Insurgência do agravante.
> 1. Para a jurisprudência do STJ, a cláusula de eleição de foro existente em contrato de prestação de serviços no exterior, portanto, não afasta a jurisdição brasileira. Precedentes: RO 114/DF, Rel. Min. Raul Araújo, DJe de 25/06/2015; EDcl nos EDcl no REsp 1.159.796/PE, Rel.ª Min.ª Nancy Andrighi, DJe de 25/03/2011; REsp 1.168.547/RJ, Rel. Min. Luis Felipe Salomão, DJe 07/02/2011.

É preciso registrar que tal argumento não procede. Afinal, a escolha do legislador em distinguir as hipóteses de competência concorrente (art. 88, CPC/1973 e arts. 21 e 22, CPC/2015) das de competência exclusiva (art. 89, CPC/1973 e art. 23, CPC/2015), já partiu do pressuposto de que, no primeiro caso, as partes teriam a opção de litigar tanto no foro nacional quanto no estrangeiro. Sendo assim, ao optar por ter suas causas julgadas no exterior em qualquer uma dessas hipóteses, as partes não estariam derrogando as normas sobre competência, mas apenas exercendo direito de escolha conferido pela própria lei.

Nesse ponto, deve-se ter em mente que o próprio STJ deferia a homologação de sentenças estrangeiras nas hipóteses do art. 88 do CPC/1973[23]. Dessa forma, o Tribunal já admitia nesses casos que as partes excluíssem indiretamente a jurisdição nacional e recorressem ao Judiciário estrangeiro. Há, portanto, flagrante incoerência em se homologar sentenças estrangeiras nesses casos e, ao mesmo tempo, se recusar a reconhecer a eleição do foro estrangeiro nas mesmas hipóteses. Ademais, tal orientação jurisprudencial gerava grave inadequação do Direito brasileiro em relação às práticas correntes dos contratos internacionais.

Por todas essas razões, é correto afirmar que, antes do CPC de 2015, não havia dúvidas quanto à possibilidade de as partes elegerem foro estrangeiro nas hipóteses não previstas no rol do art. 88 do CPC/1973. No caso contrário, isso é, nas hipóteses de competência concorrente da autoridade judiciária nacional, a despeito da inconsistente jurisprudência do STJ, seria possível dizer que a eleição de foro era implicitamente admitida pela legislação brasileira, à luz dos precedentes neste sentido do STF. Por último, nos casos em que se atribuía competência exclusiva ao Judiciário brasileiro (art. 90, CPC/1973), também era claro que as partes não poderiam escolher submeter seus litígios a outro foro – proibição que foi mantida no novo CPC.

---

23 Nesse sentido, *vide* STJ, Corte Especial, DJ 13/08/2007, SEC 911/GB, Rel. Min. Francisco Peçanha Martins; STJ, Corte Especial, DJ 04/12/2008, SEC 746/US, Rel. Min. Francisco Falcão.

3. Art. 22, III, e art. 25, CPC/2015: efeitos positivos e negativos da cláusula de eleição de foro

O novo Código de Processo Civil tratou da questão em dois artigos distintos de forma a resolver as controvérsias acima mencionadas. No art. 22, III, foram previstos os efeitos positivos da cláusula, autorizando submissão de questões à competência do Judiciário brasileiro ante a escolha das partes, ainda que nenhuma outra hipótese de competência concorrente seja expressamente aplicável ao caso. Já no art. 25 foram dispostos os efeitos negativos da escolha, os quais implicam na incompetência do Judiciário brasileiro – a rigor, ausência de jurisdição – quando houver eleição de foro estrangeiro, ressalvadas as hipóteses em que a lei previu competência exclusiva do Judiciário pátrio. Os referidos artigos encontram-se transcritos a seguir:

> Art. 22. Compete, ainda, à autoridade judiciária brasileira processar e julgar as ações:
> [...]
> III – em que as partes, expressa ou tacitamente, se submeterem à jurisdição nacional.
>
> Art. 25. Não compete à autoridade judiciária brasileira o processamento e o julgamento da ação quando houver cláusula de eleição de foro exclusivo estrangeiro em contrato internacional, arguida pelo réu na contestação.
> § 1º Não se aplica o disposto no *caput* às hipóteses de competência internacional exclusiva previstas neste Capítulo.
> § 2º Aplica-se à hipótese do *caput* o art. 63, §§ 1º a 4º[24].

Antes de cuidar das questões atinentes aos efeitos positivos e negativos da cláusula de eleição de foro, é importante reconhecer o acerto do legislador ao incluir tais previsões. Em primeiro lugar, tal iniciativa colocou o regime jurídico brasileiro em sintonia com os padrões adotados no Direito estrangeiro e convencional. E, em segundo lugar, também o adequou aos interesses econômicos das empresas brasileiras e do comércio internacional brasileiro em geral. Nesse ponto, devemos esclarecer que a inclusão de uma cláusula de eleição de foro reduz o custo de transação em negócios internacionais, tornando as empresas nacionais mais competitivas. Uma das razões para tal, dentre inúmeras outras, é a consequente diminuição dos custos relacionados ao risco jurisdicional, ante o prévio conhecimento das partes do foro que seria internacionalmente competente para apreciar eventuais litígios decorrentes dos negócios firmados.

---

24 CPC: "Art. 63. As partes podem modificar a competência em razão do valor e do território, elegendo foro onde será proposta ação oriunda de direitos e obrigações.
§ 1º A eleição de foro só produz efeito quando constar de instrumento escrito e aludir expressamente a determinado negócio jurídico.
§ 2º O foro contratual obriga os herdeiros e sucessores das partes.
§ 3º Antes da citação, a cláusula de eleição de foro, se abusiva, pode ser reputada ineficaz de ofício pelo juiz, que determinará a remessa dos autos ao juízo do foro de domicílio do réu.
§ 4º Citado, incumbe ao réu alegar a abusividade da cláusula de eleição de foro na contestação, sob pena de preclusão".

Não se ignora que a escolha da inclusão, ou não, de cláusula de eleição de foro em determinado contrato é decisão negocial, a ser tomada à luz dos dados concretos do negócio em questão, amplamente variáveis a cada negócio e a cada negociação. A nova regra, contudo, proporciona às sociedades empresárias mais um elemento de barganha para suas negociações comerciais internacionais.

A única possível desvantagem que se poderia aventar, decorrente em especial da redação do art. 25, CPC, seria a limitação da aplicação de tal norma às cláusulas inseridas em *"contratos internacionais"*, sem que haja qualquer definição desse termo na lei. Especialmente considerando que não é possível inferir uma definição da jurisprudência do Eg. STJ, eis que o termo é usado casuisticamente[25], tal redação poderia gerar inseguranças quanto à aplicabilidade do artigo.

Feito esse breve registro, passaremos a analisar os efeitos positivos e negativos da cláusula de eleição de foro previstos expressamente no novo Código. Os efeitos positivos da cláusula de eleição de foro atribuem a determinado Judiciário o poder de julgar determinado litígio. Referem-se, portanto, ao foro eleito, o qual, exceto em casos excepcionais, deverá julgar a questão. Os efeitos negativos, por sua vez, afastam a jurisdição de um Judiciário que, pela legislação local, seria competente, mediante a escolha de foro estrangeiro para conhecer do litígio. Dirigem-se, portanto, aos foros não eleitos, os quais devem abster-se de julgar a causa.

Em princípio, os efeitos positivos da eleição de foro, que implicam na admissão da jurisdição doméstica em casos não previstos na lei, não acarretariam uma grande dificuldade teórica. Nesses casos, em verdade, a autonomia da vontade não estaria criando jurisdição – o que não seria possível –, mas apenas determinando o seu exercício em hipóteses não previstas em lei. Afinal, jurisdição já preexistiria nessas hipóteses, já que, em verdade, não é criada pelas normas de competência internacional, mas decorre da soberania estatal[26].

A controvérsia, em geral, concerne os efeitos negativos. Ao prever a eleição de foro estrangeiro para julgar controvérsia que, à luz da legislação processual civil brasileira, seria da competência do Judiciário nacional, afastar-se-ia o exercício da função jurisdicional quando haveria, em princípio, um interesse do Estado em exercê-la[27].

---

25 A título de exemplo, destaca-se que o Superior Tribunal de Justiça já qualificou como contrato internacional acordo entre sociedade empresária brasileira e sociedade estrangeira contendo cláusula de eleição de foro (STJ, Corte Especial, DJ 21/05/2007, SEC 349/JP, Rel.ª Min.ª Eliana Calmon), contrato entre sociedade brasileira e sociedade estrangeira, celebrado no exterior, contendo cláusula compromissória (STJ, 3ª T., DJ 05/09/2005, REsp 712.566/RJ, Rel.ª Min.ª Nancy Andrighi) e acordo de consórcio internacional, contendo cláusula compromissória, celebrado entre sociedade brasileira e sociedade estrangeira (STJ, Corte Especial, DJ 19/11/2007, SEC 831/FR, Rel. Min. Arnaldo Esteves Lima).

26 Sobre essa questão *vide* MORELLI, Gaetano. **Derecho procesal civil internacional**. Tradução de Santiago Sentís Melendo, 1953. p. 85/101.

27 O critério do interesse do Estado é essencialmente o adotado nos EUA: *"[...] under international law the jurisdiction of a State depends on the interest that State, in view of its nature and purposes, may reasonably have in exercising the particular jurisdiction asserted"*. HENKIN; PUGH; SCHACHTER and SMIT. **International law, cases and materials**, 1980. p. 421.

Note-se, todavia, que, no Brasil, ao contrário do que ocorre em outros países[28], há uma distinção entre as hipóteses de competência concorrente (arts. 21 e 22, CPC) e exclusiva (art. 23, CPC). Muito embora nas últimas haja uma vedação a sua apreciação por um foro estrangeiro, nas primeiras, o legislador implicitamente admite que outro país exerça a sua própria jurisdição. Assim, ainda que pudesse haver um suposto interesse nacional em conhecer da controvérsia, como em qualquer norma sobre competência internacional, presume-se que, nas situações de competência concorrente, tal presunção seria relativa, não absoluta. Dessa forma, a escolha de um foro diverso daquele previsto por lei pelas partes seria uma renúncia de ambas as partes a esse benefício.

Tendo em vista seus efeitos, é importante garantir que a cláusula tenha sido livremente pactuada, sem vício, por qualquer das partes. Não havendo qualquer vício, entende-se que as partes excluíram legitimamente qualquer outro foro que não o eleito. E, uma vez que a necessidade de acesso ao Judiciário brasileiro prevista no art. 21 e 22 do CPC de 2015 é presunção relativa firmada em favor das partes, a essas é dada a possibilidade de recusar tal prerrogativa, não havendo violação à soberania nem à ordem pública nesse caso. Frise-se que tampouco se trata de convenção em sentido diverso do previsto em lei: as partes simplesmente fizeram uma escolha admitida pela lei.

Caso diverso é o das hipóteses de competência absoluta, atualmente previstas no art. 23 do CPC/2015. Nessas, como o interesse do Estado no exercício da atividade jurisdicional é estabelecido de forma peremptória, as partes não podem afastar sua aplicação. Justamente por tal razão, o parágrafo primeiro do referido artigo veda justamente tal possibilidade de as partes escolherem outro foro nas hipóteses descritas no referido art. 23.

É de se observar, ainda, que além de prever os efeitos da cláusula de eleição de foro em contratos internacionais, o novo CPC também especificou que essa ficaria sujeita às regras previstas no art. 63, §§ 1º a 4º do CPC[29], o qual rege as cláusulas de eleição de foro interno (art. 25, § 2º, CPC). Além de preverem requisitos formais – como a forma escrita e vinculação a um determinado negócio jurídico –, esclarecem que herdeiros e sucessores também seriam incluídos em seu escopo e criam a pos-

---

28 Observe-se, a título de exemplo, que, no Direito comum, a França determina, nos arts. 14 e 15 do Código de Napoleão, normas sobre competência no plano internacional, sem, entretanto, distinguir entre competência concorrente e exclusiva. A Lei de DIP italiana (Lei nº 218, de 1995, art. 3º), também não difere as duas situações.

29 CPC: "Art. 63: As partes podem modificar a competência em razão do valor e do território, elegendo foro onde será proposta ação oriunda de direitos e obrigações.
§ 1º A eleição de foro só produz efeito quando constar de instrumento escrito e aludir expressamente a determinado negócio jurídico.
§ 2º O foro contratual obriga os herdeiros e sucessores das partes.
§ 3º Antes da citação, a cláusula de eleição de foro, se abusiva, pode ser reputada ineficaz de ofício pelo juiz, que determinará a remessa dos autos ao juízo do foro de domicílio do réu.
§ 4º Citado, incumbe ao réu alegar a abusividade da cláusula de eleição de foro na contestação, sob pena de preclusão."

sibilidade de o juiz desconsiderá-la de ofício, caso constate abusividade[30]. Essa prerrogativa, contudo, só lhe seria dada antes da citação do réu – após esta, eventual abusividade deve ser arguida pelo réu em sua contestação, sob pena de preclusão.

Por fim, registra-se que, muito embora o novo Código tenha trazido importantes inovações, ainda persistem inúmeras questões controvertidas, que em muitos casos tampouco foram resolvidas de maneira uniforme pelo Direito convencional e estrangeiro[31]. Por exemplo, questiona-se se as partes poderiam escolher qualquer foro, mesmo que não tivesse qualquer conexão com o litígio. Em que pese a tendência ser pela resposta afirmativa, há quem exija alguma ligação do foro com a hipótese (objetiva ou subjetiva) para que o acordo seja eficaz.

Outra questão não resolvida diz respeito à natureza do direito envolvido na lide a ser julgada por um foro estrangeiro: deve ser necessariamente patrimonial? Nessa hipótese, a resposta no Direito comparado usualmente tende a ser positiva, embora já haja exemplos em que se admitiu a eleição de foro para apreciar questões não patrimoniais, como no caso do Regulamento Europeu em matéria sucessória[32]. Por último, também não há posicionamento unânime quanto à possibilidade de a cláusula de eleição de foro abarcar matéria contratual e extracontratual, muito embora o novo Código aparentemente tenha exigido que a cláusula de eleição de foro seja vinculada a um negócio jurídico determinado (art. 25, § 2º, c/c art. 63, § 1º, CPC).

---

30 MILLER, Marcelo. Comentários ao art. 25. In: CABRAL, Antonio do Passo; CRAMER, Ronaldo (Coords.). **Comentários ao novo código de processo civil**, 2015. p. 77. "O § 2º torna aplicáveis à cláusula de eleição de foro estrangeiro as disposições do novo Código sobre forma e eficácia da cláusula de eleição de foro interno. Figuram a exigência de forma escrita e vinculação explícita a determinado negócio jurídico, a aplicabilidade do foro a herdeiros e sucessores e um novo mecanismo, a desconstituição judicial da cláusula por sua abusividade, cujo funcionamento pode suscitar perplexidades. Com efeito, o novo Código prevê a abusividade, mas não a conceitua; dispõe, ao mesmo tempo, que o juiz pode apreciar de ofício a abusividade da cláusula, mas que o réu deve arguia-la na contestação sob pena de preclusão; não trata da possibilidade de arguição de abusividade pelo autor, embora sejam concebíveis múltiplas situações, a exemplo de relações de consumo, em que o interessado em afastar a cláusula de eleição de foro seja o autor; e estabelece que, desconstituída a cláusula, o juiz remeterá o feito ao foro do domicílio do réu, quando em muitas situações isso pode redundar em prejuízo justamente da parte contra qual incidia o abuso."

31 Sobre o assunto, *vide* TIBURCIO, Carmen. **Extensão e limites da jurisdição brasileira:** competência internacional e imunidade de jurisdição, publicado pela Editora JusPodivm em 2016.

32 Regulamento nº 650/2012 relativo à competência, à lei aplicável, ao reconhecimento e execução das decisões, e à aceitação e execução dos atos autênticos em matéria de sucessões e à criação de um Certificado Sucessório Europeu:
"Artigo 5. Acordo de eleição do foro
1. Caso a lei escolhida pelo falecido para regular a sua sucessão nos termos do artigo 22.º seja a lei de um Estado-Membro, as partes em causa podem acordar em que um ou os órgãos jurisdicionais do Estado-Membro cuja lei foi escolhida tenham competência exclusiva para decidir de toda e qualquer questão em matéria sucessória.
2. O acordo de eleição do foro é reduzido a escrito, datado e assinado pelas partes em causa. Qualquer comunicação por via eletrônica que permita um registo duradouro do acordo equivale à forma escrita".

4. Aplicação das regras sobre cláusula de eleição de foro no tempo: contratos e processos anteriores ao CPC/2015

Outra questão relevante no que concerne às novas regras previstas no CPC/2015 refere-se à sua aplicabilidade no tempo, em especial no que tange aos contratos celebrados e aos processos ajuizados antes de sua entrada em vigor. Como se sabe, via de regra, as normas processuais têm aplicação imediata,[33] conforme expressamente estabelecido no artigo 14 do novo CPC. Tal dispositivo, contudo, além de ter ressaltado que as normas no novo Código não retroagiriam, também excepcionou de sua aplicação os *"atos processuais praticados e as situações jurídicas consolidadas sob a vigência da norma revogada"*[34].

Ao assim proceder, o CPC/2015 adotou a teoria dos *"atos processuais isolados"*, segundo a qual, para fins de determinação de lei aplicável, cada ato deve ser considerado separadamente[35]. Sendo assim, deve-se verificar no momento da realização de cada ato processual qual era a lei processual em vigor[36]. O Superior Tribunal de Justiça tem seguido a regra, já havendo consolidado o entendimento de que aos recursos seria aplicável a lei vigente no momento da publicação da decisão recorrida[37].

---

33 *Vide* CAMBI, Eduardo; MAGRAF, Alencar Frederico. O direito intertemporal e o novo código de processo civil. In: YARSHELL, Flávio Luiz; PESSOA, Fabio Guidi Tabosa (Coords.). **Direito intertemporal**, 2016. p. 157: "A lei processual é de aplicação imediata, porque é de ordem pública, submetendo o seu império à vontade dos particulares".

34 CPC, "Art. 14: A norma processual não retroagirá e será aplicável imediatamente aos processos em curso, respeitados os atos processuais praticados e as situações jurídicas consolidadas sob a vigência da norma revogada".

35 CAMBI, Eduardo; HAAS, Adriane; HOFFMAN, Eduardo. Direito intertemporal – aplicação do novo código civil no tempo. In: YARSHELL, Flávio Luiz; PESSOA, Fabio Guidi Tabosa (Coords.). **Direito intertemporal**, 2016. p. 157: "O novo CPC adotou a teoria dos atos processuais isolados ou do isolamento dos atos processuais, pela qual cada ato deve considerado separadamente dos demais para o fim de se determinar qual a lei que o rege. Logo, devem-se separar as situações ocorridas no passado, no presente e no futuro dentro do processo, pelos quais os valores da segurança e previsibilidade devem nortear o intérprete".

36 CAMBI, Eduardo; HAAS, Adriane; HOFFMAN, Eduardo. Direito intertemporal – aplicação do novo código civil no tempo. In: YARSHELL, Flávio Luiz; PESSOA, Fabio Guidi Tabosa (Coords.). **Direito intertemporal**, 2016. p. 175: "Deste modo, deve-se verificar os diversos momentos processuais no processo, isoladamente, tais como o ajuizamento da ação, a citação, a resposta do réu, a designação de audiência, a produção de provas, o proferimento da decisão judicial e o momento da interposição do recurso, para se determinar a lei processual vigente à época em que cada ato processual se realizou".

37 STJ, 4ª T., DJe 29/08/2016, AgInt no AREsp 851.395/PR, Rel. Min. Luis Felipe Salomão: "À luz do princípio *tempus regit actum*, esta Corte Superior há muito pacificou o entendimento de que as normas de caráter processual têm aplicação imediata aos processos em curso, regra essa que veio a ser positivada no ordenamento jurídico no art. 14 do novo CPC. 5. Em homenagem ao referido princípio, o Superior Tribunal de Justiça consolidou o entendimento de que a lei a reger o recurso cabível e a forma de sua interposição é aquela vigente à data da publicação da decisão impugnada, ocasião em que o sucumbente tem a ciência da exata compreensão dos fundamentos do provimento jurisdicional que pretende combater. Precedentes".

Assim, registra-se que, no que concerne especificamente à regra aplicável à determinação de competência, o Código expressamente determinou – na parte referente à competência interna – que ela seria fixada no momento do ajuizamento da ação, independentemente de mudanças de direito ocorridas posteriormente (art. 43, CPC)[38]. Apesar de não haver regra semelhante para a fixação da competência internacional – e tampouco ser possível aplicar diretamente a elas as regras que regem a competência interna –, o mesmo raciocínio foi utilizado pelo STJ, ao decidir quanto à aplicabilidade das novas hipóteses de competência concorrente previstas no novo CPC (art. 22, I e II).

Em caso que envolvia direitos do consumidor, a Corte entendeu que a competência do foro seria fixada quando do ajuizamento da ação e, uma vez que esta foi ajuizada antes da vigência do novo Código, deveriam ser aplicadas as regras do CPC/1973, o qual não previa a competência concorrente do Brasil quando o consumidor tinha seu domicílio no país. Nesse sentido, confira-se:

> Processo civil. Competência concorrente da Justiça brasileira. Art. 88 do CPC/1973. Contrato de consumo internacional. Não caracterização. Foro do domicílio do consumidor. Inaplicabilidade. Recurso especial provido.
>
> 1. A vulnerabilidade do consumidor, ainda que amplamente reconhecida em foro internacional, não é suficiente, por si só, para alargar a competência concorrente da justiça nacional prevista no art. 88 do CPC/1973.
>
> **2. Nas hipóteses em que a relação jurídica é firmada nos estritos limites territoriais nacionais, ou seja, sem intuito de extrapolação territorial, o foro competente, aferido a partir das regras processuais vigentes no momento da propositura da demanda, não sofre influências em razão da nacionalidade ou do domicílio dos contratantes, ainda que se trate de relação de consumo.**
>
> 3. Recurso especial provido[39].

Vale notar que, muito embora sem qualquer menção expressa a essa lógica, os casos julgados pelo STJ após a entrada em vigor do CPC/2015 que envolviam cláusula de eleição de foro e haviam sido ajuizados antes de 18 de março de 2016 seguiram a orientação adotada pelo Tribunal quando da vigência do CPC/1973[40]. Ocorre que, como já mencionado, a orientação do STJ não era tão uniforme no sentido de não se admitir a eleição de foro estrangeiro. Trata-se, sem dúvida, de uma simplificação sem fundamento.

Entretanto, deve-se ter em mente que, ainda que se aplicasse o referido raciocínio, esse apenas resolveria as questões atinentes aos processos ajuizados no período

38 CPC, "Art. 43: Determina-se a competência no momento do registro ou da distribuição da petição inicial, sendo irrelevantes as modificações do estado de fato ou de direito ocorridas posteriormente, salvo quando suprimirem órgão judiciário ou alterarem a competência absoluta".

39 STJ, 3ª T., DJ 11/04/2016, REsp 1.571.616/MT, Rel. Min. Marco Aurélio Bellizze (grifo nosso).

40 STJ, 2ª Seção, DJ 29/03/2016, REsp 1.518.604/SP, Rel. Min. Paulo de Tarso Sanseverino; STJ, 2ª Seção, DJ 31/03/2016, AgRg no AREsp 679.421/RJ, Rel. Min. Marco Buzzi.

anterior à vigência do novo CPC. Restariam dúvidas ainda no que tange ao regime aplicável aos contratos firmados antes de março de 2016, mas que já previam cláusula de eleição de foro. Nesse ponto, cabe ressaltar que mesma questão se impôs quando da entrada em vigor da Lei nº 9.307/1996, que estabeleceu novas regras aplicáveis à convenção de arbitragem. E, nessa hipótese, o Eg. STJ entendeu que, sendo a Lei de Arbitragem regra processual, ela seria aplicada mesmo a contratos celebrados antes de sua entrada em vigor (Súmula do STJ nº 485)[41].

5. Conclusão

Diante do exposto, é preciso reconhecer o acerto do legislador ao admitir expressamente a inclusão de cláusulas de eleição de foro em contratos internacionais. Especialmente em razão da falta de unanimidade da jurisprudência nacional sobre o tema quando do regime anterior. A edição do novo diploma foi, contudo, apenas o começo. Restam ainda questões controversas que devem ser respondidas pela nossa doutrina e jurisprudência na evolução deste tema tão atual.

41 Súmula do STJ nº 485: "A Lei de Arbitragem aplica-se aos contratos que contenham cláusula arbitral, ainda que celebrados antes da sua edição".

RECURSO EXTRAORDINÁRIO E RECURSO ESPECIAL NO NOVO CÓDIGO DE PROCESSO CIVIL: UMA HOMENAGEM AO MINISTRO LUIZ FUX

Cassio Scarpinella Bueno

Resumo: Este artigo tem como objetivo o estudo das principais modificações trazidas pelo novo Código de Processo Civil à sistemática dos recursos extraordinários e especiais, fundamentalmente quando são afetados como "repetitivos".

Palavras-chave: Novo Código de Processo Civil. Recurso Extraordinário. Recurso Especial.

1. Introdução

A propósito do convite para participar de obra coletiva em homenagem ao Ministro LUIZ FUX, a abordagem da nova sistemática dos recursos extraordinários e especiais dada pelo novo Código de Processo Civil pareceu oportuna.

A Seção II do Capítulo VI do Título II do Livro III da Parte Especial do novo Código de Processo Civil, Lei nº 13.105, de 16 de março de 2015 (CPC de 2015), trata concomitantemente do recurso extraordinário e do recurso especial. Há duas subseções pelas quais a disciplina é dividida: disposições gerais (arts. 1.029 a 1.035) e julgamento daqueles recursos quando *repetitivos* (arts. 1.036 a 1.041).

Dada a especial circunstância de o CPC de 2015 ter entrado em vigor em março de 2016[1], entendo oportuno tecer considerações genéricas acerca da *nova* disciplina legal, apontando as não poucas discussões e problemas que ela trará para o cotidiano

1 Saber o exato dia em que o CPC de 2015 entrou em vigor é questão que despertou acesa polêmica. Há três correntes para explicar o problema, apresentando como solução os dias 16, 17 ou 18 de março de 2016. O que é correto afirmar é que a maior parte da doutrina e a tendência do Superior Tribunal de Justiça é a de indicar o dia 18 de março como o correto. Para essa discussão, *vide* o que escrevi em meu **Novo código de processo civil anotado**. p. 899-900.

forense. Para tanto, entendo importante dar destaque ao conteúdo dos arts. 1.032 e 1.033 e, mais demoradamente, à sistemática daqueles recursos quando afetados como repetitivos.

2. Interposição simultânea

Pode acontecer de o acórdão recorrido ter fundamentos de ordem constitucional e de ordem legal federal. O art. 1.031 regula expressamente essa hipótese, de interposição simultânea de dois recursos, um extraordinário e um especial, cada um formulado em sua própria petição (art. 1.029, *caput*)[2].

Nesse caso, os autos físicos serão enviados, em primeiro lugar, ao STJ para julgamento do recurso especial (art. 1.031, *caput*); tratando-se de autos eletrônicos, a sua disponibilização em primeiro lugar ao STJ atende suficientemente a previsão legislativa. Julgado o recurso especial, os autos serão enviados (disponibilizados) ao STF para apreciação e julgamento do recurso extraordinário, salvo se aquele recurso for considerado prejudicado (art. 1.031, § 1º), o que acontecerá, por exemplo, quando, a despeito da duplicidade de fundamentos, um legal federal e outro constitucional, o objetivo do recorrente for único e for alcançado com o julgamento do recurso especial[3].

Pode ocorrer, contudo, de o relator sorteado no STJ entender que o recurso extraordinário deve ser julgado em primeiro lugar porque, por exemplo, há alegação de inconstitucionalidade da lei federal que embasa o recurso especial, verdadeira questão prejudicial[4]. Nesse caso, será determinada a remessa (disponibilização) dos autos ao STF (art. 1.031, § 2º). Se o relator no STF rejeitar aquele entendimento, devolverá (disponibilizará) os autos para o STJ, que julgará o recurso especial (art. 1.031, § 3º).

2.1. Reenvio

Os arts. 1.032 e 1.033 são novidades importantes trazidas pelo CPC de 2015.

Diferentemente do que ocorre na hipótese do art. 1.031, eles não tratam de

---

2 Rodrigo Valente Giublin Teixeira sustenta que a interposição não deve necessariamente ocorrer no mesmo dia, salvo nos casos de interposição no último dia do prazo. Além disso, aduz que não há que se falar em preclusão consumativa com relação ao outro quando houver interposição de apenas um recurso (**Recurso extraordinário**. p. 98). No mesmo sentido: OLIVEIRA, Pedro Miranda de. **Breves comentários ao novo código de processo civil**. p. 2.562.

3 "Se o recurso especial, por exemplo, é provido e for reformada a decisão recorrida, o extraordinário tornar-se-á prejudicado, não mais havendo interesse no seu julgamento" (CÔRTES, Osmar Mendes Paixão. **Recursos para os tribunais superiores no novo CPC**. p. 169).

4 Nesse sentido, também, é o magistério de Luis Guilherme Aidar Bondioli: "Por exemplo, deve ser julgado antes do recurso especial que discute aspectos legais de uma dívida fiscal o recurso extraordinário que questiona a inconstitucionalidade da correlata lei tributária" (**Comentários ao código de processo civil**. v. XX, p. 224). Nesse mesmo sentido manifestou-se TEIXEIRA, Rodrigo Valente Giublin. **Recurso extraordinário**. p. 97.

(dois) recursos, extraordinário e especial, interpostos *concomitantemente*. A pressuposição para sua incidência, diversamente, é que haja apenas um recurso, especial ou extraordinário, e a discussão sobre quem é competente para julgá-lo consoante o enfoque que seja dada à matéria versada naquele *único* recurso.

O art. 1.032 cuida da hipótese de o relator, no STJ, entender que o recurso especial versa sobre questão *constitucional*. Neste caso, deverá conceder prazo de quinze dias para que o recorrente demonstre a existência de repercussão geral – exigência específica do recurso extraordinário, por força do § 3º do art. 102 da CF – e se manifeste sobre a questão constitucional.

Após, o relator enviará (disponibilizará) o recurso ao STF, que poderá devolvê-lo ao STJ caso entenda o contrário, isto é, que, em verdade a questão *não é* constitucional (art. 1.032, parágrafo único). Neste caso, é importante notar, a despeito do silêncio do dispositivo, que aquele óbice deve ser superado pelo STJ e, nesse sentido, o recurso deve ser conhecido e julgado[5]. Fosse outra a razão para não conhecer do recurso e isso já deveria ter sido feito, anteriormente, até como forma de prestigiar a *boa-fé objetiva* irradiada desde o art. 5º do CPC de 2015.

A situação oposta é regulada pelo art. 1.033: se o relator do recurso extraordinário entender que a hipótese é, em verdade, de questão infraconstitucional "por pressupor a revisão da interpretação de lei federal ou de tratado", deve enviar o recurso para julgamento ao STJ como recurso especial. Aqui, diferentemente do que se dá no art. 1.032, não há previsão para o STJ recusar sua competência que, em última análise, deriva da própria CF (art. 105, III) e que encontra no STF seu guardião-mor[6]. Tanto quanto na situação anterior, portanto, é irrecusável que o STJ deve julgar o recurso. Diferença sensível, contudo, é que, aqui, o STJ ainda não proferiu o juízo de admissibilidade recursal e, em rigor, pode fazê-lo a ponto de não conhecer do recurso desde que não infirme a decisão já proferida pelo STF quanto à existência de fundamento constitucional ou, o que parece ser mais correto, de a causa decidir envolver questão infraconstitucional federal[7].

Ambas as regras representam importante novidade trazida pelo CPC de 2015 para combater as dificuldades decorrentes da "inconstitucionalidade reflexa", que, em termos práticos, acaba gerando verdadeiro vácuo de competência. Ademais, cabe acentuar que ambos os dispositivos, os arts. 1.032 e 1.033, são reflexo inquestionável do modelo de "processo cooperativo" desejado pelo CPC de 2015 desde seu art. 6º.

---

5 Compartilha desse entendimento Luis Guilherme Aidar Bondioli: "Uma vez exauridos os debates a respeito no Supremo Tribunal Federal e devolvido o recurso ao Superior Tribunal de Justiça, cabe a este simplesmente julgar o recurso especial tal qual interposto originalmente, desconsiderando a conversão" (**Comentários ao código de processo civil**. v. XX, p. 228).

6 No mesmo sentido: BONDIOLI, Luis Guilherme Aidar. **Comentários ao código de processo civil**. v. XX, p. 232.

7 Luis Guilherme Aidar Bondioli entende que, no julgamento perante o STJ, aquele Tribunal poderá examinar amplamente a admissibilidade do recurso e do seu mérito (**Comentários ao código de processo civil**. v. XX, p. 232).

3. Recursos extraordinário e especial repetitivos

A Subseção II da Seção II do Capítulo VI do Título II do Livro III da Parte Especial disciplina o julgamento dos recursos extraordinários e dos recursos especiais *repetitivos*, estendendo-se do art. 1.036 ao art. 1.041.

Destaco de plano que, no CPC de 2015, não só o recurso especial, mas também o recurso extraordinário passa a receber disciplina de recurso repetitivo[8]. É inegável, assim, o avanço do CPC de 2015 em relação à disciplina do art. 543-B do CPC de 1973, que, em rigor, não tratava do processamento e nem do julgamento de recursos extraordinários repetitivos, mas, menos que isso, apenas da discussão sobre recursos extraordinários múltiplos apresentarem, ou não, repercussão geral, de modo mais ou menos similar ao que, no CPC de 2015, está disciplinado no art. 1.035. Ademais, é inegável que o art. 543-C do CPC de 1973 limitava-se à disciplina dos recursos *especiais* repetitivos, não obstante a prática do STF ter consagrado também o processamento dos extraordinários como repetitivos.

De qualquer sorte, o CPC de 2015 coloca fim a quaisquer discussões que, no âmbito do CPC de 1973, poderiam ser desenvolvidas a partir da constatação que acabei de fazer, como a leitura do *caput* do art. 1.036 evidencia, ao se referir à existência de "multiplicidade de recursos *extraordinários* ou *especiais* com fundamento em idêntica questão de direito". O mesmo dispositivo, outrossim, autoriza que os regimentos internos dos Tribunais Superiores disciplinem o instituto, respeitados (sempre e nem poderia ser diferente) os ditames constitucionais e legais.

Assim, havendo a referida multiplicidade de recursos extraordinários ou especiais com fundamento em idêntica questão de direito – a mesma tese de direito constitucional ou de direito legal federal a incidir sobre casos concretos iguais na essência —, é cabível que alguns recursos sejam selecionados e decididos pelo STF ou pelo STJ, com o sobrestamento de todos os demais, na expectativa de que a solução dada nos casos julgados por aqueles Tribunais seja aplicada e observada por todos os demais órgãos jurisdicionais. É esse o objetivo da disciplina que ocupa, com detalhes, os arts. 1.036 a 1.041, que, nessa perspectiva, quer concretizar a diretriz do inc. III do art. 927[9], todos do CPC de 2015.

3.1. Identificação da ocorrência de recursos múltiplos e sua seleção

Para tanto, põe-se, em primeiro lugar, a tarefa de verificar se há a multiplicidade de recursos extraordinários ou especiais sobre a mesma questão de direito e, em seguida, os critérios de seleção dos casos a serem enviados para o processo conjunto.

---

8 Pertinente o comentário de Osmar Mendes Paixão Côrtes ao tratar os recursos especial e extraordinário repetitivos como "recursos irmãos", com sistemática idêntica, salvo no tocante à repercussão geral do extraordinário (**Recursos para os tribunais superiores no novo CPC**. p. 157).

9 "Art. 927. Os juízes e os tribunais observarão: [...] III – os acórdãos em incidente de assunção de competência ou de resolução de demandas repetitivas e em julgamento de recursos extraordinário e especial repetitivos;".

O § 1º do art. 1.036 regula a hipótese de a multiplicidade de recursos ser verificada no âmbito dos TJs ou dos TRFs. Nesse caso, o presidente ou o vice-presidente daqueles Tribunais – é o regimento interno de cada Tribunal quem define o exercício de tal competência – selecionará, ao menos, dois recursos extraordinários ou especiais "representativos da controvérsia" para envio aos Tribunais Superiores.

A iniciativa quer viabilizar, perante o STF ou o STJ, o proferimento de decisão que reconhece o *status* de recursos repetitivos a partir dos selecionados, afetando-os, segundo decisão cuja disciplina está no art. 1.037.

A escolha feita pelos presidentes dos TJs ou dos TRFs não vincula o relator do STF ou do STJ, que poderá escolher outros, desde que também sejam representativos da controvérsia (art. 1.036, § 4º). Tanto assim que também cabe aos ministros do STF e do STJ, com fundamento no § 5º do art. 1.036, tomarem a iniciativa de selecionar dois ou mais recursos representativos da controvérsia para submissão de seu julgamento à disciplina dos repetitivos.

O § 6º do art. 1.036 esclarece o que deve ser compreendido como "recurso representativo da controvérsia". Trata-se de recurso que, versando sobre a idêntica questão jurídica que se repete, "contenham abrangente argumentação e discussão a respeito da questão a ser decidida". Essa exigência é fundamental para a boa aplicação da disciplina dos representativos, porque é a partir da diversidade e profundidade da sustentação da questão jurídica e, correlatamente, das teses jurídicas por ela representada, a favor e contra, que os julgamentos do STF e do STJ assumirão verdadeiro padrão paradigmático[10]. Só assim é que eles terão aptidão de produzir o que, para o CPC de 2015, pode ser chamado de "precedente"[11]. O dispositivo impõe, outrossim, que somente o recurso *admissível* possa ser selecionado[12]. Não há razão nenhuma para limitar o juízo *positivo* de admissibilidade ao aspecto temporal (tempestividade), diferentemente, destarte, do que se dá para os fins do § 6º do art. 1.035 e do § 2º do próprio art. 1.036.

3.2. Suspensão dos processos determinada pelo TJ ou TRF

O presidente ou vice-presidente dos TJs ou TRFs determinará a suspensão de todos os processos pendentes, individuais ou coletivos, em trâmite no Estado ou na

---

10 Nesse sentido também é o magistério de Luis Guilherme Aidar Bondioli, para quem a escolha dos recursos para o julgamento paradigmático, por ele chamado de julgamento por amostragem, não se pode pautar unicamente pela quantidade, mas principalmente pela qualidade (**Comentários ao código de processo civil**, v. XX, p. 251).

11 Para essa discussão, *vide* o que escrevi em meu **Novo código de processo civil anotado**. p. 732/747, e em meu **Manual de direito processual civil**. p. 594/607.

12 Luis Guilherme Bondioli também partilha do mesmo pensamento: "Logo, os recursos inadmissíveis são incapazes de levar adiante o julgamento por amostragem". O referido autor, contudo, identifica como exceção a regra do parágrafo único do art. 998 do CPC de 2015 (**Comentários ao código de processo civil**. v. XX, p. 251).

Região, respectivamente, quando tomar a iniciativa de identificar e selecionar recursos múltiplos para julgamento como repetitivos perante o STF ou STJ, como lhe determina o mesmo § 1º do art. 1.036. Tal suspensão, de acordo com o § 1º do art. 1.037, fica na dependência de o STF ou de o STJ proferir decisão de afetação, nos termos do *caput* do art. 1.037, isto é, reconhecer que há multiplicidade de recursos extraordinários ou especiais que devem ser submetidos ao regime de julgamento repetitivo.

O § 2º do art. 1.036, referindo-se à suspensão determinada no âmbito dos TJs ou dos TRFs, e similarmente ao disposto no § 6º do art. 1.035, autoriza o interessado (o recorrido) a requerer, perante aqueles magistrados, a exclusão de recurso extraordinário ou especial *intempestivo* da decisão de sobrestamento.

Aqui também o mesmo dispositivo estabelece o prazo de cinco dias para que o recorrente manifeste-se sobre o requerimento. A decisão que *indeferir* o pedido de exclusão, sujeita-se ao agravo interno em consonância com o § 3º do art. 1.036, na redação que lhe deu a Lei nº 13.256/2016. O interessado deve formular seu pedido de exclusão pela intempestividade no prazo de cinco dias, contado da decisão que determina o sobrestamento dos processos, por analogia ao que, a este respeito, prevê o § 6º do art. 1.035[13].

3.3. Decisão de afetação

O art. 1.037 trata das providências a serem tomadas pelo relator no STF ou no STJ quando reconhecer estarem presentes os pressupostos no *caput* do art. 1.036, isto é, quando constatar a existência de "multiplicidade de recursos extraordinários ou especiais com fundamento em idêntica questão de direito".

Selecionados os recursos que serão concretamente julgados, o relator proferirá o que o art. 1.037 chama de "decisão de afetação", na qual: (i) identificará com precisão a questão a ser submetida a julgamento (art. 1.037, I), sendo viável a identificação de outras questões para julgamentos futuros a partir dos processos enviados aos Tribunais Superiores (art. 1.037, § 7º). O § 2º do art. 1.037, que vedava expressamente ao colegiado decidir questão fora dos limites da decisão de afetação, foi revogado pela Lei nº 13.256/2016. São suficientes para lidar com a hipótese[14], contudo, a previsão do subsistente § 7º, e, mais especificamente, o próprio inciso I do *caput* do dispositivo, já destacado, além da genérica previsão do § 2º do art. 926[15]. Sem prejuízo, o relator (ii) determinará a suspensão dos processos penden-

13 "§ 6º O interessado pode requerer, ao presidente ou ao vice-presidente do tribunal de origem, que exclua da decisão de sobrestamento e inadmita o recurso extraordinário que tenha sido interposto intempestivamente, tendo o recorrente o prazo de 5 (cinco) dias para manifestar-se sobre esse requerimento".

14 Osmar Mendes Paixão Côrtes entende diferentemente, aduzindo que, com a revogação do § 2º do art. 1.037, pela Lei nº 13.256/2016, restou autorizado que o Tribunal Superior aprecie questões relacionadas à tese ainda que não relacionadas ao tema afetado (**Recursos para os tribunais superiores no novo CPC**. p. 159).

15 "Art. 926. Os tribunais devem uniformizar sua jurisprudência e mantê-la estável, íntegra e coerente.

tes, individuais e coletivos, que versem sobre aquela mesma questão em todo o território nacional (art. 1.037, II); e, por fim, (iii) *poderá* requisitar aos presidentes ou aos vice-presidentes dos TJs ou TRFs a remessa de um recurso representativo da controvérsia (art. 1.037, III).

A *possibilidade* dessa requisição, tal qual prevista no inc. III do art. 1.037, é fruto da revisão a que foi submetido o texto do CPC de 2015 antes do envio à sanção presidencial. O texto aprovado no Senado Federal, na sessão deliberativa de 17 de dezembro de 2014, era diverso, *impondo* aquela requisição (*vide* art. 1.034, III, do Anexo ao Parecer nº 956/2014 do Senado, idêntico ao art. 1.050, III, do Projeto da Câmara), empregando o verbo *requisitar* no imperativo afirmativo (*requisitará*). Não há como deixar de interpretar a regra desta forma, no sentido de que a requisição de outros recursos aos diversos Tribunais é um *dever* a cargo do relator no âmbito do STF e/ou do STJ, a única capaz para transpor sua inconstitucionalidade formal[16]. Caberá, assim, a todo TJ e a todo TRF enviar recursos a não ser que, por qualquer razão, *aquela* questão não tenha, no Estado ou na Região respectiva, nenhum processo. A iniciativa, tal qual votada, quer *pluralizar* o debate jurídico que antecede a fixação da tese nos casos dos recursos repetitivos, indo ao encontro, ademais, com a iniciativa reconhecida àqueles Tribunais pelo § 1º do art. 1.036. A redação final, ao sugerir que se trata de mera faculdade do relator do Tribunal Superior vai em direção oposta e, por isso, atrita com os limites existentes naquele instante do processo legislativo (art. 65 da CF)[17].

Caso não haja afetação com base no § 1º do art. 1.037, o relator do recurso repetitivo no âmbito do STF ou do STJ comunicará o fato aos presidentes ou aos vice-presidentes dos Tribunais de segunda instância para revogação da decisão de suspensão prevista no § 1º do art. 1.036.

[...]
§ 2º Ao editar enunciados de súmula, os tribunais devem ater-se às circunstâncias fáticas dos precedentes que motivaram sua criação".

---

16 Luis Guilherme Aidar Bondioli apresenta interpretação diferente: "A solicitação de remessa de recurso representativo da controvérsia aos Tribunais de Justiça e aos tribunais regionais federais (art. 1.037, III) não chega a ser um requisito da decisão de afetação, isto é, não consiste em providência obrigatória [...]" (**Comentários ao código de processo civil**. v. XX, p. 256). RodrigoValente Giublin Teixeira, embora não manifeste-se expressamente sobre a obrigatoriedade, aduz que, nos casos em que a seleção não foi feita para um assunto específico, mas o Supremo Tribunal já se manifestou sobre a repercussão geral do assunto, a remessa dos recursos representativos da controvérsia é desnecessária (**Recurso extraordinário**. p. 102).

17 Dediquei-me longamente ao estudo dos diversos vícios de processo legislativo ocorridos ao longo da tramitação do CPC de 2015 em meu **Novo código de processo civil anotado** e em três artigos: "(In)devido processo legislativo e o novo código de processo civil"; "A 'revisão' do texto do novo CPC", e "Ainda a revisão do texto do novo CPC". Ricardo Collucci voltou-se ao tema em texto instigante levando em consideração a teoria da interpretação de Paulo de Barros Carvalho, "Interpretação normativa: o caso da 'revisão' final do texto do novo Código de Processo Civil".

Se houver mais de uma afetação, isto é, mais de uma decisão proferida para os fins do art. 1.037, estará prevento o relator que, em primeiro lugar, proferiu a decisão respectiva (art. 1.037, § 3º).

Uma vez afetado, o recurso deverá ser julgado no prazo de um ano, consoante estabelece o § 4º do art. 1.037, excepcionados os *habeas corpus* e casos em que há réu preso, rol ao qual insisto no acréscimo do mandado de segurança, individual ou coletivo, pela sua magnitude constitucional.

O § 5º do art. 1.037 determinava a cessação da afetação e a da suspensão na hipótese de o recurso não ser julgado no prazo de um ano, contado da publicação da decisão de afetação respectiva. A regra, contudo, foi revogada pela Lei nº 13.256/2016, a exemplo do que se deu com o § 10 do art. 1.035, que tratava de idêntica questão no contexto da repercussão geral. O subsistente § 6º do art. 1.037, contudo, permite "a outro relator do respectivo tribunal superior afetar 2 (dois) ou mais recursos representativos da controvérsia na forma do art. 1.036" quando ocorrer a hipótese do § 5º. A regra merece ser interpretada no sentido de que, na ausência de julgamento no prazo ânuo, a afetação do recurso como repetitivo deve ser *renovada* por *outro*[18] relator do mesmo Tribunal Superior, levando em conta, ao menos, dois novos casos. Se isso não ocorrer – e a despeito da revogação do § 5º do art. 1.037 –, é mais correto entender que a afetação (e seu consequente regime jurídico para os demais recursos) perde seu efeito. O que não pode ser tolerado – e é o que ocorreu em inúmeras situações sob a vigência do CPC de 1973 em estado que ainda perdura – é que à afetação do recurso siga-se o sobrestamento de dezenas ou centenas de milhares de processos sem nenhuma previsão concreta de julgamento do caso paradigmático. Trata-se de solução que também merece ser dada para os casos relativos à repercussão geral (art. 1.035, § 9º), até como forma de superar a preservação da remissão, feita pelo § 6º do art. 1.037, a um dispositivo revogado.

3.4. Suspensão dos processos determinada pelos Tribunais Superiores

Os §§ 8º a 13 do art. 1.037 disciplinam as consequências do sobrestamento dos processos a partir da suspensão prevista no inc. II do art. 1.037.

As partes, de acordo com o § 8º do art. 1.037, devem ser intimadas do sobrestamento determinado pela decisão de afetação, a ser proferida no seu próprio processo, pelo juiz ou pelo relator, consoante o seu respectivo andamento.

Intimada, a parte poderá requerer o prosseguimento do processo arguindo que a questão nele decidida não está abrangida pela decisão de afetação, isto é, que não trata da mesma questão que será julgada pelo STF ou pelo STJ (art. 1.037, § 9º). Pelas

18 Luis Guilherme Aidar Bondioli entende que a providência de outro relator é desnecessária, bastando que o próprio relator responsável pelo julgamento ou o presidente dos Tribunais de Justiça ou Tribunais Regionais Federais deem início a novo procedimento (**Comentários ao código de processo civil**. v. XX, p. 257).

mesmas razões que exponho a propósito do § 2º do art. 1.036 no nº 3.2, *supra*, é correto entender que a parte dispõe do prazo de *cinco* dias para tanto.

O requerimento será dirigido à autoridade judicial consoante o processo esteja na primeira instância, no TJ ou no TRF, antes ou depois da interposição do recurso especial ou extraordinário ou, ainda, se o processo já estiver no Tribunal Superior (art. 1.037, § 10), estabelecendo-se contraditório com a parte contrária em cinco dias (art. 1.037, § 11).

Acolhido o pedido, isto é, reconhecida a distinção, o processo voltará a tramitar com observância das variáveis do § 12 do art. 1.037. A subsistente remissão feita pelo inc. II do § 12 do art. 1.037 ao parágrafo único do art. 1.030 exige um esclarecimento diante da nova redação que àquele dispositivo deu a Lei nº 13.256/2016. Nos casos em que o pedido de distinção for dirigido ao relator do acórdão recorrido, o que ocorrerá quando o recurso especial ou o recurso extraordinário tiverem sido sobrestados no Tribunal de Justiça ou no Tribunal Regional Federal (art. 1.037, § 10, III), caberá ao relator enviar os autos ao presidente ou ao vice-presidente para que proceda de acordo com o art. 1.030[19]. Muito provavelmente, o que ocorrerá nestes casos é que incidirá o disposto na alínea *a* (porque se trata de recurso *não submetido* à sistemática dos repetitivos, tanto que reconhecida a distinção) do inciso V daquele dispositivo a impor que seja realizado o juízo de admissibilidade do recurso, após o qual – e desde que positivo – os autos do processo serão enviados ao STF ou ao STJ, consoante se trate de recurso extraordinário ou de recurso especial, respectivamente.

A decisão que resolve o requerimento formulado com base no § 9º do art. 1.037, seja acolhendo-o ou rejeitando-o, é recorrível. Se se tratar de decisão proferida pelo juízo de primeira instância, dela caberá agravo de instrumento (art. 1.037, § 13, I); se a decisão for proferida no âmbito dos Tribunais, o recurso será o de agravo interno (art. 1.037, § 13, II). O advento da Lei nº 13.256/2016 convida ao entendimento de que, na específica hipótese prevista no inc. II do § 12 do art. 1.037, cabe o agravo do art. 1.042, doravante chamado de "agravo em recurso especial e em recurso extraordinário", quando o juízo de admissibilidade proferido pelo presidente ou pelo vice-presidente do Tribunal *a quo* for *negativo* (art. 1.030, § 1º).

Entendo irrecusável a aplicação do § 2º do art. 982 durante a suspensão dos processos, ainda que textualmente a previsão nele contida, de ser competente o órgão jurisdicional no qual tramita o processo sobrestado para apreciação de eventual pedido de tutela de urgência, limite-se ao incidente de resolução de demandas repetitivas[20]. Trata-se de decorrência da sistemática criada pelo art. 928 (afinal, tanto aquele incidente como os recursos repetitivos são e devem ser tratados como "julgamento de casos repetitivos") e, superiormente, do próprio inc. XXXV do art. 5º da CF.

---

19 Nesse mesmo sentido: BONDIOLI, Luis Guilherme Aidar. **Comentários ao código de processo civil**. v. XX, p. 259, e NUNES, Dierle. **Breves comentários ao novo código de processo civil**. p. 2.592.

20 "§ 2º Durante a suspensão, o pedido de tutela de urgência deverá ser dirigido ao juízo onde tramita o processo suspenso."

Deve ser dada ampla publicidade à decisão de afetação disciplinada pelo art. 1.037, observando-se as diretrizes que o art. 979 e seus §§ 1º e 2º estabelecem para o incidente de resolução de demandas repetitivas. Trata-se de determinação expressa, embora fora de lugar, do § 3º daquele mesmo dispositivo e que está em plena harmonia com o que dispõe, mais genericamente, o § 5º do art. 927. A Resolução nº 235/2016 do CNJ volta-se especificamente ao tema, não só ao criar o banco nacional de dados de casos repetitivos e de incidentes de assunção de competência mas também por determinar que os Tribunais nela mencionados organizem, como unidade permanente, o Núcleo de Gerenciamento de Precedentes – Nugep (arts. 6º e 7º). De resto, o art. 8º daquela resolução disciplina a disponibilização das "informações padronizadas de todas as fases percorridas dos casos repetitivos". Não por acaso, é ler o § 1º do art. 9º daquela Resolução, "O grupo de representativos é o conjunto de processos enviados ao STF, ao STJ e ao TST, nos termos do § 1º do art. 1.036 do CPC.

3.5. Preparação para julgamento

O *caput* e os §§ 1º e 2º do art. 1.038 têm como objetivo fomentar o prévio debate sobre a tese a ser julgada no recurso afetado como repetitivo.

O inc. I do art. 1.038 permite ampla participação de terceiros intervenientes na qualidade de *amici curiae*[21]. São aqueles intervenientes que farão as vezes das "pessoas, órgãos ou entidades com interesse na controvérsia, considerando a relevância da matéria", observando, desde que não haja restrição à sua ampla participação, fundamentada genericamente no art. 138, o que dispuser o RISTF e do RISTJ.

O inc. II do art. 1.038 prevê a possibilidade de oitiva de depoimentos de pessoas com experiência e conhecimento na matéria em audiências públicas. A iniciativa não se sobrepõe à oitiva do *amicus curiae*, porque ela cria espaço adequado e racional para que sejam travadas as discussões sobre a tese que, a partir da questão de direito repetitiva, se pretende fixar. A prática já é comum nos Tribunais Superiores, com enorme frequência no STF[22].

Os próprios tribunais de segunda instância poderão ser instados a prestar informações e o Ministério Público será ouvido como fiscal da ordem jurídica (art. 1.038, III). Os prazos, para tanto, são de quinze dias[23] e, de preferência, as manifestações serão eletrônicas (art. 1.038, § 1º).

---

21 Rodrigo Valente Giublin Teixeira defende que a intervenção do *amicus curiae* nos recursos repetitivos não é facultativa, mas obrigatória, de modo a garantir a mais ampla discussão sobre o tema (**Recurso extraordinário**. p. 104).

22 Enalteço-a em artigo especialmente dedicado ao tema, intitulado "*Amicus curiae* e audiências públicas na jurisdição constitucional: reflexões de um processualista civil".

23 Luis Guilherme Aidar Bondioli sustenta que o andamento do processo não deve ser sobrestado à espera dessas informações, de forma que, superado o prazo, o processo deverá prosseguir ainda que sem as informações (**Comentários ao Código de processo civil**. v. XX, p. 263).

Nada há que impeça, não obstante o silêncio das regras que acabei de destacar, que os próprios recorrentes, individualmente considerados, queiram se manifestar para os fins do art. 1.038. Sua intervenção, contudo, não os torna *amicus curiae*. Serão, sempre e invariavelmente, partes, interessadíssimas no desfecho da questão, e é nessa qualidade, e nenhuma outra, que poderão pretender se manifestar.

Colhidas as informações, o processo será incluído em pauta, devendo ser julgado com preferência, com as ressalvas do § 2º do art. 1.038, às quais merece ser incluído também o mandado de segurança, não só por causa da previsão do art. 20 da sua lei de regência, Lei nº 12.016/2009, mas também pela sua magnitude constitucional.

O § 3º do art. 1.038, na redação promulgada do CPC de 2015, previa que o conteúdo do acórdão abrangeria "a análise de todos os fundamentos da tese jurídica discutida, favoráveis ou contrários", harmonizando-se integral e textualmente com o § 2º do art. 984. A Lei nº 13.256/2016 deu nova redação àquele dispositivo, restringindo seu campo de abrangência para, na sua atual redação, contentar-se com a análise dos "fundamentos *relevantes* da tese jurídica discutida". Contudo, diante da preservação do art. 984, § 2º, do art. 927, § 1º, e do art. 489, § 1º, IV, do CPC de 2015 pela referida lei, é correto continuar a entender que a fundamentação da decisão para os fins do § 3º do art. 1.038 deve ser, tanto quanto o impõe o sistema processual civil, completa[24]. Não parece ser ocioso destacar que a fundamentação das decisões judiciais é traço imposto desde o modelo constitucional (art. 93, IX, da CF). Contentar-se com a apreciação de fundamentos "relevantes", sem que a *irrelevância* de outros seja demonstrada e justificada pelo julgador é incidir na vedação que o inc. IV do § 1º do art. 489 repudia suficientemente, sem prejuízo de recordar também do § 1º do art. 927 e do § 2º do art. 984, que convergem a idêntica solução.

3.6. Julgamento e consequências

O art. 1.039 inicia a regulamentação das consequências do julgamento do recurso representativo da controvérsia, isto é, do recurso repetitivo ou afetado, que é completada pelos arts. 1.040 e 1.041.

3.6.1. No STF e no STJ

O art. 1.039 ocupa-se com os recursos que foram sobrestados e que estão no âmbito dos próprios Tribunais Superiores. Para eles, decidido o repetitivo, os recursos que estavam sobrestados por tratarem da mesma controvérsia serão considerados prejudicados ou decididos com aplicação da tese fixada.

O *caput* do art. 1.039 faz expressa referência a "órgãos colegiados". São eles, portanto, que julgarão aqueles recursos de acordo com a diretriz imposta pelo dispositivo,

---

24 O mesmo entendimento é defendido por NUNES, Dierle. **Breves comentários ao novo código de processo civil**. p. 2.590.

excepcionando, destarte, para estes casos, a atuação monocrática com fundamento nas alíneas *b* dos incs. IV e V do art. 932[25]. Chegando novos recursos ao STF ou ao STJ – o que, com base no *caput* do art. 1.041, tem tudo para ocorrer —, o proferimento de decisões monocráticas com base naquelas regras estará autorizado, com base naqueles precitados dispositivos.

O parágrafo único do art. 1.039 dispõe que os recursos extraordinários sobrestados serão considerados automaticamente inadmitidos quando não for reconhecida a repercussão geral no recurso extraordinário afetado. Neste caso, é correto entender que a regra dirige-se exclusivamente ao STF.

3.6.2. Nos TJs, nos TRFs e na primeira instância

O art. 1.040 é vocacionado para regrar os efeitos que o CPC de 2015 quer que o julgamento do repetitivo pelo STF ou pelo STJ surta sobre os processos suspensos nos TJs, TRFs e também na primeira instância. Após as diversas reformas empreendidas pela Lei nº 13.256/2016 no CPC de 2015, este desiderato fica ainda mais evidente.

Não tenho a menor dúvida de que, na perspectiva do CPC de 2015, o que se espera é que a decisão do recurso afetado seja *necessariamente* observada pelos demais órgãos jurisdicionais, no que é claro, aliás, o inc. III do art. 927[26].

É ler os incisos do art. 1.040, segundo os quais, após a publicação do acórdão paradigma, isto é, do acórdão do recurso afetado: (i) o presidente ou o vice-presidente do TJ ou do TRF *negará* seguimento aos recursos especiais ou extraordinários sobrestados na origem, se o acórdão recorrido coincidir com a orientação do Tribunal Superior (dispositivo que se harmoniza com o inc. I do art. 1.030); (ii) o órgão que proferiu o acórdão recorrido, na origem, *reexaminará* o processo de competência originária, a remessa necessária ou o recurso anteriormente julgado, se o acórdão recorrido contrariar a orientação do Tribunal Superior (previsão consonante com o inc. II do art. 1.030); e, por fim, (iii) os processos suspensos em primeiro e segundo graus de jurisdição, antes da interposição do recurso extraordinário e/ou do especial, *retomarão o curso para julgamento e aplicação da tese firmada pelo Tribunal Superior*.

Os verbos e a oração que fiz questão de colocar em itálico não foram conjugados no imperativo pelos próprios incisos, apresso-me a esclarecer, por razão outra que não para *impor* o resultado alcançado pelos Tribunais Superiores a partir do caso julgado como paradigmático, a partir da decisão de afetação a todos os demais Tribunais, inclusive aos juízos de primeira instância.

---

25 A conclusão é compartilhada por BONDIOLI, Luis Guilherme Aidar. **Comentários ao código de processo civil**. v. XX, p. 267.

26 Esse também é o pensamento de Osmar Mendes Paixão Côrtes, ao escrever que "a sistemática [dos Recursos Repetitivos no novo CPC] representa uma revolução na forma tradicional de julgamento e de eficácia das decisões. Isso porque, no rito repetitivo, a decisão tomada no *leading case* afetará todos os recursos em trâmite no país, imediatamente" (**Recursos para os tribunais superiores no novo CPC**. p. 158).

Sobre o caráter *vinculante*, embora não expresso nem escrito, mas inequivocamente pretendido pelo CPC de 2015 em dispositivos como o art. 1.040, tomo a liberdade de convidar o leitor a meditar sobre o que escrevi com maior fôlego a propósito dos arts. 926 e 927[27].

Para cá, quero acentuar que a redação dada aos incs. I e II do art. 1.040 busca contornar crítica que, para a sistemática do CPC de 1973, fazia com veemência no volume 5 do meu *Curso sistematizado de direito processual civil*[28], quanto a haver, no sistema anterior, verdadeira hipótese de *delegação legal* de competência para que os Tribunais de Justiça e os Tribunais Regionais Federais julgassem os recursos extraordinários e os recursos especiais sobrestados em consonância com a decisão proferida no âmbito do STF ou do STJ. A previsão, feita por *lei* (art. 543-C, § 7º, II, do CPC de 1973), atritava a olhos vistos com a competência *constitucional* reconhecida (e taxativamente) ao STF e ao STJ de eles, não outros Tribunais ou diversos órgãos jurisdicionais, julgarem recursos extraordinários e especiais (arts. 102, III, e 105, III, da CF, respectivamente).

O que fizeram os incs. I e II do art. 1.040 para contornar o problema? Evitaram estabelecer o julgamento dos próprios recursos especial e extraordinário pelo TJ ou pelo TRF. Em vez disso, o inciso I limitou-se a prever que o presidente ou o vice-presidente do tribunal de origem *negará seguimento* aos recursos especiais ou extraordinários sobrestados quando o acórdão recorrido *coincidir* com a orientação do Tribunal Superior. No inciso II está previsto que o órgão prolator do acórdão recorrido *reexaminará*, não o próprio recurso especial ou o extraordinário, mas "o processo de competência originária, a remessa necessária ou o recurso anteriormente julgado", se o acórdão recorrido *contrariar* a orientação do Tribunal Superior.

Ocorre que a hipótese do inc. I do art. 1.040 é julgamento de mérito, no sentido de *improver* o recurso extraordinário ou especial sobrestado, isto é, negar provimento àquele recurso. O "negar seguimento" autorizado pelo dispositivo, portanto, continua a ser caso de delegação *legal* de competência constitucionalmente fixada. Apesar da redação diferente, dada pelo CPC de 2015 à hipótese, a crítica que acima destaquei permanece hígida. Para *negar seguimento* no sentido correto da expressão, querendo com ela descrever que o recurso está "prejudicado" porque o acórdão recorrido já coincide com a decisão paradigmática proferida pelo STF ou pelo STJ, precisaria haver o que *não há* no modelo constitucional do Direito Processual Civil, a saber, "súmulas" ou "precedentes" ou "jurisprudência" *impeditivos de recurso*. Uma tal figura, contudo, não existe no plano constitucional, sendo descabido que a lei a crie ou algo que lhe faça as vezes. Máxime porque, da decisão respectiva, não há acesso *imediato* aos Tribunais Superiores diante da previsão do agravo *interno* feito pelo § 2º do art. 1.030 e da revogação do cabimento da reclamação para tanto, embora seja possível valer-se

---

27 As referências são as mesmas da nota nº 11, *supra*.

28 **Curso sistematizado de direito processual civil.** 5. ed. São Paulo: Saraiva, 2014. v. 5, p. 260/263 e 272/276.

dela quando "esgotadas as instâncias ordinárias" (art. 988, § 5º, II), ambas, não será mera coincidência, iniciativas da Lei nº 13.256/2016, que tantas modificações trouxe ao CPC de 2015 ainda durante a sua *vacatio legis*.

No caso do inc. II do art. 1.040, o que ocorre é de ordem diversa. O dispositivo, para fugir à indevida delegação de competência, acabou por criar uma nova situação que causa verdadeiro *retrocesso* processual no sentido de permitir que o processo volte um ou dois estágios. É que, a depender do julgamento do STF e do STJ, o órgão julgador precisará julgar novamente "o processo de competência originária, a remessa necessária ou o recurso anteriormente julgado", acarretando, em termos bem diretos, um *novo* julgamento do que *já foi julgado* por aqueles Tribunais[29].

O julgamento dos processos de competência originária dos TJs e dos TRFs, da remessa necessária e dos recursos em geral, passa a ser realizado com condição: a depender de posterior afetação e julgamento de recurso repetitivo, o julgamento, já encerrado, pode ser retomado "se o acórdão recorrido contrariar a orientação do tribunal superior".

Friso o ponto: o julgamento, já encerrado (tanto que objeto de recurso extraordinário ou especial), será retomado "se o acórdão recorrido contrariar a orientação do tribunal superior". Trata-se de hipótese que merece reflexão mais detida, inclusive na perspectiva da (in)*eficiência* processual (art. 5º, LXXVIII, da CF), e que devia estar prevista ao lado das demais hipóteses do art. 494, como um novo e até então inédito caso não alcançado pelo princípio da invariabilidade das decisões jurisdicionais.

Para ambas as previsões (art. 1.040, I e II) importa refletir se o mais adequado do ponto de vista normativo, sempre pensado desde o "modelo constitucional" – e há como pensar o Direito Processual Civil fora dele? –, não seria alterar os incs. III dos arts. 102 e 105 da CF e permitir, com isso, que os TJs e os TRFs *cooperem* assumida e legitimamente com o trato dos recursos repetitivos, compartilhando, com o STF e com o STJ, de competência (expressa e constitucionalmente fixada) para seu julgamento. Sem prévia alteração constitucional, contudo, não consigo reconhecer juridicidade a essas verdadeiras manobras legislativas.

De acordo com o inc. III do art. 1.040, os processos suspensos em primeiro e segundo graus de jurisdição – e, neste caso, antes do julgamento pelo Tribunal, portanto, porque, caso contrário, estariam sujeitos às hipóteses dos incisos I ou II – retomarão o curso para julgamento e aplicação da tese firmada pelo Tribunal Superior. A minha crítica com relação ao dispositivo coincide com as observações sobre o caráter vinculante pretendido pelo CPC de 2015 aos julgamentos dos "casos repetitivos". Por isso, também aqui, entendo suficiente o que escrevi em outras oportunidades a propósito dos arts. 926 e 927[30].

---

29 Osmar Mendes Paixão Côrtes também indica que, com o novo procedimento, o Tribunal inferior, prolator da decisão que se pretende reformar, poderá exercer verdadeiro juízo de retratação e rejulgar a matéria objeto do recurso (**Recursos para os tribunais superiores no novo CPC**. p. 119).

30 Também aqui, *vide* as indicações da nota nº 11, *supra*.

Na revisão a que o texto do CPC de 2015 foi submetido antes de ser enviado à sanção presidencial, a regra que se encontrava como um dos parágrafos do que fazia as vezes de seu art. 1.038 (art. 1.051, § 6º, do Projeto da Câmara e art. 1.035, § 6º, do Anexo ao Parecer nº 956/2014, que foi o texto submetido à aprovação do Senado Federal em dezembro de 2014) acabou sendo realocada como inc. IV do art. 1.040. Trata-se de importante dispositivo que encontra seu par no § 2º do art. 985, a propósito do incidente de resolução de demandas repetitivas, e que *impõe* a comunicação do resultado do julgamento do repetitivo ao órgão, ao ente ou à agência reguladora competente para fiscalização da efetiva aplicação da tese adotada quando o recurso envolver questão relativa à prestação de serviço concedido, permitido ou autorizado.

Bem entendida, é possível extrair da regra condições ótimas de fortalecer, devidamente, o papel do Estado regulador e de suas agências reguladoras no controle de condutas no âmbito administrativo, minimizando, com isso, a necessidade de ingresso no Judiciário. É algo que, na perspectiva dos §§ 2º e 3º do art. 3º, é amplamente desejável e absolutamente harmônico com o modelo constitucional.

O art. 1.040 traz, ainda, três parágrafos, que foram acoplados a ele apenas na redação final a que o texto do CPC de 2015 foi submetido antes de ser enviado à sanção presidencial. Eles indicam consequências a partir do julgamento do recurso afetado pelo STF ou pelo STJ, pressupondo que as partes não tenham se voltado à suspensão do processo nos moldes dos §§ 8º a 13 do art. 1.037 ou, ao menos, após o indeferimento do pedido, inclusive no âmbito recursal. Nesse sentido, parece-me correto afirmar que acabam disciplinando uma das variadas hipóteses do que pode ocorrer a partir do que prevê o inc. III do art. 1.040.

O § 1º do art. 1.040 assegura expressamente a possibilidade de o autor desistir da ação, isto é, manifestar sua vontade no sentido de deixar de pretender que o Estado-juiz tutele o direito que afirma ter em face do réu, antes do proferimento da sentença, se a questão que dá fundamento ao seu pedido de tutela jurisdicional for idêntica à resolvida pelo recurso representativo da controvérsia.

Se a desistência ocorrer antes de ofertada a contestação – o que, em regra, pressupõe audiência de conciliação ou de mediação frustrada, inclusive pela ausência de autocomposição –, o autor ficará isento do pagamento de custas e sucumbência (art. 1.040, § 2º). Trata-se de verdadeiro *incentivo* para não litigar, *aceitando* a decisão paradigmática (o "precedente") emanada do STF ou STJ, o que é bem diverso de pretender que ela tenha caráter vinculante, *impondo-a*.

O § 3º do art. 1.040, em nítida sintonia com esse mesmo objetivo, excepciona a regra do § 4º do art. 485 e exclui a necessidade de prévia concordância do réu com a desistência, mesmo quando a contestação já tiver sido ofertada. É regra também que quer incentivar a observância do julgamento do recurso afetado, respeitando-o como verdadeiro precedente. Não à força e, por isso, legítima e digna de elogios, até porque harmônica ao que estatuem os §§ 2º e 3º do art. 3º.

3.7. Manutenção do acórdão recorrido

O *caput* do art. 1.041 ocupa-se com a hipótese oposta das previstas pelos incs. I e II do art. 1.040, qual seja a de *manutenção* do acórdão divergente pelo tribunal de origem, isto é, quando não ocorrer o que aquelas regras querem que aconteça. Nesse caso, o recurso extraordinário ou o especial será enviado ao STF ou ao STJ, consoante o caso, "na forma do art. 1.036, § 1º"[31].

Há um problema na remissão feita pelo dispositivo e que foi agravada com as modificações feitas no CPC de 2015 pela Lei nº 13.256/2016. É que o envio do recurso extraordinário ou do recurso especial ao STF ou ao STJ pressupõe juízo *positivo* de admissibilidade perante o órgão de interposição. Assim, é correto entender que a remessa dos recursos aos Tribunais Superiores dê-se somente *após* a análise do juízo de admissibilidade pela presidência ou vice-presidência do Tribunal *a quo*, o que encontra fundamento na alínea *c* do inc. V do art. 1.030. Da decisão de inadmissibilidade, caberá o agravo do art. 1.042 (art. 1.030, § 1º).

3.8. Julgamento de outras questões perante o tribunal de origem

Os dois parágrafos do art. 1.041, diferentemente do *caput*, regulam variantes à hipótese de ter havido "juízo de retratação", isto é, de o tribunal de origem, sempre entendido como tal o TJ ou o TRF, ter alinhado seu acórdão ao que decidido pelo STF ou pelo STJ.

De acordo com o § 1º, realizado o juízo de retratação, compete ao tribunal de origem decidir as demais questões ainda não decididas, cujo enfrentamento se tornou necessário em decorrência da alteração de entendimento. É dispositivo que só robustece a crítica que lanço no nº 3.6.2, *supra*, porque permite que o TJ ou o TRF reabra o julgamento já encerrado a partir do que o STF ou o STJ decidir. Trata-se, tanto quanto o que já escrevi, de verdadeiro *retrocesso*. E mais: não há como impedir que desse novo julgamento, que não infirma nem quer infirmar o que o STF ou o STJ já decidiu, caibam novos recursos, extraordinário ou especial, consoante o caso, para contrastar aquilo que traz de novidade. Trata-se, pois, de consequência natural do julgamento a ser efetuado pelo órgão competente.

O § 2º do art. 1.041 foi alterado pela Lei nº 13.256/2016 para passar a exigir prévio juízo de admissibilidade do recurso extraordinário e do recurso especial na origem. A sua razão de ser, contudo, continua sendo a mesma no sentido de que, havendo "outras questões" a serem decididas, o recurso respectivo *independentemente de ratificação* – e desde que positivo seu juízo de admissibilidade (art. 1.030, V, *c*) – seja

---

31 Osmar Mendes Paixão Côrtes esclarece que, nesse caso, não cabe reclamação da decisão que não aplicar a tese repetitiva. Deve o sucumbente manejar simples petição dirigida ao Presidente ou Vice-Presidente do Tribunal de origem e requerer o processamento do recurso. Somente na hipótese de não ocorrer a remessa é que a Reclamação será viável, tendo em vista a redação do § 5º do art. 988 (**Recursos para os tribunais superiores no novo CPC**. p. 161).

enviado ao STF ou ao STJ para julgamento. Da inadmissão do recurso, cabe o agravo do art. 1.042 (art. 1.030, § 1º).

4. Considerações finais

Muito mais poderia ser escrito a respeito da temática aqui abordada. Muito haverá, outrossim, para escrever diante da, ao que tudo indica iminente, aprovação da PEC 209/2012 que introduz um § 1º no art. 105 da Constituição Federal renumerando para § 2º o atual parágrafo único, e, com ele, uma nova exigência para o recurso especial, a "relevância das questões de direito federal infraconstitucional"[32]. Outro tanto merece ser dirigido à análise das variadíssimas modificações regimentais levadas a cabo pelo Superior Tribunal de Justiça pela Emenda Regimental nº 24, de 28 de setembro de 2016, do STJ, que "altera, inclui e revoga dispositivos do Regimento Interno para adequá-lo à Lei nº 13.105, de 16 de março de 2015, novo Código de Processo Civil" não só, mas também – e principalmente – no que diz respeito à sistemática dos recursos especiais repetitivos. Não é errado supor que, muito brevemente, o Supremo Tribunal Federal também reformará seu próprio Regimento Interno para adequá-lo às (tantas) novidades trazidas pelo CPC de 2015.

Todas essas iniciativas, contudo, devem aguardar novas oportunidades de homenagear – e merecidamente – o Ministro LUIZ FUX. Certamente, elas não faltarão.

Referências

BONDIOLI, Luis Guilherme Aidar. **Comentários ao código de processo civil.** São Paulo: Saraiva, 2016. v. XX.

COLLUCCI, Ricardo. Interpretação normativa: o caso da "revisão" final do texto do novo código de processo civil. **Revista de Processo**. São Paulo: Revista dos Tribunais, 2016. v. 260.

CÔRTES, Osmar Mendes Paixão. **Recursos para os tribunais superiores no novo CPC.** Brasília: Gazeta Jurídica, 2015.

NUNES, Dierle. Comentários ao art. 1.037. In: WAMBIER, Teresa Arruda Alvim; DIDIER JR., Fredie; TALAMINI, Eduardo; DANTAS, Bruno (Coord.). **Breves comentários ao novo código de processo civil.** 3. ed. São Paulo: Revista dos Tribunais, 2016.

OLIVEIRA, Pedro Miranda de. Comentários ao art. 1.031. In: WAMBIER, Teresa Arruda Alvim; DIDIER JR., Fredie; TALAMINI, Eduardo; DANTAS, Bruno (coord.). .). **Breves comentários ao novo código de processo civil.** 3. ed. São Paulo: Revista dos Tribunais, 2016.

SCARPINELLA BUENO, Cassio. **A "revisão" do texto do novo CPC.** Disponível em: <http://portalprocessual.com/a-revisao-do-texto-do-novo-cpc-2/>.

32 É o seguinte o texto integral do dispositivo proposto: "§ 1º No recurso especial, o recorrente deverá demonstrar a relevância das questões de direito federal infraconstitucional discutidas no caso, nos termos da lei, a fim de que o Tribunal examine a admissão do recurso, somente podendo recusá-lo pela manifestação de dois terços dos membros do órgão competente para o julgamento".

______. Ainda a revisão do texto do novo CPC. Disponível em: <http://jota.info ainda-sobre -a-revisao-do-novo-cpc>.

______. Amicus curiae e audiências públicas na jurisdição constitucional: reflexões de um processualista civil. **Revista Brasileira de Estudos Constitucionais, RBEC** – ano 6, n. 24 (out./dez. 2012). Belo Horizonte: Fórum, 2013.

______. **Curso sistematizado de direito processual civil.** 5. ed. São Paulo: Saraiva, 2014. v. 5.

______. (In)devido processo legislativo e o novo código de processo civil. **Revista do Advogado**, n. 126. São Paulo: Associação dos Advogados de São Paulo, mar. 2015.

______. **Manual de direito processual civil.** 2. ed. 3. tir. São Paulo: Saraiva, 2016.

______. ***Novo código de processo civil anotado.*** 2. ed. 2. tir. São Paulo: Saraiva, 2016.

Teixeira, Rodrigo Valente Giublin. **Recurso extraordinário.** Belo Horizonte: Arraes, 2015.

O DIREITO FUNDAMENTAL À TUTELA JURISDICIONAL COMO ELEMENTO CONCRETIZADOR DA DIGNIDADE DA PESSOA HUMANA

Cleyson de Moraes Mello
Vanderlei Martins

> *Vivemos a era da dignidade. O Direito, que outrora bradava pela sua independência em relação a outras ciências sociais, hoje torna arrependido ao seu lar: o Direito reside na moral. Há, entre esses dois conceitos, uma conexão não apenas contingente, mas necessária.*
>
> *Vivemos a era neokantiana. Ainda no Século XVIII, Immanuel Kant nos ensinava que, independente de nossas crenças religiosas, é uma exigência da racionalidade reconhecer que o ser humano não tem preço, tem dignidade, e que não é possível fazer dele meio para a consecução do que quer que seja. É a sobrepujança do ser sobre o ter. A cada dia essa lição, cravada no art. 1º, III, da Carta de outubro, nos revela novas nuanças, em um aprendizado perene*[1].
>
> *Ministro Luiz Fux*

Sumário: **1.** Introdução. **2.** Os direitos fundamentais e a dignidade da pessoa humana. **3.** O direito fundamental à tutela jurisdicional como subprincípio concretizador da dignidade da pessoa humana. **4.** Considerações finais. Referências.

Resumo: O artigo discute a necessária correlação entre o direito fundamental à tutela jurisdicional e o princípio concretizador da dignidade da pessoa humana. Trata-se de uma abordagem que privilegia a atuação do magistrado como agente de transformação que não se limita a ser um aplicador passivo de regras e princípios preestabelecidos, mas sim um instrumento de mudança social, pautado pelos objetivos socioeconômicos atuais, levando-se em consideração a complexidade e a pluralidade da sociedade. Discute-se, também, a necessidade de reconstrução do direito alinhado pela dignidade da pessoa humana, em cuja base se encontram a proteção dos hipossuficientes e a garantia das condições mínimas de vida digna para todos.

Abstract: The article discusses the necessary correlation between the fundamental right to

1 Voto do Min. Luiz Fux, proferido no dia 9 de fevereiro de 2012, no julgamento que analisou dispositivos da Lei Maria da Penha (Lei nº 11.340/2006): Ação Declaratória de Constitucionalidade (ADC) 19, ajuizada pela Presidência da República com objetivo de propiciar uma interpretação judicial uniforme dos dispositivos contidos na lei, e a Ação Direta de Inconstitucionalidade (ADI) 4.424, ajuizada pela Procuradoria – Geral da República (PGR) quanto aos arts. 12, inc. I; 16; e 41 da norma.

judicial protection and concretizing the principle of human dignity. It is an approach that emphasizes the role of the judge as a processing agent which is not limited to a passive applicator rules and pre-established principles, but an instrument of social change, guided by the current socio-economic objectives, taking into account the complexity and plurality of society. Also to discuss the need for reconstruction of the right line for the dignity of the human person, on the basis of which are the protection of hyposufficient and the guarantee of the minimum decent living conditions for all.

Palavras-chave: Direitos fundamentais. Tutela jurisdicional. Hermenêutica. Dignidade da pessoa humana.

Keywords: Fundamental rights. Judicial protection. Hermeneutics. Dignity of human person.

1. Introdução

Talvez estejamos ainda muito perto do direito alienado, silente, vazio. Certamente, o pior para o Direito é a inexistência de um caminhar que possa ser trilhado com vistas a escapar desta situação desconfortável.

Poderíamos dizer que esta trilha requer sempre um esforço intelectual maior no sentido de ampliar nossos horizontes hermenêuticos não só em compreender o passado, mas sobretudo em abrir espaço ao novo, ao ser no seu acontecer.

É necessário que se faça uma transformação do pensar, do questionar e do avaliar, do ver e do decidir as questões jurídicas levadas ao Poder Judiciário; especialmente, em tempos de nova codificação processual.

É necessário, pois, haver horizontes, ou seja, o julgador não pode ficar limitado ao Direito positivo, ao texto da lei, mas deve ver para além disso. O operador jurídico que possui horizontes sabe valorizar as mutações sociais, os novos valores, vê e dialoga com as dimensões culturais, sociais e históricas de seu tempo.

É neste sentido que o novo CPC trilha um novo caminho hermenêutico voltado para efetividade dos direitos fundamentais. É de sabença geral que a legitimidade democrática das decisões judiciais vem do controle subjetivo da sociedade como um todo. Trata-se da assim chamada comunidade aberta de intérpretes da Constituição, tal qual concebida por PETER HÄBERLE[2].

O Ministro FUX sempre ensinou que a "jurisdição não se limita à operação de subsunção do conflito à regra abstrata reguladora do conflito"[3].

Neste sentido, vale transcrever as lições do Ministro FUX na relatoria do AgRg no REsp 888.325/RS, em 15/03/2007:

---

2 HÄBERLE, Peter. **Hermenêutica constitucional. A sociedade aberta dos intérpretes da Constituição:** contribuição para a interpretação pluralista e "procedimental" da Constituição. Tradução de Gilmar Ferreira Mendes. Porto Alegre: Sergio Antonio Fabris, 1997.

3 FUX, Luiz. Tutela jurisdicional: finalidade e espécies. In: **Informativo Jurídico da Biblioteca Ministro Oscar Saraiva**, v. 14, n. 2, p. 107/231, jul.-dez. 2002, p. 153.

> [...] A Constituição não é ornamental, não se resume a um museu de princípios, não é meramente um ideário; reclama efetividade real de suas normas. Destarte, na aplicação das normas constitucionais, a exegese deve partir dos princípios fundamentais, para os princípios setoriais. E, sob esse ângulo, merece destaque o princípio fundante da República que destina especial proteção a dignidade da pessoa humana.
> Outrossim, a tutela jurisdicional para ser efetiva deve dar ao lesado resultado prático equivalente ao que obteria se a prestação fosse cumprida voluntariamente. O meio de coerção tem validade quando capaz de subjugar a recalcitrância do devedor. O Poder Judiciário não deve compactuar com o proceder do Estado, que condenado pela urgência da situação a entregar medicamentos imprescindíveis proteção da saúde e da vida de cidadão necessitado, revela-se indiferente à tutela judicial deferida e aos valores fundamentais por ele eclipsados [...].

O caso concreto *decidendo* deve ser ontologicamente analisado a partir da hermenêutica ligada ao modo de ser-no-mundo, a uma essência do Ser que é a Essência do homem, ao *homo humanus;* é realizada de forma originária, através de uma pré-compreensão jurídica em que o intérprete está inserido numa tradição histórica na qual se insere (círculo hermenêutico). Isto representa que o julgador somente poderá atingir o significado dos entes a partir de seu horizonte histórico, a partir de uma *situação hermenêutica.*

Nesse sentido, *processo* e *procedimento* não podem operar desvinculados com a leitura moral da Constituição, porque limitadora de suas potencialidades enquanto reserva de justiça. Um ato exegético de aplicação mecânica da lei, no qual o intérprete não considera os elementos externos do texto da norma sendo interpretada, não viabiliza a efetividade dos direitos fundamentais, notadamente, a dignidade da pessoa humana.

Daí que *processo* e o *procedimento* devem se conformar no equacionamento de conflitos de princípios constitucionais, recebendo, pois, um colorido todo especial. A força normativa da Constituição, dos direitos fundamentais e, em especial, da dignidade da pessoa humana, serve como novo eixo hermenêutico do Estado Democrático de Direito.

Exsurge, pois, um novo prisma do Direito Processual que se afasta da "tecnização" e aplicação mecanicista do Direito, para se aproximar da chamada "virada kantiana", com vistas aos valores e reaproximação entre a Ética e o Direito.

Daí o motivo de a norma jurídica requerer sempre uma interpretação. O magistrado não pode proferir sua decisão judicial por meio apenas do procedimento lógico-formal, segundo um modelo clássico do silogismo lógico-dedutivo. A dimensão hermenêutica deve habitar o espaço jurídico, visto que a pré-compreensão do intérprete "entra em jogo", como modo de ser da condição humana de ser-no-mundo. Por isso a fenomenologia hermenêutica se faz presente na estrutura e na organização do pensamento jurídico.

O Direito fechado sobre si mesmo numa ambiência formal e abstrata fomenta uma alienação de uma realidade social em mutação e se afasta cada vez mais do contexto sociocultural contemporâneo.

Talvez o grande desafio seja o de pensar o Processo e a Pessoa com vistas na profunda mutação dos valores, da moral, da ética e dos novos comportamentos sociais.

Os valores de índole liberal-individualista passam a ser sopesados por valores de cunho solidarista e de justiça social. Vê-se, portanto, a necessidade de reflexão acerca da jusfundamentalidade jurídica processual. Refletir não é trancar-se isoladamente em um conjunto de normas em si e por si. É na reflexão do Direito que se retorna ao seu fundamento sem fundo, seu abismo.

As normas constitucionais fundamentais afirmam valores que irradiam para todo o ordenamento, assegurando o reconhecimento dos direitos fundamentais e os princípios basilares constitucionais da democracia, produzindo a eficácia irradiante.

2. Os direitos fundamentais e a dignidade da pessoa humana

A compreensão dos direitos fundamentais é vital para a superação do Direito positivo, já que pretende aproximá-lo da Filosofia do Direito. É uma espécie de aproximação do Direito com a Moral. Daí a importância do estudo do Direito Civil em harmonia com os direitos fundamentais, na busca de uma fundamentação constitucional para as decisões dos casos concretos na esfera interprivada.

Não obstante o insucesso de consenso conceitual e terminológico relativo aos direitos fundamentais, alguns pontos de encontro entre tantos conceitos elaborados podem nos fazer chegar a uma conceituação aceitável, onde os direitos fundamentais são prerrogativas/instituições (regras e princípios) que se fizeram e se fazem necessárias ao longo do tempo, para formação de um véu protetor das conquistas dos direitos do homem (que compreendem um aspecto positivo, a prestação, e um negativo, a abstenção) positivados em um determinado ordenamento jurídico, embasados, em especial, na dignidade da pessoa humana, tanto em face das ingerências estatais, quanto, segundo melhor doutrina, nas relações entre particulares.

Jorge Miranda define os direitos fundamentais como:

> Direitos ou as posições jurídicas ativas das pessoas enquanto tais, individual ou institucionalmente consideradas, assentes na Constituição, seja na Constituição formal, seja na Constituição material. [...] os direitos fundamentais podem ser entendidos *prima facie* como direitos inerentes à própria noção de pessoa, como direitos básicos de pessoa, como os direitos que constituem a base jurídica da vida humana no seu nível atual de dignidade[4].

Já Bacelar Gouveia entende direitos fundamentais como "posições jurídicas ativas das pessoas integradas no Estado-Sociedade, exercidas por contraposição ao Estado-Poder, positivadas no texto constitucional"[5]. Desta definição é possível perceber os três elementos dos direitos fundamentais, a saber: (a) subjetivo (contraponto entre o particular e o Estado-Poder); (b) objetivo (conjunto de vantagens que decorre na proteção conferida pelos direitos fundamentais); e (c) formal (consagração dos direitos fundamentais na Constituição).

---

4 MIRANDA, Jorge. **Manual de direito constitucional.** 3. ed. Coimbra: Coimbra Editora, 2000. Tomo IV, p. 7/10.

5 GOUVEA, Jorge Bacelar. **Manual de direito constitucional.** 3. ed. Coimbra: Almedina, 2010m V. II, p. 1.031.

Vale destacar que o catálogo dos direitos fundamentais constitui em si uma concretização do princípio fundamental da dignidade da pessoa humana (art. 1º, inc. III, da CRFB/1988). Daí que o princípio da dignidade humana constitui um lócus hermenêutico aberto que deve ser harmonizado com a diversidade de valores que se manifestam nas sociedades complexas e plurais. É a questão da intersubjetividade e alteridade da norma jurídica, já que a dimensão intersubjetiva da dignidade humana deve ser compreendida a partir da relação do ser humano com os demais membros da sociedade em que vive. Os direitos fundamentais se desvelam nas relações entre os sujeitos privados e o Estado (eficácia vertical) e no relacionamento direto entre os particulares (eficácia horizontal).

No Brasil, a partir da CRFB/1988, as normas principiológicas ganham proeminência e os direitos fundamentais passam a irradiar todo o ordenamento jurídico. O texto constitucional passa a ser a morada das normas principiológicas. Aliás, todo e qualquer direito deve ser (re)lido a partir das normas constitucionais, cujo epicentro deste ordenamento repousa na *dignidade da pessoa humana*.

Após a Segunda Guerra Mundial, com a Declaração Universal dos Direitos do Homem em 1948, vários países adotaram o princípio da dignidade da pessoa humana em suas Constituições. Podemos citar: a Alemanha (art. 1º, inc. I), a Espanha (preâmbulo e art. 10.1), a Grécia (art. 2º, inc. I), a Irlanda (preâmbulo) e Portugal (art. 1º). A Constituição da Itália (art. 3º – "dignidade social"), a Constituição da Bélgica (art. 23 – "aos belgas e estrangeiros que se encontram em território belga o direito de levar uma vida de acordo com a dignidade humana"), a Constituição da República Federativa do Brasil (art. 1º, inc. III), Paraguai (preâmbulo), Cuba (art. 8º), Venezuela (preâmbulo), Peru (art. 4º), Bolívia (art. 6º, inc. II), Chile (art. 1º), Guatemala (art. 4º). Constituição da Rússia aprovada em 1993 (art. 12-1), dentre outras[6].

A *dignidade da pessoa humana*, hoje, é o epicentro do ordenamento jurídico e imprescindível seu entrelaçamento com o estudo dos direitos fundamentais e do Direito Constitucional de forma geral no contexto do Estado Democrático e Social de Direito instituído pela Constituição Federal de 1988.

É, pois, um conceito em eterno processo de construção e desenvolvimento – histórico culturalmente situado no mundo da vida que vai se concretizando (aqui o papel do hermeneuta e exegeta é fundamental) a partir da práxis constitucional.

Em relação à dignidade da pessoa humana, JÜRGEN HABERMAS ensina que "é o sismógrafo que indica o que é constitutivo de uma ordem jurídica democrática [...] o portal através do qual o conteúdo igualitário e universalista da moral é importado para o direito"[7].

Na Alemanha, através do art. 1º da Lei Fundamental, a dignidade da pessoa humana se coloca como o valor central do Direito Constitucional, derivando, pois, o exer-

6 SARLET, Ingo Wolfgang. **Dignidade da pessoa humana e os direitos fundamentais na Constituição Federal de 1988.** Porto Alegre, RS: Livraria do Advogado, 2001. p. 63/65.

7 HABERMAS, Jürgen. **Um ensaio sobre a Constituição da Europa.** Tradução de Mirian Toldy; Teresa Toldy. Lisboa: Edições 70, 2012. p. 37.

cício de todos os demais direitos fundamentais básicos. Dessa forma, na Alemanha, a dignidade humana é considerada o "mais fundamental de todos os direitos do homem", não podendo ser violada sob quaisquer circunstâncias.

Os direitos fundamentais carregam em si um patrimônio histórico-constitucional que deve desvelar um passado, presente e futuro, resultado de uma espiral hermenêutica onde o intérprete deve restar situado. Melhor dizendo: é um projetar-se em que passado e futuro se entrelaçam a partir de uma interpretação dos direitos fundamentais, tendo como epicentro o *princípio da dignidade da pessoa humana*.

Neste contexto, as normas constitucionais principiológicas ganham força na construção do Direito, já que este necessita de uma exegese constitucional adequada aos dias atuais, ou seja, uma construção aberta de forma a abarcar os novos paradigmas de uma sociedade pluralista e democrática. A sociedade atual é marcada por diversas diferenças, ideologias e projetos de vida que traduzem em si um relativismo social. A jurisprudência constitucional historicamente concreta deve refletir, pois, a abertura constitucional necessariamente adequada.

Como visto acima, o conteúdo da dignidade da pessoa humana se relaciona estreitamente com o *núcleo dos direitos fundamentais*. Devemos reconhecer, ainda, que o princípio da dignidade da pessoa humana está, também, intrinsecamente correlacionado ao denominado "mínimo existencial", isto é, um conjunto de condições mínimas básicas para a existência da pessoa.

3. O direito fundamental à tutela jurisdicional como subprincípio concretizador da dignidade da pessoa humana

É no princípio da inafastabilidade do controle jurisdicional estatal que se encontra a tutela jurisdicional como direito fundamental. Os princípios têm a função de definir a lógica e a racionalidade do sistema das normas, harmonizando-o. O direito de ação decorre do princípio da inafastabilidade da jurisdição.

O Ministro FUX ensina que

> O processo jurisdicional é, por excelência, o *lócus* da proteção dos direitos fundamentais. A jurisdição, como função primordial do Estado, precisa estar dirigida à consagração dos direitos fundamentais, como, de resto, a atividade estatal como um todo – do contrário, perde-se a própria razão de ser do Estado. Quando o processo resulta em flagrante e disseminada violação dos direitos fundamentais – sobretudo aqueles que dizem com os direitos da personalidade, como os de que ora se cuida –, o Estado tem o dever de operar os instrumentos de fiscalização de constitucionalidade aptos a derrotar o abuso[8].

8 FUX, Luiz. Voto do Ministro Luiz Fux na Ação Direta de Inconstitucionalidade 4.277/DF. Disponível em: <http://www.stf.jus.br/arquivo/cms/noticiaNoticiaStf/anexo/ADI4277LF.pdf>. Acesso em: 24 out. 2016.

A tutela jurisdicional busca precipuamente a pacificação social, assegurando constitucionalmente ao cidadão que, em caso de violação ou ameaça ao direito, busque junto ao Estado os meios eficientes para solucionar seu conflito.

O art. 5º, inc. XXXV, da Constituição da República não se refere, tão somente ao acesso ao Judiciário, mas sobretudo ao seu significado pleno. O acesso ao Judiciário decorre do movimento renovatório do Direito e implica em propiciar ao cidadão o amplo e irrestrito acesso ao Judiciário, desde a propositura da ação até a tutela definitiva do seu conflito. O acesso à Justiça é consequência lógica do exercício da função jurisdicional como monopólio estatal.

O movimento de acesso à Justiça é tratado, em obra ímpar, por CAPPELLETTI e GARTH (*Acess to justice: a worldwide movement to make rights effective, a general repport*), sob a figura das ondas renovatórias do acesso à Justiça[9].

CÂNDIDO DINAMARCO ao afirmar que a obra de CAPPELLETTI e GARTH significa para a processualística moderna que foi dado "um grito de alerta pelos juristas-pensadores engajados no movimento que se intitulou Projeto Florença, que foi o berço da mais notável guinada metodológica da ciência processual em todos os tempos".[10]

CAPPELETTI e GARTH demonstraram, portanto, não só a preocupação e as determinantes dos problemas levantados, trazendo para a comunidade jurídica a oportunidade de (re)pensar o processo e buscar-lhe novos caminhos.

O direito à tutela jurisdicional configura-se também em uma garantia institucional a importar numa necessidade e numa garantia de estrutura judiciária propiciadora de uma proteção jurídica eficiente.

Na lição do processualista lusitano JOSÉ LEBRE DE FREITAS:

> Em tempo de crise da justiça, é normal que se questione o papel nela desempenhado pelo direito processual civil. Menos natural é a tendência para ver na lei de processo a origem, ou o mais importante factor de agravamento dessa crise. Esta imputação é, porém, quer em Portugal quer em outros países, um hábito. O processo civil aparece assim, com freqüência, como bode expiatório de deficiências na orgânica judiciária, na preparação de magistrados, advogados e funcionários judiciais e no controlo do funcionamento do sistema da justiça. [...] De qualquer modo, os atrasos escandalosos dos processos cíveis, que, nos últimos anos, além de terem passado a constituir a regra nas causas mais complicadas, se tornaram habituais nas causas de pouca complexidade, têm, fundamentalmente, origem em circunstâncias exógenas às normas processuais[11].

---

9 "Podemos afirmar que a primeira solução para o acesso – a primeira 'onda' desse movimento novo – foi a assistência judiciária; a segunda dizia respeito às reformas tendentes a proporcionar representação jurídica para os interesses 'difusos', especialmente nas áreas da proteção ambiental e do consumidor; e o terceiro – e mais recente – é o que nos propomos a chamar simplesmente "enfoque de acesso à justiça" porque inclui os posicionamentos anteriores, mas vai muito além deles, representando, dessa forma, uma tentativa de atacar as barreiras ao acesso de modo mais articulado e compreensivo." CAPPELLETTI, Mauro; GARTH, Bryant. Trad. Ellen Gracie Northfleet. **Acesso à justiça.** Porto Alegre: Sérgio Antonio Fabris, 1988. p. 31.

10 DINAMARCO, Cândido Rangel. **A nova era do processo civil.** São Paulo: Malheiros, 2007. p. 12

11 FREITAS, Jose Lebre de. A crise e o processo civil. In: **Justiça em crise? Crises da justiça**. Lisboa: Publicações Dom Quixote, 2000. p. 275/276.

Para que o Estado cumpra a função jurisdicional é imprescindível que a tutela jurisdicional seja efetiva. Entenda-se como efetiva a tutela adequada e tempestiva. Significa dizer que a decisão proferida pelo Estado deve chegar até o jurisdicionado no tempo certo, como também deve ser consoante à espécie e natureza do conflito submetido ao poder jurisdicional estatal[12].

Luis Guilherme Marinoni ensina que:

> A busca da efetividade do processo é necessidade que advém do direito constitucional à adequada tutela jurisdicional, indissociavelmente ligado ao *due process of law*, e ínsito no princípio da inafastabilidade, que é garantido pelo princípio da separação dos poderes e que constitui princípio imanente ao próprio Estado de Direito, aparecendo como contrapartida à proibição da autotutela privada, ou dever que o Estado se impôs quando chamou a si o monopólio da jurisdição.

A efetividade, para a moderna processualística, tem valor fundamental, ao reputar-se imprescindível à tutela dos direitos[13].

José Carlos Vieira de Andrade afirmava:

> Esses direitos (pelo menos esses) devem ser considerados como patrimônio espiritual comum da humanidade e não admitem, hoje, nem mais de uma leitura, nem pretextos econômicos ou políticos para a violação de seu conteúdo essencial[14].

4. Considerações finais

Não basta propiciar apenas o acesso ao Judiciário, ou uma resolução do mérito. Imprescindível é, a despeito de minimizar o conflito, que o sistema ofereça aos participantes do processo, resultados justos e efetivos.

É necessário haver por parte do magistrado a constante preocupação com a estreita relação entre a adequação da tutela jurisdicional dos direitos e a viabilização do princípio da dignidade humana.

A efetividade da tutela jurisdicional está condicionada à técnica processual adequada, a um procedimento que viabilize a participação dos indivíduos e a resposta dada pelo Judiciário.

---

12 Código de Processo nos Tribunais Administrativos e Fiscais Português: "Direito de obter, em prazo razoável, uma decisão judicial que aprecie, com força de caso julgado, cada pretensão regularmente deduzida em juízo, bem como a possibilidade de fazer executar e de obter as providências cautelares antecipatórias ou conservatórias destinadas a assegurar o efeito útil da decisão".

13 Toma-se consciência, cada vez mais clara da função instrumental do processo e da necessidade de fazê-lo desempenhar de maneira efetiva o papel que lhe toca. MOREIRA, José Carlos Barbosa. In: **Temas de direito processual.** Terceira Série, São Paulo: Saraiva. 1984. p. 3.

14 ANDRADE, Jose Carlos Vieira. **Os direitos fundamentais na Constituição portuguesa de 1976**. 2. ed. Coimbra: Almedina. p. 34.

Em verdade, os princípios constitucionais que orientam o processo podem ser traduzidos na garantia do devido processo legal, o qual aqui se qualifica como subprincípio densificador do Estado Democrático de Direito.

Muitas são as causas que concorrem para o lento processamento das demandas, como o comportamento das partes, a complexidade do litígio, a atuação do órgão jurisdicional, a estrutura administrativa deficitária do Judiciário, a estrutura do processo, a diminuta agressividade da legislação processual, a reduzida experiência na realidade da Administração Pública (tão diferente da esfera privada) e a falta de ética tão debatida ultimamente.

O processo judicial não pode ser visto, apenas, como o único instrumento hábil à solução de conflitos, é antes de tudo, meio através do qual o Estado propiciará a participação democrática da sociedade, concretizando os valores de justiça, solidariedade, igualdade e dignidade humana. O processo será meio eficaz de concretizar uma vida mais digna para o jurisdicionado, tanto mais se aproxime das reais necessidades da sociedade.

Será justo o processo construído nos ditames do Estado Democrático de Direito sempre que seja assegurado o contraditório, dispense atos inúteis, iniba a atuação desleal das partes, propicie as partes influir no provimento final, seja processado no tempo capaz de não tornar insuportável os danos causados pelo desconforto de qualquer litígio e que jamais descuide do devido processo legal.

O Ministro FUX, querido homenageado nesta obra, sempre afirmou em suas palestras que o magistrado deve ter sensibilidade na avaliação da causa e depois buscar o amparo legal. Jamais um juiz pode tomar uma decisão sem passar os olhos pela Constituição da República. O Ministro FUX afirma em suas aulas: "O bom juiz constrói uma decisão justa e depois dá a ela uma roupagem jurídica. A dignidade ilumina o universo jurídico".

Por fim, mais uma vez, vale transcrever as lições do Ministro FUX:

> Canetas de magistrados não são capazes de extinguir o preconceito, mas, num Estado Democrático de Direito, detêm o poder de determinar ao aparato estatal a atuação positiva na garantia da igualdade material entre os indivíduos e no combate ostensivo às discriminações odiosas.
>
> [...]
>
> Essa ordem de ideias remete à questão da autonomia privada dos indivíduos, concebida, em uma perspectiva kantiana, como o centro da dignidade da pessoa humana. Rios de tinta já correram sobre o assunto no Brasil e no exterior, fazendo despiciendas maiores digressões sobre o tema. Basta, por ora, rememorar que a sua consagração no art. 1º, inciso III, da Constituição Federal, traduz-se na previsão de que o indivíduo mereça do Estado e dos particulares o tratamento de sujeito e não de objeto de direito, respeitando-se-lhe a autonomia, pela sua simples condição de ser humano.
>
> [...][15].

15 FUX, Luiz. Voto do Ministro Luiz Fux na Ação Direta de Inconstitucionalidade 4.277/DF. Disponível em: <http://www.stf.jus.br/arquivo/cms/noticiaNoticiaStf/anexo/ADI4277LF.pdf>. Acesso em: 24 out. 2016.

Referências

ANDRADE, Jose Carlos Vieira. **Os direitos fundamentais na Constituição portuguesa de 1976**. 2. ed. Coimbra: Almedina.

BARBOSA MOREIRA, José Carlos. In: **Temas de direito processual.** Terceira Série, São Paulo: Saraiva, 1984.

CAPPELLETTI, Mauro; GARTH, Bryant. Trad. Ellen Gracie Northfleet. **Acesso à justiça**. Porto Alegre: Sérgio Antonio Fabris, 1988.

DINAMARCO, Cândido Rangel. **A nova era do processo civil.** São Paulo: Malheiros.

FREITAS, Jose Lebre de. A crise e o processo civil. In: **Justiça em crise? Crises da justiça**. Lisboa: Publicações Dom Quixote.

FUX, Luiz. Tutela Jurisdicional: finalidade e espécies. In: **Informativo Jurídico da Biblioteca Ministro Oscar Saraiva**, v. 14, n. 2, p. 107/231, jul.-dez. 2002.

GOUVEA, Jorge Bacelar. **Manual de direito constitucional**. 3. ed. Coimbra: Almedina, 2010. V. II.

HÄBERLE, Peter. **Hermenêutica constitucional. A sociedade aberta dos intérpretes da Constituição:** contribuição para a interpretação pluralista e "procedimental" da Constituição. Tradução de Gilmar Ferreira Mendes. Porto Alegre: Sergio Antonio Fabris, 1997.

HABERMAS, Jürgen. **Um ensaio sobre a Constituição da Europa**. Tradução de Mirian Toldy; Teresa Toldy. Lisboa: Edições 70.

MIRANDA, Jorge. **Manual de direito constitucional**. 3. ed. Coimbra: Coimbra Editora, 2000. Tomo IV.

SARLET, Ingo Wolfgang. **Dignidade da pessoa humana e os direitos fundamentais na Constituição Federal de 1988.** Porto Alegre, RS: Livraria do Advogado, 2001.

COMPETÊNCIA INTERNACIONAL EXORBITANTE

Daniel Gruenbaum

Sumário: 1. Introdução. **2.** Conceito. **2.1.** Nacionalidade do autor. **2.2.** Mera presença do réu no foro (*transient jurisdiction* ou *tag jurisdiction*). **2.3.** Presença de bens do réu no foro (*forum patrimonii*). **3.** Consequências. **4.** Conclusões.

1. Introdução

Cada Estado é relativamente livre para desenhar a extensão de sua jurisdição, definindo as causas que seus tribunais poderão julgar, em alguns casos ainda que digam respeito a pessoas residentes, bens situados ou fatos ocorridos no exterior[1]. São poucos os limites impostos diretamente pelo Direito Internacional, tais como a imunidade de jurisdição ou a impossibilidade de atos de constrição forçada nos limites territoriais de outro Estado. Mas, embora cada Estado possa definir as hipóteses de competência internacional de seus tribunais e sobre quais causas exercerão jurisdição com relativa largueza, nenhum Estado deve supor que esse exercício será necessariamente aceito pelos demais[2].

Um dos casos em que o Direito brasileiro não aceita o exercício da jurisdição estrangeira ocorre quando o juiz estrangeiro tiver se baseado em hipótese de competência internacional exorbitante. Nesses casos, por força do art. 963, I, do Código de Processo Civil de 2015, o provimento jurisdicional estrangeiro não poderá ser reconhecido no Brasil.

2. Conceito

Diz-se que a competência internacional é exorbitante quando fundada em elementos insuficientes para justificar o exercício da jurisdição pelos tribunais de um Estado, seja porque a causa não guarda proximidade mínima com o foro,

---

1 RIEZLER, Erwin. **Internationales zivilprozessrecht und prozessuales fremdenrecht**, 1949. p. 205; FRAGISTAS, Ch. La compétence internationale en droit privé, **Recueil des Cours**, t. 104 (1961), p. 169/179; MUELA, Adolfo Miaja de la. Les principes directeur des règles de compétence territoriale des tribunaux internes en matière de litiges comportant en élément international, **Recueil des Cours**, v. 135 (1972), p. 34; ARROYO, Diego P. Fernández. Compétence exclusive et compétence exorbitante dans les relations privées internationales, **Recueil de Cours**, v. 323 (2006), p. 54.

2 SCHACK, Haimo. **Internationales zivilverfahrensrecht**, 2014, n. 920. p. 343.

seja porque seria injusto, dadas as circunstâncias, impor ao réu que a ele se submetesse[3].

A caracterização da exorbitância é excepcional e depende de análise *in concreto*. Com efeito, não se pode simplesmente qualificar como exorbitante determinado foro estrangeiro só porque a jurisdição foi exercida em hipótese desconhecida do Direito brasileiro (e.g. foro do domicílio do autor segurado ou beneficiário nas ações relativas ao contrato de seguro)[4].

Somente no caso concreto, ante a falta de conexões da causa com foro estrangeiro (por exemplo, das partes, do pedido ou de algum elemento da causa de pedir da demanda), é que se pode afirmar que o exercício da jurisdição pelo tribunal estrangeiro se baseou em hipótese de competência internacional exorbitante. São casos excepcionais e bastante infrequentes, raras vezes enfrentados pela Justiça brasileira em sede de reconhecimento de sentença estrangeira.

Não obstante, é possível ilustrar o tema com três exemplos de foros que – via de regra e ausentes outros elementos de proximidade –, não costumam guardam pertinência necessária com a causa e, portanto, são potencialmente exorbitantes.

2.1. Nacionalidade do autor

Primeiro exemplo de foro por vezes classificado como exorbitante é aquele fundado apenas na nacionalidade das partes, especialmente na do autor[5]. O exemplo mais famoso é dado pelos arts. 14 e 15 do Código Civil francês, os quais preveem a competência internacional residual dos tribunais franceses nas hipóteses, respectivamente, de o autor ou de o réu ser francês.

Por mais de cem anos, afirmava-se, com base nos dois dispositivos, que a nacionalidade francesa fundava hipótese de competência internacional exclusiva da Justiça francesa, de modo que, salvo se houvesse renúncia tácita ou expressa ao benefício,

---

3 Veja-se TIBURCIO, Carmen. **Extensão e limites da jurisdição brasileira: competência internacional e imunidade de jurisdição**, 2016. p. 137 ("Ausência de vínculos relevantes entre a jurisdição e o litígio"); CLERMONT, Kevin M.; PALMER, John R. B. Exorbitant jurisdiction, 58 **Maine Law Review** 474 (2006); ARROYO, Diego P. Fernández. Compétence exclusive et compétence exorbitante dans les relations privées internationales, **Recueil de Cours**, v. 323 (2006), p. 127 *et seq.*; SCHACK, Haimo. **Internationales zivilverfahrensrecht**, 2014, n. 225/226.

4 Embora desconhecida do Direito brasileiro, não parece ser exorbitante a competência internacional concorrente atribuída, em matéria securitária, ao foro do domicílio do autor segurado ou beneficiário do seguro. Por exemplo, no Direito espanhol, art. 22 quinquies, al. "e", 1ª frase, da Ley Orgánica 6/1985, de 1 de julio, del Poder Judicial ("En materia de seguros, cuando el asegurado, tomador o beneficiario del seguro tuviera su domicilio en España"). Veja-se também, no Direito da União Europeia, o art. 11, § 1º, al. "b" do Regulamento (UE) nº 1.215/2012 ("Noutro Estado-Membro, em caso de ações intentadas pelo tomador de seguro, o segurado ou um beneficiário, no tribunal do lugar em que o requerente tiver o seu domicílio").

5 ARROYO, Diego P. Fernández. Compétence exclusive et compétence exorbitante dans les relations privées internationales, **Recueil de Cours**, v. 323 (2006), p. 141.

não se reconheciam sentenças estrangeiras proferidas em tais casos, tampouco se acatava a objeção de litispendência internacional. A partir, contudo, do julgamento do caso *Prieur* pela Corte de Cassação, a competência internacional do foro do réu francês (art. 15 do Código Civil) passou a ser considerada concorrente[6]. O mesmo ocorreu com o foro do autor francês (art. 14 do Código Civil), a partir do caso *Fercometal*[7].

A nacionalidade da parte – especialmente a do autor – como fundamento para o exercício da jurisdição é especialmente problemática para causas cíveis e comerciais. Parece ser pouco defensável autorizar o exercício da jurisdição se a única conexão da causa com o foro for a nacionalidade do autor. E, de fato, já se afirmou que o art. 15 do Código Civil francês (que confere competência internacional aos tribunais franceses em causas nas quais o autor seja francês) seria simplesmente "indefensável"[8].

Já em causas relativas ao Direito de Família, a nacionalidade não necessariamente será critério que levará à competência internacional exorbitante do foro estrangeiro, especialmente quando se tratar da nacionalidade comum das partes.[9]

2.2. Mera presença do réu no foro (transient jurisdiction ou tag jurisdiction)

Segundo exemplo de foro exorbitante é o exercício da jurisdição em razão da mera presença física – ainda que efêmera – do réu no território do foro no momento da sua citação (*transient* ou *tag jurisdiction*). A hipótese, que é comumente criticada pela doutrina[10], mas sobrevivente na prática, é resquício da concepção outrora dominante nos sistemas jurídicos do círculo da *common law* de que a jurisdição se fundaria no poder físico do tribunal sobre o réu e de que só poderia ser exercida se ele fosse citado enquanto estivesse fisicamente presente no foro[11].

---

6 Cass. civ. 23/5/2006 – Prieur, **Revue Critique de Droit International Privé**, 2006, p. 871, com nota de H. Gaudemet-Tallon; **Journal du Droit International**, 2007, p. 1.377, com nota de C. Chalas; ANCEL, Bertrand; Lequette, Yves. **Les grands arrêts de la jurisprudence française de droit international privé**, 2006, n. 87.

7 Cass. 22/5/2017 – Fercometal, **Revue Critique de Droit International Privé**, 2007, p. 610, com nota de H. Gaudemet-Tallon; **Journal du Droit International**, 2007, p. 956, com nota de B. Ancel e H. Muir Watt.

8 MANN, F. A. The doctrine of jurisdiction in international law, **Recueil des Cours**, v. 111 (1964), p. 80 ("An almost unique provision which has been much criticised and can only be described as indefensible").

9 Veja-se, por exemplo, o art. 3º, § 1º, al. "a" do Regulamento (CE) nº 2.201/2003 do Conselho, de 27 de novembro de 2003, relativo à competência, ao reconhecimento e à execução de decisões em matéria matrimonial e em matéria de responsabilidade parental e que revoga o Regulamento (CE) nº 1.347/2000, **Jornal Oficial da União Europeia**, nº L 338, de 23/12/2003. p. 1 ("Bruxelas IIbis") ("São competentes para decidir das questões relativas ao divórcio, separação ou anulação do casamento, os tribunais do Estado-Membro: [...] b) Da nacionalidade de ambos os cônjuges").

10 EHRENZWEIG, A. A. The transient rule of personal jurisdiction: the "power" myth and *forum conveniens*, 65 **Yale Law Journal** 289 (1956).

11 Exemplificada na (atualmente ultrapassada) frase de Justice Holmes em McDonald *v.* Mabee, 243 US 90, 91 (1917): **The foundation of jurisdiction is physical power**.

Para se compreender bem a relação entre citação e exercício do poder jurisdicional, deve-se lembrar que, tradicionalmente, a citação do réu ocorria com a entrega do então chamado *writ of summons*, pelo qual, em nome do rei ou da rainha, o réu era ordenado a comparecer perante o juiz em determinado dia e hora. Como o *writ* era feito em nome do rei, a sua entrega pessoal ao réu só poderia ocorrer dentro dos domínios reais, de modo que sua presença no território era fundamental[12].

Embora conhecida de outros sistemas (por exemplo, Canadá)[13], inclusive sistemas jurídicos mistos (Escócia)[14], a *transient jurisdiction* é especialmente estudada a partir das experiências do Direito na Inglaterra e nos Estados Unidos.

No Direito inglês, há mais de quatro séculos se admite que a citação do réu durante sua presença ainda que temporária no território é suficiente para fundar a competência internacional dos tribunais ingleses[15]. A norma continua válida até os dias atuais[16] – exceto, por óbvio, nas hipóteses cobertas pelas regras de jurisdição do Direito da União Europeia[17]. Assim, os tribunais ingleses já puderam exercer jurisdição pela simples circunstância de o réu, embora domiciliado no exterior, ser citado enquanto hospedado por poucos dias em hotel em Londres[18] ou enquanto assistia às corridas de cavalo no hipódromo de Ascot[19].

---

12 Veja-se SYMEONIDES, Symeon C. **American Private International Law**, 2008, p. 29; HARTLEY, Trevor C. **International commercial litigation**, 2009. p. 77/78.

13 Chevron Corp. *v.* Yaiguaje, 2015 SCC 42, para. 83 ("If service is properly effected on a person who is in the forum at the time of the action, the court has jurisdiction regardless of the nature of the cause of action").

14 Civil Jurisdiction and Judgments Act 1982, sch 8, rule 2 (a): "Subject to rules 3 (jurisdiction over consumer contracts), 4 (jurisdiction over individual contracts of employment), 5 (exclusive jurisdiction) and 6 (prorogation), a person may also be sued – (a) where he has no fixed residence, in a court within whose jurisdiction he is personally cited".

15 Cartwright *v.* Pettus, 22 Eng. Rep. 916 (1675). Tratava-se de caso relativo a terras na Irlanda, no qual se reconheceu a jurisdição dos tribunais ingleses para a ação pessoal em razão da presença do réu na Inglaterra. O trecho relevante é aquele no qual o editor do repositório relata o Lord Chancellor ter afirmado que "as to the Profits the Bill was good, the Person being in *England*, for they are in the Personality".

16 Adrian Briggs, **The conflict of laws**, 2013. p. 112; FAWCETT, J. J.; CARRUTHERS, J. M.; NORTH Cheshire; Fawcett. **Private International Law**, 2008. p. 355.

17 Veja-se, por exemplo, art. 5º, § 2º c/c art. 76 do Regulamento (UE) nº 1.215/2012. A lista a que se referem os dispositivos foi publicada no **Jornal Oficial da União Europeia**, C 4, de 9.1.2015. p. 2 e, das regras de competência nacionais afastadas, consta, para o Reino Unido "no ato que inicia a instância notificado ao requerido que se encontra temporariamente no Reino Unido".

18 Colt Industries Inc *v.* Sarlie, [1966] 1 WLR 440, [1966] 1 All ER 673 (QB). Tem-se aqui, contudo, boa ilustração da importância de a exorbitância da competência internacional ser analisado *in concreto*. No caso, tratava-se de citação do réu para processo de execução na Inglaterra de sentença estrangeira proferida nos Estados Unidos. É sustentável que, nessa situação, o exercício da jurisdição não seria exorbitante, mas plenamente justificável pelo exato motivo de que o que se buscava era justamente a execução de sentença estrangeira naquele foro onde o réu fora citado.

19 Maharanee of Baroda *v.* Wildenstein, [1972] 2 QB 283, [1972] 2 WLR 1077, [1972] 2 All ER 689 (CA).

Também nos Estados Unidos se admite a *tag jurisdiction*[20]. Em um dos mais peculiares exemplos, a citação do réu dentro de um avião no exato momento em que, de passagem, sobrevoava o território do Arkansas foi considerada suficiente para fundar o exercício da jurisdição pelos tribunais daquele Estado[21]. De maneira semelhante, a competência internacional dos tribunais federais em Nova York para julgar demanda proposta em face de Radovan Karadžić, em razão de atrocidades cometidas durante os conflitos na ex-Iugoslávia, foi fundada em sua citação enquanto estava no lobby do hotel onde hospedado em Manhattan[22].

A constitucionalidade da *transient jurisdiction* foi expressamente confirmada pela Suprema Corte na década de 1990, em um caso no qual o réu, residente no Estado de New Jersey, fora citado para ação de divórcio proposta pela esposa perante os tribunais californianos quando estava presente no Estado para fazer negócios e visitar suas filhas[23].

Mas a *tag jurisdiction* aparentemente não pode mais ser exercida em face de sociedades. Isso porque a Suprema Corte já decidiu que – exceto se a demanda disser respeito a alguma atividade do réu no foro (*specific personal jurisdicion*) – a competência internacional geral (*general personal jurisdiction*) só é compatível com a cláusula constitucional do *due process* se os contatos da sociedade com o estado forem tão contínuos e sistemáticos que a sociedade ali esteja "em casa" (*essentially at home*)[24].

Nesse sentido, em ação de indenização proposta na Califórnia pelos herdeiros (alguns domiciliados na Califórnia) de passageiros mortos em 2010 em acidente aéreo

---

20 **Restatement of the law (second) of conflict of laws** (1988), § 28.

21 Grace *v.* MacArthur, 170 F. Supp 442, 443 (E.D. Ark. 1959) ("The Court is persuaded that in the case a person moving in interstate commerce across the State of Arkansas in a regular commercial aircraft, flying in the regular navigable airspace above the State, is within the 'territorial limits' of the State and is amenable to service"). Veja-se também Amusement Equipment, Inc. *v.* Mordelt, 779 F.2d 264 (5th Cir. 1985); Leab *v.* Streit, 584 F. Supp. 748 (S.D.N.Y.1984); Donald Manter Company *v.* Davis, 543 F.2d 419 (1st Cir. 1976).

22 Kadic *v.* Karadzic, 70 F3d 232, 246 (2d Cir 1995).

23 Burnham *v.* Superior Court of California, 495 US 604, 610-611 (1990) ("Among the most firmly established principles of personal jurisdiction in American tradition is that the courts of a State have jurisdiction over nonresidents who are physically present in the State. The view developed early that each State had the power to hale before its courts any individual who could be found within its borders, and that, once having acquired jurisdiction over such a person by properly serving him with process, the State could retain jurisdiction to enter judgment against him, no matter how fleeting his visit").

24 Daimler AG *v.* Bauman 134 S. Ct. 746, 754 (2014) ("A court may assert jurisdiction over a foreign corporation 'to hear any and all claims against [it]' only when the corporation's affiliations with the State in which suit is brought are so constant and pervasive 'as to render [it] essentially at home in the forum State'") (citações internas omitidas); Goodyear *v.* Brown 131 S. Ct. 2846, 2850 (2011) ("A court may assert general jurisdiction over foreign (sister-state or foreign-country) corporations to hear any and all claims against them when their affiliations with the State are so 'continuous and systematic' as to render them essentially at home in the forum State").

em Cuba, a Corte Federal de Apelação para o Nono Circuito decidiu que um tribunal californiano não pode exercer jurisdição sobre a empresa francesa projetista e fabricante do avião apenas porque o seu vice-presidente de marketing estava, quando do recebimento da citação em nome da empresa, fisicamente naquele Estado para uma conferência[25].

Como se percebe, o exercício da jurisdição com base na mera presença do réu no momento da citação tem o potencial de trazer aos tribunais do foro um número grande de causas que com ele não guardem muita pertinência. Não por outro motivo, justamente para mitigar os excessos da extensão dessa e de outras hipóteses de competência internacional, foi desenvolvida a doutrina do *forum non conveniens*[26]: satisfeitos determinados pressupostos, o tribunal, embora detenha jurisdição, tem a faculdade de não a exercer para que o caso seja apreciado em um foro estrangeiro que, ponderados alguns fatores, é considerado como mais adequado[27].

2.3. Presença de bens do réu no foro (forum patrimonii)

Terceiro exemplo de foro exorbitante é o exercício da jurisdição em razão da mera presença de bens do réu no foro (*forum patrimonii*), ainda que a causa não lhes diga respeito[28]. O exemplo mais tradicional é o art. 23 do Código de Processo Civil alemão (ZPO), que prevê a competência do foro da situação do bem para conhecer de qualquer demanda de cunho patrimonial – ainda que não relacionada com o bem – em face de réu não domiciliado na Alemanha[29]. Uma galocha esquecida no quarto de hotel em Berlim, narra-se, teria sujeitado o desatento hóspede russo a um processo naquele foro no valor de 100 mil marcos[30].

---

25 Martinez *v.* Aero Caribbean, 764 F.3d 1062 (9th Cir. 2014) ("ATR is not subject to personal jurisdiction in California. Burnham does not authorize tag jurisdiction over corporations, and ATR's contacts with California are insufficient to support general jurisdiction").

26 Com amplo panorama e referências, veja-se TIBURCIO, Carmen. **Extensão e limites da jurisdição brasileira:** competência internacional e imunidade de jurisdição, 2016. p. 193/205.

27 No Direito inglês, Spiliada Maritime Corp. *v.* Consulex Ltda, [1987] AC 460; Connelly *v.* RTZ Corp plc, [1998] AC 854; Lubbe *v.* Cape plc [2000] 1 WLR 1545 (HL). Nos EUA, Gulf Oil Corp. *v.* Gilbert, 330 US 501 (1947); Piper Aircraft Co. *v.* Reyno, 454 US 235 (1982).

28 Por isso, afirma-se com razão que o grande problema do *forum patrimonii* é a ausência de conexão entre o foro e o litígio, ARROYO, Diego P. Fernández. Compétence exclusive et compétence exorbitante dans les relations privées internationales, **Recueil de Cours**, v. 323 (2006), p. 157. Veja-se também VISCHER, Frank. General course on private international law, **Recueil de Cours**, t. 232 (1992), p. 213.

29 Com mais referências, SCHACK, Haimo. **Internationales zivilverfahrensrecht**, 2014, n. 366/ 376, p. 143-148; VOLLKOMMER, Max, in: ZÖLLER, Richard (Ed.). **Zöller**: zivilprozessordnung, 2012, §23. p. 139/142.

30 COLLINS, L. Provisional and protective measures in international litigation, **Recueil de Cours**, v. 234 (1992), p. 39

Mas outro caso ilustra o seu potencial: em 1975, a Nigéria, tendo em vista o início de um intenso programa de construção, celebrou com fornecedores de todo o mundo diversos contratos de fornecimento de cimento, que seria recebido no porto de sua capital. Ocorre que o porto de Lagos não comportava o calado dos navios, tampouco tinha condições de desembarcar os carregamentos de cimento. Formou-se uma fila no sul do oceano Atlântico enquanto a Nigéria tentava terminar os contratos. Os fornecedores, então, iniciaram diversos processos contra a Nigéria pelo descumprimento dos contratos[31]. Um deles foi iniciado com base no art. 23 ZPO na Alemanha por uma sociedade de Liechtenstein contra o Banco Central nigeriano, pelo simples fato de o Banco Central nigeriano manter uma conta corrente em filial do Deutsche Bank em Frankfurt am Main.

Em primeira instância, o *Landgerich Frankfurt* inicialmente afastou a possibilidade de o Banco Central gozar de imunidade de jurisdição diante de a demanda ser relativa ao descumprimento de letras de câmbio por ele sacadas para pagamento dos fornecedores[32]. A questão era, portanto, saber se se poderia exercer jurisdição sobre a causa mesmo sem o réu estar domiciliado no foro, nem lá ser o local de pagamento das letras de câmbio, tampouco o local do cumprimento do contrato de fornecimento. O tribunal, em decisão irrecorrida, respondeu afirmativamente[33].

Mais recentemente, porém, o Tribunal Federal alemão (BGH) restringiu o escopo do art. 23 ZPO.[34] Decidiu o Tribunal que o exercício da jurisdição com base na presença de bens do réu no foro depende, adicionalmente, de conexão suficiente da causa com a Alemanha, e não apenas a existência de bens naquele foro[35]. O Tribunal não especificou, porém, quais seriam tais elementos que justificariam a conexão com a Alemanha.

---

31 Andreas F. Lowenfeld, International litigation and the quest for reasonableness, **Recueil de Cours**, v. 245 (1994). p. 96.

32 A imunidade de jurisdição foi também negada nos processos iniciados por outros fornecedores nos Estados Unidos e na Inglaterra. Vejam-se, nos Estados Unidos, Texas Trading & Milling Corp. *v.* Federal Republic of Nigeria, 647 F. 2d. 300 (2d Cir. 1981) e, na Suprema Corte dos Estados Unidos, Verlinden B.V. *v.* Central Bank of Nigeria*,* 461 US 480 (1983). Na Inglaterra, em um caso decidido antes da entrada em vigor do *State Immunity Act*, Trendtex Trading Corporation *v.* Central Bank of Nigeria, [1977] QB 529 (CA).

33 LG Frankfurt, 02/12/1975, NJW 1976, 1044 (em alemão) = 16 *International Legal Materials* 501 (1977) (em inglês).

34 Os fatos do caso não são simples. Inicialmente, a autora era construtora cipriota, que iniciara processo na Inglaterra em face de um banco turco. Os tribunais ingleses, porém, extinguiram o processo, acatando a defesa do banco réu de que a Inglaterra seria *forum non conveniens* (Muduroglu *v.* TC Ziraat Bankasi [1986] QB 1225 (CA)). Posteriormente, a construtora cedeu parte de seus créditos para um de seus diretores, o qual iniciou ação contra o banco turco na Alemanha. Veja-se COLLINS, L. Provisional and protective measures in international litigation, **Recueil de Cours**, v. 234 (1992), p. 40; LOWENFELD, Andreas F. International litigation and the quest for reasonableness, **Recueil de Cours**, v. 245 (1994), p. 98.

35 BGH 02/07/1991, BGHZ 115, 90.

3. Consequências

Segundo tradicional classificação do Direito Internacional Privado, distingue-se a competência internacional *direta* da competência internacional *indireta*[36].

A competência internacional direta diz respeito aos limites da jurisdição nacional, definindo as hipóteses em que o juiz nacional deverá, em princípio, exercê-la. Trata-se, portanto, de um pressuposto processual para a constituição e desenvolvimento de processo no foro nacional (art. 485, IV, CPC). No Direito brasileiro, encontram-se normas sobre competência internacional direta, por exemplo, nos arts. 21 a 23 do Código de Processo Civil de 2015.

Já a competência internacional indireta não diz respeito aos limites da jurisdição nacional, mas aos limites da tolerância com o exercício da jurisdição por juiz estrangeiro. Trata-se de um dos mais tradicionais, importantes e recorrentes pressupostos para o reconhecimento de sentença estrangeira em todo o mundo[37]. No Direito brasileiro interno, a competência internacional indireta como pressuposto para homologação de sentenças judiciais estrangeiras consta atualmente do art. 963, I, do Código de Processo Civil de 2015:

> Art. 963. Constituem requisitos indispensáveis à homologação da decisão:
> I – ser proferida por autoridade competente.

Assim, enquanto as normas sobre competência internacional direta dizem ao juiz nacional de que causas poderá conhecer e quais julgar, as normas sobre competência internacional indireta dizem em que hipóteses se poderá aceitar o exercício da jurisdição por juiz estrangeiro e, consequentemente, reconhecer a sentença estrangeira por ele proferida.

Se cada Estado pode – como dito, dentro de limites amplos – julgar todas as causas que seu Direito permitir (no Direito brasileiro, por exemplo, arts. 21 a 23, CPC) e o Direito Internacional não impedir, os demais Estados também podem decidir se reconhecerão como legítimo ou não tal exercício de poder jurisdicional. Esse controle feito

---

36 Por exemplo, STJ, j. 11/10/2016, REsp 1.366.642, Rel. Min. Luis Felipe Salomão, DJe 07/11/2016 ("As normas de competência internacional podem ser classificadas em diretas e indiretas"); ARAGÃO, Paulo Cezar. In: ROSAS, Roberto; ARAGÃO, Paulo Cezar. **Comentários ao código de processo civil**, 1988, Art. 483, n. 77. p. 194.

37 BASEDOW, Jürgen. The law of open societies – private ordering and public regulation of international relations: general course on private international law, **Recueil de Cours**, t. 360 (2012), n. 332. p. 268 ("Virtually all recognition regimes therefore require that the foreign court had jurisdiction to decide the matter"); RABEL, Ernst. **The conflict of laws:** a comparative study, v. 1, 1958, p. 531 ("There is one condition universally observed, viz., that the court of judgment must have had jurisdiction in the international sense, i.e., according to the conceptions of the forum where recognition is sought"); LORENZEN, Ernest G. The enforcement of american judgments abroad, 29 **Yale Law Journal** 268, 269 (1919) ("That a foreign judgment, before being entitled to execution in another country, must have been rendered by a court of competent jurisdiction is, in the nature of things, admitted by all").

por um Estado sobre o exercício do poder jurisdicional de outro Estado pode ocorrer de formas e em contextos variados[38].

Em matéria de sentença estrangeira o controle ocorre por meio do pressuposto de que a sentença estrangeira tenha sido "proferida por autoridade competente" (art. 963, I, CPC). Pelo pressuposto é analisado o que se denomina "competência internacional indireta" da autoridade estrangeira. O termo só surgiu no início do século XX[39], mas a preocupação com o problema teórico é mais antiga, remontando aparentemente à escola holandesa de direito internacional privado do século XVII[40]. Fala-se em competência internacional "indireta" porque se trata da análise da competência internacional no momento do reconhecimento da sentença estrangeira, distinta da competência internacional direta, aquela que determina quando e em quais casos os tribunais do foro poderão exercer jurisdição.

Dessa forma, embora nenhum Estado possa, sem violação da soberania estrangeira, determinar aos tribunais estrangeiros quando julgarão ou deixarão de julgar determinada causa (competência internacional direta) – ao menos não diretamente[41] –, cada Estado pode perfeitamente dizer se considera tal exercício legítimo

---

38 Assim, por exemplo, em matéria de extradição passiva, o art. 78, I, da Lei nº 6.815/80 exige "ter sido o crime cometido no território do Estado requerente ou serem aplicáveis ao extraditando as leis penais desse Estado".

39 BARTIN, E. Études sur les effets internationaux des jugements, **Journal du Droit International Privé et de la Jurisprudence Comparée**, 1904, p. 5; BARTIN, E. **Études sur les effets internationaux des jugements**, 1907. p. 4 (referindo-se a "compétence juridictionnelle génerele directe" e "compétence juridictionnelle génerele indirecte").

40 MARTINY, Dieter. **Handbuch des internationalen zivilverfahrensrechts**, Band III/1, 1984, n. 601. p. 280; SCHRÖDER, Jochen. **Internationale zuständigkeit**, 1971. p. 738. Veja-se também, para panorama mais geral, GRUENBAUM, Daniel. A construção histórica do reconhecimento de sentenças estrangeiras, **Revista de Processo**, v. 243 (2015), p. 437.

41 Questões complexas são suscitadas pelas *anti-suit injunctions*, que são decisões concedidas interlocutória ou definitivamente, por meio das quais um tribunal (judicial ou arbitral) ordena que uma parte não comece ou, se já começou, que não mais prossiga com um processo judicial ou arbitral pendente. Uma das justificativas apresentadas a favor de sua compatibilidade com o Direito Internacional seria o fato de as *anti-suit injunctions* serem dirigidas não diretamente ao tribunal estrangeiro, mas apenas à parte (efeitos *in personam*). Veja-se, em geral, TIBURCIO, Carmen. **Extensão e limites da jurisdição brasileira:** competência internacional e imunidade de jurisdição, 2016. p. 212/219. Anote-se que o Superior Tribunal de Justiça já denegou parcialmente homologação a sentença proferida por tribunal federal nova-iorquino, na parte em que determinava ao réu a desistência de ação anulatória de cláusula compromissória proposta no Brasil, porque tal capítulo da sentença estrangeira violaria o direito ao acesso à Justiça. STJ, j. 16/10/2013, SEC 854, Rel. p/ Acórdão Min. Sidnei Beneti, DJe 07/11/2013 ("Impossibilidade de homologação de parte da sentença estrangeira que determina a desistência, sob sanção, de ação anulatória movida no Brasil, dada a preservação da concorrência de jurisdição"). Não foi a primeira vez em que tribunal estrangeiro determina que uma parte termine processo pendente no Brasil. Por exemplo, IRB-Brasil Resseguros S.A. *v.* Portobello International Limited, 874 N.Y.S.2d 79 = 59 A.D.3d 366 (N.Y.App. Div. 2009); Whitesea Shipping and Trading Corporation *v.* El Paso Rio Clara Ltd [2009] EWHC 2552 (Comm), [2010] 1 Lloyd's Rep 648. Veja-se, contudo, que uma *anti-suit injunction* decretada por

para fins de reconhecimento da sentença estrangeira (competência internacional indireta)[42].

Assim, conquanto caiba ao Direito português definir as causas que serão julgadas por seus tribunais, é o Direito brasileiro que dirá em quais hipóteses o exercício da jurisdição pelos tribunais portugueses será aceitável para fins do reconhecimento do provimento jurisdicional estrangeiro. Inversamente, se cabe ao Direito brasileiro definir a extensão da jurisdição nacional, apenas o direito Português poderá dizer se tal exercício é aceitável e a sentença brasileira pode ser reconhecida em Portugal.

Uma das hipóteses em que justamente falece ao tribunal estrangeiro competência internacional indireta é quando tiver exercido jurisdição em hipótese que o Direito brasileiro repute como exorbitante. Nesses casos, verdadeiramente excepcionais – que exemplificam o extremo oposto do princípio da proximidade[43] – o exercício da jurisdição pelo tribunal estrangeiro não é aceitável pelo Direito brasileiro. E, como consequência, eventual provimento jurisdicional estrangeiro não poderá ser reconhecido porque faltará ao foro estrangeiro o requisito previsto no art. 963, I, do Código de Processo Civil de 2015 (competência internacional indireta). Ou seja, a sentença estrangeira proferida por juiz estrangeiro no exercício de competência internacional exorbitante não produzirá nenhum dos seus efeitos sentenciais no Brasil, tampouco o seu conteúdo gozará de autoridade aqui.

A jurisprudência brasileira nunca se referiu expressamente à noção de competência internacional exorbitante como fundamento para o indeferimento da homolo-

tribunal norte-americano, para proteção de eleição de foro exclusiva em favor daquele tribunal, já foi reconhecida na França, onde se entendeu não violar a ordem pública internacional: Cass. civ. 14/10/2009 – In Zone Brands, **Revue Critique de Droit International Privé**, 2010, p. 158, com nota de H. Muit Watt.

42 Dentre outros, muito preciso, RIEZLER, Erwin. **Internationales zivilprozessrecht und prozessuales fremdenrecht**, 1949. p. 205: "Sobre a competência de um estado estrangeiro não tem outro estado qualquer influência. [...] um estado pode definir que seus tribunais serão exclusivamente competentes, ele pode também negar competência a seus tribunais, mas ele não pode definir que um estado estrangeiro será competente ou exclusivamente competente. [...] Ele pode reconhecer a competência do estado estrangeiro, e para tal fim, em algumas circunstâncias, verificar, do ponto de vista do seu próprio ordenamento jurídico, se os tribunais do estado estrangeiro são competentes [...], mas ele não pode determinar a competência do estado estrangeiro" (tradução livre).

43 ARROYO, Diego P. Fernández. **Aspectos esenciales de la competencia judicial internacional en vistas de su reglamatación interamericanana.** In: ALBÓNICO, Eduardo Picand (Coord.). **Estudios de derecho internacional:** libro homenaje al profesor Santiago Benadava, 2008. v. 2, p. 293, esp. p. 319 ("Tal proximidad es lo que confiere razonabilidad a un foro de competencia. Lo opuesto a un foro razonable es un foro exorbitante, mediante el cual un Estado atrapa bajo su jurisdicción un supuesto que no le corresponde"). Também relacionando o foro exorbitante e o princípio da proximidade, TIBURCIO, Carmen. **Extensão e limites da jurisdição brasileira:** competência internacional e imunidade de jurisdição, 2016. p. 137.

gação. Mas uma análise mais detalhada dos precedentes demonstra a sua existência no Direito brasileiro[44].

Em raros casos, já se indeferiu a homologação com base, sempre dentre outros argumentos, na circunstância de que o réu não teria se submetido voluntariamente à Justiça estrangeira[45]. Isso não significa, porém, que o réu tenha o direito de não se submeter à jurisdição estrangeira competente mesmo devidamente citado por carta rogatória[46]. A revelia do réu não impede, por si só, o reconhecimento da sentença estrangeira (art. 963, II, CPC)[47].

Em verdade, a preocupação com a submissão à jurisdição estrangeira busca evitar que réu domiciliado no Brasil seja obrigado a comparecer à Justiça estrangeira em causa que não guarde pertinência alguma com o foro estrangeiro (um foro exorbitante, portanto) e não de protegê-lo de qualquer processo instaurado contra a sua vontade no exterior.

A preocupação com foros exorbitantes – de todo correta – não acarreta por isso a faculdade de o réu domiciliado no Brasil escolher se submeter ou não à Justiça estrangeira a seu talante e conforme a sua conveniência particular[48]. Isso criaria uma

---

44 Veja-se, na doutrina, por exemplo, GRECO FILHO, Vicente. **Homologação de sentença estrangeira**, 1978. p. 140 (referindo-se a "critérios reconhecidos como razoáveis pela ordem jurídica brasileira"); TIBURCIO, Carmen. **Extensão e limites da jurisdição brasileira:** competência internacional e imunidade de jurisdição, 2016. p. 137 (referindo-se à "importância de se combater ativamente os chamados foros exorbitantes").

45 O primeiro precedente a respeito parece ser STF, j. 04/04/1974, SE 2.114, Rel. Min. Bilac Pinto, *RTJ* 87/384. Posteriormente, STF, j. 23/04/1975, SE 2.227, Rel. Min. Cordeiro Guerra, *RTJ* 74/337; STF, j. 04/09/1985, SE 3.448, Rel. Min. Cordeiro Guerra, RTJ 155/611; STF, j. 26/02/1986, SE 3.534, Rel. Min. Sydney Sanches, RTJ 117/57; STF, j. 08/05/1986, SE 3.587, Rel. Min. Octavio Gallotti, RTJ 117/996. Na doutrina, DOLINGER, Jacob. **Brazilian international procedural law, panorama of brazilian law**, 1992. p. 368; TIBURCIO, Carmen. **Extensão e limites da jurisdição brasileira:** competência internacional e imunidade de jurisdição, 2016. p. 42. Mais recentemente, o Superior Tribunal de Justiça abordou o tema: STJ, j. 28/05/2009 SEC 1.763, Rel. Min. Arnaldo Esteves Lima, DJe 25/06/2009. Mas o precedente do STJ é bastante peculiar: para denegar a homologação, além de se referir à necessidade de submissão do réu, o acórdão se funda, primeiro, na ausência de citação por rogatória; e, segundo, na suposição de que o art. 7º da LINDB fundaria a competência internacional exclusiva da Justiça brasileira. Este último fundamento, contudo, confunde o problema da lei aplicável com o da competência internacional, na medida em que o art. 7º da LINDB é regra de conexão que em nada diz respeito à competência internacional da Justiça brasileira, muito menos à competência internacional exclusiva.

46 O ponto já foi muito bem demonstrado por José Ignácio Botelho de Mesquita, Da competência internacional e dos princípios que a informam, **Revista de Processo**, v. 50 (1988), p. 70.

47 Veja-se STJ, j. 17/06/2009, SEC 3.183, Rel. Min. Luiz Fux, DJe 06/08/2009; STJ, j. 16/12/2015, SEC 13.561, Rel. Min. Raul Araújo, DJe 02/02/2016.

48 Veja-se MESQUITA, José Ignácio Botelho de. Da competência internacional e dos princípios que a informam, **Revista de Processo**, v. 50 (1988), p. 70 ("sendo o tribunal competente segundo a lei do seu próprio Estado, não tem o réu o direito de recusar a sua jurisdição – salvo, evidentemente, se a competência internacional, pelas leis do mesmo Estado do tribunal, depender da submissão

hipótese de competência internacional exclusiva em favor do foro do domicílio réu no Brasil que, além de desproporcional, iria de encontro à previsão do art. 22, I, do CPC 2015, o qual – tal como fizeram o art. 12 da LINDB e o art. 88, I, do CPC 1973 – qualifica o foro do domicílio do réu no Brasil precisamente como hipótese de competência internacional concorrente[49].

Justamente por isso, o Supremo Tribunal Federal afirmou no célebre caso Naji Nahas que, apesar da recusa do réu domiciliado no Brasil em se submeter à Justiça norte-americana, haveria no caso uma hipótese de "submissão necessária" do réu ao foro estrangeiro em razão de suas atividades lá empreendidas (e.g. celebração de contrato, cometimento de ilícito)[50]. A construção dessa hipótese de "submissão necessária" demonstra, portanto, que a preocupação do Tribunal não é propriamente com a submissão efetiva do réu ao foro estrangeiro, mas apenas com o exercício exorbitante da jurisdição pelo tribunal estrangeiro (algo inexistente naquele caso).

E, de fato, o Superior Tribunal de Justiça vem homologando com tranquilidade sentenças estrangeiras proferidas à revelia em face de réus domiciliados no país, desde que citados por carta rogatória. Em todos os casos, foi irrelevante a circunstância de o réu domiciliado no Brasil não ter se submetido à Justiça estrangeira, quedando-se revel. Já se homologou, por exemplo, sentença proferida por tribunal em Turim que, após regular citação por carta rogatória, condenou à revelia sociedade com sede em Belo Horizonte ao pagamento de cerca de €70.000 mais juros, referente ao saldo em aberto do preço de maquinário que comprara de sociedade italiana, por contrato celebrado à distância[51]. Da mesma forma, já se homologou sentença proferida por tribunal em Londres que, igualmente após regular citação por carta rogatória, condenou à revelia sociedade com sede no Recife e seu presidente (também domiciliado no Recife) ao pagamento de cerca de US$ 6.000.000,00 a sociedade limitada inglesa, em razão de garantias prestadas

espontânea do réu estrangeiro ou domiciliado fora de seu território"). Veja-se também STJ, j. 16/12/2015, SEC 13.561, Rel. Min. Raul Araújo, DJe 02/02/2016; STJ, j. 20/05/2015, SEC 10.076, Rel. Min. Og Fernandes, DJe 02/06/2015.

49 Veja-se, por exemplo, STF, j. 24/11/1994, SEC 4.738, Rel. Min. Celso de Mello, DJ 07/04/1995 ("a circunstância de o Réu, em processo instaurado perante Tribunal estrangeiro, ser brasileiro e eventualmente domiciliado no Brasil não atua como causa de exclusão da competência jurisdicional da autoridade alienígena, eis que a nacionalidade e o domicílio do Réu em território brasileiro não se qualificam como elementos de conexão definidores da competência internacional exclusiva ou absoluta da justiça nacional").

50 STF, j. 11/12/1996, SEC 4.415, Rel. Min. Francisco Rezek, RTJ 166/451.

51 STJ, j. 16/12/2015, SEC 13.561, Rel. Min. Raul Araújo, DJe 02/02/2016 ("A simples verificação da revelia no processo estrangeiro não configura ofensa à soberania nacional ou à ordem pública (LINDB, art. 17; RISTJ, art. 216-F), a obstar a homologação da sentença estrangeira, sobretudo se a citação da pessoa jurídica domiciliada no Brasil foi devidamente realizada por carta rogatória, respeitando-se o contraditório e a ampla defesa no processo alienígena".

em diversas transações de venda futura e de opções de compra/venda de açúcar em mercados de *commodities* no exterior[52].

Se o Direito Internacional Privado brasileiro quisesse proteger o réu domiciliado no Brasil de todo e qualquer processo instaurado no exterior contra a sua vontade – opção facilmente criticável[53] –, então a hipótese seria de competência internacional exclusiva. E essa foi, de fato, a opção do art. 15 da então Introdução ao Código Civil de 1916, o qual previa – em razão de emenda introduzida pelo Conselheiro RUY BARBOSA no Senado ao texto vindo da Câmara[54] – ser "competentes sempre os tribunais brasileiros nas demandas contra as pessoas domiciliadas ou residentes no Brasil, por obrigações contraídas ou responsabilidades assumidas neste ou noutro país". Por conta desse dispositivo e do advérbio "sempre", tanto a doutrina[55] quanto a jurisprudência[56] entendiam possuir o foro do domicílio do réu no Brasil competência internacional exclusiva.

Felizmente, tal opção foi de longa data abandonada pelo Direito brasileiro, não tendo sido seguida pelo art. 12, I, da Lei de Introdução ao Código Civil (1942), nem pelo art. 88, I, do Código de Processo Civil de 1973, tampouco agora pelo art. 22, I, do Código de Processo Civil de 2015, os quais classificam o foro do domicílio do réu no Brasil como hipótese de competência concorrente.

A conclusão de que sentenças estrangeiras só seriam homologadas no Brasil quando o réu aqui domiciliado se dignasse se submeter voluntariamente à Justiça estrangeira transformaria a competência internacional que se quis concorrente em exclusiva. E o país correria o risco de se transformar em um porto seguro para réus que – apesar de contatos da causa com o exterior – poderiam se proteger da jurisdição estrangeira albergados no valhacouto nacional.

A proteção do réu contra processos instaurados em foros com o qual a causa não guarda mínima proximidade é feita, portanto, não pela exigência de sua submissão voluntária à Justiça estrangeira – ou pela criação de hipóteses de submissão necessária –, mas por meio da previsão de que o exercício da jurisdição por tribunal estrangeiro não será aceito pelo Direito brasileiro se fundada em hipótese de competência internacional exorbitante.

---

52 STJ, j. 20/05/2015, SEC 10.076, Rel. Min. Og Fernandes, DJe 02/06/2015.

53 E.g. ARROYO, Diego P. Fernández. Compétence exclusive et compétence exorbitante dans les relations privées internationales, **Recueil de Cours**, v. 323 (2006), p. 102.

54 O histórico legislativo do art. 15 da Introdução ao Código Civil foi resumido em detalhes por Haroldo Valladão em parecer de 11/12/1938, VALLADÃO, Haroldo. Da competência internacional para o divórcio. In: **Estudos de direito internacional privado**, 1947. p. 481/487.

55 ESPÍNOLA, Eduardo; ESPÍNOLA FILHO, Eduardo. **Tratado de direito civil brasileiro**, 1942. v. VIII, p. 70; VALLADÃO, Haroldo. Da competência internacional para o divórcio. In: **Estudos de direito internacional privado**, 1947. p. 488/489.

56 STF, j. 14/05/1941, SE 1.007, Rel. Min. Octavio Kelly, **Colectânea de Acórdãos**, n. 31. p. 107 ("Nega-se homologação à sentença da justiça portuguesa, proferida contra réu, brasileiro, domiciliado e residente no Brasil. A jurisprudência não reconhece válida a eleição do foro estrangeiro, nem a submissão tácita do réu ao mesmo, no correr da lide").

4. Conclusões

As principais conclusões a que se chegou no presente texto podem ser resumidas da seguinte forma:

a) a competência internacional é exorbitante quando fundada em elementos tidos como insuficientes para justificar o exercício da jurisdição pelos tribunais de um Estado, seja porque a causa não guarda proximidade mínima com o foro, seja porque seria injusto, dadas as circunstâncias, impor ao réu que a ele se submetesse;
b) nesses casos excepcionalíssimos, o exercício da jurisdição pelo tribunal estrangeiro, tal como ocorre nas hipóteses de competência internacional exclusiva, também não é aceitável pelo Direito brasileiro. Como consequência, eventual provimento jurisdicional estrangeiro não poderá ser reconhecido porque faltará ao foro estrangeiro o requisito previsto no art. 963, I, do Código de Processo Civil de 2015 (competência internacional indireta);
c) a caracterização da exorbitância é, contudo, a exceção e depende de análise *in concreto*. Não se pode simplesmente afirmar ser exorbitante o exercício da jurisdição pelo juiz estrangeiro só porque exercida em hipótese desconhecida do Direito brasileiro;
e) o fato de a sentença estrangeira ter sido proferida à revelia, após regular citação, não torna o exercício da jurisdição pelo juiz estrangeiro exorbitante. O réu domiciliado no Brasil não tem o direito de escolher se submeter ou não à Justiça estrangeira a seu talante e conforme a sua conveniência particular;
f) a proteção do réu contra processos instaurados em foros com o qual a causa não guarda mínima proximidade é feita, portanto, não pela exigência de sua submissão voluntária do réu à Justiça estrangeira, mas por meio da previsão de que o exercício da jurisdição por tribunal estrangeiro não será aceito pelo Direito brasileiro se fundada em hipótese de competência internacional exorbitante.

BREVES CONSIDERAÇÕES SOBRE O TRATAMENTO DADO À EQUIDADE PELO NOVO CÓDIGO DE PROCESSO CIVIL

Daniel Nunes Pêcego

Quem julga com o entendimento pode julgar bem e pode julgar mal; quem julga com a vontade nunca pode julgar bem. A razão é muito clara. Porque quem julga com o entendimento, se entende mal, julga mal, se entende bem, julga bem. Porém, quem julga com a vontade, ou queira mal, ou queira bem, julga como cego. Ou cegueira ou paixão, vede como julgará a vontade com tais adjuntos.

Antônio Vieira,
Sermão da Segunda Dominga do Advento[1].

Sumário: 1. Introdução. **2.** A equidade em geral. **3.** A equidade no novo Código de Processo Civil. **4.** Conclusões. Referências.

Resumo: O trabalho analisa o cabimento e a oportunidade da referência à equidade no novo Código de Processo Civil. Segundo o dispositivo legal comentado, o juiz somente poderá fazer uso da equidade nos casos previstos em lei. A crítica a tal posição é promovida tendo como base pressupostos de natureza jusfilosófica (Realismo Jurídico Clássico), com o uso de autores como ARISTÓTELES, TOMÁS DE AQUINO, bem como do Direito Romano.

Palavras-chave: Equidade; Novo Código de Processo Civil; Realismo jurídico clássico.

1. Introdução

O ato de julgar, próprio do juiz, constitui o ato jurídico por excelência. Nele se resume tudo o que se pede a quem se dedica à nobre e árdua tarefa de avaliar seu semelhante, indicando-lhe a conduta justa a ser praticada. Se as coisas são assim, é de se concluir que a virtude mais própria do juiz (ainda que este deva desenvolver todas as virtudes, dada a conexão que há entre elas) é a prudência, a principal das virtudes cardeais, *auriga virtutum*, que aprimora a reta razão do agir.

A prudência em si mesma pode ser definida como a virtude do comando e governo, exatamente por ser aquela que indica a conduta justa a ser praticada. Trata-se de um hábito da razão prática destinado a regular a ação e a fazer atuar segundo o que

1 VIEIRA, António. **Obra completa.** Sermões do Advento, do Natal e da Epifania. São Paulo: Loyola, 2014. Tomo II, v. I. p. 205.

convém em todas as áreas da vida humana, seja em relação a si mesmo, seja quanto aos demais[2].

Sendo a virtude da justiça, na sua acepção clássica, entendida como "vontade constante e perpétua de dar a cada um o seu direito"[3], pode-se afirmar que o ato de justiça é sempre posterior ao direito devido, já previamente estabelecido pela prudência do legislador (pela lei), das partes (o contrato é lei entre as partes), ou do juiz (a sentença fixa o que é devido – o direito – a cada um). Saber o que deve ser dado a cada um, em conformidade com a natureza humana e a natureza das coisas, ordenando essas coisas ao bem comum, é papel precípuo do governante e, por via de consequência, do juiz. Exatamente por tal motivo, este deve diligentemente buscar ser prudente.

A tarefa de atribuir o que é o seu (*ius suum*), de cada um, através da ordenação racional que é a lei, cabe à prudência – neste caso, legislativa. Por outro lado, o encarregado de determinar o que é de cada um em caso de controvérsia deverá desenvolver essa prudência na sua vertente judicativa. Por isso, o jurista (e o juiz é o jurista por excelência) foi também denominado historicamente jurisprudente.

De fato, é bastante eloquente que a Ciência do Direito fosse conhecida entre os romanos como Jurisprudência[4], a prudência própria dos que trabalham com o *ius*, os jurisprudentes. Foi apenas por uma acomodação que a cultura jurídica continental de ascendência francesa passou a utilizar o termo "jurisprudência" para se referir ao repertório de decisões judiciais. Na Alemanha, *Jurisprudenz* é tanto a doutrina da ação e decisão judiciais, o que inclui o ensino do Direito, quanto a interpretação dos tribunais, como prática justificada pela jurisprudência e que a Ciência do Direito verifica. Na cultura jurídica anglo-saxônica, *Jurisprudence* é a investigação dos princípios do *Direito*, partindo da prática como critério metodológico, o que se aproxima muito da experiência do Direito Romano[5].

Nos dizeres de JOHN GILISSEN:

> A jurisprudência era a obra dos jurisconsultos que desempenharam um papel capital na fixação das regras jurídicas. Na verdade, os jurisconsultos eram homens muito experientes na prática do direito, quer enquanto davam consultas jurídicas (responsa), quer enquanto redigiam atos e orientavam as partes nos processos, embora aí não interviessem. A autoridade de suas consultas decorria do seu valor pessoal e do seu prestígio social. [...]. Pela abundância de matérias tratadas e pela construção lógica das suas obras, os jurisconsultos elaboraram uma verdadeira ciência do direito[6].

---

2 Cf. PÈGUES, Thomas. **Dictionnaire de la somme theologique de Saint Thomas d'Aquin e du commentaire français litteral:** P(eine) – Z. Cadillac: Saint-Rémi, 1935. p. 978.

3 Digesto 1, 1, 10, pr. [JUSTINIANO. **Digesto de Justiniano**: Livro I. 2. ed. São Paulo: Revista dos Tribunais, 2000. p. 19].

4 Cf. GIORDANI, Mário Curtis. **Iniciação ao direito romano.** 2 ed. Rio de Janeiro: Lumen Juris, 1991, p. 65/66. Cf. também VILLEY, Michel. **Direito romano.** Porto: Rés, s\d. p. 72/73.

5 Cf. GIL CREMADES, Juan José. Jurisprudencia. In: **Gran enciclopedia Rialp**. Madri: Rialp, 1973, p. 673/676. v. 13, p. 673.

6 Cf. GILISSEN, John. **Introdução histórica ao direito.** 3. ed. Lisboa: Calouste Gulbenkian, 2001, p. 90/91.

Em outras palavras, trata-se da tarefa daqueles que são chamados a dizer o direito (*iurisdictio*), em caso de disputa sobre o que é devido a alguém, analisando prudencialmente a lei e as razões aduzidas[7]. Segundo PEDRO SERNA, a dimensão prudencial da tarefa do jurista, mormente do juiz, significa que este não pode recorrer diretamente ao estatuto abstrato de um direito, mas deve decidir caso a caso, observando em cada situação o contexto normativo e as circunstâncias particulares[8].

Sendo assim, pode-se asseverar que o raciocínio jurídico não é de natureza dedutiva, silogística ou axiomática; não é propriamente dialético, retórico e menos ainda demonstrativo[9]. Ele – por ser prudencial – é deliberativo, dirigido a um objeto contingente, encaminhando-se para a investigação do meio adequado, porque verdadeiro, para o alcance do fim devido em justiça[10]. Não quer, porém, tal afirmação dizer que a Retórica e a Dialética não cumpram certo papel na aquisição do conhecimento prático[11].

Para os juristas latinos, "o direito é obra do homem [...] e, sob outro aspecto, objeto de seu conhecimento"[12]. Por isso, ainda segundo a mesma concepção, "o jurista há de ter pleno conhecimento da realidade [...], para fazer atuar a justiça, que é o fim essencial da *Iurisprudentia*"[13]. É possível asseverar, portanto, que foi propriamente a jurisprudência, mais que a obra do legislador, a causa da extraordinária potência criadora do Direito Romano[14].

Ora, se para fazer o justo é preciso antes saber o que se deve fazer, havendo, portanto, uma primazia da prudência em relação às demais virtudes morais, resta inequívoco que o juiz deve detê-la e desenvolvê-la, tanto quanto a justiça. Não há justiça sem prudência: somente o homem prudente pode ser justo, ser capaz de dizer o justo e de praticar a justiça de modo constante[15].

---

7 Cf. HERVADA, Javier. **O que é o direito?** A moderna resposta do realismo jurídico: uma introdução ao direito. São Paulo: Martins Fontes, 2006, p. 14/15.

8 Cf. SERNA, Pedro et al. **La interpretación constitucional de los derechos fundamentales:** una alternativa a los conflictos de derechos. Buenos Aires: La Ley, 2000. p. 56. Cf. também VIEHWEG, Theodor. **Tópica e jurisprudência:** uma contribuição à investigação dos fundamentos jurídico-científicos. Porto Alegre: Sergio Antonio Fabris, 2008. p. 51 e KALINOWSKI, George. **Introducción a la lógica jurídica:** elementos de semiótica jurídica, lógica de las normas y lógica jurídica. Buenos Aires: Eudeba, 1973. p. 169.

9 Cf. MASSINI CORREAS, Carlos I. **Sobre el realismo jurídico:** el concepto de derecho; su fundamento; su concreción judicial. Buenos Aires: Abeledo-Perrot, 1978. p. 132.

10 Cf. *Idem*. **La prudencia jurídica:** introducción a la gnoseología del derecho. 2 ed. Buenos Aires: Lexis Nexis: 2006. p. 58.

11 Cf. Idem. **Filosofía del derecho.** El conocimiento y la interpretación Jurídica. Buenos Aires: Abeledo Perrot, 2008. Tomo III, p. 22-23.

12 OLIVEIRA FILHO, Benjamim. **Introdução à ciência do direito.** 5. ed. Rio de Janeiro: Konfino, 1973. p. 352.

13 MOREIRA ALVES, José Carlos. **Direito romano.** 13 ed. Rio de Janeiro: Forense, 2005. v. I, p. 78.

14 Cf. MAXIMILIANO, Carlos. **Hermenêutica e aplicação do direito.** 19. ed. Rio de Janeiro: Forense, 2007. p. 40.

15 Cf. KALINOWSKI, George. **Concepto, fundamento y concreción del derecho.** Buenos Aires: Abeledo-Perrot, 1982. p. 136.

Trata-se de afirmativa quiçá algo surpreendente, uma vez que as relações entre Direito e Justiça, sendo profundas e necessárias, são mais evidentes, mas afirmativa verdadeira, pois cabe ao juiz, como já afirmado, usando de sua prudência aplicada ao Direito, a sua *Iurisprudentia*, indicar a conduta justa a ser praticada, o que deve ser dado a cada um no âmbito de uma situação da vida que se lhe apresenta.

Por isso, a escolha da epígrafe acima, para além das vantagens da elegância retórica habitual de seu autor. Nela, Antônio Vieira esconjura o voluntarismo jurídico que já se desenhava em sua época, ressaltando o papel da razão prática (entendimento) e, logo, da prudência, no ato de julgar. O juiz raciocina praticamente, e o fazendo de modo virtuoso, excelente, ou seja, prudentemente, indica o justo, o direito de cada um. Quem exercerá o papel de praticar a justiça, ou ao menos o seu ato exterior, será outrem: a parte, uma vez convencida, ou algum agente público (o oficial de justiça, por exemplo) que porá em prática as medidas determinadas pelo juiz.

Pois bem, para tomar a decisão correta, o magistrado deve fazer uso de um variegado arsenal de meios, dentro os quais avulta a lei positiva aplicada ao caso. A fim de que o procedimento de julgar se dê escorreitamente, de modo a facilitar o alcance de seu fim, é mister que um conjunto de leis o regule da maneira mais aperfeiçoada possível. Daí a importância da regulação dos procedimentos judiciais e, portanto, da boa constituição de uma legislação processual.

Tendo como fundamento o chamado Realismo Jurídico Clássico[16], este brevíssimo trabalho tecerá algumas considerações de ordem teórica sobre o mais prático dos ramos do Direito, o Processual, tendo como base a recentíssima legislação posta em vigor, o novo Código de Processo Civil (Lei nº 13.105, de 16 de março de 2015). Serão considerados aspectos do Código especialmente relacionados à noção de equidade[17].

---

16 Aqui se utiliza o termo "clássico" para diferenciá-lo de "Realismo Jurídico" tal como entendido em geral pelas obras de Filosofia e Teoria do Direito. Esta última corrente, de matriz escandinava ou norte-americana, recebeu a alcunha de "realista" por compreender o fenômeno social da eficácia social das normas com a realidade mesma do Direito. O termo "realista", porém, quando aplicado à Filosofia em geral quer se referir à Filosofia Realista, fundada no real, no ser (o metafísico é real; a realidade não se esgota no físico), em contraposição à Filosofia Idealista. O Realismo Jurídico Clássico também pode ser chamado de corrente jusnaturalista clássica ou de Direito Natural Clássico, o qual não se confunde com o Jusracionalismo Moderno.

17 Há ainda vários outros possíveis objetos de interesse no novo Código de Processo Civil para quem se dedica à teorização e fundamentação do Direito, mas que não serão tratados aqui. Por exemplo, seria muito interessante uma análise cuidadosa da Exposição de Motivos atual, comparando-a com as anteriores, de 1939 e de 1973. Tudo leva a crer que a ideologia da codificação foi plenamente acolhida (mas – cabe a pergunta – seria possível redigir um código sem abraçar a ideologia que lhe subjaz?), ainda que com atualizações, como a referência constitucional. A título de ilustração, no texto da Exposição, a palavra-chave para o movimento codificador ("sistema") é repetida cerca de trinta vezes. Outro interessante aspecto que mereceria maior atenção é o do acolhimento, ao que parece muito arrojado, por parte do Código, da técnica de ponderação como aquela apta a solucionar supostas colisões entre direitos. Está no art. 489, § 2º: "No caso de colisão entre normas, o juiz deve justificar o objeto e os critérios gerais da ponderação efetuada, enunciando as razões que autorizam a interferência na norma afastada e as premissas fáticas que fundamentam

2. A equidade em geral

Como é facilmente perceptível, tanto por leigos quanto por juristas, mesmo boas leis (pressupondo-se que foram produzidas corretamente) podem ser deficientes em alguns casos, dada a sua generalidade e a ampla variedade de atos possíveis que devem ser por ela regulados. Para resolver tal problema, apela-se à chamada *epiqueia* ou – segundo a denominação adotada pela Filosofia Medieval, na esteira dos juristas romanos – *aequitas*, a equidade.

Entendiam os romanos que "nem sempre o *ius* correspondia às exigências da *aequitas*, quer por imperfeição da própria lei, quer pelo fato de tornar-se a lei antiquada e já não poder ser aplicada para tutelar as relações sociais. Neste caso, a função da *aequitas* seria restabelecer o equilíbrio pedido entre o *ius* e as relações de vida em sociedade"[18]. Os juristas romanos do período pós-clássico, com o auxílio de conceitos fornecidos especialmente pelo Cristianismo, deram à noção de equidade um tom mais próximo da benignidade, da benevolência e da caridade[19]. Tudo isso não significava uma licença ou um convite ao arbítrio por parte dos juízes ou, menos ainda, que eles fossem meros chanceladores de (bons ou maus) costumes sociais. De fato, como afirma o Digesto, "aquilo que não foi introduzido pela razão, mas por um erro original e depois foi tido por costume, não se aplica a outros casos semelhantes"[20].

Caso, como afirma Tomás de Aquino, as leis bem-feitas, mas deficientes em alguns casos, "fossem seguidas, se iria contra o direito natural", motivo pelo qual "não se deve julgar segundo a letra da lei, mas recorrer à equidade, visada pela intenção do legislador"[21].

Atuar apegando-se à letra da lei, mas contradizendo a vontade do legislador, ou seja, decidindo de modo contrário a como ele procederia frente àquela nova situação[22], é agir contra a própria lei[23]. Aplicar-se-ia aqui o brocardo *"summum ius, summa injuria"*[24].

---

a conclusão". Ou seja, o legislador fez uma escolha, de natureza jusfilosófica, pelo reconhecimento da existência de conflitos entre direitos e não entre meras pretensões, bem como decidiu que a técnica de ponderação é o meio hábil (poder-se-ia apelar a outros?) para solucionar tais conflitos. Para uma crítica à noção de conflito de direitos e à ponderação, cf. SERNA, Pedro et al. Op. cit., sobretudo a primeira parte da obra.

---

18 NÓBREGA, Vandick L. **Compêndio de direito romano.** Rio de Janeiro: Freitas Bastos, 1976. v. I, p. 293.

19 Cf. MOREIRA ALVES, José Carlos. Op. cit. p. 73 e 78.

20 Digesto 1, 3, 39 [JUSTINIANO. Op. cit. p. 52].

21 AQUINO, Tomás de. **Suma teológica.** II-II, q. 60, a. 5, ad 2.

22 Cf. ARISTÓTELES. Ethica, 1137b. [ARISTÓTELES. **Ética a Nicômaco.** 4 ed. Brasília: UnB, 2001. p. 109]. Interessante observar a referência à equidade constante no Código de Processo Civil de 1939 (Decreto-Lei nº 1.608/1939), em seu art. 114: "Quando autorizado a decidir por equidade, o juiz aplicará a norma que estabeleceria se fosse legislador". Cf. POLETTI, Ronaldo. **Introdução ao direito.** 3. ed. São Paulo: Saraiva, 1996. p. 132.

23 Cf. AQUINO, Tomás de. **Suma teológica.** II-II, q. 120, a. 1, ad 1.

24 Cf. REALE, Miguel. **Lições preliminares de direito.** 21. ed. São Paulo: Saraiva, 1994. p. 125.

A equidade seria, portanto, esse corretivo da lei no caso concreto[25], atuada pela *gnome*, virtude potencial da prudência, que é o juízo sobre quando se faz necessário se afastar da lei comum[26], complementando a prudência[27]. A *gnome*, que é certa perspicácia, julga com base em princípios mais elevados que os das regras comuns. ARISTÓTELES define a *gnome* como o "reto juízo sobre o que é equitativo"[28]. Já AQUINATE explica a consideração aristotélica do seguinte modo:

> Para evidenciar essa virtude deve se retomar o afirmado, no Livro V [Eth. Nic., V, 14, 1137b 11-34], sobre a diferença entre a equidade e a justiça legal. O justo legal se determina de acordo com o que se dá na maioria dos casos. Mas o equitativo é regulador do justo legal, porque, por necessidade, a lei erra em uns poucos casos. Portanto, assim como a sínesis supõe o reto juízo sobre o que sucede na maioria dos casos, a gnome supõe o reto juízo sobre a regulação do justo legal. Por isso, afirma que aquela virtude que se chama gnome, de acordo com a qual de alguns dizemos que são eugnomonas, que sentenciam bem, e que têm gnome, que chegam a uma reta sentença, não é outra coisa que um reto juízo sobre o objeto da equidade[29].

Pode também ocorrer que seja impossível satisfazer o direito plena e propriamente. Apela-se, então, para uma satisfação dita equitativa. É o caso, por exemplo, de uma indenização à família pelo dano causado pelo homicídio de um de seus membros, cuja morte não é cabalmente avaliável em pecúnia. Diz-se, então, que a compensação econômica seria meramente equitativa[30].

Ressalte-se que não se trata de hipótese de interpretação, a qual, para TOMÁS DE AQUINO, dá-se propriamente quando se está frente a casos duvidosos. A equidade diz respeito mais à aplicação de uma norma, pressupondo a sua interpretação, como bem salienta JOSÉ ASCENSÃO. Seriam, portanto, atos diferentes. Ressalve-se, porém, que o mesmo autor entende que o uso da equidade não seria exatamente aplicação de uma regra dada, mas antes uma criação *ad hoc*[31]. Entretanto, num sentido contrário, segundo MICHEL BASTIT:

> A equidade necessita recorrer a uma disciplina particular que lhe permite adaptar a lei aos casos particulares: essa disciplina ou técnica é a da interpretação. [...]. A interpretação está, pois, a serviço da epiqueia, não tem sentido em si mesma, não conduz à exegese, só adquire

---

25 Cf. AQUINO, Tomás de. **Suma Teológica.** II-II, q. 120, a. 1, r. Cf. também BRETONE, Mario. **Storia del diritto romano.** 13. ed. Roma: Laterza, 2010. p. 334.

26 Cf. AQUINO, Tomás de. **Suma Teológica.** II-II, q. 48, r.

27 Cf. HÖFFE. Otfried. **Aristóteles.** Porto Alegre: Artmed, 2008. p. 205.

28 Cf. ARISTÓTELES. Ethica, 1143a [ARISTÓTELES. Op. cit. p. 123].

29 Cf. AQUINO, Tomás de. **Comentário a la ética a Nicómaco de Aristóteles.** Pamplona: Eunsa, 2000. p. 255.

30 Cf. HERVADA, Javier. **Introducción crítica al derecho natural.** Bogotá: Temis, 2000, p. 56/57.

31 Cf. ASCENSÃO, José de Oliveira. **Introdução à ciência do direito.** 3. ed. Rio de Janeiro: Renovar, 2005, p. 233 e 396.

> sentido diante de um caso que, por ser duvidoso, reclama uma interpretação e, portanto, um recurso à equidade[32].

Seja como for, a equidade é, em último grau, a própria justiça, a justiça por prioridade, que leva em consideração as particularidades do caso concreto[33]. Correspondendo à justiça legal, acaba por ultrapassá-la[34]. Como afirma GUSTAV RADBRUCH, "a justiça vê o caso singular do ponto de vista da norma geral; a equidade busca no caso singular a sua própria lei"[35].

3. A equidade no novo Código de Processo Civil

Da visão acima exposta decorre a crítica que pode ser feita ao papel conferido à equidade no Direito Processual brasileiro. Há, além de previsões em outros instrumentos legislativos[36], a contraditória referência no novo Código de Processo Civil, "o juiz só decidirá por equidade nos casos previstos em lei" (art. 140, parágrafo único). Tal dispositivo legal repete literalmente a redação do art. 127 do Código de Processo Civil revogado (Lei nº 5.869, de 11 de janeiro de 1973), inclusive com a mesma classificação temática ("Dos poderes, dos deveres e da responsabilidade do juiz"), exceto pelo fato de não existir Parte Geral na sistemática anterior.

A limitação da possibilidade de decisão por equidade, exceto nos casos previstos em lei, é, como se dizia, contraditória como conceituação mesma de equidade, ao menos com base no Realismo Jurídico Clássico, tal como foi exposto acima, pois segundo essa visão deve se pressupor que o juiz sempre julgue com equidade, uma vez que o que dele se requer são soluções justas no caso concreto[37]. Como se pode ler em decisão destacada por TEOTHONIO NEGRÃO:

> A proibição de que o juiz decida por equidade, salvo quando autorizado por lei, significa que não haverá de substituir a aplicação do direito objetivo por seus critérios pessoais de justiça. Não há de se entendida, entretanto, como vedando se busque alcançar a

---

32 BASTIT, Michel. **Nascimento da lei moderna:** o pensamento da lei de Santo Tomás a Suarez. São Paulo: Martins Fontes, 2010. p. 143. Para a compreensão da teoria clássica sobre a interpretação, cf. MASSINI CORREAS, Carlos I. **El derecho natural y sus dimensiones actuales.** Buenos Aires: Ábaco de Rodolfo Depalma, 1999, p. 143/145.

33 Cf. AQUINO, Tomás de. **Suma Teológica.** II-II, q. 120, a. 1, ad3 eldem. **Suma teológica.** II-II, q. 120, a. 2, r.

34 Cf. Idem. **Suma Teológica.** II-II, q. 120, a. 2, ad 1. Cf. NADER, Paulo. **Introdução ao estudo do direito.** 30. ed. Rio de Janeiro: Forense, 2008. p. 114 e 115.

35 RADBRUCH, Gustav. **Filosofia do direito.** São Paulo: Martins Fontes, 2010. p. 51.

36 Sem pretensão de esgotar o elenco, outros locais em que há referência à equidade: art. 8º da Consolidação das Leis Trabalhistas; arts. 944 e 953, parágrafos únicos, do Código Civil; arts. 6º e 25 da Lei nº 9.099/1995 (Juizados Especiais) e art. 108, inc. IV, do Código Tributário Nacional.

37 O conteúdo do antigo art. 127 que, como visto, foi repetido pelo atual Código, também foi criticado por Miguel Reale, que se refere ao dispositivo como "rigorista". Cf. REALE, Miguel. Op. cit. p. 295. Cf. também D'AGOSTINO, Francesco. **Giustizia:** elementi per una teoria. Turim: San Paolo, 2006. p. 62.

> justiça no caso concreto, com atenção ao disposto no art. 5º da Lei de Introdução (RSTJ 83/168)[38].

Aliás, ecos do texto do art. 5º da Lei de Introdução referido na citação acima ("na aplicação da lei, o juiz atenderá aos fins sociais a que se dirige e às exigências do bem comum"), podem ser encontrados no art. 8º do novo Código Processual:

> Ao aplicar o ordenamento jurídico, o juiz atenderá aos fins sociais e às exigências do bem comum, resguardando e promovendo a dignidade da pessoa humana e observando a proporcionalidade, a razoabilidade, a legalidade, a publicidade e a eficiência.

Sintomaticamente, foram acrescentados elementos muito caros ao constitucionalismo contemporâneo, corroborando um dos cinco objetivos maiores que orientaram a redação do Código, nos dizeres da Comissão Redatora ("estabelecer expressa e implicitamente verdadeira sintonia fina com a Constituição Federal"[39]), mas, de modo feliz, sem deixar de fazer referência ao tão olvidado tópico do bem comum (como se sabe, surpreendentemente ignorado no longuíssimo e emendadíssimo texto da Constituição de 1988...).

Não deixa de ser curioso, por outro lado, o estabelecido pelo art. 723, parágrafo único, do Código de Processo Civil vigente: "O juiz não é obrigado a observar critério de legalidade estrita, podendo adotar em cada caso a solução que considerar mais conveniente ou oportuna". Ressalte-se que, levando em conta critérios topográficos e de especialidade, tal permissão (aliás, seria um dos casos de permissão explícita pela lei do uso da equidade?) somente se aplicará aos procedimentos de Jurisdição Voluntária, uma vez que consta das disposições gerais (Seção I) do Capítulo XV ("Dos Procedimentos de Jurisdição Voluntária"), como, aliás, já ocorria no Código anterior, como se vê pela leitura do antigo art. 1.109.

4. Conclusão

Para evitar eventuais abusos, por parte dos julgadores, do recurso à equidade, muitas vezes o próprio ordenamento jurídico trará uma sistemática de critérios legais que forneça uma pauta de segurança. Assim, por exemplo, normas jurídicas positivas que se referem mais diretamente a valores como liberdade, em geral, já trazem em si critérios de equidade, positivando-os, em certo sentido.

Pense-se, por exemplo, nas circunstâncias judiciais previstas no art. 59 do Código Penal, bem como no fato de que as penas previstas para os diversos tipos penais sem-

---

38 NEGRÃO, Theotonio et al. **Código de processo civil e legislação processual em vigor.** 36. ed. São Paulo: Saraiva, 2004. p. 237. Na mesma linha, cf. MARINONI, Luiz Guilherme. **Código de processo civil comentando artigo por artigo.** 2. ed. São Paulo: Revista dos Tribunais, 2010. p. 175.

39 COMISSÃO. **Exposição de Motivos do Código de Processo Civil/2015:** Lei nº 13.105, de 16 de março de 2015.

pre estão fixadas entre uma quantidade máxima e uma mínima. Além disso, todo o tratamento dispensado às atenuantes e agravantes (arts. 61 e 62 do Código Penal) evita que casos diferentes sejam tratados da mesma forma, por conta de certa imobilidade da lei. Assim, por exemplo, tal Criteriologia evita que um homicídio praticado por violenta emoção seja equiparado em termos de aplicação da pena a outro premeditado e perpetrado com meios cruéis.

Trata-se, provavelmente, da melhor maneira de se assegurar a aplicação da equidade por parte do juiz e ao mesmo tempo evitar que as decisões tomadas sejam fruto de arbitrariedades.

Ora, tendo como base tudo o que foi até aqui desenvolvido, o que pode ser afirmado em relação à previsão do novo Código sobre o tema da equidade? Das duas, uma. Ou essa referência enseja muitas dúvidas, devido ao problema do significado do que se entenda por "equidade", o que gera insegurança; ou é inútil, pois como se viu, o juiz sempre deverá atuar com equidade e na prática atua (se não for um juiz mecanicista, que é o que não se espera de um juiz).

De qualquer modo, como visto imediatamente acima, é corrente que a própria legislação contenha mecanismos que estabeleçam critérios para julgamentos de equidade, ainda que não os classifiquem como casos de permissão legal para utilizá-la.

Por tudo isso, pode-se afirmar que teria sido melhor que o novo Código de Processo Civil não repetisse a referência da legislação anterior acerca da limitação do papel da equidade na atividade jurisdicional.

Referências

AQUINO, Tomás de. **Comentário a la ética a Nicómaco de Aristóteles.** Pamplona: Eunsa, 2000.

______. **Suma teológica.** IIª seção da IIª parte – questões 1-56. São Paulo: Loyola, 2004. v. V.

______. **Suma teológica.** IIª seção da IIª parte – questões 57-122. São Paulo: Loyola, 2005. v. VI.

ARISTÓTELES. **Ética a Nicômaco.** 4. ed. Brasília: UnB, 2001.

ASCENSÃO, José de Oliveira. **Introdução à Ciência do Direito.** 3. ed. Rio de Janeiro: Renovar, 2005.

BASTIT, Michel. **Nascimento da lei moderna:** o pensamento da lei de Santo Tomás a Suarez. São Paulo: Martins Fontes, 2010.

BRETONE, Mario. **Storia del diritto romano.**13. ed. Roma: Laterza, 2010.

COMISSÃO. **Exposição de motivos do código de processo civil/2015:** Lei nº 13.105, de 16 de março de 2015.

D'AGOSTINO, Francesco. **Giustizia:** elementi per una teoria.Turim: San Paolo, 2006.

GIL CREMADES, Juan José. Jurisprudencia. In: **Gran enciclopedia Rialp**. Madri: Rialp, 1973. v. 13, p. 673/676.

GILISSEN, John. **Introdução histórica ao direito.** 3. ed. Lisboa: Calouste Gulbenkian, 2001.

GIORDANI, Mário Curtis. **Iniciação ao direito romano.** 2 ed. Rio de Janeiro: Lumen Juris, 1991.

HERVADA, Javier. **Introducción crítica al derecho natural.** Bogotá: Temis, 2000.

______. **O que é o direito?** A moderna resposta do realismo jurídico: uma introdução ao direito. São Paulo: Martins Fontes, 2006.

HÖFFE, Otfried. **Aristóteles.** Porto Alegre: Artmed, 2008.

JUSTINIANO. **Digesto de Justiniano**: Livro I. 2. ed. São Paulo: Revista dos Tribunais, 2000.

KALINOWSKI, George. **Introducción a la lógica jurídica:** elementos de semiótica jurídica, lógica de las normas y lógica jurídica. Buenos Aires: Eudeba, 1973.

______. **Concepto, fundamento y concreción del derecho.** Buenos Aires: Abeledo-Perrot, 1982.

MARINONI, Luiz Guilherme. **Código de processo civil comentando artigo por artigo.** 2. ed. São Paulo: Revista dos Tribunais, 2010.

MASSINI CORREAS, Carlos I. **Sobre el realismo jurídico:** el concepto de derecho; su fundamento; su concreción judicial. Buenos Aires: Abeledo-Perrot, 1978.

______. **El derecho natural y sus dimensiones actuales.**Buenos Aires: Ábaco de Rodolfo Depalma, 1999.

______. **La prudencia jurídica:** Introducción a la gnoseología del derecho. 2. ed. Buenos Aires: LexisNexis: 2006.

______. **Filosofía del derecho:** El conocimiento y la interpretación Jurídica. Buenos Aires: AbeledoPerrot, 2008. Tomo III.

MAXIMILIANO, Carlos. **Hermenêutica e aplicação do direito.** 19. ed. Rio de Janeiro: Forense, 2007.

MOREIRA ALVES, José Carlos. **Direito romano.** 13. ed. Rio de Janeiro: Forense, 2005. v. I.

NADER, Paulo. **Introdução ao estudo do direito.** 30. ed. Rio de Janeiro: Forense, 2008.

NEGRÃO, Theotonio et al. **Código de processo civil e legislação processual em vigor.** 36. ed. São Paulo: Saraiva, 2004.

NÓBREGA, Vandick L. **Compêndio de direito romano.** Rio de Janeiro: Freitas Bastos, 1976. v. I.

OLIVEIRA FILHO, Benjamim. **Introdução à ciência do direito.** 5. ed. Rio de Janeiro: Konfino, 1973.

PÈGUES, Thomas. **Dictionnaire de la somme theologique de Saint Thomas d'Aquin e du commentaire français itteral:** P(eine) – Z. Cadillac: Saint-Rémi, 1935.

POLETTI, Ronaldo. **Introdução ao direito.** 3. ed. São Paulo: Saraiva, 1996.

RADBRUCH, Gustav. **Filosofia do direito.** São Paulo: Martins Fontes, 2010.

REALE, Miguel. **Lições preliminares de direito.** 21, ed. São Paulo: Saraiva, 1994.

SERNA, Pedro et al. **La interpretación constitucional de los derechos fundamentales:** una alternativa a los conflictos de derechos. Buenos Aires: La Ley, 2000.

VIEHWEG, Theodor. **Tópica e jurisprudência:** uma contribuição à investigação dos fundamentos jurídico--científicos. Porto Alegre: Sergio Antonio Fabris, 2008.

VIEIRA, António. **Obra completa.** Sermões do Advento, do Natal e da Epifania. São Paulo: Loyola, 2014. Tomo II, v. I.

VILLEY, Michel. **Direito romano.** Porto: Rés, s\d.

EMENDATIO LIBELLI: LIMITES CONVENCIONAIS

Diogo Malan

Sumário: 1. Introdução. **2.** Os direitos à comunicação prévia e pormenorizada da acusação formulada e ao tempo e aos meios adequados para a preparação da defesa na CADH e na CEDH. **3.** Jurisprudência da CIDH. **4.** Jurisprudência do TEDH. **5.** Conclusão. Referências.

Resumo: Estudo sobre os limites à aplicação da regra da *emendatio libelli* (art. 383 do Código de Processo Penal) encontrados nos sistemas interamericano e europeu de Direitos Humanos.

Palavras-chave: *Emendatio libelli*. Direito à comunicação prévia e pormenorizada da acusação formulada. Direito ao tempo e aos meios adequados para a preparação da defesa. Direitos humanos.

1. Introdução

O poder que têm os órgãos jurisdicionais criminais de atribuir aos fatos imputados ao acusado definição jurídica diversa – ainda que, em consequência, tenham de aplicar pena mais grave – faz parte da tradição do processo penal brasileiro.

Esse poder decorre do aforismo *iura novit curia*, segundo o qual a última palavra sobre questões de direito positivo cabe ao órgão jurisdicional, e não às partes processuais.

Tal aforismo possui dupla dimensão: (i) *presunção* de que o julgador conhece o direito material aplicável ao caso penal, motivo pelo qual ele não está vinculado às afirmações jurídicas feitas pelas partes; (ii) *princípio* segundo o qual o julgador possui o poder-dever de solucionar o caso penal de acordo com o direito material aplicável, motivo pelo qual deve conhecê-lo.

Assim, o aforismo em digressão exerce as funções de: (i) distribuir encargos processuais entre partes e órgão julgador; (ii) limitar o poder jurisdicional deste último, ao sujeitar sua decisão ao direito material[1].

Na jurisprudência prevalece o entendimento de que como o acusado se defende somente dos *fatos naturalísticos* a ele imputados, e não de sua *classificação jurídico-penal*, a aplicação da chamada *Emendatio libelli* supostamente não lhe traria nenhum prejuízo[2].

---

1 EZQUIAGA GANUZAS, Francisco Javier. **"Iura novit curia" y aplicación judicial del derecho**. p. 18 e 23 e ss. Valladolid: Lex Nova, 2000.

2 "Em nosso sistema processual penal, o réu se defende da imputação fática e não da *imputatio iuris*. Nessa linha, o Código de Processo Penal pátrio permite que na sentença se considere na capitu-

Não obstante, a doutrina sempre questionou essa posição jurisprudencial, por entender que a cláusula pétrea do contraditório se aplica não só às questões de cariz *fático-probatório*, mas igualmente àquelas de natureza *jurídica*[3].

Assim, a filtragem hermenêutico-constitucional dos arts. 383 e 617 do Código de Processo Penal impõe ao órgão jurisdicional, sempre que este cogitar sobre câmbio na definição jurídico-penal dos fatos naturalísticos imputados, colher manifestação bilateral das partes antes da decisão final[4].

O objetivo do presente lavor é revisitar essa questão, porém sob nova perspectiva: não a tradicional do contraditório (*constitucional*), e sim a dos direitos à comunicação prévia e pormenorizada da acusação formulada e ao tempo e aos meios adequados para a preparação da defesa (*convencional*).

Esses direitos hoje estão consagrados tanto no artigo 8.2.b e 8.2.c da Convenção Americana de Direitos Humanos (CADH) quanto no artigo 6.3.a e 6.3.b da Convenção Europeia de Direitos Humanos (CEDH).

O primeiro sobredito dispositivo convencional foi incorporado ao nosso ordenamento jurídico interno pelo Decreto nº 678/1992. Em se tratando de tratado internacional que versa sobre Direitos Humanos, portanto que goza de regime diferenciado de incorporação, trata-se de norma *materialmente constitucional* (art. 5º, § 2º, do texto magno).

Para essa finalidade, serão objetivos ou instrumentais: (i) o estudo analítico dos direitos à comunicação prévia e pormenorizada da acusação formulada e ao tempo e aos meios adequados para a preparação da defesa na CADH e na CEDH; (ii) o exame da evolução jurisprudencial da Corte Interamericana de Direitos Humanos (CIDH) e do Tribunal Europeu de Direitos Humanos (TEDH) acerca da aplicação dos precitados direitos convencionais à alteração da classificação jurídica do fato naturalístico imputado.

Esses dois objetivos instrumentais fornecerão inestimável senso de perspectiva para desvendar quais são – nos planos normativo, jurisprudencial e político-criminal – os *limites* à reclassificação jurídica dos fatos imputados ao acusado no curso do processo criminal.

---

lação do delito dispositivo legal diverso do constante na denúncia, ainda que se tenha que aplicar pena mais grave. Não há no caso uma *mutatio libelli* mas, simplesmente, uma corrigenda da peça acusatória *(Emendatio libelli)*. Tal providência por parte do juiz (ou do Tribunal de Justiça, como no caso, na oportunidade do julgamento do apelo interposto pelo Ministério Público) não acarreta qualquer nulidade" (STJ, 5ª T., AgRg no REsp 1.592.657-AM, DJe 21/09/2016).

---

3 Nesse sentido: ROSSI, Giuseppe. Contraddittorio processuale e formazione dela regola di diritto. In: MANZIN, Maurizio; PUPPO, Frederico (Orgs.). **Audiatur et altera pars:** il contraddittorio fra principio e regola. p. 321/339. Milano: Giuffrè, 2008.

4 BATISTA, Weber Martins. Acusação e sentença: Arts. 383-385 do CPP. In: **Direito penal e direito processual penal**. p. 161/171. 2. ed. Rio de Janeiro: Forense, 1997; BADARÓ, Gustavo. **Correlação entre acusação e sentença.** p. 162/165. São Paulo: Revista dos Tribunais, 2000; MALAN, Diogo. **A sentença incongruente no processo penal**. p. 175/180. Rio de Janeiro: Lumen Juris, 2003.

Em última análise, o cumprimento dos sobreditos objetivos instrumentais permitirá formulação de proposta de *sistematização* dos limites à *emendatio libelli* que são componentes indissociáveis de qualquer concepção civilizada de julgamento justo (*fair trial*) – que é o objetivo principal da pesquisa.

Para tanto, optou-se pela divisão do presente lavor em três partes.

Na primeira, abordar-se-ão o *conteúdo* e *âmbito de proteção* dos direitos à comunicação prévia e pormenorizada da acusação formulada e ao tempo e aos meios adequados para a preparação da defesa na CADH e na CEDH.

Na seguinte, será examinado precedente da CIDH sobre os limites impostos à *emendatio libelli* pelo sistema interamericano de Direitos Humanos.

Na terceira e última, será feita análise de três precedentes análogos do TEDH.

À guisa de arremate, serão delineados os principais limites à *emendatio libelli* impostos pelo *devido processo penal equitativo* consagrado no sistema internacional de Direitos Humanos.

2. Os direitos convencionais à comunicação prévia e pormenorizada da acusação formulada e ao tempo e aos meios adequados para a preparação da defesana CADH e na CEDH

O Pacto de San José da Costa Rica trata da matéria em exame no seu artigo 8, intitulado *garantias judiciais*. Eis o excerto pertinente desse dispositivo convencional (artigo 8.2.b e 8.2.c):

> **Artigo 8. Garantias judiciais** (*omissis*)
> 2. Toda pessoa acusada de delito tem direito a que se presuma sua inocência enquanto não se comprove legalmente sua culpa. Durante o processo, toda pessoa tem direito, em plena igualdade, às seguintes garantias mínimas: (*omissis*)
> b. comunicação prévia e pormenorizada ao acusado da acusação formulada;
> c. concessão ao acusado do tempo e dos meios adequados para a preparação de sua defesa;

Segundo leciona a doutrina mais abalizada, o *direito fundamental a ser informado da acusação* pode ser examinado sob três perspectivas distintas. [5]

A primeira é a dos *sujeitos* afetados. Nessa perspectiva, o seu titular é o acusado, e o correlato dever de prestação de informação incumbe às autoridades públicas encarregadas da persecução penal.

Quanto ao *objeto* da informação a ser prestada, trata-se: (i) do fato naturalístico imputado, com todas as suas nuanças (v.g. forma de coautoria ou participação do acusado; circunstâncias agravantes genéricas e qualificadoras do crime etc.), e sua qualificação jurídico-penal; (ii) dos direitos que o acusado pode exercer.

5 PLANCHADELL GARGALLO, Andrea. **El derecho fundamental a ser informado de la acusación.** p. 89 e ss. Valencia: Tirant Lo Blanch, 1999.

No que tange ao *limite temporal*, a informação deve ser prestada em tempo hábil para viabilizar efetivo exercício das garantias processuais pelo acusado.

Por outro flanco, o direito ao *tempo* e aos *meios* necessários para a preparação da defesa não comporta lapso temporal fixo e universalmente válido, dependendo de aferição casuística à luz dos seguintes parâmetros de *razoabilidade* instituídos pela CIDH: (i) complexidade dos fatos sob julgamento; (ii) atividade processual do acusado; (iii) conduta das autoridades judiciais.

O direito convencional em digressão se aplica a todas as etapas do processo penal, exigindo-se prévia notificação, com antecedência razoável, para todos os atos processuais susceptíveis de afetar o direito de defesa do acusado[6].

Quanto à reclassificação jurídica dos fatos imputados feita de ofício pelo órgão julgador, ela deve ser interpretada à luz dos direitos convencionais em digressão.

Nessa toada, ao vislumbrar possibilidade de câmbio da qualificação jurídica dos fatos imputados, o julgador deve comunicar ao acusado a novel tipificação alvitrada e suspender o ato processual, a fim de conceder-lhe o tempo e os meios necessários para eventual readequação da sua defesa[7].

A CEDH, por seu turno, trata das garantias processuais penais mínimas do acusado no seu artigo 6, intitulado *direito a um processo equitativo*. Eis o trecho pertinente dessa norma convencional (artigo 6.3.a e 6.3.b):

> **Artigo 6. Direito a um processo equitativo** (*omissis*)
> 3. O acusado tem, como mínimo, os seguintes direitos:
> a) ser informado no mais curto prazo, em língua que entenda e de forma minuciosa, da natureza e da causa da acusação contra ele formulada;
> b) dispor do tempo e dos meios necessários para a preparação da sua defesa;

Segundo a doutrina mais autorizada, o conceito de *causa* da acusação significa os fatos naturalísticos imputados ao acusado, ao passo que a expressão *natureza* da acusação se refere à classificação jurídico-penal desses fatos.

A informação proporcionada ao acusado deve ser *detalhada* em grau suficiente para viabilizar a organização da sua defesa.

Embora a reclassificação jurídica dos fatos feita pelo julgador de ofício, por si só, não seja considerada incompatível com a CEDH, nesse ensejo devem ser proporcionados ao acusado o tempo e os meios necessários para a reestruturação da sua defesa, via adiamento ou suspensão do ato processual etc.

---

6 THEA, Frederico. Artículo 8 (*garantias judiciales*). In: ALONSO REGUEIRA, Enrique (Coord.). **La Convención Americana de Derechos Humanos y su proyeccióne nel derecho argentino**. p. 127/166. Buenos Aires: La Ley, 2013.

7 ALFONSO, César. El principio de coherencia y el principio iura novit curia em la jurisprudencia interamericana. In: **Sistema interamericano de protección de los derechos humanos y el derecho penal internacional**. p. 23/42. Montevideo: Fundación Konrad Adenauer, 2011.

A quantidade de *tempo* necessária para a preparação da defesa deve ser objeto de análise casuística, levando em consideração a situação geral da defesa, e não só o acusado isoladamente. Para tanto, o TEDH tende a fazer análise das variegadas dificuldades e limitações vivenciadas pela defesa no caso concreto, e seu impacto na *justiça global* dos procedimentos de persecução penal contra o acusado.

Assim, a *razoabilidade* do tempo outorgado à defesa é feita levando em conta a natureza e complexidade dos fatos, a fase do procedimento etc.

A questão dos *meios* necessários para a preparação da defesa normalmente se refere às limitações formais impostas (v.g. acesso a autos da investigação preliminar etc.). Essa análise também é feita de forma casuística, dependendo das circunstâncias e qualificações do acusado.

Duas condições em regra são exigíveis: (i) possibilidade de comunicação *eficiente* e *reservada* entre o acusado e seu defensor técnico; (ii) acesso aos autos da investigação preliminar, após a conclusão dessa etapa[8].

Ante o exposto, é lícito concluir que o âmbito de proteção do *direito ao devido processo penal equitativo* inclui o direito de o acusado ser comunicado – de forma detalhada e em tempo hábil – sobre a novel tipificação dos fatos cogitada pelo órgão julgador, viabilizando-se o exercício do direito de defesa de maneira *concreta* e *efetiva*[9].

O cotejo lógico-sistemático dos artigos 8.2.b da CADH e 6.3.a da CEDH revela que o *objeto* do direito à informação abarca a qualificação jurídico-penal dos fatos naturalísticos imputados ao acusado, tanto no sistema interamericano quando no sistema europeu de direitos humanos[10].

3. Jurisprudência da CIDH

O caso paradigmático da CIDH é *Fermín Ramírez vs. Guatemala*[11].

Nesse ensejo, embora a Corte tenha reconhecido que a CADH não *"acolhe um sistema processual penal em particular"*, a autonomia dos Estados para instituírem seus respectivos ordenamentos processuais penais é temperada pela necessidade de respeito às garantias da própria Convenção, dos demais tratados internacionais aplicáveis e do seu próprio Direito interno (§ 66).

---

8 UBERTIS, Guilio. **Principi di procedura penale europea:** Le regole del giusto processo. p. 55/58 e 70/71 2. ed. Milano: Raffaello Cortina Editore, 2009; VITKAUSKAS, Dovydas, DIKOV, Grigoriy. **Protecting the right to a fair trial under the european convention on human rights.** p. 83 e ss. Strasbourg: Council of Europe, 2012.

9 CASIRAGHI, Roberta. Corte Europea dei Diritti Dell'uomo e iura novit curia. In: **Processo Penale e Giustizia**, Torino, n. 06, p. 115/122, 2012.

10 Nesse sentido: DI STASI, Angela. **Il diritto all'equo processo nella CEDU e nella Convenzione Americana sui Diritti Umani:** analogie, dissonanze e profili di convergenza giurisprudenziale. p. 164 e ss. Torino: Giappichelli, 2012.

11 CIDH, caso **Fermín Ramírez vs. Guatemala**, sentença de 20 de junho de 2005. Disponível em: <http://www.corteidh.or.cr/docs/casos/articulos/seriec_126_esp.pdf>. Acesso em: 31 out. 2016.

Mais adiante, a Corte afirmou que importante parâmetro interpretativo do artigo 8.2 da CADH é considerar o papel da acusação no devido processo penal em face do direito de defesa.

Assim, os fatos naturalísticos imputados ao acusado constituem *"a referência indispensável para o exercício da defesa do acusado e a consequente consideração do julgador na sentença"*. Daí resulta o direito convencional de o acusado conhecer, via descrição *clara*, *detalhada* e *precisa*, os fatos imputados.

Malgrado a Corte reconheça possibilidade de reclassificação jurídica dos fatos imputados no curso do processo criminal, tal iniciativa deve manter os fatos naturalísticos inalterados e respeitar o procedimento formal previsto na legislação doméstica para tanto (§ 67).

Ao considerar o chamado *princípio da coerência* ou *correlação* corolário indispensável do direito de defesa, a Corte reputa o primeiro uma garantia fundamental do devido processo penal, imposta pelo artigo 8.2.b e 8.2.c da CADH (§ 68).

No caso concreto, foi formulada acusação original de *estupro qualificado*, delito sujeito à pena máxima de 50 anos de prisão.

Durante a instrução processual, o Tribunal doméstico guatemalteco advertiu as partes sobre a possibilidade de reclassificação jurídica dos fatos imputados, porém sem especificar qual seria essa nova tipificação. Ao final, o acusado foi condenado por crime de *homicídio* à pena de morte (§ 70).

Embora a legislação doméstica guatemalteca preveja procedimentos visando à mudança da imputação em decorrência da prova de circunstâncias fáticas ou fatos novos (§ 71), a Corte entendeu que no caso concreto houve *omissões* quanto à aplicação desses procedimentos, pois o pleito de reclassificação jurídica só foi feito em sede de alegações finais ministeriais.

O Tribunal doméstico não procedeu a novo interrogatório do acusado, nem cumpriu seu dever de ofício de informar às partes que elas tinham direito à suspensão do processo, para apresentar novas provas e preparar sua intervenção (§ 72).

Ademais disso, a advertência dada pelo Tribunal guatemalteco sobre possibilidade de reclassificação jurídica dos fatos *"em momento oportuno"* foi considerada *insuficiente* pela Corte, à míngua de especificação da novel possível classificação, de advertência de que esta última adviria de modificação da prova base fática da imputação, e de realização de novo interrogatório do acusado.

Consequentemente a CIDH entendeu caracterizadas violações aos direitos previstos no artigo 8.2.b e 8.2.c da CADH (§ 73).

Destarte, a Corte de San José salientou que a possibilidade de reclassificação jurídica dos fatos imputados deve ser interpretada de forma harmônica com as garantias da congruência entre acusação e sentença e do direito de defesa, justificando-se a suspensão do processo e o novo interrogatório do acusado, sempre que se pretenda alterar a base fática da imputação (§ 74).

4. Jurisprudência do TEDH

O primeiro precedente relevante do TEDH é *Pélissier e Sassi vs. França*[12].

Nesse caso o TEDH entendeu que a garantia prevista no artigo 6.3.a da CEDH exige que especial atenção seja dispensada à informação sobre a acusação propiciada ao acusado. Isso porque suas peculiaridades "*desempenham papel crucial no processo penal, pois desde sua comunicação o acusado é formalmente cientificado da base factual e legal da imputação contra si*".

O âmbito de proteção do sobredito dispositivo convencional inclui o dever de as autoridades públicas prestarem ao acusado informações não só sobre os fatos naturalísticos que constituem a base da imputação, mas também sobre sua classificação jurídica (§ 51).

Nesse sentido, o TEDH considera que a exigência de prestação de informações *completas* e *detalhadas* sobre a imputação, e consequentemente sobre a classificação jurídica dos fatos imputados passível de ser adotada, é condição *indispensável*para o julgamento equitativo e justo (§ 52).

Não obstante, o TEDH entende que o artigo 6.3.a da CEDH não impõe requisitos formais específicos sobre o procedimento de comunicação ao acusado da natureza e causa da imputação contra si (§ 53).

Quanto ao artigo 6.3.b da CEDH, o TEDH considera que esse dispositivo está interligado com a alínea antecedente, pois o direito à informação sobre a *natureza* e a *causa* da acusação deve ser interpretado de forma lógico-sistemática com o direito ao *tempo* e aos *meios* necessários para a preparação da defesa (§ 54).

No caso concreto, a imputação original de *falência criminosa* foi alterada pelo Tribunal doméstico francês, em sede de apelo ministerial, para *auxílio e instigação à falência criminosa* (§ 55).

Essa nova classificação jurídico-penal jamais foi formalmente comunicada aos acusados (§ 56), tendo o TEDH concluído que as figuras típicas de *falência criminosa* e *auxílio e instigação à falência criminosa* são distintas na legislação doméstica francesa, tendo a segunda circunstâncias elementares específicas (§§ 57-59).

Nessa toada, o TEDH considerou lícito supor que as teses passíveis de apresentação pela defesa técnica dos acusados poderiam ser distintas caso eles tivessem sido comunicados sobre a nova classificação jurídica (§ 60), que não se encontrava englobada pelas circunstâncias elementares da tipificação original (§ 61).

Embora reconheça a possibilidade de reclassificação jurídica dos fatos imputados de ofício, o TEDH concluiu que no caso concreto o Tribunal doméstico francês deveria ter assegurado aos acusados a possibilidade de se defenderem da nova tipificação de forma *prática*, *efetiva* e *em tempo hábil*. Para tanto, poderia ter havido a suspensão da audiência ou a notificação das partes para apresentação de memoriais (§ 62).

---

12 TEDH, caso **Pélissier e Sassi vs. França**, sentença de 25 de março de 1999. Disponível em: <hudoc.echr.coe.int/>. Acesso em: 31 out. 2016.

Ante tal conjuntura, a Corte de Estrasburgo reconheceu violação ao artigo 6.3.a e 6.3.b da CEDH, pela inobservância dos direitos convencionais dos acusados a serem informados sobre a natureza e causa da acusação e ao tempo e meios adequados para prepararem suas defesas (§ 63).

Outro caso paradigmático é *Drassich vs. Itália*. [13]

Nesse ensejo o TEDH reafirmou que o artigo 6.3.a da CEDH exige especial atenção ao ato processual penal de comunicação da imputação ao acusado. No âmbito de proteção desse direito convencional estão abarcados não só os fatos naturalísticos imputados, "*mas também, e de modo detalhado, a qualificação jurídica dada a tais fatos*" (§ 31).

Assim, o direito em apreço deve ser interpretado à luz do direito convencional mais abrangente ao julgamento justo (*fair trial*), consagrado no artigo 6.1 da CEDH.

Na jurisdição criminal, a informação *completa* e *precisa* sobre as acusações formuladas – e, portanto, sobre a qualificação jurídica passível de aplicação – é condição fundamental para a *equidade* do processo criminal (§ 32).

Também foi ressalvado nessa decisão que o direito convencional em testilha não exige do legislador doméstico a adoção de procedimento determinado para comunicar o acusado da natureza e causa da imputação contra si.

Foi igualmente reafirmado o estreito liame existente entre as alíneas *a* e *b* do artigo 6.3 da CEDH, pois o direito à informação detalhada sobre a natureza e causa da acusação deve ser interpretado à luz do direito ao tempo e meios adequados para preparar a defesa.

Se é reconhecido aos Tribunais domésticos o *poder* de reclassificar os fatos naturalísticos imputados de ofício, a contrapartida é o seu *dever* de assegurar aos acusados seu direito de defesa quanto a essa matéria, de forma *concreta* e *efetiva*.

Isso implica que os acusados devem ser informados não só dos *motivos* da acusação – isto é, dos fatos naturalísticos que constituem a base da imputação – mas também, em tempo hábil e de maneira detalhada, da sua *qualificação jurídica* (§ 34).

No caso concreto, a imputação original era de *corrupção passiva*, mas o acusado terminou condenado nas penas de figura delitiva diversa (*corrupção em atos judiciários*), sem ter sido comunicado sobre essa possibilidade em nenhuma fase processual (§§ 35-36).

Ao cotejar as duas sobreditas figuras delitivas o TEDH concluiu que, à luz das suas respectivas circunstâncias elementares, há relação de *autonomia* entre elas, não sendo a segunda mera circunstância qualificadora da primeira (§§ 37-39).

Logo, é plausível supor que o acusado poderia ter articulado teses defensivas diversas, caso tivesse tido a oportunidade de ser comunicado sobre a nova classificação jurídica dos fatos imputados (§ 40).

Na hipótese vertente, a reclassificação jurídica dos fatos foi feita pelo Tribunal doméstico italiano de ofício, no contexto do julgamento de recurso interposto pelo

---

13 TEDH, caso **Drassich vs. Itália**, sentença de 11 de dezembro de 2007. Disponível em: <hudoc.echr.coe.int/>. Acesso em: 31 out. 2016.

acusado cujo pedido era a extinção da punibilidade pela prescrição. Assim, esse pedido foi negado justamente com fundamento no aumento da pena imposta,em decorrência da maior gravidade da nova tipificação dos fatos (§ 41).

Ante o exposto, a Corte de Estrasburgo declarou violação ao artigo 6.3.a e 6.3.b da CEDH, que consagra os direitos convencionais à comunicação detalhada sobre a natureza e causa da acusação e ao tempo e meios adequados para a preparação da defesa (§§ 42-43).

Por fim, no caso *DMT e DKI vs. Bulgária* o TEDH retomou a questão em análise[14].

Nessa ocasião foi reiterado que o âmbito de proteção do artigo 6.3.a da CEDH engloba o direito de o acusado receber informações *precisas* e *completas* sobre a *causa* da acusação – ou seja, os fatos naturalísticos imputados – e sua *natureza*, isto é, sua qualificação jurídica (§ 73).

Trata-se de pressuposto essencial para caracterizar o *devido processo criminal equitativo* (§ 74).

Malgrado a legislação doméstica possa conferir aos Tribunais nacionais poderes de reclassificação dos fatos imputados de ofício, ela deve garantir que o acusado tenha oportunidade de exercer seu direito de defesa de forma *efetiva* (§ 75).

No caso concreto, a imputação original era de *corrupção passiva*, *extorsão* e *abuso de autoridade*. Em sede recursal, o Tribunal doméstico búlgaro comunicou as partes sobre a possibilidade de reclassificação dos fatos imputados para *estelionato* (§§ 76-78).

O TEDH entendeu que a precitada comunicação foi *imprecisa* e, portanto, *insuficiente*. Isso porque somente tempos depois esse Tribunal doméstico finalmente se dignou a esclarecer exatamente qual era a nova qualificação jurídica possível (*tentativa de estelionato qualificado*), indicando o respectivo tipo penal (§ 79).

Constatou-se que em momento algum durante o procedimento na instância superior o acusado foi devidamente comunicado da mudança na qualificação jurídica dos fatos imputados, tendo sido privado da oportunidade de se defender da imputação de *tentativa de estelionato qualificado* (§ 81).

Após comparar os tipos penais de *corrupção* e *tentativa de estelionato qualificado* na legislação doméstica búlgara, o TEDH chegou à conclusão de que suas respectivas circunstâncias elementares são substancialmente distintas.

Ademais disso, o TEDH considerou plausível supor que as teses defensivas articuladas pelo acusado poderiam ser distintas, caso ele tivesse sido devidamente comunicado da nova classificação jurídico-penal cogitada (§ 82).

Por esse motivo, o Tribunal nacional búlgaro deveria ter dado ao acusado oportunidade de se defender da novel tipificação, seja adiando o ato processual ou abrindo vista às partes em memoriais suplementares (§ 83).

Ao final, a Corte de Estrasburgo concluiu pela violação ao direito convencional do acusado ao processo penal equitativo (artigo 6.3.a e 6.3.b da CEDH), à míngua de

14 TEDH, caso **DMT e DKI vs. Bulgária**, sentença de 24 de outubro de 2012. Disponível em: <hudoc.echr.coe.int/>. Acesso em: 31 out. 2016.

comunicação oportuna sobre a natureza e causa da acusação e de tempo e meios adequados para a preparação da defesa (§ 84).

5. Conclusão

São discutíveis as premissas – atualmente adotadas pela jurisprudência – no sentido de que: (i) o objeto da prova penal (*thema probandum*) se circunscreve aos fatos naturalísticos imputados ao acusado; (ii) a atividade probatória não tem por escopo informar o julgador sobre normas jurídicas, pois o seu conhecimento a respeito é presumido (*iura novit curia*).

Com efeito, a prova penal não se destina a reconstruir realidade fática enquanto tal, e sim fatos que caracterizam pressupostos para a aplicação judicial de normas de direito positivo. O próprio conceito processual de *fato* é construído de acordo com sua aptidão para gerar consequências no plano jurídico.

O objeto de investigação no curso do processo penal não são *fatos históricos* propriamente ditos, e sim a veracidade ou falsidade de *afirmações sobre fatos* feitas pelas partes, pois os fatos históricos somente podem ser constatados ao ensejo da sua ocorrência, sendo insusceptíveis de prova.

Por conseguinte, o objeto da prova penal é condicionado pelas proposições representativas de *enunciados fáticos* juridicamente relevantes apresentadas como fundamento da acusação ou da defesa pelas partes.

Daí resulta o estreito liame entre a investigação probatória e a garantia do contraditório, pois o objeto da primeira não consiste em *fatos históricos,* e sim em *fatos interpretados* e subsumidos a categorias fáticas dotadas de relevância jurídica, na perspectiva da parte que os afirma.

Logo, a expressão *fato* contida no art. 383 do Código de Processo Penal deve ser interpretada conforme os precitados vetores hermenêuticos, pois a atividade probatória processual penal verte sobre a veracidade ou falsidade de *afirmação da parte acusadora sobre a prática de fato típico, ilícito e culpável pelo acusado*.

Vale dizer: o *fato* narrado só tem valor quando subsumido a uma norma penal incriminadora, motivo pelo qual sua qualificação jurídica integra a imputação[15].

A doutrina processual penal contemporânea vem questionando o artificialismo da dicotomia conceitual *questão de fato* versus *questão de direito*: *"Não há fato que possa independer da norma jurídica nem tampouco norma que não seja criada, moldada e pensada a não ser para o fato"*[16].

---

15 GOMES FILHO, Antonio Magalhães. Notas sobre a terminologia da prova (reflexos sobre o processo penal brasileiro). In: YARSHELL, Flávio Luiz; MORAES, Maurício Zanoide (Orgs.). **Estudos em homenagem à professora Ada Pellegrini Grinover.** p. 303/318. São Paulo: DPJ Editora, 2005.

16 GLOECKNER, Ricardo Jacobsen. Três teses sobre a inconstitucionalidade substancial do art. 383 do CPP: por que o réu não se defende (apenas) dos fatos. In: **Revista Brasileira de Direito Processual Penal**, Porto Alegre, v. 02, n. 01. p. 185/212, 2016.

Nesse sentido, os juízos de valor judiciais sobre as matérias *fática* e *jurídica* estão entrelaçados numa mesma estrutura lógica, de tipo circular, na qual *quaestio facti* e *quaestio iuris* possuem relação de condicionamento recíproco entre si[17].

Justamente por esse motivo a peça acusatória formalmente apta exige tanto a narrativa do fato naturalístico "*com todas as suas circunstâncias*" quanto a "*classificação do crime*" (art. 41 do Estatuto Processual Penal).

Este último requisito formal da peça inaugural encontra justificativa no fato de que não raro a defesa técnica do acusado se insurge contra aspecto jurídico da imputação (v.g. *inconstitucionalidade* do tipo penal; ausência de elemento *descritivo* ou *normativo* do tipo penal; falta de *perigo concreto* ao bem jurídico-penal tutelado etc.), e não contra o fato histórico imputado propriamente dito.

Por vezes a atividade probatória desenvolvida pelo acusado também visa a refutar aspecto *jurídico* (v.g. existência, teor e vigência de ato normativo estadual ou municipal complementar à *norma penal em branco* imputada; competência legislativa de órgão da Administração Pública para expedir tal ato etc.), e não *fático* da imputação assacada contra si.

Assim sendo, a interpretação do art. 383 da codificação processual penal conforme a cláusula pétrea do contraditório impõe ao julgador dever de comunicar às partes eventual novel classificação jurídico-penal dos fatos vislumbrada, concedendo-lhes tempo razoável para debater essa questão.

Conforme demonstrado acima, esse dever também decorre dos direitos à comunicação prévia e pormenorizada da acusação formulada e ao tempo e aos meios adequados para a preparação da defesa (artigo 8.2.b e 8.2.c da CADH e artigo 6.3.a e 6.3.b da CEDH).

Com efeito, o âmbito de proteção do *devido processo penal equitativo* abarca o direito do acusado a ser comunicado – de forma detalhada e em tempo hábil – sobre a novel tipificação dos fatos cogitada pelo órgão julgador, viabilizando-se o exercício do direito convencional de defesa de maneira *concreta* e *efetiva*.

Essa conclusão foi robustecida pela entrada em vigor do novo Código de Processo Civil (Lei nº 13.105/2015), que teve o destinatário desta merecida obra-homenagem como um de seus principais artífices intelectuais.

Com efeito, o art. 10 dessa codificação dispõe o seguinte: "*O juiz não pode decidir, em grau algum de jurisdição, com base em fundamento a respeito do qual não se tenha dado às partes oportunidade de se manifestar, ainda que se trate de matéria sobre a qual deva decidir de ofício*".

Essa vedação expressa de "*decisões-surpresa*" – aplicável por analogia à persecução penal (art. 3º do Estatuto Processual Penal) – abarca também as questões de direito cognoscíveis de ofício, tais como a reclassificação jurídico-penal dos fatos imputados ao acusado[18].

---

17 CASSIBBA, Fabio. **L'imputazione e le sue vicende.** Milano: Giuffrè, 2016. p. 251.

18 LASPRO, Oreste Nestor de Souza. Da expressa proibição à decisão-surpresa no novo CPC. In: **Revista do Advogado**, São Paulo, n. 126. p. 161/168, maio 2015.

Nesse diapasão, é imperativa releitura do aforismo *iura novit curia*, pois sua aplicação deve ser temperada pela necessidade de prévia manifestação das partes sobre a nova qualificação jurídico-penal antevista pelo julgador, sob pena de nulidade absoluta do processo criminal por *atipicidade constitucional*, *atipicidade convencional* e *contrariedade* ao art. 10 do Código de Processo Civil, aplicável por analogia.

Referências

ALFONSO, César. El principio de coherencia y el principio iura novit cúria em la jurisprudencia interamericana. In: **Sistema interamericano de protección de los derechos humanos y el derecho penal internacional**, p. 23-42. Montevideo: Fundación Konrad Adenauer, 2011.

ARNAUDO, Luis. El principio de congruência em la jurisprudencia de la CIDH: El caso "Fermín Ramírez". In: GUZMÁN, Nicolás (Coord.). **El sistema penal em las sentencias recientes de los órganos interamericanos de protección de los Derechos Humanos.** Buenos Aires: Ad-Hoc, 2009. p. 63/91.

BADARÓ, Gustavo. **Correlação entre acusação e sentença.** São Paulo: Revista dos Tribunais, 2000.

BATISTA, Weber Martins. Acusação e sentença: arts. 383-385 do CPP. In: **Direito penal e direito processual penal**. 2. ed. Rio de Janeiro: Forense, 1997. pp. 161/171.

CASIRAGHI, Roberta. Corte Europea dei Diritti Dell'uomo e iura novit cúria. In: **Processo penal e giustizia**, Torino, n. 06, p. 115/122, 2012.

CASSIBBA, Fabio. **L'imputazione e le sue vicende**. Milano: Giuffrè, 2016.

CAPONE, Arturo. **Iura novit curia:** studio sul la riqualificazione giuridica del fato nel processo penale. Padova: CEDAM, 2010.

DI STASI, Angela. **Il diritto all'equo processo nella CEDU e nella Convenzione Americana sui Diritti Umani:** analogie, dissonanze e profili di convergenza giurisprudenziale. Torino: Giappichelli, 2012.

EZQUIAGA GANUZAS, Francisco Javier. **"Iura novit curia" y aplicación judicial del derecho.** Valladolid: Lex Nova, 2000.

FELICIONI, Paola. Correlazione tra accusa e sentenza: il principio iura novit curia e la sentenza Drassich c. Italia. In: GAITO, Alfredo; CHINNICI, Daniela (Orgs.). **Regole europee e processo penale.** Padova: CEDAM, 2016, p. 187-206.

GLOECKNER, Ricardo Jacobsen. Três teses sobre a inconstitucionalidade substancial do art. 383 do CPP: por que o réu não se defende (apenas) dos fatos. In: **Revista Brasileira de Direito Processual Penal**, Porto Alegre, v. 02, n. 01, p. 185/212, 2016.

GOMES FILHO, Antonio Magalhães. Notas sobre a terminologia da prova (reflexos sobre o processo penal brasileiro). In: YARSHELL, Flávio Luiz, MORAES, Maurício Zanoide (Orgs.). **Estudos em homenagem à professora Ada Pellegrini Grinover**, São Paulo: DPJ Editora, 2005. p. 303/318.

LASPRO, Oreste Nestor de Souza. Da expressa proibição à decisão-surpresa no novo CPC. In: **Revista do Advogado**, São Paulo, n. 126, p.161/168, maio 2015.

MALAN, Diogo. **A sentença incongruente no processo penal.** Rio de Janeiro: Lumen Juris, 2003.

QUATROCCOLO, Serena. **Riqualificazione del fato nella sentenza penale e tutela del contraddittorio**. Napoli: Jovene, 2011.

PLANCHADELL GARGALLO, Andrea. **El derecho fundamental a ser informado de la acusación.** Valencia: Tirant Lo Blanch, 1999.

ROSSI, Giuseppe. Contraddittorio processuale e formazione dela regola di diritto, In: MANZIN, Maurizio, PUPPO, Frederico (Orgs.). **Audiatur et altera pars:** il contraddittorio fra principio e regola. Milano: Giuffrè, 2008. p. 321/339.

THEA, Frederico. Artículo 8 (*garantias judiciales*). In: ALONSO REGUEIRA, Enrique (Coord.). **La Convención Americana de Derechos Humanos y su proyeccióne nel derecho argentino**. Buenos Aires: La Ley, 2013. p. 127/166.

UBERTIS, Guilio. **Principi di procedura penale europea:** Le regole del giusto processo. 2. ed. Milano: Raffaello Cortina Editore, 2009.

VITKAUSKAS, Dovydas, DIKOV, Grigoriy. **Protecting the right to a fair trial under the European Convention on Human Rights.** Strasbourg: Council of Europe, 2012.

BREVES ANOTAÇÕES SOBRE A CONSTRUÇÃO DA FUNDAMENTAÇÃO DAS DECISÕES JUDICIAIS, NA OPORTUNIDADE DO CÓDIGO DE PROCESSO CIVIL DE 2015

Eduardo Henrique Raymundo von Adamovich

"Du mißverstehst die Tatsachen", sagte der Geistliche, "das Urteil kommt nicht mit einemmal, das Verfahren geht allmählich ins Urteil über".

1. Introdução: a incerteza

É necessário fazer a advertência aos leitores de que este trabalho não é obra de especialista na matéria, mas resultado das primeiras reflexões de um prático no ofício de julgar, no exercício da magistratura do trabalho, e que procura conjugar essa experiência com algumas ideias extraídas das áreas de Direito Processual, História e Filosofia do Direito, tudo no momento singular para a vida jurídica nacional, que é o advento do novo Código de Processo Civil e do imperativo da sua assimilação pela comunidade jurídica. Quer-se deixar, também desde logo, agradecimento ao convite dos cultos juristas Aluísio Gonçalves de Castro Mendes e Teresa Arruda Alvim Wambier, para participar desta obra em homenagem ao eminente magistrado e professor Luiz Fux, cuja marcante atuação na magistratura nacional, no magistério de várias gerações de alunos da Uerj e a valiosa produção científica têm a sua consagração no mencionado Código.

É intuitiva a ideia de que o processo é um encadeamento de atos e tem por finalidade a prestação da justiça pelo Estado, com a efetivação do direito objetivo. A afirmação que se faz não descuida de que a finalidade última do Direito só pode ser a realização da justiça como um dos mais altos valores sociais e filosóficos, mas também não perde de vista que essa justiça se dá no tempo e no espaço, de acordo com os princípios e valores de cada povo e de cada época, materializando-se, por isso, no implemento de seu direito objetivo. A justiça não é um valor divorciado da ordem jurídica, nem da segurança propiciada pela observância das normas e, para tanto, seria ocioso referir já na Antiguidade o surgimento do fenômeno da lei e mais adiante da codificação como elemento de segurança e anteparo dos menos favorecidos contra os desmandos dos poderosos. Assim o chamado Código de Hamurabi continha normas, por exemplo, de tarifação da remuneração de trabalhadores, para evitar abusos, do mesmo modo que, cerca de mil anos adiante, a Lei das XII Tábuas é apontada como elemento de segurança erigido em favor da plebe romana contra a manipulação dos ritos segundo os interesses do patriciado. A própria palavra *ius*, segundo os estudiosos da matéria, tem em sua raiz a ideia de conformidade, observância dos ritos.

Não é demais lembrar também a separação que se faz entre a ideia abstrata e geral de lei e aquela outra concreta de direito. Já os romanos haviam reservado o emprego mais próprio do termo *lex* para a norma de caráter abstrato e geral, no mais das vezes devotada ao regramento de questões que hoje classificaríamos como de Direito Público, sem descuidar que a melhor acepção da particularização do termo *ius* é a relação jurídica interpessoal, notadamente na dimensão privada da vida. Nessa visão, além do que hoje talvez chamássemos de atos do Estado na atribuição de direitos aos particulares, ou a opinião dos jurisconsultos, ou ainda a criação de direitos pela via da autonomia privada de vontade, reserva-se em Roma o terreno do processo para a construção dos *iura*.

Tendo sido um povo de poucas leis, malgrado o inconteste criador da Ciência do Direito, o romano consagrou o processo, nas diversas fases que a sua multissecular história descreve, como instrumento de criação, manutenção, efetivação ou extinção de direitos. Para além da dimensão da lei, instrumento público da liberdade, na máxima celebrizada por CÍCERO, *sub lege libertas*, o processo foi o espaço em que pontificaram também os costumes e, sob a inspiração filosófica da *epieikeia* grega, floresceu a *aequitas* no desempenho da tarefa de adaptar à dinâmica da vida a rigidez dos conceitos e valores jurídicos, muitas vezes desafiados pela riqueza e variabilidade constante dos fatos nas relações humanas. Esse quadro que, no essencial, ainda se constrói na confluência dos valores de segurança jurídica e constante adaptação à realidade social e econômica sob o controle de tantos outros valores éticos e filosóficos que, em cada lugar e em cada época, se colocam pelas diversas sociedades e os Estados que erigem, talvez seja o que descreva funcional e mais simplificadamente o processo como fonte de direitos. Diz-se fonte não só no sentido de criação, mas, sobretudo, de acertamento de direitos.

A função preponderante tantas vezes atribuída ao processo de conhecimento, levando quase sempre o legislador a devotar a ele a maior preocupação e as mais detalhadas normas nos diversos códigos, talvez seja sinal do reconhecimento de que, subjacente a quase todas as outras formas de pretensão e decisão em juízo, aparece sempre, com maior ou menor relevância, a figura do acertamento. Desde a pacificação social, apontada por alguns como valor mais elevado do processo até a efetivação de direitos tão ansiada por outros, sem descuidar da sempre empenhada segurança jurídica, há em todos esses momentos ou valores, subjacente, a figura do acertamento. Sem que se queira enveredar pela disputa sobre o papel preponderante ou não da figura da lide no processo, não é menos perceptível que, com ela, no estabelecimento das regras para solução dos conflitos, ou sem ela no exercício do controle estatal sobre a prática de certos atos, como por exemplo na jurisdição voluntária, o acertamento aparece, em maior ou menor grau, mas sempre como resultado da atividade processual. Não estaria errado dizer o mesmo também em sede de arbitragem, igualmente, sem firmar partido na disputa sobre a sua natureza jurisdicional ou não. Para percebê-lo, basta acompanhar a trajetória do processo romano, nas suas diversas fases, desde quando, sob as ações da lei, a atribuição de dizer o direito pertencia a um *arbiter* privado, designado pelo pretor após a *litiscontestatio*, até que já no período pós-clássico, o próprio pretor vai progressivamente assumindo essas funções de acertamento propriamente dito.

Suscita razoável dúvida perceber que a dimensão sobre a qual o processo desempenha a sua função, em regra, é aquela do incerto, do duvidoso, do litigioso, ou simplesmente do que, ainda que admitido, mereça ser conferido, para o efeito de não dar ensanchas a extrapolações. Por isso se diz que a lide, vale dizer, o disputado, ou ao menos que em nome de certos valores mereça ser controlado, é um dos pressupostos processuais. Se o terreno da lei é aquele do objetivo, da segurança e de uma interpretação segundo as normas, valores e costumes que regem uma sociedade a um tempo, permitindo falar-se em um senso mediano de razoabilidade que confere compreensão e extensão, senão uniformes e uníssonas, por certo preponderantemente aceitas ao texto legal, é na incerteza, na insegurança ou na necessidade de controle sobre certas pretensões que toma lugar o processo.

Se o cumprimento espontâneo das normas é a grande mágica da efetividade do Direito, para muito além da sanção como instrumento de coação – que o digam os penalistas sempre lembrados pela necessidade de explicar as sanções como instrumentos dissuasórios –, claro é que não rende ensejo ao processo esse cumprimento espontâneo das normas legais segundo o sentido e o alcance medianamente aceitos para elas, assim como não o provoca a conformação de uma pessoa ou grupo diante da atuação de outra ou outros em relação a determinados direitos. Ao contrário, apressa-se a ordem jurídica em conferir tutela e segurança a essa conformação fática, como ocorre nas hipóteses de usucapião, as quais, aliás, somente rendem oportunidade ao processo quando se pretenda conferir caráter universal, por registro próprio, a essas situações de fato. Sem essa pretensão, poderiam permanecer por séculos conformadas somente no terreno dos fatos, como de resto tantas vezes a Justiça é chamada a enfrentar questões de direitos ancestrais que assim permaneceram décadas pacificados. Se as normas regem o processo e a efetivação do direito objetivo parece ser a sua missão, por outro lado, o reino da incerteza normativa ou fática, ou de ambas, é o terreno sobre o qual o processo desempenhará esse seu papel.

O juiz deve assumir, em certos momentos e em determinada medida, os papéis do cientista e do filósofo, ao duvidar até mesmo do que é aparente, na busca da construção de uma verdade que se ajuste ao universo normativo e valorativo preexistente, do qual não pode desbordar, atento que deve ser a sua própria conformação hegeliana de autoridade constituída pelo universo normativo, de ser que primeiro não se explica como tal senão nessa dimensão abstrata da normatividade, não se permitindo, contudo, o mergulho na dimensão etérea da normatividade com abstração da realidade. A normatividade pura, kelseniana, não tem como seu valor preponderante a justiça, mas, antes pretende esgotar-se em si mesma e termina rendendo-se à inevitabilidade da sua inserção na dimensão histórica. Nesse terreno da incerteza em que trabalha o juiz, por paradoxal que pareça, deve escorar-se e autolimitar-se nos muros da normatividade objetiva, sabendo, com SANTO TOMÁS, da impossibilidade de desprender-se da dimensão do natural, sob pena de arvorar-se condição divina, nem deixar de estar atento à valoração e ao resultado prático de suas decisões, ciente com SANTO AGOSTINHO de que o limite de qualquer normatividade é a sua justificação valorativa objetiva: lei injusta não é lei; em verdade, devaneio autoritário que mergulha no dito etéreo desprezando o real e o objetivo e justificando-se a si mesmo numa dimensão racional relativa, a qual tudo admite, tudo concebe, a depender do talento retórico de quem fala.

Se o processo inaugura uma teia complexa de narrativas de fatos e uma prolongada e variada discussão de direito, na dimensão da incerteza em que mergulhará o juiz para emergir com uma certeza que se objetive e respalde nas normas e valores que governam o sistema jurídico, fica claro que os esquemas que se notabilizaram para descrever essa sua atividade entre a segunda metade do século XIX e a primeira do século XX mostram-se hoje muito mais complexos, dinâmicos e detalhados. A ideia de um juiz que faz subsumir a norma preeexistente ao fato que lhe é apresentado pelas partes é uma concepção muito mais didática do que real e que explica pouco nesse universo antes esboçado.

A ideia de relação jurídica processual, primeiro intuída por juristas de fala alemã no final do século XVIII (DANIEL NETTELBLADT), pode começar a explicar o conjunto menor do processo, o qual se insere na dimensão maior da realidade social, no mundo do Direito, atuando como um corte virtual nessa realidade, da qual, no entanto, não deixa de sofrer permanente influência, ainda que pretenda, no futuro, nela intervir apresentando como resultado o acertamento almejado pelas partes. Para esse caráter dinâmico do processo, em verdade, defendia, já no início do século XX, JAMES GOLDSCHMIDT como um dos conceitos fundamentais do Direito Processual, aquele desenvolvido por KOHLER, de situação jurídica, explicado não como uma existência, mas como uma evidência, uma relação jurídica imperfeita.

Se é lícito fazer essa ilação a partir das constatações acima, o direito pretensamente alinhado pelas partes em abono de suas narrativas e teses não passa de um projeto, um arquétipo. Inserido este na dinâmica do processo, é desse complexo *iter*, deste *procedere*, que se pretende obter o prometido acertamento. Logo, a ideia de um direito ou de direitos previamente existentes no plano material e que se vão tutelar com o processo mostra-se embrionária e talvez até pouco útil, ou mesmo divorciada da realidade, para permitir a afirmação de que haja uma "verdade" pré-processual cuja missão do juiz seria meramente objetivar. Parece um equívoco dos que creem na completude de um ordenamento normativo puramente racional, acético e completamente imune à realidade social e econômica, imaginar que o juiz nesse esquema haveria de comportar-se não como um sociólogo ou filósofo, para os quais o contato permanente com a dimensão fatual é indispensável para assegurar o caráter humano de suas observações, mas como um cientista em um laboratório de Ciências Naturais ou Exatas, para as quais ele deve ser antes um observador distante e sem qualquer interferência nos fenômenos que observa, os quais cabe-lhe unicamente descrever com a melhor fidedignidade.

Ao se enveredar por essa discussão, ainda que superficial e incompleta, da decisão judicial e de seus fundamentos, parece ser constatação de primeira importância aquela de que não há, antes e durante o processo, uma verdade, mas uma rede delas, um complexo delas, um choque entre tantas e quantas delas; que há narrativas e contranarrativas; que há estágios, degraus sobre os quais se vão construindo etapas da decisão final, os quais implicam decisões parciais e, com isso, acertamentos igualmente parciais ou incompletos, alteráveis ou não no futuro. É imperioso perceber que fatores externos acoplam-se e influenciam essas narrativas e os estágios de construção da decisão, podendo-se, para dizer o mínimo, falar das narrativas agregadas por terceiros que venham a participar do processo ou mesmo do depoimento de testemunhas, assim como, no plano dos fatos cientificamente examinados, poder-se-ia falar dos laudos periciais, ou mesmo de dados científicos que possam contrapor-se às narrativas das partes ou de outros sujeitos do processo, desnudando-lhes a insustentabilidade prática.

Em uma palavra, não se pode perder de vista que a sentença, como ato último de acertamento do direito que em seguida se fará efetivar, é um ato complexo que antes de materializar-se na obra de criação intelectual de uma pessoa, o juiz singular, ou de um grupo de pessoas, nos juízos colegiados, deve espelhar fielmente o resultado dialético dessa construção do direito certo e objetivamente justificado segundos os critérios da ética e da normatividade, a partir desse complexo *procedere*, respeitando os estágios cumpridos para o alcance desse resultado e os dados de fato estampados nos autos, não sem dar lugar, é claro, à aludida contribuição intelectual e criativa do julgador, a qual deve expressar-se menos no colorido ideológico do resultado prático do processo do que na harmoniosa conformação dos interesses em conflito à luz das mencionadas ética e normatividade objetivas.

2. O limite da incerteza: o objeto

Se a incerteza é por excelência o terreno pelo qual navega o juiz, por certo não o faz ele como um Almirante do Mar Oceano, andando pelas Antilhas em busca dos mares da Índia, para, ao fim e ao cabo, sagrar-se descobridor de um Novo Mundo. Além dos limites antes enunciados, os quais têm um caráter externo e geral em relação às funções do juiz, há também a delimitação interna de sua atuação, que está no objeto, na chamada *res in iudicium deducta*. Ao projeto de direito e de sua tutela que apresenta o autor, contrapõe o réu o seu projeto de negativa ou alternativa a esse direito, delimitando um campo, uma causa, uma coisa, sobre os quais deverá debruçar-se o juiz. Essa delimitação compõe-se de elementos formais, que dizem respeito ao processo e suas aptidão e higidez para a tutela pretendida pelas partes e de elementos substanciais que entendem com a questão de fundo de direito material. Os primeiros, os elementos formais, revestem-se em boa medida de normas de ordem pública e se ligam diretamente àqueles aspectos delimitadores externos da função jurisdicional, tais como a segurança jurídica e a ética como valores fundamentais da ordem jurídica. São normas do ofício do juiz, que deve empregá-las não para desincumbir-se burocraticamente de uma tarefa, mas sim como auxiliares de sua atenta observância e tolerância, garantias de uma sentença formalmente válida e substancialmente útil. Devem ser empregadas em caráter restritivo somente se aquela validade e utilidade futuras se mostrarem de todo inatingíveis.

Os argumentos de ordem formal podem dizer respeito à tutela que o autor pretende, apresentando ele aqueles que julga estruturarem sua pretensão, assim como haverá outros que concernem à resistência oposta pelo réu, o qual pode ter construído com argumentos dessa natureza a justificação da inviabilidade formal da tutela pretendida pelo autor, ou oferecido um projeto alternativo em relação a ela. Se o autor formula uma queixa, *Klage*, como dizem os alemães, e para solução dela oferece seu *Antrag*, requerimento, pedido, e se é lícita a extensão de significado que ora se opera, por outro lado o réu buscará primeiro demonstrar desde a falta de cabimento desse lamento do autor até a dita inviabilidade técnico-jurídica do que em razão dele se pede, para ficar-se, por ora, no dito terreno meramente formal, vale dizer, processual, da *domanda*, a qual, neste aspecto, expressa-se antes como *azione*, a ação, o movimento, que esse mesmo réu buscará conter, tornar, na prática, inócuo, ou, senão isso, ao menos, menos invasivo de sua esfera jurídica de segurança.

À antítese que pode instaurar-se sobre a formação do processo pode seguir-se também uma outra quanto a fatos ou regras que supervenientemente qualifiquem os mesmos óbices, agora ao desenvolvimento e à validade do processo. Nesse terreno, contudo, se há incertezas e, por vezes elas são muito complexas, talvez se possa falar em um grau de previsibilidade maior da argumentação a ser empregada pelas partes, porquanto delimitada pela linguagem e conceitos da Ciência da Processo. Se os fatos não deixam de importar também aqui, porque são eles a base sobre a qual muitas vezes se lançam os conceitos técnico-formais na tentativa de tornar viável ou inviável uma pretensão, tudo haverá de conformar-se a uma antiga e extensa elaboração normativa, doutrinária e jurisprudencial dos conceitos e de seus alcance, de tal sorte que a racionalidade jurídica funcionará como o anteparo mais poderoso de segurança para as partes e o juiz, visto que ainda que se arrisquem a desafiá-la, a probabilidade de que o desafio vingue no futuro em outro juízo ou grau de jurisdição é reduzida. Em uma palavra, à grande abertura propiciada pela riqueza da vida em sociedade, a criatividade e o comércio jurídico, coloca-se o Processo, em sua acepção normativa, científica e jurisprudencial, como primeiro muro de segurança; como primeira ilha de salvação nesse *procedere*.

A ideia de que o juiz é um guia, um navegador a ditar o curso da embarcação e a decidir seus destinos sobretudo em matéria de processo e procedimento, parece mais modernamente atenuada, como o faz o novo Código de Processo Civil, por uma valorização da colaboração das partes e pela constatação de que o apego a certas formalidades está longe de atender à finalidade tutelar maior. Assim, assenta-se o princípio de que o limite da ordem pública e de sua rigidez é o prejuízo às partes e aos valores inarredáveis que presidem a ordem jurídica. Concebe-se, por isso, a possibilidade de alteração do pedido e da causa de pedir, respeitadas as oportunidades de defesa, até o saneamento do processo, em aproximação à chamada teoria da individuação do objeto; a sempre lembrada proibição de decisão surpresa, que obriga o juiz a valer-se antes do contraditório sobre a matéria ou o argumento que queira vencer sob uma ótica ainda inexplorada no feito; possibilidade de alteração negociada de prazos e de limitações às provas e o incentivo aos chamados métodos extrajudiciais de solução dos conflitos, para referir somente aqueles mais em evidência.

Entende-se, porém, de grande valia no terreno técnico-formal do processo a adoção mais franca do que se poderia chamar de um princípio da razão mais líquida. Trata-se de interpretar de forma um pouco mais ampla o art. 282, § 2º, do novo Código, correspondente ao art. 249, § 2º, do Código de 1973, aplicando-o não somente na presença de nulidades e para saltar do terreno formal para aquele outro substancial de mérito, mas toda vez que lá adiante da superação de uma complexa ou demorada questão de ordem processual, logicamente antecedente, já se veja a inviabilidade da demanda por outro motivo formal insuperável ou mesmo, no mérito, a sua pacificada improcedência. Por vezes há questões de ordem processual, cujo exame deve anteceder a outras tantas, como por exemplo, a competência do juízo para esta ou aquela outra matéria, ou a competência funcional do juiz, a reclamar um complexo tratamento, que podem talvez demandar instrução ou longo arrazoado jurídico do juiz para decidi-las, as quais, contudo, lá na frente de pouco servirão, porquanto já vista a clara inviabilidade da demanda por outro motivo formal ou a sua improcedência pacificada pela jurisprudência das Cortes Superiores. Talvez seja tempo de fazer valer primeiro a razão mais evidente e decisiva do que aquela logicamente antecedente, mas complexa, demorada, custosa e, de todo inútil no seu resultado prático, uma vez que natimorta a pretensão.

Encontram-se, na sequência delimitadora do objeto, as chamadas questões de fundo ou de mérito, que são afirmações de fato ou de direito, no mais das vezes de ambos, que circunscrevem o campo hipotético da lide ou do interesse a ser especialmente protegido. Nesse terreno há primeiro as narrativas, as quais desafiam os dotes literários das partes e de seus advogados. A construção de um discurso fluido, conciso, elegante e palatável ao senso jurídico mediano talvez seja um marco facilitador do sucesso futuro da parte em sua demanda ou em sua resistência. Não obstante, o Direito não se confunde com a Literatura, pois esta pode ser uma incursão na realidade ou talvez possa até melhor descrevê-la do que qualquer Ciência, mas, em regra, é para esgotar-se no terreno da ficção; com ela poderia satisfazer-se. O Direito, conquanto possa ter igual feição artística, ao contrário, deve tender à realidade, malgrado, em alguma medida ou momento, admita também dar-se por bem pago com a ficção. Se tantas e tão grandes podem ser as relações entre Direito e Literatura, até mesmo porque é autorizado falar-se em uma Literatura de cada Ciência, assim como em uma Ciência da Literatura, não se pode perder de vista que a dimensão do Direito deve ser a realidade objetivamente palpável, funcionando a racionalidade como um instrumento de apreensão dessa realidade, diferentemente da Literatura, a quem se autoriza a construção racional da ficção, do etéreo.

A compreensão da diferença entre o Direito e a Literatura talvez passe pela comparação que José Guilherme Merquior, valendo-se do pensamento de Noam

CHOMSKY, fazia entre a cultura e a língua, ou a Literatura e a Gramática que, como o Direito, é também normativa. As formas culturais, como a Literatura, submeter-se-iam a um ritmo de variação muito mais rápido, uma vez que sua semanticidade se prenderia a uma consciência coletiva menor, ou mesmo mais precária do que aquela em que se estribaria a linguagem. Esta, assim como o Direito, por ser normativa, deve dirigir-se à compreensão de um universo bem mais amplo, por isso, há insofismáveis restrições à liberdade de criação e de construção semântica.

A identificação mais próxima que se pode estabelecer entre o Direito e a Literatura, com efeito, não parece estar em questões semânticas, porquanto não é usual o estilo literário de um GUIMARÃES ROSA nas lides forenses, ao menos nos dias de hoje. É certo que não se deve chegar à ingênua suposição de que a ficção não cumpre um papel no processo. A leitura de obras como o célebre *O Processo*, de FRANZ KAFKA, não por acaso um autor de formação jurídica, bem revela a angústia das partes por uma solução pronta e racional do processo e, sobretudo, a necessidade de compreensão dos significados que essa atividade envolve. Não obstante, as peças forenses não necessariamente constituem reproduções técnicas fiéis à realidade; não raro, como observa MICHELE TARUFFO, os advogados omitem fatos ou impressões sobre eles, distorcem-nos, ou interpretam-nos segundo os interesses de seus clientes, tendo em vista, que sua missão é convencer o juiz a proferir decisão favorável aos seus clientes; contrapõem-se este e aqueles em suas tarefas, uma vez que para o último o que mais deve importar é a descoberta da verdade objetiva. O sistema contraditório próprio do processo abre espaço para esse embate contínuo entre ficção e realidade e o juiz deve a todo tempo fazer como o leitor de uma obra literária, que deve saber identificar nas entrelinhas da ficção a descrição de uma realidade que se procura ocultar ou, talvez, precise ser melhor compreendida para ser enunciada.

Aproximam-se ainda o Direito e a Literatura na arte da estruturação do discurso, notadamente o descritivo-analítico, com as partes já assinaladas na célebre *Retórica a Herênio*, atribuída a CÍCERO, de introdução, narração, divisão, confirmação e refutação. O discurso que se estrutura, por exemplo, em uma petição inicial ou em uma defesa atende em regra a essas partes e, abstraída a questão processual, formal, já antes referida, usualmente subdivide as questões que aborda entre questões de fato ou de direito, divisão que não é tecnicamente fácil, mas que se reveste de grande importância, porquanto em sistemas jurídicos como o nosso servem como um dos requisitos para abrir ou não as portas das vias recursais extraordinárias aos Tribunais Superiores. A relevância da divisão e as técnicas para proceder a ela, contudo, não podem ser tratadas neste reduzido escrito.

A delimitação das questões de fato e das de direito tem essa importância antes pela distribuição das cargas probatórias, em regra, os fatos enunciados por cada um dos contendores em suas peças-projeto, inicial ou defesa, acabam por determinar essas cargas, observação que não escapou a GOLDSCHMIDT, demonstrando a ligação que há entre as estruturas arquétipo-narrativas do processo e o seu desenrolar objetivo no terreno do direito probatório. A amplitude desses ônus ou cargas, contudo, vai depender antes de tudo da natureza do direito ou dos direitos em discussão. A doutrina alemã, que tem valiosa elaboração sobre a teoria do objeto do processo, separando-a por vezes nos extremos da individuação ou da substanciação, também não deixa de constatar que não é só o legislador em seus códigos o responsável pela assimilação de uma ou de outra feição do objeto em cada sistema, mas, é a natureza do direito material que irá melhor demonstrá-la. É o direito material que se quer fazer valer com a sentença que qualifica o objeto do processo e, por isso, influencia os limites da cognição do juiz e também os limites jurídicos e fáticos das alegações das partes, projetando tudo isso na fase probatória e na distribuição de suas cargas.

Esse quadro explica que há argumentos de direito e fatos que se relacionam diretamente com o objeto, em caráter constitutivo, modificativo ou extintivo, assim como há argumentos de direito e fatos que têm relação indireta com o objeto. Há aqueles que prejudicam direta e logicamente o objeto e os outros que lhe tocam somente os contornos ou as consequências jurídicas. Há direitos que, por definição, são disponíveis e, por isso, transmitem essa sua característica para os ônus de alegações das partes e a cognição do juiz, assim como há outros de ordem pública que ampliam esses horizontes. Há direitos de conformação relativa e outros de natureza absoluta. Nestes, como no caso da propriedade, por exemplo, a cognição do juiz pode também alcançar limites que vão além das alegações e provas trazidas pelas partes. Em uma disputa sobre propriedade imobiliária entre "A" e "B", dizendo-se ambos proprietários do mesmo imóvel e reivindicando a atribuição jurídica dessa condição, não está impedido o juiz de investigar, dada a natureza absoluta do direito, o verdadeiro proprietário do imóvel, que pode ser "C" e não os outros dois contendores. Será a natureza dos direitos em disputa que determinará o alcance da cognição do juiz e, por isso, também os limites de sua sentença e as questões que nele devam ser razoavelmente resolvidas.

É verdade que o art. 337, § 2º, do novo Código, praticamente reproduziu o texto do revogado art. 301, § 2º, sobre a identidade das causas, ficando ela nos mesmos *tria eadem*, constatação que permitiria afirmar que o sistema processual civil nacional continua filiado, em relação ao objeto do processo à chamada teoria da substanciação. Todavia, essa afirmação deve fazer-se agora *cum grano salis*, tomando-se o cuidado de perceber que o novo sistema contém abertura suficiente para a aplicação da velha máxima medieval *narra mihi factum dabo tibi ius*, de invocação constante no processo do trabalho. Não se deve alimentar a ilusão de que os argumentos trazidos pelas partes para a conformação jurídica do pedido ou da defesa, ainda que circunscritos por elas àqueles únicos discutidos no processo, devem ser também os únicos a serem examinados e a compor a decisão do juiz. Não só pode haver erro, omissão ou distorção na qualificação jurídica dos fatos ou mesmo do direito em discussão pelas partes, como há também a matéria passível de ser conhecida de ofício pelo juiz, ou, mais ainda, pode ele enxergar outros contornos, diversos, mais amplos ou mais restritos, para a causa, numa feição não imaginada e que pode interessar às partes vê-la também decidida para cercarem-se de maior segurança jurídica na decisão.

O novo Código contém, com acerto, largas aberturas para essa alteração dos contornos do objeto do processo. Ao que parece, ao invés de apegar-se formalisticamente à antiga regra da adstrição, fez melhor aproximando-se do processo anglo-saxão, em movimento já antes levado a efeito também pelo sistema francês, e assegurou a possibilidade dessa alteração ou ampliação do objeto, tendendo mesmo para a chamada de teoria da individuação, ao permitir, no art. 329, II, a alteração ou aditamento do pedido ou da causa de pedir, até o saneamento do processo, com a concordância do réu e asseguradas as oportunidades de defesa que menciona, além de permitir fazê-lo ao próprio juiz. Quando o Código proíbe a chamada decisão surpresa (art. 10), em outras palavras, autoriza o juiz a, no momento em que verificar a possibilidade de decisão da causa com fase em fundamentos jurídicos diversos dos imaginados pelas partes ou com base em uma interpretação dos fatos ou do direito por elas igualmente não cogitada, dar-lhes oportunidade de produzir essa verdadeira alteração da causa de pedir e mesmo, não se há de excluir, a possibilidade de modificação do pedido, desde que respeitadas a concordância das partes e as oportunidades de defesa.

Repare-se que a redação do art. 493 e seu parágrafo único também rende ensanchas ao mesmo alargamento, uma vez que menciona não só o fato novo (parágrafo único), mas também "algum fato constitutivo, modificativo ou extintivo do direito" que possa influir no julgamento da causa. Fá-lo, é claro, sob condição de contraditório, não só na forma expressa do parágrafo único do dito artigo legal, mas mesmo no silêncio de seu *caput*, o qual não pode deixar de conformar-se à mencionada regra geral do art. 10. Altera-se o campo da cognição do juiz e, com isso, o teor e o alcance de sua sentença, bem como as questões que nela deverão ser abordadas, veja-se, para muito além do chamado princípio dispositivo, pois o provimento final nascerá não propriamente de uma convenção das partes sobre a matéria ser decidida, mas verdadeiramente de uma construção dialógica da decisão do litígio.

3. O saneamento do processo e a fase probatória

Se o processo é um *iter*, um caminho, verdadeira peregrinação em direção aos elevados valores do Direito e da justiça, há nele, por óbvio seus estágios, mas, sobretudo, há aquelas estações em que as paradas se alongam para verdadeira recomposição de forças dos viajantes e reorganização dos instrumentos da viagem; entre essas estações, há sempre aquelas importantes em que as decisões e os caminhos que se tomam resumem e reorganizam tudo o que até então foi feito e produzem considerável influência no caminho que haverá de ser tomado adiante; não raro, voltar pode mostrar-se inviável ou mesmo impossível, ou ainda a constatação de certas deficiências ou debilidades pode determinar desde o puro e simples encerramento do trajeto até a sua completa alteração. Se na peregrinação, quando o vazio da alma propiciado pelo imenso cansaço e os grandes inconvenientes do trajeto, encontra na fé a força não imaginada para o prosseguimento, no processo é ao juiz que cabe, estabelecido ou permitido estabelecer o contraditório e esgrimidas as armas que descrevem as primeiras batalhas, com as partes já exibindo delas suas primeiras cicatrizes, prover a essa reordenação de forças e a reorganização do percurso. Para fazê-lo, o juiz deve ter pelo Direito o gosto de um cavaleiro quixotesco, capaz de vender terras para adquirir livros sobre essa sua predileção e obter como único resultado a vitória dos nobres valores que o animam.

Se a maior ou menor beleza da construção pode mostrar-se insuficiente para resumir a importância do estágio fundamental que é o despacho saneador, resumiu-a antes melhor e mais objetivamente PONTES DE MIRANDA, ao comentar o tema sob o Código revogado, dizendo que o juiz então a) decide as questões à constituição da relação jurídica processual; b) estabelece a favor do autor o reequilíbrio, que a defesa, indo além dos fatos afirmados pelo mesmo autor, quebraria; c) examina a legitimidade do interesse processual; d) pronuncia nulidades, ou ordena o suprimento delas ou a repetição de atos, se cabível; e) impulsiona a produção de provas, mesmo de ofício; f) decide requerimentos de suspensão ou extinção do processo, ou g) ordena de ofício a sua extinção.

A função do saneamento, além desse ordenamento futuro, é a de formação de preclusões, notadamente sobre questões de ordem processual, meramente formal, para permitir hígido avanço deste mesmo processo. Tem como um de seus principais efeitos não só o óbvio saneamento das nulidades, mas também a preclusão em relação a algumas delas, instaurando validamente a discussão da possibilidade ou não de as partes e do juiz tornarem a elas (preclusão ou não *pro iudicato*). A conjugação desses dois aspectos de ordenamento futuro e de saneamento do passado tem por não menos evidente consequência verdadeira reordenação do objeto, ou mesmo a sua releitura, dentro dos limites agora mais explicitamente concebidos pela ordem processual, como acima visto.

Se há todo um balizamento legal e jurisprudencial para o exercício da atividade de saneamento pelo juiz, não é difícil, no entanto, perceber que essa leitura do objeto que ele faz confere um direcionamento ao processo e, em maior ou menor proporção, pode já determinar seu sucesso ou insucesso futuro; a maior ou menor amplitude da decisão final que se venha a tomar; sua exequibilidade ou não, a partir, sobretudo, da mais estreita ou mais larga dimensão do campo probatório e, com isso, das maiores ou menores possibilidades de descoberta da verdade dos fatos que deverão informar a decisão, além, é claro, da definição de aspectos jurídicos desse objeto, a interpretação das normas em que se escore o pedido ou a defesa e outras tantas questões. Mal comparando, se o processo pode ser entendido com um caminho, o saneamento é daquelas estações em que se aparelham os andarilhos para a empreitada, possuindo, por isso, importantes implicações no sucesso futuro da empreitada. Ademais, se é verdade que a atividade de saneamento do juiz está sujeita a recurso e o novo Código tenha relação algo extensa no art. 1.015 para enunciar o cabimento dos agravos de instrumento, contando com incisos com cláusulas suficientemente abertas como aquela do inciso II (que versarem sobre o "mérito do processo"), procurou-se no art. 1.009, § 1º, dar a essas questões natureza de preliminar de apelação, como, de certo modo já se passava na CLT. Em tal sistemática, de fato, diversas decisões tomadas pelo juiz na condução do processo, tornam-se difíceis de serem revistas e, para tanto, dependem no mais das vezes mais do empenho de uma ou de ambas as partes em fazê-lo do que propriamente da facilidade, técnica ou de fato, para tanto. É usual mesmo, que as partes muitas vezes aguerridas em relação a certas medidas de condução do processo tomadas pelo juiz, ao fim e ao cabo, terminem por conformarem-se com elas em nome de interesses circunstanciais ou mesmo da perda de relevância das questões e da emergência da solução de outras.

Todos aqueles que possuem vivência na atividade forense sabem que a sentença não é um ato que brota de uma só arrancada, da mente criativa do juiz para a realidade. Cumprem-se muitos estágios e diversas decisões de interpretação dos limites do objeto e de instrução do processo assumem relevância vital. Desde o simples deferimento da juntada ou não de um documento ou da produção desta ou daquela prova, até a própria condução da produção dessas provas, constrói-se na verdade um caminho, que é peculiar de cada processo e que, no mais das vezes, diz muito sobre a sentença e sua execução futura. É por isso que antigos e experimentados operadores do Direito não desdenham das funções do juiz de primeiro grau na condução e instrução do processo. Por vezes as escolhas que ele faz em relação a certos caminhos não estão balizadas por nenhuma norma legal, investigar para um lado ou para outro, determinar essa ou aquela outra providência, são questões que se inserem na sua discricionariedade na condução do processo, que pode e deve ser coadjuvada pela atuação das partes, procurando corrigir os caminhos e apontar as melhores opções, mas muitas vezes de difícil avaliação de resultados futuros até mesmo por bem informados operadores.

Como não passou desapercebido a MICHELE TARUFFO, uma sentença justa deve resultar pelo menos de um processo em que tenham sido a) observadas as garantias fundamentais; b) corretamente interpretadas e aplicadas as normas que serviram de base para a decisão; e c) realizadas apurações verdadeiras dos fatos da causa. Vale dizer, a justiça de uma sentença é mais a justiça da sua condução do que propriamente a correção ou não das escolhas filosóficas, políticas ou ideológicas que faça o juiz, sabendo-se que, observada a primeira, estas últimas não poderão desbordar de certos limites de razoabilidade, sob pena de maltrato a outra garantia, que é a necessária correspondência do resultado do julgado à realidade expressa no *iter* processual. Essa, aliás, parece ser a tônica do tão mencionado art. 489, do novo Código, ao tratar dos requisitos de fundamentação da sentença.

Se constitui importante estágio o saneamento, são pontos talvez ainda mais delicados o da instrução e o de sua condução, porquanto diretamente ligados à apuração da verdade dos fatos da causa, a qual é essencial para a prolação de uma decisão justa. A existência de um sistema de liberdade da prova (Constituição, art. 5º, inc.) e a atribuição dos seus ônus de forma dinâmica, de acordo com as peculiaridades da causa (CPC, art. 373, § 1º), tudo subordinado aos limites da moralidade e da legitimidade da prova (CPC, art. 369), regras positivadas pelo Código, mas de estatura verdadeiramente constitucional, constituem importantes pressupostos para a justiça futura da decisão. A faculdade que se dá ao juiz de determinar de ofício as provas necessárias ao julgamento do mérito (CPC, art. 370) é outro pilar dessa fundamental estrutura, sabendo-se que um sistema que trate a prova e os ônus na sua produção como verdadeira *Sache der Parteien*, mantendo o juiz alheio à determinação de provas, como um expectador, e permitindo às partes livremente instruir o processo segundo suas conveniências, corre o risco não só de produzir decisões sumamente injustas, como, para além, aquele de que se produzam mesmo com o processo efeitos ilícitos, na contramão da razão de sua existência.

Não é esta modesta sede apropriada para o aprofundamento da matéria e a discussão sobre as diversas espécies de provas, seus ônus e sua produção, mas causa preocupação, certamente a comportar temperamento futuro pela doutrina e pela jurisprudência, a regra do art. 373, § 3º, do novo Código. Se é saudável que as partes tenham a liberdade de dispor sobre a distribuição dos ônus da prova em matéria que não fira a ordem pública, direitos indisponíveis ou que a tornem excessivamente onerosa para uma delas, por outro lado, essa regra só pode vir a ser manipulada por aqueles que detenham maior poder econômico ou de fato nas relações processuais, impondo ao outro litigante ônus que em regra seriam seus. Mais delicada ainda é a possibilidade contemplada no § 4º, do referido artigo processual, de celebração de convenção anterior ao processo sobre a distribuição dos ônus da prova, a qual pode significar, em contratos de adesão ou outros em que uma das partes tenha reduzida capacidade de escolha, a imposição prévia de ônus à parte mais fraca ou a exoneração futura da outra mais forte de ônus que decorreriam de uma eventual inversão determinada pelo juiz nos moldes do § 1º do mesmo artigo. A aguardar que se confirme no futuro constituir esse último parágrafo exceção oponível não só à distribuição legal, mas também àquela outra convencional dos ônus da prova, sob pena de vir a transformar-se em letra morta nas relações com as grandes corporações mercantis.

Superada a questão dos ônus, é também de fundamental importância o momento da produção da prova, ao qual acorrem outros tantos problemas e variáveis com ligação direta com o resultado final na sentença e na efetividade dos direitos. É neste momento que a experiência do juiz assume crucial destaque. Com o imenso volume de processos com os quais contam quase todos os juízos do país, a produção da prova, para alcançar bom resultado, deve contar com o conhecimento profundo da causa que devem ter os advogados, os quais quase sempre, pelo contato mais direto e franco com as partes e o mais adiantado estudo dos aspectos de fato e de direito, podem facilitar o trabalho do juiz. Este, por seu turno, não se pode descuidar de que essa contribuição pode ser limitada e relativa, porquanto as próprias partes podem não estar interessadas em municiar seus advogados de toda a verdade para a decisão da causa. É aí que a experiência do juiz e a sua dedicação ao seu ofício serão essenciais para superar óbices que podem distorcer completamente o resultado do processo.

É verdade que há também vícios na atuação do juiz, mas estes devem ser deixados ao controle da atuação recursal e à atividade reformadora dos tribunais. Elaborar a lei ou interpretá-la no pressuposto do erro ou do vício, restringindo os poderes instrutórios ou decisórios do juiz é acreditar num processo capaz de prescindir da figura de um juiz atuante e experiente, debaixo da crença na hierarquização da Justiça e na possibilidade de solução prévia pela lei ou pela jurisprudência das incontáveis questões que a prática oferece e que, no mais das vezes, antes não tinham sido objeto de cogitação. Justamente por isso, o Código contempla no art. 375, em caráter imperativo, a aplicação pelo juiz das máximas da experiência da vida em sociedade, considerável anteparo à arbitrariedade e solução suficientemente flexível para as tantas situações impensadas. Na mesma linha, o dever de colaboração dos terceiros nos arts. 378 e 380, aparelhado com a possibilidade de coação dissuasória no parágrafo único do último dispositivo referido, acompanhada de medidas que podem dar efetividade à contribuição pretendida.

A construção de uma decisão justa não tem lugar, do mesmo modo, em uma visão estrita do princípio dispositivo, malgrado as regras dos incs. II e III do art. 374. Não é somente por dizerem respeito a direitos disponíveis ou serem passíveis de confissão que os fatos devem ser presumidos verdadeiros, pondo-se a salvo de qualquer controle judicial. Não obstante a discussão filosófica sobre a própria existência ou não da verdade, ou mesmo a sua superação por conta de uma suposta pós-verdade, não pode prescindir o juiz de constatar os dados e fatos que se objetivam no decorrer do processo, mesmo que sobre eles não controvertam as partes ou já os tenham dado, de outra forma, por confessados. O limite da disponibilidade, em outras palavras, é a evidência da verdade. Sugerindo o conjunto dos fatos em contrário, não pode demitir-se o juiz da busca da verdade, recostando-se em uma concepção estritamente dispositiva dos direitos no processo. A justiça da decisão é antes o prestígio do Poder Judiciário e do Estado na prestação jurisdicional. As soluções que, diante de dados concretos em contrário, se conformam com distinta conotação dos fatos estabelecida por mera disponibilidade nos autos, constituem verdadeira aceitação do injusto, ou negação do Direito como instrumento da justiça, satisfazendo-se com a sua função meramente coercitiva. Decisões dessa natureza contêm subjacente a ideia de que o consentimento com a dominação é elemento consagrador da juridicidade, dentro do equívoco de que a paz social é o fim mais relevante do processo e do Direito, isto é, o mesmo que, em outras palavras, pode terminar por legitimar um regime autoritário.

4. A sentença como resultado do processo: a certeza

Se é possível estabelecer alguma relação válida entre processo e literatura, esta talvez esteja na redação da sentença que, antes de tudo, é um escrito e, como tal, deve revestir-se das melhores qualidades no emprego do vernáculo e no atingimento de seu objetivo maior, que é o acertamento da relação que lhe é posta pelas partes e demais sujeitos do processo. Seus requisitos primeiros, muitas vezes não expressos em normas legais, mas sempre essenciais, são a clareza e a precisão, como destaca Pontes de Miranda, ao reputar, em contraposição à primeira qualidade, a falta de inteligibilidade, conducente à ineficácia da sentença, e à imprecisão, a falta de certeza, igualmente conducente à ineficácia. Se a falta de clareza ou de precisão pode ser suprida com os embargos declaratórios, não esquece o mencionado mestre alagoano que a providência em regra só se admite por uma vez e, para tanto, transcreve lição de Manuel Mendes de Castro: *"Iudex non potest bis suam sententiam declarare, et interpretationem, quam semel fecit non potest revocare"*.

O estilo da redação deve repetir as duas principais qualidades do juiz, que são a modéstia e a tolerância. Deve narrar de forma concisa e objetiva todo o transcurso do processo, resumindo da forma mais estrita o pedido, a defesa, os argumentos das partes e de outros eventuais sujeitos intervenientes, bem como os eventos da instrução e as questões levantadas pelas partes no seu desenrolar até a oportunidade das razões finais (CPC, art. 364). Alçada à dimensão constitucional a fundamentação (art. 93, IX) e vocacionada ela ao natural enfrentamento das questões essenciais do processo, o relatório deve esgotar-se da forma mais breve possível, figurando quase como um índice das matérias a serem apreciadas. Se for além disso, corre o juiz o risco da superfetação inútil, ao repetir na fundamentação narrativas que já terá trazido antes no relatório.

A linguagem deve ser fluida e simples, tocando de forma direta e objetiva os pontos essenciais. Devem-se evitar citações doutrinárias ou jurisprudenciais meramente confirmatórias, sobretudo em questões de ordem secundária ou meramente para dar reforço em temas já sem qualquer divergência doutrinária ou jurisprudencial significativa, sob pena de firmar-se sinal de insegurança. Não se deve, de igual modo, abusar de citações em língua, doutrina ou jurisprudência estrangeiras, entendendo-se como tais, logicamente, aquelas que não ofereçam certo grau de inteligibilidade com o vernáculo ou facilidade de consulta para as partes e advogados. Diferente, é claro, deve ser o comportamento em doutrina, ou em Cortes Superiores, terrenos nos quais o aprofundamento e a erudição são da essência das atividades neles exercidas. O mesmo se diga do emprego de termos técnicos, se o processo conta com a atuação dos advogados, cuja capacidade técnica é legalmente presumida, não há por que afastar-se da boa terminologia jurídica em nome de uma suposta maior inteligibilidade para as partes. O pressuposto de que a técnica é contrária aos direitos ou oferece a eles qualquer dificuldade parece estribado na velha tentativa de separar forma e substância, a qual esbarra no mais das vezes na incindibilidade do todo.

O norte a não ser perdido de vista pelo juiz é o de que a sua principal missão é o acertamento daquela relação, de forma objetiva e factível. Não é tarefa sua fazer doutrina, ou, menos ainda, procurar esquivar-se por razões menores da ordem constituída ou da jurisprudência iterativa. Deve ter a consciência do possível e saber que de muito pouco ou nada adianta insistir em argumentos adrede superados ou, pior, procurar fazer lei de sua exclusiva vontade. Tudo isso não significa, é claro, que deva transigir com os valores mais elevados da ordem jurídica, ou reconfortar-se na ordem constituída em resposta a graves injustiças que se lhe apresentem os feitos ao seu encargo. Se a modéstia e a tolerância, a prudência mesmo, lhe impõem a pacífica aceitação da ordem e a sua efetivação por seus julgados, não se pode perder de vista que a maior qualidade de uma sentença é a sua justiça, valor mais elevado de toda a ordem jurídica, de modo que, se surgirem questões a esta altura contundentes e inovadoras, impossíveis de serem resolvidas pelos instrumentos constituídos, deve ter a coragem de enfrentá-las com a temperança de razões genuínas, descrevendo com isso as quatro virtudes cardeais da vida moral enunciadas pelo pensamento aristotélico-platônico e acolhidas por Santo Tomás de Aquino.

É elementar corolário do direito de petição aos órgãos públicos aquele outro de conhecimento e discussão das razões que levaram à decisão dessa postulação. Se o soberano, desde o Absolutismo, chamou a si, de forma centralizada, a tarefa de distribuição da justiça, e os súditos, hoje cidadãos, comportam-se de acordo com o compromisso com esse soberano firmado, não praticando o exercício arbitrário das próprias razões, é natural que, ao recorrerem ao poder constituído por esse mesmo soberano para a realização da justiça, pretendam conhecer as razões dessa decisão e, mais, tenham a justa expectativa de que ela se faça nos limites da ordem constituída, vale dizer, das normas jurídicas editadas nos limites do dito compromisso. Se esse esquema hobbesiano é suficiente para justificar o dever de fundamentação das decisões judiciais e, se por isso, tende-se a afirmar, com o seu aprofundamento e aperfeiçoamento no pensamento liberal, que esse dever teria sido sedimentado com a Revolução Francesa, não parece historicamente confirmado.

Pode-se situar, com efeito, na lei francesa de 16-24, de agosto de 1790, em seu Título V, art. 15, a imposição das quatro partes que deveria ter uma sentença ou julgado de apelo, sendo a primeira aquela que descreveria o nome e a qualificação das partes, a segunda a que conteria a explanação precisa das questões de fato e de direito que envolvem o processo; uma terceira que exprimiria *"le résultat de faits reconnus ou constatés dans l'instruction et les motifs qui auront determiné le jugement"*, cuja parte dispositiva seria então a quarta delas. Não obstante, constate-se já em juízos dos Estados italianos renascentistas, sobretudo, em Roma, Florença e Veneza e com a inauguração neles de Cortes Superiores, uma preocupação mais aprofundada com a fundamentação, diferente da francesa, que não costumaria ir muito além do enunciado dos dispositivos legais que fundamentariam o julgado. Ao que parece, não é produto do Estado Liberal o dever de fundamentação das decisões judiciais, nem está ela historicamente ligada à exacerbação do valor da segurança jurídica por esse pensamento. Mais propriamente a ligação se dá com a justificação racional das decisões, a qual não é privilégio da dita corrente filosófica. Fundamentar, em outras palavras, é justificar; é demonstrar à luz da razão prática e jurídica o acerto da decisão.

É na fundamentação que o juiz deve expressar a compreensão que teve dos fatos descritos no processo e a conjugação que faz deles com as normas jurídicas em sentido amplo, entre as quais alinham-se princípios, normas legais positivadas, jurisprudência, costumes, Direito Comparado, doutrina e outras fontes aceitas pelo ordenamento para o amparo das decisões judiciais, no caso brasileiro pela antiga Lei de Introdução do Código Civil, hoje Lei de Introdução às Normas do Direito Brasileiro. Essa tarefa tem a sua segurança mais nos fatos que se objetivam no processo do que na tentativa que faça o legislador de restringir, de alguma forma, as faculdades e possibilidades interpretativas do juiz. Sob pena de tornar aos tempos da chamada Lei da Boa Razão, no Portugal pombalino, é inútil a tentativa de retirar do juiz a liberdade de construir sua análise e sua conclusão sobre os fatos e o Direito. Ele deve fazê-lo, é claro, sob os imperativos da razoabilidade, atento aos limites que se objetivam, de fato e direito, no processo e também com fidelidade às normas que regem a matéria. No entanto, esse balizamento jamais diz o suficiente, porque é sabido que textos legais mesmo de complexidade reduzida podem, à luz de certos fatos ou certas circunstâncias, suscitar grandes dificuldades interpretativas, reclamando sempre algum nível de construção interpretativa do juiz.

O problema, aliás, não parece ter atormentado tanto os antigos quanto sugere que aflija aos mais modernos. Compreendiam bem os romanos que o direito é relação, ou como dizia ARISTÓTELES, proporção medida entre duas pessoas na distribuição dos bens e das honrarias. Teria sido já claro para CÍCERO, mais que na figura popularizada nas palavras de MONTESQUIEU, que o juiz é lei loquente, ator que dá voz à lei, amoldando-a aos diversos casos, tanto quanto o legislador deve comportar-se como um juiz silente, que figura uma hipótese, calando-se sobre o seu alcance e o seu futuro. Pensar que é possível retirar do juiz a liberdade de formar seu convencimento, como se tem ouvido em equivocada concepção do art. 371 do novo Código, é o mesmo que pretender derrogar a própria etimologia da palavra *sententia*, extirpando de sua raiz a ideia de sentimento e passando talvez a denominar o ato do juiz que enfrente o objeto do processo, por exemplo, como "revelação", à medida que seria função judicial meramente pôr em evidência aquilo que já estivesse estampado no processo, vinculado aos limites que para ela enxergassem as partes, logicamente na ingênua suposição de que o fizessem de forma uníssona e incontroversa.

A complexidade das relações processuais, que não se resolvem com a simples e direta aplicação de um texto legal, mas, frequentemente, com uma construção que envolve vários deles, princípios e jurisprudência das mais diversas espécies e proveniências, para não falar naqueles chamados casos difíceis que reclamam construção inovadora, torna meramente didática a ideia de um juiz que se limite a reproduzir em suas decisões as palavras da lei. Se ele o faz muitas vezes, é quase sempre como elemento da construção casuística que cada processo reclama; se a tantos casos aplica os mesmos verbetes sumulares, é porque para eles constrói arrazoado de adequação lógica e este é melhor sentido em que se devem compreender as saudáveis regras do art. 489, § 1º, do novo Código, as quais em nada ou quase nada discrepam do que sempre se pensou devesse ser uma decisão devidamente fundamentada.

Não parece haver novidade em proibir que o juiz se limite à reprodução solta e vazia de textos ou conceitos, pois se antes o fizesse pecaria por igual falta de clareza e precisão. O que quer o legislador, do inciso I ao V do último parágrafo processual referido, é que o juiz explicite a vinculação de suas razões com os fatos genuinamente expressos nos autos e as normas por ele invocadas em relação a esses fatos, vencendo os argumentos das partes que, em tese, poderiam infirmar essas suas conclusões. Nada mais. Quer, em outras palavras, que o juiz faça ver a ligação razoável e tecnicamente jurídica que estabeleceu entre o caminho descrito no processo e as suas conclusões. Não se quer e, menos ainda se pode, proibi-lo de chegar a elas e de formá-las de acordo com as concepções que tenha da vida, dos valores e do Direito, desde que, é claro, não se distancie da razão mediana, da razão prática que condiciona a própria existência social dos seres humanos. Longe está a ideia de que haveria uma solução única a ser encontrada pelo juiz nessa sua atividade e que somente ela se legitimaria para a decisão do conflito, caso se enverede por essa visão do célebre pensamento de RONALD DWORKIN.

Não é possível pensar que haja uma solução única, porque é humano e razoável conviver com as divergências; com a multiplicidade razoável de soluções para um mesmo problema. Acreditar que haja uma solução única impõe, com as vênias dos que assim pensam, um problema ainda mais difícil, que é o de saber quem estaria habilitado a dar a última palavra sobre qual efetivamente deveria ser essa decisão, sabendo-se que os sistemas jurídicos estruturam-se e são aplicados por seres humanos, e não por deuses ou seres autômatos que estabeleçam suas regras de comportamento em uma dimensão etérea. O complexo e intrincado *iter* processual, que muitas vezes se liberta da vontade das próprias partes e, assim como a lei, dá lugar a consequências até então não imaginadas, não pode ser aprisionado pela ideia da existência de verdades pré-processuais que devam objetivar-se nesse *iter* e devam ser meramente reveladas pelo juiz. O correto parece ser perceber que a verdade se constrói no processo, na confluência, ou no embate, de diversas vontades, sem que se possa propriamente entender que haja uma verdade única, a qual deva ser revelada pelo juiz e adequada a um texto legal automaticamente a ela ajustável. Como explica JOLOWICZ, um dos dilemas do processo é a incerteza e, antes que essa "competição" que é o processo seja jogada; antes que o processo tenha chegado ao seu fim, é impossível saber se uma parte é "vilã" ou "santa".

É assente, mesmo para aqueles que entendem que a pretensão guarnecida pela sentença preexiste a ela, que a soberana liberdade do juiz na qualificação jurídica dos fatos ou na interpretação e na individuação das normas jurídicas aplicáveis ao caso descende da natureza mesma da atividade jurisdicional e do fato de que os juízos pertencem à ciência oficial e profissional do juiz e, por isso, são de sua competência exclusiva. Ainda que se concebam limites à liberdade interpretativa do juiz, como é necessário de fato que eles existam, seria uma ilusão crer que esses limites poderiam ser circunscritos de forma exauriente em uma norma que disciplinasse o exercício dessa atividade interpretativa. Como esclarece MICHELE TARUFFO, a diferença entre uma mera opção subjetiva do juiz na sentença e um juízo sensato está em que existam ao menos condições mínimas de racionalidade no arrazoado, com o emprego de critérios reconhecíveis, o uso de argumentos racionais, a coerência interna do arrazoado e a controlabilidade intersubjetiva do seu exame de mérito.

A rigidez, por isso, que se possa enxergar nas normas do § 1º do art. 489, parece temperada por aquelas outras do art. 1.013, § 3º, IV, as quais, ao imporem aos tribunais, no julgamento da apelação em que declarem a nulidade da sentença por falta de fundamentação, o julgamento imediato do mérito, se a causa estiver madura, desestimulando, com isso uma interpretação mais rígida do primeiro dispositivo processual antes mencionado e, ao mesmo tempo, convidando os juízes de primeiro grau a uma fundamentação mais sólida de suas decisões, sob pena de atraírem para o desempenho de suas atividades a indignidade da usual falta de cumprimento dos preceitos formais.

Se é lícito invocar as sábias palavras do eminente homenageado, escritas em época em que ainda não se colocava concretamente o problema da nova lei, parece que elas bem resumem a forma como tudo se deve compreender na matéria:

> As sentenças deverão ostentar como requisito intrínseco de validade "a justiça que encerram", vindo ao depois, a verificação da adequada "roupagem jurídica". Uma sentença em que se constrói o "jurídico" antes do "justo", se equipara a uma casa onde se erige o teto antes do solo... Em suma, numa visão **Aristotélica**, caberá à magistratura, no primeiro momento, *secundum legis*, construir a "justiça do caso concreto", ensejando uma era frutuosa de notável "poder criativo dos juízes" (com os destaques do original).

A FORÇA DOS PRECEDENTES NO NOVO CÓDIGO DE PROCESSO CIVIL

Elpídio Donizetti

Resumo: Embora o Brasil possua um sistema jurídico essencialmente baseado na *civil law*, é possível constatar que os precedentes judiciais estão sendo aos poucos adotados pela legislação processual civil com a finalidade de imprimir maior segurança jurídica aos jurisdicionados e maior celeridade ao trâmite processual. O sistema do *common law* também vem sofrendo modificações, estreitando suas relações com o *stare decisis* e aproximando-se cada vez mais do ordenamento brasileiro. No novo Código de Processo Civil é possível perceber a intenção do legislador em aproveitar os fundamentos do *common law* e do *stare decisis* com o objetivo de privilegiar a busca pela uniformização e estabilização da jurisprudência e garantir a efetividade do processo.

Palavras-Chave: *Civil law. Common law. Stare decisis.* Precedentes judiciais. Novo Código de Processo Civil.

Abstract: *Although Brazil has a legal system essentially based on the Civil Law, it is clear that judicial precedents are being gradually adopted by the civil procedural legislation with the purpose of providing more legal safety to the jurisdictionates and greater speed to the processing procedures. The system of common law has also undergone changes, strengthening its relations with the stare decisis and getting closer and closer to the Brazilian legal system. In the New Civil Code it is possible to realize the intent of the legislature to seize the fundamentals of common law and stare decisis, with the aim of emphasizing the quest for standardization and stabilization of jurisprudence and ensure the effectiveness of the process.*

Keywords: *Civil law. Common law. Stare decisis. Judicial precedents. New Civil Process Code.*

1. Introdução

O sistema jurídico brasileiro sempre foi filiado à Escola da *Civil law*, assim como os países de origem romano-germânica. Essa Escola considera que a lei é a fonte primária do ordenamento jurídico e, consequentemente, o instrumento apto a solucionar as controvérsias levadas ao conhecimento do Poder Judiciário.

As jurisdições dos países que adotam o sistema da *civil law* são estruturadas preponderantemente com a finalidade de aplicar o Direito escrito, positivado. Em outras palavras, os adeptos da *civil law* consideram que o juiz é o intérprete e aplicador da lei, não lhe reconhecendo os poderes de criador do Direito. Exatamente em razão das balizas legais, a faculdade criadora dos juízes que laboram no sistema da *civil law* é bem mais restrita do que aquela que vemos no sistema da *common law.*

No Brasil, o art. 5º, II, da Constituição Federal de 1988, comprova a existência do sistema legal adotado ao estabelecer que "ninguém será obrigado a fazer ou deixar de fazer alguma coisa senão em virtude de lei". Do referido dispositivo advém o princípio da legalidade, que além de proteger o indivíduo em face do Estado, legitimando somente as imposições que respeitem as leis previamente estabelecidas no ordenamento, também serve como instrumento norteador da atividade jurisdicional.

Agora, em razão da adoção do sistema do *stare decisis*, há que se repensar a compreensão do termo "lei", empregado na Constituição de 1988. Se até recentemente "lei" significava apenas as espécies legislativas, agora, em razão da força obrigatória dos precedentes, há que se contemplar também o precedente judicial, mormente aquele que, em razão do *status* da Corte que o firmou, tem cogência prevista no próprio ordenamento jurídico.

Em que pese a lei ainda ser considerada como fonte primária do Direito[1], não é possível conceber um Estado exclusivamente legalista. Seja porque a sociedade passa por constantes modificações (culturais, sociais, políticas, econômicas etc.) que não são acompanhadas pelo legislador, seja porque este nunca será capaz de prever solução para todas as situações concretas e futuras submetidas à apreciação judicial, não se pode admitir um ordenamento dissociado de qualquer interpretação jurisdicional. Igualmente não se pode negar a segurança jurídica proporcionada pelo ordenamento previamente estabelecido (positivismo jurídico). Essas as razões por que os dois sistemas se aproximam. Os países de cultura anglo-saxônica cada vez mais legislam por intermédio da lei e, em contrapartida, os países de tradição germano-românica estabelecem a força obrigatória dos precedentes judiciais.

Essa aproximação, para não dizer simbiose dos dois sistemas, principalmente no que se refere à *civil law* em relação à adoção do *stare decisis, é* notada pela doutrina em sua maioria. Como exemplo, permito-me citar o Professor LUIZ GUILHERME MARINONI[2]:

1 O sistema jurídico brasileiro nem de longe é legalista, uma vez que a escolha da lei como parâmetro de apreciação do Direito pressupõe um joeiramento com o arcabouço principiológico previsto na Constituição Federal. Assim, estando a lei em desconformidade com o princípio, o juiz está autorizado a afastar a legislação. Por outro lado, em havendo precedente com força obrigatória – como, por exemplo, o oriundo de julgamento de recurso repetitivo –, o juiz deve abstrair-se da lei na qual eventualmente tenha o precedente se embasado, aplicando tão somente o julgamento do tribunal.

2 MARINONI, Luiz Guilherme. **O precedente na dimensão da igualdade**, 2012, p. 4. Disponível em: <http://marinoni.adv.br/artigos.php#>. Acesso em: 27 out. 2014.

> Não há dúvida que o papel do atual juiz do *civil law* e, principalmente, o do juiz brasileiro, a quem é deferido o dever-poder de controlar a constitucionalidade da lei no caso concreto, muito se aproxima da função exercida pelo juiz do *common law*, especialmente a da realizada pelo juiz americano.

O sistema do *common law*, também conhecido como sistema anglo-saxão, distingue-se do *civil law* especialmente em razão das fontes do Direito. Como dito, no *civil law* o ordenamento consubstancia-se principalmente em leis, abrangendo os atos normativos em geral, como decretos, resoluções, medidas provisórias etc. No sistema anglo-saxão os juízes e tribunais se espelham principalmente nos costumes e, com base no Direito consuetudinário, julgam o caso concreto, cuja decisão, por sua vez, poderá constituir-se em precedente para julgamento de casos futuros. Esse respeito ao passado é inerente à teoria declaratória do Direito e é dela que se extrai a ideia de *precedente judicial*[3].

No sistema do *civil law*, apesar de haver preponderância das leis, há espaço para os precedentes judiciais. A diferença é que no *civil law,* de regra, o precedente tem a função de orientar a interpretação da lei, mas não obriga o julgador a adotar o mesmo fundamento da decisão anteriormente proferida e que tenha como pano de fundo situação jurídica semelhante. Contudo, cada vez mais, o sistema jurídico brasileiro assimila a teoria do *stare decisis*. Não são poucos os casos previstos no CPC/1973 que compelem os juízos inferiores a aplicar os julgamentos dos tribunais, principalmente do STF e do STJ. À guisa de exemplo, citem-se as súmulas vinculantes, o julgamento em controle abstrato de constitucionalidade e o julgamento de recursos repetitivos. No novo Código de Processo Civil (Lei nº 13.105, de 16 de março de 2015) essa vinculação é ainda mais expressiva.

A igualdade, a coerência, a isonomia, a segurança jurídica e a previsibilidade das decisões judiciais constituem as principais justificativas para a adoção do sistema do *stare decisis* ou em bom Português, o sistema da força obrigatória dos precedentes. Se por um lado não se pode negar a quebra dos princípios acima arrolados pelo fato de que situações juridicamente idênticas sejam julgadas de maneira distintas por órgãos de um mesmo tribunal, também não se pode fechar os olhos à constatação de que também a pura e simples adoção do precedente e principalmente a abrupta mudança da orientação jurisprudencial é capaz de causar grave insegurança jurídica. Exemplifico. Celebrado o negócio jurídico sob a vigência de determinada lei, não poderá a lei posterior retroagir para alcançar o ato jurídico perfeito e acabado, exatamente porque celebrado em conformidade com o ordenamento em vigor. Esse é o sentido que até então se tem emprestado à disposição do inc. XXXVI do art. 5º da CF/1988. Em decorrência da força obrigatória dos precedentes, as pessoas devem consultar a jurisprudência antes da prática de qualquer ato jurídico, uma vez que a conformidade

3 "Precedente é a decisão judicial tomada à luz de um caso concreto, cujo núcleo essencial pode servir como diretriz para o julgamento posterior de casos análogos" (DIDIER JR., Fredie; OLIVEIRA, Rafael; BRAGA, Paula. **Curso de direito processual civil**. Salvador: JusPodivm, 2013. p. 385).

com as normas – na qual se incluem os precedentes judiciais – constitui pressuposto para que o ato jurídico seja reputado perfeito. As Cortes de Justiça, a seu turno, ao julgar, por exemplo, a validade de um ato jurídico, terão que verificar a jurisprudência imperante à época. Afinal, *tempus regit actum*.

Não se pode comparar a buscar pela tutela jurisdicional com um jogo de loteria, mas também é preciso compatibilizar a força dos precedentes judiciais e a necessidade de individualização do Direito. Se existir fundamento suficiente para afastar um entendimento já consolidado, deve o magistrado exercer plenamente o seu livre convencimento, sem qualquer vinculação a julgamentos anteriores. Caso contrário, será necessário que se busque, preferencialmente junto aos tribunais superiores, a interpretação uniformizada sobre o tema. Aliás, pode haver precedente com força cogente, de modo que o juiz dele não poderá se afastar.

2. *Civil law* e a questão da segurança jurídica

Os adeptos do sistema *civil law* difundiram a ideia de que a segurança jurídica estaria necessariamente atrelada à observância pura e simples da lei. A subordinação e a vinculação do juiz à lei constituiriam, portanto, metas necessárias à concretização desse ideal.

Ocorre que a lei, por ser interpretada de vários modos, inclusive a partir de percepções morais do próprio julgador, não se mostra suficiente a assegurar aos jurisdicionados a mínima segurança jurídica que se espera de um Estado Democrático de Direito.

O que se pretende, então, com a adoção de um sistema de precedentes, é oferecer soluções idênticas para casos idênticos e decisões semelhantes para demandas que possuam o mesmo fundamento jurídico, evitando, assim, a utilização excessiva de recursos e o aumento na quantidade de demandas.

É importante esclarecer que o que forma o precedente é apenas a razão de decidir do julgado, a sua *ratio decidendi*. Em outras palavras, os fundamentos que sustentam os pilares de uma decisão é que podem ser invocados em julgamentos posteriores. As circunstâncias de fato que deram embasamento à controvérsia e que fazem parte do julgado não têm o condão de tornar obrigatória ou persuasiva a norma criada para o caso concreto[4]. Além disso, os argumentos acessórios elaborados para o deslinde da causa (*obter dictum*) não podem ser utilizados com força vinculativa por não terem sido determinantes para a decisão[5], tampouco as razões do voto vencido e os fundamentos que não foram adotados ou referendados pela maioria do órgão colegiado.

Embora constitua praxe na prática jurídica brasileira, a utilização de voto vencido para fundamentação de um pedido ou mesmo de trechos de ementas sem qualquer

---

4 TUCCI, José Rogério Cruz e. **Precedente judicial como fonte do direito.** São Paulo: Revista dos Tribunais, 2004. p. 14.

5 DIDIER JR., Fredie; OLIVEIRA, Rafael; BRAGA, Paula. **Curso de direito processual civil**. Salvador: JusPodvm, 2013. p. 388.

vinculação à tese jurídica que solucionou a controvérsia originária não pode servir de subsídio ao magistrado no julgamento de caso supostamente semelhante. Não é incomum nos deparamos com petições invocando decisões consolidadas como fundamentação para casos que não possuem qualquer semelhança com o precedente invocado. Do mesmo modo, não é incomum nos deparamos com juízes que, premidos pela pregação da eficiência e celeridade, lançam em suas decisões trechos de acórdãos de tribunais superiores sem justificar o porquê da aplicação da mesma tese jurídica.

Assim, antes de adotarmos um sistema de precedentes, é necessário que se promova a familiarização e compreensão do tema entre os operadores do Direito e que se deem condições ao magistrado para que este exerça o seu livre convencimento sem a costumeira preocupação com metas, mas sim com o critério de justiça adotado e com a necessária qualidade de seus julgados.

3. A convivência com o *stare decisis*

Alguns precedentes têm verdadeira eficácia normativa, devendo, pois, ser observados obrigatoriamente pelos magistrados ao proferirem suas decisões.

O *stare decisis*[6], entendido como precedente de respeito obrigatório, corresponde à norma criada por uma decisão judicial e que, em razão do *status* do órgão que a criou, deve ser obrigatoriamente respeitada pelos órgãos de grau inferior.

A existência desse precedente obrigatório pressupõe, a um só tempo, atividade constitutiva (de quem cria a norma) e atividade declaratória, destinada aos julgadores que têm o dever de seguir o precedente.

No Brasil, podemos dizer que vige o *stare decisis*, pois além de o Superior Tribunal de Justiça e o Supremo Tribunal Federal terem o poder de criar a norma (teoria constitutiva, criadora do Direito), os juízos inferiores também têm o dever de aplicar o precedente criado por essas Cortes (teoria declaratória).

A atividade do STJ e do STF[7] de forma alguma está vinculada ao direito consuetudinário (*common law*). Não há obrigatoriedade de respeito ao direito dos antepassados, como ocorre principalmente no sistema inglês. É nesse ponto que podemos diferenciar o nosso ordenamento do sistema anglo-saxão.

No Brasil, embora de forma mitigada, aplica-se o *stare decisis*, porém, totalmente desvinculado da ideia de que o juiz deve apenas declarar o direito oriundo de precedente firmado em momento anterior, obviamente, com os acréscimos decorrentes de circunstâncias fáticas diversas. Nos países de tradição anglo-saxônica podemos dizer que o juiz, nas suas decisões, deve respeitar o passado (natureza declaratória da ati-

---

6 *Stare decisis et non quieta movere* – termo completo – significa "mantenha-se a decisão e não se moleste o que foi decidido" (TUCCI, José Rogério Cruz e. **Precedente judicial como fonte do direito**. São Paulo: Revista dos Tribunais, 2004).

7 Menciono apenas esses tribunais, pois são eles que hoje possuem legitimidade para criar normas de aplicação obrigatória em todo o território nacional (exemplos: súmulas vinculantes e decisões firmadas em julgamentos de recursos repetitivos).

vidade jurisdicional). O fato é que pode haver respeito ao passado (*common law*) sem *stare decisis* (força obrigatória dos precedentes) e vice-versa. Na Inglaterra, por exemplo, o respeito ao *Common law* é mais visível, ao passo que nos Estados Unidos o *stare decisis* é mais evidente, sem tanto comprometimento com o direito dos antepassados.

O *stare decisis* constitui uma teoria relativamente nova. O *common law*, ao contrário, é um sistema jurídico de longa data. Os juízes que operam nesse sistema sempre tiveram que respeitar o Direito costumeiro, mas apenas de uns tempos para cá é que passaram a obedecer aos precedentes judiciais. Isso não significa, obviamente, que os juízes não possam superar tais precedentes.

Atualmente, com a evolução do sistema do *common law* e principalmente em razão da conveniência de uniformização das decisões judiciais – decisões iguais para casos idênticos –, adotou-se a força normativa dos precedentes. Também com a *civil law* esse fenômeno pode ser observado. Vale ressaltar, entretanto, que a utilização dos precedentes judiciais – pelo menos no "*civil law* brasileiro" – não tem o condão de revogar as leis já existentes. A rigor, a atividade dos juízes e tribunais é interpretativa e não legislativa. Assim, por mais que haja omissão ou que a lei preexistente não atenda às peculiaridades do caso concreto, o Judiciário não poderá se substituir ao Legislativo. Na prática, contudo não é o que se verifica. Em nome de determinados princípios, aplicados sem qualquer explicação sobre a sua incidência ao caso concreto, o julgador se afasta completamente da lei, criando com suas decisões verdadeiras normas jurídicas.

4. Distinção: métodos e resultados da aplicação do *distinguishing*

Os precedentes vinculantes não devem ser aplicados de qualquer maneira pelos magistrados. Há necessidade de que seja realizada uma comparação entre o caso concreto e a *ratio decidendi* da decisão paradigmática. É, preciso, em poucas palavras, considerar as particularidades de cada situação submetida à apreciação judicial e, assim, verificar se o caso paradigma possui alguma semelhança com aquele que será analisado.

Essa comparação, na teoria dos precedentes, recebe o nome de *distinguishing* – como é sempre recomendável o uso da língua pátria: distinção –, que, segundo Cruz e Tucci (2004, p. 174), é o método de confronto **"pelo qual o juiz verifica se o caso em julgamento pode ou não ser considerado análogo ao paradigma"**.

Se não houver coincidência entre os fatos discutidos na demanda e a tese jurídica que subsidiou o precedente, ou, ainda, se houver alguma peculiaridade no caso que afaste a aplicação da *ratio decidendi* daquele precedente, o magistrado poderá se ater a hipótese *sub judice* sem se vincular ao julgamento anterior. No sistema anglo-saxônico o juiz embasará suas decisões no Direito consuetudinário. No Brasil, o juiz prioritariamente deve aplicar o precedente com força obrigatória. Não havendo precedente ou sendo o caso de afastar o precedente invocado, em razão da distinção levada a efeito, deve-se aplicar a lei – não sem antes fazer o confronto com os princípios constitucionais. E, na hipótese de obscuridade ou lacuna da lei, deverá recorrer à analogia, aos costumes e aos princípios gerais do direito (art. 4º da Lei de Introdução às Normas do Direito Brasileiro).

Como se pode perceber, apesar da noção de obrigatoriedade, os precedentes não devem ser invocados em toda e qualquer situação. Há muitos casos em que os fatos não guardam relação de semelhança, mas exigem a mesma conclusão jurídica. Noutros, os fatos podem até guardar similitude, mas as particularidades de cada caso os tornam substancialmente diferentes.

Assim, até mesmo nas hipóteses em que se está diante de um precedente vinculante, o julgador poderá fazer o *distinguished* do caso que lhe é submetido, buscando, assim, a individualização do direito.

O mais importante nessa *distinção* é que haja motivação (art. 93, IX, CF). Essa motivação quer dizer que as decisões judiciais não devem apenas se reportar a artigos de lei, a conceitos abstratos, a súmulas ou ementas de julgamento. Elas devem expor os elementos fáticos e jurídicos em que o magistrado se apoiou para decidir. Na fundamentação das decisões judiciais o juiz deve identificar exatamente as questões que reputou como essenciais ao deslinde da causa, notadamente a tese jurídica escolhida. Isso porque "a fundamentação será a norma geral, um modelo de conduta para a sociedade, principalmente para os indivíduos que nunca participaram daquele processo, e para os demais órgãos do Judiciário, haja vista ser legitimante da conduta presente"[8].

5. Incorporação do *overruling* e modulação dos efeitos das decisões

A atividade interpretativa do julgador não encontra fundamento apenas na lei. Princípios e entendimentos jurisprudenciais são exemplos do que normalmente o magistrado leva em consideração no momento de proferir uma decisão.

Ocorre que a atividade interpretativa tende a se modificar ao longo dos anos. A constante evolução da sociedade e a necessidade de sistematização dos princípios, de modo a considerá-los em conexão com outras normas do ordenamento, são formas que possibilitam a mudança no sentido interpretativo nas normas.

Assim, por mais que se almeje do Judiciário soluções com maior segurança jurídica, coerência, celeridade e isonomia, não há como fossilizar os órgãos jurisdicionais, no sentido de vincular eternamente a aplicação de determinado entendimento.

Por tais razões é que a doutrina – amparada nas teorias norte-americanas – propõe a adoção de técnicas de superação dos precedentes judiciais. Neste espaço trataremos do *overruling*[9], técnica que se difere do *distinguishing*, na medida em que este se caracteriza pelo confronto do caso à *ratio decidendi* do paradigma, visando a aplicar ou afastar o precedente, enquanto aquele corresponde à revogação do entendimento paradigmático consubstanciado no precedente.

---

8 LOURENÇO, Haroldo. **Precedente Judicial como fonte do direito:** algumas considerações sob a ótica do novo CPC. p. 3. Disponível em: <http://www.temasatuaisprocessocivil.com.br/edicoes-anteriores/53-v1-n-6-dezembro-de-2011-/166-precedente-judicial-como-fonte-do-direito-algumas--consideracoes-sob-a-oti ca-do-novo-cpc>. Acesso em: 27 out. 2014.

9 Significa anulação, revogação.

Por meio dessa técnica (*overruling*) o precedente é revogado ou superado em razão da modificação dos valores sociais, dos conceitos jurídicos, da tecnologia ou mesmo em virtude de erro gerador de instabilidade em sua aplicação. O paradigma escolhido se aplicaria ao caso sob julgamento, contudo, em face desses fatores, não há conveniência na preservação do precedente.

Além de revogar o precedente, o órgão julgador terá que construir uma nova posição jurídica para aquele contexto, a fim de que as situações geradas pela ausência ou insuficiência da norma não se repitam. Ressalve que somente o órgão legitimado pode proceder à revogação do precedente. Exemplo: um precedente da Suprema Corte dos Estados Unidos somente por ela poderá ser revogado. O mesmo se passa com os precedentes do STF ou do STJ.

Quando um precedente já está consolidado, no sentido de os tribunais terem decidido de forma reiterada em determinado sentido, a sua superação não deveria ter eficácia retroativa, eis que todos os jurisdicionados que foram beneficiados pelo precedente superado agiram de boa-fé, confiando na orientação jurisprudencial pacificada. Essa, lamentavelmente, não é a regra que rege o nosso sistema. Na aplicação do princípio *tempus regit actum* leva-se em conta tão somente a lei – num sentido estrito – vigente à época do ato jurídico, e não a jurisprudência. Em face da adoção do *stare decisis* há que se repensar essa prática; há que se fazer – repita-se – uma releitura do dispositivo constitucional garantidor da segurança jurídica, sob pena de grave insegurança.

Assim, pelo menos no Brasil, se há revogação de um precedente e a construção de uma nova tese jurídica, esta passará a reger as relações constituídas anteriormente à decisão revogadora – é o que se denomina retroatividade plena –, sem levar em conta a jurisprudência "vigorante" à época do aperfeiçoamento do ato jurídico. Respeitam-se tão somente as relações acobertadas pela coisa julgada e às vezes o direito adquirido, olvidando-se que tais garantias gozam de idêntico *status* constitucional. As normas – num sentido amplo – do tempo da constituição é que devem reger o ato, e não somente a lei.

E por falar em coisa julgada, podemos afirmar que, atualmente, o entendimento que prevalece no âmbito do Supremo Tribunal Federal é no sentido de que a jurisprudência não deve retroagir para atingir a coisa julgada. Ou seja, mesmo que haja mudança de entendimento da Corte Suprema, as situações já consolidadas não deverão ser revistas, mesmo que o "pano de fundo" se refira à matéria constitucional[10].

Apesar de estarmos tratando de entes distintos (precedente e jurisprudência)[11], a ideia que se pretende extrair do julgado da Suprema Corte é a seguinte: a coisa jul-

10 STF, Recurso Extraordinário nº 590.809, j. 22/10/2014.

11 Precedente é a norma obtida no julgamento de um caso concreto que se define como a regra universal passível de ser observada em outras situações. O termo *jurisprudência* é utilizado para definir as decisões reiteradas dos tribunais, que podem se fundamentar, ou não, em precedentes judiciais. A jurisprudência é formada em razão da aplicação reiterada de um precedente.

gada não pode ser relativizada para atingir situações já consolidadas sob o fundamento de violação à literal disposição de lei (art. 485, V, CPC/1973; art. 966, CPC/2015). Assim, um precedente revogado não deverá retroagir para atingir situações jurídicas definitivamente decididas, sobre as quais já se formou a *res judicata*.

Em síntese, para os processos em andamento, bem como para os que serão instaurados, vale a regra da retroatividade – desimportante é o momento da constituição da relação jurídica deduzida no processo. Para os que já estejam resguardados pela imutabilidade da coisa julgada vale a regra da irretroatividade.

Superada essa análise inicial acerca da sistemática vigente no ordenamento brasileiro, não podemos deixar de considerar que a impossibilidade de se conferir efeitos prospectivos (não retroativos) é capaz de, em alguns casos, gerar mais insegurança do que segurança jurídica. Quem hoje aciona o Judiciário achando que tem um determinado direito porque seu vizinho, em situação semelhante, conseguiu uma sentença favorável há poucos meses, pode, daqui a um ano, por exemplo, ter esse mesmo direito negado pelo Poder Judiciário.

Para evitar essas situações é que considero que a superação do precedente pode admitir, excepcionalmente, a adoção de efeitos prospectivos, não abrangendo as relações jurídicas entabuladas antes da prolação da decisão revogadora[12]. Tal proposição evitaria situações nas quais o autor, vencedor nas instâncias inferiores justamente em virtude de estas estarem seguindo o entendimento das Cortes Superiores, fosse surpreendido com a mudança brusca desse mesmo entendimento. Com uma certa obsessão, reafirmo que o importante mesmo é o tempo da relação jurídica de direito material deduzida no processo, e não o tempo processual. Se o precedente judicial passa a figurar como uma das espécies normativas, a par da lei e dos princípios, o ato jurídico, constituído em consonância com essa normatividade, deve estar imune a qualquer alteração jurisprudencial sobre a matéria.

Vale reafirmar que essa ideia se coaduna com a previsão contida no art. 5º, XXXVI, da Constituição Federal, segundo a qual "a lei não prejudicará o direito adquirido, o ato jurídico perfeito e a coisa julgada". Isso porque, o que a Constituição não permite é que os atos normativos do Estado atinjam situações passadas. Nesse ponto, é perfeitamente compreensível o entendimento firmado no Supremo. Entretanto, estabelecendo-se um paralelo entre o dispositivo constitucional e o sistema de precedentes, pode-se dizer que a Constituição também não admite que as soluções apontadas pelo Judiciário para uma mesma questão de direito sejam dadas das mais diversas formas dentro de um curto espaço de tempo. Em outras palavras, o que a Constituição quer garantir é certa previsibilidade do resultado de determinadas demandas, de forma a proporcionar aos jurisdicionados maior segurança jurídica, seja por ocasião da formação do ato jurídico, seja no momento de se buscar a tutela jurisdicional.

Podemos dizer, então, que no âmbito do nosso sistema jurídico, afora outros objetivos, os precedentes judiciais visam a "alcançar a exegese que dê certeza aos juris-

12 Esse entendimento só seria aplicável às situações não acobertadas pela coisa julgada.

dicionados em temas polêmicos, uma vez que ninguém ficará seguro de seu direito ante jurisprudência incerta"[13].

Oportuno observar que a previsibilidade do resultado de certas demandas não acarretará a "fossilização" do Poder Judiciário, pois os processos que digam respeito a questões de fato continuarão a ser decididos conforme as provas apresentadas no caso concreto. Além disso, os tribunais poderão modificar precedentes já sedimentados, desde que o façam em decisão fundamentada.

No Brasil a eficácia prospectiva (*prospective overruling*) pode ser verificada no controle de constitucionalidade. É que o art. 27 da Lei nº 9.868/1999 possibilita que a Corte, ao declarar a inconstitucionalidade de lei ou ato normativo, e tendo em vista razões de segurança jurídica ou de excepcional interesse social, restrinja os efeitos daquela declaração ou decida que ela só tenha eficácia a partir de seu trânsito em julgado ou de outro momento que venha a ser fixado. Trata-se de medida excepcional e que deve ser utilizada levando em consideração o fim almejado pela nova norma, o tipo de aplicação que se mostra mais correta e o grau de confiança que os jurisdicionados depositaram no precedente que irá ser superado. De qualquer forma, não se pode negar que, em nome da segurança jurídica, a decisão proferida no controle concentrado de constitucionalidade poderá resguardar até mesmo o ato formado segundo um regramento reputado inconstitucional. O que dizer então de um ato constituído segundo precedentes legitimamente firmados?

6. A evolução dos precedentes judiciais no Direito brasileiro

Há alguns anos o Brasil vem anunciando um novo Direito Processual, que coloca em destaque a atuação paradigmática dos órgãos jurisdicionais, notadamente dos tribunais superiores. Nas palavras de JALDEMIRO RODRIGUES DE ATAÍDE JR.[14], essa nova perspectiva "se volta a solucionar com maior segurança jurídica, coerência, celeridade e isonomia as demandas de massa, as causas repetitivas, ou melhor, as causas cuja relevância ultrapassa os interesses subjetivos das partes".

Em análise superficial pode-se pensar que os precedentes judiciais no Brasil surgiram apenas após a promulgação da Emenda Constitucional nº 45/2004, que introduziu em nosso ordenamento os enunciados de súmula vinculante, editadas exclusivamente pelo Supremo Tribunal Federal. Todavia, é possível considerar que há mais de vinte anos o Direito brasileiro vem adotando o sistema da obrigatoriedade dos precedentes, dependendo da hierarquia do órgão decisor. Basta lembrar que a Lei nº 8.038, de 28 de maio de 1990, permitiu ao relator, no Supremo Tribunal Federal ou

---

13 STJ, Recurso Especial nº 14.945-0/MG, Rel. Min. Sálvio de Figueiredo Teixeira, DJ 13/04/1992.

14 ATAIDE JR., Jaldemiro Rodrigues de. Uma proposta de sistematização da eficácia temporal dos precedentes diante do projeto de novo CPC. **O projeto do novo código de processo civil. Estudos em homenagem ao Professor José Joaquim Calmon de Passos.** Didier JR., Fredie; BASTOS, Antonio Adonias Aguiar (Coords.). Salvador: JusPodivm, 2012. p. 363.

no Superior Tribunal de Justiça, decidir monocraticamente o pedido ou o recurso que tiver perdido o objeto, bem como negar seguimento a pedido ou recurso manifestamente intempestivo, incabível ou improcedente, ou ainda, que contrariar, nas questões predominantemente de direito, Súmula do respectivo Tribunal (art. 38).

Além da legislação apontada, a Emenda Constitucional nº 03/1993, que acrescentou o § 2º ao art. 102 da Constituição Federal e atribuiu efeito vinculante à decisão proferida pelo Supremo Tribunal Federal em Ação Declaratória de Constitucionalidade, pode ser considerada marco normativo da aplicação dos precedentes judiciais no Brasil.

No Código de Processo Civil de 1973, diversos dispositivos aprovados ao longo dos anos demonstram que a teoria dos precedentes também ganhou corpo no âmbito processual. Exemplos: art. 285-A; art. 481, parágrafo único; art. 557; art. 475, § 3º; e art. 518, § 1º.

O marco mais reconhecido para o estudo dos precedentes judiciais é, no entanto, a Emenda Constitucional nº 45/2004, que além de ter promovido a denominada reforma no Poder Judiciário e inserido em nosso ordenamento as chamadas súmulas vinculantes, introduziu a repercussão geral nas questões submetidas a recurso extraordinário (art. 102, § 3º, da Constituição). A repercussão geral, matéria também tratada no Código de Processo Civil, sempre existirá quando o recurso extraordinário impugnar decisão contrária à súmula ou jurisprudência dominante do Tribunal (art. 543-A, § 3º, CPC/1973; art. 1.035, § 3º, CPC/2015). Por aí se nota a força dos precedentes formados no âmbito do STF.

Como se pode perceber, a gradativa ênfase ao caráter paradigmático das decisões dos tribunais superiores nos dá a noção da importância do tema, sobretudo quando pensamos nos precedentes como instrumentos que podem conferir efetividade aos princípios elencados no texto constitucional, como o da segurança jurídica (art. 5º, XXXVI), da isonomia (art. 5º, *caput*) e da motivação das decisões judiciais (art. 93, IX).

7. A força normativa dos precedentes no novo Código de Processo Civil

Em estudo aprofundado sobre os precedentes judiciais no Brasil, TIAGO ASFOR ROCHA LIMA explica que o nosso sistema de precedentes ainda está incompleto e depende de "**algumas imprescindíveis correções para que dele se possa extrair a finalidade esperada**"[15].

De fato, não é incomum encontrarmos resistência na doutrina e nos tribunais acerca da aplicação dos precedentes judiciais. No entanto, em razão da lenta velocidade pela qual se processam as alterações legislativas no Brasil, a tendência é que a jurisprudência ganhe musculatura, a fim de que possa solucionar as situações que não podem ser resolvidas por meio da aplicação literal da lei.

Com vistas ao aperfeiçoamento do *stare decisis* brasileiro, o novo Código de Processo Civil (NCPC ou CPC/2015) – Lei nº 13.105, de 16 de março de 2015 – contem-

15 LIMA, Tiago Asfor Rocha. **Precedentes judiciais civis no Brasil**. 1. ed. São Paulo: Saraiva, 2013. p. 480.

plou importantes mecanismos referentes ao sistema de precedentes judiciais e, consequentemente, de uniformização e estabilização da jurisprudência pátria. Vejamos brevemente cada um deles.

7.1. Fundamentação dos atos judiciais

Ao estabelecer os elementos, requisitos e efeitos da sentença, o novo CPC se detém minuciosamente no conceito de fundamentação dos atos judiciais, dispondo que:

> Art. 486 [...]
> § 1º Não se considera fundamentada qualquer decisão judicial, seja ela interlocutória, sentença ou acórdão, que:
> [...]
> V – se limitar a invocar precedente ou enunciado de súmula, sem identificar seus fundamentos determinantes nem demonstrar que o caso sob julgamento se ajusta àqueles fundamentos;
> VI – deixar de seguir enunciado de súmula, jurisprudência ou precedente invocado pela parte, sem demonstrar a existência de distinção no caso em julgamento ou a superação do entendimento.

De acordo com o dispositivo, não basta que o julgador invoque o precedente ou a súmula em seu julgado. É necessário que ele identifique os fundamentos determinantes que o levaram a seguir o precedente. Ou seja, cabe ao magistrado, ao fundamentar sua decisão, explicitar os motivos pelos quais está aplicando a orientação consolidada ao caso concreto. Podemos dizer que é aqui que se encontram os parâmetros para a prática do *distinguishing.*

Da mesma forma, consoante redação do inciso VI, se o juiz deixar de seguir enunciado de súmula, jurisprudência ou precedente invocado pela parte, deverá demonstrar que há distinção entre o precedente e a situação concretamente apresentada ou que o paradigma invocado já foi superado.

7.2. Precedente judicial e uniformização da jurisprudência

No § 2º do art. 926[16] do novo Código de Processo Civil, o legislador traz novamente a aplicação do *distinguishing* ao proibir a edição de súmulas que não se atenham aos detalhes fáticos do precedente que motivou a sua criação. Busca-se prevenir, desta forma, a consolidação inadequada de súmulas e, por conseguinte, a errônea aplicação dos precedentes aos casos sob julgamento.

No art. 927, o legislador, por sua vez, buscou adequar os entendimentos jurisprudenciais em todos os níveis jurisdicionais, de modo a evitar a dispersão da juris-

---

16 CPC/2015, "Art. 926. Os tribunais devem uniformizar sua jurisprudência e mantê-la estável, íntegra e coerente. [...] § 2º Ao editar enunciados de súmula, os tribunais devem ater-se às circunstâncias fáticas dos precedentes que motivaram sua criação".

prudência e, consequentemente, a intranquilidade social e o descrédito nas decisões emanadas pelo Poder Judiciário:

> Art. 927. Os juízes e os tribunais observarão:
> I – as decisões do Supremo Tribunal Federal em controle concentrado de constitucionalidade;
> II – os enunciados de súmula vinculante;
> III – os acórdãos em incidente de assunção de competência ou de resolução de demandas repetitivas e em julgamento de recursos extraordinário e especial repetitivos;
> IV – os enunciados das súmulas do Supremo Tribunal Federal em matéria constitucional e do Superior Tribunal de Justiça em matéria infraconstitucional;
> V – a orientação do plenário ou do órgão especial aos quais estiverem vinculados.

A fim de que não paire dúvidas, é bom que se repita a expressão contida no *caput* do dispositivo: "os juízes e tribunais observarão". Não se trata de faculdade, e sim de imperatividade. De início pode-se pensar que o CPC/2015 está afastando a independência dos juízes e o princípio da persuasão racional, que habilita o magistrado a valer-se do seu convencimento para julgar a causa. Entretanto, ontologicamente, não há diferença entre a aplicação da lei ou do precedente, a não ser pelo fato de que, de regra, este contém mais elementos de concretude do que aquela. Tal como no sistema positivado, também no *stare decisis* o livre convencimento do juiz incide sobre a definição da norma a ser aplicada – aqui por meio do confronto da *ratio decidendi* extraída do paradigma com os fundamentos do caso sob julgamento –, sobre a valoração das provas e finalmente sobre a valoração dos fatos pelo paradigma escolhido, levando-se em conta as circunstâncias peculiares da hipótese sob julgamento.

Assim, havendo precedente sobre a questão posta em julgamento, ao juiz não se dá opção para escolher outro parâmetro de apreciação do Direito. Somente lhe será lícito recorrer à lei ou ao arcabouço principiológico para valorar os fatos na ausência de precedentes. Pode até utilizar tais espécies normativas para construir a fundamentação do ato decisório, mas jamais poderá renegar o precedente que contemple julgamento de caso idêntico ou similar. Essa força normativa cogencial encontra a sua racionalidade no fato de que cabe ao STJ interpretar a legislação infraconstitucional e ao STF dar a última palavra sobre as controvérsias constitucionais. Assim, por mais que o julgador tenha outra compreensão da matéria *sub judice*, a contrariedade só terá o condão de protelar o processo por meio de sucessivos recursos e, consequentemente, de adiar a resolução da controvérsia.

A vinculação, entretanto, se restringe à adoção da regra contida na *ratio decidendi* do precedente. Tal como se passa no sistema de leis, não se cogita da supressão da livre apreciação da prova ou da decisão da lide atendendo aos fatos e às circunstâncias constantes dos autos. Não custa repetir que ao juiz permite-se não seguir o precedente ou a jurisprudência, hipótese em que deverá demonstrar, de forma fundamentada, que se trata de situação particularizada que não se enquadra nos fundamentos da tese firmada pelo tribunal.

Além da devida fundamentação é importante que se exija o enfrentamento de todos os argumentos razoáveis apresentados pelas partes. Caso contrário, ter-se-á verdadeira restrição ao acesso à Justiça.

Sobre esse ponto é necessário fazer uma importante observação no tocante à atuação dos advogados. É de suma importância que os operadores do Direito conheçam os precedentes e a jurisprudência, notadamente dos tribunais superiores. É que como primeiro juiz da causa, caberá ao advogado indicar ao julgador o precedente a ser aplicado, demonstrando, obviamente, a semelhança entre o caso submetido a julgamento ou, se for o caso, a distinção entre o paradigma apontado e o caso concreto. Essa postura evitará o ajuizamento de ações e recursos desnecessários, e tornará mais segura a consulta acerca das possíveis consequências de uma demanda.

7.2.1 Modificação do entendimento

Os §§ 2º a 4º do art. 927 do CPC/2015 trazem regras que deverão ser observadas caso haja necessidade de modificação do entendimento sedimentado.

Segundo o novo Código, a superação do precedente poderá ser precedida de audiências públicas que servirão para democratizar o debate e legitimar as novas decisões sobre o tema em discussão. Nessas audiências poderão participar pessoas, órgãos ou entidades que possam contribuir para a rediscussão da tese.

A modificação do precedente poderá fundar-se, entre outras alegações, na revogação ou modificação de norma em que se fundou a tese ou na alteração econômica, política ou social referente à matéria decidida. Independentemente do motivo, o importante é que o órgão jurisdicional responsável pela revisão da tese confira amplitude ao debate a fim de que os prejuízos eventualmente causados por um precedente obsoleto ou alheio à realidade não sejam repetidos.

7.2.2 Efeitos e modulação

Outra questão relevante se refere aos efeitos da modificação dos precedentes. Regra geral, o entendimento das Cortes Superiores se aplica aos casos em andamento, ou seja, às demandas pendentes de julgamento, não importando a jurisprudência vigorante à época da formação jurídica em juízo deduzida.

Por outro lado, aquelas ações que já tenham sido decididas sob a égide do entendimento anterior não deverão sofrer com a modificação do precedente, em respeito à imutabilidade da coisa julgada.

Como forma de evitar prejuízos em razão da mudança brusca de entendimento das Cortes Superiores, o CPC/2015 dispõe que "na hipótese de alteração de jurisprudência dominante do Supremo Tribunal Federal e dos tribunais superiores ou daquela oriunda de julgamento de casos repetitivos, pode haver modulação dos efeitos da alteração no interesse social e no da segurança jurídica" (art. 927, §3º).

Essa modulação vale para os processos que ainda estejam em andamento, bem como para aqueles que de futuro vierem a ser ajuizados, não se admitindo relativizar a coisa julgada em decorrência de alteração de precedente judicial.

7.3. Precedentes e julgamento de improcedência liminar

O novo Código de Processo Civil promove uma verdadeira ampliação das possibilidades de improcedência liminar e, ao que me parece, um direcionamento da posição do legislador aos entendimentos consolidados no âmbito dos tribunais superiores. Vejamos, nesse sentido, o teor do art. 332:

> Art. 332. Nas causas que dispensem a fase instrutória, o juiz, independentemente da citação do réu, julgará liminarmente improcedente o pedido que contrariar:
> I – enunciado de súmula do Supremo Tribunal Federal ou do Superior Tribunal de Justiça;
> II – acórdão proferido pelo Supremo Tribunal Federal ou pelo Superior Tribunal de Justiça em julgamento de recursos repetitivos;
> III – entendimento firmado em incidente de resolução de demandas repetitivas ou de assunção de competência;
> IV – enunciado de súmula de tribunal de justiça sobre direito local.

O julgamento liminar de improcedência fundamentado nos incisos I e II objetiva reduzir o percentual de recursos especiais e extraordinários para discussão de questões já pacificadas, que poderiam ter sido definitivamente decididas em instâncias ordinárias.

Vale ressaltar que a orientação consolidada do STF ou do STJ deve ser aplicada somente quando não houver nenhuma prova a ser produzida além daquela já constante dos autos. Também nos casos em que houver divergência entre a jurisprudência do STJ e a do STF – o que não é incomum acontecer –, deve o magistrado dar prosseguimento ao feito até que se uniformize os entendimentos, sem prejuízo do julgamento do pedido se o conflito não for solucionado a tempo.

O inciso III trata, por sua vez, do incidente de resolução de demandas repetitivas (arts. 976 a 987 do CPC/2015) e do incidente de assunção de competência (art. 947, CPC/2015). O primeiro é um instrumento que tem por finalidade criar uma decisão paradigma, cuja tese jurídica deverá ser aplicada em todos os processos que contenham controvérsia sobre a mesma questão de direito. O segundo não exige a repetição de diversos processos para se criar uma decisão paradigma, mas permite que o relator submeta o julgamento ao órgão colegiado de maior abrangência dentro do tribunal quando a causa envolver relevante questão de direito, com grande repercussão social. A decisão em ambos os incidentes vinculará o julgador, de modo que este poderá julgar liminarmente improcedência o pedido que não observar a tese já consolidada.

Quando o pedido se fundar em normas presentes na legislação local, o magistrado poderá analisá-lo de acordo com o entendimento do tribunal ao qual se encontra vinculado (inciso V). Assim, se o pedido contrariar entendimento sumulado do respectivo tribunal, o juiz poderá extinguir o feito, com resolução do mérito, com fundamento no art. 332.

Importa lembrar que o juiz não está autorizado a julgar liminarmente procedente o pedido, mesmo que este esteja de acordo com a jurisprudência dos tribunais superiores. É que os incisos do dispositivo em comento abarcam apenas hipóteses de julgamento liminar de **improcedência**, não sendo permitida a sua aplicação para julgamento em sentido contrário.

7.4. Precedentes e reclamação constitucional

Na esteira das disposições constitucionais (art. 102, I, "l", e art. 105, I, "f", ambos da CF/1988), a Reclamação é cabível para preservar a competência do STF e do STJ, assim como para garantir a autoridade das decisões por eles prolatadas. Também é possível ajuizar Reclamação para garantir a autoridade das súmulas vinculantes (art. 103-A, § 3º, CF/1988). A medida não se aplica, contudo, às súmulas convencionais da jurisprudência dominante do próprio Supremo ou da Corte Cidadã.

Apesar de mais comum no âmbito das Cortes Superiores, a Reclamação é essencial como instrumento de defesa judicial das decisões proferidas pelas Cortes estaduais, no exercício da função de guardiãs das Constituições estaduais. Assim, podemos dizer que, simetricamente, a Reclamação prevista no texto constitucional pode ser utilizada no âmbito dos Estados, a depender de regulamentação na Constituição local.

Existe também a possibilidade excepcional e transitória de reclamação para o STJ contra acórdão de Turma Recursal quando: (i) houver afronta à jurisprudência pacificada em recurso repetitivo (art. 543-C, CPC/1973); (i) houver violação de súmula do STJ; ou (iii) for teratológica. Nesses casos a reclamação tem cabimento até que seja criada a Turma Nacional de Uniformização de Jurisprudência dos Juizados Especiais dos Estados e do Distrito Federal[17].

O NCPC alarga as hipóteses de cabimento da reclamação constitucional ao prever que ela poderá ser ajuizada para garantir a observância de enunciado de súmula vinculante e de ***precedente proferido em julgamento de casos repetitivos ou em incidente de assunção de competência*** (art. 988, IV, CPC/2015). Agora, estando a tese jurídica firmada em recurso repetitivo (recurso especial ou extraordinário), pode o jurisdicionado ou o próprio Ministério Público propor a reclamação a fim de "chamar à atenção" da instância inferior para a necessidade de se observar a decisão consolidada.

Além disso, como o art. 947, § 3º, do CPC/2015 dispõe que o acórdão proferido em incidente de assunção de competência vinculará todos os juízes e órgãos fracionários do tribunal, se as decisões firmadas no incidente não forem observadas, também caberá a propositura de reclamação.

O único óbice à aplicação da reclamação é a coisa julgada (§ 5º), que deve ser compreendida aqui como a coisa julgada material, ou seja, aquela que confere à decisão contornos de indiscutibilidade e imutabilidade. Esse já era, inclusive, o entendimento firmado pelo Supremo Tribunal Federal[18].

7.5. Precedentes e incidente de resolução de demandas repetitivas

Uma das maiores novidades trazidas pelo novo CPC é o incidente de resolução de demandas repetitivas ou IRDR (arts. 976 a 987). Esse procedimento será admitido quan-

---

17 Conferir Informativo nº 527 do Superior Tribunal de Justiça.

18 Súmula nº 734 do STF: "Não cabe reclamação quando já houver transitado em julgado o ato judicial que se alega tenha desrespeitado decisão do Supremo Tribunal Federal".

do for identificada controvérsia com potencial de ocasionar a multiplicação de causas fundadas na mesma questão de direito, circunstância que pode provocar insegurança jurídica e ofensa à isonomia, frente à possibilidade de coexistirem decisões conflitantes.

O incidente apresenta-se como método de solução de demandas múltiplas (*macrolides)*, em que se parte de um caso concreto entre contendores individuais, cujo debate permite visualizar uma pretensão apta a repetir-se. É, assim, mais uma medida para minimizar os efeitos decorrentes do excessivo número de processos em trâmite no Judiciário brasileiro e viabilizar um tratamento igualitário aos jurisdicionados.

No IRDR o acórdão, por exemplo, do Tribunal de Justiça ou do Tribunal Regional Federal servirá de parâmetro para o julgamento de todos os processos – presentes e futuros, individuais ou coletivos – que versem sobre idêntica questão de direito e que tramitem na área de jurisdição do respectivo tribunal, ou seja, vinculará os órgãos de primeiro grau e o próprio tribunal. O acórdão passará a ser o precedente que irá reger os processos em tramitação, bem como aqueles que venham a ser instaurados. Ao julgador caberá fazer a subsunção dos fatos a essa norma jurídica editada pelo tribunal.

O incidente poderá ser instaurado em primeira instância, inclusive no âmbito dos Juizados Especiais. O pedido deve ser dirigido ao Presidente do Tribunal e pode ser feito: (i) pelo próprio juiz ou relator (nas causas de competência originária ou recursal), através de ofício; (ii) pelas partes de qualquer processo que contenha a controvérsia, esteja a demanda em trâmite no tribunal ou no primeiro grau de jurisdição, através de simples petição; (iii) pelo Ministério Público ou pela Defensoria Pública, também por petição.

O ofício ou a petição será encaminhado ao relator do órgão indicado pelo regimento interno do tribunal como competente pela uniformização da jurisprudência. O relator poderá inadmitir o incidente quando ausentes os pressupostos legais. Caso contrário, ou seja, se houver admissão, o incidente acarretará o efeito mencionado no art. 982, I, do CPC/2015, qual seja a suspensão dos processos pendentes, individuais ou coletivos, que tramitam no Estado ou na região, conforme o caso.

Ressalte-se que a suspensão não poderá se eternizar caso haja demora na resolução da controvérsia. Prova disso é que o Código prevê prazo máximo de um ano para julgamento do incidente. Admite-se, contudo, a prorrogação desse prazo, mas desde que haja justificativa, em decisão fundamentada, por parte do relator.

Ainda quanto à suspensão dos feitos, pode haver interesse em que esta se estenda por todo o território nacional. Por exemplo, uma empresa de telefonia que presta serviços em todos os Estados da Federação, figurando como parte em um processo que tem por fundamento a questão jurídica debatida num incidente resolução de demandas repetitivas em curso no TJ-MG, poderá requerer ao tribunal competente para conhecer de recurso extraordinário ou recurso especial (STF ou STJ) a suspensão de todos os processos que versem sobre questão idêntica, em curso em órgãos judiciários de todo o país. A segurança jurídica e principalmente a isonomia entre os usuários de Minas Gerais e da Bahia, por exemplo, recomendam a suspensão.

Observado o interesse, permite-se que as partes, o Ministério Público ou a Defensoria Pública requeiram ao tribunal competente a suspensão de todos os processos individuais ou coletivos em curso no território nacional que tratem da mesma questão objeto do incidente já instaurado.

A suspensão pode ser requerida perante o STF ou o STJ, antes ou depois de interposto o recurso extraordinário ou recurso especial. O cabimento do recurso e, por conseguinte, a competência, serão definidos pela matéria em debate no incidente, se constitucional ou infraconstitucional.

Nesse procedimento o Ministério Público atuará como *custos legis*, intervindo obrigatoriamente sempre que não for o autor do pedido. Além disso, deverá assumir a titularidade da ação, nas hipóteses de desistência ou de abandono, uma vez que tais circunstâncias não impedirão o exame do mérito do incidente. Frise-se que na proposta da Câmara dos Deputados havia previsão no sentido de que o Ministério Público "*poderia*" assumir o incidente. Com a substituição pelo termo imperativo "*deverá*" (art. 976, § 2º), a conclusão a que se pode chegar é que o Ministério Público não pode se esquivar de assumir a causa, mesmo que, posteriormente, venha a pleitear a desistência do incidente por considerar, por exemplo, ausente o risco de ofensa à isonomia e à segurança jurídica.

Por se tratar de julgamento cujo efeito da decisão ultrapassará o interesse das partes que figuram no processo objeto da suscitação do incidente, o relator ouvirá, além das partes, outros interessados na controvérsia. É, em síntese, uma forma de aplicação do instituto do *amicus curiae*, sendo que com uma diferença: no CPC/2015 a norma é imperativa. O relator "*ouvirá*" órgãos e entidades com interesse na controvérsia (art. 983). Não se trata de faculdade, mas de dever que tem por fim legitimar a decisão do incidente.

O acórdão proferido no IRDR não ficará restrito aos fundamentos do pedido de instauração do incidente. Abrangerá todos os fundamentos concernentes à tese jurídica definida, tenham sido eles suscitados pelo subscritor do requerimento de instauração, pelas partes, pelo Ministério, ou qualquer outro interessado na questão jurídica, inclusive o *amicus curiae* e participantes da audiência pública (art. 986, § 2º).

Contra a decisão que julgar o mérito do incidente de resolução de demandas repetitivas será possível a interposição de recurso especial ou recurso extraordinário, a depender da existência de violação à lei federal ou de violação direta à disposição da Constituição (art. 987, *caput*).

Interposto o recurso, os autos serão remetidos ao tribunal competente. Ele será dotado de efeito suspensivo, presumindo-se a repercussão geral da questão constitucional eventualmente discutida. Em caso de apreciação do mérito pelo Supremo Tribunal Federal ou pelo Superior Tribunal de Justiça, a tese jurídica firmada terá sua abrangência ampliada, passando a ser aplicada a todos os processos individuais ou coletivos que versem sobre idêntica questão de direito e que tramitem no território nacional.

Tal é a força do entendimento firmado no incidente de resolução de demandas repetitivas que, como já referido neste artigo, nas causas que dispensem a fase instrutória, o juiz, independentemente da citação do réu, poderá julgar liminarmente improcedente o pedido que o contrariar (art. 332, III).

Além disso, se juízos vinculados ao Tribunal no qual se julgou o incidente não aplicarem a tese jurídica definida no incidente de resolução de demandas repetitivas, caberá reclamação para o tribunal competente (art. 985, § 1º).

7.6. Precedentes e o incidente de assunção de competência

O incidente de assunção de competência, previsto no art. 555, § 1º, do CPC/1973 e no art. 947 do CPC/2015, permite que o relator submeta o julgamento de determinada causa ao órgão colegiado de maior abrangência dentro do tribunal, conforme dispuser o regimento interno. A causa deve envolver relevante questão de direito, com grande repercussão social, de forma a justificar a apreciação pelo plenário, órgão especial ou outro órgão previsto no regimento interno para assumir a competência para julgamento do feito.

Conforme se deduz do art. 555 do CPC/1973, a assunção de competência somente tem lugar no julgamento da apelação ou do agravo, ou seja, nos tribunais de segundo grau. Já de acordo com o CPC/2015, em qualquer recurso, na remessa necessária ou nas causas de competência originária, poderá ocorrer a instauração do incidente[19].

Assim, desde a entrada em vigor do novo Código, em qualquer julgamento jurisdicional cível levado a efeito nos Tribunais de Justiça dos Estados e do Distrito Federal, nos TRFs, no STJ e no STF, atendidos os pressupostos legais, será admissível a assunção de competência.

Outra relevante novidade está no § 3º do art. 947 do CPC/2015[20], que garante a vinculação de todos os juízes e órgãos fracionários do respectivo tribunal ao entendimento firmado no incidente de assunção de competência. Trata-se, portanto, de um precedente de força obrigatória, cuja inobservância pode ensejar a propositura de reclamação na forma do art. 988, IV, do CPC/2015.

8. Conclusão

As técnicas que valorizam os precedentes judiciais e, consequentemente, a celeridade processual, a isonomia e a segurança jurídica, devem servir para aprimorar o sistema processual civil e jamais para engessar a atuação interpretativa dos juízes e tribunais pátrios ou para limitar o direito de acesso à Justiça.

O processo deve estar aberto ao diálogo e à troca de experiências. Não se pode cogitar em Estado Democrático de Direito sem um ordenamento coerente. A função

---

19 CPC/2015, "Art. 947. É admissível a assunção de competência quando o julgamento de recurso, de remessa necessária ou de processo de competência originária envolver relevante questão de direito, com grande repercussão social, sem repetição em múltiplos processos".

20 CPC/2015, Art. 947, "§ 3º O acórdão proferido em assunção de competência vinculará todos os juízes e órgãos fracionários, exceto se houver revisão de tese".

e a razão de ser dos nossos tribunais é proferir decisões que se amoldem ao ordenamento jurídico e que sirvam de norte para os demais órgãos integrantes do Poder Judiciário.

A adoção dos precedentes não significa, portanto, "eternização" das decisões judiciais. O juiz deverá continuar a exercer o seu livre convencimento e a agir conforme a sua ciência e consciência, afastando determinada norma quando ela não for capaz de solucionar efetivamente o caso concreto. Tudo vai depender da motivação. É através dela que se avaliará o exercício da função jurisdicional e, consequentemente, a eficiência do sistema de precedentes adotado pelo novo Código de Processo Civil.

Referências

ATAIDE JR., Jaldemiro Rodrigues de. Uma proposta de sistematização da eficácia temporal dos precedentes diante do projeto de novo CPC. **O projeto do novo código de processo civil. Estudos em homenagem ao Professor José Joaquim Calmon de Passos.** Didier JR., Fredie; BASTOS, Antonio Adonias Aguiar (Coords.). Salvador: JusPodivm, 2012.

DIDIER JR., Fredie; OLIVEIRA, Rafael; BRAGA, Paula. **Curso de direito processual civil**: Salvador: JusPodivm, 2013. V. 2.

DONIZETTI, Elpídio. **Curso didático de direito processual civil**. 17. ed. São Paulo: Atlas, 2013.

______; QUINTELLA, Felipe. **Curso didático de direito civil**. 3. ed. São Paulo: Atlas, 2014.

LIMA, Tiago Asfor Rocha. **Precedentes judiciais civis no Brasil**. 1. ed. São Paulo: Saraiva, 2013.

LOURENÇO, Haroldo. **Precedente Judicial como fonte do direito:** algumas considerações sob a ótica do novo CPC. Disponível em: <http://www. temasatuaisprocessocivil.com.br/edicoes-anteriores/53-v1--n-6-dezembro-de-2011 /166-precedente-judicial-como-fonte-do-direito-algumas-consideracoes--sob-a-otica-do-novo-cpc>. Acesso em: 27 out. 2014.

MARINONI, Luiz Guilherme. **O precedente na dimensão da igualdade**. Disponível em: <http://marinoni.adv.br/artigos.php#>. Acesso em: 27 out. 2014.

______. **Precedentes obrigatórios**. 1. ed. em e-book baseado na 2. ed. impressa. São Paulo: Editora Revista dos Tribunais, 2012.

MORAES, Alexandre de. **Constituição do Brasil interpretada e legislação constitucional**. 9. ed. São Paulo: Atlas, 2013.

SOUZA, Marcelo Alves Dias de. **Do precedente judicial à súmula vinculante**. 1. ed. Curitiba: Juruá, 2006.

TUCCI, José Rogério Cruz e. **Precedente judicial como fonte do direito**. São Paulo: Revista dos Tribunais, 2004.

ARBITRAGEM E O PROCESSO DO TRABALHO: DOIS LADOS DE UMA MESMA MOEDA

Fábio Rodrigues Gomes

Resumo: Neste artigo, abordarei a possibilidade da adoção da arbitragem como mecanismo institucional de solução de conflitos individuais trabalhistas. Para tanto, contextualizarei a importância deste meio alternativo dentro da realidade forense brasileira, assolada por um volume incomparável de processos, cujos impactos negativos se diluem por toda a atividade jurisdicional. Em seguida, passarei a desmistificar as principais críticas ao acolhimento da arbitragem individual trabalhista. Ao final, apresentarei alguns pequenos ajustes necessários à melhor adequação deste instituto às peculiaridades da relação de emprego.

Palavras-chave: Arbitragem. Contexto. Estatística. Conciliação. Capacidade institucional. Autonomia da vontade. Indisponibilidade de direitos. Realidade e pragmatismo.

I. Introdução

Foi com grande prazer que recebi o convite do Desembargador Federal Aluisio Gonçalves de Castro Mendes para escrever este artigo e integrar a coletânea em homenagem ao Ministro Luiz Fux. Se já não bastasse o fato de ambos destacarem-se no cenário nacional como dois dos maiores processualistas do nosso país, trago, em comum com eles, duas notas pessoais que muito me orgulham e, certamente, nos aproximam: somos todos juízes de carreira e professores do Departamento de Direito Processual da Uerj.

A bem de ver, trata-se de uma aproximação curiosa, pois o Professor Aluisio é oriundo da Justiça Federal e o Professor Fux, da Justiça Estadual, ao passo que minha origem é a Justiça do Trabalho. Não obstante isso, os constantes desafios do Direito Processual e a especial devoção à Universidade do Estado do Rio de Janeiro têm esse poder de atração irresistível. Reúnem e mantêm coesos os que buscam refletir sobre a realidade jurídica brasileira. Daí, transformar a Uerj num polo indutor de soluções para as nossas mais variadas mazelas é uma consequência natural de nossas preocupações, a começar pelas que afligem, sem dó nem piedade, o Poder Judiciário. Não foi coincidência, portanto, o Ministro LUIZ FUX ter liderado a comissão de juristas encarregados de repensar o Código de Processo Civil. Com décadas de teoria e prática na bagagem, acostumado com as dificuldades inusitadas do dia a dia forense e com o diálogo franco, criativo e instigante do ambiente acadêmico, não poderia haver pessoa mais talhada para esta tarefa. Definitivamente, era o homem certo, para o lugar certo e na hora certa.

De fato, em tempos de abalos tectônicos no terreno político, a partir de contundentes decisões judiciais, a tão propalada harmonia entre os Poderes tem desafinado com relativa frequência. Juntando a isso os impactos de uma crise econômica sem precedentes, compreende-se o porquê de o nível de tolerância social com os nossos problemas institucionais estar perigosamente próximo de zero. Se em condições normais de pressão e temperatura os percalços em torno da morosidade, da incerteza e da baixa efetividade processual já davam o que falar, imagine agora.

Portanto, é diante deste panorama nebuloso que pretendo tecer algumas breves considerações sobre a arbitragem individual trabalhista. Tema dos mais polêmicos no Direito Processual do Trabalho, sua abordagem – sinto dizer – não servirá de bálsamo para os ouvidos mais sensíveis. Muitos dos que atuam na seara trabalhista encontram-se bastante abalados com as muitas e rápidas mudanças pelas quais tem passado o Direito do Trabalho brasileiro[1]. Entretanto, creio existir uma pontada de verdade no conhecido provérbio chinês, quando nos ensina que é nos momentos de crise que a oportunidade aparece. E, na minha opinião, nada mais oportuno do que repensar o desgastado e assoberbado monopólio estatal de solução de conflitos de interesses individuais trabalhistas.

Sim. Sou favorável ao sistema de múltiplas portas. Explico. Como não sou dado a suspenses de tirar o fôlego e menos ainda a tergiversações, antecipo logo à queima-roupa que sou a favor não apenas da arbitragem, como também sou um entusiasta dos demais meios alternativos de solução de conflitos, tais como a mediação e a conciliação. E com satisfação percebo que não estou só.

Há pouco tempo, o Conselho Nacional de Justiça editou a Resolução nº 125/2010 para cuidar exatamente deste assunto. Além disso, o Poder Legislativo abraçou com gosto a ideia, ao publicar, recentemente, as Leis nº 13.129/2015 e nº 13.140/2015, tratando, respectivamente, da atualização da Lei de Arbitragem e da regulamentação da Mediação. A rigor, nada mais fez do que manter a coerência, pois havia acabado de confeccionar o novo Código de Processo Civil (Lei nº 13.105/2015), no qual estimulou

1 Como exemplo, menciono a decisão do STF convalidando a cláusula de quitação geral contida em PDV chancelado por acordo ou convenção coletiva (RE nº 590.415/SC, Rel. Min. Roberto Barroso, DJ 29/05/2015) e a decisão liminar proferida pelo Ministro Gilmar Mendes na ADPF nº 323, com a qual suspendeu a eficácia da Súmula nº 277 do TST e teceu pesadas críticas às suas guinadas jurisprudenciais.

explicitamente o manuseio da arbitragem, da conciliação e da mediação em diversos dos seus dispositivos[2]. Para culminar, o Conselho Superior da Justiça do Trabalho editou a Resolução nº 174/2016, a fim de regulamentar a conciliação e a mediação na esfera trabalhista[3].

Tenho consciência, entretanto, que parcela considerável dos Juízes do Trabalho ainda é para lá de reticente quando o assunto é solução de conflitos individuais fora das barras dos tribunais[4]. Assim sendo, e como o meu intuito é o de convencê-los ou de, quiçá, amainar o seu ceticismo, organizarei a minha exposição de modo a permitir-lhes enxergar através dos meus olhos, vendo como eu vejo a arbitragem individual trabalhista: uma opção para ser levada a sério. Com os devidos ajustes, creio haver ali um enorme potencial para melhorar a vida de todos os sujeitos do processo, sejam eles jurisdicionados, advogados ou julgadores.

Antecipo, também, que não estou a defender uma panaceia para todos os males que afligem o Judiciário, em geral, e a Justiça do Trabalho, em particular[5]. Não acredito em soluções mágicas para problemas complexos e multifatoriais como os que vivenciamos no Brasil[6]. Parafraseando NORBERTO BOBBIO, as nossas conhecidas deficiências não devem nos desesperar. Ou, pior do que isso, nossas idealizadas virtudes não devem nos deixar presunçosos[7]. Prostração e arrogância são os dois sintomas típicos de uma mesma e contagiosa doença reflexiva, chamada por mim – carinhosamente – de "Síndrome da Avestruz". Os que dela padecem teimam em fechar os olhos para a realidade que nos cerca e em acreditar piamente que tudo deve permanecer exatamente como está. Vã ilusão. Virar as costas para o mundo da vida não impedirá que ele nos atropele.

Dito isso, dividirei este estudo em duas partes. Na primeira, contextualizarei a arbitragem no cenário jurídico-institucional brasileiro para, logo depois, direcionar a discussão rumo ao espaço trabalhista. Em seguida, buscarei desmistificar algumas críticas sobre o uso da arbitragem em conflitos individuais entre empregados e empregadores. Feito isto, apresentarei pequenos ajustes que poderão facilitar a sua aceitação como uma boa prática jurisdicional[8].

---

2 Cf., por exemplo, os arts. 3º, §§ 1º e 2º, 165, 166, 174, 237, 319, VII, 334, 485, VIII e 694 do NCPC.

3 Disponível em: <http://www.csjt.jus.br>. Acesso em: 03 nov. 2016.

4 Por todos, cf. MAIOR, Jorge Luiz Souto. Arbitragem em conflitos individuais do trabalho: a experiência mundial. **Revista do Tribunal Superior do Trabalho**, v. 68, n. 1, jan.-mar. 2002, p. 181/189.

5 A mesma preocupação é compartilhada pelo professor PAMPLONA FILHO, Rodolfo. **Atualizando uma visão didática da arbitragem na área trabalhista.** Disponível em: <https:// jus.com.br/artigos/6831/ atualizando-uma-visao-didatica-da-arbitragem-na-area-trabalhista>. Acesso em: 04 nov. 20016.

6 Em sentido semelhante, MOREIRA, José Carlos Barbosa. **Temas de direito processual.** 8. série. São Paulo: Saraiva, 2004. p. 5.

7 Nas palavras do autor: "Não devemos ser pessimistas a ponto de nos abandonarmos ao desespero, mas também não devemos ser tão otimistas que nos tornemos presunçosos". **A era dos direitos.** Trad. Carlos Nelson Coutinho. Rio de Janeiro: Elsevier, 2004. p. 44.

8 Para o alargamento do conceito de "jurisdição", de maneira a abranger, também, a atuação arbitral, cf. DIDIER JR., Fredie. A arbitragem no novo código de processo civil (versão da câmara dos depu-

Se, ao final, eu conseguir transformar a sua desconfiança em um tímido "talvez" ou em um otimista "por que não?", já me darei por satisfeito.

II. Contextualizando a discussão

Pois bem. Dando início à primeira parte, e dentro do nosso contexto de tomada de decisão, pergunto: O que todo e qualquer cidadão brasileiro almeja?

A resposta parece-me bem simples: encontrar e dispor dos melhores meios possíveis para a solução dos seus problemas. Ter à mão uma ferramenta simples, barata, rápida e capaz de produzir resultados legítimos, isto é, aceitáveis racional e emocionalmente[9].

E por que hoje, mais do que ontem, essa busca por um mecanismo eficiente está na ordem do dia? Afinal de contas, não foram só o Parlamento e os Conselhos referidos na introdução deste ensaio que se debruçaram sobre os meios ditos alternativos de solução de conflitos. Juristas de todos os matizes têm se reunido e debatido intensamente sobre os caminhos a trilhar diante das novas portas que se abrem no cenário jurídico-institucional[10].

Acredito que esta segunda resposta seja, mais uma vez, quase evidente: a premência pela descoberta de mecanismos mais eficazes na solução dos litígios ocorre porque o meio de que dispomos não está funcionando bem.

1. "A estatística é a arte de torturar os números até que eles confessem. E eles sempre confessam" (Abraham Laredo Sicsú)

A crise do Judiciário é um fato público e notório. Recentemente foi publicado, pelo CNJ, o relatório "Justiça em Números", com os dados relativos ao ano-base 2015[11]. As informações ali contidas sobre as despesas, receitas, estruturas orgânicas, pendências, prazos de duração do processo e análises de desempenho apenas confir-

tados – Dep. Paulo Teixeira). **Revista do Tribunal Superior do Trabalho**, v. 79, n. 4, out.-dez. 2013, p. 73/74.

9 Sobre a correlação simbiótica entre razão e emoção, cf. NUSSBAUM, Martha. Emoções racionais. Trad. Maurício Ramires e Marcelo Cattoni. In: TRINDADE, André Karam; GUBERT, Roberta Magalhães; COPETTI NETO, Alfredo (Org.). **Direito e literatura:** discurso, imaginário e normatividade. Porto Alegre: Nuria Fabris Editora, 2010 e STRUCHINER, Noel; TAVARES, Rodrigo de Souza. Direito & Emoções: uma proposta de cartografia. In: STRUCHINER, Noel; TAVARES, Rodrigo de Souza (Org.). **Novas fronteiras da teoria do direito:** da filosofia moral à psicologia experimental. 1. ed. Rio de Janeiro: Ed. PUC-Rio.

10 Este tema foi tratado com destaque no Seminário Comemorativo dos 75 anos da Justiça do Trabalho e 70 anos do Tribunal Superior do Trabalho, realizado nos dias 25 e 26 de agosto de 2016 na FGV-RJ e promovido pelo TST, CSJT e Enamat, com o apoio da FGV Projetos, do IDP, do TRT da 1ª Região e da Academia Brasileira de Direito do Trabalho.

11 Disponível em: <http://www.cnj.jus.br>. Acesso em: 03 nov. 2016.

mam e reforçam esta impressão. Para ficarmos apenas na Justiça do Trabalho, havia cerca de cinco milhões de processos pendentes de baixa no final do ano de 2015, dos quais 42% na fase de execução. Nesta etapa de desenvolvimento, encontra-se o maior gargalo do processo do trabalho, com uma taxa de congestionamento de 69,9%. Ou seja, de cada cem processos na fase de execução, quase 70 não conseguem concretizar o direito definido judicialmente. Na fase de conhecimento, a situação é ligeiramente melhor, com uma taxa de congestionamento de 47,7%. Em números brutos, isso significa que, ao final de 2015, havia 2.115.171 processos em tramitação na Justiça do Trabalho desprovidos de efetivação.

Cansado de estatísticas? Lamento avisar: esta é a pequena ponta do iceberg. Ao consultarmos um pouco mais do relatório, podemos verificar, por exemplo, o tempo médio de tramitação dos processos trabalhistas. O método de análise escolhido separou os dados em três partes: (1) da distribuição até a sentença; (2) da distribuição até a baixa; e (3) para os processos pendentes, da distribuição até o final do período de apuração em 31/12/2015.

É sabido que esta espécie de investigação acaba por simplificar o seu objeto de estudo, pois não efetuou curvas de sobrevivência ou agrupamento de processos semelhantes por classes ou assuntos. De todo modo, penso que esta limitação cognitiva não retira do relatório sua enorme relevância, pois acredito que o intuito de conhecer os marcos temporais do processo do trabalho não será esvaziado se obtido mediante uma radiografia, em vez de uma tomografia computadorizada. Entre o coisa alguma e o alguma coisa, é preferível ter acesso a qualquer fragmento empírico, por menor ou mais tosco que seja.

Anote-se, portanto, que o tempo médio do processo trabalhista na fase de conhecimento é (1) de 7 meses entre a distribuição e a sentença, (2) de 8 meses entre a distribuição e a baixa e (3) de 8 meses entre a distribuição e a permanência dos pendentes em 31/12/2015. Uma quantidade de tempo até razoável, diria eu. Contudo, como já entrevisto dois parágrafos acima, o nó górdio mora na execução. Nesta fase, o tempo médio de duração é de 3 anos e 6 meses. Logo, temos aí – em linhas gerais – um tempo global de cerca de 4 anos e 2 meses de duração dos processos na primeira instância da Justiça do Trabalho, cujo maior entrave é, sem sombra de dúvida, o momento de cumprimento da decisão judicial.

Mas isso não é só. O contexto de discussão sobre meios alternativos de solução de conflitos ainda não está completo. Além desta avalanche monumental de processos – e o último relatório "Justiça em Números" indicou a entrada de aproximadamente quatro milhões de novos casos no ano de 2015 –, a Justiça do Trabalho enfrentou o seu mais severo aperto orçamentário da história, chegando ao ponto de quase fechar as suas portas neste ano de 2016[12].

---

12 Sobre o drástico corte orçamentário sofrido pelos órgãos do Poder Judiciário, com requintes de maldade para a Justiça do Trabalho, cf. <http://g1.globo.com/politica/noticia/2016/02/ lewandowski-chama-de-inusitado-corte-no-orcamento-do-judiciario.html>. Acesso em: 03 nov. 2016.

2. *"É urgente eliminarmos da mente humana a ingênua suposição de que seja possível sairmos da grave crise em que estamos mergulhados, usando o mesmo pensamento que a produziu" (Albert Einstein)*

Morosidade, volume assombroso e grave escassez de recursos. É por essas e outras que o Poder Judiciário como um todo apanha diuturnamente da opinião pública. A insatisfação social é palpável[13]. E aqui volto ao tema.

Esta crise que nos amofina não é uma jabuticaba nacional. *Mutatis mutandi*, algo parecido foi vivenciado e discutido na década de 1970 do século passado nos Estados Unidos e na Europa. Tanto os norte-americanos quanto os europeus estavam desgostosos com a sua Justiça. Daí organizou-se um movimento civil em reação à ineficiência do Poder Judiciário.

Em 1976, na cidade de Minnesota, realizou-se a "National Conference on the Causes of Popular Dissatisfaction with Administration of Justice" (também chamada de "Pound Conference"). Foi lá que o Professor FRANK SANDER cunhou a famosa expressão "Alternative Dispute Resolution", no afã de sublinhar a necessidade de criação de vias comunitárias para a solução dos problemas que paralisavam o Judiciário. Sua ideia era a de incentivar a formação de mecanismos intersubjetivos de conhecimento e compreensão, visando ao empoderamento das comunidades locais e – este é o ponto – ao alívio do Poder Judiciário[14].

Por não estar dando conta do recado, o próprio *Chief Justice* WARREN BURGER[15] tornou-se um dos mais proeminentes defensores dos ADRs, tidos como um remédio para os males de uma sociedade cada vez mais litigiosa[16]. Na sua opinião, estimular os meios alternativos como uma forma de lidar com a crise dos tribunais não significava criticar a essência ou os ideais implícitos à prestação jurisdicional. Significava, ao contrário, valorizá-la através de sua limitação. O objetivo era preservar o espaço do Direito ao evitar sobrecarregar a capacidade institucional daquele que o aplica[17].

---

13 Para confirmar esta impressão, vale a leitura do excelente relatório produzido pela Fundação Getulio Vargas – SP, sobre o Índice de Confiança na Justiça Brasileira – ICJBrasil. No último documento produzido (1º trimestre/2014 ao 4º trimestre/2014), constatou-se uma piora da avaliação geral do Judiciário (o ICJBrasil do ano anterior ficou em 5,2 ao passo que o de 2014 ficou em 4,6). E esta piora se refletiu nos dois subíndices que compõem a estatística: (1) o da percepção (que avalia a confiança, rapidez, custo, facilidade de acesso, independência política e honestidade), que ficou em 3,1; e (2) o do comportamento (que mede a intenção de recorrer ao Judiciário em caso de problemas envolvendo a competência da Justiça Comum ou da Justiça do Trabalho – as esferas penal, militar e eleitoral foram excluídas), que ficou em 8,2. Em suma: apenas 31% dos entrevistados disseram confiar no Poder Judiciário, tendo ele atingido o 8º lugar dentre 11 instituições aferidas (ficou atrás das Forças Armadas, Igreja Católica, Ministério Público, imprensa escrita, grandes empresas, polícia e emissoras de TV e ficou à frente do Governo Federal, do Congresso Nacional e dos partidos políticos). Disponível em: <http://direitosp.fgv.br/ en/publicacoes/icj-brasil>. Acesso em: 03 nov. 2016.

14 CLARK, Bryan. **Lawyers and mediation**. Heidelberg: Springer, 2012. p. 2.

15 Presidente da Suprema Corte dos EUA no período de 23/06/1969 a 26/09/1986.

16 CLARK, Bryan. Op. cit., p. 2.

17 *Idem*, p. 3.

Do outro lado do Atlântico, o mesmo dilema era debatido. No Brasil, onze de cada dez obras sobre o acesso à Justiça mencionam o trabalho dos professores MAURO CAPPELLETTI e BRYANT GARTH: o Projeto Florença[18]. Desenvolvido na década de 1970 do século passado, os seus autores investigaram as causas dos entraves do Poder Judiciário e chegaram a algumas conclusões[19]. Partindo da premissa de que o tempestivo e efetivo acesso à Justiça é um direito fundamental e um requisito básico para o bom funcionamento de um sistema jurídico moderno e igualitário, os professores CAPPELLETTI e GARTH identificaram algumas reformas indispensáveis ao seu aprimoramento.

As chamadas "ondas reformadoras" abarcariam, em primeiro lugar, a diminuição do custo do processo. O Estado deveria prover os meios para que os mais pobres conseguissem levar seus problemas ao Judiciário, seja através de assistência jurídica gratuita ou da gratuidade das despesas processuais. Num segundo instante, dever-se-ia enfrentar as questões metaindividuais. Valorizar mais as soluções no atacado e menos as de varejo. Molecularizar as demandas, com a finalidade de diminuir a sua extrema fragmentação ou atomização. Por fim, sugeriram a adoção de procedimentos mais especializados, econômicos e eficientes, centrando esforços na prevenção de litígios através da conciliação e da mediação.

3. "Conciliar é legal" (Conselho Nacional de Justiça)

Depois deste rápido passeio pelo Direito Comparado, vê-se que nossos anseios de aqui e agora foram, e ainda são, compartilhados pelo mundo afora. Entretanto, o interessante, no que toca à Justiça do Trabalho brasileira, é que já surfamos nestas ondas faz tempo. Desde pelo menos a década de 1940 do século XX, quando passamos a usar a CLT e fomos incorporados ao Poder Judiciário, a nossa Justiça Trabalhista é especializada, bem mais em conta que as demais, manuseia com desenvoltura dissídios de natureza coletiva (jurídicos e econômicos) e tem o seu centro de gravidade processual no fomento à conciliação[20]. Para nós, da Justiça do Trabalho, não há nada de novo nas ideias ventiladas ao norte do equador.

Chegamos a um beco sem saída? Estão certos os que, ceticamente, desprezam os meios alternativos, uma vez que a Justiça do Trabalho já possui o que há de melhor no mercado de ideias institucionais?

---

18 Por todos, cf. MEDEIROS NETO, Elias Marques de. A efetividade do processo, reformas processuais, o projeto de um novo código de processo civil e a arbitragem: a terceira onda de transformação da doutrina de Mauro Cappelletti e Bryant Garth. In: CAHALI, Francisco José; RODOVALHO, Thiago; FREIRE, Alexandre. **Arbitragem:** estudos sobre a Lei nº 13.129, de 26/5/2015. São Paulo: Saraiva, 2016. p. 197/220.

19 CAPPELLETTI, Mauro; GARTH, Bryant. **Acesso à justiça.** Trad. Ellen Gracie Northfleet. Porto Alegre: Sergio Antonio Fabris, 2008.

20 Sobre a inserção da conciliação no sistema processual brasileiro e, mais especificamente, sobre a sua inscrição na certidão de nascimento da Justiça do Trabalho (art. 30 do DL nº 1.237/1939, depois convertido no art. 764 da CLT), cf. TUPINAMBÁ, Carolina. **As garantias do processo do trabalho.** São Paulo: LTr, 2014. p. 160.

Infelizmente, a realidade me obriga a refutar este ato de fé. Trata-se de uma crença pura e simples, sem um mínimo lastro empírico que lhe dê sustentação. Como dizem os ingleses, os números não mentem jamais. As estatísticas extraídas do relatório "Justiça em Números" são deveras contundentes. Com elas, saltam aos olhos de quem se dispuser a ver a vida como ela é que a Justiça do Trabalho brasileira padece dos mesmos problemas que os demais segmentos do Poder Judiciário. Estamos todos na mesma encruzilhada. Fato, por si só, suficiente para que os mais cautelosos aceitem, pelo menos, acender a luz amarela. Mas se, ainda assim, o gosto amargo da realidade numérica não for capaz de lhes quebrar a resistência, vale a pena destacar uma característica que nos é peculiar e que – modéstia à parte – ainda nos mantém na vanguarda. Talvez ao rememorá-la, você consiga deixar-se aproximar de forma mais consciente e menos arredia da arbitragem individual trabalhista. Falo do nosso "know-how" conciliador.

Novamente sob o aspecto estritamente estatístico encontrado no "Justiça em Números" ano-base 2015, o Poder Judiciário em geral realiza, em média, 11% de conciliações. Destrinchando um pouco mais os números, vemos que os Juizados Especiais Estaduais realizam 19,1% de acordos e, os Federais, 5,6%. Enquanto isso, a Justiça do Trabalho como um todo realiza 25% de conciliações, com medalha de ouro para o primeiro grau de jurisdição, cuja mediana é de incomparáveis 40% de conciliações. Ora, como os membros de um órgão com tamanha *expertise* em conciliar podem ser tão avessos a mecanismos privados de solução de conflitos, cuja lógica é justamente a dialógica, isto é, a do diálogo travado à exaustão, tal como fazemos em nosso cotidiano forense?

Trazendo um pouco da minha experiência pessoal de mais de 16 anos de juiz e conciliador, pude perceber, intuitivamente, dois padrões de comportamento em juízo.

De início, as partes anseiam por serem ouvidas. Elas querem falar com o juiz, expor suas angústias, sua indignação. É o seu "dia na Corte", no qual se veem na circunstância de poder expressar o seu sentimento de injustiça, tão bem apreendido por IHERING séculos atrás[21]. Percebi, ainda, que ambas as partes se abrem à conciliação apenas quando acreditam que o juiz as entende, que ele tenta se colocar no seu lugar e que tem uma noção mínima da realidade vivenciada do lado de fora do tribunal. Daí por que o domínio interdisciplinar pelo juiz, ainda que rudimentar, de disciplinas tais como psicologia social, economia, teoria dos jogos, contabilidade e sociologia é de fundamental importância para transparecer credibilidade. Não foram poucas as vezes em que uma palavra fora de lugar pôs por terra todo um esforço em prol da conciliação. E esta credibilidade – verdadeiramente crucial para que os litigantes cheguem a um denominador comum – deriva de outras características inerentes ao exercício da atividade conciliatória. Por exemplo: a postura do juiz-conciliador deve ser a de alguém imparcial (o que não tem absolutamente nada a ver com uma postura despro-

---

21 Cf. IHERING, Rudolf von. **A luta pelo direito.** 8. ed. São Paulo: Ed. Revista dos Tribunais, 2014.

vida de empatia, com uma frieza emocional[22]). Deve portar-se também como alguém pragmático, um especialista imbuído de vontade para a resolução do problema da melhor maneira possível e dentro do recorte da realidade que lhe é apresentado.

Em suma: as partes precisam confiar no juiz-conciliador. Para tanto, devem acreditar que ele entende o que está em jogo e que está disposto a ir com elas até o fim, ajudando-as a solucionar o imbróglio. Devem crer na sua boa-fé.

Eis aí o esboço do nosso contexto de discussão sobre os meios alternativos. E, diante desta perspectiva, lanço a seguinte indagação: A arbitragem privada consegue reproduzir, internamente (entre as partes) e externamente (perante a sociedade), este ambiente institucional dialógico, provedor de confiança recíproca, nos moldes encontrados na Justiça do Trabalho?

III. Desmistificando a solução

A escolha do critério da *credibilidade* para a seleção do terceiro que solucionará os nossos problemas é algo relativamente tranquilo de se defender[23]. A questão é justamente saber se a arbitragem está apta a tornar-se respeitável ao ponto de conseguir disseminar-se pela esfera trabalhista, pois, atualmente, permanece com uma imagem elitizada e pouco afeita aos conflitos mais comezinhos[24]. Ocorre que ela tem tudo para dar certo. Trata-se de um procedimento cujo desenho institucional traz as sementes da simplicidade, da flexibilidade, do custo reduzido, da rapidez e da confidencialidade[25]. Enfim, possui todos os requisitos necessários à produção de soluções legítimas, até porque seu pressuposto fundamental é o da autonomia da vontade das partes contratantes[26].

Portanto, enfatizo outra vez: não vislumbro antagonismo entre a arbitragem individual trabalhista e a Justiça do Trabalho.

1. "Aquele que alivia o fardo do mundo para o outro não é inútil neste mundo" (Charles Dickens)

Não considero a arbitragem sequer um meio alternativo. Ela é mais do que isso. É, na verdade, um instrumento *complementar* ao processo judicial clássico. Penso as-

22 Como bem ensinou o Professor Barbosa Moreira: "Dizer que o juiz deve ser imparcial é dizer que ele deve conduzir o processo sem inclinar a balança, ao longo do itinerário, para qualquer das partes [...] Outra coisa é pretender que o juiz seja neutro, no sentido de indiferente ao êxito do pleito. Ao magistrado zeloso não pode deixar de interessar que o processo leve a desfecho justo". **Temas de direito processual.** 7. série. São Paulo: Saraiva, 2001. p. 19/30.

23 TUPINAMBÁ, Carolina. Op. cit., p. 165.

24 *Idem*, p. 154/155.

25 PARENTE, Eduardo de Albuquerque. **Processo arbitral e sistema.** São Paulo: Atlas, 2012. p. 88/94.

26 *Idem*, p. 94/103.

sim não só pelos motivos expostos pelo *Chief Justice* WARREN BURGER – de diminuição da sobrecarga do Judiciário e da potencial melhora da qualidade de atuação dos juízes –, como também porque o próprio Poder Legislativo posicionou-se desta maneira.

Quando, por exemplo, dispõem sobre a interrupção da prescrição pela implementação da arbitragem[27], ou sobre a possibilidade de ser expedida carta arbitral a ser obrigatoriamente cumprida pelo juiz togado (seja, v.g, para intimar uma testemunha ou para buscar e apreender documentos)[28], ou, ainda, quando permitem a prolação de tutela provisória pelo árbitro[29] ou que o árbitro possa rever a tutela provisória anteriormente proferida pelo magistrado[30], os legisladores brasileiros pavimentaram largas vias de integração institucional entre a arbitragem e a judicatura. O que, antes, era uma alternativa ou ramificação, agora é uma adição. Estamos diante de vias complementares, recíprocas e paralelas, com acessos simples e rápidos. Uma infraestrutura institucional otimizada, cuja *ratio* torna-se de fácil compreensão, quando se percebe o esforço comum que lhe está por detrás. Ao fim e ao cabo, todos os caminhos levam ao mesmo ponto de chegada: a pacificação da sociedade. Processo arbitral e processo judicial são os dois lados de uma mesma moeda.

Contudo, para conquistar os corações e mentes dos que permanecem recalcitrantes quanto ao ingresso da arbitragem no arcabouço institucional trabalhista de solução de conflitos individuais, acredito ser fundamental desmistificar algumas premissas para, em seguida, propor alguns pequenos ajustes. Com isso, talvez – e apenas talvez – eu consiga convencê-los a mudar de ideia.

1.1. Mito nº 1: ausência de previsão normativa

Começarei pelo argumento mais sedutor aos positivistas de plantão. Para eles, vale relembrar que o ordenamento jurídico trabalhista já regulamenta a arbitragem faz tempo. O esquecimento desta realidade jurídica acontece, provavelmente, pelo destaque costumeiramente dado à atual redação do art. 114, § 2º, da CF/88, inserida pela EC nº 45/2004, segundo a qual é permitido às partes de um litígio coletivo optar pela arbitragem. Todavia, tal permissão normativa não confronta ou tampouco deve obscurecer o fato de que ela também existe para as situações individuais, só que no patamar infraconstitucional.

A Lei de Greve (Lei nº 7.783/1989, art. 7º), a antiga Lei dos Portos (Lei nº 8.630/1993, art. 23) revogada pela Lei nº 12.815/2013, cujo art. 37 traz previsão bem similar, a Lei de Participação nos Lucros (Lei nº 10.102/2000, art. 4º), a Lei do Desporto (Lei nº 9.615/1998, art. 90-C) e a Convenção sobre o Reconhecimento e a Execução de Sentenças Arbitrais Estrangeiras (Decreto nº 4.311/2002) ilustram bem a inserção

---

27 Art. 19, § 2º, da Lei nº 9.307/1996.

28 Art. 237, IV, do NCPC e art. 22-C da Lei nº 9.307/1996.

29 Art. 22-B, parágrafo único, da Lei nº 9.307/1996

30 Arts. 22-A, *caput,* e 22-B, *caput,* da Lei nº 9.307/1996.

da arbitragem no sistema jurídico-institucional de solução de conflitos individuais trabalhistas. Nada mais emblemático, porém, do que o art. 83, XI, da LC nº 75/1993. Ao regulamentar as atribuições do Ministério Público do Trabalho, ele autorizou o Procurador a "atuar como árbitro, se assim for solicitado pelas partes, nos dissídios de competência da Justiça do Trabalho".

Em síntese: a par de rememorarmos um bom número de dispositivos legais que incentivam a arbitragem individual trabalhista no Brasil, acabamos por reencontrar uma oportunidade perdida, mas que ainda está em tempo de ser resgatada. Nunca é tarde para incentivar o Ministério Público do Trabalho a tornar-se um parceiro nesta empreitada. Por tratar-se de um órgão público acima de qualquer suspeita, a subutilização da arbitragem pelos seus membros deve ser revista para ontem, até porque eles não estão imunes aos impactos perversos que a avalanche processual e as deficiências estruturais da Justiça do Trabalho causam aos jurisdicionados.

1.2. Mito nº 2: árbitro malvado **versus** *juiz hercúleo*

Partindo agora para a segunda desmistificação, aproveito o mote do prestígio e da confiança, depositados no possível desempenho arbitral do Procurador do Trabalho, para falar do seu oposto: o descrédito da imparcialidade do árbitro privado[31].

O medo de que o terceiro, aquele contratado como árbitro, se corrompa e favoreça à parte mais forte economicamente é latente em nossa discussão. Entretanto, se dermos dois passos para trás, conseguiremos entrever o pano de fundo e constatar que o propulsor deste sentimento ruim é uma – mais uma – idealização. Indo direto ao ponto: o excesso de confiança no juiz-conciliador bloqueia a aceitação de alternativas de ação. Os que defendem com unhas e dentes a manutenção do monopólio estatal na resolução de conflitos individuais trabalhistas cultuam, ainda que inconscientemente, a figura mitológica do Juiz Hércules[32]. Mas quem seria este senhor?

De acordo com o seu ilustre criador, Hércules seria um juiz dotado de argúcia, paciência e racionalidade divinas, estando plenamente capacitado a (re)interpretar coerentemente, e pelo tempo que fosse necessário, todo o material fático e normativo posto à sua disposição. Com isso, estaria habilitado a dar uma única resposta correta para o problema a ser solucionado[33].

Preciso dizer mais? Está na cara que se cuida de uma ficção teórica. Algo que, na filosofia, chamam de ideal regulatório ou situação contrafática. Apesar de inatingível no mundo real, sua utilidade está em guiar os atos dos juízes mortais, de maneira que eles se espelhem na metodologia hercúlea e no seu desiderato de integrar o direito, isto é, de interpretá-lo em consonância com o passado e com as circunstâncias presen-

31 Neste sentido, cf. TUPINAMBÁ, Carolina. Op. cit., p. 167.

32 DWORKIN, Ronald. **Império do direito**. Trad. Jefferson Ruiz Camargo. 2. ed. São Paulo: Martins Fontes, 2007. p. 287.

33 *Idem*, p. 287/294.

tes. Daí por que cada tomada de decisão deverá correlacionar-se com as anteriores, evitando-se rupturas bruscas da narrativa judicial. Todos deverão se comportar como se fossem autores de capítulos sucessivos de um mesmo romance em cadeia[34].

Voltemos ao planeta Terra. Situemo-nos no tempo e no território nacional, cuja realidade jurisdicional já foi devidamente contextualizada no item anterior. Vejo-me forçado a dizer o óbvio novamente. É difícil assumir o papel do menino que aponta para o rei – ou para o juiz – e afirma com a certeza dos incautos: ele está nu. A toga caiu. Não estamos no Olimpo e não existem Hércules para dar cabo dos milhões e milhões de processos que se avolumam minuto após minuto, dia após dia, semana após semana, meses após meses, anos após anos na Justiça do Trabalho.

Vejam bem. Por mais talentoso e diligente que seja o juiz – trabalhista ou qualquer outro –, sua atuação estará circunscrita a um inexorável limite fisiológico. Limite este que, convenhamos, está próximo de ser ultrapassado, com todos os riscos inerentes à sua saúde física e mental. E tanto assim que o próprio CNJ editou a Resolução nº 207/2015, instituindo uma política de atenção integral à saúde de magistrados e servidores do Poder Judiciário[35].

De fato, ao voltarmos nossa atenção mais uma vez para o relatório "Justiça em Números" do ano-base 2015, constatamos a produtividade formidável dos juízes brasileiros. Com um aumento de 3,7% em relação ao ano-base anterior, a média de 1.760 processos julgados anualmente é uma das maiores (se não a maior) do mundo civilizado. E particularmente na Justiça do Trabalho ainda nos confrontamos com um detalhe que faz toda a diferença: julgamos petições com dez, vinte, trinta pedidos de uma só vez. Uma cumulação que acaba por esconder múltiplas demandas em um único processo. De maneira que as unidades de julgamento, computadas como parâmetro de produção, projetam uma estatística distorcida para baixo. Sem falsa modéstia, julgamos bem mais do que se imagina.

Justamente por isso, retorno ao argumento do antepenúltimo parágrafo. Dissociar o Juiz do Trabalho do Juiz Hércules é, antes de mais nada, humanizá-lo. Significa ressaltar as suas agruras pessoais e profissionais. O indivíduo que se põe em vestes talares, especialmente o que se submete a concurso público para judicar na linha de frente do primeiro grau de jurisdição, está sobrecarregado pelo excesso de trabalho. Mais do que isso, ele está pressionado por metas rigorosas de gestão, quantidade e velocidade de julgamentos, traçadas pelo CNJ e pelo CSJT; encontra-se desmotivado pelo bombardeio midiático que, dia sim e outro também, induz a opinião pública a vê-lo como um marajá fornido de privilégios e com a carteira recheada, tornando-se – aí sim – uma tarefa digna dos 12 trabalhos de Hércules conseguir uma simples e insatisfatória reposição parcial da inflação para o seu subsídio. Enfim, o juiz-conciliador é

---

34 *Idem*, p. 286.

35 Sobre o tema, cf. WANDELLI, Leonardo Vieira. A efetividade do processo sob o impacto das políticas de gestão judiciária e do novo CPC. In: BRANDÃO, Cláudio; MALLET, Estêvão. **Processo do trabalho.** Salvador: JusPodivm, 2015. p. 77/81.

um ser humano com seus desejos, ambições, ideais, realizações, frustrações, dores e amores como outro qualquer. Por certo que haverá aquele que irá descambar para o avesso do que se espera de um bom julgador[36]. Mas me arrisco a dizer – mesmo não estando munido de dados estatísticos – que a grande maioria mata no peito e sua a camisa nos tribunais.

E aqui retomo o fio da meada. Não obstante toda a dedicação dos magistrados brasileiros, carregar um piano nas costas todo santo dia cobrará sua fatura. Não vislumbro um futuro muito promissor se, à moda do Gattopardo de Lampedusa, assimilarmos o novo CPC ao processo do trabalho para que as coisas permaneçam como estão. Preservar este *status quo* monopolista é uma estratégia equivocada e pode nos levar a um beco sem saída.

Por que não dar um voto de confiança à arbitragem?

O árbitro é escolhido pelas partes. A Lei nº 13.129/2015 reforçou essa liberdade de escolha ao dar prioridade à decisão das partes em detrimento das "listas fechadas" de algumas câmaras arbitrais[37]. Geralmente, o árbitro é um profissional experimentado, altamente especializado, zeloso de sua reputação, deve observar o devido processo legal e pode ser responsabilizado penalmente em caso de fraude[38]. Existem hoje no Brasil instituições reconhecidamente competentes neste segmento de atuação[39]. Ah... bradarão alguns! O empregado ou o ex-empregado não escolherá nada. Sua liberdade de escolha é falaciosa, pois não conhecerá o escolhido e, o mais grave, não o remunerará.

Qual a imparcialidade esperada deste terceiro interventor?

1.3. Mito nº 3: o eterno hipossuficiente

Vamos desconstruir este mito por partes. Em primeiro lugar, não é demais falar que o modelo arbitral possui natureza privada e, como tal, está normativamente lastreado em um contrato[40]. Logo, a decisão arbitral – seja ela qual for – retirará sua força jurídica e vinculante de um ato de vontade das partes[41]. Simples assim. Ou não? É sim.

36 Para uma exposição crítica de comportamentos considerados inadequados, cf. TUPINAMBÁ, Carolina. Op. cit., p. 155/156 e 217/220.

37 Cf. NEVES, José Roberto de Castro. A escolha do árbitro como fundamento da arbitragem. In: MELO, Leonardo de Campos; BENEDUZI, Renato Resende. **A reforma da arbitragem.** Rio de Janeiro: Forense, 2016. p. 576/578.

38 Arts. 17 e 32 da Lei nº 9.307/1996.

39 Por exemplo: Câmara Americana de Comércio, Câmara de Comércio Brasil-Canadá, Câmara da FIESP, Conselho Arbitral do Estado de São Paulo e Câmara FGV-RJ de Mediação e Arbitragem.

40 PAMPLONA FILHO, Rodolfo. **Atualizando uma visão didática da arbitragem na área trabalhista.** p. 1 e NEVES, José Roberto de Castro. **A escolha do árbitro como fundamento da arbitragem.** p. 569/571.

41 BASILIO, Ana Tereza; FREIRE, Alexandre; RODOVALHO, Thiago. Modernização da lei de arbitragem – algumas reflexões. In: CAHALI, Francisco José; RODOVALHO, Thiago; FREIRE, Alexandre. **Arbitragem:** estudos sobre a Lei nº 13.129, de 26/5/2015. São Paulo: Saraiva, 2016. p. 55.

A certeza da simplicidade recai na recusa de outra idealização (são tantas) pressuposta à desconfiança do árbitro. Falo da "hipossuficiência" do empregado. É lugar-comum no Direito do Trabalho brasileiro conceituar-se abstratamente o trabalhador subordinado como alguém hipossuficiente, ou seja, vulnerável econômica e psicologicamente[42]. Eu não compro esta ideia. Nem eu, nem os legisladores.

Ao ser promulgada, a Lei nº 13.129/2015 atualizou a Lei nº 9.307/1996 e, dentre outras inovações, prescreveu no art. 4, § 4º, que:

> Desde que o empregado ocupe ou venha a ocupar cargo ou função de administrador ou de diretor estatutário, nos contratos individuais de trabalho poderá ser pactuada cláusula compromissória, que só terá eficácia se o empregado tomar a iniciativa de instituir a arbitragem ou se concordar expressamente com a sua instituição.

Difícil ser mais claro. A maioria dos deputados federais e senadores entendeu que os altos empregados possuem plena liberdade de escolha, mesmo na vigência de seus contratos de emprego. Por isso, os autorizaram a negociar cláusula arbitral diretamente com seus empregadores. Foi permitida expressamente a inserção de cláusula contratual, na qual se estipula de antemão a arbitragem como meio de solução de conflitos futuros. E os nobres parlamentares foram além. Para que não pairasse dúvida sobre a validade da decisão tomada de comum acordo pelas partes, condicionaram a eficácia da cláusula arbitral a uma decisão unilateral do empregado ou a uma segunda anuência sua, quando provocada pelo empregador. Concordaria então uma primeira vez, ao aceitar a cláusula no seu contrato em vigor. Para expurgar qualquer resquício de incerteza sobre a liberdade decisória do empregado, apenas ele poderia efetivá-la de pronto, pois, para o empregador, a cláusula só seria eficaz com uma segunda concordância do trabalhador.

Mas... De repente surge o veto presidencial, com as seguintes razões:

> O dispositivo autorizaria a previsão de cláusula de compromisso em contrato individual de trabalho. Para tal, realizaria, ainda, restrições de sua eficácia nas relações envolvendo determinados empregados, a depender de sua ocupação. Dessa forma, acabaria por realizar uma distinção indesejada entre empregados, além de recorrer a termo não definido tecnicamente na legislação trabalhista. Com isso, colocaria em risco a generalidade de trabalhadores que poderiam se ver submetidos ao processo arbitral.

Qual distinção é indesejada? Por que é indesejada? Por quem é indesejada? Desde quando os legisladores devem valer-se de termo "definido tecnicamente" para positivar o Direito? Normatizar o que deve ser agora significa descrever tecnicamente o que é? Qual termo seria esse? Qual o critério técnico adequado para descrevê-lo? Qual o risco criado para a generalidade de trabalhadores com a prescrição do art. 4º, § 4º? E, finalmente, por que esse risco se generalizaria para absolutamente todos os

---

42 Por todos, cf. DELGADO, Mauricio Godinho. **Curso de direito do trabalho.** 13. ed. São Paulo: LTr, 2014. p. 287/308.

trabalhadores do Brasil, especialmente se levarmos em conta que a permissão era para o espectro bem restrito de altos empregados?

A saraivada de perguntas acima, muito provavelmente, continuará sem resposta por um demorado período. Fiz questão de colocá-las apenas para ressaltar o argumento do *reductio ad absurdum* e demonstrar a sua utilização subliminar no veto presidencial. A rigor, ele está ali apenas para cumprir tabela. Ora, nada de razoável se extrai dali, a não ser a decisão ideológica de negar a decisão parlamentar porque dela não se gostou. Como o Poder Executivo não pode imperialmente dizer "não gostei e ponto", acabou por apresentar razões pífias, na tentativa canhestra de justificar o injustificável[43].

Os altos empregados não sofrem por causa de suas necessidades básicas. Eles conseguem se livrar, com desenvoltura, de eventuais dificuldades economicamente limitadoras de sua liberdade de escolha[44]. São pessoas, via de regra, com elevado nível de instrução formal e, pois, muito bem informadas sobre os pontos relevantes envoltos em suas tomadas de decisão. Geralmente são profissionais bem colocados no mercado de trabalho, com larga rede de contatos sociais. Tornando curta uma longa história, estão plenamente capacitados para negociar suas posições perante seu empregador, seja antes, durante e, principalmente, depois de encerrado o contrato de trabalho. A retirada da permissão legal para resolverem seus problemas eventuais mediante arbitragem não os impede de fazê-lo. Mas dificilmente o empregador aceitará, haja vista o viés draconiano e protecionista demonstrado pelo Estado brasileiro. A segurança jurídica – essencial à sobrevida dos meios alternativos – evaporou-se.

Todavia, por mais incrível que possa parecer, nem sempre foi assim.

Houve época em que o TST aceitou a arbitragem individual trabalhista. Em interessante exposição histórica, a professora CAROLINA TUPINAMBÁ descreveu a evolução jurisprudencial desse tribunal[45].

No julgamento do RR nº 147500-16.2000.5.05.0193, em 17/10/2008, cuja relatoria foi do Ministro PEDRO PAULO MANUS, a 7ª Turma do TST afirmou ser o compromisso arbitral um mecanismo de prevenção ou solução de litígios compatível com o Direito e o Processo do Trabalho, ainda que seja dada ampla e irrevogável quitação pelas partes. Posteriormente, em 11/12/2009, na 4ª Turma do TST, no julgamento do RR nº 25900-67.2008.5.03.0075, cujo relator foi o Ministro BARROS LEVENHAGEN, ficou decidido que é nula a cláusula arbitral integrada ao contrato de trabalho em vigor, mas que, após a sua dissolução, a vulnerabilidade presumida em função da hipossuficiência minimiza-se, haja vista o esgarçamento da subordinação e da dependência econô-

---

43 Também em tom bastante crítico ao veto presidencial, cf. VERÇOSA, Fabiane. Arbitragem para a resolução de conflitos trabalhistas. In: MELO, Leonardo de Campos; BENEDUZI, Renato Resende. **A reforma da arbitragem.** Rio de Janeiro: Forense, 2016. p. 496/499.

44 Sobre a utilização da categoria "necessidade básica" como um dos elementos de definição dos direitos fundamentalmente materiais dos empregados, cf. GOMES, Fábio Rodrigues. **Direitos fundamentais dos trabalhadores:** critérios de identificação e aplicação prática. São Paulo: LTr, 2013. p. 137/144.

45 TUPINAMBÁ, Carolina. Op. cit., p. 168/170.

mica do empregado. E, na sequência, ressaltaram a natureza patrimonial dos direitos trabalhistas derivados da rescisão, de forma a concluir pela possibilidade jurídica da arbitragem após a extinção contratual.

O que parecia encaminhar-se para uma solução intermediária sobre a arbitragem individual trabalhista – com a permissão restrita aos compromissos arbitrais firmados após o término do contrato – sofreu um revés. Um pouco depois daquela última deliberação, a 8ª Turma julgou o AIRR nº 131040-21.2007.5.02.0086, em 30.03.2010, sob a relatoria do Ministro Lelio Bentes Corrêa. Ali se declarou que:

> O instituto da arbitragem, em princípio, não se coaduna com as normas imperativas do Direito Individual do Trabalho, pois parte da premissa, quase nunca identificada nas relações laborais, de que empregado e empregador negociam livremente as cláusulas que regem o contrato individual de trabalho. [...] Como reforço de tese, vale destacar que o art. 114 da Constituição Federal, em seus parágrafos 1º e 2º, alude à possibilidade da arbitragem na esfera do Direito Coletivo do Trabalho, nada mencionando acerca do Direito Individual do Trabalho.

Por fim, a SDI-1 pôs uma pá de cal nesta questão no julgamento do AI nº 41540-2005.039.02.40, ao decidir, por maioria, que os empregados não estão autorizados a se submeter à arbitragem, seja antes, durante ou depois de terminado o contrato[46].

Começo pelo fim. Interpretar o silêncio constitucional, a respeito da arbitragem individual trabalhista, como uma proibição implícita é um açodamento hermenêutico perigoso. De plano, poder-se-ia argumentar que a lógica deôntica tradicional aponta para a direção contrária, isto é, no sentido de que o não expressamente proibido está implicitamente permitido[47].

Entretanto, caso se queira aprofundar um pouco mais o problema, sugiro a leitura das lições de Robert Alexy. Este renomado professor alemão defendeu a existência de uma "margem de ação estrutural" e de uma "margem de ação epistêmica". A primeira, significando a certeza sobre o que a Constituição ordena ou proíbe (ou sobre o que ela não ordena ou não proíbe) aos legisladores; a segunda, significando a dificuldade de identificação de ordens e proibições à atuação dos legisladores. Quando estamos na primeira margem, podemos respirar aliviados, mas, se estivermos na segunda, a incerteza será palpável. O pior, contudo, não é cair de paraquedas na margem de ação epistêmica. Antes disso, o X da questão é saber em qual das margens aterrissamos. Sem isso, será um esforço desumano avaliar se a nova legislação esbarrou em alguma norma constitucional que lhe era restritiva ou se a velha lei foi atropelada pela incompatibilidade constitucional superveniente, especialmente quando ela é invisível[48].

---

46 *Idem*, p. 171.

47 Neste sentido, PEREIRA, Ana Lúcia. As modificações propostas para a utilização da arbitragem nos contratos individuais de trabalho. In: CAHALI, Francisco José; RODOVALHO, Thiago; FREIRE, Alexandre. **Arbitragem:** estudos sobre a Lei nº 13.129, de 26/5/2015. São Paulo: Saraiva, 2016. p. 40/41.

48 ALEXY, Robert. **Teoria dos direitos fundamentais.** Trad. Virgílio Afonso da Silva. São Paulo: Malheiros, 2008. p. 612/627.

Espero tê-lo alertado, com este breve excurso, sobre como não é nada óbvio o propalado silêncio eloquente constitucional, supostamente proibindo a promulgação de leis sobre arbitragem individual trabalhista. Esta conclusão legitimaria uma violenta, arbitrária e – repito – perigosa restrição ao princípio democrático. Dar-se-ia uma carta-branca para que o juiz pusesse palavras na boca do constituinte, transformando-se numa caricatura bizarra da famosa alegoria de MONTESQUIEU sobre ser ele a "boca da lei". Uma boca que não apenas interpreta o que está escrito, como também pronuncia o que não está escrito. Um exercício fantasmagórico de psicografia jurídica que seria cômico, se não fosse trágico para o Estado Democrático.

Em tempos de ativismo judicial sem peias, com base numa aplicação principiológica que, de tão descontrolada, faria corar o mais realista dos realistas jurídicos norte-americanos, não creio ser uma opção hermenêutica louvável. Ou seja, em havendo uma dúvida razoável, prefiro acreditar que a omissão constitucional traduz-se numa permissão para o exercício da liberdade política pelo Parlamento. Ou, como diria ALEXY, a incerteza da extensão dos direitos fundamentais em jogo traduz-se numa discricionariedade epistêmica do tipo normativo, permitindo-se às maiorias eventuais externar suas próprias valorações.

Retorno, agora, ao problema da hipossuficiência. Faço isso apenas para dizer mais uma ou duas palavras sobre este tema, um verdadeiro tabu no Direito do Trabalho brasileiro.

As pedras de toque aqui são duas: a real liberdade de decisão e a qualidade da informação.

Asseverar, com certeza absoluta, que o empregado não detém liberdade decisória e/ou que está desinformado sobre a decisão a ser tomada é uma impossibilidade fática. Do mesmo modo que afirmar o contrário também o é. Por isso, neste campo de investigação trabalha-se com a presunção razoável. Razoabilidade, aqui, no sentido aristotélico de equidade, daquilo que normalmente acontece em nosso cotidiano[49].

As perguntas subjacentes são as seguintes:

(1) É razoável aceitar a ideia do empregado comprometido em sua capacidade decisória antes ou durante a vigência do contrato?

(2) É razoável aceitar a ideia do empregado plenamente capaz de decidir as suas pendências com o empregador após o término do contrato?

No primeiro caso, não se exige muito esforço discursivo para convencer ao brasileiro que o empregado regular, aquele fora do topo da pirâmide hierárquica da empresa, não está livre, leve e solto para abrir mão de resolver seus problemas no Judiciário. O temor reverencial, a dependência econômica, o receio do desemprego, enfim, há fortes indícios de uma "coação" pairando no ar, intoxicando, ainda que inconscientemente, a liberdade individual em toda a sua extensão. No mais das vezes, para qualquer empregado normal seria uma operação de altíssimo risco opor-se às cláusulas

49 ÁVILA, Humberto. **Teoria dos princípios:** da definição à aplicação dos princípios jurídicos. 8. ed. São Paulo: Malheiros, 2008. p. 152/155.

impostas unilateralmente pelo empregador, geralmente quem as apresenta no contrato de adesão. Além de mostrar-se como um encrenqueiro, ele estaria pondo em perigo o seu sustento e de seus familiares. Valendo-me de uma categoria do Direito Constitucional, o seu mínimo existencial[50] – aquilo que precisa para suprir suas necessidades básicas e a de seus familiares[51] – estaria comprometido por uma dispensa imediata ou iminente[52].

Já na segunda situação, o desate do nó jurídico passa justamente pela ruptura contratual. Este procedimento talvez amenize ou, muito provavelmente, retire do trabalhador os constrangimentos porventura existentes. Digo talvez porque, como salientado antes, estamos falando de presunções razoáveis. Neste sentido, o que existiu – se existiu de fato – provavelmente deixou de existir ou, quando muito, deixou de influir primariamente na decisão a ser tomada. Ora, não se deve perder de vista que o pior que poderia acontecer já aconteceu.

Portanto, daí em diante, escolher o método de solução das sequelas derivadas de um rompimento truncado está dentro do âmbito de liberdade decisório do indivíduo[53]. Desde que não haja vício de consentimento, o ex-empregado está plenamente apto a conversar e combinar, de comum acordo com o empresário, qual o melhor mecanismo institucional para aparar suas arestas. Arbitragem ou Justiça do Trabalho? Eles que decidam.

Caso contrário, estaríamos partindo esta pessoa ao meio com um machado ideológico completamente cego para a realidade. Reflita comigo. Na sua esfera privada, o empregado pode casar-se, comprar ou financiar um imóvel, responsabilizar-se pela educação de seus filhos ou ser punido pela prática de um crime. Apenas em um fragmento de sua vida, o profissional, sofreria uma *capitis diminutio*[54].

Tal como um experimento de laboratório, o todo é ignorado e isola-se, em tese, apenas o pedacinho laboral, como se tudo o mais com ele não se misturasse. Dentro deste tubo de ensaio fictício, adiciona-se a ideologia segundo a qual é indispensável o monopólio do Estado-Juiz para decidir pelo empregado dispensado. O que ele deve ou não deve fazer? Chame o Juiz. Uma cisão artificial de sua autonomia da vontade sem o menor respaldo no mundo de hoje, complexo e plural. Ao menos não se vê isso em

---

50 Sobre o mínimo existencial, cf., por todos, TORRES, Ricardo Lobo. **O direito ao mínimo existencial.** Rio de Janeiro: Renovar, 2009.

51 Para uma conceituação das necessidades básicas como aquelas que devem ser satisfeitas para a sobrevivência do indivíduo, independentemente de sua vontade, cf. NINO, Carlos Santiago. Autonomia y necesidades básicas. **Doxa nº 7**, 1990.

52 Para uma análise da proibição do gênero dispensa arbitrária e da permissão forte de uma de suas espécies, a dispensa sem justa causa, cf. GOMES, Fábio Rodrigues. **O direito fundamental ao trabalho:** perspectivas histórica, filosófica e dogmático-analítica. Rio de Janeiro: Lumen Juris, 2008.

53 Cf. GOMES, Fábio Rodrigues. **Direitos fundamentais dos trabalhadores**. p. 119 e ss.

54 Em sentido semelhante, cf. MENDONÇA, José Vicente Santos de. **De boas intenções e maus resultados.** Disponível em: <http://jota.info/de-boas-intencoes-e-maus-resultados>. Acesso em: 05 nov. 2016.

quantidade o bastante para gerar uma presunção razoável de que vá se repetir com habitualidade.

1.4. Mito nº 4: a indisponibilidade absoluta

A última desmistificação é correlata à anterior. Isso porque o art. 1º da Lei nº 9.307/1996 circunscreve a arbitragem à resolução de "litígios relativos a direitos patrimoniais disponíveis".

No Direito do Trabalho, costuma-se afirmar de olhos fechados a indisponibilidade dos direitos dos trabalhadores[55]. Embora não se apresente um critério seguro e objetivo sobre quais devem ser assim classificados, a crença generalizada é a de que o empregado está em desvantagem econômica, desconhece a integral dimensão dos seus direitos, corre o risco de ser coagido a renunciá-los e de que há normas trabalhistas de ordem pública, tais como os arts. 9º, 444 e 468 da CLT, que o protegem de si mesmo[56]. Neste sentido, em 29/05/2009, foi dito no julgamento do RR nº 795/2006-028-05-00.8, de relatoria do Ministro ALBERTO LUIZ BRESCIANI DE FONTAN PEREIRA, que:

> A vocação protetiva que dá suporte às normas trabalhistas e ao processo que as instrumentaliza, a imanente indisponibilidade desses direitos e a garantia constitucional de acesso a ramo judiciário especializado erigem sólido anteparo à utilização da arbitragem no Direito Individual do Trabalho.

Novamente uma idealização sem dados empíricos que a escorem. Para que se tenha ideia de como o "sólido anteparo" esfarela-se rapidamente diante da primeira brisa de outono, menciono as transações realizadas aos borbotões na Justiça do Trabalho. Basta adentrar em quaisquer das salas de audiência espalhadas por este país continental para que partes, advogados e juízes sejam "flagrados" negociando valores para pôr termo ao conflito. A difamação, a agressão física, o assédio moral gerador de síndrome de *burnout*, o acidente que acarreta grave e definitiva deficiência física ou um grotesco dano estético, a discriminação racial, todas são questões aptas a serem discutidas, sopesadas e, se tudo correr bem, encerradas através da conciliação. Um acordo que, via de regra, se efetiva com o pagamento de valores em pecúnia e que possui cláusula de quitação geral quanto ao extinto contrato de trabalho[57].

Portanto, pergunto eu: Que indisponibilidade é essa? E a conversão da solução em dinheiro? Há ou não há uma patrimonialização inexorável nessa história?

Quando formos abordar este assunto, logo de pronto devemos respirar fundo e contar até dez. Trata-se de um tema que há muito merece uma reflexão menos apaixonada dos doutrinadores trabalhistas.

---

55 Cf. MARTINEZ, Luciano. **Curso de direito do trabalho.** 5. ed. São Paulo: Saraiva, 2014. p. 112/123.

56 *Idem, ibidem.*

57 Esta previsão encontra guarida na OJ nº 132 da SDI-2 do TST.

Já tive a chance de expor as minhas impressões e de tentar afastar algumas pré--compreensões profundamente enraizadas no imaginário teórico e jurisprudencial brasileiro[58]. Por razões de tempo e espaço, peço licença aos mais interessados e sugiro a leitura daquilo que já escrevi mais detidamente em outra ocasião. Todavia, algumas breves considerações devem ser transportadas para cá, pois servirão de luz no fim deste extenso túnel em direção à validação da arbitragem individual trabalhista.

O que significa dispor de um direito? Significa que o seu titular pode consentir em um certo grau de enfraquecimento de sua posição jurídica, a fim de permitir que alguém atue de uma forma tal que não o faria, se o consentimento não existisse[59].

Cuida-se, na quase totalidade dos casos, de uma autorrestrição temporária e circunstancial[60]. Imagine, por exemplo, um transplante de coração ou uma exposição pública no Big Brother Brasil. Nestas situações há a permissão do titular do direito (à integridade física ou à privacidade) para que alguém (o cirurgião ou a rede de televisão) aja de maneira tal que não poderia fazê-lo, se a autorização não existisse. Se quiserem ampliar a imaginação, pensem na luta de boxe, na partida de futebol, nos filmes pornográficos, nas redes sociais da internet e em toda uma infinita gama de exemplos capazes de evidenciar o óbvio: a "disponibilidade" de direitos fundamentais é extremamente corriqueira no mundo contemporâneo.

A dúvida a ser dirimida é outra. Para conjugarmos direitos fundamentais e autorrestrição, o problema a ser dirimido gira em torno dos limites impostos à disponibilização. Até onde pode o titular do direito enfraquecer sua própria posição jurídica?

A resposta é cartesiana: até o ponto em que a sua liberdade de escolha esteja correndo o risco de desaparecer. Se o indivíduo, ao decidir disponibilizar seu direito, atinge em cheio a sua própria capacidade de decisão, aquela linha tênue entre o paternalismo e a intervenção salutar é por ele atravessada. Outro exemplo vem bem a calhar. Pense na hipótese de o candidato ao emprego aceitar receber menos de um salário-mínimo. Certamente que esta decisão estará maculada naquilo que ela possui de mais fundamental: a liberdade de escolha[61]. Nenhum ser humano premido pelas necessidades básicas ou fisiológicas (comer, dormir, abrigar-se etc.) é verdadeiramente livre[62]. Decidir com o estômago não é a descrição mais acurada de decidir com sabedoria.

Sejamos redundantes: a liberdade de decidir livremente é o núcleo essencial da disponibilidade dos direitos fundamentais pelo seu titular. Munido de uma mínima co-

58 GOMES, Fábio Rodrigues. **Direitos fundamentais dos trabalhadores**. p. 405/428.

59 *Idem*, p. 407.

60 Exceção digna de nota (e que dá o que falar) é a eutanásia, pois esta é uma disponibilidade de natureza permanente.

61 Cf. GOMES, Fábio Rodrigues. **Direitos fundamentais dos trabalhadores**. p. 60 e ss., onde encaro este problema valendo-me da análise econômica do direito e, mais especificamente, da teoria dos jogos.

62 Para esta instigante discussão filosófica e de outras tão ou mais desafiadoras, cf. SANDEL, Michael. **Justiça – o que é fazer a coisa certa.** 6. ed. Rio de Janeiro: Civilização Brasileira, 2012.

bertura econômica capaz de suprir suas necessidades básicas, bem informado sobre o que está em jogo e sobre suas alternativas de ação e colocando-se imune a pressão, ameaça ou coisa que o valha, o indivíduo estará pronto para decidir sobre o tempo, o modo e as condições em que aceitará dispor dos direitos que lhe pertencem. Repito: direitos que pertencem a ele! E não ao Estado-Juiz, adepto do perfeccionismo moral, e que almeja ser mais realista do que o rei, arrogando-se a prerrogativa de saber melhor do que o próprio sujeito aquilo que é bom para a sua vida.

Como frisei na investida contra o Mito nº 3, é a qualidade do consentimento que deverá nortear a fiscalização judicial. Por vezes, a suposta hipossuficiência existe de fato e compromete a liberdade indispensável à validação da renúncia ou transação. Em outras circunstâncias, a alegada hipossuficiência não passa de uma quimera, fruto de ideologias teimosas, que embotam o olhar de quem não quer ver a realidade.

2. "Você não pode mudar o vento, mas pode ajustar as velas do barco para chegar onde quer" (Confúcio)

Que a relação de emprego possui as suas idiossincrasias, isto não se discute. O "paradoxo de uma subordinação livremente consentida" já foi bem captado pelo professor francês ALAIN SUPIOT, segundo o qual está-se diante da estranha situação de alguém, livremente, aceitar restringir sua liberdade em prol da liberdade alheia[63]. Por não desconsiderar estas peculiaridades da vida prática e jurídica, pré-relacional, relacional e pós-relacional do empregado e do empregador, acredito ser uma boa ideia recalibrarmos um pouquinho o instituto da arbitragem para melhor encaixá-lo na realidade trabalhista.

São basicamente quatro as propostas de ajuste *de lege ferenda*:

(1) recuperar a ideia contida no natimorto art. 4º, § 4º, da Lei nº 9.307/1996, para permitir aos altos empregados incorporarem as cláusulas arbitrais em seus contratos, mas deixando clara a limitação deste expediente a este tipo muito especial de trabalhador levemente subordinado;

(2) recuperar a ideia gestada em algumas decisões do TST, mas depois abandonada pela maioria, no sentido de permitir o manuseio do compromisso arbitral para todos os ex-empregados que assim o desejarem, pois, encerrado o contrato e pagas as verbas rescisórias na forma e no prazo previstos no art. 477, §§ 1º e 6º, da CLT, a presunção razoável é a da boa qualidade decisória[64]. Até mesmo por analogia *legis* ao que preceitua o art. 625-E, parágrafo único, da CLT, que, ao autorizar a eficácia liberatória geral para os termos formulados nas comissões de conciliação prévia, deixa implícita a confiança dos legisladores na plena capacidade decisória do empregado. E também por analogia *juris* ao julgamento do STF no RE nº 590.415/SC, de relatoria do Ministro

63 **Critique du droit du travail.** Paris: Presses Universitaires de France – PUF, 2002. p. 111.

64 Em sentido semelhante, PEREIRA, Ana Lúcia. As modificações propostas para a utilização da arbitragem nos contratos individuais de trabalho. p. 46.

Luis Roberto Barroso, no qual se convalidou a quitação geral contida em PDV devidamente chancelado por norma coletiva;
(3) tornar obrigatória a participação de advogados nas instâncias arbitrais individuais trabalhistas[65], pois esta medida reduziria drasticamente as chances de o empregado decidir desinformado ou com pouca informação, bem como promoveria um relevante reequilíbrio da assimetria do arsenal jurídico e econômico disponível às partes[66]; e
(4) estipular "cláusulas cheias" em acordos e/ou convenções coletivas, regulamentado previamente o processo de escolha e de remuneração dos árbitros e/ou das instâncias arbitrais, bem como a indicação expressa de rateio dos custos da arbitragem entre o sindicato representante da categoria profissional do empregado e o empregador, afastando-se, de uma vez por todas, a principal causa de suspeição sobre a atuação deste terceiro ao longo do processo decisório.

Um rol modesto e, por óbvio, meramente exemplificativo. O intuito é apenas demonstrar que não se precisa inventar a roda para que a arbitragem possa funcionar na solução de conflitos individuais trabalhistas, e bem.

IV. Conclusão

Concluo repisando o meu otimismo. Acredito realmente que a arbitragem pode vir a ser uma boa opção institucional na resolução de problemas entre empregado e empregador. Melhor do que uma alternativa, ela é um complemento à jurisdição pública. O objetivo de ambas é o mesmo: promover o bem-comum.

Insisto também que não enxergo a arbitragem como uma fórmula milagrosa apta a arrumar toda a nossa bagunça forense. Apenas considero ser um desperdício deixá-la de lado por puro preconceito ideológico. Um preconceito, inclusive, sem qualquer razão de ser, visto que a Justiça do Trabalho permanecerá na retaguarda, avaliando subsidiariamente o cumprimento das regras do jogo arbitral convencionado e o respeito ao devido processo legal. A ação anulatória da sentença arbitral estará sempre à mão daquele que se sentir lesado[67].

Importando uma categoria habermasiana, nós, juízes do trabalho, permaneceremos como guardiões das condições de possibilidade discursiva. A obediência às normas indispensáveis à construção de um ambiente institucional confiável e capaz de produzir uma solução legítima, aceitável racionalmente pelas partes envolvidas, deve ser a regra de ouro do procedimento arbitral. Seguidos rigorosamente os parâmetros normativos para que a deliberação flua bem no seu interior, os sujeitos deste procedi-

65 *Idem*. p. 47.

66 Sobre o desenvolvimento da cultura jurídica da prevenção de litígios e, dentre outros assuntos, sobre o pujante mercado de trabalho que se abre aos advogados com o fortalecimento da instituição arbitral, vale conferir a entrevista do advogado Carlos Carmona. Disponível em: <http://jota.info/arbitragem-nao-vai-desafogar-o-judiciario-diz-carlos-carmona>. Acesso em: 05 nov. 2016.

67 Arts. 32 e 33 da Lei nº 9.307/1996.

mento serão, ao mesmo tempo, autores e destinatários da norma resultante, mesmo que ela surja por intermédio de uma sentença arbitral. Daí por que a sua legitimidade ser quase automática, com hipóteses bastante limitadas de impugnação[68].

Na década de 1920 do século passado, nos Estados Unidos, a professora e estudiosa de conflitos trabalhistas, MARY PARKER FOLLETT, dizia sobre eles o que nos parece ser uma banalidade: são fenômenos inevitáveis. Contudo, ela se propunha a olhá-los com mais vagar e, driblando o trivial, afirmar: Ok, são parte da vida. Mas o que fazer com eles? E sugeria transformá-los em soluções criativas, inovadoras, flexíveis e pragmáticas. Menos litígio, menos beligerância; mais diálogo, mais prevenção.

A arbitragem pode desempenhar este papel no espaço jurídico trabalhista brasileiro. Façamos diagnósticos cada vez mais precisos e frequentes sobre o desempenho prático desta nova ferramenta. Façamos auditorias regulares, com a participação próxima do Ministério Público do Trabalho. Façamos certificações, como as que são concedidas pelo Conselho Nacional das Instituições de Mediação e Arbitragem – Conima. Façamos história! Ou seremos engolidos por ela.

68 Arts. 30 e 32 da Lei nº 9.307/1996.

REFLEXOS DO NOVO CÓDIGO DE PROCESSO CIVIL NO PROCESSO ADMINISTRATIVO PREVIDENCIÁRIO

Fábio Zambitte Ibrahim

1. Introdução

De início, o tema apresentado soa, ao menos historicamente, equivocado. A Lei nº 13.105/2015, ao apresentar o novo regramento processual brasileiro, externa a clara influência da legislação já vigente em matéria administrativa, com a adoção de preceitos similares aos previstos na Lei nº 9.784/1999, Lei do Processo Administrativo Federal. Não seria o caso de afirmar a influência do processo administrativo sobre o judicial?

Historicamente, enquanto o processo civil brasileiro, ao longo da segunda metade do século XX, distanciou-se da verdade material e da justiça, sob o influxo do positivismo jurídico e seu compromisso com a segurança jurídica exclusivamente formal, o processo administrativo sempre buscou, com variações, o real alcance dos fatos e sua verdadeira adequação aos dispositivos legais vigentes.

A Administração Pública, até pelo fato de não ser, propriamente, parte adversária ao administrado, permitia flexibilizações até agora inimagináveis na seara judicial. Apresentação de novas provas a qualquer tempo, relativização das formalidades do processo, representação sem advogado e até mesmo a superação da intempestividade de pedidos e recursos são características comuns no processo administrativo, especialmente na vertente previdenciária.

Tendo em vista a tradição progressista do processo administrativo, com a influência evidente e incontestável no vigente Código de Processo Civil, seria possível falar-se, por consequência, em influência deste nas lides administrativas previdenciárias? Entendo que sim, pois a Lei nº 13.105/2015, ainda que sob o influxo de uma legislação do processo administrativo que a preexistia, ao mesmo tempo que a reforça, propicia sua evolução e aprimoramento.

As disciplinas processuais administrativas, mesmo no limitado – mas relevante – escopo das lides previdenciárias, sempre sofreram com as lacunas normativas e a falta de unidade interpretativa, as quais, sob o manto da informalidade das querelas extrajudiciais, serviam, não raramente, como forma de desrespeito a demandas legítimas e voluntarismos da Administração Pública.

Agora, com a aproximação dos processos administrativo e judicial, como se pretende expor, as características já existentes nas lides internas ao sistema protetivo brasileiro carecerão, com maior rigor, de adequação aos ritos processuais vigentes, permitindo melhor controle dos interessados e da própria Administração quanto aos decisórios exarados pelos seus servidores e pelas instâncias recursais colegiadas.

2. Existe um processo administrativo previdenciário?

O processo, em sua acepção mais genérica, indica determinada relação necessária entre agentes (físicos, químicos, pessoas etc.). No âmbito do Direito, o processo é relação jurídica entre duas ou mais pessoas (já que não há processo consigo mesmo), com mais uma peculiaridade – a finalidade visada, ou seja, um *resultado exitoso*[1].

Ou seja, como reconhecia mesmo PONTES DE MIRANDA,[2] o processo, no Direito, tem a peculiaridade de visar a determinado remate, ao contrário, por exemplo, de um processo físico ou químico, que pode ser considerado isoladamente. O processo jurídico nunca será um fim em si mesmo, mas sempre instrumento para a concretização do bem comum, ao aparelhar o Estado com os meios necessários para garantir a pacificação social.

Neste sentido é que se pode falar em *processo legislativo*, como atuação dos órgãos competentes para a elaboração dos veículos introdutores de normas. Esta acepção permite também se falar em processo administrativo e judicial mesmo sem litígio, como, na esfera judicial, a figura da *justificação judicial* – processo de jurisdição voluntária.

Todavia, é interesse deste estudo o enfoque em uma espécie de processo no Direito – o processo administrativo – como instrumento de atuação da Administração no exercício de sua competência. Neste contexto, no que diz respeito às contribuições previdenciárias, haverá o processo administrativo não contencioso, relacionado ao lançamento do crédito tributário, e o litígio processual-administrativo, quando da eventual impugnação ao lançamento. No benefício, o processo não contencioso inicia-se com o requerimento da prestação, e o litigioso surge quando há impugnação ao indeferimento administrativo ou revisão por parte do INSS.

Por isso não é correto afirmar a inexistência do processo administrativo, pois haveria, em âmbito administrativo, para alguns, mero *procedimento*, cabendo o *processo* somente aos órgãos do Poder Judiciário. Ainda é usual afirmar-se que o *procedimento*, signo de alcance mais amplo, seria, em âmbito administrativo, o reflexo do *modus operandi* da Administração, fixando a competência para emanar determinado ato e rito a ser seguido, sob pena de invalidade do mesmo. É certo que o procedimento não se confunde com o processo, mas ambos existem na esfera administrativa.

Tal visão restrita é derivada, usualmente, do critério de *jurisdição única*, pelo qual somente o Poder Judiciário teria o poder de resolver os litígios apresentados ao

---

1 Cf. CARVALHO FILHO, José dos Santos. Processo administrativo. In: **Série Direito em Foco – Direito Administrativo.** Valter Shuenquener de Araújo (Coord.). Niterói: Impetus, 2005, p. 140.

2 PONTES DE MIRANDA. **Comentários ao código de processo civil.** Rio de Janeiro: Forense, 1974. Tomo I, p. 205.

Estado-juiz, enquanto a Administração, na melhor das hipóteses, faria mero controle de legalidade de seus atos, sendo tal autoridade submetida a *procedimento* fixado em lei.

Não obstante, mesmo com a jurisdição única, é usual a previsão de algum tipo de *processo administrativo*, pois, frequentemente, verdadeiros litígios são apresentados à Administração, a qual vai muito além do mero controle de legalidade. Ademais, o processo não se limita às relações litigiosas.

A própria definição de *jurisdição única* deve ser compreendida *cum grano salis*, já que, por certo, atribui ao Poder Judiciário a prerrogativa de avaliar a licitude de qualquer demanda posta a sua apreciação, em grau derradeiro, mas sem excluir a possibilidade da atuação atípica dos demais Poderes, decorrência natural do mecanismo de *checks and balances*. Ou seja, o sistema de jurisdição única significa que a atividade jurisdicional, como *função típica*, é restrita a um dos Poderes constituídos, mas não exclui, evidentemente, a atuação atípica dos demais, nos limites traçados na Constituição.

A presença do processo administrativo na Constituição vigente é cristalina. Enquanto as anteriores tinham apenas referências específicas sobre o processo disciplinar, a Constituição de 1988 trouxe orientações gerais acerca do processo administrativo, utilizando-se desta expressão em diversos dispositivos, tais como os arts. 5º, LV; 37, XXI e 41, § 1º, II. O art. 5º, LV, dispõe que a*os litigantes, em processo judicial ou administrativo, e aos acusados em geral são assegurados o contraditório e a ampla defesa, com os meios e recursos a elas inerentes*.

Em razão da expressa previsão constitucional do art. 5º, LV, aliada à evolução doutrinária sobre o tema, há hoje razoável consenso sobre a existência do processo administrativo, inclusive o de natureza contenciosa, no qual o litígio entre Administração e administrado é resolvido dentro das mesmas premissas básicas do devido processo legal, com as consequentes garantias da ampla defesa e do contraditório.

De acordo com o art. 5º, LV, da Constituição, existe um processo administrativo contencioso, não deixando qualquer dúvida sobre a matéria. Nesta acepção, o *litígio* significa *aquela controvérsia que acaba por colocar em campos opostos os beneficiários e o INSS*[3]. A disputa gira em torno da prestação previdenciária. O litígio é formado quando o requerimento do benefício é indeferido, ou quando há impugnação de lançamento fiscal, com a devida fundamentação no direito em vigor.

O princípio do devido processo legal está também presente na Administração, visto que é inerente ao Estado Democrático de Direito e ao exercício da cidadania. Significa para as partes *o conjunto de garantias que lhe são propiciadas para a tutela*

3 BALERA, Wagner. **Processo administrativo previdenciário – benefícios.** São Paulo: LTr, 1999. p. 138 e ss. Como aponta este mesmo Autor, ao contrário do processo comum, no contencioso administrativo, a instituição previdenciária não está em situação exatamente antagônica ao segurado – ela deve buscar também a verdade material, no sentido da adequação da demanda do segurado ao direito vigente, ou não. Somente assim poderá atingir sua finalidade que é a justiça social. E por isso *força reconhecer que, nos domínios da jurisdição administrativa, os princípios processuais estão colocados em termos muito mais amplos e maleáveis do que como foram originariamente formulados pela clássica doutrina processual.*

de posições jurídicas ante a Administração. Sob o ângulo do poder público consiste na obrigatoriedade de atuar mediante processo em determinadas situações[4]. Como aponta também HABERMAS, é necessário desenvolver-se o processo administrativo como meio de eficaz atendimento às reivindicações dos cidadãos[5].

Pela evolução doutrinária do tema, reconhecendo a importância nos dias atuais das lides administrativas, aliada às expressas previsões constitucionais sobre o tema, a conclusão inarredável a que se chega é a que aponta para a necessária e real existência do processo administrativo no Direito pátrio, com todas as garantias do devido processo legal, especialmente a ampla defesa.

Estabelecidos tais pressupostos, cabe expor um dos princípios de maior relevância do processo administrativo, que é o informalismo, embora frequentemente olvidado. Como a Administração visa à verdade material, e as impugnações e solicitações são, na maioria das vezes, redigidas pelos próprios interessados, não seria razoável exigir-se grande apuro técnico, o que traduziria verdadeira limitação de direitos.

Em virtude do informalismo, pequenas falhas e omissões, que não comprometam a matéria tratada, podem ser corrigidas posteriormente ou, até mesmo, ignoradas. Aliás, se passíveis de omissão sem prejuízo para o processo, deveriam ser eliminadas dele, pois a demanda administrativa deve possuir procedimento o mais singelo possível.

A verdade material ou, segundo HELY LOPES, também conhecida como liberdade na prova, impõe a aceitação de qualquer prova, desde que idônea, em qualquer fase do processo, para permitir a perfeita identificação da realidade dos fatos, ao contrário do processo judicial que, em regra, se restringe à verdade formal, isto é, aos fatos e provas constantes do processo até determinado ponto.

Com este princípio, novas provas no decorrer do processo podem gerar decisões favoráveis ou até mesmo desfavoráveis para o particular. A garantia de defesa nada mais é do que o princípio da ampla defesa e contraditório assegurados pela Constituição, porque um processo no qual o interessado não teve plena ciência de todas as possibilidades de impugnação é irremediavelmente nulo. Não basta a previsão genérica, mas sim a efetiva informação, constante de cartas, notificações, editais etc. Somente assim será assegurada a garantia constitucional do administrado.

Tal atributo, facilmente reconhecido no processo referente aos benefícios previdenciários, ainda encontra escassa acolhida nos processos de custeio, os quais, por influência do processo civil, adotam, atualmente, uma formalidade que contraria totalmente os objetivos da lide administrativa, a qual visa, na melhor medida do possível, a resolver conflitos sem a necessidade de demandar o Judiciário.

---

4 MEDAUAR. Odete. **A processualidade no direito administrativo.** São Paulo: Revista dos Tribunais, 1993. p. 83.

5 Faktizität und Geltung, p. 525. *Apud* TORRES, Ricardo Lobo. A metamorfose dos direitos sociais em mínimo existencial. In: **Direitos fundamentais sociais:** estudos de direito constitucional, internacional e comparado. Ingo Wolfgang Sarlet (Org.). Rio de Janeiro: Renovar, 2003. p. 17.

Tanto a eficácia – alcance do objetivo traçado – como a efetividade – concretização da meta com o menor custo possível – somente serão consagradas a partir do momento em que o processo administrativo previdenciário abrir mão da formalidade exagerada, equivocadamente importada do processo civil, e assumir sua verdadeira vocação de mediadora de conflitos, na busca da melhor solução, de acordo com os preceitos constitucionais.

3. Aplicabilidade no novo CPC ao processo administrativo previdenciário – fundamento e hipóteses

3.1. Fundamento

Admitida a existência de um processo administrativo previdenciário, surge, ainda, a indagação sobre a real possibilidade de submissão do mesmo aos preceitos no novo Código de Processo Civil. A aplicabilidade do Código pretérito era admitida, mas somente em situações excepcionalíssimas e de forma sempre subsidiária, visando a colmatar lacunas no rito processual administrativo.

Atualmente, a Lei nº 13.105/2015 traz dispositivo inédito e de brutal importância, que é o art. 15, ao dispor que na *ausência de normas que regulem processos eleitorais, trabalhistas ou administrativos, as disposições deste Código lhes serão aplicadas supletiva e subsidiariamente*. Enquanto a aplicação subsidiária, como se disse, não representa propriamente uma novidade, a força normativa supletiva do Código é revolucionária.

A expressão *supletiva* representa, em linhas gerais, a validade plena, de todo o sistema normativo processual vigente, aos feitos da Administração, sempre que inexistir regra legal específica. Ou seja, salvo na hipótese de preceito normativo particular do processo administrativo, por exemplo, previsto na Lei nº 8.213/1991, deverá o Poder Público seguir fielmente o rito do novo CPC.

Nesse sentido, Carolina Tupinambá, em comentário ao referido artigo, afirma a necessária integração do sistema jurídico processual e ainda expõe a diferença entre a aplicação supletiva e a aplicação subsidiária, de modo a tornar mais fácil a compreensão da matéria:

> Com frequência, os termos "aplicação supletiva" e "aplicação subsidiária" têm sido usados como sinônimos, quando, na verdade, não o são. Aplicação subsidiária significa a integração da legislação subsidiária na legislação principal, de modo a preencher as lacunas da lei principal, enquanto a aplicação supletiva remete à complementação de uma lei por outra.
>
> A integração do Direito a serviço do preenchimento de lacunas do ordenamento poderá neutralizar (i) lacunas normativas, quando ausente norma para subsunção ao caso concreto; (ii) lacunas ontológicas, em casos de existência de lei envelhecida e incompatível com as realidades e respectivos valores sociais, políticos e econômicos; e (iii) lacunas axiológicas, se a aplicação da lei existente revelar-se manifestamente injusta para solução do caso[6].

6 CABRAL, Antonio do Passo; CRAMER, Ronaldo. Comentário por Carolina Tupinambá. **Comentários ao novo código de processo civil**, 2015. p. 50.

Em sentido próximo, Milton Carvalho Gomes, em seu artigo *Repercussões do novo CPC no processo administrativo: a intimação eletrônica e sua implementação normativa,* cita trecho da obra de importantes autores a fim de assentar a relevância do disposto no novo CPC no que tange a incidência deste diploma, mesmo em casos em que as leis específicas não sejam omissas:

> Como destacaram Leonardo Ferres da Silva Ribeiro, Maria Lúcia Lins Conceição, Rogerio Licastro Torres de Mello, Teresa Arruda Alvim Wambier, "o legislador disse menos do que queria. Não se trata somente de aplicar as normas processuais aos processos administrativos, trabalhistas e eleitorais quando não houver normas, nestes ramos do direito, que resolvam a situação. A aplicação subsidiária ocorre também em situações nas quais não há omissão. Trata-se, como sugere a expressão 'subsidiária', de uma possibilidade de enriquecimento, de leitura de um dispositivo sob outro viés, de extrair-se da norma processual eleitoral, trabalhista ou administrativa um sentido diferente, iluminado pelos princípios fundamentais do processo civil" (**Primeiros comentários ao novo código de processo civil. Artigo por artigo.** São Paulo: RT, 2015, p. 75).

Cesar Babler, ao discorrer sobre o tema em seu artigo *Reflexos do novo CPC na seara do Direito Administrativo,* assevera que além da ideia da irradiação dos consolidados princípios da ampla defesa, contraditório, motivação das decisões, entre outros, nos processos administrativos, despontam de semelhante envergadura os princípios da solução consensual dos conflitos. Traz também a importante inovação da influência do novo CPC, no que tange aos direitos indisponíveis transacionáveis, pela via dos meios alternativos de solução do conflito como a arbitragem e a mediação:

> [...] No que concerne aos **PRINCÍPIOS DO DIREITO ADMINISTRATIVO,** o novo CPC, no artigo 15, dispõe que serão aplicadas as normas do novo CPC aos processos administrativos de forma supletiva e subsidiária. Significa que, além dos consolidados princípios do contraditório, ampla defesa, segurança jurídica, motivação das decisões administrativas, surgem, agora, expressamente, os princípios da solução consensual dos conflitos, boa-fé processual, estabilidade dos precedentes judiciais, entre outros.
>
> Nesse diapasão, afigura-se relevante a previsão do artigo 3º, § 2º, do novo CPC, inaugurando o sistema multiportas, que propugna meios alternativos de solução do conflito como a arbitragem e a mediação. No cenário, o princípio da indisponibilidade do interesse público sofreu mitigação em homenagem ao princípio da duração razoável do processo. Entretanto, não se pode olvidar que o princípio da indisponibilidade é um dos alicerces do regime jurídico administrativo e qualquer redução nos seus contornos deverá ser muito bem dosada pelo legislador, intérprete e aplicador do direito. Tanto que a recente Medida Provisória nº 703/2015 que alterava o artigo 17, § 1º, da Lei de Improbidade foi rejeitada no Congresso Nacional. A referida MP revogava o dispositivo que proibia a transação, acordo ou conciliação na ação de improbidade. A partir de 30 de maio de 2016, mantém-se a antiga vedação[7].

7 BABLER, Cesar. **Reflexos do novo CPC na seara do direito administrativo**. Disponível em: <https://jus.com.br/artigos/51794/reflexos-do-novo-cpc-na-seara-do-direito-administrativo>. Acesso em: 29 set. 2016.

EGON BOCKMANN MOREIRA, em artigo intitulado *O impacto do CPC/2015 nos processos administrativos: uma nova racionalidade*, reforça a importância da incidência do novo CPC sobre as normas do processo administrativo:

> [...] Por conseguinte, o CPC/2015 não pode ser compreendido como norma "estranha" ou "alheia" ao processo administrativo (inclusive em relação à Lei 9.784/1999). Ao contrário: a leitura deve ser integrada, de molde a fazer com que o CPC/2015 seja sempre aplicado, tanto nos casos em que a lei específica seja omissa como naqueles em que ele proveja solução mais adequada ao caso concreto (desde que compatível com o regime jurídico-administrativo). Não se faz necessária a omissão em sentido estrito (a mais absoluta ausência de norma), mas sim a aplicação da diretriz da efetividade do processo.
> Logo, a promulgação do CPC/2015 deu novas cores ao processo administrativo e, desde já, demanda cogitações novidadeiras. Quando menos, exige a reflexão a propósito de três temas-chave: a incidência imediata; a aplicação das "normas fundamentais" e o dever de respeito à jurisprudência e aos precedentes[8].

Por fim, para encerrar qualquer dúvida, faz-se importante explicitar o que expõe PAULO CEZAR PINHEIRO CARNEIRO acerca do assunto:

> O art. 5º, LV, da CF, assegura, aos litigantes em processo administrativo, o contraditório e a legítima defesa, com os meios e recursos a ela inerentes. Diante da previsão, é inegável a importância da aplicação supletiva e subsidiária do novo Código de Processo Civil ao processo administrativo, especialmente as normas que tratam dos direitos fundamentais e da sua respectiva aplicação (arts. 1º ao 12).
> O tratamento que o novo Código deu a jurisprudência (arts. 926 a 928) também tem grande importância no processo administrativo. Se, por um lado, já havia previsões da obrigatoriedade da administração pública em observar os julgados no controle concentrado de inconstitucionalidade (art. 28, parágrafo único, da Lei 9.868), nas previsões das súmulas vinculantes (art. 2º da Lei 11.417) e nas decisões iterativas dos Tribunais (art. 4º, XII e 43, da LC 73, combinado com o art. 4º, da Lei 9.469), deverá, também, observar as decisões resultantes do julgamento de recursos repetitivos e do incidente de resolução de demandas repetitivas, ambos previstos na novel legislação adjetiva civil. Neste último caso, o novo Código estabeleceu uma importante diretriz (art. 985, § 2º), no sentido de que, quando a decisão tenha por objeto questão relativa à prestação de serviço concedido, permitido ou autorizado, a agência reguladora competente para a fiscalização dos entes sujeitos à sua regulação, deverá buscar o cumprimento da decisão em sede administrativa[9].

Por óbvio, regras internas ou mesmo regulamentares, previstas em decretos ou atos normativos diversos, não têm o condão de afastar a normatividade da Lei nº 13.105/2015. O caráter supletivo da lei processual deve ser interpretado da seguinte forma: na hipótese de ausência de **lei** disciplinando o rito processual necessário no trâmite administrativo – previdenciário ou não – deverá ser observada a norma cogente do novo CPC.

Admitir o contrário seria o mesmo que permitir, à Administração Pública, subverter a hierarquia das normas e, ao mesmo tempo, escolher as hipóteses em que

---

8 MOREIRA, Egon Bockmann. **O impacto do CPC/2015 nos processos administrativos: uma nova racionalidade**. Disponível em: <http://www.direitodoestado.com.br/colunistas/egon-bock mann--moreira/o-impacto-do-cpc-2015-nos-processos-administrativos-uma-nova-racionalidade>. Acesso em: 29 set. 2016.

9 WAMBIER, Teresa Arruda Alvim; DIDIER JR., Fredie; TALAMINI, Eduardo; DANTAS, Bruno. Comentário ao art. 15 do CPC, por Paulo Cezar Pinheiro Carneiro. **Novo código de processo civil.** 2015. p. 95-96.

entende aplicável o novo CPC, mediante a edição de atos administrativos específicos sempre que julgar inconveniente o preceito supletivo da lei processual. Como se sabe, tal expediente não é de todo incomum nos processos administrativos, especialmente os previdenciários. Agora, tal conduta não encontra qualquer suporte legal.

3.2. Hipóteses

Fixado o fundamento normativo que determina a observância supletiva do novo CPC às lides administrativas, surge o encargo, para os fins propostos no presente artigo, sem qualquer pretensão de definitividade, de apontar aplicações relevantes das novas normas processuais ao processo administrativo previdenciário.

De início, cumpre observar, como amplamente reconhecido pela doutrina e bastante divulgado durante a formação da nova lei processual, que há no Direito brasileiro, cada vez mais, a reunião de determinados valores deontologicamente internalizados em nosso ordenamento, determinando às partes a observância de preceitos gerais de boa-fé, moralidade, justiça, dignidade humana, entre outros.

Mais do que a previsão detalhada de tutelas de urgência ou inovações nos procedimentos recursais, tais elementos, emblematicamente estampados em capítulo das *normas fundamentais do processo civil*, retratam uma nova maneira de agir e portar-se no embate dialético do processo administrativo previdenciário. Muitas rotinas internas da Administração terão de ser revistas, e caberá ao Judiciário impor a superação de algumas delas.

Por exemplo, temos de reavaliar, no âmbito no novo CPC, os procedimentos recursais da Previdência Social brasileira quanto à alta de benefícios por incapacidade. O procedimento vigente de encerramento automático da prestação, conhecido como *alta programada*, ao não permitir a continuidade do pagamento da prestação mediante a apresentação de recurso, ignorando o necessário efeito suspensivo dos pedidos de prorrogação ou revisão, implica evidente violação aos preceitos processuais vigentes, especialmente quando a necessidade de razoabilidade no processo e, em especial, a observância da boa-fé.

Não se pode partir da premissa oposta, que é a existência de recursos administrativos meramente protelatórios, para suspender a prestação com alta estipulada e, com isso, deixar o segurado da Previdência Social à mingua, sem cobertura pela qual contribuiu e, o procedimento, do jeito que é adotado, seguramente não encontra respaldo nas normas processuais vigentes.

Da mesma forma, o processo administrativo previdenciário deve aderir ao desejo da norma legal em buscar, na medida do possível, a solução consensual dos conflitos. Não é difícil perceber que, em boa parte das demandas previdenciárias, com alguma boa vontade das partes, ou o direito é reconhecido, nos termos da lei, mediante a concessão devida da prestação, ou, ao revés, segurados e dependentes se conformam com a negativa quando há canal de diálogo efetivo entre as partes. Neste sentido, a simples remessa de cartas de negativa da prestação, com fundamentações genéricas e referências legislativas genéricas aos beneficiários do sistema, em nada se aproxima dos objetivos da Lei nº 13.105/2015.

É necessário, nesta toada, reforçar os serviços da Previdência Social, com especial enfoque ao serviço social, o qual, uma vez adequadamente construído, terá condições de expor aos interessados, em linguagem compreensível aos leigos na parte previdenciária a compreensão de seus direitos e eventuais razões para as negativas de prestação. É certo que as complexidades e lacunas do modelo protetivo sempre gerarão insatisfações das mais variadas, mas, ao menos, um importante filtro será gerado, com ganho de confiabilidade na proteção social brasileira e redução dos conflitos, que é, afinal, um dos grandes objetivos da nova legislação.

No quesito razoabilidade, o processo administrativo previdenciário ainda tem muito a evoluir. Uma dificuldade aqui encontrada, como, de regra, no processo administrativo como um todo, é o claro viés decisório em favor da Administração, o qual, muito frequentemente, toma lugar sem uma preocupação minimamente razoável de sequer fundamentar a tomada de decisão. Muitas vezes, o processo administrativo caminha, como no romance kafkiano, como um mero conjunto inútil de formalidades sem qualquer possibilidade de reversão da manifestação administrativa inicial.

Entre os muitos fatores que motivam tal realidade, há flagrante responsabilidade da Administração Pública, ao criar cultura interna que motiva, veladamente, a rejeição a demandas legítimas de beneficiários do Regime Geral de Previdência Social. Não se trata de orientação interna explícita neste sentido, ou mesmo o descompromisso de servidores com os objetivos do sistema, mas, basicamente, procedimentos internos de controle que estimulam tais condutas.

No âmbito do Instituto Nacional do Seguro Social – INSS, assim como em diversas outras entidades governamentais, em todas as esferas de governo, há o necessário controle de prestações concedidas, tendo em vista fraudes e simulações para a obtenção de vantagens indevidas. Por natural, tais programas são necessários e relevantíssimos, até como forma de elidir perdas elevadas e gastos indevidos. Todavia, a configuração de como se desenvolvem tais programas está longe do ideal e, pior, geram a cultura do medo junto a servidores públicos.

Dificilmente, no âmbito do INSS, encontraremos quantitativo relevante de servidores punidos por negar prestações previdenciárias legítimas, por erro de análise da documentação apresentada ou mesmo por rigor na aplicação da legislação. Em verdade, encontrar um único servidor já será tarefa hercúlea. Já para o caso contrário, ou seja, servidores punidos por concessões indevidas ou, pior, deferimentos não necessariamente indevidos mas duvidosos, haverá, com grande probabilidade, algum tipo de procedimento administrativo de verificação de irregularidades, o qual, capitaneado por servidores competentes, dotados de profundo conhecimento da legislação e, não raramente, dotados de igual rigor na apuração de benefícios concedidos, resultará em sanções administrativas e potencialmente penais ao servidor médio que habilitou a famigerada prestação.

Ora, em um contexto no qual servidores são obrigados a atuar em concessão de prestações dotadas de elevada subjetividade de análise, em legislação complexa e cambiante, com a potencial revisão de grupos de pessoas com maior experiência e conhecimento, o resultado não poderia ser outro. Na menor dúvida possível, nega-se tudo. O instinto de autopreservação fala mais forte e, por mais sensibilizado e mesmo com algum grau de certeza sobre o direito do requerente, a negativa tende a ser a regra geral.

Em alguns temas, tal realidade é assustadora. Basta analisarmos os diversos pleitos de pensão por morte com base em união estável. A comprovação desta, por natural, demanda análise do caso concreto mediante provas documentais e testemunhais apresentadas. Formar um juízo de certeza absoluta em tais demandas administrativas é algo próximo do impossível e, com isso, os indeferimentos administrativos são elevados, se comparados com os demais benefícios[10].

A duração razoável do processo, como diretriz a ser observada no contexto da nova lei processual, impõe ao INSS a revisão dos seus mecanismos de controle, não descurando dos seus sistemas de controle, mas, também, reconhecendo que erros acontecerão e os servidores não são perfeitos. A boa-fé, afinal, deve ser adotada em ritos internos de controle e, ao identificar potenciais equívocos concessórios, o servidor não deve ser tratado como potencial criminoso, mas, ao revés, profissional que carece de treinamento e aperfeiçoamento.

4. Conclusão

Como se nota, muito ainda teremos de evoluir até que a Lei nº 13.105/2015 venha a concretizar seus mandamentos no âmbito do processo administrativo previdenciário. Em um contexto no qual o simples direito de petição, não raramente, ainda é indeferido mediante negativas sumárias de prestação previdenciária, as metas de duração razoável do processo, razoabilidade do procedimento e, em especial, a presunção de boa-fé das partes envolvidas parecem longe de qualquer concretização.

Como dito ao início do texto, o processo administrativo, ao mesmo tempo em que detém aspectos normativos até superiores e mais arrojados que o processo civil, paradoxalmente, ainda sofre com vícios de organização e funcionamento, muitos dos quais criados por culturas internas motivadas por falhas gerenciais da Administração Pública. O novo CPC ajudará na concretização deste importante meio de resolução das lides administrativas, com o robustecimento das instâncias administrativas e do Conselho de Recursos do Seguro Social.

Sabemos do papel transformador do Direito, o qual, reconhecendo as lacunas e incorreções da cultura vigente, visa a impor à sociedade – e ao próprio Estado – novas formas de pensar e se portar, em conformidade com os ideais éticos internalizados na Constituição. O processo administrativo, na sua vertente previdenciária, como subgrupo mais numeroso, demanda atenção especial dos atores envolvidos, com foco na aplicação supletiva da nova lei processual, a qual, oxalá, será capaz de superar as dificuldades que ainda permeiam as demandas previdenciárias administrativas.

---

10 Não existem estatísticas disponíveis especificamente sobre este tema, mas tendo em vista o quantitativo elevado de demandas judiciais e recursos administrativos no tema, não é inadequado inferir a relação.

A ADPF 347 E AS AÇÕES CIVIS PÚBLICAS SOBRE O SISTEMA PENITENCIÁRIO: DESAFIOS PROCESSUAIS DE UMA DIFÍCIL CONCILIAÇÃO

Felipe Derbli

Resumo: São sobejamente conhecidas a trágica situação das prisões no Brasil e as degradantes condições a que a população carcerária do país é diariamente submetida. Com o objetivo de enfrentar questão de tamanho vulto, vêm sendo propostas, nos últimos anos, diversas ações civis públicas em todo o país – geralmente pelo Ministério Público ou pela Defensoria Pública –, com o propósito de condenação dos entes públicos à adoção de inúmeras providências relacionadas com a administração penitenciária. No entanto, a recente propositura, perante o Supremo Tribunal Federal, da Arguição de Descumprimento de Preceito Fundamental (ADPF) nº 347 – na qual, em síntese, postula-se a declaração do *estado de coisas inconstitucional* do sistema penitenciário brasileiro e a utilização de medidas sistêmicas e planejadas para a solução da questão – terá reflexos importantes nas referidas ações. O objetivo do estudo, dentro dos seus estreitos limites, é demonstrar que o juízo positivo de admissibilidade da ADPF 347, proferido pelo STF, enseja a suspensão, até o julgamento definitivo daquela ação, de todas as ações civis públicas em curso no país que tratem de matéria relacionada com a administração penitenciária, em razão da amplitude do objeto da indigitada Arguição. Tal suspensão poderá ser requerida em cada ação – cabendo, no caso de indeferimento, o ajuizamento de reclamação perante o STF – ou mediante o pedido de liminar na própria ADPF 347, que poderá ser formulado pelos Estados-membros ou pelo Distrito Federal.

Palavras-chave: Arguição de Descumprimento de Preceito Fundamental. ADPF 347. Medida cautelar. Ações civis públicas. Controle concentrado de constitucionalidade. Estado de coisas inconstitucional. Sistema penitenciário brasileiro. Suspensão processual. Reclamação.

I. Apresentação

São sobejamente conhecidas a trágica situação das prisões no Brasil e as degradantes condições a que a população carcerária do país é diariamente submetida. Superlotação, precariedade e insalubridade das instalações, violência do aparato estatal e dos próprios presos, enfim, muitas são as mazelas do sistema prisional brasileiro, a merecer, com urgência, profundas reformas. Por outro lado, também são igualmente notórios os obstáculos para que tais reformas sejam levadas a efeito, como, dentre outras, as restrições financeiras e orçamentárias do Estado e a pouca relevância que o tema costuma exibir na agenda política. RUSSEL L. WEAVER é incisivo:

> Em geral, presos constituem uma minoria desprezada, muitos dos quais não têm voz no processo político porque criminosos são privados de seu direito ao voto. Ademais, contribuintes e eleitores frequentemente se insurgem contra dispêndio de recursos com presos ou prisões, e alguns inclusive creem que condições punitivas das prisões são retribuição justificada a criminosos. Como resultado, poucos políticos estão dispostos a gastar dinheiro com presos ou prisões, especialmente em momentos de dificuldade econômica. Ausente a intervenção judicial para garantir condições humanitárias aos prisioneiros, é possível que sejam mantidos em condições intoleráveis. [...]"[1].

Com o objetivo de enfrentar questão de tamanho vulto, vêm sendo propostas, nos últimos anos, diversas ações civis públicas em todo o país – geralmente pelo Ministério Público ou pela Defensoria Pública –, com o propósito de condenação dos entes públicos à adoção de inúmeras providências, que vão de reforma de unidades prisionais à realocação de presos para observância das capacidades máximas de cada presídio, envolvendo uma pletora de questões relacionadas com a administração penitenciária. Decisões vêm sendo proferidas em sentidos e alcances dos mais variados e dois problemas exsurgem: não há uniformidade nas pretensões (nem tampouco nos provimentos jurisdicionais) e a implementação das decisões é, em geral, complexa e conflituosa.

O cenário sofre grande abalo com a propositura, perante o Supremo Tribunal Federal, da Arguição de Descumprimento de Preceito Fundamental (ADPF) nº 347, na qual, em síntese, postula-se a declaração do *estado de coisas inconstitucional* do sistema penitenciário brasileiro e a utilização de medidas sistêmicas e planejadas para a solução de questão tão grave. Pretende-se uma verdadeira revolução do papel do STF no exercício da jurisdição constitucional, com sensível ampliação de seus poderes, sem, contudo, desprezar as capacidades institucionais[2] das autoridades públicas envolvidas na busca de uma saída concertada para um dos maiores dilemas do Poder Público.

Parece de imediata constatação que não apenas o julgamento como a tão só admissibilidade da ADPF 347 (já reconhecida pelo STF no julgamento em que concedeu parcialmente a medida cautelar vindicada pelo Arguente) terão reflexos importantes

---

1 Tradução livre do inglês: "*In general, in mates constitute a despised minority, many of whom have no say in the political process because felons are deprived of their right to vote. Moreover, taxpayers and voters often rebel against spending money on inmates or prisons, and some even feel that punitive prison conditions are justified retribution against criminals. As a result, few politicians are willing to spend money on prisons or inmates, especially in difficult economic times (like now). Absent judicial intervention to ensure prisoners humane conditions, prisoners are likely to be left in intolerable conditions.* [...]"(WEAVER, Russel L. The rise and decline of structural remedies. **San Diego Law Review**, v. 41, 2004, p. 1.617/1.632).

2 A referência bibliográfica mais conhecida sobre o tema das *capacidades institucionais* é o famoso texto de SUNSTEIN, Cass; VERMEULE, Adrian. Interpretations and institutions. In: **Chicago John M. Olin Law & Economics Working Papers**, n. 156.

nas várias ações civis públicas em curso no país que digam com os temas afetos à administração penitenciária. Pois bem: o que se pretende sustentar neste brevíssimo texto é que *o juízo positivo de admissibilidade da ADPF 347, proferido pelo STF, enseja a suspensão, até o julgamento definitivo daquela ação, de todas as ações civis públicas em curso no país que tratem de matéria relacionada à administração penitenciária, em razão da amplitude do objeto da indigitada Arguição.*

É uma questão nova, de grande atualidade e que ainda não encontra solução *de lege lata* e apresenta interessante desafio de jaez processual, envolvendo temas como o *processo constitucional* e as *ações coletivas* de uma forma ainda inédita na experiência judicial brasileira. Demais disso, o direito material que serve como pano de fundo impõe a abertura de caminhos processuais para a busca de *soluções consensuais* – atualmente, uma tônica do *Novo Processo Civil Brasileiro*, sobretudo para tema de tão grande complexidade.

Sem nenhuma pretensão de esgotar o tema, intenta-se uma proposição bastante objetiva, para o que o estudo se divide em duas partes. A primeira delas, subdividida em dois itens, se presta a desenvolver, de modo sintético e apenas para os fins de permitir a compreensão da tese ora esposada, o conceito de *estado de coisas inconstitucional*, bem como para dar notícia sucinta da ADPF 347 e dos termos em que foi (parcialmente) concedida a medida cautelar pelo STF. A segunda parte, por seu turno, é o cerne do texto, destinando-se a apresentar a conciliação possível entre o "varejo" das ações civis públicas em matéria de administração penitenciária, a competência do STF definida no juízo de admissibilidade da ADPF 347 e a autoridade da futura decisão, possível somente por meio da suspensão dessas ações. Posteriormente, considerações finais concluirão o trabalho.

II. A ADPF 347 e a cautelar concedida: o *estado de coisas inconstitucional* do sistema carcerário brasileiro

1. Considerações introdutórias: breves anotações sobre o conceito de estado de coisas inconstitucional

Embora tenha havido experiências similares nos Estados Unidos, na Índia e na África do Sul, dentre outros, foi na atuação da Corte Constitucional colombiana que se buscou a inspiração para o aforamento da ADPF 347. O Tribunal da Colômbia vem manejando – e aprimorando – o conceito de *estado de coisas inconstitucional* desde 1997, com a prolação da *Sentencia de Unificación (SU) – 559*, de 6 de março daquele ano[3], mas outros dois foram os casos adotados como paradigma para a importação do instituto.

---

3 A mais importante referência doutrinária consistente sobre o tema no país é CAMPOS, Carlos Alexandre de Azevedo. **Estado de coisas inconstitucional.** Salvador: JusPodivm, 2016, ainda em fase de pré-lançamento quando da conclusão deste artigo. Para os modestos fins a que o mesmo se propõe, bastará a menção a outros textos mais sintéticos do mesmo autor. Aqui, *vide*, CAMPOS,

O primeiro deles foi a *Sentencia de Tutela (T) – 153*, de 28 de abril de 1998[4], em que se discutiam justamente as questões da superlotação, da violência generalizada e das condições degradantes das Penitenciárias Nacionais de *Bogotá* e *Bellavista de Medellín*, mas que estendeu a apreciação às demais unidades carcerárias da Colômbia. Diante da ausência das políticas públicas e da omissão dos demais poderes constituídos, a Corte Constitucional colombiana declarou o *estado de coisas inconstitucional* e determinou uma série de providências, que envolviam desde a alocação dos recursos orçamentários próprios à construção e manutenção de presídios, determinando-se ao Presidente da República a adoção das medidas necessárias à preservação dos direitos dos presidiários. Na prática, contudo, a decisão não atingiu a efetividade esperada, principalmente, segundo CARLOS ALEXANDRE DE AZEVEDO CAMPOS, pela falta de monitoramento, pela própria Corte Constitucional, da respectiva implementação[5].

A falha não se repetiria no segundo caso emblemático. Na *Sentencia de Tutela (T) 025*, de 22/01/2004[6], a Corte Constitucional da Colômbia reconheceu o *estado de coisas inconstitucional* em relação à população forçada a se deslocar pelo país em virtude das ações de extrema violência de grupos terroristas, como as FARC (Forças Armadas Revolucionárias da Colômbia), cujas indignas condições de vida – *rectius*, de sobrevivência – durante e após os deslocamentos vinham sendo ignoradas pelas autoridades públicas e pela sociedade civil. Na ocasião, a Corte adotou postura ainda mais ativa, como relata CAMPOS (grifo nosso):

> A CCC formulou remédios não só em favor dos que pleitearam as tutelas, senão também das outras pessoas que se encontravam na mesma situação. A Corte acusou a precária capacidade institucional dos outros poderes para o desenvolvimento, implementação e coordenação das políticas públicas necessárias. Sem exercer diretamente as competências desses poderes, a CCC: declarou o ECI; exigiu atenção orçamentária especial ao problema; determinou fossem formuladas novas políticas públicas, leis e um marco regulatório eficientes para proteger, para além dos direitos individuais dos demandantes, a dimensão objetiva dos direitos envolvidos. *As ordens foram dirigidas a um número elevado de autoridades públicas e, desta vez, surtiram bons efeitos práticos, principalmente, porque a CCC monitorou a fase de implementação. A manutenção da jurisdição sobre o caso fez toda a diferença*[7].

Em comum, os casos exibiam as características necessárias para a caracterização do *estado de coisas inconstitucional*, a saber:

Carlos Alexandre de Azevedo. Estado de coisas inconstitucional. **Jota**, 04/05/2015. Disponível em: <http://jota.info/jotamundo-estado-de-coisas-inconstitucional>. O texto também está disponível na página do autor em <http://www.academia.edu>. Acesso em: 28 out. 2016.

---

4 Disponível em: <http://www.corteconstitucional.gov.co/relatoria/1998/t-153-98.htm>. Acesso em: 28 out. 2016.

5 CAMPOS, Carlos Alexandre de Azevedo. **Estado de coisas inconstitucional.** Op. cit.

6 Disponível em: <http://www.corteconstitucional.gov.co/relatoria/2004/t-025-04.htm>. Acesso em: 28 out. 2016.

7 CAMPOS, Carlos Alexandre de Azevedo. **Estado de coisas inconstitucional.** Op. cit.

1. a constatação de um quadro de violação generalizada e sistêmica de direitos fundamentais, que em muito ultrapassava a mera proteção deficiente;

2. a "falha estatal estrutural" – geradora tanto da violação sistemática dos direitos, quanto da perpetuação e mesmo do agravamento da situação –, caracterizada pela ausência de ação coordenada entre os órgãos executivos, legislativos e até mesmo judiciais, persistente e reiteradamente omissos;

3. a necessidade, para superação do impasse, da "expedição de remédios e ordens dirigidas não apenas a um órgão, e sim a uma pluralidade destes – são necessárias mudanças estruturais, novas políticas públicas ou o ajuste das existentes, alocação de recursos etc."[8].

A principal evolução, de um caso para outro, foi a compreensão, pela Corte Constitucional da Colômbia, de que não bastaria a adoção de *remédios estruturais* (*structural remedies*[9]) – isto é, a interferência nas escolhas orçamentárias e nas fases de formulação, implementação e avaliação das políticas públicas –, mas o posicionamento do Judiciário como uma espécie de *coordenador estrutural*, em que assume um papel de articulador da harmonia entre os poderes constituídos, em vez de simplesmente os substituir, como no tradicional exercício da atividade jurisdicional. Desse modo, prefere a imposição de ordens flexíveis[10] e mantém *monitoramento permanente* da sua execução, perpetuando a jurisdição enquanto necessário para viabilizar a participação concertada da sociedade civil e das autoridades públicas competentes (por exemplo, por meio da realização periódica de audiências públicas).

Trata-se, como se nota, de uma construção intelectual inovadora e, conquanto não decorresse do texto expresso da Constituição da Colômbia, nela encontrou esteio por refletir o espírito democrático de suas disposições, reforçando a legitimidade da Corte Constitucional ao lhe conferir um papel harmonizador na composição dos diálogos institucionais[11] entre os poderes. A utilização do instituto no Brasil, portanto, é

---

8 CAMPOS, Carlos Alexandre de Azevedo. Estado de coisas inconstitucional e o litígio estrutural. **Consultor Jurídico**, 1º/09/2015. Disponível em: <http://www.conjur.com.br/2015-set-01/carlos-campos-estadocoisas-inconstitucional-litigio-estrutural>. O texto também está disponível na página do autor em <http://www.academia.edu>. Acesso em: 28 out. 2016.

9 A expressão está em WEAVER, Russel L. The rise and decline of structural remedies. **San Diego Law Review**, v. 41, 2004, p. 1.617/1.632. A utilização de *remédios estruturais* surgiu, segundo o autor, diante da necessidade de efetivação da decisão proferida pela Suprema Corte norte-americana no célebre caso *Brown v. Board of Education,* [345 US 483(1954)], em que se determinou o fim da segregação racial nas escolas. Ante a intensa reação dos Estados-membros do sul dos Estados Unidos, a Suprema Corte determinou a implementação paulatina, sob a supervisão das cortes locais. O autor assinala a necessidade de utilização do mesmo método justamente para a garantia dos direitos fundamentais da população carcerária, por se tratar de uma minoria vulnerável.

10 "Remédios flexíveis são modelados pelas cortes para serem cumpridos, deixando margens de criação legislativa e de execução a serem esquematizadas e avançadas pelos outros poderes". CAMPOS, Carlos Alexandre de Azevedo. **Estado de coisas inconstitucional.** Op. cit.

11 Sobre o tema dos diálogos institucionais, *vide* BRANDÃO, Rodrigo. **Supremacia Judicial versus diálogos constitucionais:** A quem cabe dar a última palavra sobre o sentido da Constituição? 2. tir. Rio de Janeiro: Lumen Juris, 2012.

consentânea com a doutrina constitucionalista contemporânea e com os caminhos que a jurisdição constitucional vem trilhando no país.

2. A Arguição de Descumprimento de Preceito Fundamental nº 347

A Arguição de Descumprimento de Preceito Fundamental (ADPF) nº 347 foi ajuizada pelo Partido Socialismo e Liberdade (PSOL):

> [...] objetivando seja reconhecido o *estado de coisas inconstitucional* do sistema penitenciário brasileiro, e, em razão disso, determinada a adoção das providências [...] tendentes a sanar as gravíssimas lesões a preceitos fundamentais da Constituição, decorrentes de condutas comissivas e omissivas dos poderes públicos da União, dos Estados e do Distrito Federal, [...]".

Dirige-se a ADPF em comento a enfrentar o quadro trágico do sistema penitenciário brasileiro, caracterizado pela superlotação e insalubridade das carceragens, a proliferação de doenças infectocontagiosas, os homicídios e demais atos de violência (inclusive sexual) – praticados por detentos ou mesmo por agentes estatais –, dentre outras terríveis circunstâncias que, lamentavelmente, fazem parte do cotidiano dos presidiários no país. De acordo com a inicial, o Estado brasileiro falha gravemente na garantia da incolumidade física e da dignidade dos presos, atuando, ainda, com odiosa seletividade, considerado o perfil da população carcerária, majoritariamente proveniente das classes econômicas inferiores. Presos são misturados, independentemente das suas caraterísticas pessoais ou da natureza de seus delitos, submetidos ao jugo de facções criminosas que atuam (de) dentro dos presídios e, não raro, mantidos em cárcere quando já poderiam estar soltos, porquanto deficiente o acesso à Justiça.

O terrível cenário, afirma-se na exordial, afigura-se claramente contrário a diversas normas constitucionais, como o princípio da dignidade da pessoa humana (art. 1º, III), a proibição da tortura e do tratamento desumano ou degradante (art. 5º, III), a vedação às sanções cruéis (art. 5º, XLVII, "e"), a obrigatoriedade de cumprimento da pena em estabelecimentos distintos, conforme a natureza do delito, a idade e o sexo do apenado (art. 5º, XLVIII) e a garantia do respeito à integridade física e moral do preso (art. 5º, XLIX), assim como atentatório aos direitos fundamentais à saúde, à educação, à alimentação adequada e ao acesso à justiça, dentre outros. Alega-se, ainda, a violação de diversas normas de tratados internacionais de direitos humanos.

Na proteção da dignidade de minoria vulnerável, como o da população carcerária brasileira, o Arguente invoca a atuação do Supremo Tribunal Federal no exercício da função *contramajoritária*[12], para o reconhecimento de uma *crise estrutural* e a presi-

---

12 O termo deriva da locução *dificuldade contramajoritária* (*conter majoritarian difficulty*), utilizada por ALEXANDER BICKEL (BICKEL, Alexander. **The least dangerous branch:** the Supreme Court at the bar of politics. Second Edition. New Haven: Yale University Press, 1986, esp. p. 16 e ss.) para questionar a competência do Judiciário – composto por membros não eleitos – para invalidar

dência de uma solução concertada e democraticamente legítima, convidando a Corte a uma atuação nunca antes confiada ao STF[13]. Tal como se deu na Colômbia, a ADPF 347 propõe a declaração do *estado de coisas inconstitucional* do sistema penitenciário brasileiro.

Cuida a inicial, então, de demonstrar o preenchimento dos requisitos previstos na Lei nº 9.882/1999 para o cabimento da ADPF. Não há maiores dificuldades para a compreensão do argumento quanto à violação de preceitos fundamentais da Constituição da República, nem tampouco da alegação da existência de atos omissivos e mesmo comissivos do Poder Público, dentre os quais se assinala o contingenciamento dos recursos do Fundo Penitenciário – Funpen. Merece maior atenção, no entanto, a questão concernente ao requisito da *subsidiariedade*, previsto no art. 4º, § 1º, da indigitada Lei nº 9.882/1999: afirma-se, assertivamente, que, no âmbito da jurisdição constitucional concentrada, não existe qualquer outro instrumento apto a atingir os fins ali colimados. De fato, a abrangência do pedido o demonstra – requer-se, em síntese:

a) a declaração do *estado de coisas inconstitucional* no sistema carcerário brasileiro;

b) a confirmação das medidas cautelares (*vide infra*);

c) a determinação ao Governo Federal de que encaminhe ao STF um Plano Nacional para superação do *estado de coisas inconstitucional* em três anos, com propostas e metas específicas para o fim das violações aos direitos fundamentais dos presos, previsão dos recursos necessários e cronograma de implementação;

d) a determinação aos Estados e ao Distrito Federal de que encaminhem seus Planos correlatos, devidamente harmonizados com o Plano Nacional;

e) a submissão do Planos ao Conselho Nacional de Justiça, à Procuradoria- Geral da República, à Defensoria Pública Geral da União, ao Conselho Nacional do Ministério Público, à Ordem dos Advogados do Brasil e à sociedade civil (em nível nacional e regional, conforme o caso), mediante audiências públicas;

f) a deliberação do STF sobre tais Planos, com o auxílio, se necessário, do Departamento de 72 Monitoramento e Fiscalização do Sistema Carcerário e do Sistema de Execução de Medidas Socioeducativas do Conselho Nacional de Justiça;

atos emanados dos poderes legitimados pelo sufrágio, sem a possibilidade de posterior submissão a controle democrático. No entanto, o pensamento dominante no cenário jusconstitucionalista brasileiro – forte nas lições de HABERMAS e DWORKIN – é o de que a atuação contramajoritária da jurisdição constitucional se dá *a favor* da democracia, e não contra ela, quando invalida atos dos poderes eleitos que atentem contra os direitos fundamentais ou contra as próprias regras do regime democrático. Nesse sentido, *vide* BINENBOJM, Gustavo. **A nova jurisdição constitucional brasileira:** legitimidade democrática e instrumentos de realização. Rio de Janeiro: Renovar, 2001, especialmente a síntese na p. 224.

13 Permita-se, nesse sentido, a reprodução do seguinte trecho da exordial: "[...] O problema é sistêmico e decorre de uma multiplicidade de atos comissivos e omissivos dos Poderes Públicos da União, dos Estados e do Distrito Federal. A gravidade do quadro e a inapetência dos poderes políticos, da burocracia estatal e das demais instâncias jurisdicionais para enfrentá-lo evidenciam a necessidade de intervenção do Supremo Tribunal Federal, no desempenho da sua função maior de guardião da Constituição".

g) o monitoramento da implementação de tais Planos, em processo público e transparente, aberto à participação colaborativa da sociedade civil, até que se considere sanado o estado de coisas inconstitucional do sistema prisional brasileiro.

Em sede de medida cautelar, requereu o Arguente que o STF, até o julgamento definitivo da ação:

> a) Determine a todos os juízes e tribunais que, em cada caso de decretação ou manutenção de prisão provisória, motivem expressamente as razões que impossibilitam a aplicação das medidas cautelares alternativas à privação de liberdade, previstas no art. 319 do Código de Processo Penal.
> b) Reconheça a aplicabilidade imediata dos arts. 9.3 do Pacto dos Direitos Civis e Políticos e 7.5 da Convenção Interamericana de Direitos Humanos, determinando a todos os juízes e tribunais que passem a realizar audiências de custódia, no prazo máximo de 90 dias, de modo a viabilizar o comparecimento do preso perante a autoridade judiciária em até 24 horas contadas do momento da prisão.
> c) Determine aos juízes e tribunais brasileiros que passem a considerar fundamentadamente o dramático quadro fático do sistema penitenciário brasileiro no momento de concessão de cautelares penais, na aplicação da pena e durante o processo de execução penal.
> d) Reconheça que como a pena é sistematicamente cumprida em condições muito mais severas do que as admitidas pela ordem jurídica, a preservação, na medida do possível, da proporcionalidade e humanidade da sanção impõe que os juízes brasileiros apliquem, sempre que for viável, penas alternativas à prisão.
> e) Afirme que o juízo da execução penal tem o poder-dever de abrandar os requisitos temporais para a fruição de benefícios e direitos do preso, como a progressão de regime, o livramento condicional e a suspensão condicional da pena, quando se evidenciar que as condições de efetivo cumprimento da pena são significativamente mais severas do que as 70 previstas na ordem jurídica e impostas pela sentença condenatória, visando assim a preservar, na medida do possível, a proporcionalidade e humanidade da sanção.
> f) Reconheça que o juízo da execução penal tem o poder-dever de abater tempo de prisão da pena a ser cumprida, quando se evidenciar que as condições de efetivo cumprimento da pena foram significativamente mais severas do que as previstas na ordem jurídica e impostas pela sentença condenatória, de forma a preservar, na medida do possível, a proporcionalidade e humanidade da sanção.
> g) Determine ao Conselho Nacional de Justiça que coordene um ou mais mutirões carcerários, de modo a viabilizar a pronta revisão de todos os processos de execução penal em curso no país que envolvam a aplicação de pena privativa de liberdade, visando a adequá-los às medidas "e" e "f" acima.
> h) Imponha o imediato descontingenciamento das verbas existentes no Fundo Penitenciário Nacional – FUNPEN, e vede à União Federal a realização de novos contingenciamentos, até que se reconheça a superação do estado de coisas inconstitucional do sistema prisional brasileiro.

De todos os pedidos cautelares, foram concedidos apenas os constantes das alíneas "b" e "h" acima transcritos, julgando-se prejudicado o item "f" e indeferindo-se os demais. Reconhecendo, em juízo de delibação, o estado de coisas inconstitucional, o STF determinou a realização das audiências de custódia e o descontingenciamento do Funpen; ademais, determinou que fossem oficiados a União e os Estados, para que prestassem informações quanto ao sistema prisional (Pleno, ADPF 347-MC, Rel. Min.

MARCO AURÉLIO, acórdão por maioria, j. 09.09.2015)[14]. Permita-se o destaque, do voto do Ministro Relator, de trecho relativo ao cabimento da ADPF, em textual (grifos nossos):

> Quanto ao disposto no artigo 4º, § 1º, da Lei nº 9.882/1999 – a regra de que não será admitida arguição de descumprimento de preceito fundamental quando houver qualquer outro meio eficaz de sanar a lesividade –, entendo estar atendido, porquanto inexiste, no âmbito do controle abstrato de normas, instrumento diverso mediante o qual possam ser impugnados *de forma abrangente, linear,* os atos relacionados às lesões a preceitos fundamentais articuladas.
> Assento a adequação do instrumento.

Os demais Ministros acompanharam o Relator para admitir a ADPF, reconhecendo que, de fato, não haveria outro instrumento processual adequado para objeto, nas palavras do Min. GILMAR MENDES, tão "plástico e amplo".

III. O "varejo" das ações civis públicas sobre o sistema penitenciário, a preservação da competência e a autoridade da decisão do STF: a conciliação é possível?

Independentemente do que vier a ser decidido quanto ao mérito na ADPF 347, já é possível afirmar que, uma vez *admitida* a ação e *concedida a cautelar,* o STF concluiu haver fundamentos bastantes para que se reconheça que a situação do sistema prisional brasileiro:

a) é *crônica* e *demanda* uma *intervenção ampla, profunda, longa e em numerosas frentes de ação*;

b) assume, ademais, caráter *nacional,* exigindo, portanto, uma solução *global,* que *harmonize* o exercício de competências federais e estaduais/distritais e seja feita com o uso de ferramentas de *legitimação democrática* – como as audiências públicas –, sob a *coordenação* do STF;

---

14 Esta a ementa: "Custodiado. Integridade física e moral. Sistema penitenciário. Arguição de descumprimento de preceito fundamental. Adequação. Cabível é a arguição de descumprimento de preceito fundamental considerada a situação degradante das penitenciárias no Brasil. SISTEMA PENITENCIÁRIO NACIONAL. SUPERLOTAÇÃO CARCERÁRIA. CONDIÇÕES DESUMANAS DE CUSTÓDIA. VIOLAÇÃO MASSIVA DE DIREITOS FUNDAMENTAIS. FALHAS ESTRUTURAIS. ESTADO DE COISAS INCONSTITUCIONAL. CONFIGURAÇÃO. Presente quadro de violação massiva e persistente de direitos fundamentais, decorrente de falhas estruturais e falência de políticas públicas e cuja modificação depende de medidas abrangentes de natureza normativa, administrativa e orçamentária, deve o sistema penitenciário nacional ser caraterizado como "estado de coisas inconstitucional". FUNDO PENITENCIÁRIO NACIONAL. VERBAS. CONTINGENCIAMENTO. Ante a situação precária das penitenciárias, o interesse público direciona à liberação das verbas do Fundo Penitenciário Nacional. AUDIÊNCIA DE CUSTÓDIA. OBSERVÂNCIA OBRIGATÓRIA. Estão obrigados juízes e tribunais, observados os artigos 9.3 do Pacto dos Direitos Civis e Políticos e 7.5 da Convenção Interamericana de Direitos Humanos, a realizarem, em até noventa dias, audiências de custódia, viabilizando o comparecimento do preso perante a autoridade judiciária no prazo máximo de 24 horas, contado do momento da prisão".

c) consequentemente, exige *planejamento* nos dois níveis da Administração Pública, devidamente *harmonizados*, e, ainda, *diálogo* com Poderes Legislativo e Judiciário na consecução das medidas planejadas e devidamente homologadas, permitindo-se, com isso, o monitoramento permanente e a avaliação da sua eficácia.

Disso se infere, forçosamente, que não podem mais ser admitidas soluções material ou geograficamente pontuais para a questão carcerária, máxime aquelas decorrentes de decisões judiciais proferidas em sede tutela de urgência ou já condenatórias. A determinação judicial a uma unidade federada de esvaziar um presídio superlotado pode gerar distorções ainda maiores a um regime já deficiente, uma vez que poderá demandar a realocação de presos em outras unidades carcerárias igualmente abarrotadas, com todas as consequências e riscos dessa movimentação. Imagine-se, por exemplo, o caso – data venia, teratológico – do Inquérito Civil nº 2007.1555.02, do Ministério Público do Estado do Rio de Janeiro, que resultou na propositura de 14 (quatorze) ações civis públicas, requerendo em cada uma delas o esvaziamento de uma unidade prisional distinta, com evidente tumulto da administração penitenciária do Estado[15].

Tais dificuldades certamente se repetirão em escala nacional, considerando-se as unidades prisionais federais de segurança máxima, que, atualmente, abrigam líderes do crime organizado e outros indivíduos de alta periculosidade, periodicamente transferidos de um presídio para outro, fora de seus Estados de origem. Decisões judiciais que toquem a capacidade dessas unidades, sem a visão do todo, podem comprometer seriamente o macroplanejamento do sistema prisional brasileiro requerido ao STF pela ADP 347, além das gravíssimas consequências às políticas locais e regionais de segurança pública.

O mesmo se poderia afirmar de outros temas correlatos, como as instalações físicas dos presídios. Determinações judiciais de reforma de unidades prisionais, v.g., significarão a substituição da Administração Pública pelo Judiciário nas escolhas orçamentárias (mesmo dentro daquelas já cometidas à administração penitenciária) e, portanto, impactar em qualquer propósito de gestão centralizada e, ao mesmo tempo, dialógica da matéria. Vale dizer, a prevalência do exercício ordinário e contencioso da jurisdição – que, por sua repetição disseminada pelo país, adquiriu contornos de "varejo", mesmo em se tratando, normalmente, de ações civis públicas – não permite a busca de uma solução concertada, abrangente e dinâmica ("plástica e ampla"), como foi requerido ao STF na ADPF 347 e como a própria Corte se propôs, ao admitir a ação.

Logo, do ponto de vista processual, impõe-se considerar que, com a admissão da ADPF 347, cometeu-se ao STF – ou a Corte, grosso modo, avocou para si – a compe-

15 Do indigitado Inquérito Civil derivam, por exemplo, as ações civis públicas tombadas sob os seguintes números: 0010.818-65.2013.8.19.0029 (Vara Cível de Magé); 0010759-77.2013.8.19.0029 (Vara Cível de Magé); 0059535-27.2011.8.19.0014 (1ª Vara Cível de Campos dos Goytacazes); 0009272-81.2013.8.19.0026 (2ª Vara de Itaperuna); 0016621-49.2012.8.19.0066 (4ª Vara Cível de Volta Redonda); 0001005-46.2013.8.19.0083 (1ª Vara de Japeri) etc. Como se nota, as ações foram aforadas em comarcas de todas as regiões do Estado do Rio de Janeiro, do sul ao norte fluminense, o que demonstra a inviabilidade total do cumprimento de eventuais decisões favoráveis em todos.

tência para presidir a solução global e unificada para o sistema carcerário brasileiro, de tal modo que soluções propostas, por exemplo, na miríade de ações civis públicas ajuizadas em primeira instância podem, ao menos potencialmente, interferir, comprometer ou até mesmo inviabilizar o julgamento de mérito da arguição aforada no STF. Em outras palavras, quer-se sustentar que, desde a admissão da ADPF 347, quaisquer decisões judiciais relacionadas à administração penitenciária – que vão da questão da superlotação às condições físicas das unidades carcerárias poderão importar usurpação da competência do Supremo Tribunal Federal.

Não se pretende aqui sustentar – é fundamental distinguir – a inviabilidade do julgamento de ações individuais, como habeas corpus, nem tampouco requerimentos formulados em processos de execução penal (como, por exemplo, de progressão de regime). Tais processos dizem respeito exclusivamente a direitos individuais e não interferem, por si sós, na reconfiguração do sistema prisional brasileiro que se pretendia com o ajuizamento da ADPF 347. Mas é certo que a admissão da referida ADPF pelo Supremo Tribunal Federal há de interferir no prosseguimento das ações civis públicas relacionadas com a administração penitenciária em todo o país.

Processualmente, isso significa, a meu ver, que o juízo positivo de admissibilidade da ADPF 347 terá o condão de ensejar a suspensão do curso de todos os processos do país que versem sobre a administração penitenciária, na medida em que, como acima afirmado, decisões específicas nesses feitos comprometerão a reestruturação global do sistema carcerário brasileiro, a ser coordenada pelo STF por intermédio do julgamento, por assim dizer, "extensivo" da ADPF 347, que se concluirá somente quando definitivamente avaliadas e aceitas pela Corte todas as providências estruturais concebidas no curso da ação para o enfrentamento sistêmico da matéria.

Essa não é uma ideia propriamente inédita. Assim se dá, por exemplo, quando é ajuizada uma ação direta de inconstitucionalidade (ADI) de uma lei estadual que também se impugna por meio de uma representação de inconstitucionalidade perante Tribunal de Justiça (art. 125, § 2º, da Constituição da República). Como leciona Gilmar Ferreira Mendes, verbis:

> Observe-se, outrossim, que o Tribunal tem entendido que, em caso de propositura de ADI perante o STF e perante o TJ contra uma dada lei estadual, com base em direito constitucional federal de reprodução obrigatória pelos Estados-membros, há de se suspender o processo no âmbito da Justiça Estadual até a deliberação definitiva da Suprema Corte. É o que resulta da orientação manifestada na medida cautelar na ADI-MC 1.423, [...]
> Portanto, o Supremo Tribunal Federal acabou por consagrar uma causa especial de suspensão do processo no âmbito da Justiça local, nos casos de tramitação paralela de ações diretas perante o Tribunal de Justiça e perante a própria Corte relativamente ao mesmo objeto, e com fundamento em norma constitucional de reprodução obrigatória por parte do Estado-membro[16].

16 MENDES, Gilmar Ferreira; BRANCO, Paulo Gustavo Gonet. **Curso de direito constitucional.** 6. ed. rev. e atual. São Paulo: Saraiva, 2011. p. 1.433.

Ainda que não se trate de controle abstrato de constitucionalidade, há similitude entre as hipóteses mais do que suficiente para autorizar a aplicabilidade da mesma causa especial de suspensão. *Primo*, porque se trata de assegurar a prevalência da decisão do STF que será dotada de eficácia *erga omnes* e efeito vinculante (art. 10, § 3º, da Lei nº 9.882/99) no exercício do controle concentrado de constitucionalidade; *secundo*, porque se, na hipótese da fiscalização abstrata de constitucionalidade de leis, cuida-se não apenas da concorrência de controles, mas também de coincidência de conteúdo dos parâmetros desse controle (porque as normas constitucionais estaduais reproduzirão as normas federais), os casos envolvendo matéria penitenciária se lastrearão *nas mesmas normas constitucionais federais* em que se baseia a ADPF 347 – *a fortiori*, a suspensão é inevitável.

Por conseguinte, a suspensão das ações civis públicas que versem sobre matéria penitenciária não apenas se presta a prevenir a usurpação de competência do STF – que a Corte reconheceu a si própria ao admitir a ADPF 347 –, como também a *garantir a autoridade de sua decisão final* no mencionado feito, para que não se quebre ou esvazie o seu conteúdo coordenativo do sistema prisional brasileiro.

É de se entender, pois, que cabe aos Juízos de primeiro e segundo graus determinar a suspensão de todo e qualquer processo judicial em curso que verse sobre matéria atinente à administração penitenciária, restando legitimados os Estados e o Distrito Federal, caso tal suspensão não ocorra *ex officio* ou mediante provocação, ao imediato manejo da *reclamação*, nos termos do art. 102, I, "l", da Constituição da República. A medida é pertinente, pois, do contrário, submeterá os entes federados à séria insegurança jurídica, eventualmente premidos por determinação de providências ordenadas pela jurisdição ordinária que não sejam compatíveis com a reformulação estrutural presidida pelo STF no âmbito da ADPF 347.

Neste ponto, cabe recordar o pronunciamento do Min. Luiz Fux, ao proferir seu voto no julgamento da cautelar na ADPF 347:

> [...] Aqui, nós estamos diante de uma ação que vai permitir ao Poder Judiciário estabelecer regras de como devem agir os juízes, pedagogicamente, com eficácia *erga omnes* e sem prejuízo de nós não nos assustarmos com o cabimento de reclamação, porque, eu repito, e até sugiro que se expeça um entendimento sumular no sentido de que a reclamação não é meio substitutivo de recurso. Porque, a partir do momento em que houver transgressão a essas regras de proceder pelos juízes, eles estarão cometendo uma ilegalidade passível de solução, através do recurso cabível.
>
> De sorte que a ideia que eu procurei, exatamente, conciliar com esta, que exsurgiu da Reclamação nº 10.793, foi exatamente que não cabe reclamação como substitutivo do recurso cabível por descumprimento de decisão na ação de descumprimento de preceito fundamental. Só a redação, nós temos total condição de elaborar ao tempo certo, até agora, depois de ouvir os demais colegas. Mas esse enunciado é importantíssimo, porque nós não podemos ficar podados de agirmos nesse âmbito, de pelo menos dar concretude ao que o nosso Poder Judiciário... Aqui não é violação da cláusula de Separação de Poderes, nós estamos avisando aos membros do Poder Judiciário. É uma decisão da Suprema Corte, que está hierarquicamente abaixo, e eles devem respeitar a jurisprudência e as decisões do Supremo Tribunal Federal.
>
> De sorte que não vai abarrotar de reclamação como na ADI, porque isso não é ADI, isso aqui é uma ação de descumprimento de preceito fundamental na qual, de forma *sui generis*, nós

> estamos estabelecendo regras *in procedendo* para os juízes, que, se não as cumprirem, se submeterão às cassações inerentes aos recursos quando se veicula o vício da ilegalidade.

O que aqui se sustenta não conflita, em absoluto, com as ideias expostas pelo Min. FUX em seu voto, por duas razões. *Primo*, porque não se propõe aqui o uso da reclamação como substitutivo de qualquer recurso judicial, na medida em que a tese ora advogada não guarda relação com o conteúdo da cautelar concedida na ADPF 347, mas com a amplitude da competência que o STF reconheceu à própria Corte com a tão só *admissão* da arguição de descumprimento de preceito fundamental. *Secundo*, porque a Corte vem admitindo o uso da reclamação mesmo para os casos em que o Juízo de primeira instância descumpre a cautelar da ADPF 347 em ações penais de cunho estritamente individual, como nos casos de indeferimento das audiências de custódia, nos quais vêm sendo concedidas liminares em julgamentos monocráticos[17].

Nota-se que se trata de uma abordagem *bottom-up*, em que se parte das ações das instâncias ordinárias para que se alcance, caso necessário, o pronunciamento do STF para declarar-lhes a respectiva suspensão. Estará restrita, por isso, aos processos em que tal suspensão for efetivamente decretada, seja pelo órgão jurisdicional de origem, seja pela Suprema Corte, o que, no entanto, já poderá formar jurisprudência reiterada do STF (influenciando os Tribunais inferiores) e até mesmo ensejar a edição de súmula vinculante (art. 103-A da Constituição Federal).

Sem prejuízo (porque não são providências reciprocamente excludentes), é de se reconhecer igualmente cabível uma estratégia processual *top-down*, em que os *Estados-membros ou o Distrito Federal requeiram ao STF medida liminar, no âmbito da própria ADPF 347, para suspensão de todos os processos judiciais em curso no país que versem sobre matéria de administração penitenciária, até o julgamento em definitivo*, conforme o permissivo do art. 4º, § 3º, da Lei nº 9.882/1999. Inexiste, é bom que se assinale, qualquer restrição legal de concessão de medida liminar em ADPF apenas em favor do arguente, sendo certo que o provimento, de natureza cautelar, presta-se a assegurar a eficácia do processo em si.

Prossiga-se no raciocínio. O caráter inovador da ADPF 347, ao propor o planejamento da reorganização estrutural do sistema carcerário brasileiro, convoca a participação ativa todas as autoridades públicas competentes para tanto e põe o STF no papel de coordenador geral do processo. Ao induzir uma solução harmônica e dialógica, caminha no sentido da formação, tanto quanto possível, de *consensos*, mais eficazes, em princípio, do que as soluções contenciosas e pontuais da jurisdição ordinária[18]; logo, é de

---

17 V.g., Rcl 24.752 MC, Rel. Min. Ricardo Lewandowski, j. 10/10/2016; Rcl 25.337, Rel. Min. Edson Fachin, j. 03/10/2016; Rcl 24536, Rel. Min. Edson Fachin, j. 30/06/2016.

18 "É certo, não obstante, que ao lado do *consenso* coexiste o fenômeno antípoda da pura *imposição da força* (ou de qualquer outra modalidade cratológica de coerção, como poderá ser, por exemplo, uma simples ameaça ou o mero temor reverencial), o que também desta faz uma fonte de *relações interindividuais reiteradas e estáveis*, aptas a atingir a escala necessária para gerar instituições e proporcionar segurança no meio social.

interesse de todos os envolvidos que a atuação concertada, sob a batuta do STF, seja levada a cabo, o que reforça o cabimento do pedido de liminar para suspensão dos processos nas instâncias inferiores. Finalmente, recorde-se, ainda uma vez, que se impõe a preservação da efetividade da decisão final na ADPF 347, dotada de eficácia *erga omnes* e efeito vinculante, decerto comprometida diante da necessidade da eventual observância de coisa julgada que venha a ser formada nas ações civis públicas em curso em todo o país.

IV. Conclusão

O ajuizamento da ADPF 347 se deveu, em alguma medida, à insuficiência de ações isoladas para a solução de um problema de dimensões nacionais e, ainda, para superar os obstáculos – materiais e processuais – que a teoria e a prática reconheciam para a efetivação de decisões judiciais envolvendo a formulação e a implementação de políticas públicas relacionadas à administração penitenciária. Trata-se de um poderoso indicativo da transformação que vem sofrendo o Direito Processual Civil pátrio, cada vez mais vocacionado para verdadeira *pacificação* dos conflitos, que, mais do que dizer quem tem razão, tenciona compor a lide com eficiência. Nas relações com o Poder Público, com ainda maior relevo, a solução dos conflitos demandará, ainda, a legitimação democrática que apenas o uso de mecanismos de participação será capaz de proporcionar.

As ações pontuais, no entanto, destinadas a *condenar* os entes públicos à reforma do sistema carcerário, além de carecerem de uma visão panorâmica do problema, são ainda carregadas de uma concepção arcaica do processo, que busca superar o litígio com o uso da força e, quando as circunstâncias a tornam ineficaz para a satisfação do direito material daqueles que dependem do Judiciário – como os presos e outras minorias vulneráveis –, nada mais geram além de perplexidade.

Não se quer sustentar a completa inviabilidade de tais ações civis públicas, mas o caráter extremamente promissor da ADPF 347 exige um esforço conciliatório, que suspendendo as ações localizadas, abra caminho à solução consensual, global e reverente às capacidades institucionais dos agentes estatais competentes.

O que as distingue, no entanto, é que as relações fundadas apenas ou predominantemente fundadas na *coerção* não serão tão duradouras quanto as que se fundem no *consenso*, situando-se entre ambas as relações *híbridas*, que embora suportadas pela coerção, contam com um *mínimo de aceitação do grupo* – o que as aproxima das características consensuais institucionais espontâneas". (MOREIRA NETO, Diogo de Figueiredo. **Quatro paradigmas do direito administrativo pós-moderno: legitimidade – finalidade – eficiência - resultados.** Belo Horizonte: Fórum, 2008. p. 36. Os grifos são do original.)

O REGIME DA ESTABILIZAÇÃO DA TUTELA ANTECIPADA

Flávia Pereira Hill

Sumário: 1. Considerações iniciais. **2.** Cabimento. **3.** Insurgência do réu quanto à estabilização. **4.** Nova modalidade de extinção do processo. **5.** Ausência de formulação do pedido principal pelo autor. **6.** Ação rescisória. **7.** Possibilidade de o autor optar pelo julgamento do pedido principal. **8.** Ação autônoma do art. 304, §§ 2º a 6º, do CPC/2015. **9.** Conclusão. Referências.

1. Considerações iniciais

O art. 304 do CPC/2015 traz novo instituto ao prever a possibilidade de estabilização da tutela antecipada antecedente de urgência.

O novel instituto assemelha-se às soluções contempladas nos Direitos francês e italiano[1-2].

Pretende o legislador, claramente, atender aos reclamos da sociedade contemporânea por uma tutela jurisdicional mais célere. Celeridade e segurança jurídica são dois valores caros ao Direito Processual mas que, por estarem naturalmente em tensão, em cada momento histórico um tende a se sobrepor ao outro, em razão das expectativas da sociedade da época.

Inegavelmente, o Direito Processual, enquanto ciência social, é permeado por escolhas do legislador, que devem refletir, tanto quanto possível, os anseios da sociedade de seu tempo, com vistas a haurir a sua necessária legitimidade.

E é precisamente no cenário contemporâneo de preponderância da celeridade processual que surge a estabilização da tutela antecipada de urgência.

Partindo-se da premissa de que a formação de cognição exauriente pelo julgador consome certo lapso de tempo, especialmente em função da instrução probatória, permite o legislador que as partes, caso queiram, optem, a partir de sua conduta no processo, pela estabilização de decisão proferida com base em cognição sumária, que se perfaz com maior brevidade.

Abre-se, assim, uma opção: ou bem se privilegia a segurança jurídica, perpassando pela fase de instrução probatória, consumindo maior prazo de tempo e formando-

---

1 THEODORO JUNIOR, Humberto. **Curso de direito processual civil**. 56. ed. Rio de Janeiro: GEN Forense. 2016. v. 1, p. 667.

2 MITIDIERO, Daniel. **Autonomização e estabilização da antecipação da tutela no novo código de processo civil.** Disponível em: <http://www.rkladvocacia.com/arquivos/artigos/art_srt_ arquivo20150331142307.pdf>. Acesso em: 11 abr. 2016.

-se cognição exauriente, de modo a se alcançar a coisa julgada material; ou bem se valoriza a celeridade processual, com a comprovação de *fumus boni iuris*, que enseja a formação de cognição sumária, apta a alcançar a estabilização da tutela provisória, com menor grau de segurança.

No presente trabalho, analisaremos os contornos da estabilização da tutela antecipada, examinando o seu cabimento, a conduta das partes no processo, a ação autônoma voltada ao seu afastamento e as principais questões que já se mostram controvertidas em torno do tema.

2. Cabimento

O legislador optou por prever a possibilidade de estabilização apenas da tutela antecipada de urgência *antecedente*, ao contemplá-la no art. 304 do novo CPC, sob a rubrica "Do Procedimento da Tutela antecipada requerida em caráter antecedente"[3].

Dessa feita, mostra-se incabível a estabilização da tutela antecipada incidente, inclusive aquela requerida no bojo da mesma petição inicial em que foi formulado o pedido principal – ainda que seja deferida antes da citação do réu (*inaudita altera parte*)[4]. Isso porque a estabilização traz consequências severas para o réu, devendo-se, por isso, evitar interpretações extensivas que tragam insegurança jurídica, tomando-o de surpresa.

Tendo o legislador previsto a possibilidade de estabilização expressamente na hipótese de tutela antecipada antecedente, ou seja, formulada anteriormente à apresentação do pedido principal, decerto o réu, uma vez citado e intimado acerca do deferimento de tutela antecipada incidente, suporá, de boa-fé, sua inaptidão para se estabilizar, não se preocupando, pois, em interpor recurso contra a decisão concessiva. Nesse caso, estariam vulnerados os pilares do Estado Democrático de Direito, que se projetam sobre o Direito Processual, se pudesse o réu, nessa circunstância, ser surpreendido pela estabilização em hipótese não expressamente contemplada no CPC/2015, mediante inoportuna e inadequada interpretação extensiva do disposto no art. 304 da codificação processual.

---

3 Daniel Amorim Assumpção Neves defende interpretação extensiva do art. 304 do CPC/2015, com vistas a admitir a estabilização da tutela antecipada de evidência, com o que não concordamos, tendo em vista que a parte ré não poderia ser surpreendida com hipótese de estabilização não expressamente prevista na lei. Se o réu não tem ciência de que seria possível a estabilização na hipótese, já que a lei não a contempla, como seria possível presumir que, a partir da ausência de interposição de recurso, estaria ele concordando com a estabilização? O argumento no sentido de que poderia o réu ajuizar a ação autônoma prevista no art. 304 do CPC/2015 não nos parece suficiente, pois seria demasiado oneroso impor ao réu, surpreendido com a estabilização não contemplada na lei, o ajuizamento de uma nova ação judicial com vistas a revertê-la. NEVES, Daniel Amorim Assumpção. **Manual de direito processual civil**. 8. ed. Salvador: JusPodivm, 2016. p. 450.

4 Em sentido contrário, admitindo o emprego de interpretação extensiva ao art. 304 do CPC/2015, com vistas a permitir a estabilização da tutela antecipada incidente *inaudita altera parte*, NEVES, Daniel Amorim Assumpção. **Manual de direito processual civil**, op. cit., p. 450/451.

Gostaríamos, ainda, de consignar um alerta. Caso o magistrado venha a adotar entendimento diverso do ora defendido, empregando interpretação extensiva ao art. 304, com vistas a admitir a estabilização da tutela antecipada incidental, entendemos ser indispensável que conste menção expressa a essa possibilidade no mandado de intimação do réu. Dessa forma, estará consignado, no mandado, que, caso o réu não interponha o recurso cabível contra a decisão concessiva da tutela antecipada incidente, o juízo considerará estabilizada a tutela antecipada. Esta cautela, a nosso sentir, consiste na providência mínima voltada a zelar pelo contraditório e pela ampla defesa, permitindo que o réu conheça o entendimento adotado pelo magistrado, que amplia a hipótese legal, e, ciente disso, possa conscientemente adotar a conduta processual mais condizente com seus interesses.

De fato, a cientificação plena e completa das partes acerca de seus ônus foi alçada a uma das normas fundamentais do processo civil (art. 7º c/c art. 10 do CPC/2015). É, pois, defeso ao magistrado considerar estabilizada a tutela antecipada *incidente*, mediante interpretação extensiva do art. 304, sem cientificar previamente o réu acerca de tal possibilidade, permitindo-lhe, ciente disso, desincumbir-se do ônus de interpor o recurso cabível de modo a afastar a possibilidade de perenização não expressamente contemplada pelo legislador.

Pelas mesmas razões, consideramos inaplicável a estabilização da tutela antecipada de evidência, uma vez que o novo instituto se encontra previsto no Título II, voltado à Tutela de Urgência.

Tratando-se de tutela antecipada de urgência requerida em caráter antecedente, tanto a decisão que a defere liminarmente quanto aquela que a concede após a citação do réu, como nos casos de justificação[5], estão igualmente aptas a se estabilizar.

3. Insurgência do réu quanto à estabilização

A conduta do réu pode obstar a estabilização da tutela antecipada. É admissível, ainda, que o assistente simples do réu e os litisconsortes passivos cujos fundamentos de defesa aproveitem ao réu também se insurjam contra a estabilização[6].

O *caput* do art. 304 dispõe que a interposição de *recurso* pela parte ré possui o condão de impedir a estabilização da tutela antecipada.

Emergiu intensa discussão doutrinária se seria admissível proceder a interpretação extensiva do termo *recurso*, com vistas a admitir a apresentação, pelo réu, não apenas de recurso em sentido estrito, mas de qualquer manifestação que pudesse fazer defluir a sua oposição à estabilização, como, por exemplo, contestação ou petição avulsa[7].

---

5 DIDIER JR., Fredie; BRAGA, Paula Sarno; OLIVEIRA, Rafael Alexandria de. **Curso de direito processual civil.** 10. ed. Salvador: JusPodivm, 2015. v. 2.

6 *Idem, ibidem.*

7 No mesmo sentido, THEODORO JUNIOR, Humberto. **Curso de direito processual civil**. 56. ed. Rio de Janeiro: GEN Forense, 2016. v. 1, p. 637; CÂMARA, Alexandre Freitas **O novo processo civil**

De lege ferenda, concordamos com o argumento de que a admissão da contestação ou de petição avulsa prestigiaria a economia processual, evitando a interposição de recurso – via de regra, agravo de instrumento contra decisão interlocutória do magistrado de 1º grau de jurisdição ou agravo interno contra decisão monocrática do relator – e a consequente mobilização do tribunal (ou do colegiado a que pertence o relator) com o único propósito de obstar a estabilização.

No entanto, forçoso convir que a letra da lei é o primeiro parâmetro interpretativo do aplicador do direito. E, nesse caso, o legislador foi claro no art. 304, ao erigir a interposição do *recurso* como a conduta processual praticada pelo réu apta a afastar a estabilização da decisão concessiva de tutela antecipada de urgência. Podemos – e, a meu sentir, *devemos* – criticar a previsão legal; todavia, não devemos dela nos afastar.

De todo modo, consideramos haver uma forma satisfatória de, simultaneamente, atender à expressa exigência legal e ao ideal de economia processual, prescindindo da movimentação do tribunal *ad quem*. A nosso sentir, mostra-se correta, sob o ponto de vista técnico, e recomendável, sob o ponto de vista prático, a interposição do recurso de *embargos de declaração* com a finalidade de o réu insurgir-se contra a estabilização da tutela antecipada.

Os embargos de declaração encontram-se expressamente elencados no rol dos recursos previsto no art. 994 do CPC/2015, atendendo, pois, ao princípio da tipicidade recursal.

Acrescente-se que o Código de Processo Civil de 2015 prestigiou, de forma significativa, tal modalidade recursal, ao prever expressamente o cabimento de embargos de declaração com efeitos modificativos, a necessidade de contraditório nessa hipótese (art. 1.023, § 2º, CPC/2015), a produção de efeito interruptivo (art. 1.026, CPC/2015) e a possibilidade de concessão de efeito suspensivo (art. 1.026, § 1º, CPC/2015).

A circunstância de que os embargos de declaração ostentam efeito devolutivo *lato sensu* ou efeito regressivo, eis que julgados pelo próprio juízo prolator da decisão recorrida, não possui o condão de torná-los inaptos a obstar a estabilização.

O legislador impôs ao réu, no art. 304 do CPC/2015, o ônus de interpor o respectivo recurso, ou seja, recurso cabível e adequado, com vistas a obstar a estabilização, e não se pode, em nossos dias, divergir seriamente, *de lege lata*, da assertiva de que os embargos de declaração possuem a natureza jurídica de recurso, sendo cabíveis contra qualquer provimento jurisdicional, interlocutório ou final[8].

---

brasileiro. São Paulo: Atlas, 2015. p. 164/165; BERMUDES, Sergio. **CPC de 2015. Inovações.** Rio de Janeiro: GZ Editora, 2016. p. 208. Em sentido contrário, MITIDIERO, Daniel. **Autonomização e estabilização da antecipação da tutela no novo código de processo civil**, op. cit., p. 3; NEVES, Daniel Amorim Assumpção. **Manual de direito processual civil**. 8. ed. Salvador: JusPodivm, 2016. p. 451/453; GRECO, Leonardo. **Instituições de processo civil.** 3. ed. Rio de Janeiro: GEN Forense. v. II, p. 362. BUENO, Cassio Scarpinella. **Novo curso de processo civil.** São Paulo: Saraiva, 2015. volume único, p. 232/233.

8 MOREIRA, José Carlos Barbosa. **Comentários ao código de processo civil.** 10. ed. Rio de Janeiro: Forense, 2002. v. V, p. 540/543; MEDINA, José Miguel Garcia. **Direito processual civil moderno.** São Paulo: Revista dos Tribunais, 2016. p. 1.242/1.243.

Desse modo, constata-se que a interposição de embargos de declaração contra a decisão interlocutória que defere a tutela antecipada de urgência possui o condão de obstar sua estabilização, consistindo em providência que concilia, a um só tempo, a exigência legal de interposição de recurso adequado e o prestígio à economia e à celeridade processuais. Isso porque os embargos de declaração não ensejam o recolhimento de custas processuais, não movimentam o tribunal *ad quem*, sendo julgados pelo próprio juízo prolator da decisão interlocutória recorrida, com economia de tempo, energia e recursos financeiros. Ademais, tendo o réu interposto embargos de declaração com vistas a se insurgir contra a estabilização da tutela antecipada, terá ele externado, inequívoca e adequadamente, seu propósito de evitar a perenização da tutela de urgência.

Por outro lado, não terá o réu tido de, nesse primeiro momento, apresentar contestação, na qual lhe seria exigido apresentar toda a matéria de defesa (impugnação especificada dos fatos) apenas com vistas a obstar a estabilização.

Diverge a doutrina, ainda, acerca da necessidade do exercício de juízo positivo de admissibilidade do recurso para que este seja apto a obstar a estabilização (ainda que, no mérito, seja desprovido).

Uma primeira corrente doutrinária[9] entende que somente em caso de admissão do recurso ficará obstada a estabilização, ainda que lhe seja negado provimento.

A segunda corrente sustenta que, ainda que inadmitido o recurso, a tutela antecipada não se estabilizará, uma vez que, a despeito da inadmissão, terá o réu manifestado expressamente seu desinteresse pela manutenção da tutela de urgência concedida pelo juízo *a quo*[10].

A terceira corrente defende que somente em caso de inadmissão do recurso de agravo devido à sua intempestividade a estabilização se operará. Nas demais hipóteses de juízo negativo de admissibilidade, o recurso, ainda assim, terá o condão de obstar a estabilização[11].

Filiamo-nos à terceira corrente doutrinária, com uma ressalva apenas. Consideramos que, ao lado da intempestividade do recurso, a flagrante inadequação da via eleita, ou seja, a interposição de recurso manifestamente inadequado, como, *ad exemplum tantum*, a interposição de apelação contra decisão interlocutória concessiva de tutela antecipada, também se mostra inapta a obstar a estabilização. Isso porque o legislador, no *caput* do art. 304, dispõe que a estabilização será evitada no caso da interposição do "recurso respectivo", ressaltando, assim, a preocupação com seu cabimento.

---

9 ENUNCIADO 28, ENFAM: "Admitido o recurso interposto na forma do art. 304 do CPC/2015, converte-se o rito antecedente em principal para apreciação definitiva do mérito da causa, independentemente do provimento ou não do referido recurso".

10 NEVES, Daniel Amorim Assumpção. **Manual de direito processual civil**. 8. ed. Salvador: JusPodivm, 2016. p. 453.

11 GAJARDONI, Fernando da Fonseca et al. **Teoria geral do processo:** comentários ao CPC de 2015. São Paulo: Método, 2015. p. 900.

Entendemos que não se opera a estabilização, caso o réu seja citado ou intimado por edital ou por hora certa, bem como se estiver preso ou for incapaz sem representante ou em conflito com este, pois, nessas hipóteses, será nomeado curador especial, a quem incumbe apresentar defesa, ainda que genérica[12]. De igual modo, caso o direito em questão seja indisponível, não se operará a estabilização em razão da inércia do réu[13].

Vem-se admitindo que as partes convencionem a estabilização da tutela antecipada. Nesse sentido, dispõe o Enunciado nº 32 do Fórum Permanente de Processualistas Civis, assim redigido: "Além da hipótese prevista no art. 304, é possível a estabilização expressamente negociada da tutela antecipada de urgência satisfativa antecedente".

4. Nova modalidade de extinção do processo

Estabilizada a tutela antecipada, caberá ao juiz prolatar sentença de extinção do processo. O novo CPC não diz se a extinção será com ou sem resolução do mérito. A nosso sentir, trata-se de extinção *sui generis*, sendo um *tertium genus* entre a extinção com e sem resolução do mérito, pois o autor obterá o bem da vida, com base, contudo, em cognição sumária.

A nosso sentir, não se trata de extinção com resolução do mérito. Para tanto, é necessário fazer a leitura conjugada e harmônica dos arts. 304, § 6º, 487, inc. I e 52, todos do CPC/2015, interpretando-os sistematicamente.

De fato, o inc. I do art. 487 do CPC/2015 é vago, ao estatuir que haverá resolução de mérito quando o juiz acolher ou rejeitar o pedido formulado na ação. A leitura isolada do referido dispositivo legal poderia, à primeira vista, conduzir o intérprete à errônea conclusão de que, tratando-se a tutela antecipada de um pedido formulado pelo autor na petição inicial, consequentemente, o seu acolhimento acarretaria a extinção do processo com resolução do mérito.

No entanto, o art. 502 dispõe que a decisão de mérito não mais sujeita a recurso possui a autoridade de coisa julgada. O § 6º do art. 304 do CPC/2015,[14]-[15] por seu turno, prevê expressamente que a decisão estabilizada não faz coisa julgada material. Dessa

---

12 DIDIER JR., Fredie; BRAGA, Paula Sarno; OLIVEIRA, Rafael Alexandria de. **Curso de direito processual civil.** 10. ed. Salvador: JusPodivm, 2015. v. 2, p. 609.

13 WAMBIER, Luiz Rodrigues; TALAMINI. Eduardo. **Curso avançado de processo civil.** 16. ed. São Paulo: Revista dos Tribunais, 2016. v. 2, p. 893.

14 Humberto Theodoro Junior traz as seguintes ponderações, *in verbis*: "A opção, *in casu*, pela não ocorrência da coisa julgada é lógica e faz sentido, pois não se poderia conferir a mesma dignidade processual a um provimento baseado em cognição sumária e a um provimento lastreado em cognição plena". THEODORO JUNIOR, Humberto. **Curso de direito processual civil**. 56. ed. Rio de Janeiro: GEN Forense, 2016. v. 1, p. 668.

15 Daniel Mitidiero considera tratar-se de extinção do processo com resolução do mérito, pois "a decisão provisória projetará seus efeitos para fora do processo". MITIDIERO, Daniel. **Autonomização e estabilização da antecipação da tutela no novo código de processo civil**, op. cit.

feita, não é possível afirmar que a sentença extingue o processo com resolução de mérito, uma vez que tais provimentos jurisdicionais estão vocacionados a fazer coisa julgada material, o que não ocorre na hipótese de estabilização da tutela antecipada.

E não poderia ser diferente, uma vez que a coisa julgada material pressupõe o exercício de cognição exauriente pelo julgador, o que não está presente na tutela provisória, em que é exercida cognição sumária[16].

Por outro lado, forçoso convir que a estabilização confere um grau mais elevado de segurança do que a coisa julgada formal, uma vez que, a não se ajuizar a ação prevista no art. 304, § 2º, do CPC/2015, a estabilização tende a se perenizar, não podendo a matéria ser rediscutida em outra ação.

A extinção do processo em virtude da estabilização da tutela antecipada não se amolda, pois, à clássica bipartição "com e sem resolução do mérito", que está fundada, por sua vez, na dualidade coisa julgada material e formal.

5. Ausência de formulação do pedido principal pelo autor

Instalou-se divergência doutrinária quanto à dinâmica da cientificação das partes após o deferimento da tutela antecipada e quanto aos efeitos da ausência de formulação do pedido principal pelo autor, na forma do art. 303, § 1º, inc. I, do CPC/2015.

Humberto Theodoro Junior entende que as providências elencadas no § 1º devem ser cronologicamente implementadas seguindo-se a ordem numérica dos incisos, ou seja, primeiramente, deverá o autor ser intimado acerca do deferimento da tutela antecipada para que providencie o aditamento da petição inicial (inciso I). Somente se o autor providenciar o aditamento na forma da lei, será realizada a citação e a intimação do réu (inciso II). Inversamente, se o autor deixar de apresentar o

16 "O instituto da coisa julgada é constitucionalmente incompatível com a decisão proferida com base em cognição superficial e, por isso mesmo, provisória, sujeita à confirmação. Há uma vinculação constitucional da coisa julgada à cognição exauriente. Ainda que não exista disposição expressa nesse sentido, isso é uma imposição da proporcionalidade e da razoabilidade extraíveis inclusive da cláusula do devido processo legal (art. 5º, LIV, da CF/1988). A imutabilidade da coisa julgada – qualidade excepcional no quadro da função pública – não pode ser atribuída indistintamente a qualquer ato jurisdicional. O que confere idoneidade para o ato ficar imune à revisão não é só a circunstância de ele ter sido precedido da oportunidade de manifestação das partes, mas, sobretudo a profundidade da cognição que se pôde desenvolver. A emissão de decisões amparadas em cognição sumária (superficial) não é em si mesma incompatível com as garantias do processo. Renuncia-se a uma investigação mais completa e aprofundada das questões relevantes para a solução do conflito em troca de uma decisão célere. Mas se paga um preço pelo emprego da cognição superficial. A contrapartida razoável consiste na impossibilidade de que a decisão adquira o mesmo grau de estabilidade atribuível ao resultado da cognição exauriente. Adota-se solução de compromisso: sacrifica-se a profundidade e se produz um pronunciamento urgente e apto a gerar os resultados concretos desejados, mas que não constitui decisão definitiva". WAMBIER, Luiz Rodrigues; TALAMINI. Eduardo. **Curso avançado de processo civil.** 16. ed. São Paulo: Revista dos Tribunais, 2016. v. 2, p. 896.

aditamento tempestivamente, caberá ao magistrado, desde já, extinguir o processo sem resolução do mérito. Nesse caso, o réu será apenas cientificado acerca da sentença de extinção.

Entendemos, contudo, que a cientificação de ambas as partes será realizada concomitantemente, até mesmo porque o legislador não dispôs diversamente. O mais recomendável é que o magistrado defira prazo superior a 15 dias para que o autor adite a petição inicial, pois, dessa forma, permite-se o prévio escoamento do prazo para o réu interpor recurso contra a decisão concessiva de tutela antecipada.[17] Escoado *in albis* o prazo recursal, o autor estará ciente de que estão reunidas todas as condições legais para que se opere a estabilização da tutela antecipada e, diante disso, concordando o autor com a estabilização, torna-se despiciendo o aditamento da petição inicial, evitando-se, assim, a prática de ato processual inútil.

De todo modo, ainda que o magistrado mantenha o prazo de 15 dias, entendemos que, caso o réu, regularmente citado e intimado, deixe de interpor recurso contra a decisão concessiva da tutela antecipada, ela se estabilizará, mesmo que o autor tenha deixado de aditar a petição inicial[18]. Isso porque seria paradoxal e contraproducente erigir o aditamento à petição inicial como condição para a estabilização da tutela antecipada, pois esta possui justamente o condão de ensejar a extinção do processo (art. 304, § 1º, CPC/2015). Ora, se o processo será extinto como decorrência da estabilização da tutela antecipada, então, razão não há para exigir do autor o aditamento da petição inicial para a formulação de um pedido principal que, afinal de contas, não será julgado nos autos.

Cumpre destacar que a Escola Nacional de Formação de Magistrados (Enfam) contemplou, em seu Enunciado nº 18, uma sanção premial em favor do réu que concorra para a estabilização da tutela antecipada, ao dispor que "na estabilização da tutela antecipada, o réu ficará isento do pagamento das custas e os honorários deverão ser fixados no percentual de 5% sobre o valor da causa (art. 304, *caput*, c/c art. 701, *caput*, do CPC/2015)".

A Enfam aplicou, por analogia, a solução prevista no CPC/2015 em caso de cumprimento, pelo réu, do mandado monitório (art. 701, CPC/2015), o que se mostra, a nosso ver, adequado e pertinente, dado que a estabilização da tutela antecipada consiste em técnica similar à monitória[19].

---

17 No mesmo sentido, MEDINA, José Miguel Garcia. **Direito processual civil moderno.** São Paulo: Revista dos Tribunais, 2016. p. 478.

18 CÂMARA, Alexandre Freitas **O novo processo civil brasileiro**. São Paulo: Atlas, 2015. p. 166.

19 Daniel Amorim Assumpção Neves diverge desse entendimento, por dois motivos. A uma, por entender ser incabível o emprego da analogia com o procedimento monitório, diante das profundas diferenças entre ambos os procedimentos. A duas, por considerar desnecessário o emprego de analogia, sob o fundamento de que o magistrado poderia aplicar sanções premiais independentemente de qualquer previsão legal, eis que consistem em meios de execução indireta. Acrescentamos que o autor se refere ao que se vem denominando "poder geral de efetivação do juiz", previsto no art. 139, inc. IV, do CPC/2015. De nossa parte, não nos incomoda a edição do Enunciado nº 18

Com isso, pretendeu-se estimular o réu a concordar com a estabilização da tutela antecipada deferida, de modo a permitir que o processo se encerre em sua fase inicial.

Caso o magistrado defira apenas parcialmente o pedido de tutela antecipada antecedente formulado pelo autor, não será possível a estabilização da tutela concedida, pois, nesse caso, o processo necessariamente prosseguirá, em razão da parcela do pedido antecipatório que fora rejeitado[20].

Dessa forma, como o processo obrigatoriamente prosseguirá para que o magistrado julgue, em cognição exauriente, a parcela do pedido antecipatório que fora inicialmente rejeitada, o mais adequado é que a instrução probatória abarque todo o pleito autoral, inclusive quanto à parcela concernente à tutela antecipada inicialmente deferida. Com isso, a sentença julgará todo o pleito autoral em cognição exauriente, estando apta a produzir a coisa julgada material, que oferece grau de segurança jurídica mais elevado do que a mera estabilização.

Considerando-se que, nessa hipótese, o processo prosseguiria de qualquer maneira, afigura-se mais correto aproveitá-lo ao máximo, deixando-se de se contentar apenas com a estabilização de parte do pedido inicial e aproveitando-se para permitir que as partes exerçam o contraditório e a ampla defesa plenamente. Entendimento contrário vulneraria a economia processual, pois o processo prosseguiria apenas quanto à parcela do pedido antecipatório que fora indeferida, permitindo-se, por outro lado, o posterior ajuizamento de ação autônoma com vistas a rediscutir o teor da decisão que concedera parte da tutela antecipada pleiteada pelo autor. Ou seja, teríamos dois processos com cognição exauriente, cada qual com vistas a promover a instrução e a cognição exaustiva de uma parcela do pedido antecipatório, promovendo-se um desmembramento contraproducente e desaconselhável[21].

6. Ação rescisória

Há divergência quanto ao cabimento do ajuizamento de ação rescisória em face da decisão interlocutória estabilizada que defere a tutela antecipada de urgência antecedente.

Majoritariamente, vem-se considerando, com acerto, ser incabível o ajuizamento de ação rescisória com vistas a reverter a referida decisão. Nesse sentido, foram edita-

pela Enfam, pois almejou-se, com isso, apenas recomendar aos magistrados a adoção da sanção premial na espécie, sem que, com isso, seja imposto qualquer prejuízo ou agravamento do ônus imposto ao réu. Muito pelo contrário. NEVES, Daniel Amorim Assumpção. **Manual de direito processual civil**. 8. ed. Salvador: JusPodivm, 2016. p. 453.

20 Em sentido contrário. DIDIER JR., Fredie; BRAGA, Paula Sarno; OLIVEIRA, Rafael Alexandria de. **Curso de direito processual civil.** 10. ed. Salvador: JusPodivm, 2015. v. 2, p. 609.

21 Nesse sentido, NEVES, Daniel Amorim Assumpção. **Manual de direito processual civil**. 8. ed. Salvador: JusPodivm, 2016. p. 451.

dos os Enunciados nº 27 da Enfam[22] e nº 33 do Fórum Permanente de Processualistas Civis (FPPC)[23]. Consideramos esse posicionamento acertado, em razão de a estabilização não se confundir com a coisa julgada material, esta sim passível de ser afastada por meio da ação rescisória.

Se o legislador optou claramente por distinguir a estabilização da coisa julgada material (art. 304, § 6º, do CPC/2015), consequentemente devem ser dispensados tratamentos díspares para os institutos, dentre os quais, de forma coerente, considerar inadmissível o manejo da ação rescisória, cunhada para rescindir a sentença transitada em julgado.

De igual modo, o art. 966 do CPC/2015 é bastante claro ao prever que poderá ser rescindida a "decisão de mérito, transitada em julgado", o que não é propriamente o caso da decisão estabilizada.

No § 6º do art. 304, o próprio legislador cuidou de prever que a estabilidade "só será afastada" em sede de ação autônoma contemplada no § 2º, o que consequentemente exclui a ação rescisória.

Em sentido oposto, HUMBERTO THEODORO JUNIOR admite o cabimento de ação rescisória após transcorrido *in albis* o prazo decadencial de dois anos para o ajuizamento da ação autônoma prevista no art. 340, § 2º, do CPC/2015. Nesse caso, o autor a classifica como "estabilização definitiva" e afirma que ela seria "equivalente" à coisa julgada material, apesar de reconhecer que não se trata de institutos idênticos[24].

De todo modo, consideramos um mal ainda maior negar o cabimento da ação rescisória, mas admitir-se a aplicação da perigosa e fluida teoria da "relativização" após o decurso do prazo decadencial para a ação autônoma prevista no art. 304 do CPC/2015. É necessário evitar a aplicação da teoria da relativização à estabilização da tutela antecipada. Para sua revisão, o legislador criou instrumento próprio, notadamente a ação autônoma prevista no art. 304, § 2º, do CPC/2015, que analisaremos a seguir. Transcorrido *in albis* o prazo para seu ajuizamento, não mais será possível às partes rever a decisão estabilizada, seja mediante ação rescisória, seja através de outra ação judicial. Entendimento contrário traz nefasta insegurança jurídica e atenta contra a economia processual, valores que a estabilização visa justamente a prestigiar.

---

22 Enunciado nº 27 Enfam: "Não é cabível ação rescisória contra decisão estabilizada na forma do art. 304 do CPC/2015".

23 CÂMARA, Alexandre Freitas **O novo processo civil brasileiro**. São Paulo: Atlas, 2015. p. 163.

24 Sustenta Humberto Theodoro Junior, *in verbis*: " Admitida a equivalência com a coisa julgada, o prazo de dois anos para a modificação da decisão estabilizada não abrangeria nem anularia o prazo correspondente à ação rescisória, uma vez que este somente começa a correr após o trânsito em julgado das decisões. Assim, apenas após a estabilização definitiva da decisão sumária é que se iniciaria eventual prazo para o manejo da rescisória". THEODORO JUNIOR, Humberto. **Curso de direito processual civil**. 56. ed. Rio de Janeiro: GEN Forense, 2016. v. 1, p. 670.

7. Possibilidade de o autor optar pelo julgamento do pedido principal

É autorizado que a parte autora prefira que a ação por ela proposta prossiga até que o magistrado prolate sentença final julgando o pedido principal, fundada em cognição exauriente e revestida da autoridade de coisa julgada material.

Para tanto, basta que o autor se manifeste nos autos externando seu propósito[25].

É perfeitamente possível e coerente que o autor prefira obter sentença prolatada em cognição exauriente, com autoridade de coisa julgada material, em vez de contentar-se com a estabilização da tutela provisória exercida em cognição sumária. Com efeito, a coisa julgada material continua a ser o mais elevado grau de segurança conferido ao provimento jurisdicional, sendo, pois, admissível que o autor almeje que a solução judicial se revista de tal autoridade.

Embora a celeridade seja prestigiada no CPC/2015, como sinal dos nossos tempos e em resposta aos reclamos da sociedade moderna, por outro lado, não se pode sonegar ao autor o direito de ação com vistas a tentar obter um provimento jurisdicional de mérito passível de se revestir da coisa julgada material, sepultando, assim, de vez, a situação de indefinição que o aflige. Por conseguinte, entre celeridade e segurança, o autor pode, sim, optar por esta.

8. Ação autônoma do art. 304, §§ 2º a 6º, do CPC/2015

Após estabilizada a tutela antecipada, dispõe o art. 304 do CPC/2015 que qualquer das partes poderá ajuizar ação autônoma, no prazo de dois anos, contados da ciência da decisão que extinguiu o processo[26], com vistas a afastar a estabilização[27].

---

25 Humberto Theodoro Junior entende que cabe ao autor externar expressamente na petição inicial que, em caso de deferimento da tutela antecipada de urgência, pretenderá obter sua estabilização. Entendemos, ao contrário, que, ainda que o autor silencie a esse respeito na petição inicial, poderá ele obter a estabilização. Por outro lado, consideramos que o autor deverá ser expresso caso pretenda o prosseguimento do feito até julgamento do pedido principal, no caso de, deferida a tutela antecipada, o réu não interpor recurso. THEODORO JUNIOR, Humberto. **Curso de direito processual civil**. 56. ed. Rio de Janeiro: GEN Forense, 2016. v. 1, p. 664 e 667. Nesse sentido, NEVES, Daniel Amorim Assumpção. **Manual de direito processual civil**, 8. ed. Salvador: JusPodivm, 2016. p. 453/454. Concordamos com o processualista quando afirma ser autorizado ao autor manifestar seu interesse no julgamento do pedido principal em cognição exauriente depois de escoado *in albis* o prazo para o réu interpor recurso, uma vez que o prosseguimento do feito permite ao réu produzir provas suficientes para infirmar o pleito autoral, obtendo-se, ao final, sentença judicial apta a se revestir da autoridade de coisa julgada material.

26 WAMBIER, Luiz Rodrigues; TALAMINI. Eduardo. **Curso avançado de processo civil.** 16. ed. São Paulo: Revista dos Tribunais, 2016. v. 2, p. 897.

27 Humberto Theodoro Junior a chama de "ação principal". THEODORO JUNIOR, Humberto. **Curso de direito processual civil**. 56. ed. Rio de Janeiro: GEN Forense. 2016. v. 1, p. 669.

Trata-se de prazo decadencial, que não se suspende nem se interrompe, à semelhança do prazo para o ajuizamento da ação rescisória (art. 975, CPC/2015)[28].

Qualquer das partes possui legitimidade ativa para a propositura da ação autônoma, conforme expressamente previsto na primeira parte do § 2º do art. 304 do CPC/2015[29]. A estabilização decorreu do interesse de ambas; contudo, em um segundo momento, é autorizado que qualquer delas pretenda a obtenção, em ação própria, de sentença que ostente coisa julgada material[30].

Consequentemente, da mesma forma que o réu está autorizado a propor a ação autônoma com vistas a reverter a decisão estabilizada, poderá o autor ajuizá-la com o propósito diametralmente oposto, notadamente de ratificar a tutela antecipada estabilizada, de modo a obter sentença judicial em cognição exauriente, apta a se revestir de coisa julgada material.

Conclui-se, assim, que o legislador disse menos do que pretendia na segunda parte do § 2º do art. 304, ao se limitar a prever o cabimento da ação autônoma com vistas a "rever, reformar ou invalidar a tutela antecipada estabilizada". Isso porque, a se prever a legitimidade ativa do autor da ação originária para a propositura da ação autônoma contemplada no art. 304, este apenas terá interesse em fazê-lo com a finalidade de obter a confirmação, em cognição exauriente, da tutela provisória anteriormente deferida.

Será competente para o julgamento da ação autônoma o mesmo juízo prolator da decisão concessiva da tutela antecipada (competência funcional, absoluta)[31], conforme art. 304, § 4º, do CPC/2015. A parte interessada deverá requerer o desarquivamento dos autos em que fora concedida a tutela antecipada, a fim de instruir a petição inicial da ação autônoma (art. 304, § 4º, do CPC/2015). Trata-se de documento essencial para o julgamento da ação autônoma.

Entendemos que o § 3º do art. 304 c/c o art. 1.012, § 1º, inc. V, do CPC/2015 dispõem que a apelação interposta nos autos da ação autônoma não possui efeito suspensivo, eis que a sentença apelada confirmou ou revogou a tutela provisória estabilizada. Portanto, caso a sentença seja de improcedência, a tutela antecipada continua a produzir efeitos. Por outro lado, caso a sentença seja de procedência, ficam suspensos

---

28 *Idem*, p. 670; CÂMARA, Alexandre Freitas **O novo processo civil brasileiro**. São Paulo: Atlas, 2015. p. 163; NEVES, Daniel Amorim Assumpção. **Manual de direito processual civil**. 8. ed. Salvador: JusPodivm, 2016. p. 456/457. GRECO, Leonardo. **Instituições de processo civil.** 3. ed. Rio de Janeiro: GEN Forense. v. II, p. 363.

29 WAMBIER, Luiz Rodrigues; TALAMINI. Eduardo. **Curso avançado de processo civil.** 16. ed. São Paulo: Revista dos Tribunais, 2016. v. 2, p. 896.

30 Humberto Theodoro Junior a chama de "ação principal". THEODORO JUNIOR, Humberto. **Curso de direito processual civil**. 56. ed. Rio de Janeiro: GEN Forense. 2016. v. 1, p. 670. Leonardo Greco a intitula "ação revocatória". GRECO, Leonardo. **Instituições de processo civil.** 3. ed. Rio de Janeiro: GEN Forense. v. II, p. 363.

31 NEVES, Daniel Amorim Assumpção. **Manual de direito processual civil**, 8. ed. Salvador: JusPodivm, 2016. p. 457.

os efeitos da tutela antecipada, ainda que seja interposta apelação pelo beneficiário da tutela antecipada.

A ação autônoma prevista no art. 304 seguirá o procedimento previsto para o processamento do pedido principal – será adotado o procedimento comum ou procedimento especial, de acordo com a natureza da pretensão veiculada –, com ampla instrução probatória, e o juiz, ao final, prolatará sentença com cognição exauriente e, aí sim, a sentença transitará em julgado (coisa julgada material).

A Enfam prevê, no Enunciado nº 26, o cabimento da concessão de tutela antecipada em sede de ação autônoma, nos seguintes termos:

> Caso a demanda destinada a rever, reformar ou invalidar a tutela antecipada estabilizada seja ajuizada tempestivamente, poderá ser deferida em caráter liminar a antecipação dos efeitos da revisão, reforma ou invalidação pretendida, na forma do art. 296, parágrafo único, do CPC/2015, desde que demonstrada a existência de outros elementos que ilidam os fundamentos da decisão anterior.

Ao se referir a "outros elementos", a Enfam exige que o autor da ação autônoma apresente argumentos e provas não veiculados na ação originária, em cujos autos fora concedida a tutela antecipada estabilizada. E tais fundamentos novos devem ser considerados razoáveis e plausíveis a ponto de o magistrado reputá-los suficientes para desafiar a decisão estabilizada, gerando uma dúvida razoável acerca do acerto de sua concessão e justificando a reabertura de seu exame. Trata-se do *fumus boni iuris* para a concessão de tutela antecipada nesta sede.

Concordamos com tal entendimento, na medida em que, não havendo qualquer vedação nesse sentido no CPC/2015, deve ser aplicado o regime geral da tutela provisória em sede de ação autônoma. Acrescente-se que, se até mesmo nos autos de ação rescisória – instrumento processual voltado ao afastamento da *coisa julgada material*, que consiste no mais elevado grau de segurança jurídica conferido aos provimentos jurisdicionais em nosso ordenamento jurídico – é possível o deferimento de tutela antecipada, com mais razão o será em sede de ação autônoma destinada a afastar a estabilização.

Esgotado *in albis* o biênio legal para a propositura da ação autônoma prevista no art. 304, § 2º, entende DANIEL MITIDIERO que, ainda assim, poderá a parte interessada instaurar ação judicial pelo procedimento comum, em cognição exauriente, com vistas a revolver a questão objeto da tutela antecipada estabilizada, enquanto não verificada a prescrição, a decadência ou a *supressio*. Considera o autor que a sumarização trazida pela estabilização da tutela antecipada somente se harmoniza com os ideais de um processo justo se for garantida às partes a possibilidade de esgotar suas razões em sede própria, com cognição exaustiva, não se restringindo ao prazo decadencial de dois anos para o ajuizamento da ação autônoma[32].

32 MITIDIERO, Daniel. **Autonomização e estabilização da antecipação da tutela no novo código de processo civil**, op. cit., p. 6.

Entendemos, contudo, que andou bem o legislador ao adotar prazo semelhante àquele previsto para o ajuizamento da ação rescisória, uma vez que o prolongamento da situação de indefinição, marcado pela possibilidade de instauração de outra ação judicial com vistas a reverter a estabilização, fragiliza a paz social e a segurança jurídica[33].

Cumpre consignar que eventual sentença de improcedência proferida ao final da ação autônoma agravará a situação da parte autora dessa ação.

Expliquemos. Caso a parte autora da ação originária, que havia se beneficiado da estabilização, opte por ajuizar a ação autônoma, com vistas a confirmar a tutela antecipada estabilizada, pode ocorrer de, ao final da fase instrutória, o magistrado se convença, em cognição exauriente, que não assiste razão à parte autora. Com isso, transitará em julgado sentença judicial desfavorável ao autor, que antes dispunha de tutela antecipada estabilizada em seu favor.

De igual modo, optando o réu por ajuizar a ação autônoma, caso esta seja julgada improcedente, a matéria, que antes era objeto apenas de decisão estabilizada, terá sido definida, em desfavor do réu, em sentença transitada em julgado.

Isso revela a importância de as partes se desincumbirem adequadamente de seus ônus probatórios na ação autônoma.

Entendemos ser cabível o ajuizamento de ação rescisória contra a sentença de mérito prolatada nos autos da ação autônoma, desde que preenchidos os requisitos dos arts. 966 e seguintes do CPC/2015. Isso porque a matéria terá sido enfrentada, em cognição exauriente, pela primeira vez, na ação autônoma, sendo perfeitamente cabível, em tese, o manejo da ação rescisória caso esteja presente uma das hipóteses legais autorizadoras.

9. Conclusão

Consideramos elogiável a inovação do CPC/2015 de prever a estabilização da tutela antecipada de urgência.

O jurisdicionado de nosso tempo, para quem está direcionada a tutela jurisdicional, anseia inegavelmente por celeridade.

Não obstante, incumbe aos processualistas sopesar, de um lado, o valor celeridade e, de outro, as demais garantias processuais, tais como contraditório participativo, ampla defesa e segurança jurídica.

Entendemos que a estabilização da tutela antecipada representa um bom resultado para essa difícil equação, pois reveste a decisão concessiva de certo grau de imodificabilidade, embora em patamar inferior de segurança jurídica comparativamente à coisa julgada material, em razão de estar baseada em cognição sumária, não exaustiva. Prestigia-se, portanto, a celeridade, conferindo grau de estabilidade compatível com a profundidade da cognição exercida.

33 THEODORO JUNIOR, Humberto. **Curso de direito processual civil**. 56. ed. Rio de Janeiro: GEN Forense. 2016. v. 1, p. 671

Além disso, faculta às partes adotar conduta processual, nos mesmos autos em que a tutela antecipada foi requerida, que deixe clara a sua opção pelo mais amplo contraditório, com dilação probatória, consecução de cognição exauriente e consequente prolação de sentença apta a ensejar coisa julgada material. Com isso, fica obstada a estabilização da tutela antecipada concedida nos autos.

De igual modo, mesmo depois de estabilizada a tutela antecipada, podem as partes ajuizar ação autônoma no biênio legal, também com cognição exauriente, com vistas a afastar a tutela estabilizada, redundando em sentença vocacionada a alcançar a coisa julgada material.

O legislador, portanto, continua oferecendo às partes a opção pela segurança jurídica, perquirindo o caminho mais longo em troca da obtenção de coisa julgada material, se for de sua preferência.

É, pois, permitido às partes escolher, em cada processo, se preferem pender pela celeridade ou pela segurança jurídica, o que se mostra digno de aplausos. Em um Estado Democrático de Direito parece-nos extremamente salutar permitir que os próprios interessados possam, dentro de certos parâmetros legais, escolher qual valor preferem prestigiar em cada caso concreto.

A previsão da possibilidade de estabilização da tutela antecipada de urgência no CPC/2015 consubstancia, assim, um dos sinais distintivos de nosso tempo: a premência na entrega da prestação jurisdicional.

Referências

ARAGÃO, Egas Dirceu Moniz de. **Comentários ao código de processo civil.** 9. ed. Rio de Janeiro: Forense, 2000. v. II.

ASSIS, Araken de. Fungibilidade das medidas inominadas cautelares e satisfativas. **Revista de Processo,** São Paulo, v. 100, 2000.

BEDAQUE, José Roberto dos Santos. **Tutela cautelar e tutela antecipada:** tutelas sumárias e de urgência. Tentativa de sistematização. 4. ed. São Paulo: Malheiros, 2006.

BERMUDES, Sergio. **CPC de 2015. Inovações.** Rio de Janeiro: GZ Editora. 2016. v. 1.

BUENO, Cassio Scarpinella. **Curso sistematizado de direito processual civil.** 6. ed. São Paulo: Saraiva,2014. v. 4.

BUENO, Cassio Scarpinella. **Manual de direito processual civil.** São Paulo: Saraiva. 2015. volume único.

CÂMARA, Alexandre Freitas. *Lições de direito processual civil.* 11. ed. Rio de Janeiro: Lumen Juris, 2006. v. III.

______. **O novo processo civil brasileiro.** São Paulo: Atlas, 2015.

DIDIER JR., Fredie; BRAGA, Paula Sarno; OLIVEIRA, Rafael Alexandria de. **Curso de direito processual civil.** 10. ed. Salvador: JusPodivm. 2015. v. 1.

DINAMARCO, Cândido Rangel. O regime jurídico das medidas urgentes. In: ______. **A nova era do processo civil.** São Paulo: Malheiros,2003.

______. **Teoria geral do novo processo civil.** São Paulo: Malheiros,2016.

______. LOPES, Bruno Vasconcelos Carrilho. **Teoria geral do novo processo civil.** São Paulo: Malheiros. 2016.

ENFAM. Escola Nacional de Formação e Aperfeiçoamento de Magistrados. **Enunciados 25, 27 e 28.** Disponíveis em: <http://www.enfam.jus.br/wp-content/uploads/2015/09/ENUNCIADOS-VERS%C3%83O-DEFINITIVA-.pdf>. Acesso em: 1º abr. 2016.

FÓRUM PERMANENTE DE PROCESSUALISTAS CIVIS. **Enunciados 143 e 419.** Disponíveis em: <http://portalprocessual.com/wp-content/uploads/2015/06 /Carta-de-Vit%C3%B3ria.pdf>. Acesso em: 1º mar. 2016.

GAJARDONI, Fernando da Fonseca et al. **Teoria geral do processo:** comentários ao CPC de 2015. São Paulo: Método, 2015.

GRECO, Leonardo. A tutela da urgência e a tutela da evidência no código de processo civil de 2014/2015. **Revista Eletrônica de Direito Processual**, v. XIV, 2015. Disponível em: < http://www.e-publicacoes.uerj.br/index.php/redp/index>http://www.redp.com.br/. Acesso em: 1º mar. 2016.

______. **Instituições de processo civil.** 3. ed. Rio de Janeiro: GEN Forense, 2015. v. II.

MARINONI, Luiz Guilherme. A tutela antecipatória não é tutela cautelar. **Revista de Processo**, São Paulo, v. 74, p. 98/101, 1994.

______. ARENHART, Sérgio Cruz. MITIDIERO, Daniel. **Novo curso de processo civil.** São Paulo: Revista dos Tribunais. 2015. v. 2.

MEDINA, José Miguel Garcia. **Direito processual civil moderno.** São Paulo: Revista dos Tribunais, 2016.

MITIDIERO, Daniel. **Autonomização e estabilização da antecipação da tutela no novo código de processo civil.** Disponível em: <http://**Erro! A referência de hiperlink não é válida.**www. rkladvocacia.com/arquivos/artigos/art_srt_arquivo20150331142307.pdf>. Acesso em: 11 abr. 2016.

MOREIRA, José Carlos Barbosa. **Comentários ao código de processo civil.** 10. ed. Rio de Janeiro: Forense, 2002. v. V.

NEVES, Daniel Amorim Assumpção. **Manual de direito processual civil.** 8. ed. Salvador: JusPodivm, 2016.

PINHO, Humberto Dalla Bernardina de. **Direito processual civil contemporâneo.** São Paulo: Saraiva, 2012. v. 2.

SILVA, Ovídio A. Baptista da. **Do processo cautelar.** 3. ed. Rio de Janeiro: Forense, 2001.

THEODORO JUNIOR, Humberto. **Curso de direito processual civil.** 46. ed. Rio de Janeiro: GEN Forense, 2011. v. II.

______. **Curso de direito processual civil.** 56. ed. Rio de Janeiro: GEN Forense, 2015. v. I.

WAMBIER, Luiz Rodrigues. TALAMINI, Eduardo. **Curso avançado de processo civil.** 16. ed. São Paulo: Revista dos Tribunais. 2016. v. 2.

DESCUMPRIMENTO DE OBRIGAÇÃO DE FAZER, DE NÃO FAZER OU DE ENTREGAR COISA. IMPOSIÇÃO DE MULTA – *ASTREINTES* – CRITÉRIO DE FIXAÇÃO

Frederico Gueiros

O novo Código de Processo Civil (CPC) promoveu modificações estruturais de relevo, preocupando-se, ainda, com o aperfeiçoamento da disciplina de institutos da legislação vigente. No concernente às *astreintes*, que vinham reguladas nos arts. 461, § 4º, e 645 do CPC de 1973, o novo Código avançou na medida em que incorporou doutrina e jurisprudência desenvolvidas ao longo do uso do instituto, sob a égide do antigo regramento processual.

No que diz respeito ao descumprimento de obrigação de fazer, de não fazer ou de entregar coisa, desde muito tempo reconhece-se que o inadimplemento faz surgir, para o Direito, situação de tensão entre a proteção da liberdade individual do credor, que recomenda o caminho menos oneroso para o cumprimento da obrigação e a tutela do interesse do credor, garantindo-se, a este último, os meios para a efetivação do objeto específico da obrigação. No Direito Romano, contemplava-se a admissão da tutela substitutiva como única possibilidade de se resolver a obrigação não satisfeita pelo devedor. Convertia-se o fazer no seu equivalente patrimonial.

Com o passar dos tempos, evoluiu-se em busca de instrumentos aptos à obtenção da tutela específica. Surgida no Direito francês, as *astreintes* têm sido reconhecidas como preceito cominatório eficaz, instrumento de efetividade, não obstante os debates e questionamentos no que diz respeito ao seu emprego. Neste ponto, impõe-se reconhecer desde logo que a finalidade das *astreintes* não é a de constituir crédito pecuniário em favor do exequente, antes compelir o executado a satisfazer a obrigação de maneira específica. Este, a meu ver, um ponto de partida seguro para a abordagem do instituto.

A influência do Direito Romano fez prevalecer entre nós, por muito tempo, o uso da tutela substitutiva no lugar da específica, restringindo, assim, a atuação estatal à simples convolação da obrigação descumprida na sua satisfação em pecúnia.

De maneira acanhada, mas já avançando, o nosso Código de Processo Civil de 1939 previu a fixação de multa como instrumento coercitivo para o cumprimento de obrigação nele reconhecida como exigível. O CPC de 1973, na sua redação primeira, também previu sanção pecuniária por descumprimento de obrigação reconhecida exigível por sentença judicial. Mas foi com as reformas de 1994 e 2012 que as *astreintes* foram incorporadas à nossa lei processual então vigente, surgindo a multa como relevante instrumento de efetividade, num regime processual que se tornara sincrético em prol da celeridade.

O novo Código de Processo Civil, em vigor desde março de 2016, estabeleceu conjunto legislativo regulador da imposição de multa para o descumprimento de obrigação de fazer, não fazer e entregar coisa, compatívelcom o entendimento doutrinário e jurisprudencial que vinha antes se desenvolvendo.

E, no Capítulo VI do Título II do Livro I (Parte Especial), o novo CPC cuidou do cumprimento de sentença que reconheça a exigibilidade de obrigação de fazer, de não fazer ou de entregar coisa. Assim, no art. 536, o Código estabeleceu que o juiz poderá, de ofício ou a requerimento, para a efetivação da tutela específica ou a obtenção de tutela pelo resultado prático equivalente, determinar as medidas necessárias à satisfação do exequente. E, no § 1º, para atender o comando do *caput*, estatui que o juiz poderá determinar, entre outras medidas, a imposição de multa.

Diferentemente do CPC de 1973, no novo Código, a multa cominatória veio regulada em artigo próprio, o 537, e não mais em parágrafos como antes (§§ 4º e 6º do art. 461). Não obstante o art. 537 ter redação assemelhada àquela do artigo 461, §§ 4º e 6º, cogitando da aplicação da multa periódica independentemente do requerimento da parte, podendo ser concedida na fase de conhecimento, em tutela antecipada ou sentença, o certo é que, com a redação do Código vigente, o legislador só fez menção à possibilidade de modificar o valor ou a periodicidade da multa vincenda ou excluí-la nas hipóteses de se tornar insuficiente ou excessiva. Acrescentou-se na nova redação outras situações que deverão ser consideradas pelo executado, como, por exemplo, a circunstância de o obrigado ter demonstrado cumprimento parcial superveniente da obrigação ou justa causa para o descumprimento.

Como dito de início, a finalidade das *astreintes* não é de constituir crédito pecuniário em favor do exequente, mas de ser instrumento de coerção para se obter o cumprimento da obrigação de forma específica. Dentro desta linha de raciocínio, forçoso reconhecer que a multa tem origem diversa da obrigação substancial, desde que é o resultado de um instrumento de natureza eminentemente processual, e o próprio direito que possa eventualmente vir a gerar, de natureza pecuniária, que não é, diga-se mais uma vez, e de novo, o seu objetivo finalístico, não se confundindo com a natureza da obrigação para cujo satisfação busca contribuir.

O novo Código, no art. 537, § 1º, inc. II, explicita circunstâncias que podem de uma maneira ou de outra levar à exclusão da multa, muito embora não tenha o legislador buscado, neste ponto, abordar os critérios para a constituição e cobrança do crédito correspondente. Este é um ponto de singular importância no que diz respeito à execução do crédito por *astreintes*, o que tem levado os tribunais, particularmente o STJ, à discussão a respeito de critérios para a liquidação do valor da multa.

No CPC de 2015, afirma-se a possibilidade de imposição de multa por tempo de descumprimento (arts. 536, § 1º, 537, 806, § 1º, e 814), ressalvando, nas hipóteses de conversão em perdas e danos, a liquidação nos mesmos autos, mas nada se perquire efetivamente quanto às bases para cobrança da multa que tenha eventualmente incidido.

Nesse aspecto, antes de se cogitar a respeito do quanto devido da multa, imperioso definir-se se de fato algo é devido, vale dizer, se há base efetiva para incidência da multa, que, como sabemos, somente é aplicável na hipótese de descumprimento injustificado da obrigação. Sabe-se que, em situações concretas, verifica-se maior ou menor complexidade. A hipótese pura e simples de inércia do obrigado consubstancia apenas uma das possibilidades. Em muitos casos, será inevitável uma atividade valorativa por parte do juiz, precedida até mesmo de instrução, quando divergirem as partes em torno do correto cumprimento da obrigação, cumprimento incompleto, alegação de impedimentos.

Em artigo publicado na *Revista do Advogado* (ano XXV, nº 126, maio 2015), o eminente Desembargador do TJ de São Paulo, Prof. Dr. em Processo Civil da USP, FÁBIO GUIDI TABOSA PESSOA, salienta, cogitando exatamente da imposição e cobrança de multas, particularmente *astreintes*, que:

> É importante recordar, ainda, que a multa não se faz devida desde o momento em que é arbitrada pelo órgão judiciário nem tampouco no instante em que é feita a comunicação ao obrigado; até esse instante, existe tão somente uma ferramenta de ordem processual, a vincular o órgão estatal ao obrigado, com função coercitiva, classificada por autorizada doutrina como sanção preventiva (TALAMINI, 2001, p. 173/176). O efeito jurídico que se estabelece não é o de sujeição do obrigado ao pagamento do que quer que seja, mas tão somente à possibilidade de vir a responder pela multa em caso de desatendimento do objeto da determinação.
>
> Dita sanção é levada ao obrigado anteriormente à conduta que se pretende ou que se quer evitar, sob a forma de ameaça de vir a arcar com consequência negativa caso não cumpra a obrigação que lhe toca.

Na verdade, será com o descumprimento injustificado que se constituirá eventual crédito da multa em favor do credor, concretizando-se, a partir daí, o aspecto punitivo desse instrumento sancionatório híbrido, com o estabelecimento de relação obrigacional de crédito a vincular ambas as partes. A formação do direito novo decorrente das *astreintes* há de depender de manifestação judicial, até porque, no início, quando posto o réu ou executado em face da determinação de cumprir a obrigação sob pena de multa, não há, na verdade, cobrança alguma, pela simples razão de que não há, naquele momento, crédito algum a ser cobrado. Aliás, a Súmula nº 410 do STJ estatui constituir a prévia intimação pessoal do devedor condição necessária para a cobrança da multa pelo descumprimento da obrigação de fazer ou não fazer. A nosso ver, a intimação ali referida diz com a cominação. O obrigado deve ser intimado pessoalmente para o início do prazo de cumprimento fixado na decisão. Com o descumprimento, aí sim, passa a incidir a multa na periodicidade antes prevista.

No artigo antes referido, o eminente desembargador FÁBIO GUIDI TABOSA PESSOA salienta que:

> Decisão que comina multa por descumprimento em suma não é título executivo para a cobrança do crédito correspondente. O título consistirá na necessária decisão que deverá ser proferida pelo juiz, após o decurso do prazo para cumprimento e denúncia pelo credor da falta de satisfação da prestação, afirmando-se em tal decisão a aplicação em concreto da sanção, bem como delimitando-se o respectivo valor (e isso, destaque-se, sem prejuízo de a multa continuar conforme o caso incidindo, vindo a ser objeto de posteriores decisões afirmativas de créditos complementares).

Critérios de fixação de *astreintes* e sua exigibilidade têm permitido a mais ampla discussão na doutrina e na jurisprudência. Recentemente, no julgamento, no STJ, do AREsp nº 738.682, o Ministro SALOMÃO, verificando a existência de dispersão na jurisprudência quanto à matéria, ponderou sobre a pertinência da afetação do caso em julgamento pela Turma para exame da 2ª Seção, tendo sido negada pelo colegiado dita afetação, continuando-se o julgamento na Turma. Naquela oportunidade, analisando os precedentes da Corte, S. Exa. constatou que o critério na 3ª Turma é o de voltar-se ao momento em que o valor da multa foi fixado, e, se naquele momento houve excesso, alterando-se em consequência o valor e, em caso negativo, independentemente do valor que a multa alcançou, mantém-se este mesmo valor, sem considerar um teto, desde que não se mostre abusivo no momento da fixação. Já na 4ª Turma, os parâmetros da razoabilidade e proporcionalidade da multa diária são considerados em correspondência com o valor principal, de modo que o colegiado tende a reduzir o valor das *astreintes* a patamares mais módicos, à vista da exacerbação da multa cominatória. Vê-se que se está em face de matéria controvertida. Ora se sobressai o valor da efetividade da tutela judicial, ora a vedação ao enriquecimento sem causa. Às vezes paga-se multa que supera o interesse principal em juízo, mas, também, frequentemente, a multa é reduzida, muito embora na contramão da obrigação do devedor que se quedou inerte.

Como se disse antes, a multa cominatória é instrumento de natureza processual para compelir o devedor a cumprir sua obrigação de forma específica, e não um instituto cuja finalidade seja constituição de crédito em favor do beneficiário da obrigação. De toda sorte, com o descumprimento da obrigação, impõe-se a fixação (liquidação) da multa, levando-se em conta que se trata de direito constituído em consequência da inércia comprovada do devedor, a merecer sanção adequada. Assim, o melhor caminho nestas hipóteses seria aquele que leve em conta, a um só tempo, o momento em que a multa é aplicada e o momento em que se converte em crédito, considerando que, diante da feição coercitiva da multa, o magistrado espera que, em verdade, ela não incida concretamente. Há que se ponderar, portanto, acerca da vinculação da multa com a expressão monetária do valor principal, levando-se em conta a proporcionalidade, a razoabilidade e a dignidade da pessoa humana neste momento de tensão entre credor e devedor.

No julgamento, ainda não concluído, do AREsp referido, o Ministro SALOMÃO sugeriu critérios para a fixação das *astreintes*, a saber:

1. o valor da obrigação e a importância do bem jurídico tutelado;
2. o tempo/periodicidade;
3. a capacidade econômica e a capacidade de resistência do devedor; e
4. o princípio do dever do credor de mitigar o próprio prejuízo e a possibilidade de adoção de outros meios pelo magistrado para o cumprimento da obrigação.

Como já dito, o preceito cominatório visa a uma coerção ao devedor a ponto de vencer-lhe a recalcitrância. Na verdade, a multa é estabelecida para não ser paga, razão pela qual há de ser fixada em patamar que atinja tal desiderato, podendo mesmo, como leciona parte da doutrina, exceder o valor da obrigação cujo cumprimento se pleiteia. Por outro lado, a multa não pode ascender a valores que a tornem mais interessante ao exequente do que o próprio cumprimento da obrigação de que ele é credor. Além do mais, há de se reconhecer a dificuldade para o juiz de fixar a multa face o grau de resistência do devedor e seu compromisso em manter-se inadimplente. Não por outra razão, o § 1º do art. 537 do novo CPC admite que o juiz de ofício ou a requerimento possa modificar o valor ou a periodicidade da multa, ou ainda excluí-la, seja porque se revelou insuficiente, seja porque se revelou excessiva.

De todo o exposto, é imperioso considerar-se o difícil aspecto do momento de separar-se excesso e irrisoriedade na busca para a preservação da coercitividade da multa, de modo a preservar tal instituto como instrumento efetivo da realização prática da justiça com a entrega do bem da vida a quem de direito. E dentro desta linha de raciocínio, absolutamente indispensável sejam adotados critérios para fixação das *astreintes* sob a égide da proporcionalidade e da razoabilidade em respeito à decisão emanada do Poder Judiciário e observada sempre a dignidade da pessoa humana.

A ORDEM DO PROCESSO NOS TRIBUNAIS NO CPC-2015 E O SISTEMA DE PRECEDENTES: VOTO VENCIDO, REDAÇÃO DE ACÓRDÃO E COLHEITA DE VOTOS[1]

Fredie Didier Jr.

Sumário: 1. Introdução. **2.** Conceito de acórdão no CPC-2015. **3.** Decisões plurais e voto concorrente. **4.** Fundamentação do voto e fundamentação do acórdão. As decisões plurais. **5.** Redação do acórdão em caso de divergência. **6.** A votação separada dos fundamentos determinantes.

1. Introdução

Como se sabe, o CPC-2015 pressupõe e organiza um sistema de precedentes obrigatórios no Direito brasileiro.

Esse sistema impõe a releitura de alguns enunciados normativos sobre a ordem do processo nos tribunais, que, embora sejam remanescentes do CPC-1973, precisam ser ressignificados em um contexto normativo tão diverso.

Esse pequeno ensaio tem por objetivo abordar três pontos: a função do voto vencido, a competência funcional para a redação do acórdão e o procedimento de colheita de votos em tribunal.

2. Conceito de acórdão no CPC-2015

Os julgamentos, nos tribunais, devem, em princípio, ser realizados de forma colegiada. Os órgãos julgadores são, essencialmente, colegiados. Na sessão de julgamento, cada membro profere seu voto. O voto consiste na manifestação dada pelo julgador do órgão colegiado.

O acórdão é o julgamento proferido pelos tribunais (art. 204, CPC). Formalmente, o *julgamento* difere do *acórdão.* O *julgamento* antecede o *acórdão.* Colhidos os votos dos integrantes do órgão julgador, haverá o *julgamento,* que será, posteriormente, reduzido a escrito, recebendo, então, a denominação *acórdão*[2]. Em outras palavras, *acórdão* é a materialização do *julgamento,* consistindo na redução a escrito da solução dada pelos integrantes do colegiado[3].

---

1 Homenagem a Luiz Fux.

2 ARAGÃO, E. D. Moniz de. **Comentários ao código de processo civil.** 7. ed. Rio de Janeiro: Forense, 1991. v. 2, n. 39/40, p. 67/68.

3 DALL'AGNOL, Antônio. **Comentários ao código de processo civil.** São Paulo: RT, 2000. v. 2, p. 263.

Com conteúdo de sentença ou com conteúdo de decisão interlocutória, não importa, o acórdão deve, sempre, observar o disposto no art. 489 do CPC. Vale dizer que o acórdão deve conter relatório, fundamentação e dispositivo. O relatório, nos acórdãos, exerce importantíssimo papel de identificação do caso, com a delimitação das questões fáticas que lhe dizem respeito. Essa identificação é fundamental em um sistema de precedentes, para que possa ser compreendido o contexto fático em que determinado entendimento foi firmado[4].

Mas o legislador brasileiro criou uma *ficção legal*: o voto vencido deve ser expressamente declarado e compõe o acórdão para todos os fins legais, incluindo o prequestionamento (art. 941, § 3º, CPC). Pode haver mais de um voto vencido; havendo, todos devem ser juntados e passam a fazer parte do acórdão. Em razão dessa mudança legislativa, deve ser cancelado o Enunciado nº 320 da Súmula do STJ: "A questão federal somente ventilada no voto vencido não atende ao requisito do prequestionamento".

Assim, o *acórdão*, para o CPC-2015, compõe-se da *totalidade* dos votos, vencedores e vencidos. Se o voto vencido não for juntado, será caso de nulidade do acórdão[5], por vício da fundamentação. Essa é uma mudança importante e que não pode ser desconsiderada.

2. O voto vencido e a sua função em um sistema de precedentes vinculantes

O *voto vencido* cumpre importante função em um sistema de precedentes obrigatórios, como o do CPC-2015.

3. Decisões plurais e voto concorrente

Chama-se *decisão plural* aquela que, embora haja maioria em relação ao resultado, dela não há como extrair uma *ratio decidendi*, "na medida em que nenhum dos fundamentos que nela estão contidos são sustentados pela maioria"[6]. Trata-se de fenômeno comum na prática judiciária brasileira, mas que, em um sistema de precedentes, é bem ruim, porque impede a formação do precedente.

Há casos em que a maioria do colegiado é favorável a um determinado resultado, mas não há maioria em relação ao fundamento determinante da decisão. Nesses casos, surge o chamado *voto concorrente*: o julgador adere ao resultado vencedor, sem aderir ao fundamento[7].

O voto concorrente pode assumir uma dupla função: a) demonstrar que há um melhor fundamento para a obtenção de um mesmo resultado; b) impedir a formação

---

4 MARINONI, Luiz Guilherme. **Julgamento nas cortes supremas.** São Paulo: RT, 2015. p. 103.

5 FREIRE, Rodrigo da Cunha Lima. Da ordem do processo nos tribunais. **Breves Comentários ao Código de Processo Civil.** São Paulo: RT, 2015. p. 2.101.

6 MARINONI, Luiz Guilherme. **Julgamento nas cortes supremas.** São Paulo: RT, 2015. p. 39.

7 MARINONI, Luiz Guilherme. **Julgamento nas cortes supremas.** São Paulo: RT, 2015. p. 40.

da *ratio decidendi* e, portanto, do precedente, ao não permitir a obtenção da maioria em torno de um fundamento determinante[8].

4. Fundamentação do voto e fundamentação do acórdão. As decisões plurais

É preciso ainda distinguir fundamentação do *voto* e fundamentação do *acórdão*. A fundamentação do acórdão deve apresentar os fundamentos determinantes que levaram a maioria vencedora a inclinar-se por determinado resultado; da redação do acórdão é preciso constar o pensamento da maioria, e não o pensamento do relator[9]. Além disso, é preciso que constem do acórdão os fundamentos divergentes, ainda que haja unanimidade em relação à conclusão (Enunciado nº 598 do Fórum Permanente de Processualistas Civis).

O acórdão não pode ser compreendido como a simples reunião dos votos isolados, embora seja essa uma prática comum e perniciosa, sobretudo porque dificulta, quando não inviabiliza, a identificação da *ratio decidendi*[10]. É por isso, aliás, que "ainda que o resultado do julgamento seja unânime, é obrigatória a inclusão no acórdão dos fundamentos empregados por todos os julgadores para dar base à decisão" (Enunciado nº 597 do Fórum Permanente de Processualistas Civis).

Pode ser conveniente, nos casos de acórdãos proferidos em incidentes de formação concentrada de precedentes obrigatórios (incidente de julgamento de casos repetitivos, incidente de assunção de competência e incidente de arguição de inconstitucionalidade), que o relator submeta, eletronicamente, a proposta de redação do acórdão para o órgão que proferiu a decisão. O regimento interno do tribunal pode estabelecer um prazo para manifestação dos julgadores, considerando-se o silêncio como concordância com a proposta apresentada.

5. Redação do acórdão em caso de divergência

Proferido o julgamento colegiado, o resultado é divulgado aos advogados e às partes pelo órgão oficial. É o que se chama, na praxe forense, de publicação da *resenha de julgamento.* Nesse momento, ainda não existe acórdão. Apenas foi anunciado o resultado final do julgamento. Os autos irão para o relator ou para quem proferiu o primeiro voto vencedor, a fim de que seja lavrado o acórdão (CPC, art. 941).

---

8 MARINONI, Luiz Guilherme. **Julgamento nas cortes supremas.** São Paulo: RT, 2015. p. 40.

9 MOREIRA, José Carlos Barbosa. **Comentários ao código de processo civil.** 15. ed. Rio de Janeiro: Forense. p. 709/710; SOKAL, Guilherme Jales. **O julgamento colegiado nos tribunais.** São Paulo: Método, 2012. p. 324/325.

10 MOREIRA, José Carlos Barbosa. **Comentários ao código de processo civil.** 15. ed. Rio de Janeiro: Forense. v. 5, p. 710; SOKAL, Guilherme Jales. **O julgamento colegiado nos tribunais**, op. cit., p. 325/328; MARINONI, Luiz Guilherme. **Julgamento nas cortes supremas.** São Paulo: RT, 2015. p. 59 e ss.

Lavrar o acórdão significa *escrever, redigir* o acórdão. Essa, normalmente, é uma tarefa atribuída ao relator, a não ser quando tenha sido vencido. É do relator a atribuição de redigir, escrever, lavrar o acórdão. Se, contudo, tiver proferido voto vencido, caberá ao julgador que conduziu o julgamento ou abriu a dissidência lavrar o acórdão (art. 941, *caput*, CPC). *A dissidência pode dizer respeito tanto ao fundamento determinante (ratio decidendi) quanto à conclusão*. É o redator do acórdão aquele que levará a causa para reapreciação, no caso do inc. II do art. 1.040 do CPC.

Um exemplo: caso discorde da conclusão apresentada pelo relator, o julgador será designado como redator para o acórdão, se o seu entendimento restar vencedor. Outro exemplo: caso concorde com o relator em relação à conclusão, mas traga fundamento determinante que acabe prevalecendo, o julgador que puxou a divergência será designado como redator do acórdão – isso evita que o acórdão fique enviesado com a fundamentação do relator originário, que ficou vencida, a despeito de a sua conclusão ter sido acolhida[11].

No regime do CPC-1973, o acórdão era lavrado pelo relator sempre que a conclusão fosse unânime, ainda que ele restasse vencido na fundamentação. No regime do CPC-2015, que inaugura um modelo de observância de precedentes, é preciso que o acórdão seja lavrado por quem conduziu a conclusão do julgamento ou a sua fundamentação. Ainda que a conclusão seja unânime, é preciso que se atribua a relatoria do acórdão a quem conduziu a fundamentação prevalecente. Aliás, veja que o STF, ao julgar a Reclamação 9.428, interpretou a decisão proferida na ADPF 130/DF, concluindo que a ementa redigida não refletia com fidelidade a tese jurídica acolhida pela maioria do colegiado, pois, em diversos momentos, vários ministros destacaram a necessidade de ponderar a liberdade de expressão com outros direitos fundamentais[12]. O relator, que ficara vencido nesses pontos, não refletiu esse entendimento no acórdão – e, de resto, em sua ementa – fazendo constar seu fundamento, que restou vencido. Houve um enviesamento que deve ser evitado, sobretudo num sistema que valoriza precedentes. Por isso, o relator não deve lavrar o acórdão, seja quando ficar vencido na conclusão, seja quando ficar vencido na fundamentação.

6. A votação separada dos fundamentos determinantes

Exatamente em razão da compreensão sobre a competência para a redação do acórdão, em caso de divergência na fundamentação, com convergência na conclusão, é que é preciso repensar o modo como se colhem os votos na sessão de julgamento.

Como visto, há casos em que a maioria dos julgadores posiciona-se no sentido de

11 Encampou essa solução o Regimento Interno do Tribunal de Justiça do Estado da Bahia: "Art. 204. Divergindo os julgadores quanto às razões de decidir, mas convergindo na conclusão, caberá ao Desembargador que primeiro deduziu o fundamento determinante vencedor redigir o acórdão; o Desembargador que deduziu fundamento vencido declarará seu voto vencido".

12 Sobre o julgamento da Reclamação nº 9.428, consultar, SOKAL, Guilherme Jales. **O julgamento colegiado nos tribunais.** São Paulo: Método, 2012. p. 327/328.

determinado resultado do julgamento, mas com fundamentação bem diferente: não há maioria em torno do fundamento determinante que deva ser utilizado[13]. Nesses casos, a decisão não formará precedente, ou porque não se sabe qual foi a *ratio decidendi*, ou simplesmente porque não houve *ratio decidendi*[14].

As decisões plurais – exatamente aquelas em que há pluralidade de fundamentos determinantes, sem que haja maioria em relação a qualquer deles – são, porém, uma realidade inexorável no funcionamento de um tribunal, porque não há como impor um consenso em relação ao fundamento[15].

Esse problema se agrava no julgamento de incidentes de formação concentrada de precedentes obrigatórios (assunção de competência, arguição de inconstitucionalidade da lei e o julgamento de casos repetitivos), cujo resultado deve ser a fixação de uma tese jurídica (*ratio decidendi*) vinculativa.

Tudo isso dificulta, quando não inviabiliza, a edição de enunciado da súmula da jurisprudência do tribunal.

A dúvida quanto à *ratio decidendi* repercute, enfim, no interesse recursal, que pode centrar-se na discussão sobre a formação do precedente[16].

Um exemplo para ilustrar. Imagine que todos os julgadores decidam que a união homoafetiva é uma entidade familiar. Um entende que é espécie de casamento; o segundo entende que se trata de união estável; o terceiro entende que se está diante de uma terceira espécie de família conjugal. Há unanimidade quanto ao direito à tutela jurídica estatal, mas não se sabe sob qual regime jurídico. É possível dizer que há um fundamento mais amplo e unânime: a união é entidade familiar – nesse ponto há uma *ratio decidendi* que se pode extrair, nada obstante a pluralidade da decisão; mas não é possível definir a que regime jurídico está submetida – quanto a esse ponto, não há *ratio decidendi*.

Outro exemplo: imagine que todos os julgadores decidam que o empregado transgênero tem direito ao uso de sanitário feminino no local de seu trabalho. Um entende que esse direito decorre do fato de esse empregado, em específico, vir sofrendo assédio no banheiro masculino; o segundo entende que a empregadora deve

---

13 DUXBURY, Neil. **The nature and authority of precedent.** Cambridge: Cambridge University Press, 2008. p. 73/74; MACÊDO, Lucas Buril de. Contributo para a definição de *ratio decidendi* na teoria brasileira dos precedentes judiciais. **Precedentes.** Lucas Buril de Macêdo, Fredie Didier Jr., Jaldemiro Ataíde Jr. e Leonardo Carneiro da Cunha (Orgs.). Salvador: Editora JusPodivm, 2015, p. 237; MARINONI, Luiz Guilherme. **Julgamento nas cortes supremas**, op. cit., p. 59 e ss.

14 MOREIRA, José Carlos Barbosa. **Comentários ao código de processo civil.** 15. ed., op. cit., p. 710; SOKAL, Guilherme Jales. **O julgamento colegiado nos tribunais.** São Paulo: Método, 2012. p. 325/328.

15 MARINONI, Luiz Guilherme. **Julgamento nas cortes supremas**, op. cit., p. 59 e 145.

16 DIDIER JR., Fredie; CUNHA, Leonardo Carneiro da. **Curso de direito processual civil.** 13. ed. Salvador: JusPodivm, 2016, v. 3; LIPIANI, Julia. Reconstrução do interesse recursal no sistema de força normativa do precedente. **Civil Procedure Review**, 2014, v. 5, n. 2, p. 14/24 (disponível em: <http://www.civilprocedurereview.com>).

construir um sanitário especial, sendo temporário o uso do sanitário feminino; já o terceiro entende que é direito fundamental do transgênero esse tipo de proteção, independentemente de estar ele sendo vítima de algum tipo de violência.

Assim, é preciso que haja colheita de votos *também* em relação ao fundamento determinante adotado pelo tribunal. Cada julgador expõe a sua conclusão e a sua fundamentação, mas a contagem dos votos deve iniciar-se pela conclusão; definido o resultado do julgamento, passa-se à definição de qual é o seu fundamento determinante.

Esse método é o mais adequado ao sistema de precedentes obrigatórios, além de ser, também do ponto de vista pragmático, mais simples. Pode ser que, ainda assim, não se chegue a um fundamento determinante majoritário – afinal, não há como impor o consenso e, além do mais, todos podem estar de acordo que o recurso seja provido, divergindo apenas no fundamento. Mas, o método de votação pode levar mais facilmente a que esse consenso se estabeleça.

Pode não haver coincidência entre a votação do resultado e a votação do fundamento determinante: pode haver, por exemplo, unanimidade na conclusão e divergência sobre qual fundamento determinante deve prevalecer.

Quem proferiu voto cuja conclusão foi vencida, não participa da votação do fundamento determinante que deve prevalecer. O voto vencido, porém, comporá o acórdão (art. 941, § 3º, CPC).

Havendo unanimidade na conclusão, a despeito da divergência na fundamentação, não é caso de aplicar a técnica do art. 942 do CPC, que se restringe aos casos de divergência no comando normativo da decisão.

A MEDIAÇÃO E A CONTRIBUIÇÃO DO CONHECIMENTO PSICANALÍTICO NAS AÇÕES DE FAMÍLIA À LUZ DO NOVO CÓDIGO DE PROCESSO CIVIL

Gita Goldenberg

Resumo: O presente trabalho visa a estudar os métodos de solução consensual de conflitos, em especial a Mediação, que é priorizada no novo Código de Processo Civil. A mediação se mostra instrumento efetivo de pacificação social e de prevenção de litígios, contribuindo de forma significativa para melhorar a qualidade das relações humanas, evitando o acirramento dos conflitos. Para que a mediação possa se concretizar, é indispensável que esta se desenvolva segundo os princípios, em especial a confidencialidade e a imparcialidade, que preservam as características principais deste instituto.

Notadamente enfatizo o Capítulo "Das Ações de Família", que representou uma inovação no NCPC, estabelecendo a possibilidade de realização da mediação extrajudicial ou incidental para a solução consensual da controvérsia, certamente por apresentar um potencial de êxito mais expressivo do que aquele percebido como fase preliminar do processo judicial. O processo judicial contencioso em Vara de família deve ser sempre a última alternativa, inclusive, porque a demanda pode gerar muitos desgastes emocionais

Foi ressaltada a prática da mediação, que é instrumentalizada por meio de técnicas de comunicação e negociação utilizadas durante as etapas do procedimento, oriundas de diferentes áreas de conhecimento, razão por que levo em consideração o caráter interdisciplinar deste instituto. A título de ilustração, foi mencionado um caso concreto no qual atuei como mediadora extrajudicial em uma Ação de Família.

Pelo presente texto, concluiu-se que as mediações, juntamente com a contribuição do conhecimento psicanalítico, à luz do novo Código do Processo Civil, podem proporcionar o acesso à Justiça previsto na nossa Carta Magna, respeitando em especial o princípio da Dignidade da Pessoa Humana.

Palavras-chave: Constituição Federal. Novo Código de Processo Civil. Ação de família. Lei da Mediação. Mediação extrajudicial ou incidental. Psicanálise e Direito. Interdisciplinaridade. Caso concreto.

O presente trabalho surgiu da necessidade de estudar os procedimentos adequados à resolução de disputas judiciais e em especial à mediação. O novo Código de Processo Civil enuncia como norma fundamental do processo civil a busca pela solução consensual dos litígios, deslocando a composição da lide para a mediação, a exemplo de quando confere especial tratamento legal à aplicação do método em contextos familiares. A disciplina da mediação prevista no NCPC segue exatamente o mesmo modelo preconizado pelo CNJ[1], que opta por priorizar a mediação no âmbito do Poder Judiciário.

---

1 O Conselho Nacional de Justiça (CNJ) dispôs, pela Resolução nº 125, de 2010, sobre a Política Judiciária Nacional de tratamento adequado dos conflitos de interesses no âmbito do Poder Judiciário.

O novo Código de Processo Civil, que entrou em vigor em 2016, representou um grande avanço na esfera jurídica, uma vez que delimita, ao contrário do Código anterior, o instituto jurídico da mediação. O NCPC trata, dentre outros institutos, da disciplina processual da mediação, considerando-a como forma mais adequada de resolução de conflitos que deve ser estimulada pelos operadores do Direito[2].

O Princípio Constitucional da Dignidade da Pessoa Humana impõe a existência de um conjunto de condições essenciais para a vida de um ser humano, exigindo do Estado[3] ações garantidoras de acesso à Justiça. Sob este prisma, a mediação privilegia a celeridade do processo e a efetividade, possibilitando na realidade a promessa constitucional de uma Justiça capaz de legitimar democraticamente as soluções, sem excesso de formalismo e burocratização, que podem gerar o agravamento dos conflitos existentes entre as partes.

O novo Código de Processo Civil embora regulamente principalmente a mediação judicial, não veda a mediação extrajudicial, deixando claro que as pessoas interessadas podem fazer uso dessa modalidade quando, excepcionalmente, menciona no parágrafo único do art. 694[4], a importância da mediação extrajudicial ou incidental na solução das controvérsias familiares, caso em que haverá a suspensão do processo litigioso.

Antes do NCPC, já havia sido sancionada uma lei específica sobre Mediação, qual seja, a Lei nº 13.140/2015, que disciplinou, inclusive, a mediação extrajudicial[5] em diferentes áreas de conhecimento mesmo na hipótese de inexistência de processo judicial. As disposições dessa lei são, em geral, harmônicas com as do novo Código de Processo Civil, sendo que, nos eventuais pontos em que são incompatíveis, deve-se entender que a Lei de Mediação derroga a Lei Processual Civil, conforme o § 2º do art. 1.046 do próprio NCPC[6], por força do critério da especialidade.

Quanto ao significado do processo de mediação, vale enfatizar o ensinamento de MARILENE MARODIN e de STELLA BREITMAN, para as quais:

Em atenção à Resolução de CNJ, o Tribunal de Justiça do Estado do Rio de Janeiro criou mediante a Resolução nº 23, de 2011, o Nupemec – Núcleo Permanente de Métodos Consensuais de Solução de Conflitos.

---

2 NCPC, art. 3º [...] "§ 3º A conciliação, a mediação e outros métodos de solução consensual de conflitos deverão ser estimulados por juízes, advogados, defensores públicos e membros do Ministério Público, inclusive no curso do processo judicial".

3 NCPC, art. 3º [...] "§ 2º O Estado promoverá, sempre que possível, a solução consensual dos conflitos".

4 NCPC, art. 694 [...] " Parágrafo único. A requerimento das partes, o juiz pode determinar a suspensão do processo enquanto os litigantes se submetem a mediação extrajudicial ou a atendimento multidisciplinar".

5 Na Lei da Mediação é preconizada a medição extrajudicial no Capítulo I, Seção II, Subseção II "Dos Mediadores Extrajudiciais" e na Seção II, Subseção II "Da Mediação Extrajudicial".

6 NCPC, art. 1.046, "§ 2ºPermanecem em vigor as disposições especiais dos procedimentos regulados em outras leis, aos quais se aplicará supletivamente este Código".

> Mediação: é o processo de gestão de controvérsias no qual um profissional – o mediador – intervém de forma imparcial e neutra, facilitando a comunicação entre os envolvidos, com vistas à solução da disputa. Esta solução, de benefício mútuo, será construída pelos próprios participantes, a partir da identificação dos seus interesses e necessidades, e será legitimada através de um acordo voluntário que consubstanciará o seu cumprimento. O mediador pode ser oriundo de diferentes campos profissionais, distinguindo-se pelo fato de possuir capacitação teórica e metodológica específica[7].

Na mediação deve prevalecer a mentalidade de que todos os envolvidos neste procedimento devem ganhar, isto é, por meio da comunicação e das discussões, não seincentivando a competição e a confrontação, mas a cooperação. Neste processo informal, secundariamente as partes podem chegar a um acordo construído por elas, sem qualquer imposição do mediador, diferentemente do que ocorre nos processos judiciais formais, onde uma parte vence, enquanto a outra perde, e a decisão é imposta pelo juiz.

Para que a mediação possa se concretizar e atender às expectativas daqueles que adotam os métodos consensuais de solução de conflitos, é indispensável que esta se desenvolva segundo os princípios que preservam as características principais deste instituto. Os princípios jurídicos podem ser definidos como sendo um conjunto de padrões de conduta presentes de forma explícita ou implícita no ordenamento jurídico e, no caso dos princípios da mediação, estes devem ser sempre compatibilizados com os princípios constitucionais.

Os princípios que fundamentam a mediação à luz do NCPC encontram-se insculpidos no art. 166 do referido Código, o qual dispõe: *"A conciliação e a mediação são informadas pelos princípios da independência, da imparcialidade, da autonomia da vontade, da confidencialidade, da oralidade, da informalidade e da decisão informada".*

Segundo o princípio de independência, o mediador deve conduzir as sessões sem passar por qualquer pressão interna ou externa, tendo a prerrogativa de recusar, suspender ou interromper a reunião se não estiverem presentes as condições importantes para o bom desenvolvimento deste procedimento. Portanto, é fundamental que a mediação transcorra com independência em relação ao magistrado, uma vez que o mediador está mais voltado a tratar conflitos do que a conferir um término ao processo judicial.

O mediador deve ter uma conduta de imparcialidade, ou seja, não deverá defender os interesses das partes nem representar nenhuma delas, mas sim valorizar cada uma, criando espaço para escuta e respeito. A imparcialidade não impede que o mediador procure eliminar os desequilíbrios que possam ocorrer, podendo intervir com vista à solução da disputa, caso reconheça maior habilidade de uma das partes na negociação.

O princípio da autonomia da vontade consiste em dizer que as partes devem ser livres para concordar quanto ao procedimento da mediação, não podendo ser coagidas ou obrigadas a aceitar qualquer acordo que não atinja o resultado desejado e satisfatório.

---

7 MARODIN, Marilene; BREITMAN, Stella. A prática da moderna mediação: integração entre a psicologia e o direito. In: **Aspectos psicológicos na prática jurídica**. Campinas: Millennium, 2002. p. 473.

Igualmente relevante é o princípio da confidencialidade[8], uma vez que proporcionará às partes uma maior liberdade de expressão ao poderem confiar no mediador, bem como que tudo que for falado durante as reuniões não será divulgado e tampouco usado contra elas no processo, caso não haja um acordo. Esse princípio ressalta a importância do sigilo para com os problemas tratados e para a preservação do discurso das pessoas envolvidas, visando à garantia de que os aspectos íntimos da relação não sejam exteriorizados fora do âmbito desse procedimento.

Os princípios da oralidade e informalidade são preconizados na mediação justamente para evitar tamanha burocratização no Judiciário, tornando o processo mais célere e proporcionado às partes não ficarem restritas ao que está escrito nos autos, e sim a sua própria expressão oral. Já a informalidade é um instrumento necessário ao mediador para conduzir livremente a mediação, que deverá se afastar da linguagem jurídica para melhor ser entendido pelas partes, posto que o excesso de formalismo cerceia o profissional em sua liberdade de conduzir os conflitos e impede as partes de expressarem suas emoções.

O princípio da decisão informada é importante, pois possibilita ao mediador cuidar e proteger para que as partes tenham a plena consciência de seus direitos e sejam informadas de todo o procedimento da mediação, desde a primeira reunião até o final. Caso haja acordo, as pessoas envolvidas na mediação devem também ser devidamente informadas quanto às consequências da solução escolhida que será homologada.

Vale enfatizar que, além dos princípios da mediação, o NCPC reitera a importância da boa-fé[9] como um dos pilares de todas as relações processuais civis, notadamente no art. 5º[10], permitindo pressupor que todas as pessoas que participarem da mediação, bem como o mediador, devem agir com lealdade.

A boa-fé é relevante para as partes que se dispõem a participar de um processo de mediação, tanto na exposição dos fatos como na manutenção do respeito mútuo. Diante disso, é vedado às partes agirem com má-fé, praticando ato simulado com o objetivo de ganhar tempo no processo para retardar a efetiva solução do litígio. O não cumprimento da boa-fé pode gerar a interrupção prematura do procedimento de mediação pelas partes ou pelo mediador ou até a nulidade do acordo eventualmente firmado.

Por meio dos princípios da mediação supramencionados, verifica-se que o novo Código de Processo Civil manteve como seu principal fundamento, a democracia constitucional e os modernos postulados da intervenção mínima do Estado e da máxima

---

8 Lei da Mediação, art. 30, "§ 1º O dever de confidencialidade aplica-se ao mediador, às partes, a seus prepostos, advogados, assessores técnicos e a outras pessoas de sua confiança que tenham, direta ou indiretamente, participado do procedimento de mediação. [...] § 3º Não está abrigada pela regra de confidencialidade a informação relativa à ocorrência de crime de ação pública".

9 A boa-fé deve reger todos os atos daqueles que participam desde procedimento de resolução de conflito, nomeadamente as partes e o terceiro, como o mediador. Estes se obrigam a agir com lealdade e respeito, tanto na exposição dos fatos como na observância da verdade.

10 NCPC, "art. 5º Aquele que de qualquer forma participa do processo deve comportar-se de acordo com a boa-fé".

cooperação entre as partes. Visto isso, verifica-se que o NCPC não afastou as partes da jurisdição, mas sim enfatizou o deslocamento da solução dos conflitos interpessoais do Poder Judiciário para o método de solução consensual.

Nesse tocante, cabe mencionar o preconizado no art. 165 do novo Código de Processo Civil[11], pelo qual devem ser estimuladas soluções consensuais de conflito para não só descongestionar o Poder Judiciário de processos litigiosos, mas para, a meu ver, possibilitar principalmente uma visão mais humanista das pessoas em conflito que procuram a Justiça.

Assim é que o mediador, como auxiliar da Justiça, atuará preferencialmente quando houver vínculo anterior entre as partes em uma relação continuada, conforme dispõe o art. 165, § 3º, do NCPC:

> O mediador, que atuará preferencialmente nos casos em que houver vínculo anterior entre as partes, auxiliará aos interessados a compreender as questões e os interesses em conflito, de modo que eles possam, pelo restabelecimento da comunicação, identificar, por si próprios, soluções consensuais que gerem benefícios mútuos.

Em outras palavras, a mediação irá tratar das relações continuadas e dos vínculos que não se interrompem e continuam a se desenvolver mesmo depois do término do procedimento, principalmente nas relações familiares em que há, evidentemente, a predominância das relações de amor e ódio. Neste sentido, é importante enfatizar que o novo Código de Processo Civil previu um capítulo especial denominado "As Ações de Família", que não era mencionado no Código anterior.

As formalidades de processos judiciais são lentas e a congestão dos procedimentos legais pode contribuir para uma crescente hostilidade. À medida que se procura um culpado para a situação, incentivando ataques que visam à destruição do adversário, acentuam- se os problemas. O ideal seria que as partes procurassem a mediação para uma solução consensual, antes de ingressarem com a demanda judicial, eis que este comportamento poderia evitar o desgaste emocional das pessoas. Assim é que o escopo almejado na mediação é o restabelecimento do diálogo e a valorização da emoção como parte integrante do conflito, algo que não deve ser evitado, à semelhança do que ocorre no processo judicial.

Importa mencionar, contudo, as desvantagens para a indicação da mediação, que podem ser melhor entendidas pela interdisciplinaridade da Psicanálise com o Direito.

No âmbito do conhecimento psicanalítico, a meu ver, a mediação será inviável quando uma ou ambas as partes mediandas apresentam uma estrutura perversa[12], a exemplo das ações de família nas quais predomina uma estrutura sádica e masoquis-

---

11 NCPC, "art. 165. Os tribunais criarão centros judiciários de solução consensual de conflitos, responsáveis pela realização de sessões e audiências de conciliação e mediação e pelo desenvolvimento de programas destinados a auxiliar, orientar e estimular a autocomposição civil".

12 A expressão *estrutura perversa*, segundo a Psicanálise, está sendo utilizada como sinônimo de *psicopatia*, conforme nomeada na Psiquiatria.

ta entre os membros, podendo ocorrer inclusive violência doméstica e maus-tratos infantis. As pessoas que apresentam esta estrutura manifestam mais dificuldade para estabelecer o diálogo com um terceiro, no caso, o mediador e, consequentemente, atingir a pacificação dos conflitos.

A estrutura perversa, quando é uma das características predominantes da personalidade de uma das partes, poderá adulterar e falsificar o discurso e manipular a outra pessoa envolvida no procedimento da mediação, bem como o próprio mediador. A pessoa que apresenta tal estrutura demonstra, geralmente, falta de controle dos seus impulsos agressivos, finge que deseja um diálogo, tenta tirar proveito da fraqueza da outra parte, não manifesta qualquer culpa, remorso ou dificuldade na capacidade de reparação, só desejando ganhar sem expressar sentimento de alteridade.

Pessoas com estruturas perversas podem apresentar uma grande falta de tolerância à frustração, possivelmente decorrente de uma maior angústia de perda da mãe primitiva ou de quem ocupa este lugar e, consequentemente, por ter vivenciado de forma precária a relação edípica.

Devido à grande importância dessas relações primitivas com a mãe ou quem exerce esta função é que se oferece ao bebê a possibilidade de recursos psíquicos para lidar com o desamparo que faz parte da constituição do sujeito. O bebê, quando não está seguro em relação ao cuidado amoroso do genitor, pode se sentir abandonado ante a sua condição de incompletude.

Sob esse aspecto, o psicanalista WINNICOTTenfatiza por meio de sua experiência clínica que, no começo da vida, o bebê experimenta uma dependência absoluta da mãe ou da pessoa que cuida dele. A mãe deve permitir ao bebê, por causa da condição de desamparo, a vivência de "ilusão de onipotência" de que o mundo é criação sua. Ele deve crer que todas as suas necessidades e desejos serão atendidos imediatamente. A mãe, mais tarde, quando percebe que seu bebê pode ser desiludido em sua onipotência, vai retirando os cuidados maternos gradativamente, de acordo com sua sensibilidade. Caso ela prossiga e mantenha a "ilusão de onipotência", dificultará a seu filho se diferenciar do mundo exterior.

Ainda neste mesmo pensamento, o bebê pode reagir com violência se a mãe ou a pessoa que exerce a função materna[13] não mantiver a "ilusão de onipotência" nos primórdios da vida mental, ou se ela for retirada bruscamente, como no desmame repentino, fazendo com que o lactente possa vivenciar uma forte "desilusão". É importante explicitar que essa "desilusão" abrupta não oferece condições para uma diferenciação entre a mãe e a criança de forma amorosa, mas favorece a predominância do ódio. A criança pode manifestar uma violência, quando não se sente na condição de depender e ter esperança.

Dado o exposto, uma pessoa que apresenta estrutura perversa pode não ter vivido a "ilusão de onipotência", acabando por querer se sentir poderoso a qualquer

13 A função materna compreende os cuidados à criança relacionados às suas primeiras necessidades e desejos.

custo. Ela então desespera e se torna onipotente como reação à impotência de não ter podido confiar nas suas relações primitivas, sendo esta uma expressão da "ilusão de onipotência secundária". Desta forma, costuma manter relações de domínio e poder, pelo desejo de controlar e anular o outro na vida. Assim, essas pessoas podem demonstrar uma raiva intensa à ordem social e desencadear uma extrema impulsividade e uma necessidade de satisfação imediata.

Diante do exposto, embora a mediação tenha passado a ser mais valorizada na esfera jurídica pelo NCPC, tem suas próprias limitações por depender, além de outros motivos, de que as partes respeitem o princípio da boa-fé já referido, o que nem sempre será possível.

Voltando ao debate sobre as inovações do novo Código de Processo Civil, importa acrescentar o fato de que a mediação foi mais enfatizada do que a perícia, que em um processo formal é apenas uma prova técnica utilizada pelo juiz. Já a mediação é um procedimento informal que pode trazer uma contribuição maior aos conflitos existentes, evitando a predominância de contendas litigiosas.

Neste sentido, a relação do conhecimento psicanalítico com o Direito vem colaborar mais com a mediação do que com a perícia, porque aquela tem uma preocupação direta de facilitar com que as pessoas envolvidas estabeleçam um diálogo com vistas à saúde mental, bem como ao fortalecimento da relação entre as partes.

Tanto é assim, que já há o entendimento de que no decorrer da perícia, se for detectada a ocorrência de alienação parental[14], poderá ser sugerido pelo perito o encaminhamento das partes para a mediação, a fim de possibilitar que as pessoas envolvidas percebam a importância de manter um diálogo e reflitam sobre o conflito no qual uma aliena e o outro pode estar se autoalienando. Neste sentido, os juristas e mediadores SAMANTHA PELAJO e EVANDRO SOUZA LIMA afirmam:

> Quanto aos peritos, muito embora sua função precípua seja a de produção de prova técnica, é importante que tenham em mente que a mais singela oportunidade de composição seja bem aproveitada, pode se transformar em um desfecho exitoso para ambos os lados. Como, no âmbito do Direito de Família, os peritos costumam provir das áreas social e psicológica, sua responsabilidade se torna ainda maior; afinal, possuem uma especial habilidade para sensibilizar as pessoas a se direcionar para o caminho do diálogo e do consenso[15].

Quanto aos modelos de mediação, cabe aqui fazer destaque a dois em específico. O primeiro, denominado linear, possui como objetivo precípuo a solução do conflito pela obtenção de um acordo similar à conciliação. O segundo modelo, conhecido como mediação transformativa, deixa de colocar o acordo como a finalidade principal para a realização do procedimento, passando a valorizar o restabelecimento dos laços

---

14 NCPC, "art. 699. Quando o processo envolver discussão sobre fato relacionado a abuso ou a alienação parental, o juiz, ao tomar o depoimento do incapaz, deverá estar acompanhado por especialista".

15 PELAJO, Samantha; LIMA, Souza Evandro. **A mediação nas ações de família.** In: A mediação no novo código de processo civil.2. ed. Rio de Janeiro: Forense, 2016. p. 228.

afetivos e o diálogo entre as partes. Além dissoa emoção é muito mais levada em consideração como parte integrante do conflito do que como algo a ser evitado ou redirecionado.

Nesse sentido, a meu ver, a mediação que melhor contempla as questões atinentes às Ações de Família é a que se orienta pelo modelo transformativo, na medida em que focaliza mais os conflitos com uma forte dimensão emocional, que possam envolver sentimentos tais como o ódio, o ressentimento e a frustração. Por esse modelo, a função da mediação é de intervir no aspecto emocional, buscando transformar uma relação conflitiva, auxiliando as partes a compreender os seus próprios desejos e interesses.

Os conflitos, em verdade, fazem parte da estrutura humana, mas pela mediação transformativa é que, pelo conhecimento psicanalítico, os conflitos de destruição, nos quais predomina a "pulsão de morte"[16], podem se transformar em relações construtivas, de modo que prevaleçam as pulsões de vida[17], ou melhor dizendo, as relações amorosas sobre as hostis.

A título de ilustração, podemos citar como uma das formas de manifestação dos conflitos destrutivos, aquele denominado pelo psicanalista DAVID ZIMERMAN "vínculo processual afetivo"[18], que ocorre quando um casal desloca sua relação conflitiva para um processo judicial, quando não predominam mais as relações amorosas em uma relação conjugal. Nestas relações, muitas das vezes as partes desejam manter um vínculo a qualquer preço, mesmo que seja pelo predomínio do ódio, podendo acabar deslocando este sentimento a nível inconsciente para o processo judicial vindo, inclusive, a se sentir recompensada em uma eventual vitória na via judicial, por não ter se sentido reconhecida durante a convivência familiar.

Cabe ressaltar que, ainda que inconscientemente a pessoa consiga a congratulação pelo triunfo no processo judicial, é possível que quando a ação transite em julgado, acabe ajuizando outra demanda para manter o "vínculo processual afetivo".

Determinadas ações judiciais envolvem questões emocionais tão intensas que a aplicação da lei não consegue solucionar o problema por meio de um processo litigioso. Nesse sentido, o processo legal pode ser entendido como um aliado invisível para manter um vínculo que, de outra forma, já poderia ter sido finalizado há muito tempo

---

16 *Pulsão de morte* é designada por Freud como uma categoria fundamental de pulsões que se contrapõem a pulsões de vida. Voltadas inicialmente para o interior e tendendo à autodestruição, as pulsões de morte seriam secundariamente dirigidas para o exterior, manifestando-se então sob a forma da pulsão de agressão ou de destruição. A pulsão de morte está ligada à compulsão a repetição, ou seja, o sujeito se coloca ativamente em situações penosas, repetindo assim experiências antigas sem se recordar do protótipo e tendo, pelo contrário, a impressão muito viva de que se trata de algo plenamente motivado na atualidade.

17 Pulsão de vida – categoria de pulsões que Freud contrapõe, na sua última teoria às pulsões de morte. As pulsões de vida, também designadas pelo termo *Eros*, abrangem não apenas as pulsões sexuais propriamente ditas, mas ainda as pulsões de autoconservação.

18 ZIMERMAN, David. O processo judicial pode estar sendo uma forma de manutenção do vínculo do casal? In: **Aspectos psicológicos na prática jurídica.** Campinas: Millennium, 2002. p. 149.

pela mediação transformativa, que é capaz de contemplar diversas questões como guarda, pensão alimentícia ou divórcio, tudo em um único procedimento.

Assim, nos casos em que se identifique a ocorrência de um "vínculo processual afetivo", o ideal seria que as partes envolvidas no processo judicial aceitassem ser encaminhadas para um procedimento adequado de resolução de disputa, tal como a mediação. Essa atividade técnica seria o procedimento que mais poderia colaborar para que este tipo de vínculo não persistisse por vários anos na Justiça, proporcionando um fortalecimento dos mediandos e evitando que as relações permanecessem fragilizadas com tantos desgastes emocionais.

Ainda no âmbito do procedimento de mediação, segundo o entendimento psicanalítico, é importante citar os fenômenos transferenciais[19] e contratransferenciais[20] dos mediadores, os quais estão interligados ao princípio da imparcialidade, já tratado anteriormente.

Nas ações de família, os mediadores trabalham com crises existenciais e, em razão disso, devem ter a capacidade de absorver os impactos que situações inusitadas podem provocar, fato que na mediação é chamado de equidistância[21]. Quando uma pessoa expressa ao mediador um sentimento de ódio da problemática dolorosa e violenta, o mediador deve ser capaz de reconhecer que tais sentimentos não são seus, uma vez que lhe incumbe conduzir o processo, mas não as escolhas das partes.

A neutralidade absoluta não existe e o mediador, por mais que se esforce para agir de modo imparcial, possui valores pessoais que certamente influenciarão na sua atividade, ainda que de forma velada ou inconsciente. Caso o mediador não seja capaz de permanecer equidistante dos sentimentos dos mediandos, poderá deixar de ser um terceiro no procedimento de medição, passando a fazer parte do próprio conflito. Neste sentido, é que os fenômenos transferenciais e contratransferenciais devem ser levados em conta na postura de imparcialidade e de equidistância do mediador.

Pode-se dizer que é muito difícil para o mediador ser imparcial sem um autoconhecimento de importantes conflitos psíquicos, que fazem parte de todo ser humano,

---

19 A transferência designa-se em psicanálise como o processo pelo qual os desejos inconscientes se atualizam sobre determinados objetos no quadro de um certo tipo de relação estabelecida com eles e, eminentemente, no quadro da relação analítica. Trata-se aqui de uma repetição de protótipos infantis vivida com um sentimento de atualidade acentuada que pode aparecer também no processo de mediação. Neste sentido, a transferência surge como forma de resistência e ao mesmo tempo assinala a proximidade do conflito psíquico e o mediador deve ser capaz de entender os sentimentos que os mediandos podem estar colocando inconscientemente no mediador.

20 Contratransferência é tudo o que, da personalidade do analista, pode intervir no tratamento, bem como é o conjunto das reações inconscientes do analista à pessoa do analisando e, mais particularmente, à transferência deste. As manifestações de contratransferência aparecem tanto no trabalho analítico como no de mediação e por isso a importância de o mediador tomar contato com as suas emoções inconscientes para evitar projetar nos mediandos. O controle da contratransferência só é possível elucidar, geralmente, numa análise pessoal.

21 O mediador deve se colocar equidistante de seus valores subjetivos e criar um espaço seguro, de confiança, sem pré-julgamento, para possibilitar uma melhor alternativa à solução de conflitos das pessoas do processo, sem se envolver ou se misturar emocionalmente.

tais como o desamparo psíquico primitivo e o desejo de completude, a ambivalência de amor e ódio, a onipotência e a impotência, a paixão, a tristeza, a raiva e a sexualidade e suas respectivas repressões.

Por sua vez, os mediandos, ao projetar no mediador certos sentimentos, acabam exigindo deste a capacidade de conhecer suas emoções, sem que absorva os impactos das projeções[22], devolvendo-as sob a forma de retaliações ou acusações. Neste sentido, é que se requer que o mediador identifique o possível aparecimento de sua contratransferência, para que ele próprio não sinta raiva, inveja ou outro sentimento em função das projeções das quais é alvo.

Vale ressaltar que, para o mediador ter uma compreensão das vivências emocionais inconscientes concomitantemente ao seu trabalho é ideal, a meu ver, que ele próprio possa ter passado por um processo de terapia psicanalítica[23], para lidar com os sentimentos transferenciais e contratransferenciais e, consequentemente, manter a equidistância da mediação em termos práticos, e não só na teoria.

Como anteriormente já dito, representa uma inovação no NCPC, ainda, o Capítulo "Das Ações de Família" previsto no art. 693[24] e seguintes do novo Código de Processo Civil. Este Capítulo trata de conflitos de ações familiares em várias situações, dentre os quais a guarda, razão por que neste estudo, abordarei posteriormente, por meio de um caso concreto, a guarda compartilhada[25], que comumente vem sendo trabalhada no procedimento de mediação.

O legislador previu, no art. 694 do NCPC, que: *"Nas ações de família, todos os esforços serão empreendidos para a solução consensual da controvérsia, devendo o juiz dispor do auxílio de profissionais de outras áreas de conhecimento para a mediação e conciliação"*.

Um destes esforços está presente notadamente no parágrafo único do art. 694, que, como já se referiu outrora, estabeleceu a possibilidade de realização da mediação extrajudicial ou incidental para a solução consensual da controvérsia, certamente

---

22 Projeção no sentido psicanalítico é uma operação pela qual o sujeito expulsa de si e localiza nas outras pessoas, sentimentos ou desejos que ele desconhece ou recusa. A título de ilustração, o sentimento de ódio de um mediando pode ser transformado, por projeção a nível inconsciente, da ideia de "eu o odeio" para "ele me odeia".

23 Segundo a Sociedade Psicanalítica do Rio de Janeiro – SPRJ (filiada à Internacional PsychoanalyticalAssociation), as Sociedades Psicanalíticas têm como exigência *sinequa non* para a formação do psicanalista, a obrigatoriedade de realização de psicanálise pessoal antes e durante a formação teórica.

24 NCPC, "art. 693. As normas deste Capítulo aplicam-se aos processos contenciosos de divórcio, separação, reconhecimento e extinção de união estável, guarda, visitação e filiação".

25 A Lei nº 13.058, de 2014, estabelece o significado da expressão "guarda compartilhada" e dispõe sobre sua aplicação, para o que modifica os arts. 1.583, 1.584, 1.585 e 1.634 da Lei nº 10.406, de 10 de janeiro de 2002 (Código Civil). Nessa modalidade de guarda, pai e mãe dividem a responsabilidade pelas deliberações, decisões e atribuições cotidianas concernentes à vida dos filhos e têm a oportunidade de acompanhar seu desenvolvimento e suas conquistas, ainda que os tempos de convivência não sejam idênticos e que a criança ou o adolescente tenha como referencial de moradia a casa de um de seus pais

por apresentar um potencial de êxito mais expressivo do que aquele percebido como fase preliminar do processo judicial.

Outro desses esforços está previsto no art. 695 também do NCPC[26], o qual dispõe sobre a realização de uma primeira reunião de mediação judicial como ato inerente ao procedimento das ações de família, contudo, sempre respeitando-se o princípio de autonomia da vontade, uma vez que a família poderá optar por não continuar nesse procedimento, na hipótese de não aceitação.

Um terceiro esforço está presente no caráter interdisciplinar da mediação, diante da possibilidade de auxílio de profissionais de outras áreas de conhecimento. Há um reconhecimento legal da importância do caráter interdisciplinar nas mediações familiares, uma vez que são permeadas de subjetividade.

Observa-se que o legislador valorizou uma visão humanista, quando estabeleceu no novo Código de Processo Civil, que o processo judicial contencioso em Vara de Família deve ser sempre a última alternativa, inclusive, porque a demanda pode gerar muitos desgastes emocionais. Diante disso, a meu ver, não se poderia prescindir de outros conhecimentos e, em especial, da psicanálise por aprofundar as relações afetivas e emocionais que fazem parte do patamar da existência humana.

Neste contexto, pela minha experiência em dinâmica familiar à luz da psicanálise, observo que merece destaque, no que tange ao exercício da prática da mediação, a existência da mediação familiar que inclui os filhos – crianças e especialmente os adolescentes – no referido procedimento, oferecendo-lhes a oportunidade para que se encontrem com o mediador familiar. A mediadora de família LISA PARKINSON afirma:

> [...] O principal benefício em envolver as crianças diretamente na mediação é reabrir os canais de comunicação entre elas e ambos os pais para que todos eles possam falar uns com os outros com mais empatia e compreensão[27].

Conforme se depreende deste entendimento e, a meu sentir, os mediadores podem não somente ajudar os pais, por estarem sobrecarregados emocionalmente, a falarem sobre a separação com os filhos sem denigrir um ao outro, mas também, quando se trata da guarda, valorizar o desejo dos filhos quanto a permanecerem mais com um ou outro genitor, fazendo com que estes também cooperem como protagonistas da mediação para estabelecer qual a residência que preferem – do pai ou da mãe –, bem como os períodos de convivência. As crianças precisam de garantias de que possam falar livremente, sem medo de atingirem ou de não serem leais aos pais.

Envolver crianças e adolescentes na mediação pode ajudá-las a se sentirem mais confiantes, melhorando suas vidas, apesar da tristeza e raiva que muitas vezes possam estar sentido, devido à perda de segurança de viver com ambos os pais.

26 NCPC, "art. 695. Recebida a petição inicial e, se for o caso, tomadas as providências referentes à tutela provisória, o juiz ordenará a citação do réu para comparecer à audiência de mediação e conciliação, observado o disposto no art. 694".

27 PARKINSON, Lisa. **Mediação familiar.** Belo Horizonte: Del Rey, 2016. p. 271.

Em alguns casos, os pais acabam usando os filhos para se comunicar com o outro cônjuge, o que pode ser bastante angustiante para a criança.

Assim, o procedimento da mediação, ao levar em consideração os filhos também como protagonistas, vem ao encontro da preocupação maior com a pessoa em desenvolvimento, ratificando a prioridade prevista na legislação específica do Estatuto da Criança e do Adolescente e no parágrafo único do art. 693 do NCPC[28].

Ainda no que se refere à prática da mediação, importa frisar que esta é instrumentalizada por meio de técnicas[29] de comunicação e negociação utilizadas durante as etapas do procedimento, chamadas metaforicamente de "caixa de ferramentas"[30] e oriundas de diferentes áreas de conhecimento.

Por meio dessas técnicas, verifica-se que cada conflito familiar deve ter uma intervenção personalizada, a ser estruturada a partir da singularidade de cada caso concreto, considerando-se principalmente o estado emocional das partes. Isto porque pode haver conflito para certas pessoas e não para outras, havendo necessidade de se levar em consideração a forma como cada um vivencia sua própria história de vida. Nesse contexto, a função do mediador em ações de família é estimular as partes a reconstruir laços emocionais, devendo possuir conhecimento de relações interpessoais, ter habilidade no manejo do conflito e negociação, assim como conhecimentos básicos do Direito de Família.

Uma importante ferramenta dentre as técnicas no processo de mediação é a comunicação, que consiste na realização de perguntas que podem levar à reflexão, mas sem a emissão de juízo de valor ou julgamentos, bem como a realização de sugestões.

Outra técnica utilizada pelo mediador, notadamente após a anuência dos litigantes em participar do procedimento de mediação, é a análise da posição das partes, isto é, a verificação do argumento jurídico apresentado pelos mediandos logo de início, e que por isso se dá já na primeira sessão da mediação, na qual lhe são informadas as regras de confidencialidade do procedimento, esclarecendo no que consiste a mediação, qual a função, direitos e deveres de cada mediando, qual a eficácia do acordo e se haverá sessão privada e em conjunto. Após a apresentação dos mediandos e de seus conflitos e quais são seus interesses, o mediador, evitando ler as peças processuais para não se contaminar com argumentos jurídicos e parâmetros legais, passa à análise das necessidades e interesses das partes.

Tal situação pode ser ilustrada nos casos de pais que chegam na primeira reunião de mediação e dizem: *"Eu tenho direito de ter a guarda compartilhada dos meus filhos"*, ou seja, os pais estão presos em um discurso jurídico. Neste caso, o mediador

---

28 NCPC, art. 693. [...] "Parágrafo único. A ação de alimentos e a que versar sobre interesse de criança ou de adolescente observarão o procedimento previsto em legislação específica, aplicando-se, no que couber, as disposições deste Capítulo".

29 NCPC, art. 166. [...] "§ 3º Admite-se a aplicação de técnicas negociais, com o objetivo de proporcionar ambiente favorável à autocomposição".

30 ALMEIDA, Tania. **Caixa de ferramentas:** aportes teóricos e práticas. São Paulo: Editora Dash, 2014.

deve aceitar a posição das partes se mostrando empático, mas pedir para os referidos genitores falarem qual é a necessidade deles de terem a guarda. Uma das partes pode dizer *"Tenho necessidade ter mais convivência com os meus filhos"* e o outro genitor, na hipótese o pai, pode falar *"Eu acho que ela não pode permanecer igualmente com meus filhos porque ela é homossexual"*, e dessa forma vão se esclarecendo os conflitos existentes entre eles.

Neste sentido, o mediador possibilita que os referidos genitores não permaneçam em um discurso jurídico, porque somente falando de suas necessidades, ou seja, das emoções que aparecem com força é que se possibilitarão as mudanças. Cabe aos mediandos, por meio de suas próprias considerações e sentimentos, compartilhar com o mediador e com a outra parte sua percepção acerca do contexto fático vivenciado, e ao mediador, construir alternativas que possam atender a todos.

Concede-se tempo para que as partes exponham seus pontos de vista sem que sejam interrompidos, oportunizando-lhes igualmente a possibilidade de expressão e escuta. Este momento é oportuno para saber o estado emocional em que se encontram as partes envolvidas e perceber a disparidade entre os fatos e as percepções expostas pelos participantes quanto ao conflito. Não se trabalha com a realidade fática, mas com a percepção de cada mediando, isto é, as necessidades e interesses, que podemos chamar na psicanálise de realidade psíquica[31].

Aqui observa-se a possibilidade do emprego de outra ferramenta, que consiste em o mediador legitimar o sentimento dos mediandos, dizendo, por exemplo: *"Eu compreendo que você está com muita raiva e ódio de não conviver com os seus filhos"*, criando dessa forma uma relação empática, ou seja, a capacidade de se colocar no lugar do outro.

Durante a mediação familiar pode ser utilizada outra ferramenta consistente na realização de sessões privadas, útil quando uma das partes tem dificuldades de expressar seus sentimentos, tais como raiva ou ciúmes, na frente da outra, ou quando os conflitos estão muito acirrados. Neste caso, poderão ser realizadas reuniões em separado com os mediandos, sempre se respeitando o princípio da confidencialidade que é um pilar fundamental desta técnica. Se forem realizadas sessões privadas com uma das partes, deve-se fazer com a outra também, para que esta não se sinta preterida em relação àquela. Depois disso, a mediação continua com sessões conjuntas, todavia, preservando-se o que cada parte pediu para que fosse mantido em sigilo na sessão privada.

Uma outra técnica comum é possibilitar que as partes escutem não só o mediador, mas que se escutem. Geralmente os mediandos, no auge do conflito, tentam colocar a culpa um no outro e, neste sentido, costuma-se perguntar como a pessoa pensa sobre o que falou do outro, possibilitando-se, assim, uma maior escuta.

---

31 A realidade psíquica é uma forma de existência pessoal que não deve ser confundida com a realidade material. Trata-se principalmente para a psicanálise de um desejo inconsciente e das fantasias conexas, ou seja, a forma que cada pessoa lida com sua própria história de vida.

Vale frisar, ainda, outro exemplo de ferramenta a ser utilizada pelo mediador, consistente em instigar as partes à apresentação de opções para a composição do conflito, permitindo que exponham todas as ideias que lhes vêm à mente de maneira despretensiosa.

Ressalta-se, também, a importância da técnica da negociação, que deve ser utilizada após o abrandamento dos pontos críticos do conflito e a restauração do diálogo, permitindo a construção de soluções de benefícios mútuos. Ao fim da negociação pode ser, enfim, obtido ou não o acordo.

No exemplo supracitado, caso haja um acordo quanto à guarda compartilhada, os pais não podem sair da mediação sem saber como será a pragmatização da mesma, devendo restar claramente estabelecido pelos genitores em qual residência os filhos permanecerão e a forma dos períodos de convivência do outro genitor, não podendo o mediador fazer sugestões neste ou em qualquer outro momento.

Vale ressaltar que o acordo não precisa ser homologado na mediação extrajudicial a não ser que envolva criança ou adolescente, conforme o art. 698 do NCPC[32], hipótese em que deverá passar pelo parecer do Ministério Público, com vistas à homologação pelo Juiz.

A título de ilustração, serão mencionados fragmentos de um caso concreto[33], no qual atuei como mediadora extrajudicial em uma Ação de Família. No transcurso do litígio as partes, a pedido das próprias, foram encaminhadas para a mediação incidental, fato que ensejou a suspensão do processo, conforme previsto no NCPC.

O caso concreto trata-se de um conflito interpessoal de um casal pela guarda compartilhada de três filhos. Na primeira reunião me apresentei às partes como mediadora e elas se apresentaram. No momento seguinte, expliquei que a mediação era confidencial e que só seria comunicado ao juiz um eventual estabelecimento de acordo. Na hipótese, ambas estavam acompanhadas de advogados, valendo ressaltar que estes, na mediação, à luz do NCPC, devem atuar apenas como assessores jurídicos[34] das partes, e não como seus representantes.

Depois de iniciada a mediação, as reuniões posteriores com a presença das partes foram marcadas com o consentimento delas. Como mediadora, de forma imparcial, pude ouvi-las e possibilitar que cada um dos mediandos escutasse ao outro. Foram realizadas sessões privadas e conjuntas com o pai e a mãe, objetivando uma melhor compreensão da dinâmica psíquica das pessoas envolvidas, sendo preservado aquilo que a pedido das partes foi falado nas reuniões individuais. Nesse diapasão, com a anuência dos pais, foram realizadas também sessões com os filhos do casal.

---

32 NCPC, "art. 698. Nas ações de família, o Ministério Público somente intervirá quando houver interesse de incapaz e deverá ser ouvido previamente à homologação de acordo".

33 No caso concreto, não serão identificados nomes ou quaisquer outras informações das partes, em razão do princípio da confidencialidade.

34 A função de assessor jurídico, no caso, consiste em incentivar as partes a participarem da mediação, dirimindo eventuais dúvidas jurídicas destas, sem retirar-lhes o papel de protagonistas do procedimento.

No início da mediação, as partes falavam com forte emoção de suas necessidades e desejos. Como um terceiro imparcial na relação, realizei perguntas para saber qual o interesse de cada uma em permanecer com os filhos, o que facilitou a construção de um diálogo por elas próprias.

Durante as reuniões em conjunto, o genitor expressou que desejava a guarda dos seus filhos, em razão da traição sofrida e pelo fato de sua ex-esposa ter assumido uma união estável com outra mulher. Ele falou que não aceitava relações homossexuais e disse que era a pessoa mais adequada para permanecer com os seus filhos, além do fato de que a mãe seria a única culpada da separação. Neste momento, o pai utilizou o mecanismo de projeção, ao dizer que sua ex-esposa o odeia, enquanto ele era quem a odiava. Continuou falando que as crianças poderiam visitar a mãe, contudo, sem que houvesse muita convivência e, tampouco, pernoitassem com ela.

Neste momento, a nível contratransferencial, achei o pai preconceituoso por ter dito que a homossexualidade era sinônimo de promiscuidade. No entanto, na minha análise pessoal, pude elucidar o meu sentimento como mediadora e entender as dificuldades do pai em termos afetivos sem julgá-lo, realizando algumas perguntas reflexivas, tais como: *"O que propõe para seus filhos conviverem com a mãe, já que eles expressaram o desejo de estar com ela durante as sessões privadas?"* e *"Como você está se sentindo com a separação e quanto à sua relação com seus filhos?"*.

Durante as reuniões na mediação, o pai dizia ter melhores condições emocionais e materiais de permanecer com a guarda de seus três filhos por ser heterossexual, por atender mais as necessidades deles, por morar perto da escola e por residir em bairro nobre da cidade. Disse também que a mãe dos seus filhos tinha vida promíscua. Como mediadora, procurei não enfocar o seu discurso pejorativo sobre a ex-esposa para não acentuar o conflito entre os genitores.

O pai falou, ainda, que não aceitava a guarda alternada ou compartilhada. Neste momento, seu advogado, que atuava como seu assessor jurídico, explicou a diferença na esfera do Direito entre guarda alternada e compartilhada e que esta última era o objeto de discussão. Como mediadora, mesmo possuindo conhecimento jurídico sobre o instituto da guarda compartilhada, não podia assumir duas funções ao mesmo tempo.

O genitor disse que na infância a sua mãe o abandonou ainda pequeno para casar-se com outro homem e falou também que vivia em função dos filhos. Disse que não estava se envolvendo com nenhuma mulher e que não queria reconstruir sua vida amorosa com ninguém, mas apenas trabalhar e cuidar deles.

Por meio de meu conhecimento e da minha prática clínica em Psicanálise, pude ter uma escuta do discurso mais latente, percebendo que o genitor, ao ser abandonado pela sua ex-esposa, estava revivendo atualmente o desamparo psíquico sofrido primitivamente, identificando a sua ex-companheira com sua própria mãe. Como estava atuando como mediadora, e não como psicanalista, não foi interpretada a forma que o genitor vivenciou a sua relação com a figura materna, porém facilitei que ele entendesse melhor o que estava por trás da sua dificuldade em estabelecer um diálogo com a outra medianda.

Os filhos, a meu ver, possivelmente estavam ocupando, a nível mais inconsciente, também o lugar de cônjuge, uma vez que o pai deslocava toda sua libido para eles. O genitor demonstrava mais dificuldade de aceitar esta condição de incompletude e estava sempre buscando nos seus filhos aquilo que faltava nele próprio.

Durante a mediação, o pai em certos momentos falou aos gritos comigo, como se eu, mesmo na qualidade de mediadora, estivesse contra ele. Possivelmente transferiu para mim uma raiva que sentia da ex-mulher e de sua mãe e que estava internalizada nele. Como mediadora, respeitando o princípio da imparcialidade, não devolvi de forma retaliativa a raiva do pai para mim, podendo desta forma conter o seu ódio. Vale ressaltar que não sugeri uma terapia ao genitor, uma vez que ele não considerava importante fazer análise pessoal.

Ainda como mediadora, pude entender que a angústia da separação era do pai, e não minha, e desta forma pude ajudá-lo a manter um diálogo com a sua ex-esposa sobre os conflitos atuais quanto à guarda dos filhos. Neste contexto, pude legitimar seu sentimento dizendo-lhe: *"Eu entendo a angústia que está sentindo por ter se separado"*.

A partir do discurso do genitor, expus a ele que havia questões subjetivas que o estavam impedindo de conseguir lidar com os conflitos existentes, pois ele não estava tendo sua própria vida e tratava os filhos como se fossem o seu complemento, não demonstrando sequer o desejo de reconstruir sua vida amorosa com outra mulher.

A genitora, por outro lado, falava que não tinha nada contra o pai de seus filhos, mas que não vivia bem com o ex-marido e que, após a separação, resolveu assumir uma relação amorosa com outra mulher. A mãe falou que, de acordo com valores morais do genitor, não seria a pessoa mais adequada por ser homossexual e ter abandonado o lar, mas que era muito afetiva e se preocupava com os desejos dos filhos. Disse que não praticava nenhum ato sexual na frente das crianças e que não mantinha uma vida promíscua.

Durante a mediação, permaneci atenta não somente ao discurso verbal, mas também à linguagem não verbal, como as expressões faciais, qualidade do olhar, gestos, tom de voz, dentre outros, pois tudo o que acontece durante a mediação é importante para entender melhor o emocional das partes e dos filhos.

Cumpre ressaltar que, por defender a presença dos filhos na mediação familiar, conforme a mediadora Lisa Parkinson já citada, realizei entrevistas em conjunto e privadas com eles. Durante o processo de mediação, achei importante escutar os filhos não só a partir do discurso dos pais, mas também com a presença deles nas reuniões.

Os filhos participaram de sessões de mediação privadas e conjuntas, tendo manifestado o desejo de permanecerem sob a guarda da mãe. Dois filhos expressaram mais o desejo de morar com a mãe porque ela era mais afetiva e lhes dava mais liberdade. Quanto ao pai, disseram que se preocupava mais com as necessidades objetivas deles, sendo inclusive rígido quanto aos horários para comer, dormir, ir para escola e ter passeios. Segundo o discurso dos filhos, a mãe era mais livre e não controladora, demonstrando mais afetividade e que, além disso, não se importavam de morar no subúrbio.

A mãe disse ter condições de permanecer com os seus filhos, que sentia muito afeto e que gostaria de acompanhar o desenvolvimento deles. Demonstrou essa afetividade na presença com os filhos pelo fato de abraçá-los e ter conseguido manter um diálogo com eles, enquanto as crianças correspondiam ao receber carinho. A genitora disse, ainda, que durante os finais de semana que passava junto com os filhos, a sua companheira atual não dormia na sua residência para evitar que o genitor criasse maiores obstáculos na convivência dos menores. Essa mãe em nenhum momento falou em querer dinheiro ou pensão do seu ex-marido.

Durante a mediação a genitora demonstrou mais facilidade para uma negociação para a solução dos conflitos existentes, pois se esforçava para dialogar com o pai das crianças. Contudo, não queria abrir mão de seus filhos, porque gostava muito deles.

Foi observado por mim como mediadora e a partir do conhecimento psicanalítico, que só pelo fato de o pai ser pós-graduado na sua profissão e ter melhor poder aquisitivo não necessariamente estaria em melhores condições emocionais, uma vez que a genitora conseguiu reconstruir sua vida afetiva com outra pessoa, sendo que o pai permanecia só em função dos filhos.

No decorrer da mediação, o pai demonstrou uma melhor aceitação da opção sexual atual da mãe, respeitando o desejo de seus filhos de permanecerem com ela. A comunicação, paulatinamente foi se transformando de forma produtiva para que um genitor pudesse escutar o ponto de vista do outro e, assim, reconhecessem a possibilidade da coexistência de percepções diversas sobre a guarda compartilhada.

Depois de ouvir o relato das partes e presenciar suas emoções nas diversas sessões que ocorreram, fiz uma devolução a elas de tudo que havia percebido no diálogo apresentado, no sentido de perceberem no mediador um terceiro que busca a cooperação das partes, fato que possibilitou aos mediandos que modificassem o conflito destrutivo em construtivo. Em outras palavras, as relações interpessoais entre as pessoas envolvidas nesse procedimento foram preservadas, evitando-se o esfacelamento dos vínculos, porque os conflitos destrutivos transformaram-se em construtivos.

No final da mediação as partes chegaram a um acordo sobre a guarda compartilhada. Diante disso, como mediadora, procurei ajudá-los a perceber como se estabeleceria, na prática, essa guarda. No caso em questão, a residência fixa permaneceu na casa da mãe, tendo sido estabelecido três dias por semana de convivência dos filhos com o pai, além de finais de semana quinzenais. Os pais, através do diálogo e comunicação proporcionado na mediação, puderam chegar a um acordo por eles mesmos, tendo o ajuste firmado sido, enfim, escrito por esta mediadora.

Conforme se viu, a utilização da mediação familiar, neste caso concreto, pôde permitir o restabelecimento da comunicação entre os ex-cônjuges que já não se falavam há um ano, o que favoreceu a conscientização dos seus direitos e deveres, efetivando, dessa forma, duas garantias constitucionais: aos filhos, a convivência familiar de maneira saudável e, aos pais, a igualdade no exercício de suas responsabilidades.

O conhecimento psicanalítico, com a ajuda das ferramentas da mediação, pôde contribuir para facilitar a realização do referido procedimento entre as partes, proporcionando um fortalecimento e a modificação dos conflitos existentes que estavam em crise. Em outras palavras, esta família se sentiu escutada, ao confiar no mediador e na sua equidistância, foi capaz de conter tanto os seus sentimentos hostis como os amorosos. Essa família pôde lidar melhor com os seus conflitos e reassegurar que, embora o vínculo conjugal acabe, a relação parental não termina.

Caso não houvesse sido firmado um acordo entre as partes, seria informado que elas retornariam ao processo litigioso, que foi suspenso para a realização da mediação extrajudicial, e que a solução não construída por eles seria substituída por uma decisão imposta pelo Juiz.

No caso apresentado, verificou-se que um processo de guarda compartilhada, que seria litigioso e poderia levar anos no Judiciário, terminou em pouco mais de dois meses. Observou-se, por fim, que a mediação transformativa pôde proporcionar uma visão mais humanista a essa família tendo, na situação concreta, atingido o seu objetivo principal de restabelecer o diálogo entre os pais, proporcionando uma modificação de conflitos bem como, subsidiariamente, o estabelecimento de um acordo.

Considerações finais

Com o novo Código de Processo Civil (Lei nº 13.105, de 16/03/2015) e a nova Lei de Mediação (Lei nº 13.140, de 26/06/2015), consagrou-se definitivamente a promoção da solução consensual dos conflitos como princípio fundamental do ordenamento jurídico brasileiro, inclusive – e principalmente – dentro da própria estrutura judiciária. A mediação, não é a solução de tudo, mas é uma alternativa possível para a resolução do conflito que começa a ser trilhado no país, podendo oferecer benefícios para o alcance do tão almejado acesso à Justiça com uma visão mais humanista.

As Ações de Família são essencialmente permeadas pela afetividade humana e, nesse contexto, o método da mediação pode possibilitar a cooperação das partes em uma relação de conflito interpessoal, mediante a escuta das entrelinhas do discurso das pessoas envolvidas. Essa escuta pode levar o sujeito a refletir sobre suas queixas e a se responsabilizar por elas, deixando de remeter ao outro aquilo que é seu e que está a nível mais inconsciente, possibilitando muitas vezes uma reestruturação no relacionamento dos pais entre si e com seus filhos.

Conclui-se, portanto, que a mediação, em especial a extrajudicial ou incidental, juntamente com a contribuição do conhecimento psicanalítico, à luz do novo Código do Processo Civil, pode proporcionar que as pessoas envolvidas, por meio da mediação transformativa com ênfase no diálogo, sintam uma satisfação bem mais eficaz na modificação do conflito interpessoal, propiciando-se, além de um sentimento de ganho mútuo, a predominância das relações afetivas amorosas que são tão importantes para a dignidade da pessoa humana.

Referências

ALMEIDA, Diogo Assumpção R.; PANTOJA, Medina; PELAJO, Samantha. **A mediação no novo código de processo civil.** 2. ed. Rio de Janeiro Forense, 2016.

ALMEIDA, Tania. **Caixa de ferramentas em mediação:** aportes práticos e teóricos. São Paulo: Dash, 2014.

______. Mediação de Conflitos: para iniciantes, praticantes e docentes. Tânia Almeida, Samantha Pelajo e Eva Jonathan (Coords.). Salvador: JusPodivm, 2016.

BARROSO, Luís Roberto. **Curso de direito constitucional contemporâneo.** São Paulo: Saraiva, 2009.

CALMON, Petrônio. **Fundamentos da mediação e da conciliação.** 2. ed. Brasília: Gazeta Jurídica, 2013. p. 117.

GOLDENBERG, Gita. **Direito e psicanálise:** uma visão interdisciplinar com ênfase em casos judiciais complexos. Rio de Janeiro: Lumen Juris, 2014.

______. A lei e a ilusão de onipotência – desamparo psíquico no contexto do senhor das moscas. In: **Direito e psicanálise:** intersecções e interlocuções a partir de o senhor das moscas de William Golding. JACINTO N. de Miranda Coutinho (Coord.). Rio de Janeiro: Lumen Juris, 2011.

LAPLANCHE, Jean. **Vocabulário de psicanálise.** São Paulo: Martins Fontes,1992.

MARODIN. Marodin. A prática da moderna mediação: integração entre a psicologia e o direito. In: **Aspectos psicológicos na prática jurídica.** Campinas: Millennium, 2002. p. 471/488.

PARKINSON, Lisa. **Mediação familiar.** Belo Horizonte: Del Rey, 2016. p. 271.

TRINDADE, Jorge. **Psicologia judiciária – para a carreira da magistratura.** 2. ed. rev. Porto Alegre: Livraria do Advogado, Editora, 2012.

ZIMERMAN, David. O processo judicial pode estar sendo uma forma de manutenção do vinculo do casal? In:**Aspectos psicológicos na prática jurídica.** Campinas: Millennium, 2002. p. 149.

VIEGAS, Cláudia Mara de Almeida Rabelo. **O papel da mediação e da psicanálise para o direito de família.** Disponível em: <http://www.ambito-juridico.com. br/site/index.php?n_link=revista_artigos_leitura&artigo_id=9270>. Acesso em: 02 set. 2016.

WINNICOTT, D. W. **O brincar e a realidade.** Rio de Janeiro: Imago, 1975. p. 50.

Referências legislativas:

Constituição da República Federativa do Brasil de 1988.

Lei nº 10.406, de 10/01/2002.

Lei nº 13.058, de 22/12/2014.

Lei nº 13.105, de 16/03/2015.

Lei nº 13.140, de 26/06/2015.

Resolução nº 125, de 29/11/2010, do Conselho Nacional de Justiça.

NOVA MODALIDADE DE INTERVENÇÃO PROVOCADA DE TERCEIRO: O INCIDENTE DE DESCONSIDERAÇÃO DA PERSONALIDADE JURÍDICA

Guilherme Calmon Nogueira da Gama

Sumário: 1. Notas introdutórias. **2.** O incidente de desconsideração da personalidade jurídica. **3.** Comentários aos dispositivos do NCPC sobre o incidente de desconsideração. **4.** Polêmicas ainda pendentes. **5.** Nota conclusiva. Referências.

Resumo: O texto analisa o novo incidente previsto no Código de Processo Civil de 2015 – conhecido como Incidente de Desconsideração da Personalidade Jurídica –, destacando as potencialidades e as polêmicas que decorrem da sua positivação na lei processual brasileira. São também objeto de análise algumas questões de direito material sobre a desconsideração, mas com enfoque na busca da efetividade como diretriz claramente seguida pela Lei nº 13.105/2015.

Palavras-chave: Direito Processual Civil. Intervenção de terceiro. Aspectos processuais. Desconsideração inversa. Mudanças na legislação processual.

Abstract: *The text analyzes the new incident referred to in the New Civil Procedure Code – known as Disregard Incident of the Legal Personality – highlighting the potential and the controversies arising from its express prevision in the Brazilian procedural Law. Some issues of substantive Law on the disregard are also analyzed, but focusing on search effectiveness as a guideline clearly followed by Law 13.105/2015.*

Key words: *Civil Procedure Law. Third party intervention. Procedural aspects. Disregard reversed. Changes on procedural legislation.*

1. Notas introdutórias

Antes de proceder ao tratamento sobre o tema objeto do presente artigo doutrinário, é imperioso tecer breves considerações sobre o homenageado desta obra coletiva, o Professor e Ministro LUIZ FUX. Autêntico "filho" da Faculdade de Direito da Uerj, LUIZ FUX foi Professor de Teoria Geral do Processo e de Direito Processual Civil da minha turma de graduação nos idos da década de 1990, tendo sido escolhido patrono da turma "LUIZ FUX", cuja colação de grau se deu no final do segundo semestre de 1988. Além de ter sido aluno do Professor LUIZ FUX, tive a honra de ter sido seu orientando de Monitoria de Graduação na Uerj, período em que, sob a supervisão do Mestre, realizei trabalho comparativo entre os textos dos Códigos de Processo Civil de 1939 e 1973, concluindo a tarefa com expresso reconhecimento do Orientador acerca do inigualável desempenho no resultado obtido. Assim, a dupla convivência acadêmica que pude ter durante a minha graduação com o hoje Ministro LUIZ FUX permitiu forjar minha trajetória profissional e acadêmica. Com o exemplo que somente pessoas notáveis conseguem dar para seus discípulos – tal como identifico a pessoa do homenageado –, resolvi que buscaria o caminho do magistério superior no Direito e da magistratura. O Professor e Ministro LUIZ FUX influenciou significativa parcela de seus alunos e orientandos e, sem sombra de dúvida este é o legado que todos nós podemos deixar em vida para as atuais e futuras gerações. A par das lições do Direito Processual Civil, LUIZ FUX transmitiu – e ainda hoje transmite – para seus alunos e profissionais que convivem com ele valores morais e éticos que, sem dúvida, marcam cada um de nós. Desse modo, quero cumprimentar os coordenadores desta obra coletiva pela bela e justa iniciativa de promoverem uma homenagem à pessoa que é o grande exemplo de professor e de juiz, o meu sempre Professor LUIZ FUX.

O advento do Novo Código de Processo Civil – NCPC (Lei nº 13.105, de 16/03/2015) – apresenta importantes novidades na perspectiva de buscar a maior aproximação entre a realidade dos fatos e a norma jurídica positivada no texto legal. A inauguração de um novo texto normativo sobre uma disciplina jurídica – como no caso específico, o Direito Processual Civil – tem, ao menos, a pretensão de viabilizar a realização de debates e discussões mais aprofundadas, permitindo que a comunidade acadêmica apresente as qualidades e os defeitos das normas jurídicas, aponte caminhos interpretativos, entre outros aspectos que devem ser considerados.

Relativamente à desconsideração da personalidade jurídica, é digno de reconhecimento o esforço desenvolvido pela Comissão de Juristas nomeada para apresentar proposta de um novo Código de Processo Civil, sob a presidência do Ministro LUIZ FUX, do Supremo Tribunal Federal. Conforme será analisado no curso deste trabalho, algumas polêmicas ainda hoje existentes foram solucionadas com as regras introduzidas no NCPC, sendo que outras ainda merecerão maiores considerações e até mesmo um maior amadurecimento do sistema de justiça para viabilizar encontrar respostas mais adequadas. No relatório enviado pela Comissão de Juristas ao Senado Federal com o encaminhamento do Anteprojeto do NCPC, acentuou-se que uma das principais linhas de atuação da referida Comissão foi a de "resolver problemas", na perspectiva de vislumbrar o processo como método de resolução de conflitos por meio do qual se concretizam valores constitucionais[1]. Na mensagem encaminhada ao Presidente do Senado da República brasileira, LUIZ FUX, então Presidente da Comissão de Juristas encarregada da elaboração do Anteprojeto do NCPC, observou que "o Brasil clama por um processo mais ágil, capaz de dotar o país de um instrumento que possa enfrentar de forma célere, sensível e efetiva, as misérias e as aberrações que passam pela Ponte da Justiça"[2].

---

1 BRASIL. Congresso Nacional. Senado Federal. **Código de processo civil:** anteprojeto. Comissão de Juristas Responsável pela Elaboração de Anteprojeto de Código de Processo Civil. Brasília: Senado Federal, Presidência, 2010. p. 13.

2 *Idem, ibidem*, p. 9.

A teoria da desconsideração da personalidade da pessoa jurídica – também denominada teoria da penetração (ou, na expressão inglesa, *disregard of legal entity*) – trilhou longo caminho no Direito brasileiro para poder ser aceita como medida excepcional que poderia ser aplicada nos casos dos desvios ou abusos no exercício da personalidade jurídica da pessoa jurídica. Oriunda dos países de tradição jurídica do *Common Law*, a teoria da desconsideração da personalidade jurídica foi objeto de expressa abordagem e análise em Conferência proferida por RUBENS REQUIÃO na Universidade Federal do Paraná nos idos da década de 1960 do século XX[3]. E, mesmo sem haver expresso reconhecimento na legislação brasileira, houve defesa de sua aplicação no sistema jurídico brasileiro com base na noção do desvirtuamento da prática de atos ou atividades por meio da personalidade da pessoa jurídica, que não poderia ser confundida com a mesma personalidade jurídica das pessoas físicas (ou naturais).

A personalidade jurídica é um atributo decorrente do ordenamento jurídico – e não da realidade das coisas – e, assim, como ela é admitida, o Direito objetivo pode admitir sua retirada – casos de extinção da pessoa jurídica – ou seu afastamento episódico e pontual – hipóteses de desconsideração da personalidade –, a depender da gravidade dos atos ou atividades praticadas em contrariedade ao regular exercício da personalidade. É fundamental o registro de que a desconsideração é medida excepcional, de caráter residual, empregada para o fim de corrigir subversões detectadas com base na autonomia da personalidade da pessoa jurídica que não poderiam ser solucionadas de outra maneira[4]. Considera-se, pois, que são pressupostos para aplicar a desconsideração da personalidade jurídica: a) a constituição regular e válida da pessoa jurídica; b) o abuso ou fraude no exercício das atividades da pessoa jurídica; c) o prejuízo a terceiro em decorrência do ato praticado pela pessoa jurídica; d) a impossibilidade de aplicação da sanção de modo diverso da desconsideração[5].

Diante da aplicação da referida teoria por alguns juízes e tribunais, no período que se iniciou na década de 1990, vários textos legislativos passaram expressamente a tratar da desconsideração da personalidade jurídica. O pioneiro foi o Código de Defesa do Consumidor – Lei nº 8.078/1990 –, ao tratar da desconsideração no art. 28, *caput* e § 5º, sendo sequenciado pelo art. 4º da Lei nº 9.605/1998 e art. 18 da Lei nº 8.884/1994 (Lei Antitruste)[6]. Mais recentemente houve a edição da Lei nº 12.846/2013, que também prevê a desconsideração nos casos em que se identificar a ocorrência de práticas de atos de corrupção envolvendo pessoas jurídicas (art. 14),

3 REQUIÃO, Rubens. Abuso de direito e fraude através da personalidade jurídica (*disregard doctrine*). **Revista dos Tribunais.** v. 58, n. 410, dez. 1969.

4 GAMA, Guilherme Calmon Nogueira da. **Direito civil:** parte geral. São Paulo: Atlas, 2006. p. 77.

5 ALVES, Alexandre Ferreira de Assumpção. Fundamentos da desconsideração da personalidade jurídica no sistema jurídico da *common law* e sua aplicação nos direitos inglês e norte-americano. In: ALVES, Alexandre Ferreira de Assumpção; GAMA, Guilherme Calmon Nogueira da (Coords.). **Temas de direito civil-empresarial.** Rio de Janeiro: Renovar, 2009. p. 55.

6 Atualmente, a previsão da desconsideração da personalidade jurídica no âmbito das relações concorrenciais está contida no art. 34 da Lei nº 12.529/2001, que revogou a Lei nº 8.884/1994.

sendo que na hipótese é desnecessária qualquer decisão judicial a respeito em razão de a medida ser aplicada no âmbito da Administração Pública em procedimento administrativo[7].

O Código Civil de 2002, da mesma forma, prevê a desconsideração da personalidade jurídica da pessoa jurídica no art. 50, inovando formalmente o tratamento a respeito da matéria – quando comparado o estágio do tema à luz do revogado Código Civil de 1916.

O tema ganhou tamanha relevância no âmbito do Direito brasileiro que, em reuniões de juristas levadas a efeito nas Jornadas de Direito Civil do Conselho da Justiça Federal, alguns enunciados interpretativos foram aprovados para apontar caminhos na solução de polêmicas sobre aspectos de direito material da desconsideração da personalidade jurídica. De modo exemplificativo, o Enunciado nº 281, das Jornadas, considerou que a desconsideração prescinde da insolvência da pessoa jurídica. Por sua vez, o Enunciado nº 282 registra que o encerramento irregular da pessoa jurídica não é causa suficiente para a aplicação da desconsideração, orientação não seguida pelo Superior Tribunal de Justiça, ao menos quanto às ações de execuções fiscais no que se refere ao redirecionamento das execuções para as pessoas dos sócios nesta hipótese de dissolução irregular da sociedade[8]. O Enunciado nº 283, das Jornadas, admitiu expressamente a possibilidade da aplicação da teoria da desconsideração na modalidade invertida (ou inversa), ou seja, hipótese em que o devedor é a pessoa do sócio ou administrador, sendo que a personalidade autônoma é desconsiderada para invadir o patrimônio da pessoa jurídica. Ainda nas Jornadas foi aprovado o Enunciado nº 284, que considera que, na interpretação do art. 50 do Código Civil, a desconsideração da personalidade jurídica pode envolver as associações e as fundações, não se restringindo apenas às sociedades. E, ainda de modo exemplificativo, o Enunciado nº 285, das Jornadas, admitiu que a invocação da teoria da desconsideração pudesse ser feita em favor da pessoa jurídica.

Verifica-se, claramente, que as polêmicas surgidas em torno da desconsideração da personalidade jurídica – e que foram objeto de posturas interpretativas expressas nos Enunciados das Jornadas de Direito Civil do Conselho da Justiça Federal – se referiram às questões de direito material. Contudo, há outros temas relevantes que envolvem aspectos de direito adjetivo e que não mereceram a mesma atenção por parte da doutrina.

De modo a contextualizar os assuntos mais importantes que se referem às questões processuais relativas à desconsideração da personalidade jurídica podem ser colacionados os seguintes: a) possibilidade de aplicação de ofício da desconsideração da

---

7 TARTUCE, Flávio. **O novo CPC e o direito civil:** impactos, diálogos e interações. São Paulo: Método, 2015. p. 68.

8 Cuida-se de Súmula nº 435, do Superior Tribunal de Justiça, do seguinte teor: "Presume-se dissolvida irregularmente a empresa que deixar de funcionar no seu domicílio fiscal, sem comunicação aos órgãos competentes, legitimando o redirecionamento da execução fiscal para o sócio gerente".

personalidade jurídica (à luz do art. 28 do Código de Defesa do Consumidor) ou não (*ex vi* do art. 50 do Código Civil); b) legitimidade processual para requerer a aplicação da teoria da desconsideração restrita somente à pessoa prejudicada pelo abuso ou fraude no uso da personalidade jurídica; c) legitimidade recursal para impugnar a decisão que desconsiderou a personalidade jurídica; d) procedimento e momento processual relativos à aplicação da desconsideração.

Em razão de tais polêmicas, constituiu-se um grupo de pesquisa no âmbito do saudoso Programa de Pós Graduação *Stricto Sensu* em Direito da Universidade Gama Filho que, durante aproximadamente três anos, realizou trabalho investigativo sobre vários acórdãos dos Tribunais de Justiça do Rio de Janeiro e de Minas Gerais e do Superior Tribunal de Justiça, culminando com a publicação do livro intitulado *Desconsideração da personalidade da pessoa jurídica: visão crítica da jurisprudência*[9].

2. O Incidente de Desconsideração da Personalidade Jurídica

Os trabalhos desenvolvidos pela Comissão de Juristas sob a presidência do Ministro LUIZ FUX levaram em conta a ausência de um regramento legal específico no Código de Processo Civil e demais leis processuais sobre a desconsideração da personalidade jurídica e, por isso, houve a inclusão do denominado "Incidente de Desconsideração da Personalidade Jurídica" – IDPJ – nos arts. 62 a 65 do então Anteprojeto de Lei sobre o novo Código de Processo Civil.

No curso do processo legislativo que redundou na aprovação e promulgação do NCPC, o referido Incidente passou a ser tratado no Capítulo IV do Título III – "Da Intervenção de Terceiro" – do Livro III – "Dos Sujeitos do Processo" – da Parte Geral do Código de Processo Civil. O referido capítulo é composto pelos arts. 133 a 137 do NCPC. Em excelente momento, o CPC trata do procedimento que pode conduzir à declaração da desconsideração da personalidade jurídica, e o faz como uma modalidade de intervenção de terceiro no processo. Cuida-se de modalidade de intervenção de terceiros provocada – e não voluntária[10]. E o tratamento legal sobre o tema se insere claramente no movimento de constitucionalização do Direito Processual Civil e, por isso, não havia espaço para negar o cumprimento dos princípios e garantias constitucionais do contraditório, da ampla defesa e do devido processo legal de modo a considerar que a hipótese é de desconsideração da personalidade jurídica. Como bem observa a doutrina, "há que se integrar o processo à sistemática da Constituição, como se nela as regras que o regulam estivessem contidas"[11].

---

9 GAMA, Guilherme Calmon Nogueira da (Coord.) **Desconsideração da personalidade da pessoa jurídica.** São Paulo: Atlas, 2009.

10 GARCIA, Gustavo Filipe Barbosa. **Novo código de processo civil:** principais modificações. Rio de Janeiro: Forense, 2015. p. 37.

11 BERMUDES, Sérgio. **CPC de 2015:** inovações. Rio de Janeiro: GZ Editora, 2016. v. 1, p. 6.

Houve nítido propósito de evidenciar a harmonização da lei ordinária – a Lei nº 13.105/2015 – com a Constituição Federal de 1988, o que se pode verificar inclusive pela previsão expressa no texto legal dos princípios constitucionais na sua versão processual, além de regras que buscaram dar concreção a princípios constitucionais[12], como é exemplo o tratamento do Incidente de Desconsideração – IDPJ. A maior preocupação a respeito da previsão expressa acerca do IDPJ se baseou nas possíveis violações ao postulado do devido processo legal e às garantias constitucionais do contraditório e da ampla defesa.

Na vigência do Código de Processo Civil de 1973, exatamente em razão da ausência de tratamento específico, vários casos concretos envolveram tal polêmica. Em caráter nitidamente minoritário, havia orientação judicial segundo a qual a desconsideração da personalidade jurídica deveria se restringir ao processo de conhecimento, conforme se detectou na pesquisa jurisprudencial realizada. Prevaleceu o entendimento de que, mesmo com necessária observância do devido processo legal, não se poderia restringir a desconsideração ao processo de conhecimento. Era possível dar oportunidade à pessoa passível de ter seu patrimônio atingido pela desconsideração de produzir sua defesa com os recursos e meios a ela inerentes, em raciocínio análogo ao tratamento normativo dado à fraude à execução, especialmente em razão de a desconsideração da personalidade jurídica e a fraude à execução atuarem no plano da ineficácia (e não da invalidade dos atos e negócios jurídicos)[13].

O devido processo legal decorre de conquistas obtidas com o constitucionalismo social, representando ainda garantia fundamental para os cidadãos, e abrange o direito ao procedimento adequado que deve ser conduzido sob o influxo das garantias constitucionais do contraditório e da ampla defesa. Desse modo, três alternativas surgiram para aplicação da desconsideração da personalidade jurídica sob a égide do CPC de 1973: a) a desconsideração aplicada por mera decisão nos autos da execução de título extrajudicial ou da fase de cumprimento de sentença; b) a desconsideração conhecida como demanda autônoma por meio de processo de conhecimento; c) a desconsideração compreendida como objeto de incidente na execução. Em se admitindo a desconsideração por simples decisão na execução – ou fase de cumprimento de sentença –, com determinação de penhora ou arresto de bens pertencentes à pessoa diversa do devedor, havia clara afronta ao devido processo legal, ainda que se admitindo o debate sobre o tema em sede de embargos à execução ou embargos de terceiro, ou mesmo de recurso de agravo de instrumento.

Em julgamento ocorrido em abril de 2002[14], o Tribunal de Justiça do Rio de Janeiro, ao apreciar agravo de instrumento contra decisão que havia rejeitado obje-

---

12 CARNEIRO, Paulo Cezar Pinheiro; PINHO, Humberto Dalla Bernardina de (Coords.). **Novo código de processo civil anotado e comparado.** Rio de Janeiro: GEN Forense, 2015. p. XXV/XXVI.

13 GAMA, Guilherme Calmon Nogueira da (Coord.). **Desconsideração da personalidade da pessoa jurídica**, op. cit., p. 26.

14 TJ-RJ, 2ª Câmara Cível, Agravo de Instrumento nº 15.552/2001, decisão datada de 13/03/2002.

ção de pré-executividade apresentada em ação de execução na qual foi determinada a penhora de bens do sócio da devedora com base na teoria da desconsideração da personalidade jurídica, negou provimento ao recurso por considerar que a matéria debatida não se inseria entre aquelas que se enquadrassem no âmbito da referida objeção[15]. Em comentário doutrinário a tal julgado, considerou-se que houve afronta ao princípio da isonomia no âmbito do processo, pois apesar de ter sido franqueada a oportunidade ao credor de ver analisada sua alegação acerca da presença dos pressupostos para a desconsideração da personalidade jurídica, independentemente de ajuizamento de ação de conhecimento ou mesmo de instauração de um incidente no processo, o mesmo não ocorreu em favor do sócio que, na esteira do entendimento que prevaleceu no julgado, necessitaria de dilação probatória a ser exercitada na ação de embargos de devedor ou de embargos de terceiro[16].

Este é apenas um caso dentre vários outros nos quais se concluiu pela possibilidade da desconsideração da personalidade jurídica em razão de decisão judicial proferida nos autos da ação de execução por título extrajudicial ou da fase de cumprimento de sentença, sem que antes houvesse sido oportunizada a defesa em favor da pessoa cuja personalidade jurídica foi desconsiderada relativamente ao crédito exequendo. Daí a observação da doutrina processual no sentido da inadmissibilidade de o juiz proferir decisão que desconsidere a personalidade jurídica sem antes ouvir o terceiro estranho ao processo, e que poderá ter seu patrimônio invadido em razão de tal decisão[17].

Daí a importância do tratamento normativo no NCPC a respeito do Incidente de Desconsideração da Personalidade Jurídica que, sem dúvida, aponta caminhos mais seguros e condizentes com os valores e princípios constitucionais em matéria processual para o fim de se possibilitar a aplicação da desconsideração da personalidade jurídica. O NCPC passa a regulamentar, no plano processual, regras procedimentais quanto à concretização das normas de direito material contidas em textos legislativos importantes no Brasil[18]. Realmente, o NCPC disciplina o procedimento que pode conduzir à desconsideração da personalidade jurídica em boa hora[19]. Por óbvio, o novo Código não disciplina os pressupostos da desconsideração da personalidade jurídica, pois tal matéria tem natureza de direito material[20]. Em seguida, serão analisados dispositivos do NCPC que se referem aos aspectos processuais da desconsideração.

---

15 GAMA, Guilherme Calmon Nogueira da (Coord.). **Desconsideração da personalidade da pessoa jurídica**, op. cit., p. 90.

16 GAMA, Guilherme Calmon Nogueira da (Coord.). **Desconsideração da personalidade da pessoa jurídica**, op. cit., p. 102.

17 WAMBIER, Teresa Arruda Alvim; CONCEIÇÃO, Maria Lúcia Lins; RIBEIRO, Leonardo Ferres da Silva; MELLO, Rogério Licastro Torres. **Primeiros comentários ao novo Código de Processo Civil:** artigo por artigo. São Paulo: RT, 2015. p. 252.

18 TARTUCE, Flávio. **O novo CPC...**, op. cit., p. 65.

19 WAMBIER, Teresa Arruda Alvim *et allii*. **Primeiros comentários ao novo...**, op. cit., p. 251.

20 BERMUDES, Sérgio. **CPC de 2015**, op. cit., p. 108.

3. Comentários aos dispositivos do NCPC sobre o incidente de desconsideração

Inicialmente pode ser apresentado o rol de dispositivos legais do NCPC que se referem expressamente à desconsideração da personalidade jurídica e que impactam a jurisdição e o processo: arts. 133 a 137, 674, 790, 792 e 1.062. É oportuno que sejam destacados os referidos dispositivos para permitir a análise mais minuciosa a respeito. No fundo, o procedimento se insere numa ação incidental que pode gerar uma sentença condenatória, ou declaratória negativa, caso se aplique ou negue a desconsideração, respectivamente[21].

> a) "Art. 133. O incidente de desconsideração da personalidade jurídica será instaurado a pedido da parte ou do Ministério Público, quando lhe couber intervir no processo.
> § 1º O pedido de desconsideração da personalidade jurídica observará os pressupostos previstos em lei.
> § 2º Aplica-se o disposto neste Capítulo à hipótese de desconsideração inversa da personalidade jurídica."

Conforme se verifica, da leitura do art. 133, *caput,* do NCPC, há a previsão a respeito do necessário requerimento da parte ou do Ministério Público, neste caso quando lhe couber intervir no processo como fiscal da ordem jurídica. À luz da redação do referido dispositivo, alguns questionamentos são apresentados: a) ainda é possível a desconsideração *ex officio*, tal como decorre da interpretação do art. 28 do CDC?; b) o incidente de desconsideração pode ser requerido pela parte ré?; c) a abrangência do incidente de desconsideração na modalidade tradicional é restrita aos sócios, ou também pode abranger os administradores?; d) houve unificação dos pressupostos legais para aplicação da desconsideração em qualquer hipótese (relações de consumo, relações civis, matéria ambiental, matéria anticoncorrencial, matéria vinculada ao combate à corrupção)?

Sem prejuízo da relevância quanto à previsão do IDPJ no novo Código de Processo Civil, cabe proceder à interpretação das normas jurídicas constantes dos preceitos legais para o encaminhamento das soluções hermenêuticas em torno das polêmicas que podem ser identificadas à luz do tratamento normativo apresentado. A respeito da questão da instauração de ofício ou somente por provocação de algum interessado, há divergência doutrinária[22]. Deve-se rememorar a polêmica anterior ao advento

---

21 BERMUDES, Sérgio. **CPC de 2015**, op. cit., p. 109.

22 No sentido da inadmissibilidade da instauração de ofício do IDPJ posicionam-se Teresa Arruda Alvim Wambier (WAMBIER, Teresa Arruda Alvim *et allii*. **Primeiros comentários ao novo...**, op. cit., p. 252), Aluisio Gonçalves de Castro Mendes (MENDES, Aluisio Gonçalves de Castro; SILVA, Larissa Clare Pochmann da; ALMEIDA, Marcelo Pereira de (Orgs.). **Novo código de processo civil comparado e anotado.** Rio de Janeiro: GZ Editora, 2015, p. 98) e Gustavo Felipe Garcia (GARCIA, Gustavo Filipe Barbosa. **Novo código de processo civil...**, op. cit., p. 37). Em sentido oposto, quanto à admissibilidade da instauração de ofício do IDPJ nos casos tratados nas leis de direito material: Flávio Tartuce (TARTUCE, Flávio. **O novo CPC...**, op. cit., p. 77).

do NCPC, porquanto no cotejo dos textos do Código de Defesa do Consumidor (Lei nº 8.078/1990) e do Código Civil (Lei nº 10.406/2002), considerou-se que no âmbito das relações de consumo o magistrado poderia de ofício considerar tratar-se de hipótese de aplicação da desconsideração da personalidade jurídica exatamente por se tratar de medida mais benéfica ao consumidor, ao passo que no âmbito das relações paritárias de crédito/débito – relações civis – somente poderia ser aplicada a desconsideração em caso de expresso requerimento da parte interessada ou do Ministério Público quando este interviesse no processo[23].

Se for feita a comparação da redação do art. 133, *caput,* do NCPC, com o art. 50 do CC, constata-se que o legislador de 2015 se inspirou na formulação da regra do Código Civil, mas ao mesmo tempo considera que os pressupostos previstos nas leis devem ser mantidos (§ 1º do art. 133, NCPC). A esse respeito, deve-se interpretar a regra do *caput* do art. 133 do NCPC, sem que tenha ocorrido qualquer alteração nos pressupostos materiais de aplicação da desconsideração e, entre eles também se insere a possibilidade de o magistrado – juiz ou relator do recurso ou ação originária no tribunal – poder instaurar de ofício o IDPJ. Como bem ressalta parcela da doutrina, cabe aplicação da desconsideração *ex officio* nos casos relacionados às questões de ordem pública, tais como aquelas que envolvem a proteção ao meio ambiente, a tutela ao consumidor, o combate à corrupção por meio de mecanismos ligados à pessoa jurídica, ou seja, hipóteses em que se reconhece tratarem-se de aplicação da teoria menor da desconsideração da personalidade jurídica[24]. Em outras palavras: é mantido o sistema jurídico relativamente ao tratamento diferenciado das hipóteses de desconsideração da personalidade jurídica e, por isso, quando a lei material não exigir que a desconsideração seja aplicada somente a requerimento do interessado ou do Ministério Público, o juiz pode determinar a instauração do IDPJ de ofício por portaria na qual constará a descrição dos fatos que, em tese, podem ensejar a desconsideração. É exatamente a hipótese contemplada no art. 28, *caput*, do Código de Defesa do Consumidor.

Não se pode, assim, proceder à mera interpretação literal ou gramatical da regra contida no *caput* do art. 133 do NCPC. A respeito da segunda questão – se o IDPJ pode ser instaurado a requerimento da parte ré –, a norma contida no NCPC não impede que o requerente da instauração do incidente seja a parte ré do processo. A esse respeito, é importante levar em consideração orientação mais atual segundo a qual em vários casos de aplicação da desconsideração da personalidade na modalidade comum a pessoa jurídica também é prejudicada em razão da conduta de um sócio ou administrador e, por isso, pode-se considerar que há interesse da pessoa jurídica – e dos demais sócios e administradores – que no caso haja a desconsideração da personalidade da pessoa jurídica para permitir a invasão do patrimônio do sócio ou administrador responsável pelo abuso ou pela fraude no uso da personalidade da pessoa jurídica.

---

23 GAMA, Guilherme Calmon Nogueira da. **Direito civil:** Parte Geral..., op. cit., p. 79.

24 TARTUCE, Flávio. **O novo CPC...**, op. cit., p. 77.

O art. 133, § 1º, do NCPC, expressamente se refere a que o pedido de desconsideração da personalidade jurídica seja feito com base nos pressupostos previstos na lei que trata dos aspectos materiais do levantamento episódico da autonomia patrimonial. Na realidade, a regra jurídica deixa assentado que o NCPC não altera qualquer norma jurídica anterior relacionada à disciplina material da desconsideração da personalidade jurídica como instituto de direito material. A disciplina processual sobre o modo de aplicação da desconsideração da personalidade jurídica é uma só, mas as disciplinas materiais sobre as diferentes hipóteses de desconsideração da personalidade jurídica continuam mantidas apartadas umas das outras. De modo exemplificativo, reconhece-se que o Código de Defesa do Consumidor encampou a teoria menor da desconsideração da personalidade jurídica e, por isso, as hipóteses de desconsideração no âmbito das relações de consumo são mais amplas e abrangentes, ao passo que o Código Civil adotou a teoria maior da desconsideração da personalidade jurídica, o que significa afirmar que o leque de situações que permitem a desconsideração nas relações civis é mais restrito.

A regra contida no art. 133 do NCPC deve ser interpretada para abranger os sócios e administradores da pessoa jurídica em caso de aplicação da desconsideração da personalidade jurídica, e não apenas os sócios[25]. Apesar da lacuna contida em outras normas do NCPC a respeito dos administradores, como os pressupostos e condições das leis materiais acerca da desconsideração se mantêm inalterados (art. 133, § 1º, NCPC), obviamente que cabe ao intérprete realizar o correto trabalho hermenêutico para também considerar a possibilidade de a desconsideração abranger os administradores da pessoa jurídica.

E, a despeito de prevista em norma contida no NCPC, a Lei nº 13.105/2015 expressamente admite a desconsideração inversa – ou invertida – da personalidade jurídica como modalidade aceita no ordenamento jurídico brasileiro[26]. Nos casos de relações de família ou mesmo de relações de consumo, nas quais a obrigação contraída pelo sócio ou administrador em seu próprio nome por meio de abuso ou fraude no exercício de atividade através da pessoa jurídica, poderá ser levantado o véu da autonomia patrimonial de modo a permitir alcançar bens da pessoa jurídica de modo a responder patrimonialmente pelas obrigações do sócio ou administrador que agiu fraudulentamente ou com abuso de poder no que tange à personalidade da pessoa jurídica. Nos casos de divórcio, por exemplo, um dos cônjuges descobre que vários bens que deveriam ser do casal em razão do regime de bens do casamento foram colocados em nome da sociedade empresária da qual seu cônjuge é sócio majoritário com objetivo exatamente de fraudar a partilha de bens. A hipótese é claramente de desconsideração inversa da personalidade jurídica para admitir a partilha de bens que

25 TARTUCE, Flávio. **O novo CPC...**, op. cit., p. 79.

26 No Anteprojeto do NCPC apresentado pela Comissão de Juristas já havia o destaque para a expressa previsão da modalidade da desconsideração invertida na redação do então art. 63, parágrafo único (BRASIL. Congresso Nacional. [...] **Código de processo civil:** anteprojeto, op. cit., p. 61.

integram o patrimônio da pessoa jurídica que teve sua personalidade usada para encobrir o patrimônio comum do ex-casal.

É importante o registro que a desconsideração inversa da personalidade jurídica não foi contemplada expressamente em qualquer norma jurídica de direito material. Ou seja, o Código de Defesa do Consumidor, o Código Civil e a Lei nº 9.605/1998, entre outras, não preveem a modalidade inversa da desconsideração da personalidade jurídica. Contudo, tal como já se verificava com a modalidade ordinária da desconsideração antes de 1990, não era necessária a expressa previsão em norma jurídica para que pudesse ser aplicada a teoria da desconsideração da personalidade jurídica. Doravante a referência expressa a respeito da desconsideração inversa no art. 133, § 2º, do NCPC, apenas confirma a admissibilidade de tal modalidade de desconsideração no Direito brasileiro.

> b) "Art. 134. O incidente de desconsideração é cabível em todas as fases do processo de conhecimento, no cumprimento de sentença e na execução fundada em título executivo extrajudicial.
>
> § 1º A instauração do incidente será imediatamente comunicada ao distribuidor para as anotações devidas.
>
> § 2º Dispensa-se a instauração do incidente se a desconsideração da personalidade jurídica for requerida na petição inicial, hipótese em que será citado o sócio ou a pessoa jurídica.
>
> § 3º A instauração do incidente suspenderá o processo, salvo na hipótese do § 2º.
>
> § 4º O requerimento deve demonstrar o preenchimento dos pressupostos legais específicos para desconsideração da personalidade jurídica."

A regra do art. 134 do NCPC resolve uma das polêmicas até então existentes relacionadas ao momento processual de aplicação da desconsideração da personalidade jurídica. Como havia sido destacado anteriormente, o CPC de 1973 não cuidou do tema de modo expresso e, por isso, havia sérias dúvidas a respeito da possibilidade de a desconsideração ser aplicada na ação de execução de título extrajudicial ou na fase de cumprimento de sentença.

Doravante, com fundamento no art. 134 do NCPC, admite-se que o incidente de desconsideração possa ser instaurado em qualquer fase e tipo de processo, seja qual for o procedimento que deva ser seguido, além de ser cabível na jurisdição de 1º ou de 2º graus. A regra legal se refere à admissibilidade do IDPJ em todas as fases do processo de conhecimento, em qualquer fase do cumprimento de sentença e em qualquer momento referente ao processo de execução fundada em título extrajudicial.

Não se revela cabível o IDPJ na fase de recurso especial ou de recurso extraordinário, porquanto a disciplina normativa a respeito das competências do Superior Tribunal de Justiça e do Supremo Tribunal Federal é dada pela Constituição Federal[27]. Desse modo, não seria possível norma infraconstitucional – como é a Lei nº 13.105/2015 – ampliar o rol de competências do STF e do STJ. Ademais, os recursos extraordinário

27 WAMBIER, Teresa Arruda Alvim *et allii*. **Primeiros comentários ao novo...**, op. cit., p. 253.

e especial apresentam estreitos limites quanto ao efeito devolutivo que decorre dos julgados recorríveis.

Contudo, quanto aos tribunais inferiores – Tribunais de Justiça e Tribunais Regionais Federais – é cabível a instauração do IDPJ na fase recursal, ou mesmo em processos de competência originária do respectivo tribunal. O incidente de desconsideração da personalidade jurídica também é expressamente admitido nos processos dos Juizados Especiais Cíveis das Justiças estadual e federal (art. 1.062, NCPC).

Uma vez instaurado o IDPJ, será suspenso o processo de conhecimento, o processo referente ao cumprimento de sentença ou o processo de execução, a teor do § 3º do art. 134 do NCPC. Na realidade, o incidente passa a ser aquilo que está ocorrendo no processo[28]. A suspensão do processo devido à instauração do IDPJ impede a prática dos atos processuais comuns ou "normais" durante o período da suspensão até a solução do incidente, mas não obstaculiza a adoção de medidas relacionadas à tutela de urgência. A suspensão cessará com a prolação da decisão que resolve o incidente, mesmo sujeita a recurso que, desse modo, não terá efeito suspensivo.

A comunicação da instauração do IDPJ ao distribuidor judicial para fins de ser anotado se revela ato importante para produzir determinados efeitos de direito material. A regra do art. 134, § 1º, do NCPC, ao prever a comunicação imediata da instauração do IDPJ ao distribuidor, evidencia que, nos casos de requerimento da instauração do incidente, o magistrado deverá verificar a presença dos pressupostos para tanto, não sendo automática a instauração em razão de simples requerimento apresentado pelo interessado ou pelo Ministério Público. O pedido de instauração do IDPJ deve estar bem fundamentado, com a exposição dos fundamentos de fatos e de direito para que possa haver a desconsideração da personalidade jurídica (art. 134, § 4º).

O objetivo da anotação que constará dos livros do distribuidor judicial é possibilitar a informação a respeito do IDPJ a terceiros que possam manter contato negocial com a pessoa jurídica, seus sócios ou administradores cuja personalidade possa vir a ser desconsiderada[29]. Tal regra também se vincula ao disposto no art. 792, § 3º, do NCPC, que prevê a ocorrência da fraude à execução a partir da citação da parte cuja personalidade se pretende desconsiderar nos casos de desconsideração da personalidade jurídica.

A única hipótese em que não será necessária a instauração do IDPJ ocorre quando a desconsideração for objeto de pedido feito na petição inicial (art. 134, § 2º, NCPC). Em tal caso, dispensa-se a instauração do IDPJ pois na ação já houve a inclusão da pessoa cujo patrimônio se pretende atingir em clara hipótese de litisconsórcio passivo facultativo como modalidade de intervenção de terceiro no processo. Há parcela da doutrina que somente admite a veiculação do pedido de desconsideração na petição inicial da ação de conhecimento, o que não seria possível nos casos de cumprimento de sentença ou de ação de execução fundada em título executivo extrajudicial, sob o fundamento da falta de legitimidade passiva relativamente ao sócio por não figurar

28 WAMBIER, Teresa Arruda Alvim *et allii*. **Primeiros comentários ao novo...**, op. cit., p. 254.

29 WAMBIER, Teresa Arruda Alvim *et allii*. **Primeiros comentários ao novo...**, op. cit., p. 253.

no título executivo ou na sentença[30]. Com a vênia devida, o NCPC não restringe os casos de dispensa da instauração do IDPJ apenas ao processo de conhecimento, e tal postura tem sua razão de ser. Se desde o início do processo de execução fundada em título extrajudicial o exequente já tem notícia acerca da existência dos pressupostos da desconsideração da personalidade jurídica, não tem sentido impedir que na petição inicial haja um capítulo próprio para tratar da desconsideração da personalidade jurídica com o requerimento de citação do sócio, administrador ou pessoa jurídica cuja personalidade se pretende desconsiderar. O mesmo pode ser dito em relação aos casos que envolvem a fase de cumprimento de sentença. A questão da legitimidade passiva da pessoa incluída na petição inicial será aferida exatamente em razão da avaliação dos fatos narrados e das provas produzidas acerca de se tratar de hipótese de desconsideração da personalidade jurídica.

A regra do § 2º do art. 134 do NCPC, ao se referir à citação do sócio ou da pessoa jurídica deve ser interpretada ampliativamente para também abranger o administrador da pessoa jurídica, tal como já foi observado nos comentários ao art. 133. O novo Código de Processo Civil não interferiu nos pressupostos e condições materiais para aplicação da desconsideração da personalidade jurídica e, portanto, é possível o administrador ter seu patrimônio invadido quando ele for o responsável pelo abuso ou fraude no uso da personalidade da pessoa jurídica.

Não haverá suspensão do processo nos casos em que o pedido de desconsideração da personalidade jurídica for feito na petição inicial do processo de conhecimento, da fase de cumprimento de sentença ou do processo de execução de título executivo extrajudicial. Nestes casos, a decisão acerca da desconsideração ocorrerá no mesmo instante do julgamento da causa.

No âmbito do IDPJ, havendo decisão no sentido da desconsideração da personalidade jurídica da pessoa jurídica, do sócio ou administrador, a pessoa deixa de ser terceiro relativamente ao processo e passa à condição de litisconsorte passivo.

> c) "Art. 135. Instaurado o incidente, o sócio ou a pessoa jurídica será citado para manifestar-se e requerer as provas cabíveis no prazo de 15 (quinze) dias."

O NCPC estabelece o procedimento referente ao incidente de desconsideração da personalidade jurídica e, após ter se referido ao pedido de sua instauração no art. 134, trata da citação da pessoa cuja personalidade se pretende desconsiderar episodicamente. As regras contidas no NCPC a respeito do incidente de desconsideração atentam rigorosamente para os princípios e garantias constitucionais do devido processo legal, contraditório e ampla defesa, ao estatuírem procedimento que assegura ao requerido não apenas a obtenção do conhecimento dos fatos e das provas relativas à pretensão de desconsideração da personalidade jurídica, mas também garante os meios e recursos para se defender do pedido da desconsideração.

---

30 MENDES, Aluisio Gonçalves de Castro *et allii* (Orgs.). **Novo código de processo civil...**, op. cit., p. 99.

O art. 135 do NCPC trata da citação do requerido no IDPJ que, por ora, ainda é tratado como terceiro ao processo. A exigência da citação do requerido decorre da circunstância dele ainda não integrar a relação processual[31]. O requerido é demandado no incidente que, for acolhido, o transformará em réu no processo. Uma vez citado no IDPJ, se o requerido não se manifestar, haverá a produção dos efeitos da revelia.

Parcela da doutrina observa que todos os sócios e a pessoa jurídica devem ser citados no IDPJ[32]. Contudo, acerca deste tema não há sentido em incluir no polo passivo do IDPJ todos os sócios, administradores e pessoa jurídica quando na realidade somente um – ou alguns deles –, em tese, foi o responsável pelo abuso ou pela fraude no uso da personalidade da pessoa jurídica. Portanto, tal como prevê o art. 135 do NCPC, somente o sócio, o administrador ou a pessoa jurídica responsável será citado no incidente de desconsideração.

> d) "Art. 136. Concluída a instrução, se necessária, o incidente será resolvido por decisão interlocutória.
> Parágrafo único. Se a decisão for proferida pelo relator, cabe agravo interno."

O IDPJ corresponde ao procedimento que permite a produção de provas, além das documentais, em sendo necessária, que culminará com a prolação de decisão interlocutória que resolverá o mérito do incidente.

É importante o registro que o NCPC altera significativamente o sistema recursal em matéria de decisões interlocutórias, adotando o princípio da irrecorribilidade como regra, a exemplo do que já se verifica no sistema dos Juizados Especiais. Assim, a regra é a de que decisão interlocutória é irrecorrível, mas há algumas exceções. E, nos termos do art. 1.015, IV, do NCPC, a decisão que versar sobre o incidente de desconsideração da personalidade jurídica é passível de ser impugnada por agravo de instrumento. Ou seja: a decisão interlocutória que decide que é caso de desconsideração da personalidade jurídica – ou que não é caso – se sujeita à interposição de agravo de instrumento como uma das exceções ao princípio da irrecorribilidade das decisões interlocutórias no NCPC.

E, também como uma novidade introduzida pelo NCPC, a decisão que resolve o mérito do incidente de desconsideração, após o decurso do prazo de interposição do agravo de instrumento – ou o julgamento do agravo de instrumento, não mais impugnado –, poderá ser objeto de ação rescisória, sendo equiparável a uma sentença. Como a matéria apreciada no IDPJ envolve matéria de mérito relacionada à aplicação da desconsideração, a decisão que resolve o incidente tem o condão de transitar em julgado e, assim, poderá ser rescindida em ação rescisória[33]. Na verdade, a decisão do incidente corresponde a uma "sentença" sobre a matéria ali tratada, ou seja, as questões referentes à desconsideração da personalidade jurídica.

---

31 GARCIA, Gustavo Filipe Barbosa. **Novo código de processo civil...**, op. cit., p. 39.

32 MENDES, Aluisio Gonçalves de Castro *et allii* (Orgs.). **Novo código de processo civil...**, op. cit., p. 99.

33 WAMBIER, Teresa Arruda Alvim *et allii*. **Primeiros comentários ao novo...**, op. cit., p. 255.

Cabe agravo interno contra a decisão do relator no IDPJ sobre a desconsideração da personalidade jurídica, o que evidencia a possibilidade de o incidente ser instaurado em 2º grau de jurisdição. Duas são as possibilidades de instauração do incidente no tribunal: a) na hipótese em que o processo está em fase recursal no âmbito do tribunal de justiça ou do tribunal regional federal (ou ainda nas turmas recursais dos Juizados Especiais); b) na hipótese em que o processo for de competência originária do tribunal. O relator será o magistrado em 2º grau que irá admitir, conduzir e julgar o incidente de desconsideração como se fosse magistrado monocrático[34], não sendo necessário levar o tema ao colegiado, ressalvada a possibilidade da apreciação do agravo interno.

> e) "Art. 137. Acolhido o pedido de desconsideração, a alienação ou a oneração de bens, havida em fraude de execução, será ineficaz em relação ao requerente."

A regra do art. 137 do NCPC cuida dos efeitos da desconsideração da personalidade jurídica, caso seja acolhido o pedido e, ainda, seja verificada a ocorrência de alienação ou oneração de bens em hipótese típica de fraude à execução. Como principal efeito decorrente da desconsideração da personalidade jurídica, os atos processuais executivos poderão atingir bens e valores da pessoa cuja personalidade foi desconsiderada. É tranquila a orientação segundo a qual a desconsideração da personalidade jurídica atua no plano da (in)eficácia dos atos e negócios jurídicos em geral, e não no plano da (in)validade. Ou seja: a desconsideração não invalida a personalidade jurídica da pessoa, tampouco gera a extinção da pessoa jurídica ou sua despersonalização. Uma vez reconhecido que a hipótese é de desconsideração da personalidade jurídica, levanta-se o véu da autonomia subjetiva e objetiva que existe na separação entre a pessoa jurídica e as pessoas dos sócios ou dos administradores, para o fim de permitir episodicamente que os efeitos das obrigações contraídas possam atingir o patrimônio da pessoa cuja personalidade se pretende ver desconsiderada.

O art. 137 do NCPC, no entanto, se refere à possibilidade de a pessoa que responde ao incidente de desconsideração promover atos de alienação ou oneração de bens em fraude à execução e, assim, tais atos serão reputados ineficazes relativamente ao credor da obrigação (art. 792, § 3º, NCPC). É importante a referência que a ineficácia do ato de alienação ou oneração se refere à pessoa do credor que, eventualmente, pode não ser o requerente do incidente de desconsideração, como no caso da atuação do Ministério Público, ou mesmo da pessoa jurídica ser aquela que pleiteou a desconsideração. A decisão que considera se tratar de hipótese de desconsideração da personalidade jurídica tem natureza declaratória e, assim, retroage ao menos à data do requerimento de instauração do incidente[35]. O sócio, administrador ou sociedade que teve seu bem penhorado independentemente do incidente de desconsideração

---

34 WAMBIER, Teresa Arruda Alvim *et allii*. **Primeiros comentários ao novo...**, op. cit., p. 255.

35 WAMBIER, Teresa Arruda Alvim *et allii*. **Primeiros comentários ao novo...**, op. cit., p. 255.

tem legitimidade para ajuizar embargos de terceiro[36], nos termos do art. 674, § 2º, inc. III, do NCPC.

Há, ainda, alguns dispositivos do NCPC que merecem rápidos comentários para fins de completar a abordagem sobre os aspectos processuais da desconsideração da personalidade jurídica.

> f) "Art. 674. Quem, não sendo parte no processo, sofrer constrição ou ameaça de constrição sobre bens que possua ou sobre os quais tenha direito incompatível com o ato constritivo, poderá requerer seu desfazimento ou sua inibição por meio de embargos de terceiro.
> § 1º Os embargos podem ser de terceiro proprietário, inclusive fiduciário, ou possuidor.
> § 2º Considera-se terceiro, para ajuizamento dos embargos:
> I – o cônjuge ou companheiro, quando defende a posse de bens próprios ou de sua meação, ressalvado o disposto no art. 843;
> II – o adquirente de bens cuja constrição decorreu de decisão que declara a ineficácia da alienação realizada em fraude à execução;
> III – quem sofre constrição judicial de seus bens por força de desconsideração da personalidade jurídica, de cujo incidente não fez parte;
> IV – o credor com garantia real para obstar expropriação judicial do objeto de direito real de garantia, caso não tenha sido intimado, nos termos legais dos atos expropriatórios respectivos."

O NCPC repete o tratamento do Código de Processo Civil de 1973 a respeito da ação de embargos de terceiro com algumas novidades. Os comentários se restringirão à parte que envolve a desconsideração da personalidade jurídica, de modo a resolver algumas polêmicas existentes anteriormente ao início da vigência do NCPC.

Naquilo que importa ao tema da desconsideração da personalidade jurídica, o art. 674, *caput* e § 2º, III, do NCPC, deixa assentado que terceiro, para fins de ajuizamento dos embargos de terceiro, é a pessoa que sofrer constrição judicial – ou estiver na iminência de ter algum bem atingido por decisão judicial – de seus bens em razão de decisão que desconsidera a personalidade jurídica de cujo incidente não fez parte.

Desse modo, a pessoa cuja personalidade foi desconsiderada no IDPJ (arts. 133 a 137) ou no processo original (art. 134, § 2º, NCPC) não pode ser considerada terceiro para fins de ajuizamento dos embargos de terceiro. Trata-se de solução legislativa que resolve a polêmica acerca do tema referente à (im)possibilidade de a pessoa cuja personalidade foi episodicamente afastada por decisão proferida no IDPJ ou no processo original propor ação de embargos de terceiro. O NCPC expressamente acolheu a orientação segundo a qual a pessoa cuja personalidade foi desconsiderada ou que se pretende desconsiderar não ser reputada terceiro para fins dos embargos de terceiro tratados nos arts. 674 a 681 do NCPC. Assim, revela-se claramente incabíveis os embargos de terceiros ajuizados pela pessoa cuja personalidade se pretende desconsiderar seja no IDPJ, seja no processo cuja petição inicial contemple capítulo próprio acerca da aplicação da desconsideração.

36 BUENO, Cassio Scarpinella. **Novo código de processo civil anotado.** São Paulo: Saraiva, 2015. p. 134.

g) "Art. 790. São sujeitos à execução os bens:
I – do sucessor a título singular, tratando-se de execução fundada em direito real ou obrigação reipersecutória;
II – do sócio, nos termos da lei;
III – do devedor, ainda que em poder de terceiros;
IV – do cônjuge ou companheiro, nos casos em que seus bens próprios ou de sua meação respondem pela dívida;
V – alienados ou gravados com ônus real em fraude à execução;
VI – cuja alienação ou gravação com ônus real tenha sido anulada em razão do reconhecimento, em ação autônoma, de fraude contra credores;
VII – do responsável, nos casos de desconsideração da personalidade jurídica."

O art. 790 está inserido no Capítulo que trata da responsabilidade patrimonial do Título I – Da Execução em Geral – do Livro III – Do Processo de Execução – da Parte Especial do novo Código de Processo Civil. Após enunciar a regra geral consoante a qual o devedor responde com todos os seus bens – presentes e futuros – para o cumprimento de suas obrigações, ressalvadas as exceções previstas em lei (art. 789), o NCPC também inclui os bens de determinadas pessoas que estão sujeitas à execução. E naquilo que interessa à abordagem deste trabalho doutrinário, o art. 790, VII, se refere expressamente aos bens da pessoa do responsável pelo abuso ou fraude no uso da personalidade jurídica para fins de gerar a obrigação exequenda, nos casos de desconsideração da personalidade jurídica.

A regra é formalmente nova, mas já existia à luz do sistema jurídico anteriormente à vigência do NCPC, eis que este é o efeito principal da desconsideração da personalidade jurídica em termos práticos. Uma vez constatada a presença dos pressupostos autorizadores da desconsideração, o magistrado afastará episodicamente a autonomia subjetiva e objetiva da pessoa jurídica e do sócio – ou administrador – e, assim, determinará que bens da pessoa cuja personalidade foi desconsiderada possam ser atingidos pelos atos processuais executivos de modo a permitir a satisfação do crédito exequendo.

h) "Art. 1.062. O incidente de desconsideração da personalidade jurídica aplica-se ao processo de competência dos juizados especiais."

Conforme já havia sido comentado, o IDPJ também é cabível nos casos relacionados aos processos de competência dos Juizados Especiais Cíveis no âmbito das Justiças estadual e federal. Tal como prevê o art. 134 do NCPC, o incidente de desconsideração é cabível em todas as fases do processo – de conhecimento, de execução, de cumprimento de sentença – e, assim, não há qualquer impedimento a que o IDPJ também possa ser instaurado no âmbito dos Juizados Especiais.

De modo a evitar qualquer compreensão em sentido contrário – devido ao rito sumaríssimo do procedimento nos Juizados Especiais –, o NCPC estende de modo expresso a regra do art. 134 a todos os casos envolvendo a competência dos Juizados Especiais. Daí a importância da regra do art. 1.062 do NCPC, pois do contrário poder-se-ia cogitar do descabimento do IDPJ no sistema dos Juizados Especiais que prima pela informalidade, celeridade e normalmente é avesso aos incidentes processuais.

4. Polêmicas ainda pendentes

Apesar do importante trabalho desenvolvido com a edição do novo Código de Processo Civil a respeito do instituto da desconsideração da personalidade jurídica quanto aos aspectos processuais e procedimentais tratados nos dispositivos anteriormente comentados, é de se reconhecer que ainda subsistem algumas polêmicas para as quais somente a atuação doutrinária e judicial poderá apresentar soluções.

O primeiro ponto se refere à aplicação *ex officio* da desconsideração da personalidade jurídica nas hipóteses em que a legislação de direito material admite. Como foi analisado, há casos em que não se admite a atuação de ofício do julgador em se tratando de desconsideração da personalidade jurídica, a exemplo do que se verifica nos casos previstos no art. 50 do Código Civil em vigor. Contudo, há outras hipóteses em que, em tese, não há óbice à aplicação de ofício da teoria da desconsideração da personalidade jurídica, como nos casos envolvendo interesses coletivos ou difusos tutelados em normas de ordem pública, como é o exemplo do art. 28 do Código de Defesa do Consumidor. Há de se admitir, a esse respeito, que nestes casos poderá a desconsideração da personalidade jurídica ser aplicada de ofício pelo magistrado que, no entanto, deverá seguir o rito do incidente de desconsideração da personalidade jurídica (arts. 133 a 137, NCPC).

Para tanto, será baixada portaria judicial com a descrição dos fatos supostamente hábeis a ensejar a aplicação da desconsideração da personalidade jurídica, com posterior citação da pessoa cuja personalidade se pretenda desconsiderar, permitindo a produção de provas e, em seguida, a solução judicial do incidente pelo magistrado. Com a observância do devido processo legal, assegurados o contraditório e a ampla defesa, o magistrado – juiz ou desembargador – poderá determinar a instauração do incidente de desconsideração de ofício nos casos admitidos pela legislação de direito material. Tal conclusão é reforçada pela referência contida no art. 133, § 1º, do NCPC, ao se referir aos "pressupostos previstos em lei" para fins de aplicação da desconsideração. O novo Código de Processo não interfere em tais pressupostos, aí incluída a parte referente à possibilidade de o magistrado agir de ofício nos casos que envolvam interesse coletivo ou difuso.

Outra polêmica que na realidade foi criada pelo NCPC diz respeito à pessoa do administrador ou às pessoas dos administradores. Questiona-se a possibilidade de a desconsideração da personalidade jurídica servir para que sejam atingidos bens dos administradores – não sócios – da pessoa jurídica, diante da literalidade das regras contidas nos arts. 134 e 135 do NCPC, que se referem aos sócios e à pessoa jurídica, omitindo-se quanto aos administradores. A respeito de tal questão, deve-se considerar que a "lei disse menos do que queria" e, assim, reputar os administradores incluídos implicitamente no tratamento normativo sobre os aspectos processuais da desconsideração da personalidade jurídica no NCPC. Tal conclusão decorre da constatação de que o novo Código de Processo não interfere na legislação anterior de direito material envolvendo a desconsideração da personalidade jurídica. Os arts. 133, § 1º, e 134, § 4º, do NCPC, expressamente estabelecem que os pressupostos para a desconsideração são aqueles previstos na lei. Ou seja: não se pretendeu alterar o tratamento normativo que já existia acerca dos aspectos materiais da desconsideração. E, logicamente, que os administradores podem ter seus bens atingidos quando eles forem os responsáveis pelo abuso ou pela fraude no uso da personalidade jurídica da pessoa jurídica, à luz da legislação de direito material, mesmo não sendo seus sócios. Portanto, o critério gramatical não pode ser o único a ser considerado na interpretação das regras do NCPC, empregando-se os critérios sistemático e teleológico para também considerar abrangidos os administradores no que se refere aos aspectos processuais da desconsideração.

Terceira polêmica diz respeito às questões envolvendo a objeção de pré-executividade e o ajuizamento dos embargos de devedor por parte da pessoa cuja personalidade foi desconsiderada. A desconsideração da personalidade jurídica tem por finalidade declarar a ineficácia episódica e relativa da personalidade jurídica, mas não implica necessariamente a imediata prática de algum ato executivo contra a pessoa cuja personalidade foi desconsiderada. Em sendo instaurado o IDPJ e, após com a decisão que conclua pela desconsideração da personalidade jurídica, havendo atos executivos praticados contra os bens da pessoa com personalidade desconsiderada episodicamente, é cabível o ajuizamento dos embargos de devedor ou a apresentação da objeção de pré-executividade para tratar de matérias não abrangidas e decididas a respeito da desconsideração da personalidade jurídica. Assim, por exemplo, em se constatando que se operou a prescrição da pretensão executiva, mesmo após decidido o incidente favoravelmente ao credor da obrigação, tal questão poderá ser discutida via objeção de pré-executividade ou mesmo em sede de embargos de devedor.

Todas as outras questões que não estiverem relacionadas ao tema da desconsideração da personalidade jurídica poderão ser objeto de cognição em sede de objeção de pré-executividade ou de embargos à execução apresentados pela pessoa cuja personalidade foi desconsiderada. Somente não admite a discussão sobre os pressupostos da desconsideração porque tal matéria já foi objeto de análise e pronunciamento judicial específico na decisão do IDPJ ou na sentença que acolheu o pedido de desconsideração formulado na petição inicial como capítulo próprio. Apenas para deixar assentado que não serão cabíveis os embargos de terceiro em favor da pessoa cuja personalidade foi desconsiderada.

E, finalmente, é oportuno reiterar que a decisão que resolve o incidente de desconsideração da personalidade jurídica faz coisa julgada material quando aprecia o mérito a respeito da presença dos pressupostos materiais para a desconsideração, a despeito de se tratar de decisão interlocutória. Tal decisão envolve o mérito do incidente e, assim, equipara-se a uma sentença e, por isso, transita em julgado. Por isso tal decisão somente poderá ser rescindida por ação rescisória (art. 966, NCPC).

5. Nota conclusiva

O novo Código de Processo Civil se insere no movimento de acesso à Justiça compreendido como acesso a uma ordem jurídica justa e, simultaneamente, de constitucionalização do Direito Processual. Busca-se uma atuação do sistema de justiça mais sintonizado com as demandas sociais, econômicas, culturais e políticas, na busca da efetividade da solução das demandas em tempo razoável. Da mesma forma, o NCPC reconhece e prestigia a atuação do sistema de justiça para o fim de acabar com o "velho marasmo do exercício da função jurisdicional, tão criticada pela sociedade em virtude de seu anacronismo e de sua ineficácia"[37].

É certo que a edição de uma lei ordinária por si só – como é o novo Código de Processo Civil – não tem o condão de modificar o cenário de estagnação, demora e déficit de efetividade da jurisdição e do processo. Contudo, a partir dos inúmeros avanços conquistados no cenário do Poder Judiciário e da magistratura brasileira, é de se louvar a previsão das regras que tratam dos aspectos processuais da desconsideração da personalidade jurídica no novo Código de Processo Civil. Tal tratamento normativo tem como alvo a busca da efetividade da jurisdição e do processo e, simultaneamente, o objetivo de dar concretude à terceira onda do movimento de acesso à Justiça, com a efetivação das normas de direitos humanos e de direitos fundamentais nas relações processuais. O incremento da atuação do magistrado no mundo contemporâneo deve ser vinculado à sua responsabilidade quanto ao dever de prestar contas – espécie de *accountability* – e à possibilidade de ele ser sancionado para os casos de abusos ou de negligência, como já destacou MAURO CAPPELLETTI[38].

Oxalá seja possível que o novo Código de Processo Civil obtenha grau de êxito na atuação do sistema de justiça e, portanto, que a jurisdição e o processo sirvam cada vez mais à pessoa humana na realização de seus direitos fundamentais e, simultaneamente, permitam o desenvolvimento nacional sustentável em perfeita sintonia com os princípios constitucionais que regem a Administração Pública, entre os quais a legalidade, a transparência, a impessoalidade, a moralidade, a efetividade e a eficiência. O acesso à Justiça, assim, deve ser concebido como novo método de pensamento na perspectiva dos consumidores "da Justiça", no qual a análise deve ser feita sobre os jurisdicionados como destinatários dos serviços judiciários e, assim, os órgãos do Poder Judiciário passam a ser encarados como instrumentos a serviço dos cidadãos e de suas necessidades, e não vice-versa[39].

Nesta perspectiva, o tratamento normativo dado pelo NCPC aos aspectos processuais da desconsideração da personalidade jurídica, sem dúvida, revela um avanço importante, mas que precisará ser complementado pelas atividades da doutrina e dos tribunais na concretização dos valores e anseios que fundamentam as normas jurídicas positivadas.

---

37 CARVALHO FILHO, José dos Santos. Conselhos Nacionais da Justiça e do Ministério Público: complexidades e hesitações. **Interesse público – IP.** Belo Horizonte, ano 12, n. 63, set.-out. 2010. Disponível em: <http://www.bidforum.com.br/bid/PDI0006.aspx?pdiCntd=69816>. Acesso em: 29 maio 2015.

38 CAPPELLETTI, Mauro. **Proceso, ideologias, sociedad.** Buenos Aires: América Ediciones Juridicas, s.d. Tomo I, p. 24.

39 CAPPELLETTI, Mauro. **Proceso, ideologias, sociedad.** Buenos Aires: América Ediciones Juridicas, s.d. Tomo I, p. 393.

Referências

ALVES, Alexandre Ferreira de Assumpção. Fundamentos da desconsideração da personalidade jurídica no sistema jurídico da *common law* e sua aplicação nos direitos inglês e norte-americano. In: ALVES, Alexandre Ferreira de Assumpção; GAMA, Guilherme Calmon Nogueira da (Coords.). **Temas de direito civil-empresarial.** Rio de Janeiro: Renovar, 2009.

BERMUDES, Sérgio. **CPC de 2015:** inovações. V. 1. Rio de Janeiro: GZ Editora, 2016.

BRASIL. Congresso Nacional. Senado Federal. **Código de processo civil:** anteprojeto. Comissão de Juristas Responsável pela Elaboração de Anteprojeto de Código de Processo Civil. Brasília: Senado Federal, Presidência, 2010.

BUENO, Cassio Scarpinella. **Novo código de processo civil anotado.** São Paulo: Saraiva, 2015.

CAPPELLETTI, Mauro. **Proceso, ideologias, sociedad.** Buenos Aires: América Ediciones Juridicas, s.d. Tomo I.

CARNEIRO, Paulo Cezar Pinheiro; PINHO, Humberto Dalla Bernardina de (Coords.). **Novo código de processo civil anotado e comparado.** Rio de Janeiro: GEN Forense, 2015.

CARVALHO FILHO, José dos Santos. Conselhos Nacionais da Justiça e do Ministério Público: complexidades e hesitações. **Interesse público – IP.** Belo Horizonte, ano 12, n. 63, set./out. 2010. Disponível em: <http://www.bidforum.com.br/bid/ PDI0006.aspx?pdiCntd=69816>. Acesso em: 29 maio 2015.

GAMA, Guilherme Calmon Nogueira da. **Direito civil:** Parte Geral. São Paulo: Atlas, 2006.

______. (Coord.) **Desconsideração da personalidade da pessoa jurídica.** São Paulo: Atlas, 2009.

GARCIA, Gustavo Filipe Barbosa. **Novo código de processo civil:** principais modificações. Rio de Janeiro: Forense, 2015.

MENDES, Aluisio Gonçalves de Castro; SILVA, Larissa Clare Pochmann da; ALMEIDA, Marcelo Pereira de (Orgs.). **Novo código de processo civil comparado e anotado.** Rio de Janeiro: GZ Editora, 2015.

REQUIÃO, Rubens. Abuso de direito e fraude através da personalidade jurídica (*disregard doctrine*). **Revista dos Tribunais.** v. 58, n. 410, dez. 1969.

TARTUCE, Flávio. **O novo CPC e o direito civil:** impactos, diálogos e interações. São Paulo: Método, 2015.

TRIBUNAL DE JUSTIÇA DO ESTADO DO RIO DE JANEIRO, **Agravo de Instrumento n. 15.552/2001**, 2ª Câmara Cível, decisão datada de 13/03/2002.

WAMBIER, Teresa Arruda Alvim; CONCEIÇÃO, Maria Lúcia Lins; RIBEIRO, Leonardo Ferres da Silva; MELLO, Rogério Licastro Torres. **Primeiros comentários ao novo código de processo civil**: artigo por artigo. São Paulo: RT, 2015.

A NOVA ORDEM DOS PROCESSOS NO TRIBUNAL: COLEGIALIDADE E GARANTIAS NO CPC/2015

Guilherme Jales Sokal

Sumário: 1. O tema e seu real significado: o procedimento nos tribunais. **2.** Um panorama dos avanços no novo Código. **2.1.** Os poderes do relator. **2.2.** A intimação prévia da pauta. **2.3.** A sustentação oral. **2.4.** O feliz art. 933: a incorporação do contraditório como não surpresa. **3.** Os problemas cruciais e alguns caminhos. **3.1.** Problemas de negação do novo. **3.2.** Problemas de coerência. **3.3.** Problemas de efetividade. **4.** Os desafios do CPC/2015: entre autoritarismo e democracia.

Resumo: Este trabalho analisa o regime conferido pelo Código de Processo Civil de 2015 ao procedimento nos Tribunais, com destaque para as regras reunidas sob o Capítulo "Da Ordem dos Processos no Tribunal". Além dos avanços em prol das garantias fundamentais do processo, são destacados, no texto, os problemas que cercam a nova lei, naturalmente suscetível aos influxos de uma concepção autoritária ou democrática da Justiça civil.

Palavras-chave: Ordem dos processos no tribunal. Procedimento. Recursos. Garantias. Colegialidade. Novo Código de Processo Civil.

1. O tema e seu real significado: o procedimento nos tribunais[1]

As regras hoje constantes dos arts. 929 a 946 do CPC/2015, reunidas sob o Capítulo "Da Ordem dos Processos no Tribunal", são retratadas por um nome velho e traiçoeiro. É velho, em primeiro lugar, porque remonta a uma denominação clássica no nosso Direito Processual Civil, que já figurava com pequena diferença no CPC/1939 ("Da ordem do processo na superior instância"), passou pelo CPC/1973 e que agora chega, quase intacta e com o peso da tradição, no CPC/2015. E é traiçoeiro, ou simplesmente não muito adequado, porque não traduz com fidelidade a importância e o significado teórico do tema ali regulado. O que verdadeiramente está em jogo naquele segmento do Código é o procedimento nos Tribunais, seja o procedimento dos recursos, seja o procedimento relativo a incidentes e ações de competência originária. É, em última análise, o conjunto de formas que cercam a condução do processo por um órgão singular ou colegiado no Tribunal, com (i) a sequência encadeada de atos e (ii) as exigências formais relativas a cada ato, considerados individualmente. Assim, e

---

1 Texto, acrescido de notas e atualização, de conferência pronunciada no Rio de Janeiro, em 07 mar. 2016, no Congresso Internacional de Direito Processual Civil realizado pela Procuradoria-Geral do Estado do Rio de Janeiro.

mais uma vez *apesar da* denominação, incorreria em incauto erro quem reduzisse a matéria tratada nos arts. 929 a 946 à mera sucessão ou "ordem" entre os processos à espera de julgamento, algo que a redação original do art. 12 do Código até virtuosamente pretendeu impor, em um compromisso com a impessoalidade lamentavelmente quebrado com a Lei nº 13.256/2016, e que apenas guarda parcial pertinência com o art. 936, quanto à ordenação dos feitos na sessão.

Se é da forma e da sequência dos atos nos tribunais que se ocupa o tema ora versado, há muitas razões a justificar seja ele submetido a exame crítico sob o ângulo teórico. O primeiro fator de importância consiste no propósito de *mudar uma cultura*. É que o Estado não presta "um favor" ou "dá esmola" com o tratamento dispensado aos jurisdicionados na fase recursal. A realidade do Poder Judiciário brasileiro é a de que, conforme se ascende na hierarquia judiciária, menor respeito merece o cidadão na sua interação com a autoridade. Essa é uma cultura que perpassa o Poder Judiciário e tem reflexos inclusive nas regras legais, que em muitos casos, sobretudo no CPC/1973, não guardavam a necessária harmonia com as garantias fundamentais do processo, institucionalizando julgamentos-surpresa, tolerando que as partes não fossem comunicadas sobre a realização do julgamento colegiado ou comprimindo de forma geral a amplitude do contraditório[2]. Essa lógica, porém, precisa ser quebrada. Como aponta a Corte Europeia de Direitos Humanos, é até questionável e incerto se há um dever dos Estados de criar recursos contra toda e qualquer decisão judicial, com as conhecidas polêmicas que aqui também reverberam sobre a garantia do duplo grau de jurisdição. Se, porém, o Estado cria, por lei, um recurso, a facultatividade que porventura existisse na criação não pode servir de motivo para mitigar o devido processo legal e a eficácia das garantias fundamentais do processo, que devem ser respeitados no procedimento recursal tal como em qualquer outra etapa do exercício da jurisdição[3]. E o CPC/2015 oferece um importante instrumental para romper com essa cultura, remodelando as bases do processo judicial em atenção a uma concepção democrática da Justiça civil, que esteja verdadeiramente a serviço do cidadão, e não da autoridade.

O segundo fator de importância do tema é uma espécie de *balanço*, que deve e merece ser feito. Ao definir o procedimento para os recursos nos tribunais, o legislador é inspirado a atingir algumas metas, algumas virtudes teóricas que ficam subjacentes às duas espécies de procedimento: o procedimento completo, que conduz ao julgamento colegiado, e o procedimento abreviado ou sumário, que conduz ao julgamento monocrático. O julgamento monocrático se destina, essencialmente, a promover a *celeridade* no processo, ao passo que o procedimento que conduz ao julgamento

---

2 Para um panorama do problema sob a égide do CPC/1973, *vide* SOKAL, Guilherme Jales. **O julgamento colegiado nos tribunais:** procedimento recursal, colegialidade e garantias fundamentais do processo. Rio de Janeiro: Forense/São Paulo: Método, 2012. Muitas das ideias ali lançadas são agora retomadas nas páginas que se seguem.

3 GRECO, Leonardo. Princípios de uma teoria geral dos recursos. In: **Revista Eletrônica de Direito Processual – REDP** da Uerj, v. V, 2010, p. 23/4. Disponível em: <http://www.redp.com.br/arquivos/redp_5a_edicao.pdf>.

colegiado, muito mais complexo, visa a assegurar (i) o *reforço da cognição* judicial, (ii) a *independência* dos membros julgadores e (iii) a *contenção do arbítrio* individual, que podem ser tidos como as virtudes teóricas da colegialidade[4]. Assim, é preciso apurar em qual medida o caminho estabelecido pela lei é capaz de efetivamente contribuir para o atingimento desses fins, promovendo tais virtudes teóricas, ou se, ao contrário, as formas erguidas pelo sistema processual servem antes de obstáculo ou de entrave ao que de mais proveitoso se poderia auferir do julgamento nos tribunais. E o ponto repercute sobre importantes institutos, a começar por uma das diretrizes gerais do Código de 2015, com o novo perfil atribuído ao precedente judicial e, mais amplamente, aos padrões decisórios elencados no art. 927. Como adiante se verá, há impactos profundos das regras do procedimento nos tribunais em um sistema que se calca na força vinculante de pronunciamentos judiciais, porque intimamente relacionadas, por exemplo, aos cuidados com que o precedente é formado sob o ângulo formal e, mais ainda, em como o texto do acórdão que o retrata é redigido, com consequências para a esfera de todos os demais jurisdicionados, para o bem ou para o mal.

2. Um panorama dos avanços no novo Código

Firmadas essas premissas, cumpre agora passar em revista as importantes mudanças que o CPC/2015 fez aportar no procedimento nos tribunais, em grande parte muito bem-vindas. Por sinal, o Código de 2015 como um todo realiza avanços consideráveis no modelo de prestação da jurisdição civil no Brasil. Há passos virtuosos, de início, no *prestígio à vontade das partes*, revelado pela ênfase nos meios adequados de solução de conflitos (arts. 3º, §§ 2º e 3º, e 334) e na cláusula geral de atipicidade das convenções processuais (art. 190). O Código promove, em paralelo, mudanças voltadas à *simplificação das formas* no processo, de que são exemplos a concentração das respostas do réu na peça da contestação (arts. 337 e 343) e o esforço de unificação dos prazos recursais (arts. 1.003, § 5º, e 1.070), além de adotar uma linguagem muito mais clara e direta do que o antecessor. Por fim, é forte a intenção de alinhar o sistema processual com as *garantias fundamentais do processo*, como revelado pelo Capítulo "Das normas fundamentais do processo", que congrega os arts. 1º a 12. Tomando de empréstimo a figura de linguagem de FRANCO CIPRIANI[5], se pensarmos o sistema processual como um hospital e os jurisdicionados como os pacientes, este é, seguramente, um hospital (re)construído mais em atenção às necessidade dos pacientes do que no conforto dos médicos. Essas três diretrizes gerais do Código de 2015, a que se soma também a já referida *força conferida à jurisprudência*, repercutiram amplamente sobre o procedimento nos tribunais. Para demonstrar o quanto, e considerando os limites deste trabalho, nas páginas que se seguem (i) será feita a notícia breve e

---

4 Sobre o ponto, e mais longamente, *vide* SOKAL, Guilherme Jales. Op. cit., p. 81/108.

5 CIPRIANI, Franco. I problemi del processo di cognizione tra passato e presente. In: **Il Processo civile nello stato democrático.** Napoli: Edizioni Scientifiche Italiane, 2006. p. 35.

panorâmica de algumas mudanças pontuais, para logo a seguir (ii) empreender com o devido vagar o exame de quatro tópicos que merecem atenção mais detida.

Em primeiro lugar, o Código acaba com a figura do revisor, que, segundo o art. 551 do CPC/1973, tinha lugar no julgamento de "apelação, de embargos infringentes e de ação rescisória" (CPC/1973, art. 551). A finalidade da figura, no sistema revogado, era a de quebrar, ao menos no plano ideal, o *"senhorio do relator"* sobre o exame dos autos, para que assim dois membros do colegiado analisassem os atos escritos, assegurando um incremento efetivo na cognição pela diversidade de perspectivas. A rigor, a remessa dos autos ao revisor era impulsionada também sob o ângulo do contraditório: se o processo civil brasileiro é ainda marcadamente escrito, e se contraditório significa direito de influência, os membros do colegiado têm de ter contato pessoal com os atos escritos das partes nos autos; não basta uma espécie de participação *indireta* ou *mediata*, influenciando o relator para que este influencie os demais julgadores oralmente na sessão. Todos, portanto, deveriam ser revisores e em todos os casos, com um colegiado consciente e não pautado por um infeliz *"véu da ignorância"*. O Código de 2015, porém, talvez capitulando diante do difundido diagnóstico de que a participação do revisor, no cotidiano dos Tribunais, teria se convertido em formalidade estéril, entendeu por bem suprimi-lo, de modo que todos os demais membros da turma julgadora, de parte o relator, passam a ser vogais sob a nova lei.

Mais feliz foi a mudança empreendida no regime do voto vencido. No sistema do CPC/1973, a ausência de declaração de voto vencido, pelo membro dissidente do colegiado, levava à presunção de que a divergência na votação fosse total[6]. Mesmo quando declarado, consolidou-se a orientação, também sob a vigência do Código revogado, de que a matéria de direito exclusivamente tratada no voto vencido, e que não constasse do voto vencedor, não satisfaria o requisito do prequestionamento para a admissibilidade dos recursos aos tribunais superiores[7]; era preciso opor embargos de declaração para forçar a apreciação do tema pela maioria vencedora, porque somente então é que haveria efetiva *decisão* a esse respeito. Em suma, apesar de elemento do acórdão, o voto vencido padecia de um rebaixamento em sua dignidade, relegado a segundo plano em seu regime formal. Esse quadro é bruscamente alterado pelo § 3º do art. 941 do Código de 2015, impondo agora que o voto vencido seja declarado e considerado parte integrante do acórdão para todos os efeitos processuais, inclusive para a subsequente aferição do prequestionamento.

Em terceiro lugar, incorporou-se, no art. 944, uma medida objetiva de promoção de celeridade, e que tem origem próxima na Lei do Mandado de Segurança (art. 17). Segundo a nova regra, se não lavrado o texto do acórdão em até trinta dias desde a data da sessão de julgamento colegiado, as notas taquigráficas passam a substituí-

---

6 NERY JUNIOR, Nelson; NERY, Rosa Maria de Andrade. **Comentários ao código de processo civil.** São Paulo: RT, 2015. p. 1869.

7 Súmula nº 320 do STJ: "A questão federal somente ventilada no voto vencido não atende ao requisito do prequestionamento".

-lo, independentemente de revisão. O dispositivo, por um lado, parece ter a força de sepultar de vez a orientação jurisprudencial que negava a existência de um direito subjetivo às notas taquigráficas[8], com a relevante consequência de impor a todos os tribunais o dever de disponibilizar os meios materiais para o registro dos debates orais em qualquer julgamento colegiado. E é importante atentar para o fato de que a disponibilização das notas taquigráficas traz consequências que vão muito além da hipótese específica tratada no dispositivo, de demora na elaboração do texto do acórdão; do contrário, sem o acesso a esse fidedigno retrato da deliberação, mesmo o marco preclusivo para a alteração dos votos, agora expressamente definido como a proclamação do resultado pelo presidente do órgão colegiado (art. 941, § 1º), perde-se no vazio, facilmente burlado pela falta de parâmetros de controle.

Por fim, a quarta e última notícia de mudança, que há de ser necessariamente breve, tem em mira o art. 942, que contempla o assim chamado "incidente de ampliação da colegialidade" ou a "técnica de complementação de julgamento não unânime", vocacionado a substituir os embargos infringentes. Tal como redigida a regra, instituiu-se um regime a um só tempo complexo, lacunoso e incoerente, com a previsão de incidente processual que (i) passa a tornar certo e automático o reexame da causa por ao menos mais dois julgadores, quando, sob o CPC/1973, tal fenômeno ocorria apenas mediante provocação, como era próprio à voluntariedade inerente aos recursos, e que (ii) ainda conta com sensível ampliação do âmbito de seu cabimento se comparado com o último perfil dos embargos infringentes, após a Lei nº 10.352/2001, ao menos quanto à apelação, regrada pelo *caput*. As muitas implicações que o ponto desperta, entretanto, tornam-no digno de um estudo próprio, a fim de que não se perca o fio condutor dos propósitos deste trabalho.

2.1. Os poderes do relator

Em meio a essas mudanças, o primeiro tópico que reclama exame mais minucioso consiste no novo regime dos poderes do relator.

No CPC/2015, a sede dos poderes do relator no processo civil passa a ser o art. 932. O dispositivo, como facilmente se depreende de sua redação, institui ordenação muito mais sistemática do que o revogado art. 557 do CPC/1973, porque congrega funções que dizem respeito à função do relator como *preparador* do julgamento colegiado, no procedimento completo, e também do relator como órgão para *decisão singular final*, monocraticamente, no procedimento abreviado. Para as hipóteses em que o relator apenas prepara o caminho que conduz ao julgamento colegiado, a ideia geral é transmitida pela primeira parte do inciso I, com a incumbência de "dirigir e ordenar o processo no tribunal", sempre orientado teleologicamente à elaboração da importante peça a seu cargo, o relatório (art. 931), essencial não apenas para orga-

---

8 Assim, v.g., STF, RE nº 592.905-ED, Rel. Min. Eros Grau, Tribunal Pleno, j. 17/06/2010, DJe 05/08/2010; e STJ, ED no REsp nº 850.069/RS, Rel. Min. Teori Zavascki, j. 1º/06/2010, DJe 30/06/2010.

nizar a deliberação colegiada que ocorrerá em sessão, mas também para catalisar o contraditório, transmitindo às partes a impressão subjetiva do julgador acerca dos pontos de cuja solução depende o julgamento da causa[9]. Para atingir tal meta é que são por ele exercidas as demais funções preparatórias de produção de provas (art. 932, I, segunda parte), de apreciação da tutela provisória (art. 932, II) e do exame da admissibilidade de intervenção de terceiros (art. 932, VI, para o incidente de desconsideração da personalidade jurídica, subsumindo-se as demais espécies de intervenção na previsão geral do inciso I, primeira parte), e sem prejuízo de outras atribuições que lhe sejam fixadas no Regimento Interno do Tribunal (art. 932, VIII).

O espaço do julgamento monocrático dos recursos é agora delimitado pelos incs. III, IV e V do art. 932, além, em certa medida, da parte final do inciso I do mesmo dispositivo[10]. Vale a ressalva de que estão neles contemplados, a rigor, apenas os recursos, e não incidentes e ações de competência originária, como facilmente se infere, por exemplo, do cotejo com a redação do inciso II do mesmo dispositivo; por isso, e de parte a extensão já de longa data admitida pela jurisprudência à remessa necessária[11], só com apoio em autorização legal em outra sede é que, para os demais casos que não ostentem natureza recursal, o caminho se abrirá ao julgamento singular. De todo modo, são muitas as mudanças nesse terreno. Em primeiro lugar, o novo Código não faz mais uso, no ponto, da expressão "negará seguimento", que constava do art. 557 do CPC/1973 para designar um *gênero*. E se tratava de um gênero porque "negar seguimento", sob a égide do Código revogado, poderia significar decisão fundada tanto em razões de admissibilidade quanto de mérito do recurso, se atentamente observado o feixe de hipóteses a que estava o relator autorizado a agir à luz do *caput* do art. 557, de modo que, a bem da verdade, o único denominador comum que as reunia era o fato de o procedimento recursal ser abreviado em desfavor do recorrente. O novo Código, ao contrário, tenta primar pela clareza e separa, nos incisos III, IV e V,

---

9 Nessa linha é o Enunciado nº 522 do Fórum Permanente de Processualistas Civis (FPPC): "522. (art. 489, inc. I; arts. 931 e 933): O relatório nos julgamentos colegiados tem função preparatória e deverá indicar as questões de fato e de direito relevantes para o julgamento e já submetidas ao contraditório (Grupo: Precedentes, IRDR, Recursos Repetitivos e Assunção de competência)".

10 Com efeito, e de parte a função preparatória já aludida, o inc. I do art. 932 prevê a competência do relator para, "*quando for o caso, homologar autocomposição das partes*", que guarda paralelo com o art. 487, III, do CPC/2015. Trata-se, à evidência, de caso em que a atuação do relator põe fim ao procedimento no Tribunal, mas, por cuidar de mero juízo de delibação sobre ato através do qual as próprias partes resolvem o litígio, no que se convencionou chamar, sob o Código anterior, de "falsas sentenças de mérito" (DINAMARCO, Cândido Rangel. **Instituições de direito processual civil.** São Paulo: Malheiros, 2009. v. III, p. 268 e ss.), a análise a seguir feita no texto se centrará nos incs. III, IV e V do art. 932.

11 As razões que levaram à edição, pelo STJ, da Súmula nº 253 sob a vigência do CPC/1973 (Súmula nº 253: "O art. 557 do CPC, que autoriza o relator a decidir o recurso, alcança o reexame necessário") parecem subsistir inabaladas no sistema do Código de 2015, com a disciplina agora dedicada à remessa necessária no art. 496. Nessa mesma linha, TALAMINI, Eduardo. Remessa necessária (reexame necessário), **Revista de Direito Administrativo Contemporâneo**, v. 24, 2016, p. 142.

admissibilidade e mérito dos recursos no julgamento monocrático, empregando corretamente as expressões, no inciso III, *"não conhecer"*, que traduz a inadmissibilidade proclamada pelo órgão *ad quem*, e *"negar provimento"* e *"dar provimento"*, nos incisos IV e V, em casos de julgamento de mérito contra e a favor do recorrente.

Outra característica marcante que ressai da leitura dos três incisos é a supressão do advérbio *"manifestamente"* e do adjetivo *"manifesto"*, que constavam, respectivamente, dos casos de negativa de seguimento e de provimento monocrático do recurso no *caput* e no § 1º-A do art. 557 do CPC/1973. A retirada dessas balizas, que ostentavam forte dose de indeterminação, não deve ser tida, no entanto, como sinal de alargamento do espaço de atuação singular do relator. É que, a bem da verdade, tais palavras nunca serviram, sob o Código de 1973, como um limite a quem quer que fosse na prática; o julgamento monocrático era realizado como verdadeira regra geral, sem que o "manifestamente" ou o "manifesto" fossem suficientes a incutir qualquer dose de prudência nos tribunais para este fim. E, como se verá logo à frente, apesar de retirado esse dúctil limite textual, a previsão das hipóteses de julgamento monocrático *de mérito* ficou seguradamente mais fechada no novo Código, por ter de se conformar às alíneas que compõem os incisos IV e V do dispositivo.

Passando ao exame das três regras, o inciso III, como já dito, inaugura o julgamento monocrático com a enunciação dos casos de inadmissibilidade do recurso. Mais uma vez, o legislador de 2015, seguindo os passos do dispositivo revogado, é largamente redundante na redação do dispositivo: recurso prejudicado, pela chamada perda de objeto, é recurso inadmissível por falta superveniente do interesse em recorrer, assim se reconduzindo a um dos requisitos gerais de admissibilidade dos recursos; da mesma forma, a falta de impugnação específica dos fundamentos da decisão atacada, no recurso, revela a ausência do requisito, também geral, da regularidade formal. Portanto, a rigor bastaria a alusão, na redação do enunciado normativo, a "não conhecer de recurso inadmissível", porque todo o remanescente é apenas repetição de algo que naquela expressão já se contém[12].

Antes de não conhecer de recurso, no entanto, o Código de 2015 impõe uma virtuosa medida ao relator, norteada pela ideia, que está subjacente ao art. 4º do novo Código e ao sistema de invalidades do processo, de *primazia do julgamento de mérito*, em uma linha muito clara de combate à chamada *jurisprudência defensiva* dos tribunais. Por força do parágrafo único do art. 932, a inadmissibilidade só poderá ser pronunciada se antes for franqueada ao recorrente a oportunidade de sanar o vício ou complementar a documentação exigível, no prazo de cinco dias. É, em última análise, a flexibilização da preclusão consumativa em prol da adoção de uma cláusula de sanabilidade dos requisitos de admissibilidade, desde que se trate, evidentemente, de vício *sanável*[13]. Essa é

12 Também assim, JORGE, Flávio Cheim. **Teoria geral dos recursos cíveis**. São Paulo: RT, 2015. p. 106, em crítica que também se fazia pertinente diante da redação do *caput* do art. 557 do CPC/1973.

13 Afirmando que o campo verdadeiramente útil da regra diz respeito ao requisito extrínseco da regularidade formal dos recursos, *vide* JORGE, Flávio Cheim. Op. cit., p. 236 e ss. A orientação

uma medida imperativa, e que espelha a mesma diretriz inscrita no art. 317 em relação ao julgamento sem exame de mérito em primeiro grau, e da qual o relator não poderá se furtar, sob pena de nulidade, inclusive no que concerne aos tribunais superiores[14].

Já nos incs. IV e V do art. 932 o Código cuida das hipóteses de exame de mérito do recurso pelo relator, respectivamente, contra o recorrente e a seu favor. Há um fator relevante nesse novo tratamento, pela unificação, para um lado e para outro, das hipóteses de julgamento de mérito. No CPC/1973, vigorava um regime por assim dizer bifurcado: o *provimento* monocrático de recurso só era possível, pelo § 1º-A do art. 557, se fosse fundado em súmula ou jurisprudência dominante do STF ou de tribunal superior; já o *desprovimento* monocrático do recurso era possível naqueles mesmos casos e também (i) com base na jurisprudência dominante do tribunal local e (ii) se o recurso fosse manifestamente improcedente. O "manifestamente" foi suprimido, na nova lei, junto com o simples "improcedente", remanescendo no Código apenas, tanto para dar quanto para negar provimento, as hipóteses fundadas em orientação jurisprudencial, mas uniformizadas em hipóteses específicas. Assim, quer no inciso IV, quer no inciso V, sob o CPC/2015 o julgamento monocrático de mérito há de ocorrer baseado em "a) súmula do Supremo Tribunal Federal, do Superior Tribunal de Justiça ou do próprio tribunal", "b) acórdão proferido pelo Supremo Tribunal Federal ou pelo Superior Tribunal de Justiça em julgamento de recursos repetitivos", ou "c) entendimento firmado em incidente de resolução de demandas repetitivas ou de assunção de competência".

Como se vê, a vaga expressão "jurisprudência dominante" deixa de figurar no rol, substituída pelo necessário amparo em súmula, acórdão em recursos repetitivos ou

---

foi adotada pelo Enunciado Administrativo nº 6 do STJ ("*Nos recursos tempestivos interpostos com fundamento no CPC/2015 (relativos a decisões publicadas a partir de 18 de março de 2016), somente será concedido o prazo previsto no art. 932, parágrafo único, c/c o art. 1.029, § 3º, do novo CPC para que a parte sane vício estritamente formal*"). Linha mais restritiva já desponta na Primeira Turma do STF, ao limitar a incidência do art. 932, parágrafo único, apenas aos casos de falta de documentos ou procuração, para com isso rejeitar a possibilidade de complementação de fundamentação do recurso, que, em tese, também se acomodaria no requisito da regularidade formal, como decidido em STF, ARE nº 953.221 AgR, Rel. Min. Luiz Fux, 1ª T., j. 07/06/2016, DJe 164, de 04/08/2016. Com a devida vênia, porém, a restrição não se harmoniza com o texto da regra legal, cuja parte final alude a que "[...] seja sanado vício *ou* complementada a documentação exigível" (grifo acrescentado), evidentemente albergando também os defeitos de regularidade formal que não se resumem à ausência de documentos, se e enquanto ainda se pretender atribuir algum sentido útil à expressão situada antes da conjunção alternativa. De todo modo, tratando-se de vício insanável, ainda assim caberá a aplicação ao caso dos arts. 10 e 933, *caput*, do CPC/2015, de modo que o relator, tendo despertado de ofício para o motivo de inadmissibilidade, somente poderá não conhecer do recurso se antes abrir prazo para que as partes sobre ele se manifestem, sem incorrer em decisão-surpresa.

---

14 Nesse sentido, Enunciado nº 82 do Fórum Permanente de Processualistas Civis (FPPC): "82. (art. 932, parágrafo único; art. 938, § 1º) É dever do relator, e não faculdade, conceder o prazo ao recorrente para sanar o vício ou complementar a documentação exigível, antes de inadmitir qualquer recurso, inclusive os excepcionais".

decisão em IRDR ou assunção de competência, que são técnicas específicas de formação de precedentes ou de parâmetros decisórios no sistema do CPC/2015. E isso é uma mudança brusca. É que, permitindo o julgamento monocrático fundado na "jurisprudência dominante", o CPC/1973 atribuía ao relator do caso presente – isto é, aquele a ser julgado – uma margem ampla de manipulação para se arvorar a proferir decisão de modo singular: bastava, sob o ângulo prático, a menção a duas ou três ementas, v.g., do Superior Tribunal de Justiça em um mesmo sentido para formalmente fazer constar que haveria "jurisprudência dominante", ainda que existissem diversos outros julgados no sentido oposto do mesmo Tribunal tido por referência[15]. Com a mudança operada pelo CPC/2015, que agora aponta para técnicas específicas de formação de padrões decisórios como base para o julgamento monocrático, desloca-se o foco da autoridade na verificação da existência de orientação a ser seguida, com uma espécie de *chamado à consciência do Tribunal*. Parte o legislador da ideia de que, ao editar súmula ou ao proferir julgamentos em casos repetitivos ou em incidente de assunção de competência, as Cortes terão a consciência de que a tese jurídica ali posta valerá para outros casos, como mecanismos formais para consolidar uma orientação com certeza pontual e proclamada, o que é muito diferente da mera reiteração de decisões em um mesmo sentido. Evidentemente, ainda caberá ao relator no caso presente identificar a pertinência do padrão decisório ao caso concreto, mas deverá necessariamente apontar em qual das alíneas dos incisos IV e V o caso se enquadra, sob pena de nulidade[16].

Além dessa unificação, vale um destaque para a passagem que figura na primeira parte do inciso V, que agora baliza o provimento monocrático dos recursos com um marco temporal definido, qual seja: "depois de facultada a apresentação de contrarrazões, [...]". Neste ponto, o Código resolve, e para o bem, um problema nos recursos interpostos diretamente no tribunal *ad quem*, que chegam ao contato do relator antes de o recorrido ter oportunidade de apresentação de contrarrazões. O exemplo é o agravo de instrumento. Se o relator, neste caso, julga em desfavor do recorrente, negando provimento monocraticamente ao recurso, não há vício algum em fazê-lo antes das contrarrazões, porque sem prejuízo ao recorrido. Se, porém, ocorre o inverso, dando-se provimento monocrático ao agravo de instrumento sem ouvir, antes, o agravado, há ofensa clara à garantia do contraditório como audiência bilateral (art. 9º, *caput*), que é sempre prévio, só se justificando a postergação quando houver risco para a própria efetividade do provimento. Sob o Código de 1973, embora inicialmente vacilante, o STJ veio a fixar, em 2010, em sede de recurso especial repetitivo, a orienta-

15 Sobre os problemas da conceituação da "jurisprudência dominante" sob o Código de 1973, *vide* WAMBIER, Luiz Rodrigues. Uma proposta em torno do conceito de jurisprudência dominante, **Revista de Processo**, São Paulo: RT, v. 25, n. 100, 2000, p. 81/87.

16 É o que proclama o Enunciado nº 462 do Fórum Permanente de Processualistas Civis (FPPC): "462. (arts. 932, 489, § 1º, V e VI) É nula, por usurpação de competência funcional do órgão colegiado, a decisão do relator que julgar monocraticamente o mérito do recurso, sem demonstrar o alinhamento de seu pronunciamento judicial com um dos padrões decisórios descritos no art. 932 (Grupo: Poderes do juiz)".

ção para prestigiar a garantia do contraditório e vedar a aplicação do art. 557, § 1º-A, antes das contrarrazões[17], em linha que agora é transformada em lei pelo Código de 2015.

Por fim, duas últimas observações. Se, por um lado, o parágrafo único do art. 932 abarca apenas os casos de inadmissibilidade, também o art. 10 do Código deverá ser observado pelo relator, nos Tribunais, quando for caso de julgamento monocrático de mérito. E deverá fazê-lo, ao aplicar os padrões decisórios enumerados nas alíneas "a" a "c" dos incs. IV e V do art. 932, por conta do que prega o art. 927, § 1º, do Código. Em outras palavras, as partes devem ter a oportunidade de influenciar o próprio enquadramento do caso presente ao precedente ou à súmula invocada, no que se inclui a suscitação de eventual *distinguishing*, evitando-se a decisão-surpresa. Além disso, no sistema do CPC/2015, qualquer decisão que o relator proferir com base no art. 932, seja de julgamento de forma singular ou como mero preparador para a deliberação colegiada, é impugnável por agravo interno, cujo cabimento é delineado pelo art. 1.021 de modo bem mais amplo do que no diploma revogado[18].

2.2. A intimação prévia da pauta

Destaque também deve ser conferido ao tema da intimação prévia da pauta nos tribunais, que retrata com traços bem nítidos a dimensão do respeito que o Poder Judiciário dedica ao cidadão, abrindo ou fechando as portas para o efetivo comparecimento das partes e de seus advogados ao julgamento em sessão. Há, neste campo, enormes avanços, se comparada a disciplina do CPC/2015, em especial nos arts. 934 e 935, com a que constava do Código de 1973, e tanto no que toca (i) ao rol de casos que devem ser incluídos em pauta quanto na própria (ii) antecedência exigida pela lei.

Em primeiro lugar, há mudança considerável quanto ao prazo de antecedência da intimação da pauta em relação ao dia de realização do julgamento. Sob o CPC/1973, tal prazo, absolutamente exíguo, consistia em meras quarenta e oito horas, na forma do art. 552, § 1º, então em vigor. Por força do art. 935 do Código de 2015, ao contrário, a antecedência passa a ser de cinco dias, mais do que o dobro, e contados apenas em dias úteis, como resulta do art. 219 do novo diploma, em um notável ganho em previsibilidade, assegurando-se às partes o amplo acesso aos autos até a data da sessão (art. 935, § 1º).

---

17 STJ, REsp nº 1.148.296/SP, Rel. Min. Luiz Fux, Corte Especial, j. 1º/09/2010, DJe 28/09/2010.

18 À exceção, por certo, de regras expressas de irrecorribilidade, a exemplo da admissão do *amicus curiae* (art. 138, *caput*) ou da relevação da deserção por justo impedimento (art. 1.007, § 6º). Não subsiste, no CPC/2015, a vedação ao recurso para o colegiado contra o deferimento ou indeferimento da tutela provisória nos recursos, como reconhece o Enunciado 142 do Fórum Permanente de Processualistas Civis (FPPC): "142. (art. 298; art. 1.021) Da decisão monocrática do relator que concede ou nega o efeito suspensivo ao agravo de instrumento ou que concede, nega, modifica ou revoga, no todo ou em parte, a tutela jurisdicional nos casos de competência originária ou recursal, cabe o recurso de agravo interno nos termos do art. 1.021 do CPC (Grupo: Tutela Antecipada)".

Em segundo lugar, o novo Código reduz em muito os casos dos chamados julgamentos *"em mesa"*, um atentando cometido pelo Poder Judiciário ao direito *"a um dia na Corte"* e, em última análise, ao contraditório como previsibilidade e vedação à surpresa. A tônica autoritária dessa prática é escancarada por um simples paralelo com a Audiência de Instrução e Julgamento em primeira instância: tal como seria impensável a realização desta última sem que antes fossem intimados autor e réu quanto ao dia e hora que o órgão judicial pretende promovê-la, também assim deveria ser tida a tentativa de levar, silenciosa e sorrateiramente, um processo a julgamento colegiado nos Tribunais sem prévia comunicação às partes. Não obstante, tais julgamentos "em mesa" ocorriam, sob o Código anterior, sobretudo nos Embargos de Declaração, no Agravo Interno e nos casos de adiamento, contribuindo para um cenário de absoluta insegurança para os jurisdicionados[19]. E isso se passava sem nenhum apoio em justificativa racional, nem mesmo sob a bandeira da celeridade, porque, se é verdade que o julgamento "em mesa" acelera a realização da sessão colegiada após a formação da convicção pelo relator, nenhum controle é dedicado ao tempo na etapa imediatamente anterior, isto é, entre os momentos em que o feito esteja apto a julgamento e o relator, após exame, dê-se por convencido. Era, em suma, um emblemático caso de celeridade no interesse exclusivo da administração da Justiça e *contra o jurisdicionado*, em um grave resquício autoritário no procedimento nos Tribunais.

Isso muda radicalmente com o art. 934 do novo Código. Conforme redigida, a regra é bem abrangente, para abarcar todas – *ou quase todas* – as espécies de recursos do Código, já que o Livro III, em que se insere o dispositivo, cuida *"dos processos nos Tribunais e dos meios de impugnação das decisões judiciais"*. Por força disso, torna-se impositiva a inclusão em pauta, no CPC/2015, para o agravo interno, o que é reforçado pela parte final do art. 1.021, § 2º. Os Embargos de Declaração, no entanto, passam a se submeter a regime especial, fora da regra geral: segundo o art. 1.024, § 1º, "[n]*os tribunais, o relator apresentará os embargos em mesa na sessão subsequente, proferindo voto, e, não havendo julgamento nessa sessão, será o recurso incluído em pauta automaticamente*", em um regramento que, *em teoria*, pressupõe um dever de diligência do advogado no acompanhamento da causa[20].

---

19 Para a crítica do regime anterior, *vide* SOKAL, Guilherme Jales. Op. cit., p. 228/252; e GRECO, Leonardo. **Instituições de processo civil:** recursos e processos da competência originária dos tribunais, v. III, Rio de Janeiro: Forense, 2015. p. 134, já com alusão ao regime do Código de 2015.

20 O regime especial assim criado seria razoável se não fosse um *detalhe*: a falta de clareza da lei ao estabelecer o referencial para a expressão "na sessão subsequenteente", que serve de marco temporal para a necessidade ou não de intimação da pauta e, por consequência, para a delimitação do dever de diligência do advogado. Em outras palavras, os Embargos de Declaração não dependem de intimação da pauta se forem julgados na sessão subsequente, como diz a lei, mas subsequente a qual ato? Uma primeira inclinação parece apontar para que o referencial seja a interposição do recurso. O confronto com o *caput* do mesmo art. 1.024, porém, faz com que tal linha seja logo descartada: se é assegurado o prazo de cinco dias ao juiz de primeiro grau para decidir os Embargos, não parece correto interpretar a regra do § 1º partindo da premissa da fixação de prazo menor para o julgamento nos Tribunais, uma vez que, conforme o cronograma das sessões

Linha similar foi acolhida na regência do adiamento. Sob o Código de 1973, estabeleceu o STJ, na ausência de regra legal expressa, a dispensa de intimação de nova pauta, no adiamento, se o julgamento fosse retomado em até três sessões posteriores à sessão original; passado tal prazo, delimitado com a ideia de conferir uma margem mínima de previsibilidade, nova publicação de pauta seria necessária[21]. O novo CPC altera também esse ponto e aproxima o regime do adiamento daquele dos Embargos de Declaração: incluído um processo em pauta para determinada sessão, se o julgamento for adiado para a sessão imediatamente subsequente, dispensa-se a nova publicação da pauta; se não for julgado na sessão imediata, porém, impõe-se nova publicação, como prevê o art. 935, *caput*, parte final. E, nesse terreno, impactam de forma virtuosa também os princípios da boa-fé (art. 5º) e da cooperação (art. 6º), agora expressamente proclamados na Parte Geral do CPC/2015, ao convergirem para vedar a adoção de comportamento contraditório pela autoridade judicial. Por força desses vetores, é

de julgamento do órgão colegiado, é não só possível como provável que entre a interposição do recurso e a data da sessão subseqüente medeie espaço menor de dias. Isso conduz a uma segunda perspectiva de interpretação, para afirmar que o referencial para a publicação ou não da pauta há de ser a sessão imediatamente subseqüente ao transcurso dos cinco dias depois da interposição do recurso, conciliando o § 1º com o prazo do *caput*. Nem esse caminho, porém, é de todo suficiente, porque desconsidera um ingrediente fundamental na equação: a oportunidade de contrarrazões em Embargos de Declaração, que deve ser concedida ao embargado caso o eventual acolhimento do recurso implique modificação da decisão embargada (art. 1.023, § 2º). Assim, observando-se a garantia do contraditório como audiência bilateral, a "sessão subsequente" só poderia ser aquela posterior à apresentação de contrarrazões pelo embargado – ou, a rigor, a imediatamente subseqüente ao transcurso do prazo de cinco dias após o oferecimento das contrarrazões, guardando a sintonia com o *caput* –, pois somente a partir de então é que o recurso estaria em reais condições de julgamento. Mas mesmo essa última interpretação cai por terra se levado em conta um agravante: o embargante jamais terá conhecimento, de antemão, da inclinação do relator por considerar os Embargos de Declaração com possível efeito modificativo, do que depende, pelo Código, a concessão ou não de oportunidade de contrarrazões ao embargado, em um critério mais do que distante da desejável objetividade. Em um cenário com todas essas nuances, e dada a deficiência na redação da lei, é absolutamente impossível falar em balizas seguras para a imposição do dever de diligência para o advogado, que ao fim e ao cabo terá de comparecer a sucessivas sessões sob o risco de o feito ser julgado sem seu conhecimento, com isso suprimindo, quando menos, o direito de suscitar questão de ordem para esclarecimento de fato em atenção ao art. 7º, X, da Lei nº 8.906/1994. Assim, a interpretação do dispositivo verdadeiramente compatível com a Constituição, à luz do contraditório como previsibilidade do procedimento, há de assegurar a intimação prévia da pauta para julgamento de Embargos de Declaração nos Tribunais em todo e qualquer caso, sem variações.

21 Sem prejuízo de disciplina especial prevista no Regimento Interno de cada Tribunal, o prazo de três sessões foi afirmado nos seguintes julgados: STJ, REsp 736.610/DF, Rel. Min. Herman Benjamin, 2ª T., j. 1º/09/2009, DJe 15/12/2009; STJ, EDcl no AgRg no AgRg nos EREsp 884.083/PR, Rel.ª Min.ª Eliana Calmon, Corte Especial, j. 09/06/2011, DJe 1º/08/2011; e STJ, EDcl no REsp 1.340.444/RS, Rel. Min. Humberto Martins, Rel. p/ Acórdão Min. Herman Benjamin, Corte Especial, j. 29/05/2014, DJe 02/12/2014.

evidentemente nula a postura de um dos membros do colegiado de, no início da sessão colegiada em que a apresentação de voto-vista fora pautada, indicar o adiamento do julgamento, fazendo com que, diante dessa notícia, os advogados que patrocinam a causa se retirem da sala de sessão, para logo a seguir, ao final da mesmíssima assentada, voltar atrás e proferir o voto-vista. Há, neste cenário, quebra clara e inegável da confiança legítima do jurisdicionado, porque também a autoridade judicial deve tratar com seriedade seus próprios atos, como reconhecido pela 1ª Turma do STJ já sob a vigência do CPC/2015, ao afirmar a nulidade do julgamento e impor, em tal hipótese, nova intimação prévia da pauta para a apresentação do voto-vista[22].

2.3. A sustentação oral

O regime da sustentação oral agora encontra sede, predominantemente, no art. 937 do Código de 2015.

O *caput* apresenta ligeiras alterações de redação se comparado ao art. 554 do CPC/1973, mantendo o prazo geral de quinze minutos para a fala, excepcionado apenas para a sustentação oral no julgamento de mérito do Incidente de Resolução de Demandas Repetitivas (IRDR)[23]. Neste último caso, autor e réu do processo originário e o Ministério Público passam a ter, *cada um*, o prazo de trinta minutos. Para os demais interessados que intervenham no incidente, e desde que promovam inscrição com dois dias de antecedência, estipula a lei um prazo único, de trinta minutos, que deve ser *dividido entre todos*, ressalvada a possibilidade de prorrogação – que tudo recomenda seja utilizada com larga dose de generosidade pelo órgão judicial, sob pena de absoluta inefetividade da participação e de abertura apenas *pro forma* do debate no julgamento (art. 937, § 1º, c/c art. 984, I, II e § 1º).

Nos nove incisos que se seguem ao *caput* do art. 937 figuram os casos que comportam sustentação oral no novo CPC. A rigor, não há novidade nos recursos tratados nos incisos I a V, que se referem à apelação, ao recurso ordinário, ao recurso especial, ao recurso extraordinário e aos embargos de divergência. O inciso VI, por sua vez, cuida de hipóteses que não são recursos, mas ações autônomas de impugnação, prevendo a sustentação oral em ação rescisória, mandado de segurança e reclamação, e que guarda importante conexão com a inovação constante do § 3º do mesmo disposi-

---

22 STJ, EDcl no AgRg no REsp nº 1.394.902/MA, Rel.ª Min.ª Regina Helena Costa, Rel. p/ acórdão Min. Gurgel de Faria, 1º T., DJe 18/10/2016.

23 Por força do chamado microssistema de julgamento de casos repetitivos (art. 928), o regime especial da sustentação oral também há de se aplicar ao julgamento de recursos especial e extraordinários repetitivos, dada a aplicação subsidiária recíproca entre as duas técnicas de julgamento, conforme proclamado pelo Enunciado nº 345 do Fórum Permanente de Processualistas Civis (FPPC): "345. (arts. 976, 928 e 1.036). O incidente de resolução de demandas repetitivas e o julgamento dos recursos extraordinários e especiais repetitivos formam um microssistema de solução de casos repetitivos, cujas normas de regência se complementam reciprocamente e devem ser interpretadas conjuntamente (Grupo: Precedentes; redação revista no V FPPC – Vitória)".

tivo, a seguir mencionada. A grande e importante mudança neste tema reside no inc. VIII do art. 937, que agora autoriza sustentação oral em um caso especial de agravo de instrumento: o agravo de instrumento interposto contra decisões interlocutórias que versem sobre tutelas provisórias de urgência ou da evidência. O legislador, neste ponto, reconheceu a verdade incontrastável de que tais decisões interlocutórias, por produzirem efeitos para fora do processo em um juízo de cognição sumária, são relevantíssimas para a vida das partes, algumas vezes até mais, sob o ângulo prático, do que a sentença de mérito, a ser proferida após a instrução necessária à cognição exauriente. Sendo assim, justifica-se a feliz ampliação da possibilidade de influência franqueada às partes, concedendo-se a sustentação oral no julgamento do agravo.

A versão do texto do Código de 2015 aprovado no Congresso Nacional continha outra inovação, para ampliar a sustentação também ao agravo interno em determinadas hipóteses listadas no inc. VII do art. 937, isto é, "no agravo interno originário de recurso de apelação, de recurso ordinário, de recurso especial ou de recurso extraordinário". Muito embora criticável a redação, por não abarcar outras hipóteses de recursos originalmente com sustentação que deveriam mantê-la em agravo interno, como, v.g., o mencionado agravo de instrumento sobre tutela provisória, o dispositivo representava, inegavelmente, um avanço, assegurando que o exercício indevido do julgamento monocrático não levasse à supressão da prerrogativa de participação justamente no julgamento que se destinava a controlá-lo. A Presidência da República, porém, vetou a regra, sob o frágil argumento de "perda de celeridade processual, princípio norteador do novo Código, provocando ainda sobrecarga nos Tribunais". Apesar do veto pontual, subsiste, no texto do Código, um caso especial de sustentação oral em sede de agravo interno, regulado pelo § 3º do art. 937, que a concede nos processos de competência originária previstos no inciso VI – isto é, ação rescisória, mandado de segurança e reclamação – no julgamento do agravo contra decisão extintiva do relator. Em um cenário assim traçado, o suposto ganho em celeridade invocado pelo veto presidencial, evitando a demonizada ampliação *em quinze minutos* do julgamento e mais uma vez *contra* o jurisdicionado, trouxe consigo uma crise de coerência, porque, para este fim do cabimento de sustentação oral, nada justifica a diferença de tratamento entre os recursos e as ações de competência originária nos tribunais.

2.4. *O feliz art. 933: a incorporação do contraditório como não surpresa*

Por fim, o quarto e último tópico a merecer exame no procedimento recursal sob o CPC/2015 consiste no art. 933. Esse dispositivo incorpora a concepção do contraditório como influência sobre questões conhecíveis de ofício[24], que tem a sede principal no art. 10 do Código, situado na Parte Geral, mas contextualizando essa norma

---

24 DENTI, Vittorio. Questioni rilevabili d'ufficio e contraddittorio, **Rivista de Diritto Processuale**, CEDAM, Padova, n. 23, 1968, p. 217/231; e GRECO, Leonardo. Contraditório efetivo, **Revista Eletrônica de Direito Processual**, v. 15, 2015, p. 299/310.

fundamental no procedimento nos tribunais, sobretudo no julgamento colegiado. É, também neste ponto, uma inovação virtuosa do Código, que promove o respeito às garantias fundamentais do processo.

O *caput* do art. 933 trata, em primeiro lugar, da hipótese de o relator, ao examinar os autos, se deparar de ofício com uma questão de direito não debatida ou, ainda, um fato superveniente, caso em que deverá ordenar a intimação das partes para manifestação sobre o ponto, no prazo de cinco dias, antes de levar o caso a julgamento colegiado ou monocrático. Além disso, os §§ 1º e 2º do art. 933 promovem importantes ajustes no procedimento para que essa inclinação de vedação às decisões-surpresa, explicitado pelo art. 10 mas a rigor decorrente diretamente da garantia do contraditório participativo insculpida na Constituição (CF, art. 5º, LV), não seja suplantada por entraves de ordem formal, que provavelmente encontrariam eco na *jurisprudência defensiva* dos tribunais superiores. Isso porque a suscitação de questão de ofício ou o fato superveniente podem vir a lume mesmo depois de já iniciada a deliberação colegiada, trazidos, por hipótese, por outros membros julgadores que não o relator. Para não fechar os olhos a essas variantes, o Código, no § 1º, assenta que, estando em curso o julgamento, se sobrevier o exame de uma questão de ofício, deverá ocorrer a suspensão da deliberação, a fim de que as partes se manifestem especificamente sobre o ponto. Já o § 2º do art. 933 alberga a hipótese de a questão de ofício ser suscitada na pendência de pedido de vista por um dos votantes, com os autos em poder dele, caso em que os autos devem ser encaminhados ao relator, que deverá abrir oportunidade de manifestação às partes em igual prazo do *caput*, para que posteriormente haja nova inclusão em pauta com o prosseguimento do julgamento e exame da questão pelo colegiado.

Tome-se como exemplo, para dimensionar os impactos da nova regra, o exercício do controle abstrato de constitucionalidade. O STF, de longa data, reconhece a possibilidade de, no julgamento em tese da validade de um ato normativo, considerar vícios de inconstitucionalidade não alegados pelo autor, em atenção à ordem constitucional em seu todo. Essa possibilidade, construída sob a denominação *abertura da causa de pedir*[25] e aplicável à representação de inconstitucionalidade nos Tribunais de Justiça (CF, art. 125, § 2º), não pode significar ofensa ao contraditório como não surpresa, já que a perspectiva de conhecimento de ofício jamais há de afastar a oportunidade de influência das partes. Nada justifica, assim, o afastamento do art. 933, *caput* e parágrafos, no controle abstrato, de modo que mesmo a razão de inconstitucionalidade

25 Na doutrina, *vide* DUTRA, Carlos Roberto de Alckmin. **Controle abstrato de constitucionalidade:** análise dos princípios processuais aplicáveis. São Paulo: Saraiva, 2012. p. 154. A orientação foi afirmada, v.g, em STF, ADI 2.396-MC, Rel.ª Min.ª Ellen Gracie, Tribunal Pleno, j. 26/09/2001, DJ 14/12/2001; e STF, ADI 28-QO, Rel. Min. Octavio Gallotti, Tribunal Pleno, j. 19/09/1991, DJ 25/10/1991. Exceção a essa linha consiste no exame de inconstitucionalidades materiais quando arguidos exclusivamente vícios formais em relação ao ato impugnado, o que não é admitido pela Corte, a exemplo do decidido em STF, ADI 2.182, Rel. Min. Marco Aurélio, Rel.ª p/ Acórdão: Min.ª Cármen Lúcia, Tribunal Pleno, j. 12/05/2010, DJe 168, 09/09/2010.

considerada de ofício deve ser submetida ao crivo do contraditório, ainda que surgida nos debates em sessão, sob pena de nulidade. Do contrário, chegar-se-ia ao contrassenso de o "guardião da Constituição" (CF, art. 102) desrespeitar as normas desta justamente no *iter* da atividade destinada a preservá-las, no que se inclui a garantia do contraditório participativo[26].

A feliz inspiração e os muitos avanços em prol do contraditório presentes na nova regra não impedem, contudo, que se lancem luzes sobre um aspecto deficiente no regime instituído. É que não revela a lei de forma clara qual a *forma de manifestação* das partes na hipótese do § 1º, após a imediata suspensão da deliberação colegiada que teve início: se deve ocorrer de forma escrita e com prazo de cinco dias, nos termos do *caput*, ou se oral, imediatamente na própria sessão. Embora a oralidade seja a tônica da sessão colegiada de julgamento, a melhor interpretação parece repudiar a forma necessariamente oral de manifestação em tal hipótese. Se considerarmos especialmente o fato superveniente trazido de ofício por um dos julgadores na sessão, é fundamental para a efetividade do contraditório que o advogado da causa presente ao julgamento tenha oportunidade de consultar a parte sobre os reais limites do novo fato que atinge a relação jurídica discutida em juízo, bem assim para saber se há ainda *outro* fato modificativo ou extintivo passível de alegação no cenário então alterado. Nada disso, evidentemente, pode ser feito de imediato na sessão. E mesmo em relação à questão exclusivamente de direito apreciável de ofício a interpretação não pode ser diferente, para evitar a surpresa processual, que retira o tempo necessário a articular os elementos de defesa da maneira mais eficaz à proteção da posição subjetiva da parte, especialmente por conta da interpretação sistemática com o § 2º e o *caput*. Reforça-se essa conclusão pelo fato de o julgador, quando não se considerar "habilitado a proferir imediatamente seu voto", ter a seu alcance o pedido de vista dos autos (art. 940): somente uma concepção autoritária da Justiça civil reconheceria o peso da dificuldade prática de construir o raciocínio na sessão apenas para os julgadores, fechando os olhos para as partes[27]. Assim, prestigiando-se o contraditório como previsibilidade do procedimento, a manifestação do art. 933, § 1º, ocorrerá, como regra, de forma escrita, nos termos do *caput*, mas sem prejuízo de que as partes, por seus advogados na sessão, manifestem concordância expressa com a forma oral imediata[28].

---

26 É o que reconhece, acolhendo sugestão deste autor, o Enunciado nº 594 do Fórum Permanente de Processualistas Civis (FPPC): "594. (arts. 933; 10) O art. 933 incide no controle concentrado-abstrato de constitucionalidade (Grupo: Ordem do processo nos tribunais e regimentos internos)".

27 Apesar da reconhecida fragilidade do argumento a partir da *mens legislatoris*, o cotejo entre as versões do texto do Projeto do Código nas Casas do Poder Legislativo induz à mesma conclusão. É que, na versão da Câmara dos Deputados, a redação do § 1º aludia à oportunidade de sustentação por 15 minutos na própria sessão, o que veio a ser suprimido no retorno ao Senado, com a justificativa de que seria necessário prazo maior por escrito, como aponta NEVES, Daniel Amorim Assumpção. **Novo código de processo civil – Lei 13.105/2015.** Rio de Janeiro: Forense, 2015. p. 474/475.

28 Igualmente nesse sentido, BUENO, Cassio Scarpinella. **Novo código de processo civil anotado.** São Paulo: Saraiva, 2015. p. 582.

3. Os problemas cruciais e alguns caminhos

O quadro da disciplina do procedimento nos Tribunais, como se vê, sai sensivelmente aprimorado com as alterações promovidas pelo CPC/2015. Como, no entanto, um sistema processual ganha vida não apenas guiado pela letra fria da lei, e como a própria lei, obra humana que é, jamais alcança o ideal de perfeição, é preciso apontar também *o outro lado*, isto é, alguns problemas cruciais neste terreno ou (i) que o Código, em seus poucos meses de vigência, já está enfrentando, ou (ii) que o Código mesmo criou ou, por fim, (iii) que o Código simplesmente não se aventurou a resolver. Tais entraves, que podem ser sumariados como *problemas de negação, problemas de coerência* e *problemas de efetividade*, serão expostos nas linhas que se seguem, acompanhados, sempre que possível, da tentativa de abrir caminhos para a respectiva superação.

3.1. Problemas de negação do novo

Comecemos por aquilo que pode ser tido como "problemas de negação do novo", em uma resistência franca e direta às mudanças introduzidas pelo Código de 2015. Tal fenômeno assume vez ou outra um disfarce sob a veste de interpretação principiológica ou coisa que o valha, mas que, em sua dimensão mais sincera, consiste na pura e simples desobediência, e justamente por quem deveria zelar pela fiel aplicação da lei.

O primeiro exemplo diz respeito ao julgamento monocrático dos recursos, e vem lamentavelmente do Superior Tribunal de Justiça. É que, como antes visto, o Código de 2015 tentou *fechar* o julgamento monocrático de mérito, restringindo-o aos casos em que houver amparo em padrão decisório especificamente listado nas alíneas dos incs. IV e V do art. 932. O STJ, entretanto, editou, em 18/03/2016, *o dia da entrada em vigor do Código novo*, a Emenda nº 22/2016 ao Regimento Interno daquela Corte, alterando o art. 34, XVIII, "b" e "c", para autorizar o provimento ou desprovimento do recurso pelo relator também diante de *"jurisprudência dominante acerca do tema"*[29]. Um dispositivo regimental, portanto, na franca contramão do regramento que a lei federal institui para o mesmo tema, e com o condão de fazer naufragar os avanços que esta tencionava promover. E nem mesmo por hipótese essa inovação do Regimento Interno poderia buscar apoio no art. 932, VIII, do CPC/2015, que contempla a possibilidade de o relator "exercer outras atribuições estabelecidas no regimento interno do tribunal". É que o campo assim aberto ao Regimento encontra limite naquilo que a

29 Confira-se a redação do dispositivo do RISTJ, após a Emenda Regimental nº 22/2016: "Art. 34. São atribuições do relator: [...] XVIII – distribuídos os autos: [...] b) negar provimento ao recurso ou pedido que for contrário a tese fixada em julgamento de recurso repetitivo ou de repercussão geral, a entendimento firmado em incidente de assunção de competência, a súmula do Supremo Tribunal Federal ou do Superior Tribunal de Justiça ou, ainda, a jurisprudência dominante acerca do tema; c) dar provimento ao recurso se o acórdão recorrido for contrário a tese fixada em julgamento de recurso repetitivo ou de repercussão geral, a entendimento firmado em incidente de assunção de competência, a súmula do Supremo Tribunal Federal ou do Superior Tribunal de Justiça ou, ainda, a jurisprudência dominante acerca do tema".

própria lei federal já desde logo discipline, como é precisamente o caso das balizas para o julgamento monocrático, sob pena de subverter a hierarquia das fontes. Não fosse assim estaria também ao alcance do Regimento Interno, por exemplo, autorizar o julgamento monocrático da admissibilidade de pedido de instauração de IRDR, em sentido diametralmente oposto à *reserva de colegialidade* instituída pelo art. 981 do CPC/2015[30].

Mas não é só. O grave quadro é ainda complementado pela edição, em 17 de março de 2016, da Súmula nº 568 do STJ, segundo a qual "o relator, monocraticamente e no Superior Tribunal de Justiça, poderá dar ou negar provimento ao recurso quando houver entendimento dominante acerca do tema", reforçando também por essa via a tentativa de manutenção do julgamento monocrático fundado em jurisprudência dominante. De parte, conforme já exposto, o franco descompasso com a lei cuja entrada em vigor já se avizinhava, a nova súmula, se invocada para amparar o julgamento monocrático sob o Código novo, atenta contra a regra do art. 926, § 2º, do CPC/2015, e por um motivo muito singelo: tendo ela sido editada, repita-se, antes da entrada em vigor do Código (!), *simplesmente não havia qualquer decisão a apoiar a suposta consolidação do verbete sob o sistema do Código de 2015*. Sendo assim, ou bem a Súmula deve ser tida por revogada um dia após sua edição, dada a vigência do Código em 18 de março de 2016, ou, o que é mais provável, servirá ela de um ilegal escudo mesmo sob a égide do sistema processual de 2015, criando direito novo em um ato de pura vontade para, ao fim e ao cabo, deixar as coisas como sempre foram.

Enquanto o primeiro exemplo vem, por assim dizer, "de cima" na hierarquia judiciária, a segunda expressão de negação do novo vem dos Juizados Especiais. Há uma difundida resistência desse ramo da Justiça em observar as novas regras do Código de 2015: é como se todo o sistema dos Juizados Especiais, composto pelos Juizados Cíveis (Lei nº 9.099/1995), os Federais (Lei nº 10.259/2001) e os da Fazenda Pública (Lei nº 12.153/2009), estivessem em uma espécie de *trincheira*, lutando contra a incidência do novo Código e contra todas as mudanças que dele decorrem. *As armas*, nessa trincheira, são os chamados "princípios" ou "critérios" reitores dos Juizados, como simplicidade, informalidade, economia processual e celeridade (art. 2º da Lei nº 9.099), que impediriam a incidência das regras gerais do processo civil àquele ramo da Justiça civil por uma suposta incompatibilidade sistêmica. Como largamente propagado, essa resistência teve como um de seus principais alvos a delicada questão da contagem dos prazos apenas em dias úteis, fixada no art. 219 do CPC/2015 mas que não se har-

---

30 Afirmando que o julgamento de admissibilidade do pedido de instauração do IRDR é necessariamente colegiado, *vide* TEMER, Sofia. **Incidente de resolução de demandas repetitivas.** Salvador: JusPodivm, 2016. p. 120; e MARINONI, Luiz Guilherme. **Incidente de resolução de demandas repetitivas:** decisão de questão idêntica x precedente. São Paulo: RT, 2016, p. 84. Na mesma linha foi editado o Enunciado nº 91 do Fórum Permanente de Processualistas Civis (FPPC): "91. (art. 981) Cabe ao órgão colegiado realizar o juízo de admissibilidade do incidente de resolução de demandas repetitivas, sendo vedada a decisão monocrática (Grupo: Recursos Extraordinários e Incidente de Resolução de Demandas Repetitivas)".

monizaria, segundo uma dada corrente que tomou corpo, à busca por celeridade nos Juizados Especiais[31].

A resistência com o novo alcançou, como era natural, também o domínio do procedimento dos julgamentos colegiados nas Turmas Recursais dos Juizados, de que é exemplo o regime do prazo mínimo de antecedência de intimação da pauta. Enquanto o Código de 2015 afirma, na linha antes já vista, o prazo de cinco dias entre a intimação e a data de julgamento (art. 935), o XI Encontro de Juízes de Juizados Especiais Cíveis e Turmas Recursais Cíveis do Tribunal de Justiça do Estado do Rio de Janeiro editou o Enunciado nº 13/2016, negando a aplicação da regra geral do sistema processual em vigor para afirmar que o prazo de antecedência é de quarenta e oito horas[32]. E o mais impactante é que tal prazo não encontra previsão em nenhuma regra legal do sistema dos Juizados ou mesmo em outro diploma vigente; decorre ele, muito ao contrário, da previsão do CPC/1973 (art. 552, § 1º), *um dispositivo revogado*, que passa assim a ser caprichosamente ressuscitado de mãos dadas com a recusa em reconhecer a imperatividade da regra geral processual hoje em vigor.

3.2. Problemas de coerência

A segunda ordem de problemas que atinge o Código de 2015 é de outra espécie, agora ligados à coerência interna no sistema, porque há hiatos absolutamente inexplicáveis em uma disciplina legal que se pretende coesa. E, no domínio do procedimento nos Tribunais, um ponto fértil para essa crítica é bem retratado pelo cabimento da sustentação oral.

A começar pelo agravo de instrumento. É que, como se sabe, o Código de 2015 institui um regime de irrecorribilidade imediata das decisões interlocutórias, por força do qual apenas cabe agravo de instrumento contra decisões interlocutórias expressamente previstas em lei, no art. 1.015 ou em outra regra especial. Sob este pano de fundo, a nova hipótese de sustentação oral em agravo de instrumento, prevista no art. 937, VIII, do CPC/2015, diz respeito a *apenas um* dentre todos os outros casos em que é afirmado o cabimento do recurso de agravo, contra decisões interlocutórias que versem sobre tutelas provisórias de urgência ou de evidência (art. 1.015, I). A verdade, porém, é que essa ampliação da sustentação oral deixou em aberto uma condenável lacuna: o agravo de instrumento contra as decisões interlocutórias de mérito.

---

31 É o que afirmam o Enunciado Cível nº 165 ("Nos Juizados Especiais Cíveis, todos os prazos serão contados de forma contínua") e o Enunciado da Fazenda Pública nº 13 ("A contagem dos prazos processuais nos Juizados da Fazenda Pública será feita de forma contínua, observando-se, inclusive, a regra especial de que não há prazo diferenciado para a Fazenda Pública – art. 7º da Lei nº 12.153/2009"), ambos do Fórum Nacional de Juizados Especiais (Fonaje).

32 Enunciado nº 13/2016 do XI Encontro de Juízes de Juizados Especiais Cíveis e Turmas Recursais Cíveis do Tribunal de Justiça do Estado do Rio de Janeiro: "TURMAS RECURSAIS. PAUTA DE JULGAMENTO. PRAZO DE PUBLICAÇÃO. As pautas de julgamento das Turmas Recursais poderão ser publicadas com a antecedência mínima de 48 horas ao dia da designação das sessões de julgamento".

Com efeito, o Código de 2015 rompe, no art. 356, com o dogma da unicidade do julgamento de mérito, ao prever a possibilidade de julgamento antecipado parcial do mérito: se um dos pedidos cumulados ou parcela deles comportar julgamento desde logo, na fase do julgamento conforme o estado do processo, mas o remanescente do objeto litigioso, por depender de prova, tiver de aguardar para ser objeto de sentença, o juiz pode conceder a tutela definitiva fracionada que está desde logo ao seu alcance. Essa é uma decisão interlocutória *de mérito*, contra a qual cabe agravo de instrumento, fundado no art. 1.015, II, do CPC/2015. Sendo assim, como justificar, do ponto de vista sistêmico, que alguém tenha oportunidade de fazer sustentação oral na apreciação de agravo de instrumento contra uma tutela provisória, de urgência ou de evidência, como autorizado no art. 937, VIII, e não se possa fazer o mesmo quando parcela do mérito estiver sendo resolvida de modo definitivo em sede de agravo? Por que conceder sustentação à revisão da tutela provisória, proferida em cognição sumária e incapaz de produzir coisa julgada[33], e não a conceder para o agravo de instrumento contra a decisão do art. 356, proferida em cognição exauriente e apta à formação de coisa julgada material? Não há, como se vê, qualquer explicação lógica para a diferença de tratamento. E a incoerência fica escancarada quando se constata que o legislador de 2015 teve o cuidado de estender ao julgamento do agravo de instrumento, nesta hipótese de interlocutórias de mérito, o "incidente de ampliação do colegiado", conforme prevê o art. 942, § 3º, II, quando o *caput* daquele mesmo dispositivo expressamente assegura "às partes e a eventuais terceiros o *direito de sustentar oralmente suas razões perante os novos julgadores*", evidentemente pressupondo o cabimento da sustentação no julgamento original. Por fim, ocorrendo ou não o incidente, a verdade é que, depois de apreciado o agravo sobre a decisão de mérito, o passo seguinte consistirá no cabimento de Recurso Especial ou Extraordinário, e a sustentação oral autorizada para estes últimos, no art. 937, III e IV, não distingue conforme a espécie recursal apreciada no Tribunal *a quo*, do que resultaria um vácuo de participação e influência das partes apenas no julgamento na segunda instância, sem qualquer lógica a lhe servir de base[34].

O outro caso, e possivelmente ainda mais grave se consideradas as repercussões sociais, tem em mira o Incidente de Resolução de Demandas Repetitivas (IRDR), nova técnica destinada aos litígios de massa no sistema do novo Código. A ideia do IRDR, de forma muito sintética, é permitir que tribunais de segundo grau façam uso de um pro-

---

33 E que terá de ser confirmada ou revogada por sentença ao final do procedimento em primeiro grau, recorrível, por sua vez, por apelação, cujo julgamento ensejará sustentação oral (art. 937, I, CPC/2015).

34 Sustentando, com inteira razão, a interpretação extensiva do art. 937, VIII, para abarcar também o agravo contra decisões interlocutórias de mérito, *vide* WAMBIER, Teresa Arruda Alvim; CONCEIÇÃO, Maria Lúcia Lins; RIBEIRO, Leonardo Ferres da Silva; MELLO, Rogerio Licastro Torres de. **Primeiros comentários ao novo código de processo civil:** artigo por artigo. São Paulo: RT, 2015. p. 1.333, aludindo aos casos em que a decisão interlocutória "tenha conteúdo de sentença"; e NEVES, Daniel Amorim Assumpção. Op. cit., p. 476/7.

cedimento-padrão para fixação de tese jurídica, determinando-se a suspensão de todos os demais processos que versem sobre a questão comum. Expande-se a linha, nesse ponto, do regime do Recurso Especial Repetitivo e do Recurso Extraordinário com Repercussão Geral, que já existiam para as Cortes Superiores ao tempo do CPC/1973, mas transpondo a lógica agora para o segundo grau, para que, depois de firmada a tese, seja ela replicada a todos os demais casos similares. De parte as inúmeras polêmicas que cercam o novo instituto, o Código trata de forma muito deficiente o contraditório na importantíssima fase de admissibilidade do IRDR. A disciplina quanto ao caminho a ser seguido, neste ponto, consta do art. 981, segundo o qual, depois da distribuição do pedido de instauração do IRDR a um relator no tribunal, é ele levado imediatamente a julgamento colegiado para a admissibilidade. Tal julgamento é de relevância ímpar não só para as partes do processo do qual se origina o IRDR, mas também para todos os outros feitos que versem sobre a questão comum, pois cabe à decisão de admissibilidade (i) apreciar a presença dos pressupostos de instauração do IRDR, (ii) delimitar a questão jurídica comum que será objeto de pronunciamento vinculante, (iii) servir de norte para despertar a participação dos demais interessados no julgamento de mérito do Incidente (arts. 979 e 983), e (iv) desencadear o importante efeito de suspensão de todos os demais processos pendentes (art. 982, I)[35]. Apesar da magnitude do *thema decidendum*, o Código de 2015 não prevê sustentação oral para este julgamento colegiado, assegurada apenas para o exame do mérito do Incidente, com o regime especial a que já se aludiu no art. 984, II e § 1º, em uma lacuna que acaba por retirar das partes a plenitude da participação que seria compatível com um processo verdadeiramente colaborativo desde o limiar dessa técnica de formação de precedentes.

Para colmatar essas e outras lacunas no regime da sustentação oral, há a válvula de abertura no inc. IX do art. 937, autorizando a sustentação oral *"em outras hipóteses previstas em lei ou no regimento interno do tribunal"*, cuja menção à lei evidentemente não haveria de ser reduzida apenas à lei federal, de igual hierarquia ao CPC/2015. Sendo assim, a lei estadual com a vocação para prever regras específicas de procedimento em matéria processual (CF, art. 24, XI) pode ser um veículo útil a superar o déficit de racionalidade do sistema e pôr fim à quebra da isonomia[36], sem prejuízo da atuação em paralelo também do Regimento Interno dos Tribunais (CF, art. 96, I, "a").

35 Sobre o tema, cf. DIDIER JR., Fredie; TEMER, Sofia. A decisão de organização do incidente de resolução de demandas repetitivas: importância, conteúdo e o papel do regimento interno do tribunal, **Revista de Processo**, v. 258, 2016, p. 257/278, 2016.

36 Para um aprofundamento do ponto, *vide* SOKAL, Guilherme Jales. O Novo CPC e o federalismo: perspectivas para a advocacia pública estadual. In: ARAÚJO, José Henrique Mouta; CUNHA, Leonardo Carneiro da; RODRIGUES, Marco Antonio (Org.). **Coleção repercussões do novo CPC**. Fazenda Pública. Salvador: JusPodivm, 2016. v. 3, p. 193/224. Também disponível em: <https:// uerj.academia.edu /GuilhermeJalesSokal>.

3.3. *Problemas de efetividade*

A terceira e última espécie de problema que cerca o novo Código atinge o plano da efetividade, e verdadeiramente pode frustrar todos os propósitos transformadores da nova lei.

Em primeiro lugar, um aparentemente prosaico: a postura do julgador de se deixar influenciar, abrindo-se para a efetividade do contraditório. PIERO CALAMANDREI escreveu um estudo, em 1938, sobre as consequências processuais da *sonolência* de um dos membros do colegiado no curso do julgamento, isto é, quando um dos julgadores "*busca refúgio naquela doce evasão psíquica que é o sono*"[37]. Naquela época, a partir da jurisprudência dos tribunais alemães, reconheceu-se que "a câmara judicante não está legalmente composta quando integrada por um membro *continuadamente* incapaz de seguir o desenvolvimento do julgamento", de modo que "o sono contínuo do juiz poderia ser arguido como motivo de nulidade da sentença em decorrência da violação do princípio da oralidade e da irregular composição da turma julgadora". Não bastava, porém, *um bocejo*: era preciso caracterizar-se a impossibilidade de prosseguir na discussão com os pares. A imagem tem um quê de caricata mas, lamentavelmente, não se distancia nem um pouco da realidade judiciária brasileira, em que a falta de igual consideração e respeito dos juízes para com os advogados já levou a exemplos bem marcantes de distração no julgamento. Há não muito tempo, em um Tribunal de Justiça de um dos Estados da Federação, um desembargador foi flagrado, em sessão do Pleno, jogando xadrez *on-line* durante a sessão: a tela de seu computador estava visível ao público e um fotógrafo, bem posicionado, registrou o momento. E o interessante é que o dito-cujo, indagado pelo repórter, desconversou, afirmando que teria meramente aberto a página, por curiosidade, ao começar a sessão, e ela lá ficou durante todo o julgamento, sem que com ela interagisse. Seria possível, se não fosse a esperteza do fotógrafo: tirou seis fotos em momentos diferentes, e nesse tempo foi registrada a alteração dos movimentos 17 e 18 no jogo[38].

O desprezo pelo contraditório como influência, que está nesses exemplos extremos, desce também a uma roupagem bem mais sutil e, por assim dizer, institucionalizada. Por exemplo, o Regimento Interno do STJ, em seu art. 162, § 4º, admite que um dos julgadores, embora ausente ao tempo da leitura do relatório – e, por consequência, à sustentação oral –, se considere "habilitado a votar"[39]. Em outras palavras,

---

37 CALAMANDREI, Piero. La distrazione dei giudizi come motivo di nullità della sentenza, **Rivista di Diritto Processuale Civile**, v. I, 1938, p. 255/256. Há tradução para o português realizada por José Rogério Cruz e Tucci, disponível em http://www.migalhas.com.br/dePeso/16,MI135818,91041-a+distracao+dos+juizes+como+motivo+de+nulidade+do+julgamento>. Acesso em: 30 out. 2016, de onde foram extraídas as expressões referidas no texto.

38 A notícia consta de <http://www.conjur.com.br/2009-set-05/desembargador-flagrado-jogando-xadrez-durante-sessao-tj-ba>. Acesso em: 30 out. 2016.

39 RISTJ, "Art. 162. [...] § 4º Não participará do julgamento o Ministro que não tiver assistido ao relatório, salvo se se declarar habilitado a votar". A orientação foi aplicada mesmo em matéria

por força dessa autorização, é possível que o julgador até então ausente escute o voto do relator ou de algum vogal, hipoteticamente proferido depois de sua chegada à sessão, e conclua já ter formado convicção suficiente a decidir a sorte do processo, contribuindo com seu voto para dar razão ao autor ou ao réu no conflito de interesses. A situação beira as raias do absurdo. Se contraditório significa, modernamente, direito de influência, como é possível a esse julgador renunciar à influência que a parte poderia ter exercido através da sustentação? Como o julgador, declarando-se "habilitado", pode *renunciar a um direito que não é dele*, mas das partes, de exercer o contraditório justamente sobre a formação da sua convicção? Isso é uma afronta a um processo civil democrático e, exatamente por isso, é o mais fiel retrato de um modelo autoritário de Justiça civil, que vê o jurisdicionado como súdito e não como um sujeito de direitos que participa do processo de formação da decisão estatal.

É bem verdade que também aos advogados cabe uma confissão de culpa, pois o tempo de sustentação oral não poderia significar, como significa no Brasil, um direito a espetáculos à disposição do patrono. Para efetivamente contribuir com a formação do convencimento dos julgadores, é preciso abrir um canal a mais de colaboração, com a possibilidade de perguntas ou apartes pelos membros do colegiado, para que haja diálogo e troca de ideias entre a turma julgadora e o advogado na construção do raciocínio, tal como no modelo norte-americano, e não meros monólogos pelo prazo de quinze minutos, em sua maioria enfadonhos[40].

Se essa busca por interação e efetividade no diálogo humano poderia ser valiosa, não pode, por certo, servir mais uma vez de caminho para dar vazão ao autoritarismo no Judiciário. E esse risco é revelado por um movimento, que tomou corpo no STJ, mas também presente em outros tribunais, de vedar a leitura de memoriais pelos advogados na sustentação oral. O ponto chegou a ser objeto de proposta de emenda ao Regimento Interno do STJ, e que só não foi adiante porque a votação destinada à sua aprovação, em 02/12/2015, terminou empatada – um *empate*, a significar que metade dos Ministros presentes ao Tribunal Pleno concordava com o teor da vedação[41]. Evidentemente, não cabe ao Poder Judiciário adentrar ao controle do grau de eloqu-

penal, a exemplo do decidido em STJ, HC 152.107/RS, Rel. Min. Felix Fischer, 5ª T., j. 03/08/2010, DJe 20/09/2010.

40 Apontando a ausência de um debate efetivo entre juízes e advogados na sustentação oral no Brasil, *vide* BEDAQUE, José Roberto dos Santos; BRASIL JR., Samuel Meira; OLIVEIRA, Bruno Silveira de. A oralidade no processo civil brasileiro (relatório nacional). In: **Processo civil:** novas tendências – estudos em homenagem ao Professor Humberto Theodoro Júnior. Belo Horizonte: Del Rey, 2008. p. 425. Como se sabe, o cenário é substancialmente diverso na Suprema Corte norte-americana, em cujas audiências a exposição oral dos advogados é frequentemente interrompida por indagações e questionamentos pelos julgadores, com o propósito de pedir esclarecimentos sobre a abrangência de determinada tese jurídica ou sobre a coerência sistêmica do raciocínio aventado.

41 A notícia foi veiculada em: <http://www.migalhas.com.br/Quentes/17,MI230913,101048-STJ+tenta +proibir+que+advogado+leia+durante+a+sustentacao+oral>. Acesso em: 30 out. 2016.

ência do advogado. O contraditório como direito de influência franqueia às partes a escolha da melhor articulação dos elementos de defesa, que, na fala oportunizada pela sustentação, pode variar entre a precisão cirúrgica na escolha das palavras em temas de alta complexidade, que apenas em atenção a um texto escrito previamente elaborado se conseguiria alcançar, e a narrativa mais leve e talvez mais cativante feita de modo livre ou com acesso a meras notas, mas que certamente pecará em alguma parte no rigor. Some-se a isso o fato de que, na sustentação oral, o grau de efetividade da defesa pode variar por diversos fatores, desde aspectos psicológicos ligados à autoconfiança do advogado, o dom da oratória, a robustez da formação jurídica ou mesmo o tempo de exercício da profissão. Em um cenário assim traçado, no processo civil compreendido como uma comunidade de trabalho pautada pela colaboração (art. 6º), não cabe ao juiz eleger quem e de que maneira poderá com ele colaborar no diálogo para a formação de sua convicção, como se estivesse em um patamar acima das partes que lhe autorizaria a agir em substituição às suas escolhas[42]. Ademais, essa tendência de vedar a leitura de memoriais configura comportamento contraditório com a própria postura dos julgadores, que, mesmo no plenário do Supremo Tribunal Federal, rotineiramente leem votos escritos trazidos à sessão.

Qual o único caminho para solucionar todos esses problemas de efetividade do contraditório, que vão desde a distração na sessão, passando pela renúncia do julgador à sustentação e até a tentativa de controle da eloquência pelos juízes? A construção de uma cultura que, na lição de CALAMANDREI, permita e existência de *boas relações entre juízes e advogados*[43]. Enquanto o juiz não for capaz de enxergar no advogado um colaborador na construção da decisão judicial, um interlocutor tão idôneo e capaz quanto ele mesmo nessa empreitada, a promessa constitucional de assegurar

---

42 Mais feliz parece ser a orientação do Conselho Nacional de Justiça neste ponto, que, em 24/02/2016, entendeu por bem conceder medida cautelar em Procedimento de Controle Administrativo para suspender o art. 378 do Regimento Interno do Tribunal de Justiça do Mato Grosso do Sul, segundo o qual "Na sustentação oral é permitida a consulta a notas e apontamentos, vedada a leitura de memoriais" (Procedimento de Controle Administrativo nº 0004120-91.2015.2.00.0000). Consta do voto do Conselheiro Relator Fabiano Silveira, por unanimidade acompanhado pelo colegiado do CNJ, que "[o] verdadeiro problema não está no modo como o advogado faz uso da palavra, e sim na qualidade do discurso por ele proferido. Uma sustentação de improviso, mal feita, pode produzir estrago tão grande ou maior do que a leitura monocórdia e entediante de memoriais. A responsabilidade é do advogado pela escolha que faz, e ela não é pequena. Ocorre que o Poder Judiciário não pode censurar previamente, dirigir, glosar ou de alguma forma estabelecer preferências quanto ao estilo de conduta profissional dos advogados, mesmo guiado pelo bom propósito de aperfeiçoar as sustentações orais em seus julgamentos. A questão também se coloca no plano constitucional dos direitos e garantias fundamentais. O que caracteriza o devido processo legal é o contraditório e a ampla defesa (art. 5º, LV, da Constituição Federal). E a amplitude da defesa inclui – por que não? – a possibilidade de leitura de peças perante o órgão julgador. Ou seja, a leitura é um recurso legítimo de defesa, não o único nem necessariamente o melhor. Em todo caso, um recurso que pode ser utilizado segundo a avaliação de quem foi escolhido para atuar na causa".

43 CALAMANDREI, Piero. El carácter dialéctico del proceso. In: **Proceso y democracia.** Buenos Aires: Ediciones Juridicas Europa-America, 1960. p. 147/173.

o contraditório participativo cairá por terra como meras palavras levadas ao sabor do vento. Apenas com respeito e diálogo paritário é que esses desvios deixarão de subsistir, e não há lei que consiga freá-los em todas as suas possíveis manifestações, porque, mais uma vez, são reflexos de uma mentalidade incompatível com o processo civil iluminado a partir da garantia do contraditório como influência, que advém do valor da democracia. A lei não consegue fazer em um passe de mágica essa transformação, e, o que é pior, mesmo uma lei que tente transformar o processo civil para um novo modelo de justiça, como em grande parte é o novo CPC, pode ser corrompida em seu âmago, se a cultura autoritária que domina a prática do procedimento nos tribunais não for quebrada.

Finalmente, há ainda outro problema crônico de efetividade, e que atinge em cheio as virtudes teóricas por trás da colegialidade, com repercussões em todo o sistema de afirmação da força da jurisprudência no novo Código. É que, no Brasil, os órgãos colegiados ainda são pautados pela prática da redação *de votos*, e não propriamente de acórdãos[44]. Como regra, a lavratura do acórdão se confunde, no plano prático, com a elaboração do texto do voto do próprio relator, ao qual são apenas acoplados eventuais votos escritos redigidos pelos outros julgadores, quer sejam divergentes ou concorrentes, com o adendo da ementa, geralmente já redigida de antemão pelo relator previamente à sessão. Não há, em um cenário assim traçado, a preocupação sincera em consolidar em um único texto escrito, após o julgamento, as razões que informaram a conclusão da maioria vencedora. E os problemas que daí advêm são muitos.

Exemplo emblemático é o da ADPF nº 130/DF, na qual entendeu o STF por reputar não recepcionada pela Constituição de 1988 a antiga Lei de Imprensa (Lei nº 5.250/1967). A redação do acórdão coube ao Relator do processo, Ministro Ayres Britto, que, ao elaborar a ementa do julgado, conferiu termos excessivamente amplos à proteção constitucional da liberdade de imprensa, aparentemente vedando mesmo a determinação judicial casuística que impedisse notícias jornalísticas que ofendessem os direitos da personalidade dos envolvidos[45]. Posteriormente, veio a ser ajuizada no STF reclamação constitucional contra ordem judicial, em um processo subjetivo, que impedira veículo de imprensa de noticiar dados relativos a parente de conhecida figura no meio político, fundando-se a impugnação, como era natural, na assinalada preponderância absoluta da liberdade de imprensa sobre os direitos da personalidade, tal como constava da ementa do acórdão da ADPF nº 130/DF. Ao julgar a reclamação, porém, entendeu o Supremo Tribunal Federal por não conhecer do pedido, sob

---

44 MOREIRA, José Carlos Barbosa. **Comentários ao código de processo civil.** Rio de Janeiro: Forense, 2009. v. V, p. 710, ao assinalar que "o Supremo Tribunal Federal, o Superior Tribunal de Justiça e outros tribunais adotaram o costume de fazer consistir o acórdão, pura e simplesmente, na série de votos proferidos pelos juízes que hajam participado do julgamento".

45 Da ementa extrai-se, dentre outras passagens, o seguinte trecho: "A crítica jornalística, pela sua relação de inerência com o interesse público, não é aprioristicamente suscetível de censura, mesmo que legislativa ou judicialmente intentada" (STF, ADPF 130, Rel. Min. Carlos Britto, Tribunal Pleno, j. 30/04/2009, DJe 208, 05/11/2009).

o fundamento de que a *ementa redigida pelo redator do acórdão da ADPF nº 130/DF não refletia com fidelidade a tese jurídica acolhida pela maioria do colegiado*, cujos votos tinham assentado a necessária harmonização da liberdade de imprensa com outros direitos fundamentais, sem uma relação de precedência absoluta apriorística[46]. O *estado da arte*, portanto, consiste em um cenário em que o Supremo Tribunal Federal simplesmente *desautoriza as suas ementas*, minando qualquer perspectiva segura de confiança em um precedente, e praticamente nulificando a imposição, por lei, de que todo acórdão contenha uma ementa a lhe integrar o corpo (art. 943, § 1º). É bem verdade que cabe a todos os sujeitos do processo a tarefa de identificar a verdadeira *ratio decidendi* do precedente a partir de sua fundamentação, sem assumir o comodismo de ler irresponsavelmente apenas a ementa. Essa constatação, porém, não deveria autorizar que o Judiciário fechasse os olhos para as consequências que podem decorrer de sua conduta na expectativa do jurisdicionado. Se o processo civil tem de ser visto como uma comunidade de trabalho pautada pelo princípio da cooperação[47], o Judiciário não pode se demitir do *seu papel* de contribuir para a segurança jurídica e a confiança dos jurisdicionados ao fixar o norte a ser seguido, sobretudo em um sistema pautado pela força dos precedentes.

Essa preocupação com a forma de redação das decisões e da própria deliberação colegiada já alcançou o direito constitucional, que atualmente se propõe a repensar o funcionamento do Supremo na jurisdição constitucional[48], e mesmo o processo civil[49]. E alguns fatores da técnica processual são decisivos nesse terreno. Em primeiro lugar, vigora um marco preclusivo rígido para alteração de votos: a proclamação do resultado pelo Presidente do órgão fracionário, na sessão de julgamento, já antes acolhido pela doutrina e a jurisprudência e agora afirmado expressamente pelo art. 941, § 1º, do CPC/2015. De outro lado, produz consequências diretas nesse tema a garantia fundamental da publicidade dos julgamentos colegiados (CF, art. 93, IX), que chega, no STF, ao extremo da TV Justiça, com o televisionamento ao vivo da deliberação. Essa é uma equação perigosa, que gera vantagens em termos de controle social, mas, por outro lado, suprime grande parte dos ganhos epistêmicos que poderiam advir da colegiali-

---

46 STF, Rcl nº 9.428, Rel. Min. Cezar Peluso, Tribunal Pleno, j. 10/12/2009, DJe 116, 24/06/2010, sendo que no voto do Relator, ao se referir ao acórdão da ADPF nº 130/DF, lê-se que a ementa daquele julgado refletiria "[...] apenas a posição pessoal do eminente Min. Relator, não a opinião majoritária da Corte".

47 MITIDIERO, Daniel. **Colaboração no processo civil:** pressupostos sociais, lógicos e éticos. São Paulo: Revista dos Tribunais, 2015. p. 52 e ss.

48 Exemplo é a obra de MELLO, Patrícia Perrone Campos. **Nos bastidores do Supremo Tribunal Federal:** Constituição, emoção, estratégia e espetáculo. Rio de Janeiro: Forense, 2015, em especial p. 147/220.

49 SOKAL, Guilherme Jales. **O julgamento colegiado nos tribunais:** procedimento recursal, colegialidade e garantias fundamentais do processo. Rio de Janeiro: Forense/São Paulo: Método, 2012. p. 290 e ss.; e, mais recentemente, MARINONI, Luiz Guilherme. **Julgamento nas cortes supremas:** precedente e decisão do recurso diante do novo Código de Processo Civil. São Paulo: RT, 2015.

dade. Como seres humanos *de carne e osso*, que respondem a estímulos e incentivos como qualquer um, os membros do colegiado se preparam previamente para o julgamento na sessão, praticamente ingressando na deliberação com o convencimento formado. Nisso se inclui, ordinariamente, a redação do voto já com a ementa a refletir a tese nele adotada, que o relator, de boa-fé, espera seja sagrada como vencedora. Nesta dinâmica, parece pouco factível que o membro votante refaça seu trabalho com fidelidade ao que prevaleceu na maioria quanto ao fundamento determinante, sobretudo porque, mais uma vez, cada um de seus pares que compõem a maioria vencedora redigirá um texto escrito individual – *um voto*, portanto. Muito mais proveitosa, no entanto, seria a adesão formal de cada votante concorrente ao voto escrito do outro, para que inclusive houvesse ganho epistêmico *sobre o texto e a linguagem empregada*, que, por hipótese, poderia ter nascido com um sentido mais abrangente quanto aos fundamentos aos olhos do relator mas, submetido ao crivo dos demais, merecesse restrição para contar com a adesão dos concordes. E a colegialidade ajudaria nisso, alcançando um ponto médio através da barganha e da troca de visões entre os julgadores sobre um *único texto a prevalecer*, porque, ao fim e ao cabo, se a atividade de interpretação de textos já é por si só um desafio a dominar a aplicação do direito, ainda mais intrincada é a missão de combinar múltiplos textos – três, cinco, onze ou mesmo mais – e interpretá-los em conjunto para extrair um único norte.

4. Os desafios do CPC/2015: entre autoritarismo e democracia

O exame acima empreendido teve por meta demonstrar como o procedimento nos tribunais pode revelar uma dimensão da delicada relação entre o indivíduo e o poder do Estado, que pode ser mais ou menos democrático, reconhecendo mais ou menos respeito ao cidadão como sujeito de direitos e como partícipe da tomada de decisão imperativa. O sistema processual, de um modo geral, é um retrato desses valores políticos, espelhando de forma bem concreta, na relação entre o jurisdicionado e o juiz em cada passo do método de solução do conflito, todas as diretrizes que informam para o bem ou para o mal o regime político.

Como se pode constatar, o novo CPC tenta se alinhar com as garantias fundamentais do processo em diversos domínios. Tal como toda obra humana, também ele peca, mas a inclinação geral do Código merece os mais sinceros encômios, e está longe de constituir exagero reconhecer que viveremos melhor com ele do que sem ele[50]. Todos os operadores do Direito têm à frente um desafio enorme para compreender na inteireza a nova lei, empreendendo as conexões de significado que tornam possível falar em um sistema, sempre em harmonia com a Constituição da República. Nessa

---

50 A Lei nº 13.256/2016, muito ao contrário, foge dessa inspiração e representa em grande parte a vitória da jurisprudência defensiva, retrocedendo em avanços do Código em sua versão original, de que é exemplo a alteração promovida na redação do art. 12. Ela, sim, representa, retomando a metáfora anterior no texto, a reforma do hospital no interesse mais do conforto dos médicos do que dos pacientes – ou, quiçá, talvez apenas dos diretores ou mantenedores do hospital.

caminhada, cabe à advocacia pública e privada construir e defender o melhor sentido possível para as suas normas, a fim de que o Código de 2015 seja um veículo de promoção das garantias fundamentais do processo, de participação democrática e de fundação de um novo modelo de Justiça. E há fartos instrumentos nele para esse fim.

O NOVO CÓDIGO DE PROCESSO CIVIL E A PROVA NO PROCESSO ADMINISTRATIVO TRIBUTÁRIO

Gustavo da Gama Vital de Oliveira[*]

Sumário: **1.** Introdução. **2.** Aplicação subsidiária e supletiva do novo CPC ao processo administrativo tributário. **3.** Momento de apresentação das provas documentais. **4.** Ônus da prova. **5.** A prova emprestada. **6.** Conclusões.

Resumo: Examina as principais influências do novo Código de Processo Civil (CPC 2015) na disciplina da prova no Processo Administrativo Tributário (PAT).

Palavras-chaves: CPC 2015. Prova. Processo administrativo tributário.

1. Introdução

O objetivo do presente estudo é considerar algumas influências do novo CPC (CPC 2015) nos institutos relativos à prova no processo administrativo tributário (PAT). Inicialmente, será explicitada a importância da aplicação subsidiária e supletiva do CPC 2015 aos atos normativos federais e locais que regulam o respectivo PAT. Em seguida, examinaremos hipóteses específicas de aplicação do novo CPC à disciplina da prova no PAT, com ênfase no processo federal (Decreto nº 70.235/1972).

O tema em exame é bastante oportuno para a presente ocasião, na qual é homenageado o Ministro e Professor LUIZ FUX, Presidente da comissão de juristas que elaborou o anteprojeto do novo Código de Processo Civil. O presente trabalho ressalta que o brilhante trabalho do ministro, que resultou na edição do novo Código, trouxe novos rumos não apenas para o processo judicial brasileiro, mas também servirá para que seja promovida uma nova leitura do processo administrativo tributário, à luz dos mandamentos do novo CPC. Trata-se do caminho mais seguro para conferir maior efetividade a princípios processuais como o da ampla defesa e do contraditório, de aplicação obrigatória para o processo judicial e administrativo (art. 5º, LV, da CF).

2. Aplicação subsidiária e supletiva do novo CPC ao processo administrativo tributário

O art. 15 do CPC 2015 estabelece que "*na ausência de normas que regulem processos eleitorais, trabalhistas ou administrativos, as disposições deste Código lhes serão aplicadas supletiva e subsidiariamente*". Trata-se de dispositivo que não encontra correspondente com nenhum enunciado normativo do Código de Processo Civil de 1973 (CPC 1973).

O dispositivo fundamenta o reconhecimento de que a leitura do PAT, de qualquer ente da Federação, deve ser feita em harmonia com os dispositivos do novo CPC. As omissões das normas do PAT devem ser preenchidas pelo recurso às normas do CPC.

É fato que precedentes do Conselho Administrativo de Recursos Fiscais (Carf) já admitiam a aplicação do CPC 1973 ao PAT federal (Decreto nº 70.235/1972)[1]. Com a previsão expressa do art. 15 do CPC 2015, tal orientação deve ser ainda mais consolidada.

Além disso, a aplicação subsidiária[2], mencionada no art. 15, indica que o CPC 2015 não é somente aplicável na hipótese de omissão de norma do PAT, mas também como fundamento para a releitura dos procedimentos e dispositivos do PAT, à luz especialmente dos mais relevantes princípios constitucionais do processo, como ampla defesa, contraditório e devido processo legal, nos termos do art. 1º do CPC 2015[3].

Cumpre ressaltar que a aplicação supletiva e subsidiária do CPC 2015 ao PAT ocorrerá sem prejuízo também de eventual recurso às disposições da Lei nº 9.784/1999, que regula o processo administrativo federal. A aplicação do diploma normativo, defendida em sede doutrinária[4], já foi reconhecida por diversos precedentes do Carf[5].

---

1 Processo 13629.003949/2008-91, Rel. Marco André Ramos Vieira, Sessão 17/05/2012: "[...] O sujeito passivo tem o ônus da impugnação específica, e caso esta não seja efetuada, considerar-se-ão verdadeiros os fatos apontados pela fiscalização federal. Além de gerar a preclusão processual, não podendo ser alegada a matéria em grau de recurso, em função da exigência prevista no art. 16, inciso III, do Decreto nº 70.235. *No mesmo sentido é o disposto no art. 473 do CPC, aplicado subsidiariamente no processo administrativo tributário,* em que se proíbe à parte discutir, no curso do processo, as questões já decididas, a cujo respeito se operou a preclusão. Assim, todas as alegações devem ser concentradas na impugnação, que é a primeira oportunidade que o sujeito passivo possui para se manifestar nos autos do processo administrativo.[...]"(grifo nosso).

2 "A aplicação subsidiária ocorre também em situações nas quais não há omissão. Trata-se [...] de uma possibilidade de enriquecimento, de leitura de um dispositivo sob um outro viés". WAMBIER, Tereza Arruda Alvim; CONCEIÇÃO, Maria Lúcia Lins; RIBEIRO, Leonardo Ferres da Silva; MELLO, Rogério Licastro Torres de. **Primeiros comentários ao novo código de processo civil:** artigo por artigo. São Paulo: Revista dos Tribunais, 2015. p. 75.

3 "Art. 1º O processo civil será ordenado, disciplinado e interpretado conforme os valores e as normas fundamentais estabelecidos na Constituição da República Federativa do Brasil, observando-se as disposições deste Código".

4 MARINS, James. **Direito processual tributário brasileiro.** São Paulo: Revista dos Tribunais, 2016. p. 252: "É precisamente a grande abrangência principiológica da LGPAF que determina a extensão de sua aplicação subsidiária ao Dec. 70.235/1972, já que este Decreto do Poder Executivo, que disciplina há cerca de 30 anos o Processo Fiscal federal, não cuidou de elencar explicitamente princípios da atividade administrativa julgadora".

5 Processo 13007.000299/2001-73, Rel. Rafael Pandolfo, Sessão 02/12/2014: "[...] A localização de documento representado por guia de recolhimento indevido dentro do período pleiteado pelo contribuinte em seu pedido de restituição atende fielmente à determinação contida no art. 37 da Lei 9784/1999. O reconhecimento de ofício de pagamento indevido, porquanto apoiado em lei inválida, com base em documentos se encontram em posse da Administração Fazendária, é ato indissociável ao procedimento regido pela verdade material e moralidade administrativa".

3. Momento de apresentação das provas documentais

O art. 16, § 4º, do Decreto nº 70.235/1972, que regula o PAT no âmbito da União, estabelece que a prova documental deve ser apresentada *na impugnação, precluindo o direito do impugnante de fazê-la em outro momento,* salvo se comprovar motivo de força maior ou referir-se a fato ou a direito superveniente, ou, ainda, quando se destine a contrapor fatos ou razões posteriormente trazidas aos autos.

O art. 38 da Lei nº 9.784/1999 traz regra um pouco mais benéfica ao direito à ampla defesa, estabelecendo que o interessado pode, *na fase instrutória e antes da tomada da decisão,* juntar documentos e pareceres, requerer diligências e perícias, bem como aduzir alegações referentes à matéria objeto do processo.

Alguns precedentes do Carf expressamente reconheceram a aplicação subsidiária da Lei nº 9.784/1999 ao PAT, admitindo a juntada de documentos pelo contribuinte, posteriormente à apresentação de impugnação, como forma de melhor tutelar o direito à ampla defesa e atender ao princípio da verdade material:

> Processo Administrativo Fiscal. Data do fato gerador: 31/12/1999.
> Ementa: JUNTADA DE DOCUMENTAÇÃO DEPOIS DO PRAZO IMPUGNATÓRIO. POSSIBILIDADE. PROCESSO ADMINISTRATIVO. INFORMALISMO.
> A Lei n. 9784/99, em seu art. 69, autoriza a juntada de documentos e pareceres em toda a fase instrutória do processo administrativo.
> JUNTADA DE DOCUMENTOS PELAS RECORRENTES. INDEFERIMENTO. SUPOSTA IRRELEVÂNCIA. CERCEAMENTO DE DEFESA CARACTERIZADA.
> Não é defeso à autoridade administrativa fazer juízo de valor acerca de quais documentos são ou não relevantes ao pleno exercício do direito constitucional à ampla defesa, mormente quando tais documentos permaneceram em poder do fisco por longo lapso temporal e embasaram a autuação em escopo.
> Recurso voluntário julgado procedente, para que seja anulada a decisão recorrida, e reaberto o prazo para que as recorrentes promovam a juntada dos documentos que julguem necessários ao exercício pleno da sua defesa.
> (Processo 10283.100179/2004-61, Rel. Silvio Marcos Barcelos Fiúza, Sessão 22/05/2007).

Em sentido semelhante, pode ser mencionado o entendimento consagrado na Súmula nº 59 do Carf:

> A tributação do lucro na sistemática do lucro arbitrado não é invalidada pela apresentação, posterior ao lançamento, de livros e documentos imprescindíveis para a apuração do crédito tributário que, após regular intimação, deixaram de ser exibidos durante o procedimento fiscal.

O CPC 2015, ao regular a apresentação da prova documental, trouxe inovação à matéria, nos termos seguintes:

> Art. 435. É lícito às partes, em qualquer tempo, juntar aos autos documentos novos, quando destinados a fazer prova de fatos ocorridos depois dos articulados ou para contrapô-los aos que foram produzidos nos autos. *(reprodução do antigo art. 397 do CPC 1973)*
> Parágrafo único. Admite-se também a juntada posterior de documentos formados após a petição inicial ou a contestação, bem como dos que se tornaram conhecidos, acessíveis ou

> disponíveis após esses atos, cabendo à parte que os produzir comprovar o motivo que a impediu de juntá-los anteriormente e incumbindo ao juiz, em qualquer caso, avaliar a conduta da parte de acordo com o art. 5º. *(sem correspondente no CPC 1973)*

O enunciado normativo do parágrafo único, ao admitir a juntada posterior de documentos formados após a petição inicial ou a contestação, bem como dos que se tornaram conhecidos, acessíveis ou disponíveis após esses atos, claramente tutela de forma mais adequada o direito à ampla defesa, sendo cabível sua invocação no âmbito do PAT para promover nova leitura do disposto no art. 16, § 4º, do Decreto nº 70.235/1972.

O art. 6º do CPC 2015, que consagra o princípio da cooperação, pelo qual os sujeitos do processo devem cooperar entre si para que se obtenha em tempo razoável decisão de mérito justa e efetiva, também reforça tal entendimento.

Com efeito, o prazo de trinta dias para a apresentação de impugnação ao lançamento tributário revela-se em diversas situações insuficiente para que o contribuinte possa reunir todos os documentos que possam influenciar, de forma decisiva, na formação da convicção do julgador administrativo. Assim, a possibilidade de juntada de documentos após a impugnação, atendidos os parâmetros do parágrafo único do art. 435 do CPC 2015, contribui para a reforço do princípio constitucional da ampla defesa.

Nessa linha, já existe precedente do Carf aplicando expressamente o CPC 2015 ao tema:

> Assunto: Contribuição para o Financiamento da Seguridade Social – Cofins. Período de apuração: 1º/10/2009 a 31/10/2009
> PARECER TÉCNICO. JUNTADA APÓS APRESENTAÇÃO DE RECURSO VOLUNTÁRIO. POSSIBILIDADE. A juntada de parecer pelo contribuinte após a interposição de Recurso Voluntário é admissível. O disposto nos artigos 16, § 4º, e 17, ambos do Decreto nº 70.235/1972 não pode ser interpretado de forma literal, mas, ao contrário, deve ser lido de forma sistêmica e de modo a contextualizar tais disposições no universo do processo administrativo tributário, onde vige a busca pela verdade material, a qual é aqui entendida como flexibilização procedimental-probatória. Ademais, referida juntada está em perfeita sintonia com o princípio da cooperação, capitulado no art. 6º do novo CPC, o qual se aplica subsidiariamente no processo administrativo tributário.[...]
> (Processo 19515.722631/2013-34, 4ª Câmara, Rel. Diego Diniz Ribeiro, Sessão 23/08/2016).

5. Ônus da prova

A disciplina da distribuição do ônus da prova no PAT federal afigura-se insuficiente para regular tema de tamanha importância. O art. 9º, ao dispor sobre aplicação de penalidades, menciona que a autoridade administrativa deve aduzir no lançamento *"os elementos de prova indispensáveis à comprovação do ilícito."* O art. 16, inc. III, estabelece apenas que a impugnação do contribuinte deve trazer as razões de *"provas que possuir"*.

Exatamente em razão de o tratamento do tema ser tão lacunoso no PAT Federal, o Carf em diversas situações invocou a disciplina do CPC 1973 para fundamentar decisões:

> IRRF – ônus da prova – CPC art. 333 – Aplicação subsidiária ao processo administrativo fiscal. Cabe ao contribuinte a prova quanto à existência de fato impeditivo, modificativo ou extintivo do direito do fisco. Não comprovada a retenção pela fonte pagadora, tampouco o recolhimento por parte do beneficiário dos rendimentos, incabível o aproveitamento do respectivo valor da Declaração de Ajuste Anual.
> (Processo 11030.001.431/2008-18, Rel. Rodrigo Santos Masset Lacombe, Acórdão 2201-001.980, Sessão 23/01/2013).

A disciplina do art. 373 do CPC 2015, especialmente nos parágrafos primeiro e segundo, consagra explicitamente a possibilidade de distribuição dinâmica do ônus da prova, estabelecendo:

> Art. 373. O ônus da prova incumbe:
> I – ao autor, quanto ao fato constitutivo de seu direito;
> II – ao réu, quanto à existência de fato impeditivo, modificativo ou extintivo do direito do autor.
> § 1º Nos casos previstos em lei ou diante de peculiaridades da causa relacionadas à impossibilidade ou à excessiva dificuldade de cumprir o encargo nos termos do *caput* ou à maior facilidade de obtenção da prova do fato contrário, poderá o juiz atribuir o ônus da prova de modo diverso, desde que o faça por decisão fundamentada, caso em que deverá dar à parte a oportunidade de se desincumbir do ônus que lhe foi atribuído.
> § 2º A decisão prevista no § 1º deste artigo não pode gerar situação em que a desincumbência do encargo pela parte seja impossível ou excessivamente difícil.

Trata-se de disciplina que encontra vasto campo de aplicação no PAT, considerando que são comuns situações nas quais o contribuinte dispõe de condições técnicas e fáticas limitadas, em comparação com as condições da Fazenda Pública, para comprovação dos fatos ventilados. O dispositivo impede ainda a possibilidade de atribuir à parte, em matéria probatória, ônus que seja *"impossível ou excessivamente difícil"*.

O Carf já possui precedente aplicando expressamente o art. 373 do CPC 2015 ao PAT federal, admitindo que, na hipótese em julgamento, a comprovação documental dos fatos alegados pelo contribuinte foi suficiente para a defesa, não sendo razoável a imposição de novas formalidades sob pena de violar o dispositivo citado:

> Assunto: Imposto sobre Produtos Industrializados – IPI.
> Período de apuração: 1º/01/2001 a 31/12/2002.
> CRÉDITO-PRÊMIO DE IPI. PROVA. EFETIVA EXPORTAÇÃO. DOCUMENTAÇÃO. RAZOABILIDADE. Imprescindível a efetiva comprovação, por meio de documentação hábil, das exportações que ensejariam direito ao crédito-prêmio de IPI. Tendo sido essa prova apresentada pelo contribuinte por meio de guias de exportação carimbadas pelo CACEX, contrato de câmbio das operações, faturas das operações comerciais, *billsoflanding*, seus Livros Diários do período e, por fim, planilha analítica vinculando todos esses dados referentes a cada uma das exportações, ocorridas nos ano de 1980 a 1981, **com base no artigo 373, §§ 1º e 2º, do Novo Código de Processo Civil (distribuição dinâmica do ônus da prova) e do artigo 2º da Lei nº 9.784/1999, há de se entender comprovada a exportação para fins de aproveitamento do crédito-prêmio de IPI.** Recurso voluntário provido.
> (Processo 11080.000687/2007-31, Rel. Thais de Laurentis Gallowicz, Sessão 22/06/2016. Grifo nosso).

5. A prova emprestada

O art. 37, inc. XXII, da Constituição Federal estabelece que as administrações tributárias da União, dos Estados, do Distrito Federal e dos Municípios terão recursos prioritários para a realização de suas atividades e atuarão de forma integrada, inclusive com o compartilhamento de cadastros e de informações fiscais, na forma da lei ou convênio (redação da EC nº 42/2003).

O art. 199 do Código Tributário Nacional admite que a Fazenda Pública Federal, dos Estados, do Distrito Federal e dos Municípios poderá prestar mutuamente assistência para a fiscalização dos tributos respectivos e permuta de informações, na forma estabelecida, em caráter geral ou específico, por lei ou convênio.

É comum, desta forma, que a prova produzida no âmbito do PAT de um ente político (ex.: Estado) venha a ser considerada no PAT de outra entidade (ex.: União),[6] configurando a hipótese de prova emprestada, comum no processo judicial.

O PAT federal faz referência breve a respeito do tema ao mencionar as hipóteses de provas técnicas, atribuindo eficácia a "*laudos e pareceres técnicos sobre produtos, exarados em outros processos administrativos fiscais e transladados mediante certidão de inteiro teor ou cópia fiel* [...]" (art. 30, § 3º).

O Carf, em decisões proferidas na vigência do CPC de 1973, já admitia a possibilidade de prova emprestada no PAT, ressaltando, todavia, que a utilização da prova não dispensava a observância de novo contraditório no segundo processo:

> Assunto: Imposto sobre a Renda de Pessoa Jurídica – IRPJ [...]
> PROVA EMPRESTADA. ADMISSIBILIDADE.
> As provas obtidas do Fisco Estadual na fase de fiscalização são admissíveis no processo administrativo fiscal desde que submetidas a novo contraditório por justamente não prejudicarem o direito de defesa do contribuinte.[...]
> (Processo 13227.720607/2012-49, Rel. Sérgio Luiz Bezerra Presta, Sessão 25/09/2014).
>
> Assunto: Normas Gerais de Direito Tributário.
> Data do fato gerador: 29/08/2007.
> PROVA EMPRESTADA. FASE OFICIOSA. ADMISSIBILIDADE.
> As provas obtidas do Fisco na fase de fiscalização são admissíveis no processo administrativo fiscal, desde que submetidas a novo contraditório, sem prejudicar o direito de defesa do contribuinte.[...]
> (Processo 10494.000667/2009-06. Rel. Thiago Moura de Albuquerque Alves, Sessão 23/04/2014).

O CPC 2015 trouxe disciplina específica em relação à utilização da prova emprestada:

---

6 Conforme explicitado por Paulo Bonilha, a mencionada troca de informações "[...] diz respeito aos elementos informativos do lançamento e consiste em uma ciência e assunção de resultados de investigações levadas a efeito por outro ente tributante" (BONILHA, Paulo Celso Bergstrom. **Da prova no processo administrativo tributário.** São Paulo: Dialética, 1997. p. 98/99.)

> Art. 372. O juiz poderá admitir a utilização de prova produzida em outro processo, atribuindo-lhe o valor que considerar adequado, observado o contraditório.

Com a disciplina expressa do novo Código, a aplicação da prova emprestada no PAT torna-se ainda mais justificada. Ademais, a ressalva da parte final do dispositivo, mencionando a necessidade de observação do contraditório, coincide com a orientação que já era seguida por precedentes do Carf, conforme mencionado acima.

Dessa maneira, a ausência de observância do contraditório no processo destinatário da prova emprestada pode ser motivo de desconstituição do lançamento realizado, como já reconheceu o Carf em recente precedente:

> Assunto: Imposto sobre a Renda de Pessoa Jurídica – IRPJ.
> Ano-calendário: 2010.
> PROVA EMPRESTADA.
> Deve ser exonerada a exigência calcada exclusivamente em prova emprestada, ou seja, as autuações promovidas por outras fazendas públicas sem que os documentos que as estearam tenham também se submetido ao crivo do contraditório federal. Todavia, isso não se caracteriza quando a autoridade fiscal comprovou a acusação com documentos formados pelo próprio sujeito passivo ainda que em cumprimento de exigência dos fiscos estaduais. [...] (Processo 10166.728591/2013-77, Rel. Guilherme Adolfo dos Santos Mendes, Sessão 19/01/2016).

6. Conclusões

O Carf já admitia a aplicação, em determinas hipóteses, de dispositivos do CPC 1973 de forma conjugada com as regras do PAT. Com a superveniência do CPC 2015, que possui regra expressa de aplicação subsidiária e supletiva (art. 15) aos processos administrativos, a invocação de normas do novo diploma normativo deve ser ainda mais intensa.

A aplicação subsidiária e supletiva do CPC 2015, em relação à disciplina da prova no PAT, revela-se plenamente viável. Diversos temas relacionados à prova, nas normas específicas do PAT (como no caso federal), não encontram regulamentação plenamente adequada aos princípios constitucionais do devido processo legal, ampla defesa e contraditório. Trata-se de imperfeição que pode ser suavizada com a invocação das normas do novo CPC.

NOTAS SOBRE A CLÁUSULA DE ELEIÇÃO DE FORO[1]

Gustavo Tepedino
Milena Donato Oliva

Resumo: O presente artigo tem por objetivo analisar a disciplina da cláusula de eleição de foro com as importantes alterações trazidas pelo CPC/2015, que, ao consagrar o papel da autonomia privada na escolha do foro competente, reforça a necessidade de controle, pelo magistrado, da abusividade da aludida cláusula, inclusive de ofício. Examinam-se as repercussões que a decretação de invalidade do negócio jurídico terá sobre a cláusula de eleição de foro, bem como a eficácia desta avença nas relações de consumo e nos contratos de adesão, identificando-se as circunstâncias indicadoras da abusividade, notadamente à luz das garantias constitucionais do acesso à Justiça e do exercício do direito de defesa.

Palavras-chave: Cláusula de eleição de foro. Abusividade. Contratos de adesão. Relação de **consumo. Negócio jurídico. Invalidade.**

Abstract: *The present article aims to analyze the discipline of the forum selection clause after the important changes brought by the CPC/2015, which establishes the role of private autonomy in the choice of the competent court and reinforces the need for the judge to deem if the clause is abusive, even on his own motion. The article also examines the reflexes on the forum selection clause when the contract is deemed invalid, as well as the validity of that clause in consumer contracts and in adhesion contracts, indicating the circumstances that point to the illegality of the clause, specially taking into account the constitutional guarantees of access to justice and the right to legal defense.*

Keywords: *Forum selection clause. Illegality. Adhesion contracts. Consumer contracts. Contracts. Invalidity.*

---

1 Texto redigido em homenagem ao Ministro Luiz Fux, que lidera, com talento e galhardia, a geração de estudiosos a cuja inteligência, determinação e denodo o Brasil deve o novo Código de Processo Civil. Os autores agradecem a atenta e crítica revisão do Prof. Andre Vasconcelos Roque e a imprescindível colaboração e revisão do mestrando Francisco de Assis Viégas, do Programa de Pós-Graduação da Faculdade de Direito de UERJ, e do bolsista de iniciação científica Renan Soares Cortazio. O trabalho se integra à pesquisa dos autores no Grupo de Pesquisa "Direito Civil na Unidade do Ordenamento: elementos para uma interpretação civil-constitucional do direito privado", regularmente cadastrado no CNPq. Disponível em: <dgp.cnpq.br/dgp/espelhogrupo/9309895583267640>.

1. Introdução: contornos da cláusula de eleição de foro

O Direito brasileiro considera legítimo que as partes, no âmbito de relação negocial, elejam o foro competente para apreciar eventuais litígios que dela decorram[2]. Entende-se que o local em que deva ser dirimida a contenda pode ser fixado de acordo com a conveniência das partes, especialmente em relações paritárias, nas quais se mostra possível efetivamente discutir e avaliar os impactos de se enfrentar o litígio no foro eleito. A eleição do foro competente, para que seja válida e eficaz, deve adotar a forma escrita e aludir expressamente a determinado negócio jurídico[3].

O CPC/2015 traz importantes disposições sobre a cláusula de eleição de foro, estipulando disciplina que, a um só tempo, consagra o papel da autonomia privada e reforça a necessidade de controle, pelo magistrado, da abusividade da cláusula de eleição de foro, inclusive de ofício. Cuida-se de avença admitida para alterar a competência relativa, sendo inoperante nos casos de fixação de competência por critérios cogentes (competência absoluta)[4].

---

2 De longa data se admite a cláusula de eleição de foro. Em 1963, o Supremo Tribunal Federal editou o Enunciado nº 335 da Súmula de sua Jurisprudência Predominante, *in verbis*: "É válida a cláusula de eleição do foro para os processos oriundos do contrato". A escolha do local em que a lide deva ser dirimida não se confunde com a eleição do juízo ou da lei aplicável. Não é possível, no Direito brasileiro, que as partes definam o juízo, haja vista o princípio do juiz natural e as normas de ordem pública atinentes à organização judiciária. Quanto à lei aplicável, releva considerar o art. 2º, § 1º, da Lei nº 9.307/1996 (Lei de Arbitragem). A norma confere às partes "a faculdade de eleger a lei aplicável ao conflito submetido à análise do tribunal arbitral. Tal princípio, entretanto, não é absoluto, conforme se depreende da parte final do preceito, que impõe como limites à escolha da lei a ordem pública e os bons costumes. O objetivo da norma consiste em possibilitar a adoção da lei que melhor atenda aos interesses privados *legítimos* dos contratantes. Na hipótese de ausência desta indicação, presume-se que as partes optaram pela lei de maior conexão com o objeto da avença celebrada, consoante o tão difundido princípio da proximidade. Tal presunção decorre da circunstância de que a conexão funcional entre a lei escolhida e o objeto do contrato consiste em *critério* para aferir a legitimidade dos interesses perseguidos pelas partes" (TEPEDINO, Gustavo. Cláusula compromissória no acordo de acionistas. In: TEPEDINO, Gustavo. **Soluções práticas de direito:** pareceres. São Paulo: Revista dos Tribunais, 2012, v. 3, p. 237/238). *Vide*, também, MUNIZ, Joaquim de Paiva. **Curso básico de direito arbitral:** teoria e prática, Curitiba: Juruá, 2015. p. 59; FRANCESCHINI, José Inácio Gonzaga. A lei e o foro de eleição em tema de contratos internacionais. In: RODAS, João Grandino (Coord.). **Contratos internacionais.** São Paulo: Revista dos Tribunais, 1995. p. 92/93.

3 CPC/2015: Art. 63. [...] "§ 1º A eleição de foro só produz efeito quando constar de instrumento escrito e aludir expressamente a determinado negócio jurídico".
CPC/1973: Art. 111. [...] "§ 1º O acordo, porém, só produz efeito, quando constar de contrato escrito e aludir expressamente a determinado negócio jurídico".

4 CPC/2015: "Art. 63. As partes podem modificar a competência em razão do valor e do território, elegendo foro onde será proposta ação oriunda de direitos e obrigações. [...]".
CPC/1973: "Art. 111. A competência em razão da matéria e da hierarquia é inderrogável por convenção das partes; mas estas podem modificar a competência em razão do valor e do território, elegendo foro onde serão propostas as ações oriundas de direitos e obrigações. [...]".
Vide, sobre o tema, DINAMARCO, Cândido Rangel. **Instituições de Direito Processual Civil.** São Paulo: Malheiros, 2009. v. 1, p. 591; WAMBIER, Luiz Rodrigues; TALAMINI, Eduardo. **Curso avança-**

Admite-se, dentro dessa liberdade concedida aos contratantes na determinação do foro competente, que a atuação do Poder Judiciário brasileiro seja afastada sempre que não se configure hipótese de jurisdição exclusiva, isto é, em todos os casos em que seja possível a homologação de decisão estrangeira pelo Poder Judiciário nacional[5]. Para tanto, a cláusula de eleição de foro deve ser estipulada em contrato internacional[6] e deve ressalvar expressamente que o foro estrangeiro é exclusivo, afastando, assim, a concorrência de jurisdições[7]. Vale observar, nessa direção, que a partir da vigência do CPC/2015 superou-se a orientação segundo a qual a cláusula de eleição de foro não afastaria a jurisdição concorrente nacional[8]. Com o CPC/2015, tornou-se inequívoco que o Poder Judiciário brasileiro não pode apreciar causa no âmbito da qual tenha sido estipulada cláusula de eleição de foro exclusivo estrangeiro, ainda que se trate de hipótese que, na sua ausência, caracterizaria jurisdição concorrente.

A eleição de foro competente configura expressão da liberdade de contratar no plano processual, em que as partes dispõem sobre situações jurídicas processuais – no caso, sobre a fixação da competência[9], nacional e internacional, quando esta não for

---

do de processo civil. São Paulo: Revista dos Tribunais, 2015. p. 152/153; NERY JR., Nelson; NERY, Rosa Maria de Andrade. **Código de processo civil comentado e legislação extravagante.** São Paulo: Revista dos Tribunais, 2013. p. 447; GAJARDONI, Fernando da Fonseca; DELLORE, Luiz; ROQUE, Andre Vasconcelos; OLIVEIRA JR., Zulmar Duarte de. **Teoria geral do processo:** comentários ao CPC de 2015: parte geral. São Paulo: GEN/Método, 2015. p. 212.

---

5 CPC/2015: "Art. 25. Não compete à autoridade judiciária brasileira o processamento e o julgamento da ação quando houver cláusula de eleição de foro exclusivo estrangeiro em contrato internacional, arguida pelo réu na contestação.
§ 1º Não se aplica o disposto no *caput* às hipóteses de competência internacional exclusiva previstas neste Capítulo.
§ 2º Aplica-se à hipótese do *caput* o art. 63, §§ 1º a 4º".

6 "O que caracteriza a internacionalidade de um contrato é a presença de um elemento que o ligue a dois ou mais ordenamentos jurídicos. Basta que uma das partes seja domiciliada em um país estrangeiro ou que um contrato seja celebrado em um país, para ser cumprido em outro" (ARAUJO, Nadia de. **Direito internacional privado:** teoria e prática brasileira. Rio de Janeiro: Renovar, 2011. p. 384). *Vide*, também, NAZO, Georgette Nacarato. Tipificação dos contratos internacionais. In: (TEPEDINO, Gustavo; FACHIN, Luiz Edson (Orgs.). **Doutrinas essenciais:** obrigações e contratos. São Paulo: Revista dos Tribunais, 2011. v. 4, p. 1.324.

7 *Vide caput* do art. 25 do CPC/2015 transcrito na nota 4. Cf. POLIDO, Fabrício Bertini Pasquot. Art. 25. In: STRECK, Lenio Luiz; NUNES, Dierle; CUNHA, Leonardo Carneiro da (Orgs.). **Comentários ao código de processo civil.** São Paulo: Saraiva, 2016. p. 80/81; GAJARDONI, Fernando da Fonseca; DELLORE, Luiz; ROQUE, Andre Vasconcelos; OLIVEIRA JR., Zulmar Duarte de. **Teoria geral do processo:** comentários ao CPC de 2015: parte geral. São Paulo: GEN/Método, 2015. p. 144.

8 Eis decisão representativa do entendimento afastado pelo CPC/2015: "Apesar de válida a cláusula de eleição de foro estrangeiro para a causa originada do contrato, isso, por si só, não exclui a jurisdição brasileira concorrente para o conhecimento e julgamento de ação aqui aforada" (STJ, RO 114/DF, 4ª T., Rel. Min. Raul Araújo, j. 02/06/2015).

9 "É um caso de prorrogação voluntária da competência, assim como a não alegação da incompetência relativa" (DIDIER JR., Fredie. **Curso de direito processual civil:** parte geral e processo de conheci-

determinada por normas cogentes. A liberdade das partes no âmbito processual ganhou nova dimensão com as disposições do CPC/2015, notadamente com o chamado negócio jurídico processual atípico[10]. A determinação do foro competente por ato volitivo, bem como os demais negócios jurídicos processuais, sujeitam-se, como qualquer ato de autonomia privada, a controle valorativo[11]. Daí a importância de se verificar se tais ajustes são válidos e merecedores de tutela[12].

2. Invalidade do negócio jurídico e sua repercussão sobre a cláusula de eleição de foro

No Direito brasileiro, a invalidação do negócio jurídico depende de pronunciamento judicial[13]. Não basta a convicção de que o contrato é nulo ou anulável para que

mento. Salvador: JusPodivm, 2015. p. 227). *Vide*, também, GALDINO, Flavio. Art. 63. In: CABRAL, Antonio do Passo; CRAMER, Ronaldo (Coord.). **Comentários ao novo código de processo civil.** Rio de Janeiro: Forense, 2016. p. 111.

10 Acerca do tema, *vide* YARSHELL, Flávio Luiz. Convenção das partes em matéria processual: rumo a uma nova era? In: CABRAL, Antonio do Passo; NOGUEIRA, Pedro Henrique (Coord.), **Negócios processuais.** Salvador: JusPodivm, 2015. p. 63/80; CUNHA, Leonardo Carneiro da. Negócios jurídicos processuais no processo civil brasileiro. In: CABRAL, Antonio do Passo; NOGUEIRA, Pedro Henrique (Coord.). **Negócios processuais.** Op. cit., p. 27/62; CABRAL, Antonio do Passo. **Convenções processuais.** Salvador: JusPodivm, 2016, *passim*.

11 A demonstrar essa nova dimensão trazida pelo CPC/2015 no que tange à liberdade das partes no campo processual, associada ao necessário controle valorativo do juiz, estabelece o art. 190, que trata dos negócios jurídicos processuais, que: "Versando o processo sobre direitos que admitam autocomposição, é lícito às partes plenamente capazes estipular mudanças no procedimento para ajustá-lo às especificidades da causa e convencionar sobre os seus ônus, poderes, faculdades e deveres processuais, antes ou durante o processo. Parágrafo único. De ofício ou a requerimento, o juiz controlará a validade das convenções previstas neste artigo, recusando-lhes aplicação somente nos casos de nulidade ou de inserção abusiva em contrato de adesão ou em que alguma parte se encontre em manifesta situação de vulnerabilidade".

12 Como destaca Gustavo Tepedino, não há "espaço invulnerável ao alcance de valores constitucionais" (O direito civil-constitucional e suas perspectivas atuais. In: **Temas de Direito Civil.** Rio de Janeiro: Renovar, 2009. t. III, p. 37) e o princípio da autonomia privada insere-se "no tecido axiológico do ordenamento, no âmbito do qual se pode extrair seu verdadeiro significado. Encontra-se informado pelo valor social da livre-iniciativa, que se constitui em fundamento da República (art. 1º, IV, C.R.), corroborado por numerosas garantias fundamentais às liberdades, que têm sede constitucional em diversos preceitos, com conteúdo negativo e positivo" (Esboço de uma classificação funcional dos atos jurídicos. **Revista Brasileira de Direito Civil – RBDCivil**, v. 1, jul.-set. 2014, p. 9). Na lição de Pietro Perlingieri, "o ato de autonomia negocial não é um valor em si: pode assim ser considerado, e dentro de certos limites, se e enquanto corresponder a um interesse merecedor de tutela" (**O direito civil na legalidade constitucional.** Trad. Maria Cristina De Cicco. Rio de Janeiro: Renovar, 2008. p. 355).

13 Cf. FERREIRA, José do Valle. Subsídios para o estudo das nulidades. In: TEPEDINO, Gustavo; FACHIN, Luiz Edson (Orgs.). **Doutrinas essenciais:** obrigações e contratos. São Paulo: Revista dos Tribunais,

cessem os efeitos dele decorrentes. Por isso, deve a parte que pretende a invalidação do negócio jurídico respeitar a cláusula de eleição de foro, a qual permanece vinculativa até o pronunciamento sobre a invalidade do contrato, ainda que em caráter provisório ou incidental[14].

Tal não afasta o controle de abusividade atribuído ao juiz, a requerimento ou de ofício, sobre a cláusula de eleição de foro. Mostra-se possível, ainda, o ajuizamento da ação sem observância da cláusula de eleição de foro, alegando se tratar de disposição abusiva. Neste caso, resta à outra parte se insurgir em preliminar de contestação, sob pena de preclusão – por constituir a inobservância da cláusula de eleição de foro hipótese de incompetência relativa ocasião em que o magistrado terá oportunidade de analisar a alegação de abusividade.

De outra parte, consoante se advertiu, não havendo abusividade da cláusula de eleição de foro, esta permanece eficaz até que haja pronunciamento judicial sobre a invalidade do contrato. Note-se, ao propósito, que a causa de invalidação do contrato pode não repercutir na cláusula de eleição de foro, quando há anulação apenas parcial da avença[15]. Por força do princípio da conservação dos negócios jurídicos, promove-se a anulação parcial sempre que for possível separar o segmento do ajuste que se encontra inquinado de vício daquele que permanece hígido, respeitando-se o fim perseguido pelas partes. Trata-se da *redução* do negócio jurídico, consistente na supressão da parte inválida e consequente preservação da parte válida[16]. O art. 281

2011. v. 4, p. 658 e PONTES DE MIRANDA. **Comentários ao código de processo civil.** Rio de Janeiro: Forense, 1979. t. III, p. 486.

14 "[...] pelo menos em relação ao foro, prefiro partir do único pressuposto que tenho, o de que foi firmado um contrato válido entre as partes, até que seja reconhecida a sua invalidade. Neste caso, em que ambas as partes são pessoas jurídicas, não posso sequer admitir que houve uma possível hipossuficiência, de que teríamos de antemão, como acontece em alguns casos, de se dar, de logo, uma proteção do Código de Defesa do Consumidor" (STJ, REsp 305.950/PR, 4ª T., Rel. Min. Sálvio de Figueiredo Teixeira, Rel. p\ Acórdão Min. Barros Monteiro, j. 25/02/2003, trecho do voto do Min. Aldir Passarinho Junior).

15 "Quando a nulidade não abrange a totalidade do ato, por ter deixado de atingir seu ponto substancial, ou alcançado apenas uma parte e for possível distinguir e separar a parte válida, a declaração de nulidade somente fulminará a parte defeituosa, respeitando a outra – *utile per inutile non vitiatur* (Código Civil, art. 184)" (PEREIRA, Caio Mário da Silva. **Instituições de direito civil.** Rio de Janeiro: Forense, 2013. v. I, p. 539). *Vide*, também, BEVILÁQUA, Clóvis. **Código civil dos Estados Unidos do Brasil.** Rio de Janeiro: Editora Rio, 1975. v. 1, p. 420.

16 "O tratamento no sentido da invalidade parcial pressupõe, como é evidente, que a cláusula inválida pode cindir-se em duas disposições distintas, susceptíveis uma de se manter e a outra de ser eliminada, ou, respectivamente, de que as várias disposições de que consta o negócio, podem ser tratadas como independentes umas das outras de modo que a invalidade de uma, ou de algumas, possa circunscrever-se a elas e não tenha influência sobre a validade das outras, e seja com elas compatível" (BETTI, Emilio. **Teoria geral do negócio jurídico.** Campinas: Servanda, 2008. p. 682). *Vide*, também, CATALAN, Marcos Jorge. Uma leitura inicial da redução do negócio jurídico e sua importância no processo hermenêutico. In: DELGADO, Mário Luiz; ALVES, Jones Figueiredo (Coord.). **Questões controvertidas:** parte geral do código civil. São Paulo: Método, 2007. p. 483.

do CPC/2015, também com o intuito de conservar a parte não contaminada pela nulidade, estabelece: "Anulado o ato, consideram-se de nenhum efeito todos os subsequentes que dele dependam, todavia, a nulidade de uma parte do ato não prejudicará as outras que dela sejam independentes".

Mesmo quando o vício implicar o desfazimento do contrato, é possível que se preserve a eleição do foro, desde que a mácula não repercuta nessa específica manifestação de vontade. Basta pensar no negócio jurídico celebrado com erro essencial quanto ao objeto. A invalidação deste ajuste[17] não infirma a higidez da cláusula de eleição de foro, vez que o vício alegado não tem o condão de alcançá-la, ao contrário, por exemplo, do negócio celebrado mediante coação, em que a vontade viciada permeia toda a avença. Dito diversamente, sempre que possível a cláusula de eleição de foro deve ser respeitada para dirimir os conflitos atinentes à validade do contrato[18]. Entretanto, a depender da causa de invalidação do negócio, esta pode também contaminar a cláusula de eleição de foro e comprometer sua eficácia. Dessa forma, deve prevalecer a cláusula de eleição de foro sempre que a causa de invalidação do contrato com ela não se relacionar (e.g. erro essencial)[19], restringindo-se a sua invalidação

---

17 "Não se devem distinguir os negócios nulos dos anuláveis por seus efeitos jurídicos mas, sim, pela causa da invalidação que os contamina. O erro invalidante que gera a anulação do negócio jurídico está presente desde sua formação e, uma vez reconhecido judicialmente – aliás, não há nulidade de pleno direito em nosso ordenamento, dependendo sempre de pronunciamento judicial –, produz a desconstituição do negócio desde o início, de forma *ex tunc*" (BUFULIN, Augusto Passamani. **O erro e seus requisitos.** Rio de Janeiro: LMJ Mundo Jurídico, 2013. p. 236). "O erro de direito, como o erro em geral, conduz, no comum dos casos, à anulação do negócio jurídico. A anulação, aqui, se aplicaria, por certo, ao negócio como um todo, tendo em vista que a cláusula em questão refere-se ao reajuste do preço, elemento essencial do contrato. Assim sendo, a prevalecer tal entendimento, toda a contratação restaria comprometida, impondo-se às partes o dever de restituição ao *status quo ante*" (TEPEDINO, Gustavo. Correção monetária em contrato de empreitada a preço global no regime Turnkey. In TEPEDINO, Gustavo. **Soluções práticas de Direito:** pareceres. São Paulo: Revista dos Tribunais, 2012. v. 2, p. 335).

18 "Não se mostra razoável o entendimento de que o foro de eleição não prevaleça para a ação que pretende fulminar o contrato, pois tal foro é o competente para dirimir qualquer conflito que envolva o contrato, seja ele interno ou externo, vez que não houve qualquer distinção no pacto celebrado entre as partes. O melhor entendimento é aquele que preceitua que a cláusula de eleição de foro deve ser interpretada de forma ampliativa, pois não se mostra plausível que o foro eleito se preste apenas para o julgamento de situações decorrentes da relação contratual e não abarque o julgamento da discussão acerca da própria validade deste contrato" (TJ-RJ, AI 0041031-83.2009.8.19.0000, 11ª CC., Rel. Des. Claudio de Mello Tavares, j. 23/09/2009). *Vide*, também, STJ, REsp 305.950/PR, 4ª T., Rel. Min. Sálvio de Figueiredo Teixeira, Rel. p\ acórdão Min. Barros Monteiro, j. 25/02/2003; STJ, EREsp 305.950/PR, 2ª S., Rel.ª Min.ª Nancy Andrighi, j. 09/03/2005; STJ, AgRg no Ag 1.304.551/RJ, 4ª T., Rel. Min. Luis Felipe Salomão, j. 02/08/2011. Em sentido contrário, cf. STJ, REsp 1.491.040/RJ, 3ª T., Rel. Min. Paulo de Tarso Sanseverino, j. 03/03/2015, DJe 10/03/2015 e STJ, REsp 773.753/PR, 3ª T., Rel.ª Min.ª Nancy Andrighi, DJ 24/10/2005.

19 Sobre o erro, cf. arts. 138 a 144 do Código Civil.

às hipóteses em que o vício atinge a própria escolha do foro competente(e.g. coação moral irresistível)[20].

3. Controle de abusividade da cláusula de eleição de foro

Verifica-se o abuso do direito quando o seu exercício se dá em dissonância de sua função socioeconômica, dos bons costumes ou da boa-fé objetiva[21]. O Código Civil consagrou a teoria objetiva para a configuração do abuso do direito, reputando determinado exercício como abusivo não em razão da intenção que o motivou (o que consubstanciaria ato emulativo), mas em virtude do resultado alcançado, contrário à boa-fé objetiva, aos bons costumes ou aos fins econômicos ou sociais a que se destina o direito[22].

Desse modo, na apreciação da abusividade, o juiz não deve considerar o elemento intencional ou as razões subjetivas que teriam determinado o exercício do direito. A sua tarefa consiste em examinar, à luz de dados materiais e objetivos, se o ato danoso transborda a justa medida que o titular do direito deve observar por ocasião de seu exercício[23]. Embora as circunstâncias indicadoras da abusividade devam ser verificadas em concreto, como linha geral coíbe-se a escolha do foro que prejudique o acesso à Justiça e o exercício do direito de defesa por uma das partes[24].

---

20 Acerca da coação, v. arts. 151 a 155 do Código Civil.

21 Código Civil: "Art. 187. Também comete ato ilícito o titular de um direito que, ao exercê-lo, excede manifestamente os limites impostos pelo seu fim econômico ou social, pela boa-fé ou pelos bons costumes".

22 Veja-se, neste sentido, o Enunciado nº 37 da I Jornada de Direito Civil: "A responsabilidade civil decorrente do abuso de direito independe de culpa, e fundamenta-se somente no critério objetivo-finalístico". Na doutrina, cf. TEPEDINO, Gustavo. Direito de preferência previsto em estatuto societário e o direito das sucessões. In: TEPEDINO, Gustavo. **Soluções práticas de Direito:** pareceres. São Paulo: Revista dos Tribunais, 2012. v. 2, p. 377; Souza, Eduardo Nunes de. Autonomia privada e boa-fé objetiva em direitos reais. **Revista Brasileira de Direito Civil – RBDCivil,** v. 4, abr.-jun. 2015, p. 71.

23 TEPEDINO, Gustavo. Direito de preferência previsto em estatuto societário e o direito das sucessões. In: TEPEDINO, Gustavo. **Soluções práticas de Direito:** pareceres, cit., p. 377. *Vide*, também, Ruy Rosado de Aguiar Júnior: "O conceito de abuso de direito acolhido pelo Código não tem nenhum elemento intencional. Sabe-se que nossa antiga doutrina apenas admitia o abuso quando demonstrado que o titular do direito excedera-se com a intenção de prejudicar terceiro, com o propósito maligno de causar dano ao outro. Abandonou-se essa exigência meramente subjetiva para se dizer que o abuso de direito corresponde ao exercício de um direito além da boa-fé, dos limites impostos pelo seu fim econômico ou social, ou pelos bons costumes" (O novo código civil e o código de defesa do consumidor – pontos de convergência. **Revista de Direito Renovar**, n. 26, maio-ago., 2003. p. 14/15).

24 Na doutrina, cf. GAJARDONI, Fernando da Fonseca; DELLORE, Luiz; ROQUE, Andre Vasconcelos; OLIVEIRA JR., Zulmar Duarte de. **Teoria geral do processo:** comentários ao CPC de 2015: parte geral. São Paulo: GEN/Método, 2015. p. 213; GALDINO, Flavio. Art. 63. In: CABRAL, Antonio do Passo; CRAMER, Ronaldo (Coord.). **Comentários ao novo código de processo civil.** Rio de Janeiro: Forense, 2016. p. 112.

A despeito de consubstanciar incompetência relativa, caso repute abusiva a definição negocial do foro competente, pode o juiz se pronunciar de ofício e remeter os autos ao juízo competente, antes da citação do réu. Após a citação, cabe ao réu alegar, na contestação, a abusividade da cláusula, sob pena de preclusão[25]. Sublinhe-se, por oportuno, que decidir de ofício não implica ausência de contraditório. Com efeito, por força do art. 10 do CPC/2015[26] deve ser dada ao autor específica oportunidade de se manifestar sobre a abusividade da cláusula de eleição de foro antes da decisão do juiz[27].

3.1. Nas relações de consumo

O CDC institui normas que objetivam, em observância à isonomia substancial e aos princípios da atividade econômica consagrados na Constituição da República de 1988, propiciar efetivo equilíbrio nas relações entre fornecedores e consumidores. As normas do CDC são de ordem pública e inderrogáveis pela vontade das partes, sob pena de o intuito protetivo do CDC se desmantelar com as concretas pactuações, que simplesmente afastariam os direitos nele previstos.[28]

No art. 51 traz o CDC rol exemplificativo de cláusulas abusivas, as quais podem ser reconhecidas de ofício pelo juiz, dada a nulidade absoluta que ense-

---

25 CPC/2015: Art. 63. [...] "§ 3º Antes da citação, a cláusula de eleição de foro, se abusiva, pode ser reputada ineficaz de ofício pelo juiz, que determinará a remessa dos autos ao juízo do foro de domicílio do réu.

§ 4º Citado, incumbe ao réu alegar a abusividade da cláusula de eleição de foro na contestação, sob pena de preclusão".

CPC/1973: Art. 112. [...] "Parágrafo único. A nulidade da cláusula de eleição de foro, em contrato de adesão, pode ser declarada de ofício pelo juiz, que declinará de competência para o juízo de domicílio do réu".

O controle de abusividade também se verifica na eleição de foro estrangeiro, haja vista remeter o art. 25 ao art. 63, §§ 3º e 4º. "Ao fazer remissão ao art. 63, §§ 1º a 4º, o CPC/2015 atraiu para a cláusula de eleição de foro estrangeiro a mesma disciplina da cláusula de eleição do foro nacional. Em razão disso, tal disposição deve constar de instrumento escrito e se referir a negócio jurídico determinado. Eventual abusividade da cláusula de eleição de foro estrangeiro poderá ser reconhecida de ofício pelo juiz até a citação do réu e, posteriormente, dependerá de alegação do demandado, sob pena de preclusão" (GAJARDONI, Fernando da Fonseca; DELLORE, Luiz; ROQUE, Andre Vasconcelos; OLIVEIRA JR., Zulmar Duarte de. **Teoria geral do processo:** comentários ao CPC de 2015: parte geral. São Paulo: GEN/Método, 2015. p. 144-145).

26 CPC/2015: "Art. 10. O juiz não pode decidir, em grau algum de jurisdição, com base em fundamento a respeito do qual não se tenha dado às partes oportunidade de se manifestar, ainda que se trate de matéria sobre a qual deva decidir de ofício".

27 DIDIER JR., Fredie. **Curso de direito processual civil:** parte geral e processo de conhecimento. Salvador: JusPodivm, 2015. p. 229; GALDINO, Flavio. Art. 63. In: CABRAL, Antonio do Passo; CRAMER, Ronaldo (Coord.). **Comentários ao novo código de processo civil.** Rio de Janeiro: Forense, 2016. p. 112

28 CDC: "Art. 1º O presente código estabelece normas de proteção e defesa do consumidor, de ordem pública e interesse social, nos termos dos arts. 5º, inciso XXXII, 170, inciso V, da Constituição Federal e art. 48 de suas Disposições Transitórias".

jam[29]. O inciso I veda que o consumidor renuncie aos seus direitos[30], tendo por escopo preservar o equilíbrio da relação jurídica com o fornecedor. A cláusula de eleição de foro acarreta a renúncia ao direito processual previsto no art. 101, I, do CDC[31] – qual seja, o ajuizamento de ação no foro do domicílio do consumidor –, além de contrariar o direito básico do consumidor à facilitação da defesa de seus direitos[32]. Por isso sua estipulação seria considerada abusiva nas relações de consumo[33].

Presume-se que haja dificuldade para o consumidor exercer seus direitos fora do seu domicílio. Essa presunção, contudo, não é absoluta, e pode ceder se o próprio consumidor ajuíza a ação no foro contratualmente eleito, a denotar que pode plenamente exercer seus direitos; ou quando o fornecedor ajuíza a ação, o juiz não pronuncia a nulidade e o consumidor contesta sem alegar a incompetência. Daí se depreende que a renúncia do consumidor em litigar no foro do seu domicílio não pode ser prévia, mas apenas posterior à celebração do ajuste, preservando-se assim o alvedrio do consumidor[34]. Note-se que o consumidor, uma vez já firmado o contrato

---

29 CDC: Art. 51, *caput*, "São *nulas de pleno direito, entre outras*, as cláusulas contratuais relativas ao fornecimento de produtos e serviços que: [...]".
Código Civil: "Art. 168. As nulidades dos artigos antecedentes podem ser alegadas por qualquer interessado, ou pelo Ministério Público, quando lhe couber intervir.
Parágrafo único. As nulidades devem ser pronunciadas pelo juiz, quando conhecer do negócio jurídico ou dos seus efeitos e as encontrar provadas, não lhe sendo permitido supri-las, ainda que a requerimento das partes".

30 CDC: "Art. 51. São nulas de pleno direito, entre outras, as cláusulas contratuais relativas ao fornecimento de produtos e serviços que:
I – impossibilitem, exonerem ou atenuem a responsabilidade do fornecedor por vícios de qualquer natureza dos produtos e serviços ou impliquem renúncia ou disposição de direitos. Nas relações de consumo entre o fornecedor e o consumidor pessoa jurídica, a indenização poderá ser limitada, em situações justificáveis; [...]".

31 CDC: "Art. 101. Na ação de responsabilidade civil do fornecedor de produtos e serviços, sem prejuízo do disposto nos Capítulos I e II deste título, serão observadas as seguintes normas:
I – a ação pode ser proposta no domicílio do autor; [...]".

32 CDC: "Art. 6º São direitos básicos do consumidor: [...]
VIII – a facilitação da defesa de seus direitos, inclusive com a inversão do ônus da prova, a seu favor, no processo civil, quando, a critério do juiz, for verossímil a alegação ou quando for ele hipossuficiente, segundo as regras ordinárias de experiências; [...]".

33 *Vide* MONTEIRO, Simone M. Silveira. Foro de eleição – contrato de adesão. **Revista de Direito do Consumidor**, v. 14, abr.– jun. 1995, p. 112.

34 "1. Segundo entendimento desta Corte, nas ações propostas contra o consumidor, a competência pode ser declinada de ofício para o seu domicílio, em face do disposto no art. 101, inciso I, do CDC e no parágrafo único, do art. 112, do CPC. 2. Se a autoria do feito pertence ao consumidor, contudo, permite-se a escolha do foro de eleição contratual, considerando que a norma protetiva, erigida em seu benefício, não o obriga quando puder deduzir sem prejuízo a defesa dos seus interesses fora do seu domicílio" (STJ, CC 107.441/SP, 2ª S., Rel.ª Min.ª Isabel Gallotti, j. 22/06/2011). Cf., também, STJ, AgRg no AREsp 676.025/RJ, 3ª T., Rel. Min. Moura Ribeiro, j. 12/05/2015. Há julgados entendendo que, aprioristicamente, deve ser considerada válida a cláusula de eleição de foro nas relações de

com o fornecedor e posteriormente ao surgimento do litígio, pode celebrar negócio jurídico processual atípico para fixar determinado foro. Seria espécie de "compromisso judicial", por analogia ao compromisso arbitral, admitido em relação de consumo após o nascimento do litígio[35].

---

consumo, e, casuisticamente, dadas as peculiaridades do caso, é que se deve valorar se é abusiva ou não a cláusula naquela específica relação: "De fato, levando-se em conta o caráter impositivo das leis de ordem pública, preponderante, inclusive, no âmbito das relações privadas, tem-se que, na hipótese de relação jurídica regida pela Lei consumerista, o magistrado, ao se deparar com a abusividade da cláusula contratual que estipula o foro para futura e eventual contenda entre as partes, esta subentendida como aquela que efetivamente inviabilize ou dificulte a defesa judicial da parte hipossuficiente, deve necessariamente declará-la nula, por se tratar, nessa hipótese, de competência absoluta do Juízo em que reside o consumidor. É dizer, o magistrado estar-se-á diante de um poder-dever e, nessa extensão, portanto, é que se reputa absoluta a competência do foro do domicílio do consumidor. [...] *A contrario sensu*, não restando patente a abusividade da cláusula contratual que prevê o foro para as futuras e eventuais demandas entre as partes, é certo que a competência territorial (no caso, do foro do domicílio do consumidor) poderá, sim, ser derrogada pela vontade das partes, ainda que expressada em contrato de adesão (*ut* artigo 114, do CPC). Hipótese, em que a competência territorial assumirá, inequivocamente, a natureza relativa (regra, aliás, deste critério de competência). Desta feita, tem-se que os dispositivos legais supracitados, na verdade, encerram critério de competência de natureza híbrida (ora absoluta, quando detectada a abusividade da cláusula de eleição de foro, ora relativa, quando ausente a abusividade e, portanto, derrogável pela vontade das partes) (STJ, REsp 1.089.993/SP, 3ª T., Rel. Min. Massami Uyeda, j. 18/02/2010). *Vide*, também, STJ, AgRg no REsp 594.012/SP, 3ª T., Rel. Min. Ricardo Villas Bôas Cueva, j. 04/12/2012.

---

35 No que tange à convenção arbitral nas relações de consumo, o Superior Tribunal de Justiça ressalta: "Assim, da confrontação dos arts. 51, VII, do CDC e 4º, § 2º, da Lei nº 9.307/1996, constata-se que a incompatibilidade entre os dispositivos legais é apenas aparente, não resistindo à aplicação do princípio da especialidade das normas, a partir do qual, sem grande esforço, se conclui que o art. 4º, § 2º, da Lei nº 9.307/1996 versou apenas acerca de contratos de adesão genéricos, subsistindo, portanto, a aplicação do art. 51, VII, do CDC, às hipóteses em que o contrato, mesmo que de adesão, regule uma relação de consumo. Na realidade, com a promulgação da Lei de Arbitragem, passaram a conviver, em harmonia, três regramentos de diferentes graus de especificidade: (i) a regra geral, que obriga a observância da arbitragem quando pactuada pelas partes; (ii) a regra específica, aplicável a contratos de adesão genéricos, que restringe a eficácia da cláusula compromissória; e (iii) a regra ainda mais específica, incidente sobre contratos sujeitos ao CDC, sejam eles de adesão ou não, impondo a nulidade de cláusula que determine a utilização compulsória da arbitragem, ainda que satisfeitos os requisitos do art. 4º, § 2º, da Lei nº 9.307/1996. Note-se, por oportuno, que essa circunstância não impede a utilização da arbitragem na resolução de conflitos de consumo. O CDC veda apenas a utilização compulsória da arbitragem, o que não obsta o consumidor de eleger o procedimento arbitral como via adequada para resolver eventuais conflitos surgidos frente ao fornecedor" (STJ, REsp 1.169.841/RJ, 3ª T., Rel.ª Min.ª Nancy Andrighi, j. 06/11/2012). *Vide*, também, STJ, REsp 1.189.050/SP, 4ª T., Rel. Min. Luis Felipe Salomão, j. 1º/03/2016. Na doutrina, afirma-se: "O art. 51, VII, prescreve como abusivas e, portanto, 'nulas de pleno direito', as cláusulas que 'determinem a utilização compulsória de arbitragem'. A primeira observação a fazer é que o compromisso não está proibido; ele, literalmente, não é cláusula, é ato autônomo; além disso, é realizado quando já há controvérsia existente, de tal forma que, se abuso houver, este terá

Desse modo, tendo em vista que é direito básico do consumidor a facilitação da defesa de seus direitos, e abusiva a renúncia prévia aos direitos previstos no CDC, tem-se que a cláusula de eleição de foro deve ser considerada, nas relações de consumo, abusiva,[36] a menos que o próprio consumidor a ela dê efetividade, demonstrando, concretamente, que ela não prejudica seu direito de ação. A dificuldade reside, por outro lado, na caracterização do consumidor, para que a proteção do CDC, que visa a reequilibrar relação jurídica essencialmente desequilibrada, não se torne fonte de indevido fundamento para descumprimento contratual.

Ressalte-se que, a rigor, a declinação de ofício da competência por abusividade da cláusula de eleição de foro não configura exceção à impossibilidade de se reconhecer de ofício incompetência relativa, mas confirmação da regra de que as nulidades absolutas podem ser conhecidas de ofício. Vale dizer, o magistrado não julga de ofício a incompetência relativa, mas a abusividade da cláusula que a institui[37] – a eventual remessa dos autos é apenas seu consectário lógico. A possibilidade efetiva de o consumidor exercer seus direitos no foro contratualmente eleito, a ser aferida consoante os critérios acima delineados, afasta a abusividade da estipulação, a qual, por isso mesmo, não é inquinada de nulidade.

3.2. *Nos contratos celebrados por adesão*

O contrato de adesão consiste no vínculo jurídico formado pela anuência de uma das partes ao conteúdo contratual estabelecido pela outra parte, sem que haja oportunidade de debate prévio ou de alteração substancial do regramento unilateralmente fixado[38]. Cuida-se de modalidade de contratação que pode se verificar fora das rela-

que ser examinado *in concreto*; a lei, *a priori*, não o pressupõe" (AZEVEDO, Antonio Junqueira de. A arbitragem e o direito do consumidor. In: WALD, Arnoldo (Org.). **Doutrinas essenciais:** arbitragem e mediação. São Paulo: Revista dos Tribunais, 2014. v. 4, p. 1.093/1.094).

36 "Apesar das dúvidas da jurisprudência brasileira atual, a cláusula de eleição do foro é sempre abusiva frente a consumidores pessoas físicas, e geralmente é abusiva frente a consumidores pessoas jurídicas, pois o que os caracteriza é justamente a vulnerabilidade frente ao outro cocontratante, sendo presumível que a mudança de foro do domicílio do consumidor para outro, prejudique o consumidor, mesmo se pessoa jurídica vulnerável" (MARQUES, Claudia Lima. Nota sobre a proteção do consumidor no novo código de processo civil (Lei 13.105/2015). **Revista de Direito do Consumidor**, v. 104/2016, p. 555/564). *Vide*, também, MIRAGEM, Bruno. Nulidade das cláusulas abusivas nos contratos de consumo: entre o passado e o futuro do direito do consumidor brasileiro. **Revista de Direito do Consumidor**, v. 72/2009, p. 41/77; AGUIAR JR., Ruy Rosado de. O acesso do consumidor à justiça no Brasil. **Revista de Direito do Consumidor**, v. 16, out.-dez 1995, p. 26.

37 Cf., sobre o tema, GARCIA, Gustavo Filipe Barbosa. Foro de eleição e competência territorial no direito processual do trabalho: novas reflexões decorrentes da Lei 11.280/2006. **Revista de Direito do Trabalho**, v. 123, 2006, p. 55/56.

38 O CDC, no art. 54, assim define contrato de adesão: "Contrato de adesão é aquele cujas cláusulas tenham sido aprovadas pela autoridade competente ou estabelecidas unilateralmente pelo for-

ções de consumo, e caracteriza-se pela disparidade de poder negocial das partes, a justificar disciplina protetiva em prol do aderente, mesmo sob a regência do Código Civil[39]. Exemplo emblemático de contratação por adesão que não consubstancia relação de consumo tem-se com o contrato de franquia[40].

No CPC/1973, o parágrafo único do art. 112, introduzido pela Lei nº 11.280/2006, dispunha que "a nulidade da cláusula de eleição de foro, em contrato de adesão, pode ser declarada de ofício pelo juiz, que declinará de competência para o juízo de domicílio do réu". O § 3º do art. 63 do CPC/2015 estipula que "antes da citação, a cláusula de eleição de foro, se abusiva, pode ser reputada ineficaz de ofício pelo juiz, que determinará a remessa dos autos ao juízo do foro de domicílio do réu". Não mais vincula o legislador a abusividade da cláusula de eleição de foro a contrato de adesão, no que andou bem, haja vista que o controle de abusividade deve ser efetuado em toda relação contratual e não apenas naquela constituída por adesão. Como se percebe, preocupou-se o legislador em desvincular a abusividade – como mecanismo amplo de controle funcional dos atos de autonomia privada – da eventual nulidade da cláusula de eleição de foro aposta especificamente em contratos de adesão.

A análise de ofício da abusividade da cláusula de eleição de foro justifica-se diante do valor envolvido: o acesso à Justiça e a efetiva possibilidade de exercício do contraditório e da ampla defesa. Nas relações de consumo já era possível, desde a promulgação do CDC, esse exame de ofício pelo magistrado. O legislador processual, a partir de 2006, alarga esse controle para além das relações de consumo, com vistas a tutelar o direito constitucional do acesso à Justiça.

---

necedor de produtos ou serviços, sem que o consumidor possa discutir ou modificar substancialmente seu conteúdo. § 1º A inserção de cláusula no formulário não desfigura a natureza de adesão do contrato. [...]". Sobre o tema, cf. SANTOS, Deborah Pereira Pinto dos. **Renúncia a direitos nos contratos de adesão em relações civis e empresariais: limites à autonomia negocial nos business to business contracts.** Dissertação defendida no âmbito do Programa de Pós-Graduação *Stricto Sensu* da Faculdade de Direito da Universidade do Rio de Janeiro, 2015. p. 32/40.

---

39 No Código Civil, *vide* arts. 423 e 424.

40 "1º) O contrato de franquia não se submete às regras do CDC; 2º) A abusividade da cláusula de eleição do foro, no contrato de franquia, não decorre do só fato de celebrar-se por contrato de adesão, mas apenas se caracterizando esta hipótese em que: a) da hipossuficiência do franqueado acarretar falta de inteleção suficiente para a cláusula; b) de subjugação do franqueado, no momento da celebração do contrato, dada a disparidade de forças entre os contratantes; c) de impossibilidade do direito de defesa do franqueado no foro eleito, dada a disparidade de forças" (STJ, REsp 930.875/MT, 3ª T., Rel. Min. Sidnei Beneti, j. 14/06/2011, trecho do voto do Relator); "[...].O contrato de franquia, por sua natureza, não está sujeito às regras protetivas previstas no CDC, pois não há relação de consumo, mas de fomento econômico. 3. Todos os contratos de adesão, mesmo aqueles que não consubstanciam relações de consumo, como os contratos de franquia, devem observar o disposto no art. 4º, § 2º, da Lei 9.307/1996. 4. O Poder Judiciário pode, nos casos em que *prima facie* é identificado um compromisso arbitral 'patológico', i.e., claramente ilegal, declarar a nulidade dessa cláusula, independentemente do estado em que se encontre o procedimento arbitral. 5. Recurso especial conhecido e provido" (STJ, REsp 1.602.076/SP, 3ª T., Rel.ª Des.ª Nancy Andrighi, j. 15/09/2016).

Cuida-se, consoante se ressaltou, de análise da abusividade da cláusula, que não tem o condão de alterar a natureza da competência de relativa para absoluta e tampouco constitui exceção à regra segundo a qual a competência relativa não pode ser conhecida de ofício. A rigor o magistrado não exerce controle sobre a competência relativa, mas sim sobre a cláusula contratual que a estabelece. A consequência de se alterar de ofício o foro competente redunda, assim, do afastamento da cláusula abusiva, sendo a competência relativa controlada apenas mediatamente, uma vez que o objeto imediato de apreciação do magistrado, insista-se, é a cláusula contratual.

Para aferição da abusividade da cláusula nas relações que não sejam de consumo, deve o magistrado verificar se o direito de defesa ou o acesso à Justiça restam efetivamente prejudicados com a eleição contratual do foro. A cláusula de eleição de foro, mesmo em contrato de adesão, não deve, por si só, ser considerada abusiva. As regras de determinação da competência relativa não consubstanciam "direito resultante da natureza do negócio", a que se refere o art. 424 do CC[41]. Há de se verificar se a cláusula de eleição de foro gera desvantagem processual caracterizada pela real dificuldade do exercício dos direitos processuais por uma das partes[42]. Ao contrário das relações de consumo, em que a cláusula de eleição de foro deve ser aprioristicamente afastada, salvo se o consumidor a ela espontaneamente der cumprimento, nas demais relações jurídicas civis, inclusive nas formadas por adesão, a cláusula de eleição de

---

41 Código Civil: "Art. 424. Nos contratos de adesão, são nulas as cláusulas que estipulem a renúncia antecipada do aderente a direito resultante da natureza do negócio". Sobre o tema, *vide* SANTOS, Deborah Pereira Pinto dos. **Renúncia a direitos nos contratos de adesão em relações civis e empresariais: limites à autonomia negocial nos business to business contracts.** Dissertação defendida no âmbito do Programa de Pós-Graduação *Stricto Sensu* da Faculdade de Direito da Universidade do Rio de Janeiro, 2015. p. 141/142.

42 "A cláusula eletiva de foro, estabelecida em contrato de adesão pela parte economicamente mais forte, revela-se abusiva se e quando impuser, ao contratante mais fraco, sérios (e por vezes insuperáveis) óbices ao pleno acesso à jurisdição ou à sua defesa no processo, assim afrontando as correspondentes garantias constitucionais" (TJ-SP, AI 0075051-57.1999.8.26.0000, 6ª CDP, Rel. Des. Antonio Carlos Marcato, Data de registro: 19/11/1999). *Vide*, também, MARCATO, Antonio Carlos. O reconhecimento *ex officio* do caráter abusivo da cláusula de eleição de foro. **Revista da Escola Paulista da Magistratura**, v. 1, n. 3. São Paulo: EPM, 1997, p. 29/30. No TJ-SP, já sob égide do CPC/2015, se decidiu pela validade da cláusula em contrato de adesão: "A cláusula de eleição de foro, em contrato de adesão, é válida salvo se: a) no momento da celebração, a parte aderente não dispuser de intelecção suficiente para compreender o sentido e as consequências da estipulação contratual; b) da prevalência de tal estipulação resultar inviabilidade ou especial dificuldade de acesso ao Judiciário. Assim, é de fundamental relevância o exame, em cada caso concreto, do prejuízo real e efetivo ao aderente; vale dizer, apenas situações excepcionais podem comportar o reconhecimento da ineficácia da cláusula eletiva de foro de modo a ensejar a modificação da competência. Não me parece crível supor que quem assina contratos desta natureza não saiba o alcance da cláusula que estabeleceu o foro de eleição, não sendo razoável ignorá-la mesmo porque, quando realizado o contrato de financiamento, a empresa-agravante estava situada na Comarca de Maringá/PR" (TJ-SP, AI 2.115.617-18.2016.8.26.0000, 26ª C.D.Priv., Rel. Des. Renato Sartorelli, j. 11/08/2016).

foro deve ser a princípio mantida, apenas cedendo em face de concreta análise da hipossuficiência processual, caracterizada pela dificuldade da parte em exercer seus direitos processuais no foro contratualmente eleito[43].

4. Conclusão

O acordo de vontades direcionado à determinação do foro competente cinge-se às hipóteses de competência relativa e sujeita-se, como qualquer ato de autonomia privada, a controle valorativo. Diante das disposições trazidas pelo CPC/2015 sobre a cláusula de eleição de foro, ampliou-se o espaço de autorregulamentação das partes, inclusive com a possibilidade de afastamento da competência concorrente do Poder Judiciário brasileiro com a eleição de foro estrangeiro (CPC/2015, art. 25, *caput*).

A invalidação do negócio jurídico ao qual se vincula a cláusula de eleição de foro não necessariamente afeta a higidez desta. Com efeito, desde que preservado o escopo perseguido pelas partes com o negócio, mostra-se possível a anulação parcial da avença, apartando-se o segmento do ajuste que se encontra inquinado de vício daquele que permanece válido. Além disso, mesmo quando o vício implicar o desfazimento do ajuste, pode permanecer válida e eficaz a eleição do foro, contanto que a mácula que o invalida não repercuta nessa específica manifestação de vontade, o que irá depender da causa de invalidação do ajuste.

A abusividade da cláusula de eleição de foro poderá ser pronunciada de ofício pelo magistrado que, neste caso, remeterá os autos ao juízo competente antes da citação do réu. Não obstante se relacione à competência relativa, o pronunciamento

---

43 "Eleição. Foro. Contrato. Adesão. Representação comercial. Discute-se qual o foro competente para processar e julgar ação de rescisão contratual referente a contrato de representação comercial celebrado entre duas empresas. Inicialmente, o Min. Relator esclareceu que a controvérsia já foi enfrentada por este Superior Tribunal e foi pacificada no julgamento dos EREsp 579.324-SC, DJ 02/04/2008, Rel.ª Min.ª Nancy Andrighi, no sentido de que a competência de foro é relativa, portanto pode ser alterada por vontade das partes, ainda que em contrato de adesão, desde que não exista hipossuficiência reconhecida. No caso específico, a autora, representante comercial, pelo que demonstra o acórdão recorrido, não é empresa que teria dificuldades, por hipossuficiência, para se defender na Comarca de São Paulo, ainda que possa ter menor porte que a ré. O fundamento do acórdão calcou-se, exclusivamente, no fato de se tratar de um contrato de adesão, tese agora consolidada pela Segunda Seção. A empresa recorrida reconhece ter higidez econômica, apenas se diz hipossuficiente comparativamente com a excipiente, o que não é razão para afastar a cláusula contratual de eleição de foro, já que jamais se encontraria, em um litígio, uma exata correlação de portes empresariais. Se uma litigante é maior que a outra, mas ambas reúnem condições de se defender adequadamente na comarca prevista na avença que celebraram, é de ser mantida a vontade constante do contrato, mesmo que de adesão. Isso posto, a Turma conheceu do recurso e lhe deu provimento para determinar a remessa dos autos para distribuição em uma das varas da Comarca de São Paulo (STJ, REsp 540.257-RS, Rel. Min. Aldir Passarinho Junior, j. 23/09/2008). *Vide*, também, STJ, AgRg no AREsp 563.993/GO, 4ª T., Rel.ª Min.ª Maria Isabel Gallotti, j. 17/03/2015; STJ, CC 37.374/RJ, Rel. Min. Carlos Alberto Menezes Direito, 2ª Seção, DJ 27/08/2003; STJ, EDcl no AREsp 499359/GO, 4ª T., Rel. Min. Luis Felipe Salomão, j. 19/08/2014.

de ofício justifica-se em razão da nulidade absoluta da cláusula de eleição de foro abusiva. Caso o juiz não pronuncie de ofício a incompetência, caberá ao réu arguir na contestação, sob pena de preclusão. A preclusão não significa convalescimento de nulidade absoluta, mas a anuência à eleição do foro posteriormente ao litígio, o que retira a abusividade própria (do exercício do direito) à fixação prévia do foro competente.

Nas relações de consumo já era possível, desde a promulgação do CDC, esse controle de ofício pelo magistrado. A nulidade da cláusula de eleição de foro, no âmbito das relações de consumo, se associa ao art. 51, I, do CDC, vez que representa renúncia ao direito do consumidor ao ajuizamento de ação no foro de seu domicílio (CDC, art. 101, I), o que contradiz, ainda, a facilitação da defesa de seus direitos, ao arrepio do art. 6º, VIII, do CDC. A presunção de que haveria dificuldade para que o consumidor exerça seus direitos fora de seu domicílio, todavia, não se reveste de caráter absoluto, podendo ser afastada em duas hipóteses: (i) se o próprio consumidor ajuíza a ação no foro contratualmente eleito; ou (ii) quando o fornecedor ajuíza a ação, o juiz não pronuncia a nulidade de ofício e o consumidor contesta sem suscitar a incompetência.

Por outras palavras, nas relações de consumo a cláusula de eleição de foro afigura-se abusiva, salvo nas hipóteses em que o próprio consumidor a ela dê efetividade, demonstrando, concretamente, inexistir prejuízo ao seu direito de ação. Por outro lado, se o consumidor, posteriormente ao surgimento de litígio, celebrar negócio jurídico processual atípico com o fornecedor para fixar determinado foro, há aí espécie de "compromisso judicial", por analogia ao compromisso arbitral, admitido em relação de consumo após o nascimento do litígio, embora nem por isso imune, evidentemente, a controle de abusividade e de merecimento de tutela.

O legislador processual, desde 2006, alarga a possibilidade de reconhecimento de ofício da abusividade da cláusula de eleição de foro para além das relações de consumo, com vistas a tutelar o direito constitucional ao acesso à justiça. Inicialmente amplia para os contratos de adesão e, posteriormente, para todos os negócios jurídicos. Deve o magistrado verificar, em concreto, se a cláusula de eleição de foro viola os direitos à ampla defesa, contraditório e acesso à Justiça. Ao contrário das relações de consumo, em que a cláusula de eleição de foro deve ser aprioristicamente afastada, salvo se o consumidor a ela espontaneamente der cumprimento, nas demais relações jurídicas civis, inclusive nas formadas por adesão, a cláusula de eleição de foro deve ser a princípio mantida, apenas cedendo em face de concreta análise da hipossuficiência processual, caracterizada pela dificuldade da parte em exercer seus direitos processuais no foro contratualmente eleito.

Referências

AGUIAR JÚNIOR, Ruy Rosado de. O novo código civil e o código de defesa do consumidor – pontos de convergência. **Revista de Direito Renovar**, n. 26, maio-ago., 2003.

______. O acesso do consumidor à justiça no Brasil. **Revista de Direito do Consumidor**, v. 16, out.-dez 1995.

ARAUJO, Nadia de. **Direito internacional privado:** teoria e prática brasileira. Rio de janeiro: Renovar, 2011.

AZEVEDO, Antonio Junqueira de. A arbitragem e o direito do consumidor. In: TEPEDINO, Gustavo; FACHIN,

Luiz Edson (Orgs.). **Doutrinas essenciais:** obrigações e contratos. São Paulo: Revista dos Tribunais, 2011. v. 4.

BETTI, Emilio. **Teoria geral do negócio jurídico.** Campinas: Servanda, 2008.

BEVILÁQUA, Clóvis. **Código civil dos Estados Unidos do Brasil.** Rio de Janeiro: Editora Rio, 1975. v. 1.

BUFULIN, Augusto Passamani. **O erro e seus requisitos.** Rio de Janeiro: LMJ Mundo Jurídico, 2013.

CABRAL, Antonio do Passo. **Convenções processuais.** Salvador: JusPodivm, 2016, *passim*.

CABRAL, Antonio do Passo; CRAMER, Ronaldo Cramer (Coord.). **Comentários ao novo código de processo civil.** Rio de Janeiro: Forense, 2016.

CATALAN, Marcos Jorge. Uma leitura inicial da redução do negócio jurídico e sua importância no processo hermenêutico. In: DELGADO, Mário Luiz; ALVES, Jones Figueiredo (Coord.). **Questões controvertidas:** parte geral do código civil. São Paulo: Método, 2007.

CUNHA, Leonardo Carneiro da. Negócios jurídicos processuais no processo civil brasileiro. In: CABRAL, Antonio do Passo; NOGUEIRA, Pedro Henrique (Coord.), **Negócios processuais.** Salvador: JusPodivm, 2015.

DIDIER JR., Fredie. **Curso de direito processual civil:** parte geral e processo de conhecimento. Salvador: JusPodivm, 2015.

DINAMARCO, Cândido Rangel. **Instituições de direito processual civil.** São Paulo: Malheiros, 2009. v. 1.

FERREIRA, José do Valle. Subsídios para o estudo das nulidades. In TEPEDINO, Gustavo; FACHIN, Luiz Edson (Orgs.). **Doutrinas essenciais:** obrigações e contratos. São Paulo: Revista dos Tribunais, 2011. v. 2.

FRANCESCHINI, José Inácio Gonzaga. A lei e o foro de eleição em tema de contratos internacionais. In: RODAS, João Grandino (Coord.). **Contratos internacionais.** São Paulo: Revista dos Tribunais, 1995.

GAJARDONI, Fernando da Fonseca; DELLORE, Luiz; ROQUE, Andre Vasconcelos; OLIVEIRA JR., Zulmar Duarte de. **Teoria geral do processo:** comentários ao CPC de 2015: parte geral. São Paulo: GEN/ Método, 2015.

GARCIA, Gustavo Filipe Barbosa. Foro de eleição e competência territorial no direito processual do trabalho: novas reflexões decorrentes da lei 11.280/2006. **Revista de Direito do Trabalho**, v. 123, jul.- set. 2006.

MARCATO, Antonio Carlos. O reconhecimento *ex officio* do caráter abusivo da cláusula de eleição de foro. **Revista da Escola Paulista da Magistratura**, v. 1, n. 3, São Paulo, EPM, 1997.

MARQUES, Claudia Lima. Nota sobre a proteção do consumidor no novo código de processo civil (Lei 13.105/2015). **Revista de Direito do Consumidor**, v. 104, 2016.

MIRAGEM, Bruno. Nulidade das cláusulas abusivas nos contratos de consumo: entre o passado e o futuro do direito do consumidor brasileiro. **Revista de Direito do Consumidor**, v. 72, 2009.

MIRANDA, Pontes de. **Comentários ao código de processo civil.** Rio de Janeiro: Forense, 1979. t. III.

MONTEIRO, Simone M. Silveira. Foro de eleição – contrato de adesão. **Revista de Direito do Consumidor**, v. 14, abr.-jun. 1995.

MUNIZ, Joaquim de Paiva. **Curso básico de direito arbitral:** teoria e prática. Curitiba: Juruá, 2015.

NAZO, Georgette Nacarato. Tipificação dos contratos internacionais. In: TEPEDINO, Gustavo; FACHIN, Luiz Edson (Orgs.). **Doutrinas essenciais:** obrigações e contratos. São Paulo: Revista dos Tribunais, 2011. v. 4

NERY JUNIOR., Nelsone NERY, Rosa Maria de Andrade. **Código de processo civil comentado e legislação extravagante.** São Paulo: Revista dos Tribunais, 2013.

PEREIRA, Caio Mário da Silva. **Instituições de direito civil.** Rio de Janeiro: Forense, 2013. v. I.

SANTOS, Deborah Pereira Pinto dos. **Renúncia a direitos nos contratos de adesão em relações civis e empresariais: limites à autonomia negocial nos business to business contracts.** Dissertação defendida no âmbito do Programa de Pós-Graduação Stricto Sensu da Faculdade de Direito da Universidade do Rio de Janeiro, 2015.

SOUZA, Eduardo Nunes de. Autonomia privada e boa-fé objetiva em direitos reais. **Revista Brasileira de Direito Civil – RBDCivil**, v. 4, abr.-jun. 2015.

STRECK, Lenio Luiz; NUNES, Dierle; CUNHA, Leonardo Carneiro da (Org.). **Comentários ao código de processo civil.** São Paulo: Saraiva, 2016.

TEPEDINO, Gustavo. O direito civil-constitucional e suas perspectivas atuais. In: **Temas de direito civil.** Rio de Janeiro: Renovar, 2009. t. III.

______. Esboço de uma classificação funcional dos atos jurídicos. **Revista Brasileira de Direito Civil – RBDCivil**, v. 1, jul.-set. 2014.

______. Direito de preferência previsto em estatuto societário e o direito das sucessões. In: TEPEDINO, Gustavo. **Soluções práticas de Direito:** pareceres. São Paulo: Revista dos Tribunais, 2012. v. 2.

______. Cláusula compromissória no acordo de acionistas. In: TEPEDINO, Gustavo. **Soluções práticas de Direito:** pareceres. São Paulo: Revista dos Tribunais, 2012. v. 3.

______. *Correção monetária em contrato de empreitada a preço global no regime* Turnkey. In: TEPEDINO, Gustavo. **Soluções práticas de Direito:** pareceres. São Paulo: Revista dos Tribunais, 2012. v. 2.

WAMBIER, Luiz Rodrigues e TALAMINI, Eduardo. **Curso avançado de processo civil.** São Paulo: Revista dos Tribunais, 2015.

YARSHELL, Flávio Luiz. Convenção das partes em matéria processual: rumo a uma nova era? In: CABRAL, Antonio do Passo; NOGUEIRA, Pedro Henrique (Coord.), **Negócios processuais.** Salvador: JusPodivm, 2015.

O IMPACTO DO CPC/2015 E DO ESTATUTO DA PESSOA COM DEFICIÊNCIA NO PROCEDIMENTO DE ADOÇÃO

Humberto Dalla Bernardina de Pinho
Renata Di Masi Palheiro

Sumário: 1. Considerações Iniciais. **2.** Aspectos gerais da adoção. **3.** Procedimento da adoção. **4.** Releitura do procedimento à luz do CPC/2015. **5.** As Alterações Introduzidas pela Lei nº 13.146/2015. **6.** Considerações finais. Referências.

1. Considerações Iniciais

O presente trabalho objetiva abordar o instituto da adoção no ordenamento pátrio, dando enfoque para as inovações legislativas oriundas do novo Código de Processo Civil e do Estatuto da Pessoa com Deficiência – Lei nº 13.146/2015. Procura-se, inicialmente, pontuar os aspectos gerais da adoção com ênfase no procedimento legal previsto no Estatuto da Criança e do Adolescente – Lei nº 8.069/1990.

Após esse primeiro momento, far-se-ão breves comentários acerca das alterações no procedimento de adoção efetuadas com a entrada em vigor do novo Código de Processo Civil e do Estatuto da Pessoa com Deficiência, sempre com a finalidade de atender ao Princípio do Melhor Interesse do Menor.

A questão é relevante, na medida em que o CPC/2015 traz, dentre os procedimentos especiais de jurisdição contenciosa, um capítulo próprio dedicado às ações de família (arts. 693/699). Ocorre que durante o período de *vacatio legis* do NCPC foi editada a Lei nº 13.146/2015, que entrou em vigor antes daquele Diploma, e trouxe disposições que impactaram profundamente os ordenamentos material e processual.

Neste aspecto, serão abordados os pontos de mudança do procedimento da adoção, que estão sendo debatidos pela doutrina, ponderando a utilidade e consequência de tais inovações para os envolvidos neste processo tão complexo.

2. Aspectos gerais da adoção

A família, o Estado e a sociedade têm o dever de assegurar à criança, ao adolescente e ao jovem o direito à vida, saúde, dignidade, cultura e convivência familiar, garantindo-lhes um desenvolvimento saudável[1]. A regra, assim, é a permanência dos

1 O art. 6º da Declaração Universal dos Direitos da Criança é incisivo ao afirmar que: "A criança tem direito ao amor e à compreensão, e deve crescer, sempre que possível, sob a proteção dos pais, num ambiente de afeto e de segurança moral e material para desenvolver a sua personalidade. A

filhos junto aos seus pais biológicos, para que sejam criados com afeto e compreensão, conforme se observa no art. 227 da Constituição da República[2].

Há situações, entretanto, em que o afastamento dos genitores é o único meio de garantir ao menor uma vida digna. Casos de maus-tratos, abandono, tortura e outras hipóteses que impossibilitam a permanência do menor com a família de origem não são raros no país.

Em tais situações, a criança ou o adolescente deverá ser inserido na denominada família substituta. A colocação do menor em lar substituto, assim, possui natureza jurídica de medida de proteção, conforme se extrai da leitura dos arts. 98 e 101, IX, ambos da Lei nº 8.069/1990 e pode se efetivar a partir de três modalidades no ordenamento jurídico: a guarda, a tutela e a adoção.

O instituto da adoção, especificamente, visa à inserção do menor no seio de uma nova família que irá lhe propiciar o bom desenvolvimento, suprindo-lhe, na medida do possível, todas as necessidades, sejam elas de natureza afetiva, psíquica, física ou econômica.

Os interesses dos adultos envolvidos são secundários, devendo o juiz da infância e juventude verificar se a medida irá trazer reais benefícios ao menor, levando em consideração os aspectos educacionais, sociais e emocionais.

A adoção constitui, portanto, uma forma de parentesco eletivo, pois decorre exclusivamente do ato de vontade dos envolvidos, condicionado à chancela judicial[3].

Entende-se, assim, que a adoção é ato jurídico bilateral que cria um vínculo de filiação entre as partes envolvidas; é vínculo que decorre exclusivamente de um ato de vontade[4].

A Constituição da República de 1988 trouxe uma nova roupagem para o Direito de Família e, consequentemente, para o instituto da adoção, ao positivar o princípio

sociedade e as autoridades públicas devem propiciar cuidados especiais às crianças sem família e àquelas que carecem de meios adequados de subsistência. É desejável a prestação de ajuda oficial e de outra natureza em prol da manutenção dos filhos de famílias numerosas". Disponível em: <http://www.portaldafamilia.org>. Acesso em: 20 jun. 2016.

2 BRASIL, Constituição da República Federativa do Brasil de 1988, art. 227, com redação dada pela Emenda Constitucional nº 65, de 2010. Neste sentido, o art. 19 da Lei nº 8.069/1990: "Art. 19. Toda criança ou adolescente tem direito a ser criado e educado no seio da sua família e, excepcionalmente, em família substituta, assegurada a convivência familiar e comunitária, em ambiente livre da presença de pessoas dependentes de substâncias entorpecentes".

3 "A adoção é um ato jurídico em sentido estrito, cuja eficácia está condicionada à chancela judicial. Cria um vínculo fictício de paternidade –maternidade – filiação entre pessoas estranhas, análogo ao que resulta da filiação biológica". DIAS, Maria Berenice. **Manual de direito das famílias.** 3. ed. São Paulo: Revista dos Tribunais, 2006. p. 385.

4 Para Orlando Gomes, o instituto em análise "é o ato jurídico pelo qual se estabelece, independentemente do fato natural, o vínculo de filiação. Trata-se de uma ficção legal, que permite a constituição, entre duas pessoas, do laço de parentesco do primeiro grau em linha reta". GOMES, Orlando. **Direito de família.** 14. ed. Rio de Janeiro: Forense, 2007. p. 381.

da isonomia. Nessa linha, o novo Código Civil (art. 1596) e o Estatuto da Criança e do Adolescente (arts. 20 e 41) proibiram qualquer forma de discriminação entre os filhos biológicos ou adotivos.

A adoção não é mais vista sob uma ótica contratual, em que a busca se limita a uma criança para uma família. A lógica é inversa: o que se pretende atualmente é a busca de uma família para uma criança, o que é uma mudança de perspectiva, pois o instituto passa a centrar-se no melhor interesse do menor.

Após essa breve análise do conceito e da evolução do tema em nosso ordenamento, passa-se a analisar o procedimento da adoção, desde o momento em que uma pessoa manifesta a vontade de adotar até a sentença que determina a inscrição no registro civil da ação.

3. Procedimento

O procedimento da adoção está previsto nos arts. 39 a 52-D e 148, todos da Lei nº 8.069/1990 – Estatuto da Criança e do Adolescente. O processo obrigatoriamente será pela via judicial e correrá perante o juiz com competência em matéria da infância e juventude se o adotado for menor de 18 anos, ou perante a vara de família se o adotado for maior.

Quanto à adoção de menores, que será o enfoque do nosso trabalho até pela excepcionalidade da adoção dos que já atingiram a maioridade, há três procedimentos distintos de acordo com as peculiaridades do caso.

A primeira hipótese, prevista expressamente nos arts. 28, § 3º, e 50, § 13, da Lei nº 8.069/1990, caracteriza-se quando a família já convive com a criança ou adolescente que pretende adotar e quer legitimar um sentimento filial já existente, situação prevista expressamente na Lei nº 8.069/1990 em seus arts. 28, § 3º, e 50, § 13[5].

---

5 "Art. 28. A colocação em família substituta far-se-á mediante guarda, tutela ou adoção, independentemente da situação jurídica da criança ou adolescente, nos termos desta Lei.

[...]

§ 3º Na apreciação do pedido levar-se-á em conta o grau de parentesco e a relação de afinidade ou de afetividade, a fim de evitar ou minorar as consequências decorrentes da medida." (Incluído pela Lei nº 12.010, de 2009)

"Art. 50. A autoridade judiciária manterá, em cada comarca ou foro regional, um registro de crianças e adolescentes em condições de serem adotados e outro de pessoas interessadas na adoção. (*Vide* Lei nº 12.010, de 2009) [...]

§ 13. Somente poderá ser deferida adoção em favor de candidato domiciliado no Brasil não cadastrado previamente nos termos desta Lei quando: (Incluído pela Lei nº 12.010, de 2009)

I – se tratar de pedido de adoção unilateral; (Incluído pela Lei nº 12.010, de 2009)

II – for formulada por parente com o qual a criança ou adolescente mantenha vínculos de afinidade e afetividade; (Incluído pela Lei nº 12.010, de 2009)

III – oriundo o pedido de quem detém a tutela ou guarda legal de criança maior de 3 (três) anos ou adolescente, desde que o lapso de tempo de convivência comprove a fixação de laços de afinidade e afetividade, e não seja constatada a ocorrência de má-fé ou qualquer das situações previstas nos arts. 237 ou 238 desta Lei. (Incluído pela Lei nº 12.010, de 2009)

Nesse caso, os interessados podem ajuizar o pedido de adoção em petição assinada pelos requerentes, quando os pais biológicos forem falecidos, tiverem sido destituídos do poder familiar ou aderiram expressamente ao pedido (adoção consensual).

Caso os pais biológicos ainda não tenham sido destituídos do poder familiar, podem-se cumular, no mesmo processo, os pedidos de adoção e destituição do poder familiar, devendo ser comprovado que eles não zelaram pelos direitos da criança ou adolescente envolvido.

Como se trata de adoção litigiosa, os pais biológicos serão citados para, querendo, contestarem o pedido. Nessas situações, o melhor interesse do menor deve prevalecer em relação à obrigatoriedade do cadastro previsto no art. 50 da Lei nº 8.069/1990 com o intuito de minorar as consequências da medida.

Na segunda hipótese, há o procedimento da adoção para a pessoa residente no exterior. Essa é considerada pela lei medida excepcional, sendo possível, somente, quando a criança ou o adolescente não forem acolhidos por pessoa residente no país.

Diferencia-se do processo de adoção formulado por nacional quanto ao estágio de convivência que, necessariamente, será cumprido em solo brasileiro por no mínimo quinze dias quando a criança tiver até dois anos de idade e por no mínimo trinta dias quando se tratar de adotando acima de dois anos.

O processo de adoção, que tramitará perante o Juízo da Infância e da Juventude da comarca onde se encontra a criança ou o adolescente, possui procedimento de habilitação perante a Comissão Estadual Judiciária de Adoção (CEJA), observando as regras estabelecidas em seu Regimento Interno e na Convenção de Haia[6].

A terceira hipótese, que constitui a grande maioria dos casos de adoção, é aquela em que uma família, residente no país, está à procura de uma criança para adotar sem qualquer vínculo anterior com o menor.

Neste caso, o interessado deve, como primeiro passo, por meio de petição inicial e devidamente representado por advogado ou defensor público, requerer a inscrição, como candidato, no cadastro de pessoas interessadas em adotar junto a Vara de Infância e Juventude (art. 50 da Lei nº 8.069/1990). A partir da inscrição, instaura-se um procedimento no qual os envolvidos serão ouvidos pela equipe técnica do juízo (assistentes sociais e psicólogos).

É obrigatória a participação em curso de preparação psicossocial e jurídica. Cumprida tal etapa, o candidato é submetido à avaliação psicossocial com entrevistas

---

6 A adoção internacional no Brasil é dividida em duas fases. A primeira fase consiste na prévia avaliação e análise dos pedidos formulados pelos estrangeiros à Comissão Estadual Judiciária de Adoção (CEJA). Este procedimento leva aproximadamente 45 dias, mas não há necessidade de os requerentes estarem no Brasil. Uma vez concedida a habilitação, os requerentes receberão um certificado válido por 180 dias, prorrogável por igual período, que deverá ser anexado ao Processo de Adoção. A segunda fase consiste em Requerer a Adoção da criança escolhida na Vara da Infância e da Juventude da localidade em que reside a mesma. Nesta fase os Requerentes precisarão estar no Brasil para o estágio de convivência antes de ser deferido o pedido de Adoção. Disponível em: <http://www.consuelomachado.com>. Adoção Internacional no Brasil.

e visita domiciliar feitas pela equipe técnica interprofissional. O resultado da avaliação é encaminhado ao Ministério Público e ao Juiz da Vara da Infância.

A partir da emissão do laudo da equipe técnica do juízo que proceder aos estudos e do parecer do Ministério Público, o juiz dará a sentença e, caso o pedido seja concedido, o nome do pretendente adotante será incluído nos cadastros previstos no art. 50 do ECA, válidos por 2 anos em território nacional.

Neste momento, o interessado está automaticamente na fila de adoção do seu Estado e aguardará que os profissionais envolvidos entrem em contato. É possível que o adotante escolha o sexo da criança, idade, cor da pele etc.

Entretanto, atualmente, não é mais aconselhável que o interessado em adotar visite abrigos a procura da criança "ideal", pois se evita que as crianças que ali estão se sintam como um objeto em exibição, fomentando sentimento de desprezo e discriminação.

Quando se encontra uma família com condições de receber uma determinada criança, o encontro entre ambos é finalmente marcado e os interessados devem manifestar interesse em continuar com o processo. Passa-se, assim, ao estágio de convivência monitorada pela equipe técnica e pelo juízo onde corre o processo pelo prazo que a autoridade judiciária fixar, observadas as peculiaridades do caso (art. 46 da Lei nº 8.069/1990).

Não havendo desistência de uma das partes (o menor também pode desistir de ser adotado pela família escolhida), o pretendente finalmente ajuizará a ação de adoção e receberá a guarda provisória do menor durante o curso do processo.

Ao final, sempre com visitas de psicólogos e assistentes sociais, o vínculo da adoção constituir-se-á por sentença judicial, que será lavrada no novo registro de nascimento, já com o sobrenome da nova família, sendo que nenhuma observação sobre a origem do ato poderá constar da certidão do registro.

Via de regra, a adoção produz seus efeitos a partir do trânsito em julgado da sentença constitutiva, exceto na hipótese prevista no § 6º do art. 42 da Lei nº 8.069/1990 (adotante que vem a falecer no curso do procedimento da adoção, após inequívoca manifestação de vontade), caso em que terá força retroativa à data do óbito.

Conforme elucida o art. 199-A da Lei nº 8.060/1990, a sentença que deferir a adoção produz efeito desde logo, embora sujeita à apelação, que será recebida exclusivamente no efeito devolutivo, salvo se se tratar de adoção internacional ou se houver perigo de dano irreparável ou de difícil reparação ao adotando.

Também os recursos nos procedimentos que tratam da ação e destituição do poder familiar serão processados com prioridade absoluta, conforme art. 199-C do mesmo diploma legal.

Esclarece-se que com a adoção, diferentemente da guarda e tutela, o adotado perde todos os vínculos com os pais e parentes biológicos. Assim, a princípio, a adoção depende do consentimento dos pais ou representantes legais do menor de quem se deseja adotar. Caso haja resistência, deve-se ingressar com a ação de destituição do poder familiar, com amplo direito de defesa aos pais biológicos, conforme arts. 155 a 163 do ECA.

Neste ponto, entende-se que houve uma profunda alteração do processo de adoção com a entrada em vigor no novo Código de Processo Civil, pois como se verá no próximo capítulo, apesar de o novo Código não ter tratado especificamente da adoção, que possui procedimento especial regulamentado pelo ECA, aplica-se, no que couber, os artigos constantes do Capítulo X, destinado às ações de família e os princípios basilares do novo Código de Ritos. E neste viés, todos os esforços devem ser empreendidos para a solução consensual da controvérsia, como se desenvolverá a partir de agora.

4. Releitura do procedimento à luz do CPC/2015

O novo Código de Processo Civil, em vigor desde março de 2016, trouxe inúmeras alterações para as ações relativas ao Direito de Família, todas previstas no Capítulo X – arts. 693 a 699.

Dedicar um capítulo exclusivo para regulamentar as ações ligadas ao Direito de Família representa mais um passo na evolução desse ramo do Direito, que deve ter um olhar cada vez mais humanizado e interpretado sempre à luz do Princípio da Dignidade da Pessoa Humana.

Em uma primeira leitura, observa-se que o Capítulo X do novo Código de Processo Civil prevê taxativamente que as normas ali previstas aplicam-se aos processos contenciosos de divórcio, separação, reconhecimento e extinção de união estável, guarda, visitação e filiação.

Não há, assim, previsão expressa à ação de adoção, posto que tal procedimento está regulamentado integralmente em lei especial – Lei nº 8.069/1990, denominado Estatuto da Criança e do Adolescente.

Entretanto, inegável que a norma geral se aplica na lacuna da lei especial e desde que não colida com esta, e inúmeras questões do processo de adoção não estão regulamentadas na Lei nº 8.069/1990, incidindo, neste ponto, o novo CPC.

Com efeito, parece que a Comissão presidida pelo Ministro FUX quis, de fato, preparar a estrutura do Direito Processual para receber, da melhor forma possível, a dinâmica e mutante realidade das ações de família. Dessa forma, é razoável supor que o rol de que trata o art. 693 é meramente exemplificativo[7].

Desta forma, nas ações de família, inclusive na ação de adoção, todos os esforços serão empreendidos para a solução consensual da controvérsia, devendo o juiz dispor do auxílio de profissionais de outras áreas de conhecimento para a mediação e conciliação.

---

7 Nesse sentido, foi aprovado o Enunciado nº 72 do Fórum Permanente de Processualistas Civis: "O rol do art. 693 não é exaustivo, sendo aplicáveis os dispositivos previstos no Capítulo X a outras ações de caráter contencioso envolvendo o Direito de Família".

Evidente que não se está aqui tratando da ação de adoção consensual, em que os responsáveis biológicos consentem com a colocação do menor em família substituta, mas sim da adoção em que há litígio quanto à destituição do poder familiar, ou seja, quando os responsáveis biológicos da criança não concordam com a adoção e pretendem se opor ao procedimento para não perderem o exercício do poder familiar.

Neste caso, deve o juiz, com o apoio da equipe técnica, buscar a melhor solução do caso, com a oitiva das partes envolvidas e sem perder de vista o melhor interesse do menor[8].

A partir da leitura do primeiro artigo do CPC ficou clara a preocupação do legislador em demonstrar que o processo civil, além de ser um meio de concretização de direitos fundamentais previstos na Carta Magna, deve ser interpretado nos moldes da Constituição, trazendo dessa forma, uma positivação dos preceitos constitucionais[9].

Positivou-se a força normativa dos princípios e aniquilou-se, de uma vez por todas, a dúvida que poderia existir quanto ao fato de que, na contemporaneidade, nos deparamos com a constitucionalização do processo civil[10].

Significa dizer que no âmbito das relações processuais, procura-se assegurar o acesso à Justiça, o cumprimento das garantias constitucionais e a efetividade das decisões, o que engloba a celeridade da prestação jurisdicional e a garantia de cumprimento das decisões na resolução dos conflitos e pretensões[11].

O juiz e as partes devem cooperar na busca da solução para o conflito, empenhando-se para encontrar uma decisão justa e efetiva[12].

---

8 O procedimento estabelecido sob a rubrica "ações de família" se aplica às hipóteses de existência de conflito – jurisdição contenciosa. Havendo, desde o início, o consenso, o caso é de aplicação das normas da jurisdição voluntária, observadas especificidades da legislação extravagante. Nesse sentido, PINHO, Humberto Dalla Bernardina de. **Direito processual civil contemporâneo.** São Paulo: Saraiva, 2016. v. 2, p. 414.

9 "Art. 1º O processo civil será ordenado, disciplinado e interpretado conforme os valores e as normas fundamentais estabelecidos na Constituição da República Federativa do Brasil, observando-se as disposições deste Código."

10 "Art. 8º Ao aplicar o ordenamento jurídico, o juiz atenderá aos fins sociais e às exigências do bem comum, resguardando e promovendo a dignidade da pessoa humana e observando a proporcionalidade, a razoabilidade, a legalidade, a publicidade e a eficiência."

11 "Art. 4º As partes têm o direito de obter em prazo razoável a solução integral do mérito, incluída a atividade satisfativa."

12 "Art. 6º Todos os sujeitos do processo devem cooperar entre si para que se obtenha, em tempo razoável, decisão de mérito justa e efetiva."

Ademais, o julgador deve estar atento para velar pela boa-fé[13] das partes, bem como reprimir[14] qualquer ato atentatório à dignidade da Justiça[15] ou que caracterize má-fé processual[16].

Deve, ainda, se empenhar na rápida solução da lide, para cujo cumprimento o art. 370 o investe do poder de determinar as provas necessárias à instrução e o de indeferir as diligências inúteis ou meramente protelatórias.

Passa-se ao apontamento de algumas observações quanto à ação de destituição do poder familiar para fins de adoção de acordo com a nova dogmática do Código de Processo Civil.

Primeiramente, cumpre ressaltar que o pedido de adoção contém implícito o de destituição do poder familiar, eis que desliga o adotado de qualquer vínculo com a família biológica, conforme arts. 1.635, IV, do Código Civil e 41 do ECA.

Deixando de lado as controvérsias quanto à natureza jurídica do instituto, entende-se que a destituição do poder familiar é, ao mesmo tempo, forma de sanção aos pais biológicos que não zelaram adequadamente pela saúde física, psíquica e espiritual do menor e forma de proteger o melhor interesse da criança/adolescente.

---

13 "Art. 5º Aquele que de qualquer forma participa do processo deve comportar-se de acordo com a boa-fé."

14 "Art. 139. O juiz dirigirá o processo conforme as disposições deste Código, incumbindo-lhe: [...] III – prevenir ou reprimir qualquer ato contrário à dignidade da justiça e indeferir postulações meramente protelatórias."

15 "Art. 77. Além de outros previstos neste Código, são deveres das partes, de seus procuradores e de todos aqueles que de qualquer forma participem do processo:
I – expor os fatos em juízo conforme a verdade;
II – não formular pretensão ou de apresentar defesa quando cientes de que são destituídas de fundamento;
III – não produzir provas e não praticar atos inúteis ou desnecessários à declaração ou à defesa do direito;
IV – cumprir com exatidão as decisões jurisdicionais, de natureza provisória ou final, e não criar embaraços à sua efetivação;
V – declinar, no primeiro momento que lhes couber falar nos autos, o endereço residencial ou profissional onde receberão intimações, atualizando essa informação sempre que ocorrer qualquer modificação temporária ou definitiva;
VI – não praticar inovação ilegal no estado de fato de bem ou direito litigioso."

16 "Art. 80. Considera-se litigante de má-fé aquele que:
I – deduzir pretensão ou defesa contra texto expresso de lei ou fato incontroverso;
II – alterar a verdade dos fatos;
III – usar do processo para conseguir objetivo ilegal;
IV – opuser resistência injustificada ao andamento do processo;
V – proceder de modo temerário em qualquer incidente ou ato do processo;
VI – provocar incidente manifestamente infundado;
VII – interpuser recurso com intuito manifestamente protelatório."

Há posicionamento no sentido de que o pedido de destituição do poder familiar é desnecessário, pois seria uma consequência natural da adoção, que desliga o adotando de qualquer vínculo anterior[17].

Em que pese tal corrente, entende-se que devem os pais biológicos ser citados para integrarem a lide e exercerem o direito à ampla defesa e ao contraditório, além de lhes possibilitar a produção de todas as provas admitidas em lei.

A consequência da adoção é o rompimento total dos laços da criança com sua família de origem e não permitir que os responsáveis biológicos venham aos autos e se manifestem, podendo inclusive se opor à adoção, é violar os princípios basilares do nosso Direito.

Não se deve deixar de ponderar, entretanto, que os esforços para a citação dos pais biológicos não podem comprometer a efetividade do procedimento, já que muitas vezes essa busca ilimitada pela família de origem para integrar a lide resulta na demora do andamento do processo a ponto de prejudicar a adoção. Essas diligências podem durar muito tempo, reduzindo as chances reais de adoção. Imprescindível assim que a destituição do poder familiar transcorra no prazo máximo previsto em lei, ou seja, 120 dias.

Na atual sistemática, todos os envolvidos devem ter em mente que a efetividade do processo de destituição do poder familiar e de adoção está intimamente ligada à tutela do melhor interesse da criança.

Nesse viés, e partindo-se da premissa que a audiência referida no art. 695 é uma etapa essencial do procedimento[18].

Deverá o juiz marcar a mediação, empenhando todos os esforços no sentido de compor a lide, para que as famílias biológica e adotiva entendam que não há briga pela criança, mas uma pluralidade de pessoas que estão dispostas a tutelar seus interesses. Cada fase de desenvolvimento do menor deve ser respeitada, entendendo-se que há sempre plenitude de responsabilidade.

Com o advento do novo CPC, as formas consensuais de solução de conflitos foram estimuladas como nunca antes em nosso ordenamento.

Um capítulo inteiro foi destinado à mediação e à conciliação e o legislador determinou a criação de toda uma estrutura organizada para solucionar os conflitos antes da apreciação judicial, por meio de sentença homologatória de autocomposição. Especialmente no Direito de Família, a mediação já provou ser solução mais adequada à pacificação social, posto que derivada da vontade das partes e não pela imposição de um juiz.

---

17 "Adoção – Prévia destituição do pátrio poder. Desnecessidade. Vinculação implícita dos pedidos – O art. 169 do ECA não exige prévia destituição do pátrio poder, em processo autônomo, para o exercício da ação de adoção. Exige, apenas, no mesmo processo, a observância do princípio do contraditório, se a perda do pátrio poder constitui pressuposto lógico da adoção. TJ-SP, AR 19.823-0. Rel. Dirceu de Mello

18 "Art. 695. Recebida a petição inicial e, se for o caso, tomadas as providências referentes à tutela provisória, o juiz ordenará a citação do réu para comparecer à audiência de mediação e conciliação, observado o disposto no art. 694."

De acordo com a nova sistemática, deverão os tribunais criar os denominados Centros Judiciários de Solução Consensual de Conflitos que ficarão responsáveis pela realização das audiências de conciliação e mediação. A atividade de mediar ou conciliar fica, agora, a cargo de especialistas, retirando do juiz, em princípio, tal mister. A medida é extremamente positiva, pois muitas vezes este nem sempre é o mais indicado tecnicamente para tal tarefa, bem como não poderá ser acusado de prejulgamento.

O novo diploma processual também trouxe diferenciação importante, alvo de algumas polêmicas na doutrina, a respeito das figuras do mediador e do conciliador. De acordo com o art. 165, §§ 2º e 3º, da referida lei, o conciliador atuará preferencialmente nos casos onde não houver vínculo anterior entre as partes, podendo sugerir soluções para o litígio.

O mediador, por sua vez, participará de lides em que há um vínculo prévio entre as partes, auxiliando-as a encontrar uma saída pacífica para a controvérsia que gere benefícios mútuos. Não cabe a este último, portanto, sugerir soluções, mas aproximar os litigantes, restabelecendo a comunicação perdida entre ambos, fazendo-os compreender que a composição é sempre melhor do que a disputa.

No âmbito do Direito de Família e em especial nos processos litigiosos de adoção, a missão de fazer com que as partes cheguem a um ajuste ficará a cargo do mediador, que deverá empenhar esforços para que os responsáveis biológicos acordem junto à família substituta qual solução atende de modo mais satisfatório os interesses do menor.

Note-se que diferentemente do procedimento comum, em que a audiência de conciliação ou mediação poderá não ser realizada se ambas as partes manifestarem, expressamente, desinteresse na composição consensual (inc. I do § 4º do art. 334), nas ações de família, a audiência de conciliação ou mediação é impositiva, pelo que, recebida a inicial, o juiz ordenará a citação do réu para a ela comparecer (art. 695, CPC).

Assim, no caso de resistência à destituição do poder familiar, não podem as partes optar pela não realização do ato, eis que o contato com o mediador levará os envolvidos a perceberem as vantagens da solução consensual.

O não comparecimento de uma das partes envolvidas (pais biológicos e possíveis pais adotivos) ensejará a aplicação na sanção de multa, conforme reza o § 8º do art. 334 do Código.

Entretanto, não se deve ignorar que a destituição do poder familiar envolve, na esmagadora maioria dos casos, pais biológicos absolutamente desprovidos de recursos econômicos, e o alerta quanto à possível aplicação da multa não os incentivará ao comparecimento em juízo. O melhor, assim, é a conscientização de que o comparecimento em juízo frente a um mediador é de extrema importância para a melhor solução do caso.

A mediação é uma forma de se tutelar os interesses dos demais envolvidos no processo de destituição do poder familiar e adoção, e não restringir o olhar do Judiciário para a criança, pois ainda que se opte, em determinada situação, por tutelar a situação de um vulnerável (como é o caso do menor em processo de colocação em família substituta), esta alternativa nunca pode sacrificar, em absoluto, o valor da pessoa.

As demais partes envolvidas no processo devem ser tratadas com respeito e decência, e a proteção da criança e do adolescente em situação de risco não pode ser utilizada como respaldo para situações de verdadeiro abandono e descaso com a família biológica.

Muitas vezes, o que motiva a mãe ou pai biológico a resistir quanto à destituição do poder familiar é o medo de nunca mais ter notícia do pupilo, ou a ausência de qualquer informação quanto à família adotante, sem saber onde o filho irá residir, estudar, se terá afeto etc. Ou mesmo o fato de achar que o Estado poderá punir os responsáveis biológicos pelo "abandono" do filho que seguirá para a adoção.

Todas essas questões, que são muito presentes em nossa sociedade, podem ser resolvidas através da mediação, que permite uma atuação no nascedouro do conflito, identificando-o e trabalhando na sua desconstrução, fazendo com que os mediandos solucionem não somente o problema aparente, mas o que o motivou, dando, assim, a oportunidade para que as famílias envolvidas estabeleçam uma comunicação interna.

A finalidade da mediação no procedimento da adoção conjugada com a destituição do poder familiar é tratar todos os envolvidos com dignidade, identificando suas reais necessidades e angústias, sem perder de vista a tutela do melhor interesse do menor.

Assim, a decisão sobre a criança/adolescente permanecer na família de origem ou ser inserida na família adotiva deve ser tomada sem abandono pelo poder estatal de nenhuma das partes envolvidas (pelo poder estatal).

A mãe biológica, mesmo que opte pela adoção e não queira assumir a responsabilidade pela criação de seu filho, tem o instinto de proteger sua cria e zelar pelo seu bem-estar. Deixá-la a par dos acontecimentos – da escolha da família adotiva – é uma forma de demonstrar que sua opinião importa tanto para o Estado quanto para a Sociedade. A genitora do menor deve ser tratada com dignidade e respeito, sob pena de se incentivar práticas ilícitas, tais como o abandono em locais de perigo, a adoção pronta, adoção à brasileira e, em casos mais drásticos, até o infanticídio.

Diante disso, quando se tem o uso da mediação familiar nesses litígios, percebe-se que há um trabalho mais efetivo por parte da comunidade jurídica em uma intervenção diferenciada, na tentativa de não permitir que a quebra da relação parental não desencadeie outras questões mais desastrosas.

5. As alterações introduzidas pela Lei nº 13.146/2015

Em 6 de julho de 2015, foi publicada a Lei nº 13.146, denominada Estatuto da Pessoa com Deficiência, que introduziu diversas alterações em nosso ordenamento jurídico. Trata-se de lei inclusiva, que prestigia o princípio da dignidade da pessoa humana sendo uma verdadeira conquista social.

A premissa básica para a compreensão do Estatuto é a seguinte: o deficiente tem uma qualidade que o difere das demais pessoas, mas não uma doença. Assim, o deficiente possui igualdade de direitos e deveres em relação aos não deficientes[19].

---

19 "Art. 4º Toda pessoa com deficiência tem direito à igualdade de oportunidades com as demais pessoas e não sofrerá nenhuma espécie de discriminação."

Não obstante as mudanças positivas trazidas pelo Estatuto, que merecem aplausos, há algumas consequências preocupantes com sua entrada em vigor, como a revogação dos incisos do art. 3º e a alteração do art. 4º, ambos do Código Civil. Resumidamente, podemos sistematizar os principais impactos nos ordenamentos material e processual da seguinte forma:

a) o art. 3º passou a tratar como absolutamente incapazes apenas os menores de 16 anos, tendo sido revogados os incisos I a III;

b) o art. 4º, inc. III, passou a tratar como relativamente incapazes aqueles que, por causa transitória ou permanente, não puderem exprimir sua vontade;

c) o art. 228, § 2º, passou a dispor que a pessoa com deficiência poderá testemunhar em igualdade de condições com as demais pessoas, sendo-lhe assegurados todos os recursos de tecnologia assistiva;

d) o art. 1.768, IV, autoriza que o processo que define os termos da curatela seja promovido inclusive pela própria pessoa com deficiência;

e) o art. 1.769 define a legitimidade do Ministério Público para propor a ação de interdição apenas nos casos de deficiência mental ou intelectual, ou quando os demais interessados forem menores ou incapazes;

f) o art. 1.771 determina que antes de se pronunciar acerca dos termos da curatela, o juiz deverá ser assistido por equipe multidisciplinar e entrevistar pessoalmente o interditando;

g) o art. 1.772 prevê que o juiz deverá estabelecer os limites da curatela, em observância às restrições previstas no art. 1.782. O parágrafo único do art. 1.772 dispõe, ainda, que para a escolha do curador, o juiz levará em conta a vontade e as preferências do interditando, a ausência de conflito de interesses e de influência indevida, a proporcionalidade e a adequação às circunstâncias da pessoa;

h) o art. 1.775-A é inserido no CC com o objetivo de criar a curatela compartilhada;

i) por fim, é inserido o art. 1.783-A, que cria o procedimento da tomada apoiada de decisão[20].

---

20 "Art. 1.783-A. A tomada de decisão apoiada é o processo pelo qual a pessoa com deficiência elege pelo menos 2 (duas) pessoas idôneas, com as quais mantenha vínculos e que gozem de sua confiança, para prestar-lhe apoio na tomada de decisão sobre atos da vida civil, fornecendo-lhes os elementos e informações necessários para que possa exercer sua capacidade.

§ 1º Para formular pedido de tomada de decisão apoiada, a pessoa com deficiência e os apoiadores devem apresentar termo em que constem os limites do apoio a ser oferecido e os compromissos dos apoiadores, inclusive o prazo de vigência do acordo e o respeito à vontade, aos direitos e aos interesses da pessoa que devem apoiar.

§ 2º O pedido de tomada de decisão apoiada será requerido pela pessoa a ser apoiada, com indicação expressa das pessoas aptas a prestarem o apoio previsto no caput deste artigo.

§ 3º Antes de se pronunciar sobre o pedido de tomada de decisão apoiada, o juiz, assistido por equipe multidisciplinar, após oitiva do Ministério Público, ouvirá pessoalmente o requerente e as pessoas que lhe prestarão apoio.

§ 4º A decisão tomada por pessoa apoiada terá validade e efeitos sobre terceiros, sem restrições, desde que esteja inserida nos limites do apoio acordado.

Ocorre que o art. 1.072, II, do NCPC revoga, entre outros, os arts. 1.768 a 1.773 do Código Civil.

Como, em 18 de março de 2016, os dispositivos do Código Civil já haviam sido alterados pelo Estatuto da Pessoa Portadora de Deficiência, numa interpretação literal, as inovações apontadas nos itens "d", "e", "f" e "g" teriam que ser simplesmente desconsideradas.

Entretanto, não custa lembrar que a Lei nº 13.146, como esclarece o parágrafo único de seu art. 1º, *"tem como base a Convenção sobre os Direitos das Pessoas com Deficiência e seu Protocolo Facultativo, ratificados pelo Congresso Nacional por meio do Decreto Legislativo nº 186, de 9 de julho de 2008, em conformidade com o procedimento previsto no § 3º do art. 5º da Constituição da República Federativa do Brasil, em vigor para o Brasil, no plano jurídico externo, desde 31 de agosto de 2008, e promulgados pelo Decreto nº 6.949, de 25 de agosto de 2009, data de início de sua vigência no plano interno".*

Ademais, a Lei nº 13.146/2015 traz dispositivos afinados com o Princípio da Dignidade da Pessoa Humana, de forma a viabilizar tutela efetiva aos direitos dos portadores de deficiência. Como exemplos, podemos referir os seguintes dispositivos que garantem:

a) art. 1º, *caput*: a promoção, em condições de igualdade, do exercício dos direitos e das liberdades fundamentais por pessoa com deficiência, visando à sua inclusão social e cidadania;

b) art. 4º: que toda pessoa com deficiência tem direito à igualdade de oportunidades com as demais pessoas e não sofrerá nenhuma espécie de discriminação;

c) art. 6º: que a deficiência não afeta a plena capacidade civil da pessoa, inclusive para: I – casar-se e constituir união estável; II – exercer direitos sexuais e reprodutivos; III – exercer o direito de decidir sobre o número de filhos e de ter acesso a informações

---

§ 5º Terceiro com quem a pessoa apoiada mantenha relação negocial pode solicitar que os apoiadores contra-assinem o contrato ou acordo, especificando, por escrito, sua função em relação ao apoiado.

§ 6º Em caso de negócio jurídico que possa trazer risco ou prejuízo relevante, havendo divergência de opiniões entre a pessoa apoiada e um dos apoiadores, deverá o juiz, ouvido o Ministério Público, decidir sobre a questão.

§ 7º Se o apoiador agir com negligência, exercer pressão indevida ou não adimplir as obrigações assumidas, poderá a pessoa apoiada ou qualquer pessoa apresentar denúncia ao Ministério Público ou ao juiz.

§ 8º Se procedente a denúncia, o juiz destituirá o apoiador e nomeará, ouvida a pessoa apoiada e se for de seu interesse, outra pessoa para prestação de apoio.

§ 9º A pessoa apoiada pode, a qualquer tempo, solicitar o término de acordo firmado em processo de tomada de decisão apoiada.

§ 10. O apoiador pode solicitar ao juiz a exclusão de sua participação do processo de tomada de decisão apoiada, sendo seu desligamento condicionado à manifestação do juiz sobre a matéria.

§ 11. Aplicam-se à tomada de decisão apoiada, no que couber, as disposições referentes à prestação de contas na curatela."

adequadas sobre reprodução e planejamento familiar; IV – conservar sua fertilidade, sendo vedada a esterilização compulsória; V – exercer o direito à família e à convivência familiar e comunitária; e VI – exercer o direito à guarda, à tutela, à curatela e à adoção, como adotante ou adotando, em igualdade de oportunidades com as demais pessoas;

d) art. 84: que a pessoa com deficiência tem assegurado o direito ao exercício de sua capacidade legal em igualdade de condições com as demais pessoas;

e) art. 85: que a curatela afetará tão somente os atos relacionados aos direitos de natureza patrimonial e negocial;

f) art. 85, § 1º: que a definição da curatela não alcança o direito ao próprio corpo, à sexualidade, ao matrimônio, à privacidade, à educação, à saúde, ao trabalho e ao voto;

g) art. 85, § 2º: que a curatela constitui medida extraordinária, devendo constar da sentença as razões e motivações de sua definição, preservados os interesses do curatelado.

E, por fim, o NCPC, quando editado e publicado, faz referência à redação original dos dispositivos do Código Civil, antes que eles pudessem ser alterados pela Lei nº 13.146.

Quando o Código entrou em vigor, os dispositivos já não eram mais aqueles, pois haviam sido modificados pela Lei nº 13.146.

Assim, parece que o mais adequado é buscar uma interpretação sistemática, levando em consideração as normas mais favoráveis ao interditando.

Nesse sentido, Flávio Tartuce[21] ressalta a necessidade de se interpretar adequadamente o Estatuto da Pessoa com Deficiência e o CPC/2015, para se tentar amenizar os efeitos de um verdadeiro "atropelamento legislativo".

Assim sendo, devem ser levados em consideração os seguintes tópicos:

i) o art. 747 do NCPC deve ser lido em consonância com a nova redação do art. 1.768, IV, do CC, reconhecendo-se legitimidade para que o próprio interditando dê início ao procedimento, além das outras pessoas ali mencionadas.

Não custa lembrar que a Lei nº 10.216/2001 prevê, em seu art. 6º, parágrafo único, I, a modalidade de internação voluntária;

ii) o art. 748 terá que ser compatibilizado com o art. 1.769 do CC que se refere à deficiência mental ou intelectual, e não apenas à "doença mental grave" como faz o dispositivo do NCPC;

iii) o art. 749 terá que ser interpretado de forma a abranger também a figura do procedimento de tomada apoiada de decisão. Dessa forma, parece que a interdição deve ser a última das soluções, razão pela qual a exordial deverá ser guarnecida com elementos capazes de convencer o magistrado que a hipótese é de fato grave e não

---

21 TARTUCE, Flavio. **Alterações do Código Civil pela Lei 13.146/2015 (Estatuto da Pessoa com Deficiência). Repercussões para o direito de família e confrontações com o novo CPC.** Parte II. Disponível em: <http://www.migalhas.com.br>. Acesso em: 29 set. 2015.

há outra alternativa a não ser a interdição. Ademais, deverá fixar os termos exatos da interdição, dispondo sobre os atos que podem ou não ser praticados pelo incapaz, e identificar se deve ser designada a curatela compartilhada;

iv) o art. 750 deve ser lido em consonância com o novo art. 1.771 do CC, que prevê a assistência de equipe multidisciplinar ao magistrado, além da tradicional prova técnica (laudo médico)[22];

v) o art. 755 precisa ser compatibilizado com o art. 1.772 do CC, de modo que o juiz estabeleça os limites da curatela, o que importa em dizer que, na sentença deve discriminar as condutas que podem ou não ser praticadas pela pessoa com deficiência. Deve ser observada ainda a possibilidade da fixação da curatela compartilhada na sentença (ou mesmo na tutela provisória), observado o novo art. 1.755-A;

vi) por fim, deve ser observado o art. 87 da Lei nº 13.146/2015:

> Em casos de relevância e urgência e a fim de proteger os interesses da pessoa com deficiência em situação de curatela, será lícito ao juiz, ouvido o Ministério Público, de ofício ou a requerimento do interessado, nomear, desde logo, curador provisório, o qual estará sujeito, no que couber, às disposições do Código de Processo Civil.

Esse dispositivo deve ser combinado com o art. 300 do CPC/2015, que trata da tutela de urgência.

Importante observar que o juiz poderá conceder, no caso, medida de urgência cautelar ou antecipatória. Por exemplo, pode ser feito, num primeiro momento, apenas o requerimento de atendimento domiciliar multidisciplinar, tratamento ambulatorial, ou mesmo de internação (art. 18, § 4º, III da Lei nº 13.146/2015).

Observe-se que, com relação à internação, permanece em vigor a Lei nº 10.216/2001, que prevê expressamente a internação quando os recursos extra-hospitalares se mostrarem insuficientes.

Esse requerimento tem natureza cautelar (art. 301, parte final, do CPC/2015). Poderá ser deferido liminarmente ou após justificação prévia (art. 300, § 2º do CPC/2015) e servirá para viabilizar a máxima proteção ao portador de doença.

Ademais, poderá ser requerida a interdição provisória, que se constituirá em medida de urgência antecipatória. Cremos ser aplicável ao procedimento a sistemática do art. 303 do CPC/2015, que trata da tutela antecipada antecedente, para situações emergenciais e de extrema gravidade, nas quais, por exemplo, o

---

22 Como bem ressalta Fredie Didier Jr.: "Nesse ponto, a harmonia do art. 751 do CPC e da nova redação do art. 1.771 do Código Civil é mais clara: ambos falam em "entrevista do interditando", em vez de interrogatório ou exame, como se referiam o CPC-1973 e o Código Civil, respectivamente. A diferença é que o CPC-2015 havia 'permitido' que o juiz estivesse acompanhado por especialista nessa entrevista, enquanto a Lei nº 13.146/2015 impõe esse acompanhamento, e por equipe multidisciplinar (não um especialista, mas uma equipe). [...] O CPC-2015 já havia previsto a possibilidade de equipe multidisciplinar na perícia da interdição (art. 753, § 1º, CPC), regra que obviamente se estendia ao momento da entrevista". Disponível em: <http://www.fredie didier.com.br/editorial/editorial-187/>. Acesso em: 15 jun. 2016.

interditando possa vir a atentar contra a própria vida ou se converter em ameaça real aos que o cercam.

Não se exclui a possibilidade, contudo, de o magistrado, ao se deparar com o requerimento de interdição provisória, designe audiência de justificação, e examine, juntamente com o interditando, com a equipe interdisciplinar e com os parentes e pessoas da confiança do interditando e o Ministério Público, a alternativa da tomada de decisão apoiada, na forma do art. 1.783-A do Código Civil.

Retornando ao plano material, podemos afirmar que não há que se falar mais em ação de interdição absoluta no nosso sistema civil, pois os menores de 16 anos não são interditados e todas as pessoas com deficiência passam a ser, em regra, plenamente capazes para os atos da vida civil.

Sendo o deficiente uma pessoa plenamente capaz, a prescrição e a decadência, por exemplo, correrão contra ele, sendo que sob a égide do sistema anterior, por força dos arts. 198, I, e 208 do CC, a prescrição e a decadência não corriam contra os absolutamente incapazes. Trata-se, neste ponto, de um desserviço aos deficientes mentais.

Com a edição da Lei nº 13.146/2015, inovou-se também o regramento da adoção. De acordo com o art. 6º da lei, os portadores de deficiência mental passam a ter plena capacidade, podendo inclusive casar e constituir união estável, exercer guarda, tutela e figurar como adotante[23].

Segundo o Estatuto da Criança e do Adolescente, homens e mulheres, independente de seu estado civil, desde que sejam maiores de 18 anos de idade e sejam 16 anos mais velhos que o adotado, podem adotar. Deve-se ainda oferecer um ambiente familiar adequado ao adotado, não podendo adotante e adotado ser irmãos ou avós[24].

A lei não define o que vem a ser ambiente familiar adequado, excluindo, específica e objetivamente, os lares onde haja a presença de pessoas dependentes de álcool e drogas. Porém, é certo que na avaliação psicossocial realizada pela equipe que compõe a Vara da Infância e Juventude, esse estudo do ambiente em que a criança/

---

23 "Art. 6º A deficiência não afeta a plena capacidade civil da pessoa, inclusive para:
I – casar-se e constituir união estável;
II – exercer direitos sexuais e reprodutivos;
III – exercer o direito de decidir sobre o número de filhos e de ter acesso a informações adequadas sobre reprodução e planejamento familiar;
IV – conservar sua fertilidade, sendo vedada a esterilização compulsória;
V – exercer o direito à família e à convivência familiar e comunitária; e
VI – exercer o direito à guarda, à tutela, à curatela e à adoção, como adotante ou adotando, em igualdade de oportunidades com as demais pessoas".

24 "Art. 42. Podem adotar os maiores de 18 (dezoito) anos, independentemente do estado civil.
§ 1º Não podem adotar os ascendentes e os irmãos do adotando.
§ 2º Para adoção conjunta, é indispensável que os adotantes sejam casados civilmente ou mantenham união estável, comprovada a estabilidade da família.
§ 3º O adotante há de ser, pelo menos, dezesseis anos mais velho do que o adotando."
"Art. 29. Não se deferirá colocação em família substituta a pessoa que revele, por qualquer modo, incompatibilidade com a natureza da medida ou não ofereça ambiente familiar adequado.

adolescente irá se desenvolver se ampliará, sendo levados em consideração outros aspectos para a formação de um ambiente salutar.

Neste viés, entende-se que nem toda pessoa com deficiência será apta a figurar como adotante em um processo de adoção, pois há graus de comprometimento tão graves a ponto de impedir que determinada pessoa seja responsável pelo desenvolvimento saudável de um menor. Caberá à equipe técnica, no estudo social realizado durante o processo de adoção, verificar se a deficiência mental da pessoa comprometerá, de alguma forma, a saúde física, mental ou psíquica da criança/adolescente.

Deve-se ponderar entre os benefícios que a adoção trará para o menor e as limitações que poderão surgir no seu desenvolvimento por consequência do comprometimento mental do adotante. Um recém-nascido, por exemplo, precisa de cuidados e atenção em grau muito maior do que uma criança de 10 anos, que já tem a coordenação motora desenvolvida e é capaz de alimentar-se, ir ao toalete quando tem vontade, expressar sua vontade etc.

Para elucidar a questão, citam-se dois exemplos bastante ilustrativos. Os psicopatas, que não estão enquadrados no art. 4º do Código Civil (e será necessário um grande esforço doutrinário e jurisprudencial para conseguir situá-los no inc. III do art. 4º) são, a princípio, plenamente capazes em nosso ordenamento. Entretanto, por serem incapazes de discernir emoções, não poderão figurar como adotantes em um processo de adoção.

Já um portador de síndrome de down, que atualmente tem expectativa de vida de 56 anos, sendo que alguns chegam a ultrapassar os 70 anos, pode ter sido adequadamente estimulado a ponto de ter um desenvolvimento mental que o torne apto para ser responsável por sua vida particular de forma plena, tanto que há vários casos de portadores da síndrome que se casam e constituem família. Esta pessoa, a princípio, pode figurar como adotante de um menor.

Diante da extensa pluralidade de deficiências mentais e dos diferentes graus em que elas podem se manifestar, deve ficar claro que não existe uma só solução para os pedidos de adoção feitos por pessoas com condições especiais. O que o Estatuto da Pessoa com Deficiência fez foi não negar a possibilidade de adoção por parte daquele que tem um impedimento a longo prazo de natureza física, mental, intelectual ou sensorial.

Mas não significa que qualquer deficiente estará apto para ser adotante. Ele terá que, como qualquer outra pessoa, passar pelo processo de estudo psicossocial, com as peculiaridades próprias de sua qualidade especial podendo, ao final, ser considerado apto ou não.

De qualquer modo, a lei anterior não vedava que pessoas portadoras de deficiências pudessem ingressar com processo de adoção. Os únicos requisitos exigidos por lei para que alguém possa adotar são: ser maior de 18 anos, ser 16 anos mais velho que o adotado, oferecer um ambiente familiar adequado ao adotado e não serem, adotante e adotado, irmãos ou avós.

O que o Estatuto da Pessoa com Deficiência fez foi ratificar a possibilidade de um portador de deficiência ser mãe ou pai de uma criança, que tem como maior necessidade um lar de afeto, acolhimento e amor.

6. Considerações finais

No presente trabalho procurou-se esclarecer o procedimento da adoção e as principais alterações do instituto à luz do novo Código de Processo Civil e do Estatuto da Pessoa com Deficiência.

Demonstrou-se, primeiramente, que a adoção, via de regra, depende da destituição do poder familiar, com ampla participação dos pais biológicos, que devem ter a oportunidade de vir aos autos e se manifestarem, inclusive para resistir à adoção.

A violação desse direito resulta em cabimento de ação rescisória, pois a adoção é a hipótese mais extrema de colocação do menor em família substituta, com o rompimento permanente de todos os vínculos do menor com a família de origem.

Deve-se ter em mente que, de uma forma geral, tem ocorrido um verdadeiro abandono da mãe biológica pelo Estado no processo de adoção, pois todos os esforços e preocupações estão voltados para a família adotiva e para o menor. Não há amparo estatal endereçado à mãe biológica, que fica entregue ao julgamento social e à sua própria sorte. A genitora parece ter a única função de dar à luz à criança e entregar-lhe para um abrigo, e a partir de então ela perde a importância no processo adotivo.

Trata-se de conduta de desvalorização do ser humano que fere de morte a Lei Maior e viola o princípio da dignidade da pessoa humana. Entretanto, tal descaso gera uma série de violações aos direitos humanos, que podem ser evitadas através da mediação familiar, buscando identificar as reais necessidades e angústias dos envolvidos, sem perder de vista a tutela do melhor interesse do menor.

Nesse ponto, entende-se que houve uma profunda alteração com a entrada em vigor no novo Código de Processo Civil, pois todos os esforços serão empreendidos para a solução consensual da controvérsia.

Quanto ao Estatuto da Pessoa com Deficiência, conclui-se que apesar da previsão no art. 6º, de que a deficiência não afeta a plena capacidade civil da pessoa, inclusive para a adoção, como adotante ou adotando, em igualdade de oportunidades com as demais pessoas, entende-se que nem toda pessoa com deficiência será apta a figurar como adotante em um processo de adoção, devendo-se considerar os diversos graus de comprometimento do pretendente, que podem, inclusive, impedir o desenvolvimento saudável do menor.

O deficiente terá, como qualquer outro pretendente à adoção, que passar pelo processo de estudo psicossocial, podendo, ao final, ser considerado apto ou não.

Assim, não houve grandes mudanças com a entrada em vigor do Estatuto da Pessoa com Deficiência, pois o Estatuto da Criança e do Adolescente, que regulamenta a adoção, não vedava a adoção por parte do deficiente mental. Desta forma, o novo estatuto simplesmente ratificou que a pessoal com qualquer grau de comprometimento de natureza física, mental, intelectual ou sensorial não está impedida de adotar.

Referências

BUENO, Cassio Scarpinella. **Novo código de processo civil anotado.** São Paulo: Saraiva, 2015.

CABRAL, Trícia Navarro Xavier. Segurança jurídica e confiança legítima: reflexos e expectativas processuais. In: FUX, Luiz (Coord.) **Processo constitucional.** Rio de Janeiro: Forense, 2013.

CARNEIRO, Paulo Cezar Pinheiro. PINHO, Humberto Dalla Bernardina de. **O novo código de processo civil anotado e comparado.** Rio de Janeiro: Forense, 2015.

FUX, Luiz (Coord.). **O novo processo civil brasileiro (direito em expectativa):** *(reflexões acerca do projeto do novo código de processo civil).* Andrea Carla Barbosa et al. Rio de Janeiro: Forense, 2011.

GOMES, Orlando. **Direito de família:** 14. ed. Rio de Janeiro: Forense, 2007.

GRECO, Leonardo. **Instituições de direito processual civil.** 5. ed. Rio de Janeiro: Forense, 2015.

PINHO, Humberto Dalla Bernardina de. **Direito processual civil contemporâneo.** São Paulo: Saraiva, 2016. v. 2.

______. ALVES, Tatiana Machado. A cooperação no novo código de processo civil: desafios concretos para sua implementação, **Revista Eletrônica de Direito Processual**, v. 15, jan.-jun. 2015, disponível em: <http://www.e-publicacoes.uerj. br/index.php/redp>.

______. Disposições comuns à tutela e à curatela. Da fiscalização das fundações. In: WAMBIER, Teresa Arruda Alvim et al. **Breves comentários ao novo código de processo civil.** São Paulo: Revista dos Tribunais, 2015.

______. Breves reflexões sobre o ônus da prova no CPC/2015. In: DIDIER JR., Fredie; JOBIM, Marco; FERREIRA, William Santos. **Coleção Grandes Temas do Novo CPC** – Direito Probatório. Salvador: JusPodivm, 2015.

______. Audiência de conciliação ou de mediação: o art. 334 do CPC/2015 e a nova sistemática do acordo judicial. In: LUCON, Paulo Henrique dos Santos *et alli.* **Processo em jornadas.** Salvador: JusPodivm, 2016, p. 445/453.

TARTUCE, Fernanda. ***Igualdade e vulnerabilidade no processo civil.*** Rio de Janeiro: Forense, 2012.

TARTUCE, Flávio. **Alterações do Código Civil pela Lei 13.146/2015 (Estatuto da Pessoa com Deficiência). Repercussões para o Direito de Família e Confrontações com o novo CPC**. Parte II. Disponível em: <http://www.migalhas.com.br>. Acesso em: 29 set. 2015.

THEODORO JÚNIOR, Humberto. **Curso de direito processual civil** –procedimentos especiais. 50. ed. Rio de Janeiro: Forense, 2016. v. II.

WAMBIER, Teresa Arruda Alvim et al. **Breves comentários ao novo código de processo civil.** São Paulo: Revista dos Tribunais, 2015.

RECLAMAÇÃO CONSTITUCIONAL – IMPORTÂNCIA SEMPRE CRESCENTE NA ESFERA DOS DIREITOS FUNDAMENTAIS

Humberto Theodoro Júnior

Sumário: 1. Introdução. **2.** Importância do remédio constitucional. **3.** Natureza jurídica da reclamação constitucional. **4.** O papel atual da reclamação. **5.** Legitimação. **6.** Interesse. **7.** Hipóteses de cabimento da reclamação constitucional. **8.** Reclamação contra ato jurisdicional. **9.** Competência. **10.** Efeitos. **11.** Conclusões.

1. Introdução

Fora do sistema recursal, mas com possibilidade de produzir efeitos análogos aos do recurso, a Constituição de 1988 instituiu, no âmbito da competência originária do Supremo Tribunal Federal e do Superior Tribunal de Justiça, a figura da reclamação, em doutrina denominada *reclamação constitucional* cujo procedimento veio a ser disciplinado pela Lei nº 8.038, de 28/05/1990. Trata-se de remédio processual que, na dicção dos arts. 102, I, "l", e 105, I, "f", da Lei Maior, se presta a aparelhar a parte com um mecanismo processual adequado para denunciar àquelas Cortes Superiores atos ou decisões ofensivos à sua *competência* ou à *autoridade de suas decisões*.

O instituto da reclamação, porém, teve origem anterior à Carta Magna de 1988. Surgiu por criação jurisprudencial que remonta à criação do STF e teve inspiração na teoria dos poderes implícitos (*implied power*) do Direito norte-americano[1], segundo a qual toda atribuição de competência jurisdicional contém implícitos os poderes inerentes e necessários para realizá-la.

No Brasil, tornou-se célebre a teoria nos primórdios dos anos 1950, quando aplicada no julgamento da Reclamação 141 cuja ementa admitiu:

> A competência não expressa dos tribunais federais pode ser ampliada por construção constitucional. Vão seria o poder outorgado ao Supremo Tribunal Federal de julgar em recurso extraordinário as causas decididas por outros tribunais, se lhe não fora possível fazer prevalecer os seus próprios pronunciamentos, acaso desatendidos pelas justiças locais. A criação dum remédio de direito para vindicar o cumprimento fiel das suas sentenças, está na vocação do Supremo Tribunal Federal e na amplitude constitucional e natural de seus poderes. Necessária e legítima é assim a admissão do processo de Reclamação, como o Supremo

1 MORATO, Leonardo L. **Reclamação e sua aplicação para o respeito da súmula vinculante.** São Paulo: Editora Revista dos Tribunais, 2007. p. 32.

> Tribunal tem feito. – É de ser julgada procedente a Reclamação quando a justiça local deixa de atender à decisão do Supremo Tribunal Federal[2].

No passo seguinte, o STF fez inserir em seu Regimento Interno a Reclamação[3], justificando-a como processo especial de cunho disciplinar e correcional destinado a salvaguardar a extensão e os efeitos de seus julgados e a corrigir excessos, abusos e irregularidades derivados de atos de autoridades administrativas ou judiciárias, ou serventuários que lhe sejam subordinados que em circunstâncias excepcionais violem a ordem jurídica[4]. Com a Carta Constitucional de 1967, a regulamentação da Reclamação ganhou ares de constitucionalidade, pois o art. 115, parágrafo único, atribuiu competência expressa ao STF para dispor em seu Regimento Interno sobre o processo e o julgamento dos feitos de sua competência originária e recursal. Mas foi na Constituição de 1988 que a reclamação figurou pela primeira vez dentre os feitos de competência originária do Supremo Tribunal Federal e do Superior Tribunal de Justiça (CF, art. 102, I, *l*, e art. 105, I, *f*, respectivamente).

A partir da Emenda Constitucional nº 45/2004, a reclamação passou a ser também admitida para impor o respeito a uma súmula vinculante (CF, art. 103-A, § 3º)[5].

A construção da jurisprudência do STF, sedimentada ao longo dos anos, situou a *reclamação* "no âmbito do direito constitucional de petição previsto no art. 5º, XXXIV, da Constituição Federal". Essa compreensão da natureza da reclamação permitiu e legitimou a sua adoção também pelos Estados-membros, por meio de lei local, sem que isso implicasse "invasão da competência privativa da União para legislar sobre Direito Processual (art. 22, I, da CF)", pois "a adoção desse instrumento pelos Estados-membros, além de estar em sintonia com o princípio da simetria, está em consonância com o princípio da efetividade das decisões judiciais"[6].

Embora admitindo a possibilidade de adoção da reclamação no âmbito de outros tribunais, além do STF e do STJ, o entendimento assentado pelo STF era no sentido de ser imprescindível lei para introduzir o mecanismo processual, ainda que fosse lei local. Inadmissível fazê-lo por simples norma de regimento interno[7].

O novo CPC, na esteira do entendimento do STJ e do STF, ampliou, agora por lei processual federal, a possibilidade de interposição da reclamação para "qualquer tri-

---

2 STF, Pleno, Rcl. 141 primeira/SP, Rel. Min. Rocha Lagoa, ac. 25/01/1952, DJU 17/04/1952, p. 3.549.

3 Emenda ao RISTF/40, de 1957

4 Cf. MORATO, Leonardo L. Op. cit., p. 34.

5 CF: "Art.103-A [...] § 3º Do ato administrativo ou decisão judicial que contrariar a súmula aplicável ou que indevidamente a aplicar, caberá reclamação ao Supremo Tribunal Federal que, julgando-a procedente, anulará o ato administrativo ou cassará a decisão judicial reclamada, e determinará que outra seja proferida com ou sem a aplicação da súmula, conforme o caso. (Incluído pela Emenda Constitucional nº 45, de 2004)".

6 STF, RTJ 190/122, op. cit.

7 STF, Pleno, RE 405.031/AL, Rel. Min. Marco Aurélio, ac. un. de 15/10/2008, **Rev. Dialética de Direito Processual**, v. 76, p. 170, jul. 2009.

bunal", atribuindo o seu julgamento "ao órgão jurisdicional cuja competência se busca preservar ou cuja autoridade se pretenda garantir" (art. 988, § 1º)[8]. Existe agora a lei federal, exigida pelo STF, para permitir que o remédio processual fosse ampliado para todos os tribunais do país (NCPC, art. 988, § 1º).

2. Importância do remédio constitucional

No Estado Democrático de Direito, a independência e autonomia do Poder Judiciário são pressupostos do respeito aos direitos e garantias fundamentais.[9] No desempenho da função jurisdicional, é ele – Poder Judiciário – o instrumento de realização dos direitos, de observância da ordem jurídica, que torna concreta a vontade da lei ao declará-la e executá-la. A garantia de acesso ao Judiciário, enunciada no inc. XXXV do art. 5º da CF, compreende a tutela jurisdicional efetiva dos direitos. De nada adiantaria a jurisdição se não houvesse como assegurar ao titular do direito reconhecido mecanismos de fazer respeitar as decisões proferidas.

Por outro lado, sendo o Supremo Tribunal Federal e o Superior Tribunal de Justiça os intérpretes máximos da Constituição e da Lei Federal, encarregados da missão suprema de uniformizarem a sua exegese e velar pela sua observância, não poderiam, tais tribunais, ser despidos de um instrumento de tutela de sua competência, capaz de afastar qualquer atentado ou obstáculo ao desempenho dessa função institucional da mais alta relevância.

As decisões do STF "ora julgando situações concretas, ora apreciando a legitimidade em abstrato de normas jurídicas, ostentam a força da autoridade que detém, por vontade do constituinte, a palavra definitiva em matéria de interpretação e aplicação das normas constitucionais"[10]. Tão relevante função há de ser assegurada por mecanismos eficientes capazes de afastar atos atentatórios à autoridade de tais decisões.

A reclamação constitucional se insere entre os diversos mecanismos que a Carta Constitucional põe, pois, a serviço da prevalência da função jurisdicional que atribui aos órgãos de cúpula do Poder Judiciário. Instrumento esse que assegura uma via direta, célere e eficiente, para que o remédio seja à altura dos valores institucionais que estão em jogo quando a competência e a autoridade das decisões da Suprema Corte (ou do STJ) são colocadas em risco.

---

8 CPC/1973, sem correspondência.

9 "Não há democracia possível, nos dias atuais, sem a plena e eficiente garantia do direito à jurisdição. É este o direito que assegura a eficiência plena dos direitos constitucionais fundamentais nos momentos de conflito sobre a sua aplicação e realização" (ROCHA, Carmen Lúcia Antunes. O direito constitucional à jurisdição. In: TEIXEIRA, Sálvio de Figueiredo (Coord.). **As garantias do cidadão na justiça.** São Paulo: Saraiva, 1993. p. 47.

10 ZAVASCKI, Teori Albino. **Eficácia das sentenças na jurisdição constitucional.** 3. ed. São Paulo: RT, 2014. p. 16. Cf., também, MORATO, Leonardo L. Op. cit., p. 25.

Segundo MORATO, a reclamação é remédio processual que se dispõe aos jurisdicionados no pressuposto correto de que os homens, e, portanto, os juízes, as autoridades e também suas instituições são falíveis:

> A reclamação constitui um instrumento de que necessita o nosso sistema, ainda mais atualmente. Sendo certo que está vocacionado a enfrentar, ou pelo menos a tentar enfrentar, aqueles que se ponham contra o Poder responsável pela garantia do Estado e pela imposição do nosso sistema. É instrumento que dá força ao Poder Judiciário, e precisamente, de acordo com o que estabelece a Constituição, aos seus órgãos de cúpula[11].

RICARDO DE BARROS LEONEL, em sua tese de livre-docência apresentada à USP, destaca, com perspicácia, a relevância institucional da reclamação:

> A reclamação constitucional é instituto que serve como garantia do interessado quanto à preservação da competência e da autoridade dos julgados do STF e do STJ, e tem como desdobramento tudo aquilo que isso pode representar no contexto contemporâneo da jurisdição e do hodierno processo brasileiro. É também ferramenta que potencializa a missão constitucional desses dois tribunais.
> Atendendo concomitantemente às necessidades do interessado e das Cortes Superiores, revela-se como figura bifronte ou bivalente, na qual a iniciativa do impugnante encontra-se, de certa forma, a serviço de um interesse maior, de ordem pública e social, no sentido da maior eficácia quanto ao exercício do papel constitucionalmente atribuído ao STF e ao STJ[12].

3. Natureza jurídica da reclamação constitucional

Na atualidade, desde que foi inserida na Constituição Federal de 1988 dentre os feitos de competência originária tanto do STJ quanto do STF, parece ter restado pacífico o entendimento de que a reclamação tem natureza de *ação*. Assim já entendiam, entre outros, PONTES DE MIRANDA[13], JOSÉ AFONSO DA SILVA[14] e MARCELO NAVARRO RIBEIRO DANTAS[15].

---

11 MORATO, Leonardo L. **Reclamação e sua aplicação para o respeito da súmula vinculante.** São Paulo: RT, 2007. p. 233.

12 LEAL, Ricardo de Barros. **Reclamação constitucional.** Tese apresentada para concurso à livre-docência do Departamento de Direito Processual (Área de Direito Processual Civil) da Faculdade de Direito da Universidade de São Paulo. São Paulo, 2010. p. 199).

13 "A *reclamação* não é recurso; é *ação* contra ato do juiz, suscetível de exame fora da via recursal" (PONTES DE MIRANDA, Francisco Cavalcanti. **Comentários ao código de processo civil.** 3. ed. Rio de Janeiro: Forense, 1997. t. V, p. 287).

14 "A reclamação é uma *ação* que cabe ao procurador-geral da República, ou ao interessado na causa, para preservar a competência do STF ou garantir a autoridade das suas decisões" (SILVA, José Afonso da. **Comentário contextual à Constituição**. São Paulo: Malheiros, 2005. p. 550).

15 "A reclamação se enquadra, perfeitamente, em todos os requisitos necessários a conceituá-la como ação: a) por seu meio se provoca a jurisdição – na espécie, das Cortes a que a Constituição ou lei nela prevista, a atribuem; b) através dela se faz um pedido de tutela jurisdicional – o de uma

Correta, sem dúvida, a sua classificação como ação, pois, "a reclamação constitucional inaugura uma relação processual autônoma, ainda que por vezes produza ela eficácia incidental com relação a um feito já existente"[16]. Nada de extraordinário há nisso, já que é conhecida a existência de ações autônomas cujo objeto se relaciona com a eficácia ou validade de outros atos judiciais, ou outras relações processuais, como se passa, v.g., com os embargos do devedor, com a ação rescisória e com os embargos de terceiro, dentre outros.

Todavia, a sua origem jurisprudencial e sua regulação por meio de regimento interno dos tribunais superiores suscitaram sucessivos debates. Discutiu-se, por exemplo, se a reclamação era medida de natureza administrativa ou judicial; ou se era recurso, incidente processual ou direito de petição. Relembre-se como acima destacado, que foi seu caráter disciplinar e correcional que justificou seu tratamento pela primeira vez em sede de regimento interno do STF. É certo que o termo *reclamação* é, frequentemente, utilizado para designar medidas de correição evidentemente administrativas no âmbito do Poder Judiciário, impondo providências sancionatórias igualmente disciplinares. Mas a reclamação constitucional, de que trata a Carta de 1988, é algo muito diverso de um procedimento meramente disciplinar, pois gera relação processual de evidente feição judicial, produzindo efeitos no processo e vinculando as partes e o juiz, como de costume ocorre com todas as modalidades típicas de prestação jurisdicional.

Também não se insere na noção de recurso já que não é remédio processual de impugnação apenas de decisão judicial (pode se voltar contra ato de autoridade administrativa), nem se maneja dentro do mesmo processo ou relação processual. Por isso, a doutrina e a jurisprudência que já negaram à reclamação a natureza de recurso, serão pacificadas, certamente. É justamente por não se tratar de recurso que se admite seu manejo concomitante com o remédio recursal acaso cabível[17] (NCPC, art. 988, § 6º).

Mais que simples direito de petição, a reclamação se insere dentre as garantias constitucionais com fins específicos de assegurar a eficácia da jurisdição e o acesso à Justiça[18]. Nesse sentido, o STF entende que

---

decisão que preserve a competência da corte, a qual esteja sendo usurpada por outro tribunal ou juízo inferior, ou que imponha o cumprimento de decisão daquela, que não esteja sendo devidamente obedecida; c) contém uma lide [...], o conflito entre quem deseja manter a competência da Corte, de um lado, resistido por quem persiste em invadi-la, do outro; ou entre o que pretende seja o *decisum* daquela integralmente cumprido, duma banda, enfrentando a resistência, da outra, por parte de quem teima em não obedecê-lo" (DANTAS, Marcelo Navarro Ribeiro. **Reclamação constitucional no direito brasileiro.** Porto Alegre: Fabris, 2000. p. 460).

16 LEAL, Ricardo de Barros. Op. cit., p. 207.

17 STJ, 3ª Seção, Rcl. 19.838/PE, Rel. Min. Gurgel de Faria, ac. 22/04/2015, DJe 06/05/2015.

18 MORATO, Leonardo L. Op. cit., p. 109

> A reclamação, qualquer que *seja* a qualificação que se lhe *dê* (...) configura, modernamente, instrumento de extração constitucional, inobstante a origem pretoriana de sua criação (RTJ 112/504), destinado a viabilizar, na concretização de sua dupla função de ordem *político-jurídica*, a preservação da competência e a garantia da autoridade das decisões do Supremo Tribunal Federal (CF, art. 102, I, "l") e do Superior Tribunal de Justiça (CF, art. 105, I, "f")[19] (*g. n.*).

Observe-se, ademais, que a natureza do remédio agora regulado pelo art. 988 do NCPC – com dimensão maior – é a mesma da reclamação constitucional concebida como instrumento de defesa da competência e autoridade das decisões do STJ e do STF, e que se destina, expressamente, a questionar, além de atos ou decisões judiciais, também qualquer ato de poder que se enquadre numa das hipóteses arroladas em seus incisos. O que fez o NCPC foi apenas ampliar a aplicação do mesmo instrumento processual previsto na Constituição para a defesa da competência e da autoridade das decisões de todos os demais tribunais. E a doutrina já lhe reconhece, igualmente, a natureza de ação[20]. Aliás, o novo CPC não deixa dúvida a respeito da natureza jurisdicional da reclamação, pois a insere entre os "processos de competência originária dos tribunais", ao lado da "ação rescisória" e da "homologação da decisão estrangeira"[21].

4. O papel atual da reclamação

Como visto, a *reclamação* constitucional, é ação que o interessado move para ver reconhecida a competência e a autoridade dos tribunais superiores. Objeto de seu julgamento será o exame da legalidade do ato de autoridade (judicial ou administrativa) em face das normas de competência e da decisão previamente pronunciada pelo STJ ou STF. Ou seja, se o ato "é ilegal em razão do desacato ou usurpação, para daí serem tomadas as providências pertinentes"[22]. Uma vez comprovada a ilegalidade, a função da reclamação é a de "regularizar a situação em que haja subversão patente da hierarquia judicial, em casos especialíssimos de desrespeito a julgamento da Corte Suprema"[23].

Com efeito, tem sido reconhecido com ênfase:

---

19 STF, Pleno, Rcl 336/DF, Rel. Min. Celso de Mello, ac. 19/12/1990, DJU 15/03/1991, p. 2.644.

20 WAMBIER, Teresa Arruda Alvim; CONCEIÇÃO, Maria Lúcia Lins; RIBEIRO, Leonardo Ferres da Silva; MELLO, Rogério Licastro Torres de. **Primeiros comentários ao novo código de processo civil:** artigo por artigo. São Paulo: RT, 2015. p. 1.414.

21 "Já não há dúvida, hoje, que a reclamação é uma medida jurisdicional, pondo fim à antiga discussão de que a reclamação constituiria uma medida administrativa. É que o STF ou o STJ, ao julgarem a reclamação, afastam a eficácia do ato do juiz ou tribunal inferior que: a) tenha invadido a competência do STF ou STJ; b) tenha sido em desacordo com anterior julgamento do STF ou STJ" (STRECK, Lênio Luiz. Comentários. In: STRECK, et al. **Comentários ao código de processo civil.** São Paulo: Saraiva, 2016. p. 1.294).

22 MORATO, Leonardo L. Op. cit., p. 97.

23 COSTA, Nelson Nery; ALVES, Geraldo Magela. **Constituição Federal anotada e explicada.** 3. ed. Rio de Janeiro: Forense, 2006. p. 276.

> A destinação constitucional da reclamação – além de vinculá-la a preservação da competência global do Supremo Tribunal Federal – prende-se ao objetivo específico de salvaguardar a extensão, o "*imperium*" e os efeitos dos julgados da Corte. Esse instrumento formal de tutela busca, em essência, fazer prevalecer, no plano da hierarquia judiciária, o efetivo respeito aos pronunciamentos jurisdicionais emanados do STF, resguardando, desse modo, a integridade e a eficácia subordinante dos comandos que deles emergem[24].

É por isso que "o alegado descumprimento de qualquer decisão proferida pelo Supremo Tribunal Federal justifica, *plenamente*, a utilização do instrumento da reclamação, *ainda que o ato de respeito tenha sido praticado por órgão do Poder Judiciário* (RTJ 149/354-355, Rel. Min. Celso de Mello, Rcl 644-PI, Rel. Min. Celso de Mello, Rcl 1.408-RS, Rel. Min. Celso de Mello, v.g.)"[25] (g.n.).

Segundo importante proclamação do STF:

> A via jurídico-processual da reclamação objetiva tutelar *em toda a sua globalidade*, a competência constitucional deferida à Suprema Corte. Vale dizer, o instrumento da reclamação deve ser interpretado como meio de *pronta e eficaz proteção tanto da competência originária e da competência recursal ordinária quanto da competência recursal extraordinária* do Supremo Tribunal Federal [...]. É irrecusável, portanto, que a destinação da via reclamatória na especificidade que caracteriza esse meio processual, vincula-se *à tutela de qualquer das dimensões constitucionais em que se projeta a competência do Supremo Tribunal Federal*[26] (g.n.).

Em razão da moderna ampliação das hipóteses de cabimento introduzidas pelo NCPC – especialmente da função de tutelar a autoridade das decisões proferidas em controle concentrado de constitucionalidade, em julgamento de incidente de resolução de demandas repetitivas, bem como dos enunciados de súmulas vinculantes –, passou a reclamação a desempenhar uma função mais relevante ainda, qual seja, tutelar a própria norma constitucional e federal em abstrato, resultante da interpretação que o STJ e o STF fizerem no desempenho de suas competências constitucionais. Com essa ampliação do cabimento da reclamação, como bem destacado por Eduardo José da Fonseca Costa, "permitiu-se ao jurisdicionado brasileiro um salto democrático por sobre o fosso abismal que sempre existiu entre os tribunais superiores e a primeira instância"[27].

É evidente que a reclamação, na atualidade, goza de muito maior relevância, porque se iguala, como instrumento de tutela da Constituição e da legislação federal,

24 STF, Rcl 430/PI, Rel. Min. Celso de Mello, ac. 02/06/1993, DJU 20/08/1993, p. 16.317.

25 STF, Rcl 1.132/RS, Decisão monocrática de 16/08/1999. Rel. Min. Celso de Mello, DJU 23/08/1999, p. 23.

26 STF, Pleno, Rcl 511/PB, Rel. Min. Celso de Mello, ac. 09/02/1995, DJU 15/09/1995, p. 29.506.

27 COSTA, Eduardo José da Fonseca. Comentários. In: WAMBIER, Teresa Arruda Alvim; DIDIER JR., Fredie; TALAMINI, Eduardo; DANTAS. Bruno. **Breves comentários ao novo código de processo civil.** 2. ed. São Paulo: RT, 2016, p. 2.304.

ao recurso extraordinário e ao recurso especial e às demais ações de competência originária dos tribunais superiores[28]. A um só tempo, resguardando autoridade das decisões do guardião da Carta Magna e assegurando o direito da parte de obter nova tutela da Suprema Corte, a reclamação acaba por assumir a feição de um direito fundamental, integrado à garantia do pleno acesso à Justiça (CF, art. 5º, XXXV)[29]. Vale dizer: "direito e garantia à preservação da competência constitucional dessas Cortes [STF e STJ], bem como à *efetividade* de sua atuação, através do respeito à *autoridade* dos seus julgados"[30] (g.n.).

Uma vez que o rol do art. 5º da Constituição deve ser visto apenas como exemplificativo (art. 5º, § 2º)[31], não há dificuldade em qualificar a reclamação constitucional como garantia fundamental implícita, sujeita até mesmo à condição de *cláusula pétrea*[32]. E uma vez admitida essa natureza da reclamação, não se tolera que sua interpretação e aplicação sejam feitas de maneira restritiva, pois o princípio que domina a hermenêutica constitucional é o da *máxima efetividade* de todas as regras e princípios da Carta Magna:

> A uma norma constitucional deve ser atribuído o sentido que maior eficácia lhe dê. É um princípio operativo em relação a todas e quaisquer normas constitucionais, e embora a sua origem esteja ligada à tese da actualidade das normas programáticas (Thoma) é hoje sobretudo invocado no âmbito dos *direitos fundamentais* (no caso de dúvidas deve preferir-se a interpretação que reconheça *maior eficácia* aos direitos fundamentais)[33] (g.n.).

Portanto, a interpretação e o cabimento da garantia constitucional representada pela reclamação haverão de ser feitos à luz de critérios extensivos e jamais restritivos.

---

28 "Agora, não apenas STF e STJ terão mecanismos para a preservação de sua competência, o que proporciona meios efetivos para que haja coerência e integridade na aplicação do direito em todo o território nacional" (STRECK, Lênio Luiz. Op. cit., p. 1.295).

29 Nos moldes em que a reclamação para o STF e o STJ se acha inserida na Constituição, "deve ser vista como verdadeiro direito e garantia constitucional fundamental dos destinatários da prestação jurisdicional por parte desses tribunais superiores" (LEONEL, Ricardo de Barros. **Reclamação constitucional**. Op. cit., p. 164).

30 *Idem, ibidem.*

31 SILVA, José Afonso da. **Curso de direito constitucional positivo.** 28. ed. São Paulo: Malheiros, 2007. p. 182; MORAES, Alexandre de. **Direito constitucional.** 19. ed. São Paulo: Atlas, 2006. p. 106.

32 LEONEL, Ricardo de Barros. **Reclamação constitucional**. Op. cit., p. 164.

33 CANOTILHO, J. J. Gomes. **Direito constitucional e teoria da constituição.** 4. ed. Coimbra: Almedina, s/d. p. 1.187.

5. Legitimação

Consoante a disciplina do novo Código de Processo Civil, a *legitimação ativa* para a interposição da reclamação cabe *(i)* à parte interessada ou *(ii)* ao Ministério Público (art. 988, *caput*)[34].

No polo passivo da reclamação figurará a autoridade jurisdicional ou administrativa que tenha praticado o ato impugnado, litisconsorciado com o *beneficiário* do mesmo ato (NCPC, art. 989, I e III). Trata-se de um litisconsórcio passivo necessário, visto que do julgamento do pleito advirão efeitos, principalmente para aquele em cujo proveito deliberou a autoridade reclamada[35].

Inclui-se na legitimação ativa ou passiva o assistente litisconsorcial que tenha atuado junto com a parte do processo em que o precedente violado tenha sido pronunciado[36].

6. Interesse

Para postular em juízo – isto é, para exercer o direito de ação – é necessário ter, além de legitimidade, *interesse* (NCPC, art. 17).

A doutrina processual relaciona o interesse de agir ao binômio utilidade-necessidade, de modo que haverá interesse na espécie quando o provimento jurisdicional pretendido se apresentar como *necessário* e for apto a ser útil ao demandante. O objeto do interesse, pois, é a tutela jurisdicional e não o bem da vida a que ela se refere[37].

Na reclamação – esclarece MORATO – o interesse em agir é aferido mediante o juízo de que o reclamante precisa valer-se dela:

> Como sendo o instrumento processual próprio, para enfrentar as condutas irregulares que se põem contra o cumprimento da decisão judicial proferida em seu favor ou ao respeito da norma de competência ou da súmula vinculante que lhe favorece, *pois assim alcançará um resultado que lhe seja benéfico*, por meio da tutela jurisdicional postulada[38].

---

34 Parte interessada, na reclamação contra a inobservância de decisão do STF em controle concentrado de constitucionalidade, é todo aquele que se afirme atingido por decisão contrária ao julgado ocorrido em controle abstrato (STF, Pleno, Rcl 2.398/TO, Rel. Min. Marco Aurélio, ac. 06/10/2005, DJU 24/02/2006, p. 7). Se o precedente tido por violado foi tomado em julgamento de alcance subjetivo, como se dá no controle difuso e incidental de constitucionalidade, somente são legitimados ao manejo da reclamação "as partes que compuseram a relação processual do aresto" (STF, Pleno, AgRg na Rcl 6.078/SC, Rel. Min. Joaquim Barbosa, ac. 08/04/2010, DJe 30/04/2010).

35 STRECK, Lênio Luiz. Op. cit., p. 1.295; COSTA, Eduardo José da Fonseca. Op. cit., p. 2.307.

36 STRECK, Lênio Luiz. Op. cit., p. 1.295; COSTA, Eduardo José da Fonseca. Op. cit., p. 2.305.

37 DINAMARCO, Cândido Rangel. **Instituições de direito processual civil.** São Paulo: Malheiros, 2001. v. II, p. 300.

38 MORATO, Leonardo L. **Reclamação.** Op. cit., p. 126.

7. Hipóteses de cabimento da reclamação constitucional

A reclamação constitucional – que é a que interessa diretamente a este estudo – é cabível perante o STF e o STJ, em três casos:

> a) para preservação das *competências* daquelas Cortes Superiores (CF, art. 102, I, "l", e art. 105, I, "f";
> b) para garantia da *autoridade de suas decisões* (CF, art. 102, I, "l"; e art. 105, I, "f"); e
> c) contra ato administrativo ou decisão judicial que *contrariar súmula vinculante,* ou que *indevidamente a aplicar* (CF, art. 103-A, § 3º).

Em todas as situações enumeradas, manifesta-se:

> O caráter bifronte ou bivalente da reclamação constitucional: (a) ela é um instrumento através do qual o STF e o STJ preservam sua competência e seus julgados, valendo-se da iniciativa dos interessados; (b) ela é também um instrumento através do qual os interessados exercem seu direito fundamental ao julgamento pelo STF ou pelo STJ, ou mesmo à observância da autoridade dos respectivos julgados[39].

Reconhece-se a evolução do papel sempre crescente do relevante remédio jurisdicional, diante do fato inconteste de que:

> A reclamação constitucional assume com maior rigor, a cada dia, a função de mecanismo que contribui, embora não isoladamente, para o *aprimoramento quanto ao exercício da jurisdição brasileira,* em especial no que diz respeito à *integralidade da resposta jurisdicional* (*g.n.*). Permite que desta resulte um melhor panorama quanto à *segurança jurídica,* à *previsibilidade*, à *isonomia* na aplicação do direito, fortalecendo, em última análise, a *credibilidade* do Poder Judiciário" (grifos do autor)[40].

8. Reclamação contra ato jurisdicional

Jurisprudência antiga procurava restringir o acesso à reclamação contra ato judicial, criando barreiras como, por exemplo:

A) *A tese do "não cabimento de reclamação na hipótese de descumprimento de decisão tomada em sede de controle concentrado de constitucionalidade, dada a natureza eminentemente objetiva do processo de ação direta"*[41].

Assim, o manejo do remédio constitucional ficaria restrito aos processos de natureza intersubjetiva (procedimentos em torno de litígios individuais, ou de controle difuso de constitucionalidade). Essa restrição foi aos poucos sendo flexibilizada, primeiro pelo reconhecimento de que o Procurador-Geral poderia lançar mão da recla-

---

39 LEONEL, Ricardo de Barros. **Reclamação constitucional.** (Tese). São Paulo: Faculdade de Direito da USP, 2010. p. 307.

40 LEONEL, Ricardo de Barros. Op. cit., loc. cit.

41 STF, Pleno, Rcl 354 AgRg/DF, Rel. Min. Celso de Mello, ac. 16/05/1991, DJU 28/06/1991, p. 8.903.

mação, no âmbito de julgado proferido em controle concentrado, mas apenas quando a norma declarada inconstitucional continuasse sendo aplicada pelo Poder Público[42]; depois, acabou por se reconhecer que essa legitimidade fosse estendida a qualquer dos legitimados para a ação direta, mesmo aqueles que tivessem sido autores da ação em que se formou o julgado desobedecido[43].

Finalmente, num reforço da função fiscalizadora desempenhada pela reclamação, no campo do cumprimento das decisões do STF proferidas em sede de processo objetivo, a Suprema Corte passou a reconhecer o interesse legítimo para *qualquer destinatário* da decisão pronunciada em *ação direta,* ação declaratória de constitucionalidade, ou arguição de descumprimento de preceito. Com isso, restou assentado que não apenas os legitimados para aquelas ações objetivas, mas *qualquer* destinatário de sua eficácia poderia ajuizar reclamação contra atos do Poder Público, com o fim de *fazer valer efetivamente* as decisões do STF proferidas no controle concentrado[44].

Essa grande evolução:

> Contribuiu sobremaneira, ademais, para a caracterização da reclamação constitucional como *ação autônoma,* da competência originária, nesse caso, do STF. Além disso, tornou-se evidente que ela, paralelamente ao caráter bivalente que ostenta (como mecanismo de defesa da autoridade dos julgados do STF, e ao mesmo tempo do direito fundamental de seus destinatários à estrita observância das referidas decisões), passou a demonstrar *sua aptidão para tornar mais amplo e eficaz o exercício do papel de guardião da Constituição por parte da Suprema Corte*[45].

B) *Outra tese antiga do STF era a de que a reclamação não poderia ser utilizada como **substitutivo** ou **sucedâneo do recurso**, para obter reforma da decisão impugnada*[46]*, nem como instrumento de ataque a decisão que já passara em julgado, tal como se fosse uma **ação rescisória***[47].

A propósito destas duas restrições, o novo Código de Processo toma posições claras, ou seja:

a) considera inadmissível a reclamação quando "proposta após o trânsito em julgado da decisão reclamada" (NCPC, art. 988, § 5º, I). Acolheu-se, portanto, a tese assentada em jurisprudência firme do STF[48];

---

42 STF, Pleno. Rcl 235 QO/MA, Rel. Min. Néri da Silveira, ac. 1º/10/1987, DJU 29/11/1991, p. 17.325.

43 STF, Pleno, Rcl. 397 MC-QO/RJ, Rel. Min. Celso de Mello, ac. 25/11/1992, DJU 21/05/1993, p. 9.765.

44 STF, Pleno, Rcl 1.880 AgR/SP, Rel. Min. Maurício Corrêa, ac. 07/11/2002, DJU 19/03/2004, p. 17; STF, Pleno Rcl 2.143 AgR/SP, Rel. Min. Celso de Mello, ac. 12/03/2003, DJU 06/06/2003, p. 30; STF, Pleno, Rcl 1.722/RJ, Rel. Min. Celso de Mello, ac. 26/02/2003, DJU 13/05/2005, p. 06.

45 LEONEL Ricardo de Barros. Op. cit., p. 281.

46 STF, Pleno, Rcl 4.644 AgR/SC, Rel.ª Min.ª Cármem Lúcia, ac. 16/09/2009, DJe 27/11/2009; STF, Pleno, Rcl 654 AgRg/PI, Rel. Min. Cézar Peluso, ac. 25/06/2008, DJe 08/08/2008.

47 "Não cabe reclamação quando já houver transitado em julgado o ato judicial que se alega tenha desrespeitado decisão do Supremo Tribunal Federal" (Súmula nº 734 do STF).

48 Muito antes da Súmula nº 734 já decidia o STF no sentido de que: "Não se conhece de reclama-

b) admite o manejo concomitante do recurso e da reclamação, como aliás, já vinha decidindo o STF, de longa data[49].

Assim, contra a decisão reclamada não pode a parte deixar de recorrer, porque se a impugnação se der apenas por meio de reclamação endereçada ao STF ou ao STJ, o trânsito em julgado acabará acontecendo, o que inviabilizará o conhecimento do remédio constitucional pelo Tribunal superior. É que a reclamação não substitui o recurso; "logo, não tem o condão de impedir que se forme coisa julgada". E se assim é, "pode o reclamante valer-se de recurso ou outro meio impugnativo para evitar o trânsito e, logo após, utilizar a reclamação"[50].

Por outro lado, se a reclamação foi interposta antes da coisa julgada, pouco importa que o recurso paralelo (aquele que legitimou o acesso ao remédio constitucional) seja inadmitido ou improvido antes do julgamento da reclamação. O relevante é que a reclamação seja interposta quando a passagem em julgado estava impedida pelo recurso. A propósito o NCPC deixa bem claro que "a inadmissibilidade ou o julgamento do recurso interposto contra a decisão proferida pelo órgão reclamado não prejudica a reclamação" (art. 988, § 6º).

Em conclusão: o regime do Código de 2015 veda o cabimento da reclamação após transitar em julgado a decisão impugnada, mas assegura o uso simultâneo ou sucessivo do recurso e da reclamação, ficando esta legitimada mesmo que o recurso ordinário seja não conhecido ou desprovido antes do julgamento do remédio constitucional. Uma vez, portanto, admitida a reclamação, goza ela de autonomia procedimental em face do recurso concomitantemente interposto[51]. Aqui não se aplica a Súmula nº 734 do STF[52].

9. Competência

No caso da reclamação constitucional, a competência para o processo e julgamento é definida pela própria Constituição: é do STF ou do STJ, conforme a decisão ofendida seja de um ou de outro daqueles tribunais superiores (CF, art. 102, I "l"; e 105, I "f").

ção (RISTF, art. 156) quando a decisão que teria usurpado a competência do STF já transitou em julgado, uma vez que essa modalidade de ação não pode ser utilizada como sucedâneo de ação rescisória" (STF, Pleno, Rcl 603/RJ, Rel. Min. Carlos Velloso, ac. 03/06/1998, DJU 12/02/1999, p. 02). No mesmo sentido: STF, Pleno, Rcl 1.169/PR, Rel. Min. Sepúlveda Pertence, ac. 06/03/2002, DJU 31/05/2002, p. 42.

49 "A pendência de recurso ordinário no tribunal local contra a decisão reclamada não impede que, contra ela, se oponha a reclamação ao Supremo Tribunal Federal" (STF, Pleno, Rcl 655 AgR/ES, Rel. Min. Sepúlveda Pertence, ac. 10/04/1997, DJU 27/06/1997, p. 30.243).

50 COSTA, Eduardo José da Fonseca. Op. cit., p. 2.307.

51 STRECK, Lênio Luiz. Op. cit., p. 1.304.

52 COSTA, Eduardo José da Fonseca. Op. cit., p. 2.307.

Será do Pleno, ou da Turma, ou do outro órgão fracionário, segundo definição do Regimento Interno e de acordo com a regra do art. 988, § 1º, do NCPC, no qual se dispõe que o julgamento da reclamação "compete ao órgão jurisdicional cuja competência se busca preservar ou cuja autoridade se pretenda garantir"[53]. A sistemática é a seguinte: "se a competência ou autoridade do julgado que devem ser respeitadas, são da Turma, cabe à Turma apreciar a reclamação; quando se trata, entretanto, de preservar a competência ou julgado do Pleno, é perante este que se dá a instrução e julgamento da reclamação"[54].

O art. 932 do NCPC, ao arrolar os casos em que se permite o julgamento monocrático pelo relator, não incluiu a reclamação. Tampouco na regulação do procedimento da reclamação, constou previsão dessa natureza (art. 989). Mas, do elenco do art. 932, inc. VIII, consta uma autorização genérica para que o regimento interno do tribunal estabeleça "outras atribuições", além das relacionadas no referido dispositivo legal. É possível, portanto, que no aludido regimento se confira poder ao relator para, em determinados casos, decidir monocraticamente a reclamação. Em tal situação, caberá agravo interno para o Colegiado ordinariamente competente para julgar a reclamação.

10. Efeitos

A regra do art. 992 do NCPC – que prevê a força do julgamento da reclamação, no caso de sua procedência – revela, expressivamente, o seu caráter jurisdicional. Com efeito, ali se dispõe: *(i)* o tribunal *cassará a decisão exorbitante* de seu julgado; ou *(ii) determinará a solução adequada à controvérsia.*

Cassar decisão judicial ou anular ato administrativo por tribunal é, sem dúvida atividade essencialmente jurisdicional, assim como também o é a atividade de solucionar a controvérsia veiculada pela reclamação. A decisão, portanto, pode assumir as diversas modalidades dos atos judiciais: poderá, conforme o caso, ser declaratória, constitutiva ou condenatória. Para PONTES DE MIRANDA:

A ação de reclamação que rechaça o ato do juiz por invadente da competência do tribunal superior é *constitutiva negativa*. A ação de reclamação que rechaça o ato do juiz e repele a interpretação que fora dada à decisão sua, no tocante à força e à eficácia, também é *constitutiva negativa*. A ação de reclamação que rechaça o ato do juiz por ter retardado, materialmente, a cognição pelo tribunal superior, é *mandamental*[55].

O mais importante, contudo, é a imediatidade de seus efeitos: concluído o julgamento pelo tribunal, "o presidente determinará o *imediato cumprimento* da decisão", antes mesmo da lavratura do acórdão (NCPC, art. 993).

---

53 O Regimento Interno do STF regula o procedimento da reclamação nos arts. 156 a 162, os quais ainda não foram adaptados ao NCPC (arts. 988 a 993). O STJ cuida da matéria nos arts. 187 a 192 atualizados pela Emenda Regimental nº 22/2016 que os adequou ao NCPC.

54 LEONEL, Ricardo de Barros. Op. cit., p. 391/392.

55 PONTES DE MIRANDA, Francisco Cavalcanti. **Comentários.** Op. cit., p. 287.

> Para além disso, e na medida em que cabe ao presidente determinar o imediato cumprimento da decisão, percebe-se – na advertência de STRECK e de MORATO – que o provimento jurisdicional: *(i)* não encerra a atividade do órgão julgador, que deve continuar perseguindo o fim que legitimou a sua provocação pelo reclamante; *(ii)* não precisa limitar-se apenas ao que foi pedido pelo reclamante, ou estar adstrito ao quanto efetivamente postulado, assim sendo porque o que realmente importa é que a finalidade da reclamação seja alcançada[56].

Por não se tratar de um recurso, a decisão da reclamação "não substitui a decisão recorrida como nos recursos, mas apenas cassa o ato atacado"[57]. Na técnica processual, o poder do STF é de *cassação* e não de *revisão*, de modo que constatada a ofensa à autoridade de decisão daquela Corte, procederá ela à *anulação* do ato administrativo ou *cassará* a decisão judicial impugnada[58].

De qualquer modo, "a decisão nela proferida é de cunho *mandamental*, já que impõe que as autoridades reclamadas emanem novos atos, de acordo com a decisão do Supremo Tribunal Federal"[59].

11. Conclusões

a) A reclamação constitucional destinada a garantir a competência e a autoridade das decisões do STF e do STJ constitui ação integrada aos direitos e garantias fundamentais, como o mandado de segurança e o *habeas corpus.*

b) Reconhecida à reclamação constitucional a natureza de garantia fundamental implícita (CF, art. 5º, § 2º)[60], impõe-se que sua interpretação e aplicação se façam da maneira mais ampla possível, evitando-se limitações e restrições que não decorram do próprio ordenamento constitucional. Incide, na espécie, o princípio da *máxima efetividade.*

c) A natureza de direito fundamental pertence à reclamação regulada pela própria Constituição. A ampliação do instituto levada a efeito pelo novo Código de Processo Civil é objeto de lei infraconstitucional, e como tal deve ser interpretada e aplicada.

---

56 STRECK, Lênio Luiz. Op. cit., p. 1.311; MORATO, Leonardo L. Op. cit., p. 242.

57 STF, Pleno, Rcl 872 AgR/SP, Rel. p/ac Min. Nelson Jobim, ac. 09/09/2004, DJU 20/05/2005, p. 05.

58 NERY JÚNIOR, Nelson; NERY, Rosa Maria Andrade. **Constituição Federal comentada e legislação constitucional. 2**. ed. São Paulo: RT, 2009, p. 482.

59 LEITE, Glauco Salomão. Comentários. In: BONAVIDES, Paulo; MIRANDA, Jorge; AGRA, Walber de Moura (Coords.). **Comentários à Constituição Federal de 1988.** Rio de Janeiro: Forense, 2009. p. 1.264.

60 CF: "Art. 5º [...] § 2º Os direitos e garantias expressos nesta Constituição não excluem outros decorrentes do regime e dos princípios por ela adotados, ou dos tratados internacionais em que a República Federativa do Brasil seja parte".

d) Os novos casos de reclamação, permitida perante os tribunais inferiores, correspondem a instrumento de valorização dos precedentes judiciais como fonte suplementar de Direito, política adotada pelo Código de 2015 com respaldo no dever que toca ao Poder Judiciário de velar pela autoridade da ordem jurídica, pela garantia da igualdade de todos perante a lei e pela segurança jurídica.

Humberto Theodoro Júnior

Julho/2016

Este livro foi impresso nas oficinas gráficas da Editora Vozes Ltda.,
Rua Frei Luís, 100 – Petrópolis, RJ.